dtv

Was passiert, wenn wir träumen? An was erinnern wir uns – und was vergessen wir lieber? Warum habe ich einen bestimmten Tick? Wer über sein alltägliches Leben und Erleben aus der Perspektive der Hirnforschung nachdenkt, kommt zu überraschenden Einsichten über sich selbst.

»Dieses Buch ist eine gelungene Einführung in die Hirnforschung, randvoll gespickt mit neuesten Erkenntnissen und Überlegungen ... es ist voll von Humor und Selbstironie und daher auch ein richtiger Lesegenuss.« *Psychologie Heute*

Ernst Pöppel, 1940 geboren, war Professor für Medizinische Psychologie an der Universität München und leitete das Münchener Institut für Medizinische Psychologie. Ab 1992 war er Mitglied des Vorstands am Forschungszentrum Jülich, seit 1997 ist er geschäftsführender Vorstand des Humanwissenschaftlichen Zentrums der Universität München. Zahlreiche Publikationen.

Ernst Pöppel

Der Rahmen

Ein Blick des Gehirns
auf unser Ich

Mit Abbildungen

Deutscher Taschenbuch Verlag

Ausführliche Informationen über
unsere Autoren und Bücher
finden Sie auf unserer Website
www.dtv.de

Ungekürzte Ausgabe 2010
Deutscher Taschenbuch Verlag GmbH & Co. KG,
München
Lizenzausgabe mit freundlicher Genehmigung des Carl Hanser Verlags
© 2006 Carl Hanser Verlag München
Das Werk ist urheberrechtlich geschützt.
Sämtliche, auch auszugsweise Verwertungen bleiben vorbehalten.
Umschlagkonzept: Balk & Brumshagen
Umschlagbild: ›Condition humaine II‹ (1935) von René Magritte
(akg-images/VG Bild-Kunst, Bonn 2010)
Satz: Fotosatz Reinhard Amann, Aichstetten
Druck und Bindung: Druckerei C.H. Beck, Nördlingen
Gedruckt auf säurefreiem, chlorfrei gebleichtem Papier
Printed in Germany · ISBN 978-3-423-34657-3

Inhalt

1. Prinzip Unordnung 7
2. Einen Rahmen finden 18
3. Gibt es Zufälle? 23
4. Gehend denken 30
5. Mißverständnisse 37
6. Es nicht sagen können 43
7. Ethik und Heuchelei 64
8. Selbstversagen 82
9. Drei sprechen über 3 90
10. Gehirnorientierungswissen 107
11. Störungsmuster 126
12. Identität durch Bilder 145
13. Kein Glück 156
14. Im Garten 165
15. In der Hexenküche 173
16. Kunstausflug 183
17. Göttliches Umweltexperiment 214
18. Erfindungen des Lebens 222
19. Selbstversicherungen 237
20. Zeitfragen und keine Antworten 262
21. Ereignisse: Momentaufnahmen 275
22. Gegenwartsbühne 300
23. Drei Formen des Wissens 318
24. Von Patienten lernen 336
25. Denkwerkzeugkasten 353

26	Kniekehlenkunde	375
27	Was vor Augen liegt	386
28	Sinnesreizungen	405
29	Andere als Rahmen	421
30	Den Tag gewinnen	447
31	Ein Ort der Kreativität	458
32	Suche (Sucht) nach Ordnung	468
33	Der Beginn bestimmt den Weg	484
34	Was ein Rahmen sein kann	493

Literaturverzeichnis 1	509
Literaturverzeichnis 2: Veröffentlichungen des Autors	526
Bildnachweis	530
Textnachweis	532
Namenregister	534
Sachregister	540

1 Prinzip Unordnung

Ein männlicher Briefmark erlebte
Was Schönes, bevor er klebte.
Er war von einer Prinzessin beleckt.
Da war die Liebe in ihm erweckt.

Er wollte sie wiederküssen,
Da hat er verreisen müssen.
So liebte er sie vergebens.
Das ist die Tragik des Lebens.

Joachim Ringelnatz

Gleich ist Anfang und Ende auf der Kreislinie.
Heraklit

Gleich ist es, von wo ich beginne.   Parmenides

Wo beginnt ein Buch? Wenn man die erste Seite aufgeschlagen hat, oder kann es auch irgendwo anders sein? Aus praktischen Gründen beginnt ein Buch am sogenannten Anfang, wenn man es liest, wenn man es schreibt. Damit tut man so, als gäbe es einen Anfang, als gäbe es überhaupt einen Beginn (als gäbe es stets für irgend etwas einen wirklichen Beginn). Man kann dieses Buch irgendwo, auch mit den letzten Zeilen beginnen, was immer dort geschrieben sein mag (viele machen das sowieso, vom Zufall geführt in einen Text hineingreifen; wenn ich über etwas nachdenke und es dann vielleicht aufschreibe, beginne ich irgendwo, bei einem zufällig auftauchenden Gedanken, vielleicht bei dem letzten, wenn es einen solchen gäbe.)

Ist es angemessen, an den (zufälligen) Anfang eines Textes mit wissenschaftlichem Inhalt (darum geht es, aber nicht nur) ein Gedicht von Ringelnatz zu stellen? Wird damit nicht gleich ein Rahmen mangelnder Ernsthaftigkeit vorgegeben? Und wenn schon. Trotz aller Ernsthaftigkeit ist das wissenschaftliche Geschäft (eigentlich) eine fröhliche Angelegenheit, und der Spaß beim Denken oder die Freude über eine Einsicht widerspricht ja nicht der möglichen Richtigkeit der Erkenntnis. Ganz im Gegenteil: Ohne Freude, ohne gelegentliche Schalkhaftigkeit, ohne Humor, ohne Selbstironie und vor allem ohne Lachen ist Forschung (ich meine erfolgreiche Forschung) nicht möglich; Freude am Tun ist sogar eine Bedingung des Erkennens, auch wenn man manchmal traurig darüber ist, etwas nicht festhalten oder *an* etwas festhalten zu können (ähnlich wie der Briefmark bei Ringelnatz), sei es einen Gedanken, sei es *an* einer Idee, in die man verliebt war. (Der Verhaltensforscher Konrad Lorenz meinte einmal, man müsse jeden Tag eine Lieblingsidee »beerdigen«; das ist etwas viel verlangt, allein schon deshalb, weil man gar nicht so viele Ideen hat.)

Innerhalb eines weiten Rahmens ist dies hier ein Buch oder ein Bericht über Forschung (vor allem Hirnforschung) und über Forscher (auch über mich selbst); es ist ein Bericht über Ergebnisse und Erlebnisse, über Beobachtungen, und was berichtet wird, steht auch in einem persönlichen Rahmen. Was bedeuten Erkenntnisse aus dieser Forschung für den Menschen, also für jeden von uns, und was bedeuten diese Erkenntnisse auch für mich selbst? Das ist selbstbezogen (im wahrsten Sinne egozentrisch), doch will ich nicht anders vorgehen, denn wenn ich meine Objektivität herausstelle, von der ich mich offenbar führen lasse, dann verheimliche ich nur meine subjektive Wertung, meinen eigenen Standpunkt. Alles, was ich als berichtenswert ansehe, unterliegt notwendigerweise der eigenen Wertung und einer persönlichen Entscheidung.

Von eigenen Erfahrungen wird also erzählt (nicht nur, aber eben auch); ich berichte, was sich zufällig ereignen kann und wie der Zufall neue Wege erschließt, ohne daß man sich gegen diese Zufälligkeiten wehren kann, was man oft auch nicht will. Wenn ich über eigene Erlebnisse und Erfahrungen berichte, so mache ich mich selbst zum Experiment. Neben die Außenperspektive der wissenschaftlichen Betrachtung tritt die Innenperspektive der persönlichen Bedeutung. Ich benutze mich selbst für manches als Quelle (oder vielleicht besser als Steinbruch) möglicher Erlebnisse und Erfahrungen. Wenn ich zurückblicke, dann ist manches natürlich holprig gewesen (wem könnte es anders ergangen sein), doch immer war es und ist es (und bleibt es hoffentlich) spannend.

Die eigene Erfahrung ist der sicherste Bezugspunkt für eine wissenschaftliche Erkenntnis. Die Richtigkeit einer wissenschaftlichen Aussage (ich spreche nicht von Wahrheit, denn ich weiß eigentlich nicht, was mit Wahrheit gemeint ist), die Richtigkeit einer Aussage muß sich im eigenen Erleben bestätigen, sie muß sich in der eigenen Erfahrung bewähren. Ich kann nicht (und ich will auch nicht) mit kühler »Ich-Ferne« und in nur abstrakter Weise über menschliches Erleben sprechen, über all jene Dinge, mit denen sich ein Neurowissenschaftler befaßt; als ginge mich dies selbst nichts an. Die Schlüssigkeit abstrakter Aussagen ist notwendig (das ist für den Forscher eine Selbstverständlichkeit), aber auch in der Wissenschaft ist eine solche Schlüssigkeit nicht hinreichend für deren innere Stimmigkeit. Die »Ich-Nähe« einer Erkenntnis läßt das Herz klopfen; etwas ist erst eine Erkenntnis, wenn man freudig erschreckt. Eine Einsicht hat immer auch einen emotionalen Rahmen (und fehlt dieser, dann war es wohl keine Einsicht).

Dies ist hier also durchaus eine persönliche Angelegenheit, und persönlich sind diese Ausführungen auch deshalb, weil ich über manche Sachverhalte in jenen Wissenschaften, die sich mit dem Menschen und seiner inneren Welt befassen, eine Meinung vertrete, die nicht jeder teilt (ob Fachmann oder nicht). Was Ergebnisse aus dieser Forschung jeweils bedeuten, legt sich nie nur aus den Beobachtungen allein nahe, die gemacht wurden, sondern Beobachtungen müssen innerhalb eines Rahmens gedeutet werden. Dies gilt für Beobachtungen in allen Wissenschaften (und darüber hinaus natürlich für Beobachtungen in allen Lebensbereichen wie der Wirtschaft, der Politik, den Medien oder den Künsten), und das gilt vor allem für die Forschung über den Menschen selbst. Welches dieser Deutungsrahmen ist, hängt immer vom einzelnen Forscher ab, also in diesem Fall von mir; dabei ist es natürlich notwendig und nicht nur wünschenswert, den Rahmen des Deutens deutlich zu machen (ich muß gestehen, daß ich bisher nie daran gedacht habe, daß in dem Wort »deutlich« das Wort »deuten« steckt, daß das, was deutlich ist, also schon gedeutet ist). Bei der Deutung von Beobachtungen, sei es in den Wissenschaften oder in anderen Lebensbereichen, gibt es zwar immer gängige Meinungen, aber die können (und müssen) immer wieder auf die Probe gestellt werden. Natürlich will ich nicht wie ein Querulant alles in Frage stellen, denn vieles, was ich ausführe, paßt selbstverständlich in den üblichen Rahmen des Meinens (das könnte auch ein Querulant nicht vermeiden), und dennoch ist es dann eine persönliche Meinung, die ich vertrete. Auch wenn meine Meinung dem Üblichen entspricht, habe ich sie mir zu eigen gemacht (auch wenn dies oft automatisch geschah), und ich kann (oder sollte) mich nicht darauf beziehen, daß alle dieselbe Meinung vertreten oder daß eine Autorität etwas Bedeutendes zu einem Sachverhalt gesagt hat (auch daran habe ich bisher nicht gedacht, daß in dem Wort »bedeutend« das »Deuten« steckt, daß das Bedeutende offenbar immer schon gedeutet ist). Es gibt in der Wissenschaft keine Autoritäten, keiner kann sich hinter der Meinung anderer verstecken. Aus dem Gesagten folgt, daß diese Darstellung (wie offenbar jedes Buch, auch jedes wissenschaftliche Buch) eine sehr persönliche Angelegenheit sein muß (auch wenn ein Autor seine Objektivität betont).

Schließlich ist das, was ich darstelle, in einer weiteren Art persönlich, nämlich wie es sich aufbaut. Es gibt keine Kapitel, die eine Gesamtstruktur erkennen lassen; fortlaufende Ziffern mit stichwortartigen Hinweisen, die als Orientierung dienen können, deuten an, worum es ungefähr (aber nicht nur) geht; ich glaube nicht (mehr) an Kapitel. (Man könnte sagen, die ganze Darstellung ist ein Kapitel, allerdings dann ein nicht abgeschlossenes Kapitel; in der Forschung ist nie etwas fertig). Warum keine Kapitel? Wenn ich schreibe (oder wenn ich spreche), dann taucht plötzlich ein Gedanke auf, der scheinbar nicht an diese Stelle gehört, der dazwischentritt (das ist natürlich nichts Besonderes; das geht jedem so); ich mag diesen Quergedanken aber nicht (immer) unterdrücken. In einem Gespräch wäre es unhöflich, jeden Quergedanken auszusprechen; in einem Selbstgespräch, wie es eine solche Darstellung auch ist, erlaube ich mir diese Unhöflichkeit, den plötzlichen Einfall aufzunehmen; es wird einen Grund geben, daß ein anderer Gedanke sich dazwischendrängt, denn »es denkt« sich in mir nicht ziellos; dies ist natürlich eine Vermutung über die Funktionsweise des Gehirns (und es ist natürlich auch eine Hoffnung, das dieses »es denkt« ein kreativer und nicht chaotischer Vorgang ist; unbestritten ist aber auch, daß manchmal diese Ketten des »es denkt«, die zwischen Kreativität und Chaos liegen, recht langweilig sind; nicht immer fällt einem etwas Interessantes ein).

Dieses vermeintlich Ziellose mag wie eine Wanderung durch den Urwald erscheinen, wenn ich auf der Suche nach einer Lichtung oder

der Antwort auf eine Frage bin, aber ganz woanders hinkomme, als geplant war. (Dies ist nicht nur ein abstraktes Bild; vor vielen Jahren irrte ich einmal durch den Dschungel, ohne zu wissen, wo ich war). Dieses Wandern ist für mich so, wie in einem Lexikon zu lesen. Nach einer ersten Frage führt mich der Zufall von einem Stichwort zum nächsten (oder ist es nicht Zufall, sondern gibt es einen verdeckten Plan, von dem ich nichts weiß und den ich nicht unter Kontrolle habe?). Mit jedem neuen Stichwort öffnen sich neue Landschaften; es ist eine Entdeckungsreise zu immer neuen Orten. Bei den »Spaziergängen« im Internet geht es mir ebenso, unvorhergesehen von einem Ort zu einem anderen Ort zu kommen. Ist dieses Streifen von Wort zu Wort eine Wanderung in Utopia (in einem Raum unverbundener Ortlosigkeiten) oder in Syntopia (in einem sich gestaltenden Raum verbundener Orte, in dem sich ein neuer Bedeutungsrahmen aufbaut)?

Was ergibt sich aus dem Ablauf des verborgenen Denkens für die Gestaltung eines Textes? Kapitel täuschen eine Struktur nur vor, dem Schreiber, wenn er sich aus praktischen Gründen den üblichen Rahmen einer Darstellung vorgibt, dem Leser, wenn er sich diesem fremden Rahmen anpaßt. Man glaubt eine Orientierung zu haben, doch in Wirklichkeit überläßt man sich im Schreiben einer Ordnung, die man als gegeben hinnimmt (und die schon erhebliche, meist versteckte Voraussetzungen macht), und für das Lesen wird ein bestimmter Weg vorgegeben, wenn nicht gar aufgezwungen (der Terror des Vorgegebenen).

Kein Mensch denkt entlang einer klaren Linie (zumindest kenne ich niemanden, und jene sind mir verdächtig, bei denen es so erscheint); und schon gar nicht tun dies die Forscher, bei denen alles nach einem Schema, in wohlgeordneten Bahnen, abläuft. Daß offenbar alles in einer gehörigen Ordnung geschehe, wird durch den verbindlichen Rahmen wissenschaftlicher Veröffentlichungen vorgetäuscht, an den sich jeder zu halten hat, der etwas mitteilen möchte. Neue (und manchmal nicht so neue) Beobachtungen werden nach einem sequentiellen Plan dargestellt wie Sachstand der Forschung, eigene Fragestellung, verwendete Methodik, Darstellung der Ergebnisse, Diskussion der Befunde. Die Weise dieser Darstellung ist irreführend, wenn man sich vor Augen führt, wie Gedanken entstehen und wie Forschung wirklich funktioniert. Es würde mich wundern, wenn ich hier eine Ausnahme wäre, denn das Denken eines Forschers gerade in der kreativen Phase ist eher sprunghaft. (Natürlich ist man als Forscher nicht immer kreativ, doch manchmal hat man dieses Gefühl, etwas erkannt zu haben, man spürt dieses »Heureka«, das von dem griechischen Mathematiker Archimedes beschrieben wird, der nackt durch die Straßen lief, nachdem ihm in die Badewanne steigend das Gesetz des spezifischen Gewichtes klargeworden war; heute ist der Ort der Mitteilung oft der Türrahmen eines Labors, in dem man irgend jemanden, der zufälligerweise vorbeikommt, an seinem »Aha-Erlebnis« teilnehmen läßt).

Dieses offene Denken möchte ich nicht behindern oder verhindern, nur weil wir uns in den Wissenschaften einen Rahmen von Darstellungsweisen und Mitteilungsformen auferlegt haben. Vorbedachte Überschriften von Kapiteln (eine Überschrift ist immer schon eine Theorie) sollen nicht vortäuschen, als gebe es einfache Ordnungen (insbesondere in den Wissenschaften über den Menschen), als sei der jeweilige Rahmen des Denkens schon klar. Das ist gerade das Problem dieser Wissenschaften, daß es diese Ordnungen nicht gibt, daß noch kein verbindlicher Rahmen vorhanden ist, innerhalb dessen Sachverhalte angemessen dargestellt werden können, daß dieser Rahmen somit erst geschaffen werden muß. (Insofern kann man auch behaupten, daß diese Wissenschaften noch gar keine sind, weil sie keine Taxonomien haben, daß ihnen Klassifikationen dessen fehlen, was in ihnen thematisiert ist; dies ist eigentlich eine peinliche Situation).

Ein Denken, das einem vorgegebenen Faden zu folgen scheint, ist deshalb ein fadenscheiniges Denken, weil es den inneren Aufbau eines Bildes erschwert, in dem man von einem Punkt in viele Richtungen gehen kann oder aus vielen Richtungen auf einen Punkt kommen kann. Wenn man einen Maler beobachtet, dann komponiert auch der nicht das Bild von einem Punkt beginnend (dies habe ich allerdings bei einem chinesischen Kalligraphen in Shanghai und einem Maler aus Peking beobachtet, die in meinem Beisein Bilder entstehen ließen, als würden sie diese von einem inneren Bilde entlang eines vorgegebenen Pfades detailgetreu kopieren), sondern das Bild entsteht gleichzeitig an verschiedenen Stellen. Dies entspricht auch zwei unterschiedlichen Vorgehensweisen in der Forschung; entweder man folgt mit größter Genauigkeit einem vorgegebenen Versuchsplan, wie es beispielsweise bei klinischen Studien notwendig ist, wenn man die Wirkung eines neuen Medikaments überprüfen will; oder man läßt sich von Beobachtungen oder Einfällen treiben und wird, ohne daß man den zeitlichen Ablauf unter Kontrolle hat, (manchmal) von einer Erkenntnis überrascht. Ich lasse mich gerne treiben.

Dieses Entstehenlassen innerer Landschaften durch die Weise der Darstellung, also der neuen Richtung von Quergedanken zu folgen oder eine Beobachtung vorweg zu nehmen, ist vielen Naturforschern vertraut. Es bietet sich bei Reisebeschreibungen an, wie es etwa Alexander von Humboldt in seiner *Reise in die Äquinoktial-Gegenden des Neuen Kontinents* vorgeführt hat, in denen er seine Beobachtungen und Erlebnisse einer mehrjährigen Reise nach Südamerika vor etwa 200 Jahren schildert. Alexander von Humboldt verweist darauf, daß eine solche Darstellung der Natur selbst eher gerecht werde, denn damit wird in der Darstellung das Wesensmerkmal der Natur deutlich gemacht: Daß alles mit allem engstens verbunden ist, daß die Natur um uns (wie die Natur in uns) ein Wirkungsgefüge ist, das man als ein Gesamtbild erfassen muß. Dabei ist es unumgänglich, ja notwendig, ein Bild zu erstellen (wenn möglich ein mehrdimensionales Bild), und es wird der Sache nicht gerecht, einem Faden zu folgen, den man sich ausgelegt hat und der sich aus äußerlichen Ordnungsgründen nahezulegen scheint. Dies entlastet mich allerdings nicht von der Aufgabe, immer wieder nach möglichen Ordnungen zu suchen; im Gegenteil: Diese Aufgabe, Klassifikationen oder Taxonomien zu entdecken oder zu entwerfen, ist eine besondere Herausforderung, die ich seit Jahren verfolge (leider bisher nur mit mäßigem Erfolg).

Bei diesem offenen Denken kann es natürlich auch geschehen, wieder auf denselben oder einen ähnlichen Gedanken zu stoßen, und auch der sollte nicht übergangen werden, denn er mag in einem anderen Rahmen eine neue Bedeutung erhalten. (Ich werde wohl immer wieder auf die »Frage nach der Zeit« stoßen, also wie wir mit unserem Wahrnehmen und Erleben in den Fluß der Zeit eingebettet sind, weil mich die Frage nach der Zeit immer wieder anzieht). Wiederholungen sind in solch offenem Denken sogar wünschenswert, weil sie erkennbar machen, daß es verschiedene Rahmen gibt, innerhalb derer bestimmte Sachverhalte unterschiedlich erscheinen mögen, daß die Fülle der einzelnen Beobachtungen nicht nur in *einem* Kontext bedeutungsvoll ist. Was eine Beobachtung und was ein Gedanke bedeuten, erschließt sich erst aus dem Rahmen, innerhalb dessen sie

Abb. 1a Zeichnung des Künstlers Wang Wie Zhong aus Peking, die wie »von innen kopiert« am 31.1.1985 in einem Labor des Instituts für medizinische Psychologie in München entstand.

erörtert werden. Es ist also die Komplementarität von Gedanke und Rahmen, die entscheidend ist.

Hier schiebt sich ein weiterer Quergedanke ein. Eine Kette von Gedanken kann bei manchen Menschen so verfestigt sein, daß sich das Denken immer nur im Kreise dreht. Das Denken bleibt im gleichen Rahmen und kann nicht mehr ausbrechen; es bleibt haften und steht auf der Stelle. Dies ist ein Merkmal des zwanghaften Denkens bei manchen Patienten, dies ist ein Kennzeichen der Denkabläufe bei manchen Menschen, die an einer Epilepsie leiden, und jeder kennt es wohl von sich, wenn man sich von einer Melodie nicht befreien kann, die einem dauernd durch den Kopf geht. Mich verfolgen Gedichtzeilen, wie in der letzten Zeit die Worte des römischen Dichters Horaz (ich versuche gerade, mein Latein aufzufrischen): »Dum loquimur, fugerit invida aetas. – Während wir plaudern, entflieht neidisch die Zeit.«

Wie es das verhaftete Denken gibt (»verhaftet« im doppelten Sinn, klebend und eingesperrt), so gibt es das offene Denken allerdings auch

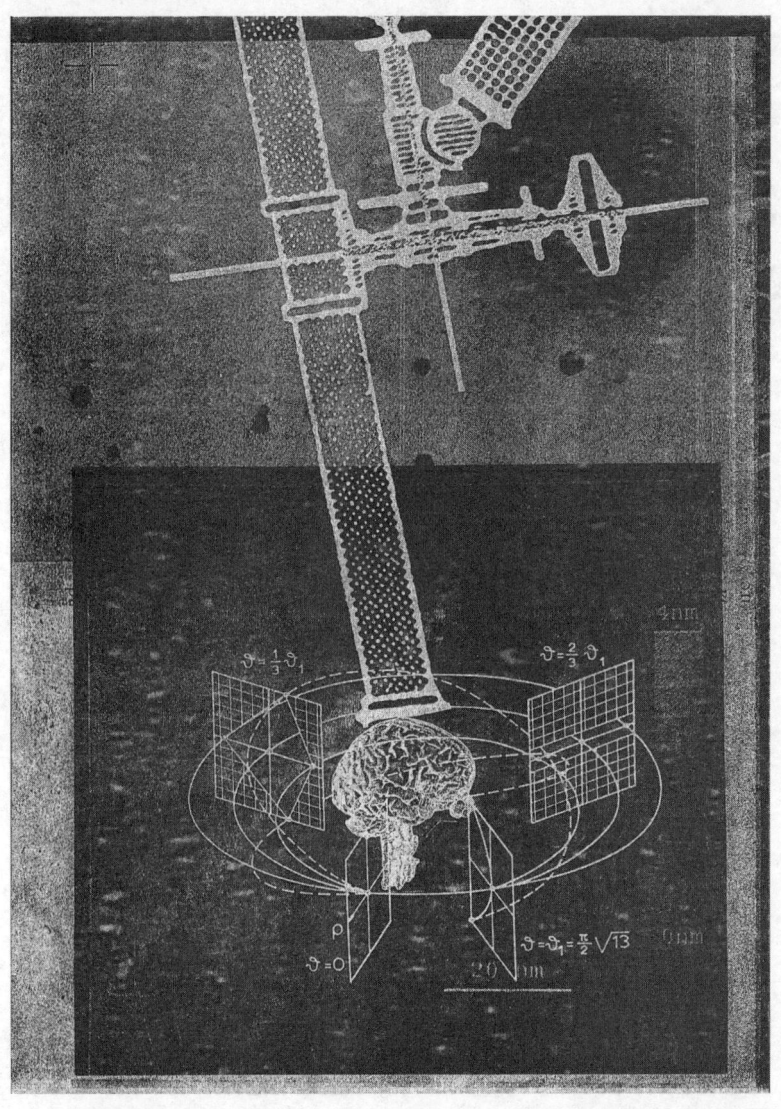

Abb. 1b Entwurf für eine Installation im Haus der Kunst in München von Igor Sacharow-Ross, einem deutsch-russischen Künstler, der jahrelang in seinem Syntopie-Labor an einzelnen Werken arbeitet, in denen verschiedene Orte und Zeiten und auch gedankliche Welten zusammengebunden werden. In seiner Installation wird der Blick mit dem Teleskop in den Kosmos zurück auf das Gehirn gelenkt.

als zügelloses Denken, das sich nie einfangen läßt, das jeden Rahmen sofort wieder verläßt. Dies ist ein Merkmal des Denkens bei manchen schizophrenen Patienten mit Denkstörungen, bei denen nur noch eine oberflächliche Verkettung von Gedanken gegeben ist, manchmal durch den Klang eines Wortes nahegelegt. Wenn ich von offenem Denken spreche, so muß es im kreativen Dazwischen liegen, zwischen dem rahmenlosen, zügellosen Denken und dem festgerahmten, zwanghaften Denken.

Wenn ich mich in einer offenen Weise auf eine Darstellung menschlichen Erlebens einlasse, dann heißt das auch, daß die Kette der Gedanken, die Folge der Themen, die Schilderung von Geschehnissen, bei jedem anderen, der sich dieser Aufgabe stellt, anders wäre. Die mangelnde Vorhersehbarkeit einer sequentiellen Ordnung geht aber noch weiter, daß nämlich dieser Ort und diese Zeit, das einmalige Hier und Jetzt (und viele weitere äußere und innere Bedingungen, von denen ich etwas weiß oder von denen ich nichts weiß), einen Rahmen vorgeben, innerhalb dessen eine bestimmte Folge von Gedanken auftaucht, der ich ausgeliefert bin und der ich mich hinzugeben bereit sein muß (ich bin viel weniger Herr meiner selbst, als ich meine und in der Tat auch wünsche). Daß dennoch manchmal geordnet erscheint, was ohne bewußte Kontrolle, ohne Aufsicht durch mein »Ich« entsteht, überrascht mich selber. (Woher mag dieser Eindruck von Identität meiner selbst kommen? Hirnforscher stellen gerne selbstverständliche Dinge in Frage; jeder weiß doch, wer er ist!). Diese selbstinszenierte Ordnung der Anordnung ist auch ein Beleg für die Vernünftigkeit des verborgenen Denkens. (Mich faszinieren Vorträge, die ohne Manuskript gehalten werden, in denen sich der Redner auf Zwischenrufe und Nebengedanken einläßt und in denen sich dennoch alles zum Ganzen fügt). Es ist somit (hoffentlich) kein gedankliches Chaos, was hier ausgebreitet wird, und es ist keine bizarre Traumlandschaft, in der man herumirren würde (oder vielleicht doch?). Bizarr ist eine Traumlandschaft nur deshalb, weil sie nicht mehr durch unmittelbare sinnliche Erfahrung mit der Welt um uns rückgekoppelt ist und sich damit innere Bilder, die in unserem Gedächtnis aufbewahrt werden, der äußeren Kontrolle entzogen aneinanderreihen.

Wenn es keinen erkennbaren Faden gibt, der sich durch diesen Bericht zieht, dann heißt dies auch, daß dieser Text nicht in einer Richtung gelesen werden muß, wie man dies häufig macht (bei Romanen und Gedichten ist die Richtung natürlich entscheidend, doch wissenschaftliche Arbeiten lese ich entlang meiner eigenen Interessen und nicht nach den Vorgaben des Textes). Jeder kann sich seinen eigenen Weg gestalten, willkürlich beliebige Teile aneinanderreihen, den Bericht von hinten nach vorne lesen oder sich mit Hilfe von Stichworten eine eigene Landkarte entwerfen.

Eine kleine mathematische Spielerei kann deutlich machen (wieder dieses »deutlich«), auf wie viele Weisen ein Bericht dieser Art aufgenommen werden kann: Hätte der Text nur zwei Teile, dann wären es schon vier Möglichkeiten, nämlich man liest nur den ersten oder nur den zweiten Teil (man muß nicht alles lesen), oder man liest den ersten, dann den zweiten bzw. den zweiten, dann den ersten Teil. Wenn es drei Teile wären, dann gäbe es bereits fünfzehn Möglichkeiten, und jede der Möglichkeiten würde im Leser ein anderes Bild bewirken. Wenn es hundert Teile wären, dann gäbe es im mathematischen Sinne zwar nicht unendlich viele Möglichkeiten, aber dennoch sehr viel mehr, als es Menschen auf dieser Erde gibt (sehr viel mehr also, als es überhaupt Leser eines Buches geben könnte); dies heißt, daß jeder, der dieses Buch auf eine persönlich gestaltete Weise liest (falls er es überhaupt liest), ein anderes Buch liest und daß ich keine Vorstellung davon haben kann, was aus meiner eigenen Gedankenkette geworden ist. (Man mag hier von der Einsamkeit des Autors sprechen, doch wie die Berechnung oder kombinatorische Spielerei zeigt, geht es hier auch um die Einsamkeit des Lesers, und wenn nicht um diese, so doch um seine absolute Einmaligkeit.)

2 Einen Rahmen finden

Auch auf der kleinsten Insel
Hat der Bauer im Feld
Über sich seine Lerche.
                                    Issa

Ich bin, was ich bin, nur in dieser Natur, in der Natur,
wie sie jetzt, wie sie seit Menschengedenken ist.
                                    Ludwig Feuerbach

Wenn man gut durch geöffnete Türen kommen will,
muß man die Tatsache achten, daß sie einen festen Rahmen haben: dieser Grundsatz ist einfach eine Forderung
des Wirklichkeitssinns.   Robert Musil

Erfahrungen vererben sich nicht – jeder muß sie allein
machen.   Kurt Tucholsky

Bei aller Offenheit, die wie Beliebigkeit erscheinen mag (und vielleicht Beliebigkeit ist) bei allen Quergedanken, soll es in diesem Bericht jedoch einen Rahmen geben, nämlich genau diesen. Es geht um den Rahmen selbst, im übertragenen Sinn, aber auch ganz konkret. (Ohne den Rahmen, durch den ich hindurchgehe, gäbe es den »Rahmen« nicht als ein Gleichnis). Jede Tür, jedes Fenster, jedes Tor, jedes Bild ist durch einen Rahmen begrenzt; durch eine Tür oder ein Tor betrete ich ein Haus, einen Raum, manchmal eine Stadt, und so verlasse ich Zimmer, Haus und Stadt auch wieder; mit dem Blick durch ein Fenster öffnet sich die Welt um mich, ich bin mit anderen verbunden, und wenn ich meinen Blick zurücknehme, verliere ich diese unmittelbare Verbindung; der Rahmen eines Bildes bestimmt das Feld meiner Aufmerksamkeit.

Alles, was geschieht, alles, was in uns geschieht, ist immer schon in einen Rahmen gestellt. Das bedeutet, daß wir nur in einem bestimmten Bezugssystem, mit einer bestimmten Einstellung, mit einer aufgebauten Erwartung, mit einem Vor-Urteil, also in einem bestimmten Rahmen, etwas wahrnehmen und erkennen, ein Bild sehen (ich meine nicht nur das Bild an der Wand), uns an ein Ereignis erinnern (ein Bild aus der persönlichen Vergangenheit), Schmerz oder Lust empfinden (besonders Schmerzen und Lüste sind von äußeren und inneren Umständen abhängig). Wenn wir einen Glauben glauben, wenn wir einen Gedanken denken, dann geschieht dies in einem Rahmen, auch wenn uns dies im Augenblick des Glaubens oder Denkens nicht gewärtig ist, und erst im Abstand mag der Rahmen erkennbar werden (wenn ich dafür offen bin). Ohne Rahmen kann es nichts geben (und wenn dieser zerbricht, dann merken wir erst, in einem Rahmen gewesen zu sein; nichts anderes bedeutet Verlust, aus einem Rahmen zu fallen, aus einem Rahmen gestoßen worden zu sein). Der Rahmen ist notwendige Bedingung, und wenn er nicht erkennbar ist, dann muß er offengelegt werden, und wenn er nicht vorhanden ist, dann muß er geschaffen werden, weil sonst alles in Unbestimmtes zerfließt. Nichts anderes ist Forschung, als einen Rahmen für bisher Unbestimmtes zu finden. (Dies ist kein neuer Gedanke: Der griechische Philosoph Anaximander ging vor über zweieinhalb Jahrtausenden vom Unbestimmten, vom Apeiron, als Ursprung alles Seins aus). Was ist eine wissenschaftliche Frage? Einen Rahmen für bisher Unbekanntes noch nicht zu kennen; eine Antwort geben, eine Erklärung finden heißt, einen Sachverhalt in einen neuen oder anderen Rahmen zu stellen.

Wenn es um den Rahmen geht, wenn aber gleichzeitig dem offenen Denken gefolgt wird, dann erliege ich einem Widerspruch (nicht dem einzigen). Ein Rahmen gibt Ordnung, Quergedanken schaffen Unordnung. Ich will diesem offenkundigen Widerspruch nicht aus dem Weg gehen, weil er gerade das Typische der Forschung zeigt. Als Forscher bin ich auf der Suche nach Ordnung, nach dem Aufspüren eines angemessenen Rahmens, und ich bin gleichzeitig der Fülle, oft der Unordnung, des Geschehens (der Beobachtungen, der eigenen Gedanken) ausgeliefert. Diese Unordnung muß man aushalten können, was manchmal nur mit Humor möglich ist. Und wohl das Wichtigste: Eine Antwort darf nicht zu schnell kommen; man muß als Forscher manchmal lange Zeit aushalten, um sich nicht mit einer zu schnellen Antwort zu betrügen; ein solches Warten kann manchmal Jahre dauern.

Der Philosoph Ludwig Wittgenstein formulierte apodiktisch: »Die Welt ist alles, was der Fall ist.« Aber: Was der Fall ist, die Tatsache, das ist nur in einem Rahmen möglich; Tatsachen gibt es nur in einem Zusammenhang, in einer Beziehung zu etwas; solche Relationen können jeweils andere sein, vorgegeben von einem Rahmen, der nicht weggedacht werden kann und der den Relationen erst ihre Bedeutung gibt. Ich stoße hier auf die Frage nach dem, »was wir überhaupt erleben können« (dem Inhalt), und nach dem, »wie wir etwas erleben können« (dem Rahmen und der Relation dessen, was wir in diesem Rahmen erleben), ich stoße also auf die Frage nach den Grundoperationen des menschlichen Geistes, die uns ermöglichen, überhaupt etwas im Bewußtsein haben zu können. Dieses Etwas ist immer in einem Rahmen eingebettet, in dem unterschiedliche Bezüge zwischen Bewußtseinsinhalten inszeniert werden. (Wenn ich das gerade Gesagte wieder lese, kommt es mir recht dunkel vor; vielleicht geht es dem Leser ebenso – oder auch nicht; manchmal wundere ich mich darüber, was ich geschrieben habe; in dem Augenblick, als ich es schrieb, war es mir klar, und später überhaupt nicht mehr.)

Ein neuer Versuch: Die grundlegenden Fragen in den Wissenschaften (dies trifft für die Geistes- und die Naturwissenschaften zu) beziehen sich auf Inhalte, und sie sind häufig gekoppelt an das Wort »Was« (und darauf aufbauend dann »Warum Was?«). Was ist eine Tatsache? Was ist der Raum, was die Zeit? Was ist wahr, gut oder schön? Was ist der Urgrund allen Seins, die Frage des Anaximander? Was ist Energie? Diese Fragen nach dem »Was« (oder der »quidditas«, wie manche Philosophen sagen) dominieren, und die Frage nach dem »Wie« wird gerne vernachlässigt. Die Frage nach dem »Wie« aber ist ohne inhaltliche Bezüge nicht möglich. Ohne einen bestimmten Rahmen, innerhalb dessen eine Antwort gegeben werden soll, kann aber auch die Frage »Was ist . . .?« nicht sinnvoll erörtert werden. Auffälligerweise gibt es beispielsweise so viele Theorien über die Frage »Was ist Zeit?«, wie es Denker gibt, die sich damit beschäftigt haben. Dies liegt daran, daß der Rahmen, innerhalb dessen diese Frage erörtert wird, nicht immer offengelegt wird (spreche ich von der Zeit in der Natur, oder spreche ich von der Zeit in meinem Erleben?) –, oder ist eine solche Frage, die beginnt mit »Was ist . . .?« und in der auf etwas Abstraktes Bezug genommen wird, überhaupt zu schwer? (Ich bin der Meinung, daß wir durch die Tatsache, überhaupt Fragen stellen zu können, die Sprache oft überfordern und uns selbst verführen, manchmal zu schwere oder sogar unerlaubte oder überflüssige Fragen zu stellen).

Die Bedingung der Möglichkeit von Erfahrung (womit ich mich auf Immanuel Kant in einer vielleicht ungewöhnlichen Weise beziehe) ist der jeweilige Rahmen, jener Rahmen, der im Augenblick des Erlebens, nicht nur in einer abstrakten Allgemeinheit, gegeben ist. Mit diesem Hinweis stelle ich fest, daß es bei der Beschreibung des Rahmens auch um das unmittelbare Erleben geht, wie es für jeden in jedem Augeblick gilt (um *personal consciousness*, wie es der amerikanische Psychologe William James, oder um *direct experience*, wie es in englischer Übersetzung der japanische Philosoph Kitaro Nishida genannt hat); unmittelbares Erleben ist immer gegenwärtiges Erleben, womit die Zeit in den Mittelpunkt des Überlegens kommt. Wenn ich in nur abstrakter Weise auf Erlebnisse Bezug nähme, auf die ich mich mit gedanklicher Distanz beziehe, dann ordne ich mich in einem anderen Rahmen der Betrachtung ein, als wenn ich den Rahmen der Unmittelbarkeit gegenwärtigen Erlebens wähle. Beides muß geschehen können; es ist mein Eindruck, daß aufgrund einer Selbstvergessenheit mancher Forscher (und dem mächtigen wissenschaftlichen Paradigma der Neuzeit, dem Rationalismus) in den Analysen menschlicher Erfahrungen der äußere Rahmen vor den inneren Rahmen gesetzt wird; beide Rahmen gelten – ich muß mich von innen und von außen betrachten (können). Diese Überlegung führt zum grundlegenden Konzept der Komplementarität, daß also das, was gezeigt wird, und das, wie es gezeigt wird, sich gegenseitig bedingen und voraussetzen.

Da ich ein praktischer Mensch bin (so glaube ich zumindest), suche ich trotz aller theoretischen Betrachtungen immer das Konkrete; wenn ich vom Rahmen als einer Metapher spreche, dann gilt dies nur, weil es den wirklichen Rahmen gibt, von dem dieses Bild abgezogen werden kann. Es ist ein Glücksfall, daß das Tor, das erst durch einen Rahmen ein Tor wird, in einem sehr frühen Dokument der abendländischen Wissenschaft eine entscheidende Rolle spielt, nämlich in dem Lehrgedicht »Über die Natur« von Parmenides, geschrieben etwa vor 2500 Jahren, auf das mich Albrecht von Müller hingewiesen hat. In diesem Text schildert Parmenides, wie er zur Wahrheit geführt wurde. Er wird auf einem Wagen, kraftvoll und mit hoher Geschwindigkeit von Pferden (genauer Stuten) gezogen, von jungen Frauen mit auf den Weg genommen. Der Weg führt zu einem Tor, das auf Bitten der Frauen geöffnet wird, und sie fahren auf geradem Weg über die Schwelle durch das Tor, wo Parmenides von einer Göttin (deren Name ungenannt bleibt) vertrauensvoll begrüßt wird. Ein gutes Geschick habe ihn hergebracht, die Suche nach der Wahrheit läge weitab vom Weg des Üblichen, und sie teilt ihm dann mit, daß sie ihn über zwei Themen unterrichten werde, nämlich über das Logisch-Zwangsläufige, also das Wesen der Evidenz, das keine Macht der Welt umstoßen könne, und über das, was Menschen ohne stringente Beweise über die Natur und über sich zu erkennen suchen, was aber immer nur Meinungen seien, wenn man auf sie aber auch nicht verzichten könne. Als er durch das Tor gelangt, erkennt er den Unterschied von Nacht und Tag, und ihm wird bewußt, daß menschliches Denken sich jeweils an Gegensätzen festmacht, wie das Helle und das Dunkle (wobei dieses alternative Denken für mich äußerst fragwürdig ist; vermeintliche Gegensätze bedingen sich meist oder sind sogar ko-existent, wie Lust und Schmerz, die nie alleine vorkommen).

In dem Lehrgedicht des Parmenides gibt es noch eine Auffälligkeit: Er ist das einzige männliche Wesen. Die Stuten, die den Wagen ziehen, sind weiblich, er wird von jungen Frauen mit auf den Weg genommen, das Tor wird von der Göttin Dike geöffnet, die für Ordnung steht, und er wird von einer namenlosen Göttin aufgeklärt. Ich weiß nicht, ob sich Sigmund Freud mit dem Lehrgedicht des Parmenides befaßt hat, doch wenn dem so war, dann hat er vielleicht darauf hingewiesen, daß das sich öffnende Tor des Parmenides ein Bild für die sexuelle Vereinigung ist und daß Männer über lustvolles Eindringen zur Erkenntnis kommen; nach dem Bild des Parmenides kontrollieren Frauen den Weg zur Erkenntnis, und sie öffnen das Tor, sind also wohl immer schon in deren Besitz. (Wie aber sind dann sie, die Frauen, zur Erkenntnis gelangt?)

3 Gibt es Zufälle?

Die zwei größten Tyrannen der Erde: der Zufall und die Zeit.
                                    Johann Gottfried Herder

Wo wir unfähig sind, die Gesetze der Notwendigkeit zu erkennen, da glauben wir frei zu sein.
                                    Ludwig Börne

Der Zufall ist die in Schleier gehüllte Notwendigkeit.
                                    Marie von Ebner-Eschenbach

*Ach, daß der Mensch so häufig irrt
Und nie recht weiß, was kommen wird.*
                                    Wilhelm Busch

Der Geist lebt vom Zufall, aber er muß ihn ergreifen.
                                    Elias Canetti

Ich will nicht zögern und bei der Suche nach Selbsttransparenz auf eigene Erfahrungen eingehen (nur wenige). Dies bringt mich zum Zufall und wie das Zufällige immer wieder neue Rahmen für den Fortgang des Handelns, manchmal meiner Existenz (ein großes Wort), bestimmt hat. Ich habe mit einem Gedicht von Ringelnatz begonnen, dem bedeutendsten deutschen Dichter im zwanzigsten Jahrhundert (bedenkliches Kopfschütteln der Fachleute; er war eher der betrunkenste), weil dieses Gedicht (wie alle Gedichte, in denen der Seemann Kuddel Daddeldu zur Tat schreitet) mit einfachen Bildern die Ruhelosigkeit des Lebens beschreibt, weil es Hoffnung ausdrückt, doch auch Vergeblichkeit, weil es auf die Schwäche hinweist, der Erotik ausgeliefert zu sein und aus erotischen Antrieben Neues zu beginnen (nicht nur aus solchen Antrieben, aber eben auch). Immer etwas Neues beginnen (bevor das Alte abgeschlossen ist), das ist ein Leitmotiv (des bisherigen Tuns; wer weiß, wie es weitergeht?).

Ich habe den Eindruck, oder besser: die Statistik der bisherigen Existenz läßt keinen anderen Schluß zu, mich immer nur wenige Jahre einer Sache hingeben zu können (wenn man an die größeren Zeiträume denkt); es ist üblicherweise etwa die Dauer einer Legislaturperiode, vier Jahre also, doch ist der zeitliche Rahmen der besonderen Konzentration nicht mit den politischen Legislaturperioden synchronisiert (auffällig ist aber – einmal unterstellt, daß ich mit diesen Jahren der besonderen Hinwendung zu einer Aufgabe kein Sonderfall bin –, daß wir als Gesellschaft ein Mandat jeweils für einen solchen Zeitraum vergeben, wohl in der Hoffnung, daß in dieser Zeit etwas Wesentliches bewirkt, aber auch nicht zuviel zerstört werden kann; die Römer waren hier mißtrauischer, indem sie zwei Konsuln nur für ein Jahr ein Mandat übertrugen). Nach einigen Jahren überkommt mich Ruhelosigkeit, das Bedürfnis nach einem Wechsel, nach Unvorhergesehenem steigt; es muß etwas Neues geschehen, und erstaunlicherweise kommt dann auch etwas Neues. (Manchmal frage ich mich, ob ich den Zufall anziehe, der einen neuen Weg eröffnet; natürlich ein absurder Gedanke, denn dann wäre es kein Zufall). Diese Sprunghaftigkeit, etwas Neues zu versuchen (ich glaube nicht, daß es Ziellosigkeit ist, obwohl der Zufall die Regie führt), macht es nicht gerade einfach, mich einzuordnen (im doppelten Sinn: Wo gehört der eigentlich hin? Wo gehöre ich eigentlich hin?), für den Forscher eine überaus problematische Angelegenheit. Man muß (für andere) in einen bestimmten Rahmen passen, man muß eingeordnet werden können, und der Rahmen sollte immer der gleiche sein. (Dieser Mechanismus der Attribution von Eigenschaften, die sich nicht ändern, erleichtert das soziale Miteinander; jene, die mit solchen einfachen Zuschreibungen von Merkmalen nicht zu fassen sind, komplizieren nur das soziale Geschehen.) Der stabile Rahmen, in dem man gesehen wird, schafft Sicherheit in einem Bereich, den man das Zwischenmenschliche nennt. Doch gehöre ich wohl zu jenen, die sich nicht einordnen lassen wollen, die sich gerne verstecken, die ihre Geheimnisse bewahren möchten, die auf den Zufall warten; immer auf der Flucht, um nicht in einen fremden Rahmen eingepaßt zu werden, immer auf der Suche, den (oder einen) eigenen Rahmen zu finden.

Das Gedicht von Ringelnatz steht am Anfang noch aus einem anderen, einem spielerischen Grund. Auf eine persönliche Weise, verdeckt und offen, erinnern mich die einzelnen Zeilen und Zeichen des Gedichtes an Menschen, mit denen ich auf verschiedene Weise (intim und aus Distanz, »Ich-nah« und »Ich-fern«) zu tun hatte und habe. Jeder Buchstabe des Gedichtes verbindet mich mit jemandem (ich mache spielerisch eine Zeitreise, eine Reise in die eigene Vergangenheit, und spreche mit einzelnen, die meine Erinnerungen bevölkern); auf diese Weise bin ich mit jedem verbunden, der mich aus der Bahn geworfen hat, der mich (wieder) auf einen Weg gebracht hat, der einen neuen Rahmen ermöglicht hat, mit dem ich Spaß hatte, von dem ich gelernt habe, dem ich nacheifere. Wenn ich durch mein vergangenes Leben blättere (das ist ein falsches Bild, denn ich bin mir selbst kein offenes Buch, in dem ich jede Seite aufschlagen könnte), wenn ich dennoch versuche zu blättern und zu lesen, dann stelle ich fest, daß das Alphabet der Wirkungen nahezu voll besetzt ist. Manchmal sind es Katastrophen (meist mit Frauen), manchmal sind es Glücksfälle (auch mit Frauen), manchmal sind es Männer, denen ich begegnete (und mit denen ich in Freundschaft verbunden bin oder war oder gerne wäre; manche leben nicht mehr), und immer war es der Zufall, der Regie führte.

Trotz der Zufälle, denen ich ausgeliefert war, stelle ich etwas Erstaunliches fest: Auch wenn durch solche Begegnungen neue Wege gegangen wurden, die Richtung der Reise sich änderte, sei es in »Syntopia« (einem Ort, an dem alles miteinander auf eine gelungene Weise miteinander verbunden ist), manchmal in »Eutopia« (einem schönen Ort) und manchmal auch in »Utopia« (dem Nicht-Ort), auch wenn dies alles vom Zufall beherrscht war, so scheint mir dennoch im Rückblick (ich schaue auf mehr als ein halbes Jahrhundert eines Lebens, in dem ich mich als mit mir selbst identisch sehe; genau gesagt beginnt meine Identität, die »Kontinuität meines Selbstseins«, im Alter von sieben Jahren), so scheint mir im Rückblick diese Reise (eine Reise in mir und mit mir) trotz aller Brüche stimmig zu sein, als sei es ein Weg in eine Richtung gewesen, als habe dieser Weg ein Ziel gehabt. Welch erstaunliche Macht hat die Illusion, in zufälligen Ereignissen einen Sinn zu sehen, aus der Folge beliebiger Geschehnisse eine Gestalt zu formen, für sich selbst einen Rahmen zu erfinden, innerhalb dessen alles an seinem richtigen Ort ist und zur rechten Zeit geschah! Welche Macht hat die Illusion, sich in Syntopia zu bewegen, in einem Land, das nur einem selbst gehört, in dem sich die gelebten Orte, die Erinnerungen, die Hoffnungen, Lust und Schmerz, das Staunen, doch auch die Langeweile, Freude und Trauer und das Nachdenken darüber, zu einem Ganzen verbinden! Muß ich nicht den Schluß ziehen, daß ich mich selbst erfunden habe (und weiterhin immer wieder neu erfinde)?

Den Zufall, der diesem Leben zugrunde liegt, beschreibt eine Strophe von Hölderlin, die dritte Strophe von Hyperions Schicksalslied, die mir immer wieder in den Sinn kommt (und wohl allein wegen dieser Tatsache etwas über mich aussagt – warum lernt ein junger Mensch freiwillig so etwas auswendig?):

Doch uns ist gegeben,
    Auf keiner Stätte zu ruhn,
        Es schwinden, es fallen
            Die leidenden Menschen
                Blindlings von einer
                    Stunde zur andern,
                        Wie Wasser von Klippe
                          Zu Klippe geworfen,
                              Jahrlang ins Ungewisse hinab.

Diese Zeilen von Hölderlin sind Bestätigung und Trost zugleich. (Gedichte sind mir so wichtig, weil sie das Alleinsein erträglich machen.) Dennoch, trotz des blinden Zufalls, der ungewissen Zukunft, der neuen Stätten, an denen man sich einzurichten sucht, dennoch gibt es für mich den Eindruck einer Kontinuität des Lebens. Woher kommt dieser Eindruck des Bleibenden, daß es immer der »Ich« ist, dem dies alles geschieht? Woher kommt der Eindruck, daß alles aufeinander bezogen ist, und dies offenbar mit Sinn?

Da ich mich selbst zum Experiment mache, will ich die Frage nach der persönlichen Identität, dem ursprünglichen Rahmen jeder Existenz, durch eigene Erlebnisse verdeutlichen. Es gab viele Begegnungen, die zufällig und dennoch bestimmend waren. Hätte Peter Steinhauer nicht einen Geschäftspartner umgebracht (als die Leiche noch nicht entdeckt worden war, kam er jeden Abend zum Bauern, wo wir nach dem Krieg lebten, um Milch zu holen), und wäre er nicht hingerichtet worden (er war wohl der letzte, den die Todesstrafe traf, bevor sie in Deutschland nach dem Zweiten Weltkrieg abgeschafft wurde), dann wäre seine hübsche Frau nicht nach Island gegangen (vielleicht stand hinter dem Mord eine Beziehungskrise), und dann hätten wir nicht in seinem Haus in Timmerhorn (ein kleines Dorf in der Nähe von Hamburg) gelebt, mit der Urne des Mörders im Garten. Er hatte vor der Hinrichtung im Gefängnis ein Jahr lang die Bibel studiert und viele persönliche Anmerkungen hineingeschrieben (ich erinnere mich an eine Bemerkung: »Wie ich«; es gibt ja genügend Mordgeschichten in der Bibel), und ich las als junger Mensch biblische Texte mit den Kommentaren eines Mörders (wo diese Bibel wohl jetzt sein mag, wenn es sie noch geben sollte?).

Hier tut sich nun für mich ein ethischer Abgrund auf (ein viel zu pathetisches Bild): Ich kann mir, trotz aller Reflexion über das Böse, diesen Mann nicht als kaltblütigen Mörder und geldgierigen Unmenschen vorstellen. Er bleibt für mich in der Erinnerung der sympathische Herr mit dem Hund, der immer sehr freundlich mit mir war und der mich offenbar mochte, vielleicht weil ich seinen Hund streichelte. Die Begegnung mit dem Raubmörder führt zum Rätselhaften, weist auf das Verborgene, macht mit dem Verborgenen sogar vertraut (was steckt in mir, was ist in jedem von uns verborgen, das wir kennen mögen oder das vor uns selbst versteckt bleibt?). Der Mörder hat einen Rahmen verlassen; was hält uns eigentlich (üblicherweise) in unserem Rahmen?

Von einer solchen Mordgeschichte ist es nicht weit zur griechischen Mythologie, in der es immer auch um Mord und Totschlag geht; die Odyssee ist mir einer der wichtigsten Texte überhaupt (die Odyssee ist mir sehr viel näher als Homers Ilias). Immer wieder lese ich die Irrfahrten des Odysseus (und beim Autofahren höre ich viel lieber die Odyssee als die Nachrichten). Auf der Akropolis in Athen sitzend, erzählte ich vor Jahren meinen Kindern vom Trojanischen Krieg, von dem einäugigen Polyphem, von den Kriegen mit den Persern und auch von der griechischen Demokratie, eingetaucht in die Atmosphäre des Ortes. Woher kommt diese Faszination? Wer war der erste, der mir von der athenischen Polis erzählte, oder den Gesetzen Solons, und der damit jene Wurzeln legte für das, was mich heute als politischen Menschen bewegt (ein Forscher ist nicht nur Forscher), wie wir nämlich eine europäische Identität bestimmen, wie wir Europa als ein Syntopia oder gar Eutopia entdecken oder auch neu erschaffen können? Womit ich schon gesagt habe, daß das moderne Europa ohne das griechische Denken nicht zu begreifen ist (natürlich auch nicht ohne das römische Recht oder die christliche Tradition oder das wissenschaftliche Denken, wie es sich in der Neuzeit entfaltet hat).

Wer war der erste, der mir diesen gedanklichen Rahmen geschaffen hat? Es war nicht die Schule (obwohl die ziemlich gut war), es war nicht das Internat (mit zwei Gottesdiensten täglich). Es war der Bauer Heinrich Harms, der mir beim Heuaufladen von Griechenland erzählte. Er stand auf dem Heuwagen, und ich brachte mit der Forke das Heu, das der Bauer so stapelte, daß möglichst viel aufgeladen werden konnte. Vor dem Wagen standen die Pferde, die manchmal den Wagen ein Stück weiterzogen, und dabei die Vorlesung des Bauern, nicht vom Katheter, sondern vom Heuwagen herab. Einiges kam hier zusammen, und wohl deshalb haben sich Bild und Inhalt der Vorlesung bleibend eingeprägt: das Feld und der Wagen, die körperliche Anstrengung (ohne Schwitzen kann man Heu nicht aufladen), der zügige Arbeitsablauf (es muß schnell gehen, bevor Regen kommen könnte) und die Aufmerksamkeit für den historischen Bericht. Hätte ich im Sommer als junger Mensch nicht auf dem Land gearbeitet, wäre mir dieser Vortrag entgangen, und das Griechische hätte für mich vielleicht nicht diese besondere Bedeutung erlangt. Doch ist es nicht merkwürdig (und durch die Neugier angetrieben, das Selbstverständliche in Frage zu stellen, denn das ist unser Geschäft als Forscher oder sollte es zumindest sein), ist es nicht merkwürdig, daß die Vorlesung vom Heuwagen herab zwar ein zufälliges Ereignis war, doch daß mir im Rückblick die Situation völlig stimmig erscheint? Aus Zufall wurde Bedeutung; das zufällige Ereignis ist ein Teil von mir geworden.

Nun beginnen sich meine Gedanken allerdings zu verfangen. Gibt es überhaupt *den* Zufall? Ohne Frage gibt es unvorhergesehene und unvorhersehbare Ereignisse. In jedem Augenblick, in dieser Sekunde, gibt es um mich herum eine unübersehbare Zahl von Ereignissen, die sich meinem Blick entziehen. Auch in meinem Gehirn laufen eine Unmenge zufälliger Prozesse ab, über die ich keinerlei Kontrolle habe. Es gibt kein Sinnessystem für das Zufällige; ich kann den Zufall nicht erkennen, ich kann nur aufnehmen, was Bedeutung hat. Dies heißt, daß das Unvorhergesehene, das Zufällige, sofort aus der Welt des Beliebigen herausgenommen wird, wenn ich mit dem Ereignis Kontakt aufgenommen habe. Das zufällige Ereignis wird erst zu einem Ereignis, und es wird unmittelbar in die Welt der Bedeutung übergeführt, indem ich es registriert habe. Alles, was ich nicht zur Kenntnis nehme (sei es explizit oder implizit), was von meinen Sinnesorganen nicht erfaßt wird, bleibt in der Welt des Zufälligen. Was es jeweils ist, das erfaßt wird, muß in meinen Rahmen passen. Dieser Rahmen persönlicher Interessen oder Erwartungen oder auch Hoffnungen muß offen sein für das unvorhergesehene Geschehen, über das man zufällig stolpert und das im Stolpern bedeutsam wird. Man muß die Gelegenheit, die sich zufällig ergibt, erkennen und dann für sich nutzen.

4 Gehend denken

Wer kann was Dummes, wer was Kluges denken, das nicht die Vorwelt schon gedacht?
Johann Wolfgang von Goethe

Unstet treiben die Gedanken auf dem Meer der Leidenschaft.
Friedrich Schiller

Müßiggang ist nichts Übles, ja man muß sagen: ein Mensch, der für diesen keinen Sinn hat, zeigt damit, daß er sich nicht zur Humanität erhoben hat.
Søren Kierkegaard

*Aunque sepa los caminos
yo nunca llegaré a Córdoba. –
Und kenne ich auch den Weg
Nie gelange ich nach Córdoba.*
Federico García Lorca

Ich hab nämlich keine Angst mehr vor dem Denken, seit mir nichts anderes übrigbleibt. Und ich freu mich über meine Gedanken, selbst wenn sie Wüsten entdecken.
Ödön von Horváth

Die Körperlichkeit geistiger Tätigkeit ist eine Selbstverständlichkeit (für mich zumindest). Vermutlich bin ich deshalb so skeptisch gegenüber Ideen, die den Körper und den Geist als verschiedene Seinsbereiche ansehen, so als hätten der Körper und das, was wir als Geist bezeichnen, zunächst gar nichts miteinander zu tun und seien im Menschen auf eine komplizierte Weise miteinander verkoppelt. Die Frage, die sich hinter dieser vermuteten Verkopplung verbirgt, ist das Leib-Seele-Problem, das Philosophen seit dem Altertum bewegt; diese Frage verlangt von jedem Forscher, der sich mit den Grundlagen des Erlebens beschäftigt, eine Antwort; ich meine, die Frage verlangt überhaupt von jedem eine Antwort; jeder muß (oder sollte) eine Meinung dazu haben, in welchem Rahmen er zu leben meint, ob er sich als eine leib-seelische Einheit empfindet oder ob er sich aus Körperlichem und aus Seelischem, die eigentlich nichts miteinander zu tun haben, zusammengesetzt sieht. Daß ich eine monistische Position vertrete, also von einer leib-seelischen Einheit ausgehe, liegt weniger daran, daß ich, wie es Aufgabe eines Forschers in den Neurowissenschaften sein müßte, lange darüber nachgedacht hätte (was ich leider nicht habe), sondern weil ich kein Fahrrad hatte. Da ich kein Fahrrad hatte, mußte ich als Kind häufig längere Strecken gehen; zum ersten Gymnasium, das ich besuchte, waren es sieben Kilometer in jeder Richtung.

Wenn man viel geht, dann wird das Gehen zu etwas Selbstverständlichem. Gehen ist nicht nur eine Tätigkeit, die einen irgendwohin bringt, sondern Gehen wird ein zeitlicher Rahmen, innerhalb dessen Selbstgespräche geführt werden, Tagträume ablaufen und es in einem denkt, Denken also wie von selbst geschieht; in reiner Gedankenleere kann niemand gehen (zumindest kann ich es mir nicht vorstellen). Seit dieser frühen Erfahrung gehören Gehen und Denken für mich zusammen. Ich kann eigentlich nur denken, wenn ich gehe (zumindest nach meiner Einschätzung geht es dann am besten). Ein Problem, was dann aber auftaucht, ist das Vergessen; wie oft habe ich gemeint, ein Problem verstanden, eine Frage beantwortet, ein kluges Experiment entworfen zu haben, und als ich dann vom Gehen zurückkam, habe ich alles vergessen. (Deshalb sollte ich wohl immer Notizpapier mitnehmen, um das Denkergebnis festzuhalten.)

Einer der Begründer der modernen Wissenschaft, Hermann von Helmholtz, behauptete von sich, daß er Einfälle dann habe, wenn er sie nicht erwarte, und eine besonders günstige Situation sei jene beim Spaziergang auf langsam steigender Straße. Max Weber, der in seinem Essay »Wissenschaft als Beruf« auf diesen Bewegungsrahmen der Kreativität hinweist, erinnert aber auch daran, daß von Helmholtz erklärte, Einfälle oder gar Eingebungen bei einer Zigarre auf dem Kanapee zu haben. In beiden Fällen tritt der Forscher aus dem Labor heraus oder verläßt den Schreibtisch, an dem er über eine Frage grübelte, und läßt es in sich denken. Man kann den Einfall nicht erzwingen; wenn man sich intensiv mit einer Frage befaßt hat, dann muß man die Hirnprozesse für eine gewisse Zeit sich selbst überlassen; plötzlich hat man dann den Einfall, und ein Gedanke fällt hinein in einen leeren Rahmen. (Als ich am Massachusetts Institute of Technology, dem MIT in Cambridge, Vorlesungen über Hirnforschung bei Walle Nauta hörte, einem der bedeutendsten Neuroanatomen des 20. Jahrhunderts, sagte der einmal, wenn Helmholtz heute leben würde, dann hätte er wohl mehrere Nobelpreise bekommen. Neben seinen grundlegenden Arbeiten in der Physik und seinen zahlreichen Erfindungen hat er das immer noch wichtigste Buch über das visuelle System geschrieben; in seinem *Handbuch der Physiologischen Optik* hat er mehr als 7000 Beiträge anderer Wissenschaftler berücksichtigt, und dies in den Siebzigerjahren des 19. Jahrhunderts. Wenn man meint, ein neues Phänomen über das Sehen entdeckt zu haben, schaut man vorsichtshalber nach, ob von Helmholtz es nicht schon beschrieben hat.)

Zurück zum Gehen: Mir ist schwer verständlich, wie jemand nur an einem Schreibtisch sitzen kann und ihm etwas einfällt. (Das ist nicht ganz fair; natürlich haben viele Forscher am Schreibtisch brillante Einfälle; ich will nur sagen, daß es noch mehr und noch bessere Einfälle gäbe, wenn sie auch gingen). Ich selbst brauche Bewegung, doch nicht das Bewegtwerden; die Bewegung muß von mir selber ausgehen. Im Laufe der Zeit habe ich mich auf die Bewegung zu verlassen gelernt, besonders auf das Gehen mit gemessenem Schritt. Wenn ich mit unklaren Gedanken irgendwohin gehe, dann weiß ich, daß es beim Gehen in mir denkt und daß am Ziel Klarheit erlangt ist. Fehlt das Gehen, fehlt die Klarheit (das ist natürlich nur mein persönlicher Eindruck; anderen mag meine eigene Klarheit alles andere als klar erscheinen). Wenn man eilt, transportiert man sich nur; wenn man schreitet, ist die Zeit erfüllt.

Es ist übrigens ein großer Unterschied, ob ich alleine oder mit jemandem gehe, und der Unterschied hinsichtlich des Denkens liegt im Tempo des Gehens. Wenn ich alleine gehe, dann darf es nicht zu langsam sein, und es ist günstig, wenn der Puls schneller schlägt. Zwei Schritte in der Sekunde sind ein guter Bewegungsrahmen, in dem es denkt. Gehe ich mit jemandem bei diesem Tempo, dann verstummt das Gehirn, es findet kein stilles Selbstgespräch mehr statt, und es scheint mir, als sei ich hauptsächlich mit der Synchronisation des Gehens befaßt. Kreatives Gehen ist eine autistische Angelegenheit, und wen wundert es, daß ich gerne alleine gehe. Aber dann gibt es auch die peripatetische Situation, die von Aristoteles und seinen Schülern beschrieben wird, in der im Gehen gedacht und gesprochen wird. Dieses Gehen ist eher ein Schlendern, ein langsames Auf- und Abgehen, in dem man sich gemeinsam den Gedanken hingeben kann. Hier bringt einen nicht das Gehen selbst ins Schwitzen, sondern der Gehende ist ganz auf das gedankliche Geschehen konzentriert.

Ein großes Wort: Beginn der Menschheit und Beginn der Wissenschaft sind mit dem Gehen verbunden. Die Wissenschaft fing damit an, daß der griechische Denker Thales (624-547 v. Chr.) beim Gehen in den Himmel schaute und dabei in einen Brunnen fiel; eine Magd, die dies beobachtete, lachte ihn aus. Es ist nicht überliefert, wie schnell Thales ging; vermutlich ging er allein, sonst wäre er wohl vor dem Brunnen gewarnt worden. Wenn ich mich in Thales versetze, dann vermute ich, daß er nicht schlenderte, sondern mit einer gewissen Atemlosigkeit, gedanklicher Spannung, sich nah der Beantwortung einer Frage fühlend, beherzt voranschritt. Vielleicht dachte er über ein mathematisches Problem nach und fand eine Lösung, die wir heute in der Geometrie als den »Satz des Thales« bezeichnen (»Der geometrische Ort der Scheitel aller rechten Winkel, deren Schenkel durch zwei feste Punkte gehen, ist der Kreis um den Mittelpunkt der Verbindungsstrecke dieser Punkte mit dem Abstand der beiden Punkte als Durchmesser«); oder Thales grübelte über den Ursprung alles Seins und ihn überkam die Erleuchtung, daß alles aus dem Wasser stamme. Dabei übersah er das Naheliegende und stürzte. Man kann ausgelacht werden (und man wird als Forscher von vielen belächelt, sich mit abseitigen Problemen zu befassen), doch wieviel beglückender ist es, staunend in den Himmel zu schauen, auch wenn man dabei manchmal stolpert, als nur Daten zu sammeln oder Strichlisten zu führen (was natürlich auch zur Arbeit des Forschers gehört).

Doch warum soll sogar der Beginn der Menschheit mit dem Gehen verbunden sein? Unsere Vorläufer lebten vor einigen Millionen Jahren im Urwald, und bewegten sich weniger auf dem Boden als im Geäst fort. Wenn sie gelegentlich gehen mußten, geschah dies auf vier Beinen, aber in einer sehr ineffizienten Weise; wie man dies bei Menschenaffen beobachten kann, gingen sie vorne auf den Fäusten. Doch dann verließen unsere Vorfahren den Urwald. Bei Erich Kästner (auch ein sehr bedeutender Dichter) heißt es hierzu in seinem Gedicht »Die Entwicklung der Menschheit«:

>»Einst haben die Kerls auf den Bäumen gehockt,
behaart und mit böser Visage.
Dann hat man sie aus dem Urwald gelockt
Und die Welt asphaltiert und aufgestockt,
bis zur dreißigsten Etage.«

Kästner fährt dann fort in der Beschreibung der verschiedenen Errungenschaften der Menschheit, meint aber am Schluß:

>»So haben sie mit dem Kopf und dem Mund
den Fortschritt der Menschheit geschaffen.
Doch davon mal abgesehen und
bei Lichte betrachtet sind sie im Grund
noch immer die alten Affen.«

Wir unterscheiden uns, wie Kästner am Schluß richtig betont, genetisch nur geringfügig von unseren evolutionären Nachbarn, und damit auch von unseren Vorfahren vor einigen Millionen Jahren. Aber ein Unterschied ist ohne Frage, daß wir ein sehr viel größeres Gehirn haben, und ein anderer Unterschied ist, daß wir aufrecht gehen; beides, größeres Gehirn und zweibeiniges (bipedales) Gehen gehören in bestimmten evolutionären Szenarien der Menschwerdung zusammen. Zunächst ist festzuhalten, daß bipedales Gehen energetisch sehr viel günstiger ist als vierbeiniges Gehen, wenn man von der Gehgeschwindigkeit ausgeht, die für uns typisch ist; wir sparen also Energie, wenn wir auf zwei Beinen gehen. Der Selektionsdruck war somit hoch für energetisch günstiges Gehen, wenn größere Distanzen zu überwinden waren. Vor etwa zwei Millionen Jahren kam es in Afrika (wo wir letzten Endes vermutlich alle herkommen) zu klimatischen Änderungen, durch die die Urwälder zurückgingen und die Savannen sich ausdehnten (aus heutiger Sicht muß es sich um eine gewaltige Umweltkatastrophe gehandelt haben, der wir aber vielleicht unsere Existenz verdanken). Das bedeutete, daß sich auch die Nahrungsressourcen weiträumiger verteilten, so daß unsere dort lebenden Vorfahren bis zu zehn, manchmal bis zu zwanzig Kilometer jeden Tag gehen mußten, um Nahrung zu finden. Wer gut gehen konnte, hatte einen Selektionsvorteil. Dieser Vorteil bezieht sich nicht nur auf körperliche Fitness, sondern auch auf die Fähigkeit zur Orientierung und zur effizienten Navigation. Mentale Landkarten wurden wichtig, in denen Orte verzeichnet waren, wo es Nahrung oder Wasser gab. Das räumliche Vorstellungsvermögen entfaltete sich (und wird heute noch in Intelligenztests abgefragt). Es bestand ein Selektionsdruck für die Entwicklung einer räumlichen Außenperspektive, daß man also die Welt nicht nur von sich aus sah (egozentrisch), sondern Orte auf dieser Landkarte verzeichnet waren und günstigste Wege zwischen Orten vorgestellt werden konnten. Damit zwischen Orten navigiert werden konnte, mußten diese Orte bildlich verankert sein; somit profitierten jene Vorfahren von einem Selektionsvorteil, die ein gutes episodisches Gedächtnis hatten, in denen die einzelnen Orte, die zum Überleben wichtig waren, verzeichnet waren. Durch das Gehen wurden gleichzeitig die Hände frei, mit denen nun Dinge angefaßt, gestaltet und begriffen werden konnten. Intelligenz erwies sich aufgrund der größeren räumlichen Verteilung notwendiger Ressourcen als Selektionsvorteil. Damit kamen evolutionäre Bedingungen zusammen, die einen neuen Rahmen vorgaben für die Entfaltung des menschlichen Gehirns. (Wären wir nicht zum Gehen gezwungen worden, säßen wir noch im Urwald, könnten aber aufgrund der mangelnden Hirnentwicklung nicht über die verpaßten Chancen nachdenken.)

Ein gedanklicher Sprung: Nach einem Schlaganfall kann es geschehen, daß ein Patient nicht mehr richtig gehen kann. Gehen ist für ihn ohne Anstrengung nicht mehr möglich, und das Gehen ist vor allem asymmetrisch geworden, d. h. die einzelnen Schritte mit dem linken oder dem rechten Bein sehen sehr verschieden aus. In der Therapie versucht man, das Gehen zu üben, und diese Therapien scheinen auch erfolgreich zu sein, zumindest solange die Patienten in den Kliniken sind, in denen die Trainingsprogramme durchgeführt werden. Erstaunlicherweise scheint der Transfer des Therapieerfolges in das tägliche Leben aber nicht immer zu gelingen. Der Grund für den mangelnden Transfer mag daran liegen, daß man beim Training den jeweils notwendigen Rahmen des Gehens vergessen hat. Was man in Programmen der Restitution übt, ist die Funktion selber, also das Gehen als Gehen, wobei die Klinikumgebung selbst einen impliziten Rahmen vorgibt. Wir gehen aber nie außerhalb eines Kontextes. Gehen ist immer mit einer Absicht verbunden; Gehen geschieht immer in einem Rahmen. Wir gehen in ein Geschäft, um etwas zu kaufen; wir gehen innerhalb eines vorgegebenen Zeitrahmens, um einen Termin wahrzunehmen, wobei wir die Schrittgeschwindigkeit an die geschätzte Zeit anpassen, die uns zum Erreichen des Ziels zur Verfügung steht; wir gehen zur körperlichen Ertüchtigung, um den Kreislauf anzuregen oder um Gewicht zu verlieren; wir gehen auf einen Berg mit dem Gipfel vor Augen, wobei wir mit der Energie haushalten müssen; wir gehen ins Tal zurück mit dem Ziel des gemeinsamen Abendessens oder eines Gelages vor Augen; wir gehen mit jemandem spazieren, um uns zu unterhalten; manchmal gehen wir im Gleichschritt, wenn wir beim Militär sind, wobei eine maximale Synchronisation mit den anderen und Regelmäßigkeit des Schritts verlangt sind; wir gehen, um allein zu sein und dabei nachzudenken; wir schlendern langsam dahin und beobachten dabei die Natur; wenn wir in der Stadt sind, schauen wir schrittweise in die Schaufenster der Läden, um Bedürfnisse zu befriedigen oder zu entdecken; wir bewegen uns gehend in der Wohnung, wobei Gehen und Stehen sich abwechseln, wenn man in der Küche beschäftigt ist. Gehen ist also immer in einen Rahmen eingebunden; Gehen nur als Gehen gibt es nicht. Wenn man diese verschiedenen Rahmen des Gehens bei einer Therapie nicht mitdenkt, dann ist es schwierig, einen Transfer des Könnens zu erzielen. Diese Problematik des Transfers gilt natürlich nicht nur für das Gehen; alle Funktionen des Gehirns haben immer einen Zweck (sonst gäbe es die Funktionen gar nicht), und dieser Zweck bestimmt den Rahmen der Funktionsnutzung. Es gibt keine Funktion »nur für sich«, sondern immer nur »im Hinblick auf«.

5 Mißverständnisse

> *Longum iter est per praecepta, breve et efficax per exempla. –*
> *Lang ist der Weg durch Lehren, kurz und wirksam der durch Beispiele.*
> Seneca

> *Ja mach nur einen Plan,*
> *Sei nur ein großes Licht!*
> *Und mach dann noch nen zweiten Plan,*
> *Gehn tun sie beide nicht.*
> Bertolt Brecht

> *Als ich aufsah von meinem leeren Blatt,*
> *stand der Engel im Zimmer.*
> *Ein ganz gemeiner Engel,*
> *vermutlich unterste Charge.*
> *Sie können sich gar nicht vorstellen,*
> *sagte er, wie entbehrlich Sie sind.*
> Hans Magnus Enzensberger

Wie habe ich das Forschungsthema »Zeit« ausgewählt, ein Thema, das mich offenbar nicht losläßt? Ich habe es nicht ausgewählt; auf dieses Thema zu kommen hängt mit einem recht merkwürdigen Zufall zusammen und hat nichts mit einem Plan oder einer ausgereiften Überlegung zu tun. Die Beschäftigung mit der Zeit des Menschen (und der Zeit überhaupt) entstand aufgrund eines Mißverständnisses. (Ich ahnte nicht, daß mich dieses Mißverständnis in eines der schwierigsten Gebiete stoßen würde, das einen Forscher bewegen kann, und das gilt wohl für jeden Menschen, nicht nur den Forscher). Das kam so: Ich wollte als Student ein Forschungspraktikum bei Konrad Lorenz machen; ich hatte mit großer Konzentration (sogar mit Hingabe) einen Text von ihm gelesen: »Die angeborenen Formen möglicher Erfahrung« (dieser Text hat für mich seine wissenschaftliche Bedeutung bewahrt). Ich fuhr nach Seewiesen, dem Mekka der Verhaltensforschung, idyllisch an einem kleinen See nicht weit von München gelegen. Doch ich hatte nicht bedacht, daß man einen Termin vereinbaren sollte, wenn man sich vorstellen will (ich hatte damals keinen Terminkalender, wußte wohl gar nicht, was das ist). Lorenz war an diesem Tag nicht in seinem Institut. Nun war ich immerhin 500 km gefahren, und umsonst wollte ich nicht gereist sein. Ich erinnerte mich, einen Aufsatz von einem Forscher mit dem Namen Jürgen Aschoff gelesen zu haben, in dem er von Bunkerversuchen berichtete, daß also Leute für längere Zeit von der Welt abgeschieden in einem von der Umwelt isolierten Raum lebten und beobachtet wurden. Dunkel erinnerte ich mich, daß er in der Nähe von Seewiesen arbeiten müßte. Dies war dann auch so, und er war an diesem Tag nicht verreist (und er war wohl verwundert über den naiven Besucher). Es ergab sich, daß gerade Bedarf bestand, Versuchspersonen zu untersuchen, die für einige Wochen in diesen Bunker geschickt wurden, und ohne lange nachzudenken, bot er mir an, diese Aufgabe zu übernehmen. Wenn ich zurückdenke, bin ich immer noch erstaunt, daß alles so schnell ging; keine Dokumente, keine Gutachten, keine Auskünfte von anderer Seite; alles nur im Vertrauen, das aus einem Gespräch erwuchs (wie hat sich das geändert; jedes Urteil über einen Forscher muß mehrfach anonym abgesichert sein; ein Leben im organisierten Mißtrauen).

Das war aber erst der äußerliche Beginn meiner Beschäftigung mit Zeit und Zeitlichkeit im Verhalten, im Erleben und in den neuronalen Abläufen des Gehirns. Aschoff hatte die Angewohnheit, wissenschaftliche Arbeiten von Fachkollegen nach Stichworten geordnet in grünen Kästen aufzubewahren. Er hatte allerdings einen Stapel von Arbeiten, die er in keinen dieser Kästen einordnen konnte; sie paßten zu keinem Stichwort; sie gehörten in keinen Rahmen. Diese Arbeiten legte er mir hin, wohl um sie loszuwerden. Sie handelten von Versuchen über Zeitwahrnehmung unter extremen Bedingungen (bei Kälte, in großer Höhe, unter Einfluß von Drogen). So kam ich also zur Forschung über die »Zeit«, durch die kreative Müllbeseitigung auf dem Schreibtisch eines Forschers. Die Frage nach den Grundlagen zeitlicher Erfahrung ist ein Teil von mir geworden, doch wäre dies auch der Fall gewesen, wenn ich mit Konrad Lorenz einen Termin vereinbart hätte?

Mit Jürgen Aschoff verbindet mich noch ein weiteres Ereignis, das die Macht des Zufalls zeigt. Er rief mich Jahre später einmal an und sagte, man hätte in einer Stiftung noch Geld übrig und ob ich nicht ein Projekt vorschlagen könne. Das Projekt müsse interdisziplinär sein, es müsse vor allem einen Bezug zu den Geisteswissenschaften haben, es könne aber auch ein wenig naturwissenschaftlich sein, doch da die Zeit dränge, müsse schnell ein Vorschlag gemacht werden, möglichst noch heute. Diese Informationen kennzeichneten in der Tat einen sehr allgemeinen Rahmen, doch sie sind von der Art jener Herausforderungen, wie man sie mögen kann; die Phantasie hat freien Lauf. Ich fuhr sofort los, wobei ich beim Start noch keine Vorstellung darüber hatte, was ich vorschlagen sollte, doch war klar, eine Stunde später eine Idee haben zu müssen. Ich glaube, daß ich auch deshalb so angstfrei fahren konnte, weil ich wußte, daß es keine Niederlage bedeutete, wenn ich keinen vernünftigen Vorschlag machen würde. Ich konnte Vertrauen haben, und es konnte ohne Druck in mir denken.

Was bei dieser Fahrt herauskam, hat meine Tätigkeit dann für Jahre mitbestimmt und rückt nun wieder in das Zentrum der Interessen. Der Vorschlag war, eine Studiengruppe einzurichten, in der die »biologischen Grundlagen der Kunst« untersucht würden (oder waren es »biologische Grundlagen der Ästhetik«, oder »biologische Aspekte der Kunst bzw. der Ästhetik«? – das Thema ist nie eindeutig definiert worden, glücklicherweise). Die Studiengruppe wurde gegründet, und sie ist nach meiner Einschätzung (vor allem durch die sachkundige Leitung meines Kollegen Ingo Rentschler) sehr erfolgreich gewesen. Das soll nicht heißen, daß wir von allen akzeptiert wurden, ganz im Gegenteil. Energischer Gegenwind kam vor allem von den Kunsthistorikern und Kunsttheoretikern, also von Wissenschaftlern mit einer geisteswissenschaftlichen Prägung, die es als einen überflüssigen, und vor allem dilettantischen Übergriff von Naturwissenschaftlern ansahen, daß diese sich mit Kunst (oder war es Ästhetik? – diese mangelnde Festlegung war natürlich auch ein Problem) befaßten.

Nie hatten wir ein Problem mit den Künstlern selber. Dichter, Musiker und bildende Künstler nahmen regelmäßig an den Sitzungen teil, und ich habe den Eindruck, daß sie sich durch diesen Diskurs über die Grenzen hinweg bereichert fühlten; aber das ging uns, die wir aus den Naturwissenschaften kamen, genauso. Vielleicht liegt dieses gegenseitige Verstehen von Künstlern und Forschern daran, daß beide letztes Endes dasselbe tun, in gleicher Weise versuchen, Kreativität einzusetzen, um etwas Neues zu schaffen, wenn sich auch die Ergebnisse unterscheiden. Ein gutes Experiment ist ein Kunstwerk. Das Mißverständnis (denn für mich ist es ein Mißverständnis) mit manchen (inzwischen längst nicht mehr allen) Stiefschwestern und Stiefbrüdern der Wissenschaft mag darin liegen, daß diese Aktivität der Naturwissenschaftler als eine Machtübernahme angesehen wurde. Es wurde offenbar ein traditioneller Rahmen gesprengt, was man (verständlicherweise) nicht zulassen wollte, zumal wir in manchen Dingen tatsächlich ziemlich naiv waren (und ich bestimmt immer noch bin).

Solche Mißverständnisse zwischen Natur- und Geisteswissenschaftlern weisen auf ein Problem hin, das Folge eines vielleicht genetischen Fehlers des Menschen ist. Wir alle leiden an der Krankheit der »Monokausalitis«, nämlich jener Krankheit, alles jeweils nur monokausal zu erklären, für alles jeweils nur *einen* Grund angeben zu wollen. Dieses natürliche Streben des menschlichen Geistes hat für viele Lebensbereiche (insbesondere auch für die Medizin) die riskante Konsequenz, daß man nicht nach weiteren Begründungen für Sachverhalte sucht. Aber nahezu alles, was das menschliche Leben in seinem Ablauf bestimmt und was das menschliche Erleben kennzeichnet, ist multifaktoriell, also durch mehrere Ursachen bestimmt.

In dem Vorhaben »Kunst und Wissenschaft« (oder »Art and Brain«, wie es später im Deutschen Museum in Bonn von Peter Friess verwirklicht wurde) geht es nicht darum, jemanden aus seinem gewohnten Rahmen herauszudrängen. Es geht auch nicht darum, das Kunstwerk monokausal mit naturwissenschaftlichen Methoden zu erklären und damit so transparent zu machen, daß es sein Geheimnis verliert (eine solche Befürchtung äußerte Herbert von Karajan, der mit großer Offenheit, wenn nicht gar Begeisterung wissenschaftliche Überlegungen aufnahm, doch auch versichert sein wollte, daß wir nicht über das Ziel hinausschossen), sondern es geht darum, einen gemeinsamen neuen Rahmen zu schaffen, ein neues Blickfeld zu erschließen. Jedes Kunstwerk, jedes Bild, jedes Gedicht kann in ein breiteres Blickfeld gestellt werden, und hierbei darf (oder sollte zumindest) nicht auf die naturwissenschaftliche Betrachtung verzichtet werden. Jedes Kunstwerk ist nicht nur inhaltlich bestimmt, sondern es ist mit Notwendigkeit auch ein formaler Rahmen gegeben, innerhalb dessen sich das Kunstwerk überhaupt erst darstellen kann. In den Künsten der Sprache und der Musik sind es zeitliche Strukturen, die von unserem Gehirn vorgegeben werden und von denen man nicht absehen kann; in den bildenden Künsten ist es die Weise sinnlicher Erfahrung, die Möglichkeiten des Ausdrucks geradezu erzwingt und deren Kenntnis den Horizont des Bildverstehens erweitert; im Tanz sind es die Bewegungsprogramme des Gehirns, deren Wissen überhaupt erst die erstaunlichen Leistungen des Künstlers nachvollziehbar machen.

Auch wenn mir diese komplementäre Betrachtungsweise aus den Geistes- und Naturwissenschaften selbstverständlich erscheint, ist sie nicht für jeden akzeptabel; immer wieder gerate ich in Situationen, in denen Bemerkungen über die Bedeutung der Hirnforschung für die Künste unvermittelt Aggression auslösen und (leider muß ich es zugeben) mich in eine Defensive drängen, so als müsse ich etwas verteidigen. Und auch Argumente, daß der Dilettant manchmal Dinge sehe, die der Fachmann in seinem festgefügten Rahmen der Betrachtung gar nicht mehr wahrnehmen könne, nützen dann gar nichts und wirken nur hochmütig (was sie wohl auch sind). Ganz im Gegenteil, solche Bemerkungen steigern die Unlust des Zuhörens. (Wenn man nicht weiß, daß man immer nur innerhalb seines eigenen Rahmens argumentiert, den man bedauerlicherweise aber nicht kennt, dann erscheint der andere natürlich als töricht oder blind, denn man kann sich gar nicht vorstellen, daß er einen anderen Rahmen haben könnte).

Wer ist schon ein Fachmann? Ich fühle mich außerordentlich unwohl, wenn mich jemand zu einem Spezialisten für etwas bestimmt (obwohl ich mich auch geschmeichelt fühle). Als Wissenschaftler ist man häufig der Forderung ausgeliefert, für alles mögliche Spezialist zu sein. Es gibt hoffentlich irgendeinen Bereich, innerhalb dessen ich mich mit Stolz (und auch Bescheidenheit) sattelfest fühle; doch mir geht es leider so, daß ich immer weniger von dem verstehe, mit dem ich mich intensiv beschäftige (vielleicht ist es aber so, daß ich in der Zunahme von Dummheit bei der Suche nach Klarheit eine Ausnahme bin; mich beeindrucken zahlreiche Kollegen in den Wissenschaften, die immer genau Bescheid wissen; man spürt dies besonders bei Prüfungen, wenn das Nichtwissen des Studenten auf die Fülle des professoralen Wissens prallt).

Aber noch einmal gefragt: Wer ist schon Fachmann? Wenn man in solchen Angelegenheiten ehrlich sein könnte (was vielleicht gar nicht möglich ist, weil man ja auch vor sich selbst bestehen muß), wenn man dennoch ehrlich sein könnte, müßte man zugeben, daß wir alle Dilettanten sind in dem Bereich, auf den wir uns spezialisiert haben, und natürlich darüber hinaus für alles andere. Mit jeder Entdeckung in der Wissenschaft wird zwar eine Antwort gegeben, aber gleichzeitig werden viel mehr neue Fragen erzeugt. (Fachwissen ist immer verteilt; wenn wir Glück haben, dann sind wir vielleicht zusammen in einem Gebiet ein Gruppen-Spezialist, was dann seinerseits kommunikative Kompetenz und den Respekt anderen gegenüber erfordert, um einen gemeinsamen Wissensrahmen aufzubauen.) Ich habe nichts dagegen, ein Dilettant zu sein, nicht einmal in dem Bereich meines Handelns, den ich als etwas Eigenes ansehe; im Gegenteil, besonders hier möchte ich Dilettant sein, wenn ich an die ursprüngliche Bedeutung des Wortes denke (auch wenn das Wort seinen Bedeutungsrahmen inzwischen verlassen hat). Ein Dilettant ist, wer eine Beschäftigung aus Liebhaberei betreibt; das Wort geht ursprünglich zurück auf »delectare«, also sich angenehm beschäftigen; dies ist in der Tat ein großes Privileg für den Forscher, sich mit Dingen befassen zu können, die ihn erfreuen.

6 Es nicht sagen können

Ein Wort gleicht der Biene. Es hat Honig und Stachel.
Talmud

Wenn du etwas wissen willst und es durch Meditation nicht finden kannst, so rat ich Dir, mit dem nächsten Bekannten, der Dir aufstößt, darüber zu sprechen.
Heinrich von Kleist

Worte verbinden nur, wo unsere Wellenlängen übereinstimmen.
Max Frisch

Sobald man den Ausdruck für eine Stimmung gefunden hat, kann man sie als überholt betrachten.
Oscar Wilde

Wer zu überreden sucht, sollte sein Vertrauen nicht auf das durchschlagende Argument setzen, sondern auf das treffende Wort. Die Macht des Schalles ist stets größer gewesen als die Macht der Vernunft.
Joseph Conrad

Wie teilt man anderen mit, was einen bewegt, was man fühlt oder über was man nachdenkt? Mit Ausnahme jener, denen die Worte und Sätze zufliegen, wenn sie sprechen und schreiben (auch die gibt es, in der Politik, den Medien, den Wissenschaften), mit Ausnahme dieser also leiden manche darunter, nicht sagen zu können, was sie meinen, nicht aufschreiben zu können, was sie denken. Ich sollte nicht für andere sprechen: Es gilt in jedem Fall für mich. Ich kann nicht sagen, was ich denke, ich kann nicht aufschreiben, was ich sagen möchte. Es ist nicht jene Angst vor dem leeren Blatt; es ist die Erfahrung, es nicht zu können, also nicht das in Worten abbilden zu können, was es in mir denkt, wie sich etwas anfühlt, was mich bewegt. Es mag sein, daß manche dieses Ziel erreichen; doch ich glaube, daß auch bei Wortgewaltigen und Schriftgelehrten dies eine Illusion ist (wenn auch eine nützliche). Es ist ein viel zu enger Rahmen, in den sich die Gedanken zwängen sollen. Es kommt zwar etwas in den Sprachrahmen hinein, doch wenn ich mich selber sprechen höre, wenn ich lese, was ich geschrieben habe, dann ist es eine mißlungene Abbildung dessen, was ich ausdrücken wollte, und manchmal steht der geschriebene oder gesprochene Satz in einem anderen Rahmen als der ursprüngliche Gedanke. (Daß es manchmal einem Dichter auch so geht, bestärkt mich, kein Sonderfall zu sein, wenn diese Beobachtung auch nicht tröstet; Ringelnatz schreibt: »Nur Gedanken danken richtig, doch mir folgt die Sprache nicht.«)

Ein Patient mit einer großen Gabe der Selbstbeobachtung, der eine schwere Hirnverletzung durch einen Unfall erlitten hat und dessen Sprache für Monate verloren war, sagte einmal, nachdem die Sprache teilweise zurückgekehrt war: »Es ist, als ob die Gedanken die Worte nicht mehr finden.« Bei diesem Patienten (wie bei vielen anderen, die nach einem Unfall oder nach einem Schlaganfall vor allem in der linken Gehirnhälfte eine Störung erlitten haben) gilt verstärkt, daß Gedanken, Gefühle, Erinnerungen und Absichten stets einen Rahmen suchen, um in Wort oder Schrift ausgedrückt zu werden. Wir denken, fühlen, empfinden, erinnern oder wollen also nicht *in* der Sprache, sondern *vor* der Sprache und, wenn es zum Ausdruck gebracht werden soll, *für* die Sprache. (Ich habe hier offenbar eine ganz andere Auffassung als Karl Kraus, der einmal sagte: »Die Sprache ist die Mutter, nicht die Magd des Gedankens«).

Es ist für mich eine große Anstrengung, einen kurzen Brief zu schreiben, mit wenigen Worten genau das zu sagen, was zu sagen ist. Für diese Herausforderung muß immer erst der richtige Rahmen gefunden werden, denn nicht in jeder Situation und nicht zu jeder Zeit ist der äußere Rahmen gegeben, der dem inneren Rahmen entspricht, um den kurzen Brief zu schreiben. Wenn sich manchmal die Beantwortung eines Briefes verzögert, dann hat dies nicht unbedingt mit Trägheit oder mit Überlastung zu tun, viel mehr kann sich darin auch der Respekt dem anderen gegenüber ausdrücken, denn es muß erst der Rahmen gegeben sein, der die Muße für die Antwort und die Hoffnung für die angemessenen Worte gibt. Nichts ist unhöflicher, als einen persönlichen Brief sofort zu beantworten, weil aus dieser

Schnelligkeit erkennbar wird, daß etwas erledigt wurde; der Schreiber war zwar effizient, aber nicht beteiligt, und der andere wurde im Rahmen der eigenen Erledigungsstruktur instrumentalisiert.

Neue technische Möglichkeiten verändern auf merkwürdige Weise die Kommunikation. Kommunikation mit »elektronischer Post« (wie mein Kollege Nikita Podvigin aus St. Petersburg zu sagen pflegt) hat mit dem Schreiben eines Briefes nichts zu tun; es werden kommunikative Pflichten erledigt, aber die Nachricht ist nicht mehr persönlich an den Empfänger gerichtet. Der Schreiber oder der Empfänger einer E-Mail ist in der Welt der Benachrichtigungen instrumentalisiert, was sich insbesondere in den »cc-s« ausdrückt; durch die Kopie nehmen andere an dem fraglos nützlichen kommunikativen Prozeß teil. »Instrumentalisierung« des anderen mag übertrieben klingen, doch fällt mir diese Veränderung auf, wenn ich aus Rußland oder aus Japan eine persönliche Nachricht bekomme, die eigentlich ein Brief ist, der sich des elektronischen Mediums bedient. Solche Erfahrungen machen den kommunikativen Wandel erst deutlich, der mit den neuen technischen Möglichkeiten einen neuen Rahmen hervorgebracht hat, der die Weise der Kommunikation grundlegend ändert. (Einen Brief erinnert man, eine Nachricht per E-Mail kaum). Ich gehöre zu jenen (man mag sie altmodisch nennen), die sich gegen den kommunikativen Wandel wehren, die eine Nachricht noch einmal überarbeiten, Schreibfehler korrigieren, den Satzbau ändern (was alles sehr zeitaufwendig ist) und sich beim Schreiben den andern als Person vorstellen, also einen persönlichen Brief bei Benutzung neuer Technik schreiben. Diese Briefe sind in Zukunft kaum mehr möglich. Da eine tägliche Lawine von Nachrichten über mich hereinbricht, kann ich nicht mehr auf jede Nachricht mit einem Brief antworten, der sich auf den anderen einstellt. Höflichkeit drückt sich nicht mehr im Inhalt des Schreibens, sondern in der Effizienz der Beantwortung aus. Die Effizienz der Kommunikation hat den Respekt vor dem anderen, dem man etwas hätte sagen wollen, verdrängt. Vielleicht ist es nicht erstaunlich, daß der handgeschriebene Brief eine Renaissance erlebt, der schon allein wegen der äußeren Form eine Ich-Nähe zum Adressaten herstellt.

Doch zurück zu der Möglichkeit der Kommunikation und dem Versuch, das zu äußern, was in einem vorgeht, um so ein Miteinander herzustellen. Ich habe in diesem Punkt eine radikale (vielleicht auch destruktive) Auffassung. Jedes Gespräch geht ins Mißverstehen, auch wenn man sich vormacht (denn das macht man), den anderen zu verstehen, oder wenn man meint, vom anderen verstanden zu werden. Katastrophal (dieses Wort ist keine Übertreibung), katastrophal sind jene Beziehungsgespräche mit hoher emotionaler Ladung, jene Gespräche zwischen einem Hilfesuchenden und einem Therapeuten, einem Patienten und einem Arzt, gekennzeichnet von Hoffnung und Angst, in denen jeder von anderen Voraussetzungen ausgeht, jeder aus seinem eigenen Rahmen heraus spricht, in denen Terror des Verstehens ausgeübt wird (keiner weiß genau, was mit dem Verstehen gemeint ist, doch es muß »verstanden« werden). Oder geht es vielleicht gar nicht um dieses Verstehen? Ich glaube, in solchen (wie vielen anderen) Gesprächssituationen geht es nicht um Verstehen, sondern es geht um Macht oder um Abgrenzung, um Herrschen oder darum, in Ruhe gelassen zu werden.

Mit dieser vielleicht ungewöhnlichen Auffassung über die Möglichkeiten der verbalen Kommunikation wird nachvollziehbar (ich wage nicht, das Wort »verständlich« zu verwenden), daß es mir hoffnungslos erscheint (obwohl ich einmal anderer Meinung war), man könne über Gespräche etwas Gutes bewirken. Meine Beobachtungen an anderen und meine eigene Erfahrung zeigen das Gegenteil. Ich gehe aus den meisten Gesprächen mit einem unguten Gefühl heraus, manchmal mit dem Gefühl der Peinlichkeit, etwas falsch oder etwas Falsches gesagt zu haben, den anderen gekränkt, mich selbst entblößt zu haben. Wie beginnt man und wie beendet man ein Gespräch? (Ich bewundere jene, die es mit Leichtigkeit zu beherrschen scheinen, die sich offenbar nicht im Wege stehen.).

Dieses Gefühl der Inkompetenz, des Versagens und auch der Dummheit ist bei Vorträgen und bei Vorlesungen nicht anders; ich empfinde es als unangenehm, wenn mir jemand nach einem Vortrag ein (manchmal ernstgemeintes) Kompliment macht. Ich stehe dann sprachlos da und leide darunter, einen bestimmten Gedanken, der mir wichtig erschien, nicht erläutert zu haben, etwas unklar ausgedrückt zu haben oder eine Überlegung in einen falschen Rahmen gestellt zu haben. Fragen nach einem Vortrag machen dann deutlich, daß ich nicht so verstanden wurde, wie ich es beabsichtigt hatte. Und ich beginne dann, noch einmal alles zu erläutern, und verwirre mich dabei selbst und die anderen. (Vielleicht hatte jener recht, der nach einem Vortrag eine Frage stellte und, ohne die Antwort abzuwarten, den Raum verließ; verblüfft ist man als Redner dann schon.)

Der versperrte Zugang zur Sprache quält nicht nur beim Sprechen, sondern auch bei der Übersetzung eines Gedankens in Lesbares. Wie viele andere gehöre ich zu jenen, die bildlich denken (wenn man akzeptiert, daß dies auch eine Art von Denken ist); zur Verdeutlichung eines Gedankens gehört für mich die einfache Zeichnung. Dahinter steckt als spezifische Eigenschaft der neuronalen Informationsverarbeitung in Gehirnen die Tatsache, daß Wissen offenbar nicht sequentiell gespeichert wird (obwohl die Antwort auf die Frage, wie denn Wissen im Gehirn gespeichert ist, völlig offen ist). Wissen ist, so vermuten viele Forscher, in den Räumen des Gehirns verteilt repräsentiert; Wissen ist wie auf einer Landkarte an verschiedenen Orten, die miteinander verbunden sind, angeordnet (obwohl diese Landkarte selber recht dynamisch sein kann); Wissen in unserem Gehirn ist also nicht wie auf einem Faden aufgezogen. Vermutlich ist die Topologie des gespeicherten Wissens in jedem von uns stabil (wobei wir uns in diesen Topologien voneinander unterscheiden mögen), daß die besondere Topographie unserer Landkarten aber veränderbar ist, darauf weist zumindest die Plastizität der Wissens-Repräsentation hin, wie sie sich aus Beobachtungen an Patienten mit Hirnschädigungen ergibt.

Diese Vorstellung einer räumlich verteilten Repräsentation des Wissens möchte ich auf das Reden oder Schreiben anwenden. Wenn ich etwas sage, wenn ich einen Text schreibe, wer sagt mir dann, welchen Weg ich dabei auf dieser inneren Landkarte des Wissens einschlage? Was ist der richtige Weg, und gibt es den überhaupt? Wenn plötzlich eine neue Idee auftaucht, mag man das als sprunghaftes Denken beklagen und als störend empfinden, doch es ist auch der Reichtum von Möglichkeiten, der sich in den Assoziationen ausdrückt. Kreativität heißt, neue Wege zu gehen, alte Gedanken neu miteinander zu verknüpfen (auch wenn diese manchmal im Kreis laufen). Das Gehirn inszeniert dauernd Schwejkiaden und repräsentiert in seiner Tätigkeit die reinste Form des Shandyismus. Der brave Soldat Schwejk durchbricht mit seinen Anekdoten immer wieder den Fortgang des Geschehens, und in der »Budweiser Anabasis« geht er im Kreise und kehrt an den Ausgangspunkt des Gehens zurück (auch Schwejk war ein großer Geher). Im Tristram Shandy (auch eines meiner Lieblingsbücher) werden durch zufällige Ereignisse immer wieder neue Fährten gelegt, und diese Zufälle bewirken Quergedanken, so daß der Held, *Tristram Shandy* nämlich, erst geboren wird, als das Buch schon seine halbe Strecke erreicht hat.

Wie anders klingt da, wenn ich an die Schwierigkeit der Übersetzung von Gedanken ins Wort denke, der Ausspruch und auch der Anspruch Wittgensteins (in der frühen Phase seines Denkens), wenn er sagt: »Der Gedanke ist der sinnvolle Satz«, oder: »Die Grenzen meiner Sprache bedeuten die Grenzen meiner Welt«, oder: »Alles, was überhaupt gedacht werden kann, kann klar gedacht werden. Alles, was sich aussprechen läßt, läßt sich klar aussprechen«. Ich muß gestehen, daß mir diese Sätze von Wittgenstein lange Zeit eine dogmatische Richtschnur waren, daß ich meinte, man könne solchen Forderungen gerecht werden. Ich habe an meiner Unfähigkeit zur Klarheit gelitten, und nun habe ich die Hoffnung aufgegeben, dem Anspruch gerecht zu werden, eine angemessene Beziehung zwischen Denken und Sprechen herzustellen. (Diese mangelnde Fähigkeit hindert mich aber offenkundig nicht daran, dennoch in »Worten zu kramen«, wie Faust in seinem berühmten Eingangsmonolog sagt, und mitzuteilen versuche, was es in mir denkt – eine paradoxe Situation; warum fällt es mir so schwer, »ich denke« zu sagen?)

Was ist überhaupt »denken«? Diese Frage läßt Plato in seinem Dialog *Theätet* an Sokrates stellen, und jener antwortet: »Ein Gespräch, das die Seele mit sich selbst darüber durchführt, was sie gerade untersucht ... Denn wenn die Seele nachdenkt, so schwebt mir vor, dann tut sie nichts anderes, als einen Dialog führen, indem sie sich selbst fragt und antwortet, bejaht und verneint.« Diese Bestimmung des Denkens als Selbstgespräch leuchtet mir ein, denn auch in mir unterhält sich die Seele mit sich selbst. Der Verlauf und der Inhalt dieses Gespräches ist allerdings entscheidend von der Situation abhängig. Beim Gehen ist dieses Gespräch trotz aller Nebenwege, in die auch hineingegangen wird, zielorientiert; etwas achtet offenbar darauf, daß das Selbstgespräch nicht in ziellose Tagträumerei ausartet und daß ein Bezug zur Wirklichkeit erhalten bleibt. (Vielleicht sind aber auch Tagträume auf die Wirklichkeit bezogen, indem Hoffnungen für die Zukunft oder eine gelungene Gegenwart vor dem geistigen Auge inszeniert werden.)

Dann gibt es aber auch noch die traumnahe Unterhaltung der Seele mit sich selbst in einer der Welt abgewandten Situation, nämlich im morgendlichen Herandämmern an die Wirklichkeit. Wenn ich morgens schlaflos liege und die Kraft fehlt, mich zu erheben (oder die Trägheit sich durchsetzt), dann beginnt das innere Gespräch, dann wird der Tag geplant, Entscheidungen werden getroffen, sogar Vorträge gehalten, und ich erfreue mich an der Klarheit (was ganz falsch sein mag) des Gesprächs der Seele mit sich selbst. Doch dann kommt die Wirklichkeit des Tages (die wirkliche Wirklichkeit), in der dieses Gesprächsergebnis schriftlich oder mündlich umgesetzt werden soll, in der die innere Klarheit zur äußeren Klarheit kommen soll. Es ist nicht möglich (es ist für mich nicht möglich). Dann fehlen die richtigen Worte, die eindeutigen Sätze sind verloren, und manchmal hat sich der schöne Gedanke verflüchtigt; was war es noch einmal, das es in mir gedacht hatte? (Wer verstünde dann nicht den Einsiedler, der nur noch lautlos mit sich selber spricht). In dieser Situation der Verwirklichung wird die große Distanz erkennbar zwischen der Leichtigkeit der Innenwelt, zwischen der in Gedanken gehaltenen Rede, dem vorweggenommenen Zwiegespräch mit jemandem, und der wirklichen Rede oder dem tatsächlichen Zwiegespräch, zwischen dem gedanklich ausgearbeiteten Konzept für einen schriftlichen Text und dem geschriebenen Text. Das, was ich absondere (man kann es kaum anders nennen), hat nur noch wenig mit dem zu tun, was schon fertig war, was in der erinnernden Anschauung sogar vollkommen war (obwohl die persönliche Wertung verzerrt sein mag).

Gäbe es nicht die Prüfung, gäbe es nicht diesen dauernden Vergleich zwischen der Innenwelt und der Äußerung (zwischen der Er-Innerung und der Ent-Äußerung), dann wäre vieles leichter. Doch immer werde ich zu diesem Vergleich gezwungen, ob das innere Wort dem geäußerten Wort, das auf andere gerichtet ist, ent-spricht. Bei diesem Vergleichen bin ich wie jeder von uns Sklave des Gehirns. Strukturen vor allem im vorderen Bereich des Gehirns (dem Frontallappen) sorgen dafür, daß wir über uns Buch führen, daß wir stets abgleichen, daß wir regelmäßig überprüfen, ob das, was wir getan haben, dem entspricht, was wir wollten, ob unsere Pläne Wirklichkeit geworden sind. (Dies gilt für alles, was wir tun, nicht nur das Umsetzen unserer Gedanken in das gehörte oder zu lesende Wort; dauernd, und ohne daß wir es willentlich verhindern können, wird unser Handeln, das der Verankerung in der Welt dient, hinsichtlich unserer Absichten überprüft.)

Auch wenn diese Prüfung unserer selbst zu unserer Natur gehört, können wir natürlich versuchen, wenn wir einmal dieses Wissen über uns selbst haben, uns zu entgehen, überdrüssig der eigenen Kontrolle. Ich empfehle nicht die chirurgische Abtragung jener Hirnstrukturen, die für diese Kontrolle zuständig sind (so absurd ist diese Bemerkung nicht: Es gab eine Zeit, in der mit Hilfe psychochirurgischer Eingriffe der Frontallappen abgetragen wurde, um impulsives Verhalten vor allem bei Kindern einzudämmen, ohne daß man ahnte oder wahrhaben wollte, damit eine Vielzahl jener Funktionen zu beseitigen, die ein Wesensmerkmal des Menschlichen sind; der Erfinder dieser Operation, Moniz, immerhin ein Nobelpreisträger, wurde von einem seiner Patienten erschossen). Aber was könnte man sonst machen, im Sinne einer Eigentherapie, die Selbstkontrolle zu beseitigen oder nicht mehr an ihr zu leiden? Was wir vermutlich alle machen, ohne uns darüber Rechenschaft abzulegen, ist der Einsatz eines Abwehrmechanismus, den Sigmund Freud beschrieben hat, nämlich die Verdrängung. (Die Inhalte des Unbewußten sind nach seiner Lehre im wesentlichen verdrängte Erlebnisse.) Wer gut verdrängt, befreit sich vom Leiden an sich selbst, vom Leiden an der Unmöglichkeit, sich in einem Rahmen gemeinsamen Verstehens mitteilen zu können. (Verdrängung als effizienter Abwehrmechanismus ist aus mir nicht begreiflichen Gründen in Mißkredit geraten, so als sei das Verdrängen nur etwas Schlechtes. Wenn es einen Mechanismus unseres Gehirns *überhaupt* gibt, dann ist er entstanden, weil er eine positive Funktion hat, denn sonst wäre er nicht entstanden; evolutionäre Selektionen suchen nichts aus, was nur schädlich oder schlecht ist. Offenbar ist es für den Erhalt unserer Identität, für den Selbstschutz notwendig, etwas beiseite zu legen und nicht immer damit befaßt zu sein.)

Doch bei mir bleibt in diesem Fall der Segen der Verdrängung wirkungslos. Es überkommt mich manchmal geradezu Ekel, immer wieder dieselben Wörter zu verwenden, den gleichen Satzbau zu benutzen, zu spüren, daß die Begriffe nicht wirklich stimmen. Und es macht mich auch traurig, denn dies heißt, andere nicht wirklich erreichen zu können, zumindest nicht mit der gesprochenen oder geschriebenen Sprache. Natürlich gibt es die anderen Wege, und sie sind zum Aufbrechen der Einsamkeit viel wichtiger, wie der stumme Blick, das gemeinsame Gehen, die Geste, der Geruch, der Klang der Sprache (nicht ihr Inhalt), manchmal die Umarmung. Ich glaube, wir verlangen zuviel von der Sprache, wenn durch sie und nur durch sie ein Verstehen erreicht werden soll. Doch sind wir in der Tradition unseres Denkens, des Denkens der Neuzeit, das durch den tiefen Glauben an die Rationalität des Wortes geprägt ist, in einer Ideologie des Wortes gefangen. Können wir diese Ideologie hinter uns lassen? Wir könnten versuchen, die verbale und die schriftliche Kommunikation auf das einzuschränken, wofür sie taugt, nämlich die Sprache nur hinweisen zu lassen, und auch eine solche vom Terror des Verstehens befreite Sprache wäre immer noch reich genug, wie gerade Gedichte deutlich machen: »Der Mond ist aufgegangen« (wie es bei der griechischen Dichterin Sappho und dann bei Matthias Claudius heißt), oder »Über allen Gipfeln ist Ruh« (wie Goethe an eine Wand schrieb), oder eine solche Frage wie »Wo bis du«? – die letzten Worte, die ich von meiner Mutter hörte, bevor sie starb, und die ich natürlich nie vergessen werde; sie wollte wissen, an welchem Ort ich bin, und ich verbinde mit dieser Frage meine unsichere Verankerung in der Welt.

Das gelungene Gedicht (nicht jedes Gedicht ist natürlich gelungen, und das merkt man oft erst, wenn man ein Gedicht auswendig lernt), das gelungene Gedicht erscheint mir das äußere Zeichen eines Gespräches der dichterischen Seele mit sich selbst zu sein. Es ist das manifestierte Selbstgespräch, das nicht in einem Diskurs entsteht, sondern (wie der Dichter Durs Grünbein einmal sagte) in einem Zustand weltabgewandter Trance, in einer für den Augenblick von anderen befreiten Konzentration, in der andere nur virtuell anwesend sein können, auch wenn das Gedicht sie später wirklich erreichen kann.

Ein Ausweg aus mißglückter Kommunikation zwischen Menschen und dem Entgehen steten Mißverstehens ist sprachliche Ritualisierung, und vielleicht sollten wir uns mehr auf die Rituale des Sprechens stützen. Im Chinesischen gibt es eine große Zahl von Sprichwörtern (Ch'eng-Yü), die jeweilige Lebenssituationen kennzeichnen. Das gebildete Gespräch (früher, vielleicht bei manchen auch noch jetzt) zeichnet sich dadurch aus, daß man sich nur mit Sprichwörtern unterhält. Dies bedeutet keinesfalls, daß dann nur noch Standardgespräche ablaufen würden; das Reizvolle für den Gebildeten besteht gerade darin, auf diese Weise neue Themengebiete und gedankliche Rahmen zu erschließen. Daß dies leicht möglich ist, ergibt eine kombinatorische Betrachtung. Bei nur 100 Sprichwörtern gäbe es bereits, wenn man alle möglichen Abfolgen berücksichtigt, 10 hoch 30 (das sind 1000 000 000 000 000 000 000 000 000 000) Gesprächsverläufe, die natürlich nicht alle sinnvoll sind, doch auch die sinnvollen Möglichkeiten können in ihrem Reichtum nie ausgeschöpft werden. Immer neue Bedeutungswege können erschlossen werden, wenn man in dieses Reservoir geronnenen Menschheitswissens hineingreift. Natürlich gibt es (oder gab es) diese mögliche Ritualisierung des Gesprächs nicht nur im Chinesischen; auch wir können in den Gesprächsverlauf Sprichwörter oder Zitate einfließen lassen (nicht um anderen zu imponieren, was häufig genug geschieht, sondern um einen inhaltlichen Bezug herzustellen). Mit dem Zitat oder dem Sprichwort kann ein gemeinsamer Rahmen des Verstehens bestimmt werden, und die Gesprächspartner sind in einem gemeinsamen Bezugssystem verankert; es wird eine Brücke des Verstehens hergestellt, zumindest angedeutet. (Voraussetzung ist natürlich, daß beide das Sprichwort oder das Zitat auch kennen, was verlangt, daß eine Sozialisierung in einem gemeinsamen kulturellen Rahmen stattgefunden hat). Bismarck verwendete in seinen politischen Reden reichlich Zitate von Horaz, und er konnte zu seiner Zeit davon ausgehen, daß die meisten Zuhörer einen inhaltlichen Bezug zu den lateinischen Sätzen herstellen konnten, ein gemeinsamer Rahmen des Verstehens also vorlag, und durch diesen Bezug auch ein historischer Rahmen eröffnet wurde. (Auch Horaz muß über den Rahmen nachgedacht haben, und wie das menschliche Maß durch einen vorgegeben oder gewählten Rahmen bestimmt wird; so verstehe ich zumindest seine Worte: »Est modus in rebus, sunt certi denique fines. – Es gibt ein Maß in den Dingen, es gibt letztlich feste Grenzen«.)

Es besteht kein Grund zur Sorge, daß sich bei Zitat-Sequenzen, die offenkundig unsinnig sind, der Eindruck der Sinnlosigkeit einstellen würde. Unser Gehirn ist von dem kategorialen Zwang beherrscht, immer und überall Sinnvolles zu erfassen; wir haben keinen Detektor für das Sinnlose, da es in der Evolution nie einen Anlaß geben konnte, sich sinnvoll mit dem Sinnlosen auseinanderzusetzen. Eine Abfolge von beliebigen Sprichwörtern wird immer einen Sinn simulieren; es entsteht immer eine Geschichte. Wir vermuten immer Bedeutung, wenn wir Worte hören, und der Mechanismus der Kausalattribution setzt unsere gedankliche Interpretationsmaschine in Gang, um Sinn in das wenig Sinnvolle, ja Unsinnige zu lesen. Dasselbe Prinzip gilt für das Sehen. Wir können das Unmögliche nicht rezipieren (Abb. 2); auch

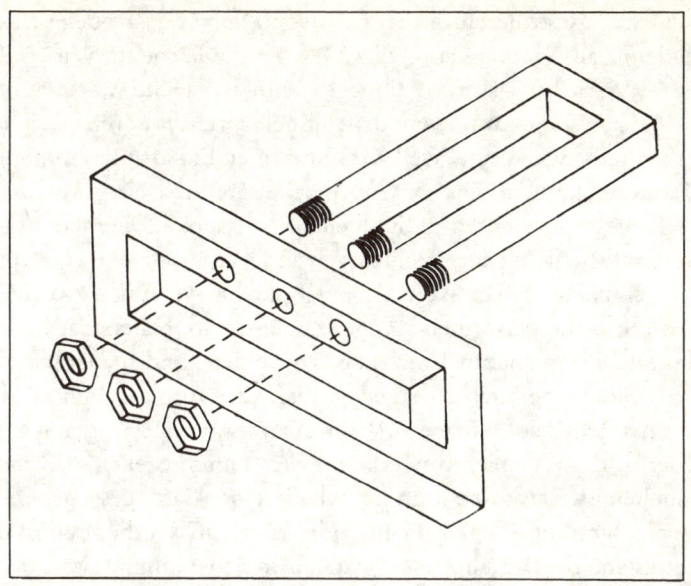

Abb. 2 Eine unmögliche geometrische Struktur; dennoch versuchen wir, drei Gabeln zu sehen. Das Gehirn versucht immer, eine prägnante Gestalt zu erkennen, aus dem Unmöglichen also Mögliches zu machen.

wenn sich eine Figur als unmöglich erweist, versuchen wir, eine prägnante Gestalt zu erkennen. Wir haben kein Sinnesorgan für das geometrisch Unmögliche. (Viele Bilder des holländischen Künstlers Escher leben von diesem geometrischen und wirklichen Widerspruch.)

Ich empfehle zur Überprüfung der These von geglückter Sinnsuche ein einfaches Experiment, das in einem abendlichen Gesprächskreis, in der Schule, bei einer Kabinetts- oder Vorstandssitzung, im Theater, selbst in einem Vortrag durchgeführt werden kann. Man nehme ein Buch eines mehr oder weniger bedeutenden oder nicht so bedeutenden Autors und lese mit begeisterter Stimme und voller Inbrunst daraus vor, aber so, daß die Zuhörer nicht merken, daß die gelesenen Sätze nicht aufeinander folgen. Man schlägt das Buch an irgendeiner Stelle auf, liest einen Satz, schlägt es irgendwoanders auf – vom Zufall gesteuert nach vorn oder hinten blätternd – und liest den nächsten Satz und dann, von diesem Zufallsprinzip gesteuert, wieder den nächsten Satz. Die Zuhörer werden sich eine schlüssige

Geschichte konstruieren, die bei jedem einzelnen verschieden ist, doch in jedem Fall wie eine sinnvolle Geschichte erscheint. Wir sind in diesem »Versinnen« (warum gibt es eigentlich manche Wörter nicht?) den Mechanismen unseres Gehirns ausgeliefert. Wir hören etwas, und wir machen etwas daraus, weil wir ohne einen Erwartungsrahmen gar nichts hören können. Was wir jeweils daraus machen, hängt von jedem einzelnen ab, von jenem individuellen Rahmen, der bei jedem aufgrund unterschiedlicher Erfahrungen anders ist.

Manchmal hört man in ein Gespräch hinein, wenn sich zwei Menschen über eine persönliche Angelegenheit unterhalten; das ist zwar indiskret, aber manchmal nicht zu vermeiden (und manchmal sind solche Gespräche auch so angelegt, daß die Mitmenschen an dem gemeinsamen Leid teilhaben). Wenn man nach einer längeren Pause wieder in das Gespräch hineinhört, wird man feststellen, daß nichts geschehen ist. Es werden immer noch dieselben Sätze gesprochen; das Gespräch kommt offenbar nicht vom Fleck. Am deutlichsten ist dieser Stillstand bei Beziehungsgesprächen, in denen immer dasselbe gesagt wird und das Gespräch nicht beendet werden kann, weil keiner den Mut hat, als erster den vermeintlichen Rahmen eines ungemeinsamen Gesprächs (warum gibt es das Wort »ungemeinsam« nicht?) zu verlassen, um sich aus diesem Zwang mißglückter Kommunikation zu befreien. Was für ein Zeitverlust durch den Terror des Verstehens, wenn Wörter jene Zartheit zerstören, die beide verbinden könnte; man müßte nur auf das Reden verzichten. (Jemand sagte einmal: »Das mindeste, was du tun solltest, wenn du nicht kommunizieren kannst, ist, den Mund zu halten.«)

Aber wenn wir schon sprechen, was müssen wir dafür eigentlich können? Zunächst einmal brauchen wir einen Wortvorrat, also ein Lexikon; wir bezeichnen dies als lexikalische Kompetenz. Wenn wir in der Schule eine Fremdsprache lernen, dann wird zunächst besonderes Augenmerk auf die lexikalische Kompetenz gerichtet. Um miteinander sprechen zu können, benötigt man ein paar tausend Wörter, obwohl man gelegentlich auch mit weniger auskommen mag; der sogenannte Gebildete hat meist einen größeren Wortvorrat. (Merkwürdigerweise wird manchmal jemandem Bildung unterstellt, nur weil er einen großen Wortschatz hat.)

Offensichtlich sind es nicht allein die Wörter, die unsere Sprache ausmachen; beim Reden müssen Wörter in einer bestimmten Abfolge hervorgebracht und aufeinander abgestimmt werden, damit Sprache Sinn hat und von anderen verstanden wird. Die Fähigkeit, Wörter in eine geordnete Reihenfolge zu bringen, so daß Sätze entstehen, bezeichnen wir als syntaktische Kompetenz. Diese Kompetenz ermöglicht es also, Regeln der Grammatik anzuwenden. Die Anwendung der Grammatik ist wesentlich davon abhängig, daß zwei verschiedene Wortkategorien in eine geordnete Abfolge gebracht werden. Dies sind einmal die inhaltstragenden Wörter, die einen Gegenstand oder eine Handlung bezeichnen (also Substantive und Verben), und die Funktionswörter, die Beziehungen zwischen den inhaltstragenden Wörtern herstellen.

Sprache dient dem Zweck, anderen Inhalte zu vermitteln, Sprache hat also Bedeutung bzw. sollte sie zumindest haben. Wir bezeichnen die Fähigkeit, Sprache mit Bedeutung zu sprechen, als semantische Kompetenz. Wenn man unbefangen an die Sache herantritt, dann mag es merkwürdig erscheinen, daß man Lexikon, Grammatik und Bedeutung der Sprache voneinander trennt und unterschiedlichen Kompetenzen zuordnet. Diese Trennung ist aber gerechtfertigt, weil Beobachtungen belegen, daß die einzelnen Kompetenzen selektiv verlorengehen können. Patienten mit einem Schlaganfall oder einer anderen Hirnschädigung verlieren manchmal die Fähigkeit zur Grammatik, oder sie können ihrer Sprache keine Bedeutung mehr verleihen, oder ihr Wortvorrat geht ganz oder teilweise verloren. Alle diese Verluste können für sich allein auftreten. Die Tatsache einer solchen Dissoziation, also einer Abtrennung von einzelnen Kompetenzen, besagt, daß es für sie im Gehirn jeweils besondere Mechanismen geben muß, denn sonst könnten sie nicht getrennt voneinander verlorengehen. Wenn eine solche Schädigung im vorderen Bereich des Gehirns, im linken Frontalhirn, auftritt, dann beobachtet man häufig den Verlust der syntaktischen Kompetenz. Solche Patienten reden in einem telegrammartigen Stil; sie können die Funktionswörter nicht mehr so nutzen, daß flüssige und geordnete Sätze artikuliert werden. Aufgrund dieser Einschränkung spricht man in einem solchen Fall auch vom Krankheitsbild des Agrammatismus. Liegt die Schädigung weiter hinten, doch ebenfalls auf der linken Seite, dann kann der Patient noch flüssig sprechen, seine Sprache ist aber oft bedeutungsleer. Die semantische Kompetenz scheint also an die Funktionsfähigkeit von Strukturen im linken Schläfenlappen des Gehirns gebunden zu sein.

Die Beobachtung, daß Funktionen an bestimmte Regionen im Gehirn gekoppelt sind, wurde erstmals für Sprachfunktionen gemacht. Der französische Arzt Paul Broca beschrieb im Jahre 1865 einen Patienten mit einer Schädigung in der linken vorderen Gehirnhälfte, und dieser Patient konnte nur noch die Silben »tan tan« sagen. Etwas später beschrieb der deutsche Nervenarzt Carl Wernicke den Ausfall der semantischen Kompetenz bei Schädigungen des linken Schläfenlappens. Um diese Entdeckungen zu ehren, bezeichnet man deshalb manchmal die Bereiche des Gehirns, die zum einen die syntaktische, zum anderen die semantische Kompetenz beherbergen, auch als Broca-Zentrum bzw. als Wernicke-Zentrum.

Die Funktionsweise der beiden Gehirnhälften ist durch ein Experiment Roger Sperrys erhärtet worden. Er hat mit Patienten Experimente durchgeführt, bei denen die Gehirnhälften chirurgisch getrennt worden waren. Diese Operation wurde früher angewandt, um eine schwere Epilepsie zu kontrollieren; die Operation verhindert, daß ein sogenannter epileptischer Herd in einer Gehirnhälfte sich auf die andere Gehirnhälfte ausbreitet. Mit solchen Patienten war es möglich zu prüfen, welche Leistungen eine Gehirnhälfte für sich allein erbringen kann. Um Sperrys Experimente zu verstehen, muß man wissen, wie die Welt um uns über unsere Augen im Gehirn repräsentiert ist. Wenn wir geradeaus schauen, dann ist alles, was auf der linken Seite der Blicklinie zu sehen ist, in der rechten Gehirnhälfte abgebildet – dies gilt für beide Augen. Alles, was rechts im Gesichtsfeld liegt, wird in die linke Gehirnhälfte geschickt – dies gilt wiederum für beide Augen. Wenn nun ein Patient, bei dem die beiden Gehirnhälften durch einen Eingriff voneinander getrennt worden sind, geradeaus schaut, dann ist er außerstande, das, was links und rechts von der Blicklinie gezeigt wird, im Gehirn miteinander zu verbinden. Für ihn gibt es kein geschlossenes Gesichtsfeld, das in der Mitte gleichsam wie mit einem Reißverschluß aus zwei Halbgesichtsfeldern zusammengezogen ist, sondern nur zwei Halbgesichtsfelder, die ohne Brücke aneinanderstoßen. Das war die Voraussetzung für Sperrys Untersuchungen. Er bot Reizmaterial an (sogenannte Chimärenreize), die links und rechts von der Blicklinie jeweils etwas Unterschiedliches darstellten. Er verwendete z. B. zwei Hälften von Gesichtern verschiedener Personen, so daß unterschiedliche Halbgesichter in den beiden Gehirnhälften repräsentiert wurden.

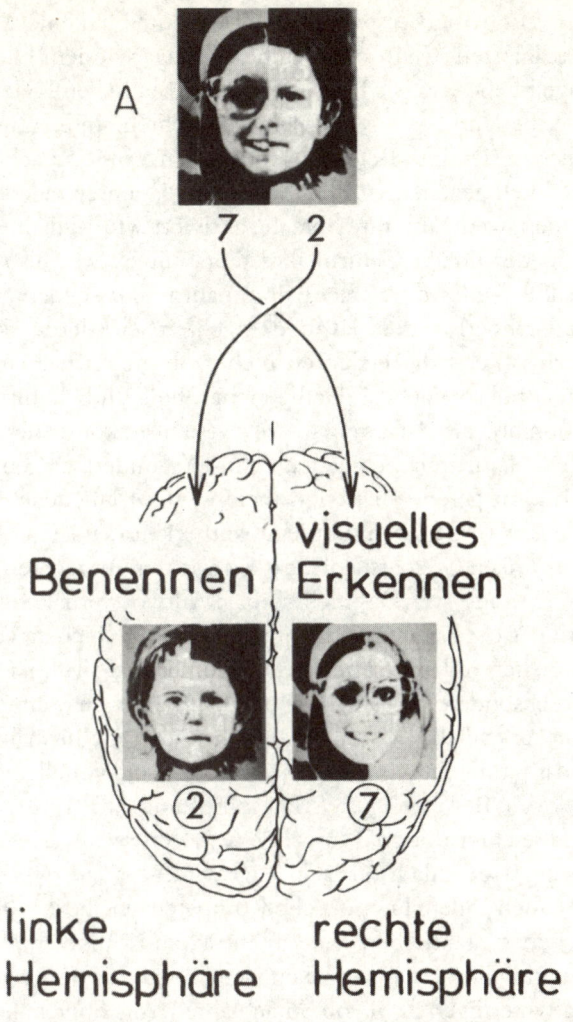

Abb. 3 Experimentelle Situation eines Versuches von Roger Sperry mit Patienten, bei denen die beiden Hälften des Gehirns voneinander getrennt wurden. Alles, was auf der rechten Seite des Gesichtsfeldes in beiden Augen gezeigt wird, ist auf der linken Seite des Gehirns repräsentiert; alles auf der linken Seite geht nach rechts. Wenn die beiden Gehirnhälften voneinander getrennt sind, kann nicht mehr miteinander verbunden werden, was im Gesichtsfeld links und rechts von der Blicklinie liegt. Diese Situation kann man ausnutzen, um zu beobachten, daß die linke Gehirnhälfte sprachlich auf das reagiert, was rechts im Gesichtsfeld liegt, während das, was links liegt, nichtsprachlich erkannt wird.

Zunächst ist bemerkenswert, daß die Patienten in keiner Weise befremdet reagierten, wenn diese Bilder gezeigt wurden. Die eigentliche Frage ist aber, was sie bei diesen ungewöhnlichen Reizkonfigurationen sahen und was sie darüber berichten. Interessanterweise unterschieden sich ihre Berichte, je nachdem, ob sie sprachlich oder nichtsprachlich gegeben wurden. Wenn die Patienten sagen mußten, was sie sahen, wenn also ihre Sprache aktiviert wurde, dann sahen sie das, was in der linken Gehirnhälfte repräsentiert war, also in jener Gehirnhälfte, die für die Sprache dominant ist. Das bedeutet, daß sie das Halbgesicht erkannten, das auf der rechten Seite der Blicklinie lag. Erstaunlich ist, daß die Patienten nicht von einem halben Gesicht sprachen, sondern daß das Halbgesicht offensichtlich hinreichend Information bot, um daraus ein ganzes Gesicht zu konstruieren. Wenn hingegen die Patienten nicht gefragt wurden, sondern zeigen mußten, welches Bild sie gesehen hatten, wobei ihnen verschiedene Antwortmöglichkeiten vorgegeben wurden, dann erkannten sie das Halbgesicht in der linken Gesichtsfeldhälfte, das also in ihrer rechten Gehirnhälfte repräsentiert war. Das nichtverbale Antwortverhalten löste also eine Aktivität der rechten Gehirnhälfte aus. Aus solchen Versuchen und zahlreichen anderen ist deutlich geworden, daß die linke Gehirnhälfte – insbesondere bei erwachsenen rechtshändigen Männern – dominant für sprachliche Leistungen und die rechte Gehirnhälfte dominant für das räumliche Vorstellungsvermögen und vor allem auch für die emotionale Bewertung ist. (Man sollte einmal überprüfen, ob wir lieber und leichter über das sprechen, was sich rechts zeigt, und das, was links liegt, sprachlich vernachlässigt wird.)

Gibt es noch andere linguistische Kompetenzen, die uns neben der lexikalischen, syntaktischen und semantischen Kompetenz auszeichnen? Menschliche Sprache ist gekennzeichnet durch die Verwendung einer relativ geringen Zahl von Sprachlauten. Alle Sprachen der Welt (es gibt zur Zeit vermutlich noch über 5000) setzen sich aus nur etwa 100 verschiedenen Sprachlauten zusammen. Die Fähigkeit zum Verstehen und Produzieren von Sprachlauten bezeichnen wir als sprachlautliche oder phonetische Kompetenz; sie ist uns von Natur aus mitgegeben. Wenn wir Sprache lernen, dann geschieht dies nach dem Prinzip der Prägung. Genetisch vorgegebene Programme, die jeweils zuständig sind für einzelne Sprachlaute, werden in einer frühkindlichen Phase durch gehörte Sprache bestätigt und dadurch endgültig im Gehirn festgeschrieben. Die sensible Phase für die Prägung von Sprache endet etwa mit der Pubertät; nur bis zu diesem Zeitpunkt (es handelt sich aber nicht um eine scharfe Grenze) lernen wir Sprache in einer Weise, die sie als Muttersprache in unserem Gehirn verankert. Natürlich können wir auch später noch neue Sprachen lernen, doch dies geschieht nach einem anderen Lernprinzip, und üblicherweise lernen wir diese Sprachen nicht mehr akzentfrei. Die neuronale Plastizität für die Prägung der Sprache ist dann bereits beendet.

Es wird viel darüber gestritten, ob man in der frühen Kindheit eine oder mehrere Sprachen lernen sollte, wobei von manchen behauptet wird, daß frühkindliches Lernen von mehreren Sprachen psychologische Probleme nach sich ziehe; gelegentlich wird Stottern darauf zurückgeführt, daß das kindliche Gehirn durch die Konfrontation mit verschiedenen Sprachen überfordert sei. Ich bin anderer Meinung. Indem wir verschiedene Sprachen lernen, die durch ein unterschiedliches sprachlautliches Repertoire gekennzeichnet sind, erweitern wir für das spätere Sprachenlernen die Basis derart, daß wir auch im Erwachsenenalter neue Sprachen akzentfrei lernen können. Wenn man mit einem einzigen phonetischen Repertoire groß geworden ist, scheint es schwierig zu sein, die Laute einer neuen Sprache präzise aufzunehmen.

Gerade für das Zusammenwachsen verschiedener Kulturen, die in erster Linie gekennzeichnet durch unterschiedliche Sprachen sind, ist es wichtig, schon in frühester Kindheit verschiedenen Sprachumgebungen ausgesetzt zu sein. Die Tatsache, daß es manchmal zu psychologischen Problemen kommt, wenn Kinder verschiedene Sprachen lernen, hat nichts mit den Sprachen selber, sondern mit den sozialen Umgebungen zu tun. Eine Sprache kennzeichnet immer auch einen sozialen Rahmen, und wenn die sozialen Rahmen nicht miteinander in Verbindung stehen, entstehen dem Kind Schwierigkeiten bei der Identifikation innerhalb eines sozialen Rahmens, die sich dann auch in der Sprache äußern können. Es sind also eher die durch unterschiedliche Sprachen gekennzeichneten Vorurteile zwischen sozialen Gruppen, die zu den angesprochenen Problemen führen.

Unsere Gefühle werden in der Sprache mit Hilfe der prosodischen Kompetenz zum Ausdruck gebracht. Eine Sprache ohne Intonation klingt wie eine tote Sprache, und der Versuch, ohne gefühlsmäßige Beteiligung zu sprechen, alle Gestik und Mimik und alle Sprachmelodie beim Sprechen zu unterdrücken, macht jedem deutlich, daß zum Sprechen unverzichtbar die gefühlsmäßige Beteiligung gehört. In der Prosodie zeigt sich auch die zeitliche Struktur des Sprechens, daß also Äußerungseinheiten mit einer vorprogrammierten syntaktischen Struktur, von einer bestimmten Gefühlsnote begleitet, zum Ausdruck gebracht werden. Während die zuvor genannten linguistischen Kompetenzen eine Leistung der linken Gehirnhälfte sind, ist die prosodische Kompetenz in der rechten Gehirnhälfte beheimatet. Viele Patienten mit Störungen der rechten Gehirnhälfte verlieren ihre Fähigkeit zur Prosodie; dies entspricht dem Verlust der gefühlsmäßigen Bewertung des Erlebens.

Es sind also fünf linguistische Kompetenzen, die das normale Gespräch kennzeichnen; wir verwenden Wörter, bauen diese in Sätze ein, verwenden Sprachlaute, geben unserer Sprache Bedeutung und sprechen mit gefühlsmäßiger Beteiligung. Es gibt noch mindestens drei weitere »Kompetenzen«, die uns als Sprecher und Hörer auszeichnen, nämlich die soziale, die kognitive und die pragmatische Kompetenz.

Soziale Kompetenz macht es überhaupt erst möglich, zu anderen in Beziehung zu treten. Ein Gespräch ist durch eine bestimmte Distanz gekennzeichnet, die Menschen zueinander haben, und vor allem auch durch Blickkontakte, die signalisieren, daß man sich zuhört. Für ein intimes Gespräch gilt eine andere körperliche Distanz als für eine Diskussion über ein abstraktes Thema. In einem Gespräch blickt der Zuhörer den Sprecher sehr viel mehr an als der Sprecher den Zuhörer. Diese zeitliche Strukturierung von aktivem Blicken und Angeblicktwerden ist bei schwer depressiven Menschen verändert. Der Depressive wagt kaum noch, Blickkontakt aufzunehmen, was für den Gesprächspartner dazu führt, daß er die Beziehung als abgerissen empfindet. Aufgrund dieser Situation geraten Gespräche häufig in einen Teufelskreis. Der sich Abwendende kann vom Sprecher nicht erreicht werden, so daß dieser immer intensiver auf den Depressiven einredet, um ihn auf diese Weise doch noch zu erreichen, mit dem Erfolg, daß dieser sich noch weiter abwendet.

Außerdem beruht Sprachfähigkeit auch auf kognitiver Kompetenz. Wenn wir jemandem zuhören, gehen wir in aller Regel davon aus, daß das, was der andere sagt, richtig ist. Es gibt so etwas wie ein Urvertrauen in die Sprache. Wenn wir einen Satz eines anderen hören, so wird dieser von uns zunächst nicht daraufhin überprüft, ob er wahr oder falsch sein könnte. Wahrheit ist ein eingebautes Prinzip der Sprache, die Lüge eine späte Erfindung. Die kognitive Kompetenz beruht darauf, daß für uns die Dinge so sind, wie sie sind, daß sie ihre einmal definierte Identität über die Zeit hinweg bewahren. Gilt der Satz der Identität nicht mehr, wie dies bei manchen Patienten mit einer Schizophrenie geschehen kann, dann bricht auch die kognitive Kompetenz zusammen, und einem Gespräch wird die rationale Basis entzogen. Ein Schizophrener ist somit in doppelter Weise in seiner Sprachkompetenz beeinträchtigt. Zum einen fehlt manchen dieser Patienten die Einbettung ihres Denkens in die emotionale Bewertung (und dann entspricht die Prosodie der Sprache nicht mehr dem Gesagten), zum anderen ändert das Gesagte seine Bedeutung, so daß nicht mehr verläßlich erkennbar ist, was eigentlich gesagt werden soll. So belastend diese Störungen für den einzelnen Patienten sind, so geben sie uns andererseits Einblicke in die Struktur der Sprache, und uns wird deutlich, wie viele Teilfunktionen des Gehirns eingesetzt werden müssen, damit wir einem anderen nur einen einfachen Satz sagen können.

Mit pragmatischer Kompetenz ist gemeint, daß wir unsere Sprache jeweils an eine bestimmte Situation anpassen können (sollten); nicht jede Situation ist für jede sprachliche Äußerung geeignet. Der jeweils gegebene Rahmen bestimmt, wie man mit jemandem spricht und was man sagen kann. Dazu muß man aber den Rahmen kennen. Interkulturelle Kommunikation scheitert oft daran, daß die pragmatischen Rahmen der Gesprächspartner nicht übereinstimmen. Manchmal muß man auch gar nichts sagen. Claude Lévy-Strauss stellte einmal fest, daß wir in unserem Kulturkreis die Sprache auf recht unbesonnene Weise benutzen; nur weil wir Sprache anstrengungslos verfügbar haben, reden wir drauflos. Andere Kulturkreise gehen mit Sprache sehr viel geiziger um, und Vertreter dieser Kulturkreise glauben nicht, Sprache könne wahllos benutzt werden, sondern sie sei nur im gewissen Rahmen und sehr sparsam zu gebrauchen.

Diese Zurückhaltung der Sprache gegenüber gilt beispielsweise im Zen-Buddhismus; vollkommene Stille ist besser als bedeutungslose Rede. Dahinter steht die Vorstellung, daß die absolute Wirklichkeit keinen Namen hat; die Wirklichkeit kann nicht in einer verbalen Form dargestellt werden. Worte sind nichts als Zeichen, die für den alltäglichen Gebrauch erfunden wurden; ein Wort ist nicht von der Art, als könne es ein wirkliches Objekt bezeichnen. Ein Wort ist lediglich eine geistige Erfindung, dessen Bedeutung durch seine Beziehung zu anderen Worten bestimmt wird; dadurch ändert sich die Bedeutung eines Wortes, wenn sich das Beziehungsgeflecht ändert, innerhalb dessen es gebraucht wird. Der jeweilige Rahmen bestimmt die Bedeutung eines Wortes.

Warum gibt es eigentlich bestimmte Wörter, andere dafür nicht? Die deutsche Sprache bietet die einfache Möglichkeit, durch Vorsilben Worte mit neuen Bedeutungen zu erzeugen; solche Vorsilben sind etwa »ab, an, auf, …«, so daß solche Wörter wie »setzen, stellen, legen« verwandelt werden können zu: »absetzen, ansetzen, aufsetzen; abstellen, anstellen, aufstellen; ablegen, anlegen, auflegen«, und die meisten dieser Wörter bekommen eine abstrakte Bedeutung. Ich möchte einmal die beiden Wörter »gehen« und »lieben« nehmen, sie nebeneinanderstellen, und dann kann man seine Phantasie für mögliche neue Bedeutungen wandern lassen, die manche Wörter (noch) nicht haben:

Abgehen	Ablieben
Angehen	Anlieben
Aufgehen	Auflieben
Ausgehen	Auslieben
Begehen	Belieben
Durchgehen	Durchlieben
Eingehen	Einlieben
Entgehen	Entlieben
Ergehen	Erlieben
Hergehen	Herlieben
Hingehen	Hinlieben
Mitgehen	Mitlieben
Nachgehen	Nachlieben
Umgehen	Umlieben
Untergehen	Unterlieben
Vergehen	Verlieben
Vorgehen	Vorlieben
Zergehen	Zerlieben
Zugehen	Zulieben

Während mit »gehen« fast alle Kombinationen möglich erscheinen und sich in der Sprache etabliert haben, gibt es (bisher) bei »lieben« nur ein einziges Wort, nämlich »verlieben«, das einen neuen Bedeutungsrahmen gefunden hat. Doch wenn ich die Liste durchgehe, würden viele andere Kombinationen auch Sinn herstellen, und sie würden nicht nur die Sprache bereichern, sondern der Kommunikation neue Möglichkeiten erschließen, so daß man manches bisher Ungesagte vielleicht doch sagen könnte. Und vielleicht sollte man gar nicht darauf warten, bis die Wörter zum allgemeinen Sprachschatz gehören, sondern sich einfach die Freiheit nehmen, Wörter für sich zu erfinden; solche Wörter könnten einen eigenen sprachlichen Rahmen schaffen, in der Hoffnung, daß die neuen Wörter bei anderen ähnliche Anklänge von Bedeutungen erzeugen, wie diese sie für einen selbst haben. Man könnte sich sogar in einem ko-kreativen Prozeß eine private Sprache entwickeln, wie es bei Kindern manchmal vorkommt, so daß niemand anders deren Sprache versteht.

Wie steht es mit der Liebe, wenn wir ein paar neue Wörter einsetzen? Sie kann jemanden zulieben, so daß er sich in seinen Gefühlen nicht mehr bewegen kann, und er kann dabei geradezu zerliebt werden. Bevor sie es merkt, kann er bereits etwas vorlieben, und manchmal will er sie umlieben, damit sie eine andere wird, also dem Liebesbild entspricht, das er sich von ihr macht (geschieht dies nicht dauernd?). Am Ende der Beziehung wird noch etwas, und manchmal recht lange, nachgeliebt. Manchmal kann er mitlieben, wenn sich zu viele auf sie beziehen. Wie oft müssen er und sie sich erst erlieben, da ja die Dynamik des Zueinander meist nicht synchronisiert ist. Wenn alles vorbei ist, dann hat entweder er oder sie sich entliebt. Wie man sich an neue Kleidung erst gewöhnen muß (nicht gerade ein passender Vergleich), so erfordern sie oder er immer auch eine Phase des Einliebens, so daß sie sich beide dann richtig ausleben können. Warum gibt es diese Wörter (und viele andere) eigentlich nicht? Der mögliche Reichtum der Sprache wird viel zuwenig genutzt.

7 Ethik und Heuchelei

Wer heucheln kann und schmeicheln kann, der ist heut ein gemachter Mann.   Abraham a Sancta Clara

Gehe in dich: dann wirst du finden, daß dich Zorn, Ehrgeiz und Torheit, nicht Notwendigkeit zum Kriege verleiten.   Erasmus von Rotterdam

Handle so, daß die Maxime deines Willens jederzeit zugleich als Prinzip einer allgemeinen Gesetzgebung gelten könne.   Immanuel Kant

. . . und keine Ethik der Welt kann ergeben: wann und in welchem Umfang der ethisch gute Zweck die ethisch gefährlichen Mittel und Nebenerfolge »heiligt«.
    Max Weber

Das Schlimmste verdankt seine Möglichkeit vielleicht dem Umstand, daß wir uns aus uns selbst bis zur Interesselosigkeit zurückziehen können in die Sprache, die einen Vorgang konstatiert, der uns vernichtet. Vergehen mit Wörtern.   Martin Walser

Ethik und Heuchelei, dies mag wie ein Gegensatz erscheinen, als gehörten diese Begriffe und was sich hinter ihnen an Bedeutungen verbirgt nicht zusammen. Und doch sind sie Partner. Als wir (Eva Ruhnau und ich) einmal den Vorschlag machten, einen Kongreß zum Thema Ethik und Heuchelei in den Wissenschaften zu veranstalten, um insbesondere Themen der Umweltforschung, der Kerntechnik, der Medizin und der Gentechnik unter diesem Gesichtspunkt zu diskutieren, reagierten nahezu alle Angesprochenen mit großer Offenheit, weil jeder wohl das Gefühl hatte und hat, daß es in manchen Bereichen der Wissenschaften (vermutlich in allen Bereichen) eine gewisse Doppelzüngigkeit gibt, die man offenlegen muß. (Es gab allerdings hinsichtlich der Aufgeschlossenheit dem Thema gegenüber eine Ausnahme: Manche Repräsentanten von offiziellen Ethik-Institutionen, professionelle Ethiker also, hielten die Verbindung von Ethik und Heuchelei für empörend, und einer wurde bleich vor Ärger. Im übrigen war der Kongreß dann eine große Enttäuschung; es kamen viel weniger Teilnehmer als erwartet, um sich Vorträge und Diskussionen anzuhören; das Thema lag wohl zu sehr außerhalb eines Erwartungsrahmens, oder, wie Elisabeth Noelle sagte, das Thema war zu »zeitgeistfrei«, oder man hatte eine gewisse Scheu, gewisse Probleme in den Wissenschaften zur Kenntnis zu nehmen.)

Daß Ethik und Heuchelei zusammengehören, ergibt sich aus Erfahrungen (an anderen, mit anderen, an mir selbst), die mit Erlebnissen in der Jugend beginnen, sich in unvergeßlichen Ereignissen in der Studentenzeit und im Beruf als Wissenschaftler fortsetzen und ihre tägliche Bestätigung in Beobachtungen des öffentlichen Lebens finden. Der Blick in die Welt gibt täglich Beispiele, daß so mancher wohl das Gute will, es aber nicht erreichen kann (Erich Kästner meinte: »Es gibt nichts Gutes, außer: Man tut es.«). Wir sehen ethisches Heucheln oder heuchlerische Ethik bei Repräsentanten der Sinn-Instanzen der Gesellschaft oder der Wirtschaft, bei verdienten Vertretern der politischen Klasse oder bei Wissenschaftlern (und natürlich im täglichen Leben; keiner ist ausgenommen). Handeln im Ethischen und Handeln im Heuchlerischen sind eng miteinander verbunden, sie sind sogar notwendig miteinander verbunden; das eine bestimmt sich aus dem anderen. Für meinen Geschmack hat Paul Klee mit seinem Bild »Zwei Männer, einander in höherer Stellung vermutend, begegnen sich« die Verbindung der beiden Begriffe besonders anschaulich dargestellt (Abb. 4). Ich fasse den Begriff Heuchelei allerdings recht weit und meine mehr damit als nur eine bewußte Manipulation des eigenen Verhaltens. Bei dieser umfassenderen Sichtweise zeigt sich, daß Heucheln zu unserer Natur gehört, daß Heucheln den Rahmen unseres Handeln bestimmt, daß wir Heucheln nicht einfach abschaffen können, daß wir negative Wirkungen von Heuchelei nur dann beherrschen können, wenn wir wissen, daß wir uns selber ausgeliefert sind (und daß wir mit Fehlerfreundlichkeit und Toleranz uns selber gegenüber ein Handeln im Ethischen erreichen können; vielleicht).

Abb. 4 Paul Klee: »Zwei Männer, einander in höherer Stellung vermutend, begegnen sich«, 1903, 5, Radierung, 11,7 x 22,4 cm, Zentrum Paul Klee, Bern. In seinem Tagebuch schreibt Klee: Am vierzehnten September ist es leer um mich, kalt und öde, bös und verflucht. Dann arbeitete ich mit Verbissenheit, viel mehr als das einzige Resultat die Radierung ›Zwei Männer, einander in höherer Stellung vermutend‹ beweisen könnte. Darin suchte ich Trost für meine soziale Stellung.«

Ich schildere einige merkwürdige Erfahrungen aus meiner Tätigkeit in der Forschung, die andere Wissenschaftler in ähnlicher Weise sicher auch gemacht haben und die in vergleichbarer Weise in anderen Lebensbereichen wohl jedem begegnet sind. Vor vielen Jahren führte ich als junger Forscher eine experimentelle Untersuchung in der Parapsychologie durch; ich wollte herausfinden, ob manche Menschen wirklich Gedanken übertragen oder hellsehen können. Hellsehen als eine möglicherweise außersinnliche Wahrnehmung fasziniert wohl jeden Forscher, der sich mit den grundlegenden Fragen der Erkenntnis befaßt, denn wenn es so etwas wie Hellsehen gäbe, dann müßten wir die Grundlagen unserer wissenschaftlichen Welterfahrung und auch unser Alltagswissen neu bedenken. Ich führte Experimente durch, in denen die Aufeinanderfolge von gut gemischten Karten »erraten« werden sollte, ein Verfahren, das in der experimentellen Parapsychologie häufig verwendet wurde (und wohl noch wird). In diesen Versuchen konnte ich Hellsehen nicht bestätigen; ganz im Gegenteil, ich konnte zeigen, daß bestimmte Behauptungen über außersinnliche Wahrnehmung aus mathematischen Gründen nicht haltbar sind. Man war in den Experimenten der Parapsychologie, die diese Technik nutzten, von falschen statistischen Voraussetzungen ausgegangen. Die statistischen Verfahren, die zur Bewertung der paranormalen Leistungen herangezogen wurden, setzen Unabhängigkeit der Einzelereignisse voraus, was in den Versuchen über Hellsehen oder Telepathie (ja sogar über Präkognition, also die Vorhersage zukünftiger Ereignisse) aber nicht gegeben war und ist; kein Mensch kann Zufallsfolgen produzieren; deshalb kommt es zu statistischen Artefakten, die fälschlicherweise als paranormale Fähigkeiten interpretiert werden.

Als ich als damaliger Jungforscher, begeistert von einer neuen Erkenntnis, versuchte, meine Befunde in einer wissenschaftlichen Zeitschrift der Parapsychologen zu veröffentlichen, stellte ich mit Verwunderung fest, daß man über meine Befunde alles andere als erfreut war. Ich meinte in meiner Naivität, aufklärerisch zu wirken, doch nun wurde alles versucht (erfolglos), meine Analysen zu widerlegen. Ein solcher Widerlegungsversuch ist natürlich akzeptabel und sogar notwendig, wenn jemand in einem bestimmten wissenschaftlichen Bereich etwas radikal anderes behauptet. Was mir allerdings besonders bemerkenswert (und empörend) erschien, war die Tatsache, daß die parapsychologischen Fachleute meine persönliche Integrität in Frage zu stellen suchten (erfolglos). Dem wissenschaftlichen Argument wurde dadurch entgegnet, daß in einen anderen Rahmen gewechselt wurde, nämlich auf die unterste Ebene der Diplomatie; man verwies auf meinen schlechten Charakter, und deshalb seien meine Beobachtungen unglaubwürdig. (Der schlechte Charakter mag ansonsten richtig sein, aber in diesem Fall war es kein gelungenes Argument, denn auch ein schlechter Charakter kann einmal etwas Richtiges beobachten oder gar entdecken.) Innerhalb des geschlossenen Weltbildes jener Parapsychologen, in dem die Existenz bestimmter Phänomene der außersinnlichen Wahrnehmung eine Selbstverständlichkeit war und deren Existenz nicht mehr hinterfragt zu werden brauchte, wurde eine wissenschaftliche Tätigkeit dieser Art aggressiv abgelehnt. Es wurde zwar im Prinzip begrüßt, kritische Analysen zu ungewöhnlichen Erfahrungsmöglichkeiten durchzuführen; sobald aber auf ein offenkundiges methodisches Problem hingewiesen wurde, als etwas in Frage gestellt wurde, was mit Selbstverständlichkeit als gültig angenommen worden war, löste diese Tätigkeit energisches Abwehrverhalten aus. (Von manchen wurde ich auch als Querulant bezeichnet, was mir ein neues Selbstbild eröffnete; aber was weiß man schon von sich.)

Ich möchte nun gar nicht behaupten, daß es paranormale Phänomene nicht gebe oder geben könnte. Die Nicht-Existenz von Phänomenen ist prinzipiell nicht zu beweisen. Ich bin sogar ziemlich sicher, daß es so etwas wie Gedankenübertragung (Telepathie) zwischen Menschen gibt und daß man dafür eine wissenschaftliche Begründung im Rahmen der geltenden physikalischen Gesetze finden kann. Man muß sich nur darauf einigen, was zwischen Menschen übertragen werden kann und wieviel Zeit dafür benötigt wird. Es wird immer wieder berichtet, daß jemand von einem heftigen Gefühl überwältigt wird, wenn einem Nahestehenden etwas Außergewöhnliches zugestoßen ist. Wenn man annimmt, daß sehr starke Gefühle, wie Todesahnungen oder Bedrohungen eines anderen, vermittelt werden können und daß dafür relativ viel Zeit zur Verfügung steht, also nicht Tausendstel von Sekunden, sondern Minuten oder Stunden, dann kann man, was einige russische Informatiker getan haben, errechnen, daß mit einer relativ hohen Wahrscheinlichkeit zwischen menschlichen Gehirnen persönlich bedeutsame Information bis zu Hunderten von Kilometern ausgetauscht werden könne. Wichtig ist dabei, daß zwischen den Partnern ein enger emotionaler Bezug besteht. (Die Frage der Telepathie ist intensiv im russischen und im amerikanischen Militär untersucht worden; vielleicht geschieht dies immer noch; offenbar hat es sogar Experimente im Rahmen der Apollo-Mission gegeben, als man versuchte, zwischen Mond und Erde eine telepathische Verbindung herzustellen; über Ergebnisse ist mir nichts bekannt.)

Die Berechnungen der russischen Informatiker kann ich nicht überprüfen, doch überraschen spontane Berichte, die einem zu denken geben müssen. (Es gehört auch zum Ethos wissenschaftlichen Handelns, für das Ungewöhnliche offen zu sein.) Ich hatte selbst ein Erlebnis, das mich bis heute verblüfft. Vor Jahren traf ich in Caracas auf einen Mathematiker, der offenbar auch als Medium tätig war und sich hierbei auf seine paranormalen Fähigkeiten verließ. Ich äußerte mich außerordentlich skeptisch über seine Arbeit, worauf er mir anbot, mit mir eine Analyse durchzuführen. Er fragte nach einigen biographischen Daten, schrieb sich, auf einem Papier kritzelnd, in eine Trance hinein und erzählte mir dann Verschiedenes über mich. Vieles entsprach den üblichen Erwartungen, die man auch ohne paranormale Fähigkeiten sieht, und manches war falsch, obwohl ich lange auf den Beweis warten mußte; er sagte mir nämlich, ich würde mit 61 Jahren an einem Herzinfarkt sterben; ich habe diese Schwelle überschritten, wobei es sich wohl am Rande der Kriminalität bewegte, solche Prognosen zu stellen. (Als ich noch nicht 61 war, habe ich immer ein ungutes Gefühl über meine weiteren Lebensaussichten gehabt.) Aber dann sagte er zwei Dinge, die mich nervös machten und die mir immer noch unerklärlich sind. Meine erste große Liebe war Margret, und er sagte mir, daß Margret viel an mich denke, und er schrieb den Namen Margret auf ein Blatt Papier. Da das ganze Gespräch auf Spanisch stattfand (er sprach weder Englisch noch Deutsch) und Margret nicht gerade ein typisch spanischer Name ist, war ich überrascht (freudig überrascht). Vielleicht ist dieser Hinweis auf Margret nicht sonderlich aufregend, aber dann geschah etwas, was mich immer noch ratlos läßt. Er sagte mir, mein Vater sei gestorben, als ich elf Jahre alt war. Das Bemerkenswerte an dieser Aussage ist, daß sie falsch war; mein Vater war gestorben, als ich knapp fünf Jahre alt war (er starb wie viele der Väter unserer Generation im Zweiten Weltkrieg in Rußland), doch habe ich vom Tod meines Vaters *erfahren*, als ich elf Jahre alt war. Erst dann wurde sein Tod zu meiner persönlichen Wirklichkeit. Was der Mathematiker (oder das Medium) mir mitteilte, war also nicht das Datum eines objektiven Ereignisses, sondern der Zeitpunkt, als es für mich Wirklichkeit wurde. Hatte er einen direkten Zugriff in meine persönliche Wirklichkeit? Oder wie anders läßt sich dieses Ereignis deuten?

Einige Zeit nach meinen mathematischen Bemühungen innerhalb der Parapsychologie beschäftigte ich mich mit Sehstörungen nach Hirnverletzungen. (Wie wir die Welt mit unseren Augen erkennen, ist auch ein wissenschaftliches Thema, das mich fasziniert.) Wenn ein Patient einen Schlaganfall erlitten hat und wenn insbesondere der Hinterhauptbereich betroffen ist, kann es vorkommen, daß er in bestimmten Bereichen seines Gesichtsfeldes blind ist. Man nahm an, diese Blindheit sei absolut, daß also keinerlei optische Information verarbeitet werden kann, die in dem betroffenen Bereich des Gesichtsfeldes erscheint, weil die wesentliche Struktur des Gehirns, in der diese Information abgebildet wird, nach dem Schlaganfall nicht mehr vorhanden ist. Entgegen dieser gängigen Meinung von Augenärzten, Neurologen und Psychologen konnte ich mit Kollegen ein Phänomen des residualen Sehens beschreiben, das heute als »Blindsehen«

(blindsight) bezeichnet wird. Durch eine neue experimentelle Anordnung wurde nachgewiesen, daß solche Patienten durchaus noch Zugriff zu optischer Information haben, die deren Verhalten beeinflußt, zum Teil sogar steuert, auch wenn dies den Patienten nicht bewußt ist. Ausgangspunkt dieser Untersuchungen war, Wissen aus der Neuroanatomie zu nutzen, also interdisziplinär vorzugehen; nach einem Schlaganfall bleiben andere Strukturen des Gehirns intakt, die auch Informationen von den Augen erhalten und die vermutlich für das Blindsehen verantwortlich sind. Die Veröffentlichung dieser Erkenntnis wurde für uns zu einem besonderen Ereignis. Die Ergebnisse faßten wir in einem Manuskript für die renommierte Zeitschrift *Nature* zusammen. Die Kommentare, die wir von den Gutachtern bekamen, waren vernichtend; Grundtenor dieser Stellungnahmen der Fachkollegen war, daß die Behauptungen Unsinn seien; ein solches Phänomen könne es nicht geben; es sei unmöglich, was man im übrigen schon lange wisse. Wir nahmen uns die Kommentare zu Herzen, und die Untersuchungen wurden alle wiederholt; zur Abwechslung legten wir unser überarbeitetes Manuskript diesmal der Zeitschrift *Science* vor (wo man ebenfalls gerne abgedruckt sein möchte). Es gab ähnlich bissige Kommentare der Gutachter. Hier stellte sich natürlich die Frage, den Kommentaren der Gutachter zu glauben, in Selbstzweifel zu versinken und alles dem Papierkorb zu übergeben oder von der eigenen Arbeit weiterhin überzeugt zu sein, also nicht aufzugeben. Wir wiederholten die Untersuchungen noch einmal und das Manuskript wurde wieder an *Nature* geschickt. Erstaunlicherweise wurde innerhalb weniger Tage die Arbeit zum Druck angenommen. Zu unserer Überraschung erschien kurz darauf eine andere Veröffentlichung mit derselben Entdeckung. Da fragten wir uns natürlich, wie dies wohl möglich sein konnte, nachdem wir zunächst heftig bekriegt wurden. Eine Erklärung liefe darauf hinaus, daß es in der Wissenschaft häufig vorkommt, daß unabhängig voneinander zum selben Zeitpunkt etwas entdeckt wird, weil es einfach in der Luft liegt. Vielleicht haben wir aber auch mitgeholfen, anderen Forschern einen neuen Rahmen für die Sinnhaftigkeit einer zunächst unsinnig erscheinenden Frage zu eröffnen, daß es also so etwas wie »blindes Sehen« gibt. Nach diesem schwierigen Start, bei dem ein neuer Rahmen gesetzt wurde, folgte dann eine Vielzahl von wissenschaftlichen Veröffentlichungen zu diesem ungewöhnlichen Wahrnehmungsphänomen, einem »lee-

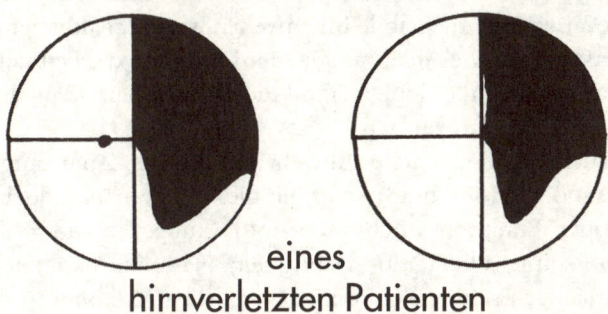

Abb. 5 Gesichtsfeld des Patienten A.W., bei dem residuale Sehfunktionen innerhalb des blinden Bereichs (dunkel) entdeckt wurden (diese residualen Sehfunktionen werden von anderen als Blindsehen oder »blindsight« bezeichnet).

ren Blick«. Inzwischen gilt das Blindsehen, insbesondere durch die Arbeiten von Petra Stoerig in Düsseldorf und Lawrence Weiskrantz in Oxford, als ein wohletabliertes Phänomen, das vor allem auch von Philosophen aufgegriffen wurde, die sich mit Fragen des Bewußtseins befassen. Offenbar ist unser Gehirn in der Lage, Dinge zu bewerkstelligen, für die man normalerweise Bewußtheit voraussetzt; wir verarbeiten sehr viel mehr implizit, als wir ahnen. Was uns bewußt wird, ist offenbar nur eine kleine Insel in dem großen Ozean des impliziten oder intuitiven Wissens.

Ich vermute, daß solche Geschichten über die Veröffentlichung einer neuen Beobachtung oder über die Aufdeckung einer methodischen Ungenauigkeit anderen Wissenschaftlern genauso bekannt sind. Ich hatte schließlich Erfolg (vielleicht war es auch nur Glück), sowohl die parapsychologischen Überlegungen als auch die Beobachtungen zum Blindsehen zu veröffentlichen, aber wie häufig bleiben wirklich bedeutende Erkenntnisse aufgrund von Vorurteilen innerhalb wissenschaftlicher Zünfte auf der Strecke? Widerspricht man als Unbekannter einer bewährten These, tritt man aus dem üblichen Rahmen heraus, dann sind die Chancen außerordentlich gering, mit den neuen

Befunden und Überlegungen in einer führenden wissenschaftlichen Zeitschrift an die Öffentlichkeit zu treten. Vorurteile innerhalb wissenschaftlicher Teilbereiche können derart stark sein, daß sich ein Nachdenken über grundlegende Sachverhalte geradezu verbietet. In den mir zugänglichen wissenschaftlichen Arbeitsgebieten beobachte ich Zitationskartelle, die stabile Innenwelten wissenschaftlicher Klüngel widerspiegeln. Die Ablehnung neuer Ideen und das Festhalten an eingefahrenen Methodologien lähmt die Wissenschaft. Man bleibt in seinen Rahmen gefangen.

Aber auch wenn man dieses Abwehrverhalten der Zunftmitglieder beklagen möchte (und muß), so erfüllt diese Abgrenzung doch auch eine positive Funktion. Nicht jede Entdeckung, die außerhalb des üblichen Rahmens liegt, muß richtig sein. Natürlich wird auch von Wissenschaftlern sehr viel Unsinn behauptet, und könnte es nicht sein, daß häufig das, was ich selber vorbringen möchte, falsch ist? Jeder wissenschaftliche Bereich benötigt Filter, jede Zunft hat ihre Aufpasser (die wir in der Wissenschaft Gutachter nennen), und wenn etwas radikal Neues auftaucht, dann wird dieses Neue erst einmal weggefiltert. Für etwas Neues Aufmerksamkeit zu erregen ist mühsam und mit Anstrengungen verbunden, und wir sind leider auch träge und lassen uns nicht gerne von irgend jemandem unsere Grundüberzeugungen (unsere Vorurteile) in Frage stellen. Um eine neue Erkenntnis, von der man überzeugt ist, dennoch durchzusetzen, braucht es mehr als wissenschaftliche Kompetenz. Man muß auch Glück haben. Es gehört vor allem aber Ausdauer und Mut dazu, es also immer wieder angstfrei, entschlossen, aber nicht aggressiv zu versuchen, die anderen zu erreichen. Hinzu muß hierfür eine Ausstattung mit einem Mindestmaß von sozialer Intelligenz kommen, also die Aufmerksamkeit, vielleicht gar den Respekt anderer zu erwerben, damit sie hören, was man zu sagen hat.

Angeblich nimmt das Wissen in der heutigen Welt, betrachtet man die gesamte wissenschaftliche Produktion, exponentiell zu. Diese Aussage beruht darauf, daß die Anzahl von Publikationen als Kriterium verwendet wird. Wer aber nimmt die vielen Veröffentlichungen noch zur Kenntnis? Ich stelle dagegen, daß die wissenschaftliche Kreativität im ganzen gesehen trotz der exponentiellen Zunahme veröffentlichter Befunde *abnimmt*, weil sich immer mehr hermetisch abgeschlossene Zirkel gebildet haben und kontinuierlich weiterbilden, innerhalb derer bestimmte Methoden und Fragestellungen als einzig akzeptabel angesehen werden. Diese geschlossenen Zirkel, die in ihrer Größe durchaus überschaubar sind (deswegen bilden sie sich), können mit anderen ebenfalls geschlossenen Zirkeln kaum noch in Verbindung treten. Ein Gesamtwissen kann so nicht mehr entstehen. Selbst wenn Fragestellungen nahe beieinanderliegen, grundlegende Methodologien oder fachliche Bindungen in Fakultäten aber verschieden sind oder die Forschergruppen gar aus verschiedenen Ländern kommen, findet kaum ein Austausch statt. Wirklich neue Sachverhalte können in den vorurteilsbelasteten Rahmen einzelner Zirkel nicht mehr »hineinentdeckt« werden. Die Vielzahl von Veröffentlichungen blendet uns; die Kreativität in der Forschung ist zurückgegangen.

Es ist auch ein Ausdruck von Heuchelei, interdisziplinäre Forschung zwar zu fordern, ohne sie auch wirklich zu fördern. Hier klaffen die Einsicht über eine Notwendigkeit für kreative Forschung und der Mut, diese Notwendigkeit zu verwirklichen, auseinander. Ich habe im Rahmen solcher Forschung, die über die disziplinären Grenzen hinweggeht, immer wieder beobachtet, daß das größte Hemmnis bei ihrer Umsetzung die Angst ist, die Angst nämlich, sich bloßzustellen. Läßt man sich auf interdisziplinäre Forschung ein, muß man nämlich zugeben, von einem anderen Gebiet wenig zu verstehen, damit überhaupt ein Gespräch stattfinden kann. Man muß für sich akzeptieren, nicht über alles Bescheid zu wissen, und das ist offenbar nicht ohne befürchteten Gesichtsverlust zu akzeptieren. Nicht jeder ist mit der Fähigkeit des kreativen Zuhörens gesegnet. Wir reden gerne über eine Sache, wie wir über die Notwendigkeit interdisziplinärer Forschung reden, und wenn wir reden, dann ist diese Sache noch »Ich-fern«; aber sich darauf einlassen ist etwas anderes, denn dann wird die Sache plötzlich »Ich-nah«, und dann sind wir verletzlich. Interdisziplinäre Forschung verlangt, die Rolle des Dilettanten ernst zu nehmen; aber wir erwarten vom Dilettanten, daß er mindestens auf einem Gebiet wissenschaftlicher Tätigkeit einigermaßen sattelfest ist, also irgendwo auch Spezialist ist. Nur Generalist zu sein ist nicht möglich. Interdisziplinarität wird getragen von einem Netz angstfrei interagierender Spezialisten, und dann kann dieses Netz als neuer Rahmen sehr kreativ sein. Die Aufmerksamkeit, die im interdisziplinären Diskurs dem Dilettanten entgegengebracht wird, sollte ihn natürlich nicht dazu verführen, plötzlich auf einem ihm fremden Gebiet den Experten spielen zu wollen.

In diesem Zusammenhang geforderter und erlebter Interdisziplinarität mit ihren besonderen Herausforderungen hatte ich vor Jahren auf einer Konferenz ein bemerkenswertes Erlebnis. Eines Abends fand ich mich auf einem Podium mit anderen und wurde vom Publikum zum Fachmann für Waldsterben gemacht. Offenbar gingen viele Zuhörer davon aus, wenn man nur Wissenschaftler sei, dann sei man auch Fachmann für (nahezu) alles. Ich machte die offenbar provozierende Bemerkung, daß ich als Neurowissenschaftler nicht Fachmann für Umweltfragen sei und das Phänomen des Waldsterbens auch nur aus der Zeitung kenne. Diese Aussage, die erhebliche Unruhe auslöste, sollte nur deutlich machen, daß wir uns als Wissenschaftler nicht zum Experten für Beliebiges ernennen lassen dürfen; vieles (das meiste) weiß jeder nur aus zweiter Hand.

Der Philosoph Hans Jonas, mit dem ich auf dem Podium saß, meinte am nächsten Morgen, daß ich mit dieser Bemerkung nicht gerade diplomatisch gehandelt hätte, doch fand er es durchaus in Ordnung, daß ich mich nicht hatte vereinnahmen lassen; ich litt bei dieser Konferenz sehr darunter, daß nach diesem Abend kaum noch jemand mit mir sprechen wollte, und einer sagte laut, daß ich fehl am Platze sei, und ließ mich verächtlich stehen; was für ein Mißverständnis (fand ich), doch offenbar war ich für die meisten aus dem Rahmen gefallen. Mit Hans Jonas, einem wahren Vertreter ethischen Handelns, habe ich später mehrere Gespräche geführt, er hat mit Medizinstudenten in München über ärztliche Ethik diskutiert, und ich habe ihn in seinem Haus in der Nähe von New York besucht. Er war ein wenig überrascht, als ich ihn bat, für mich mit seiner Handschrift aus dem Buch »Das Prinzip Verantwortung« jene Stelle aufzuschreiben, in der er für unsere Zeit den kategorischen Imperativ von Immanuel Kant (»Handle so, daß die Maxime deines Willens jederzeit als eine allgemeine Gesetzmäßigkeit gelten könne«) umformuliert hatte. Er holte das Buch und schrieb mit großer Konzentration und leicht zitternder Schrift die Worte: Ein Imperativ, der auf den neuen Typ menschlichen Handelns paßt und an den neuen Typ von Handlungssubjekt gerichtet ist, würde etwa so lauten: »Handle so, daß die Wirkungen Deiner Handlung verträglich sind mit der Permanenz echten menschlichen Lebens auf Erden«; oder negativ ausgedrückt: »Handle so, daß die

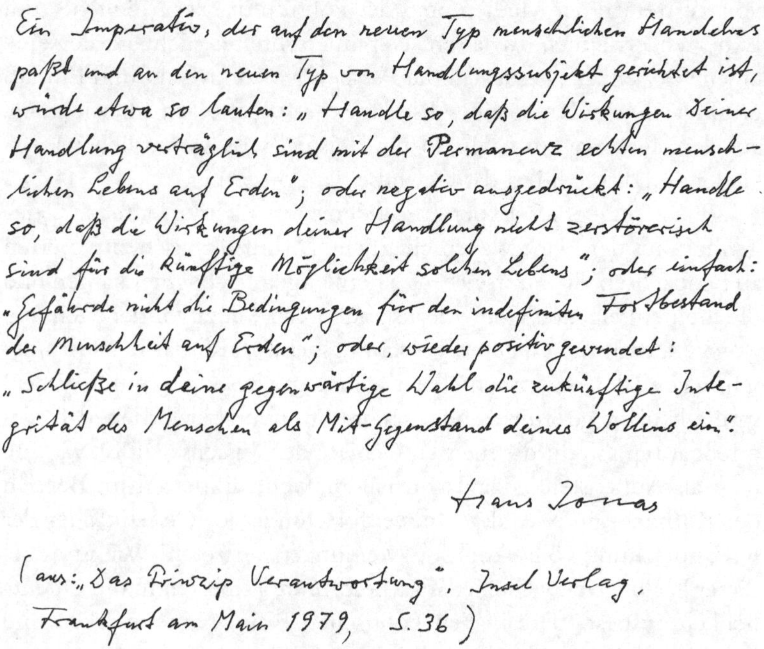

> Ein Imperativ, der auf den neuen Typ menschlichen Handelns paßt und an den neuen Typ von Handlungssubjekt gerichtet ist, würde etwa so lauten: „Handle so, daß die Wirkungen deiner Handlung verträglich sind mit der Permanenz echten menschlichen Lebens auf Erden"; oder negativ ausgedrückt: „Handle so, daß die Wirkungen deiner Handlung nicht zerstörerisch sind für die künftige Möglichkeit solchen Lebens"; oder einfach: „Gefährde nicht die Bedingungen für den indefiniten Fortbestand der Menschheit auf Erden"; oder, wieder positiv gewendet: „Schließe in deine gegenwärtige Wahl die zukünftige Integrität des Menschen als Mit-Gegenstand deines Wollens ein".
>
> Hans Jonas
>
> (aus: „Das Prinzip Verantwortung", Insel Verlag, Frankfurt am Main 1979, S. 36)

Abb. 6 Faksimile eines Textes des Philosophen Hans Jonas aus seinem Buch *Das Prinzip Verantwortung*

Wirkungen deiner Handlung nicht zerstörerisch sind für die künftige Möglichkeit solchen Lebens«; oder einfach: »Gefährde nicht die Bedingungen für den indefiniten Fortbestand der Menschheit auf Erden«; oder, wieder positiv gewendet: »Schließe in deine gegenwärtige Wahl die zukünftige Integrität des Menschen als Mit-Gegenstand deines Wollens ein«. An Hans Jonas hat mich auch beeindruckt, wie er zuhörte und mit welcher Begeisterung er Neues aus anderen Wissenschaften aufnahm. Wir sprachen über das »Leib-Seele-Problem«, worüber er auch ein Buch geschrieben hatte, und er war in keiner Weise gekränkt, als ich recht kritisch mit seiner Lösung dieses Problems umging. Hans Jonas ist für mich der alte Weise, der einen sicheren Rahmen für sich gefunden zu haben schien.

Zur Interdisziplinarität gehört, für alles offen zu sein, aber nicht, für das uns nur aus zweiter Hand Bekannte Kompetenz zu simulieren. Wir laufen als Wissenschaftler natürlich Gefahr, uns von außen (etwa von Vertretern der Medien oder der Politik) für alles Mögliche zum Experten ernennen zu lassen. Wer überschreitet nicht gerne seine eigenen Grenzen, wenn sich die Perspektive von Macht und Einfluß eröffnet? Diese Rolle eines Pseudoexperten aber zu übernehmen, aus dem Rahmen zu fallen, ist ein Beispiel wissenschaftlicher Heuchelei und diskreditiert das Gewerbe der Forschung.

Was sind eigentlich Experten? In den letzten Jahren hatte ich Gelegenheit, aus der Nähe wissenschaftliche Diskurse zwischen Experten zu beobachten, die ihrerseits aus einem engen Fachgebiet kamen und die meinem eigenen Gebiet fernstanden. Ich war zuvor der Meinung gewesen, daß mein eigenes Forschungsgebiet, also das der Hirnforschung und der experimentellen Psychologie, besonders durch Widersprüchlichkeit gekennzeichnet sei, mußte nun aber lernen, daß dies offenbar typisch für die meisten Gebiete der Wissenschaft ist. Was soll man als Außenstehender davon halten, wenn Experten im Bereich der Kernenergie oder der Umweltforschung, der Genetik oder der Krebsforschung völlig konträre Meinungen vertreten? Wie ist es bei dieser Sachlage zu verstehen, daß bestimmte Experten in die Öffentlichkeit, insbesondere in den politischen Raum, hineinwirken und ihre Meinung zur Grundlage allgemeinen Handelns empfehlen, wenn andere ebenfalls fachnahe Experten eine ganz andere Meinung vertreten? Gibt es Kriterien herauszufinden, wer eigentlich die »richtigen« Experten sind, und gibt es sie überhaupt?

Es macht den Außenstehenden ratlos, und für die meisten Gebiete der Wissenschaften oder anderer Teilkulturen unserer Gesellschaft wie der Wirtschaft, der Politik, den Medien oder den Künsten sind wir alle Außenstehende, daß in verbalen Auseinandersetzungen über Fragen, die uns alle angehen, nicht einmal eine Übereinstimmung über Fakten herstellbar zu sein scheint. Fragen, die uns heute alle bewegen, wie aus dem Bereich der Medizin, der Energieversorgung, der Umwelt, der Gentechnik, der Multimediagesellschaft (natürlich auch der Steuern, der Renten, der Arbeitslosigkeit, der Gesundheitspolitik), sind gekennzeichnet durch einen nicht gerade konsensorientierten, manchmal geradezu abstoßenden Diskussionsstil. Warum vertreten Fachleute aus eng umschriebenen Gebieten widersprüchliche Meinungen, und warum bringt ein Gespräch zwischen ihnen keine Einigung? Offenkundig spielen in solchen Diskussionen nicht nur Sachargumente eine Rolle. Jeder argumentiert aus einem individuellen

Bezugssystem heraus, und dieser Rahmen ist durch individuelle Wertungen bestimmt, die man selber nicht mehr hinterfragt und die einen impliziten Rahmen für die wissenschaftliche Diskussion liefern.

Jeder hat Vorurteile; er muß nur wissen, daß er sie hat. In unseren impliziten Vorurteilen ist das Ökonomiegesetz des Denkens und Wahrnehmens realisiert. Gehirnprozesse, die unserer kognitiven Tätigkeit zugrunde liegen, versuchen die Informationsverarbeitung möglichst ökonomisch zu gestalten und nutzen deshalb gleichbleibende Ereignisse in unserer Erfahrungswelt höchst effizient aus. Wir sehen alles nur noch durch unsere eigene Brille. Das können wir nicht verhindern, aber wir können es wissen, um uns durch Wissen über uns selbst und unsere Denkwerkzeuge gegen die negativen Effekte unserer Vorurteile zu schützen.

Aufgabe des Wissenschaftlers ist neben dem Hinweis auf unsere eigenen Bauprinzipien und deren Wirkungen auch, die Diskurskultur zu beleuchten und vielleicht zu verbessern. Um dies zu erreichen, müssen wir eine metatheoretische Ebene einnehmen und prüfen, welches eigentlich die Randbedingungen sind, die zu unterschiedlichen Auffassungen von Experten innerhalb umschriebener Fachgebiete führen. Hier muß das Selbstverständliche, auch wenn es banal klingen mag, betont werden: Jeder, der eine wissenschaftliche Meinung vertritt, die über den eigenen wissenschaftlichen Bereich hinaus eine allgemeine Bedeutung haben soll oder haben könnte, muß sich fragen, wie belastbar die erhoffte Verallgemeinerung eigentlich ist. Dabei ist es erforderlich, daß sich jeder über die Randbedingungen seines wissenschaftlichen Arbeitens, seiner Experimente und seiner Theorien, also des Rahmens, im klaren ist. Diese Randbedingungen müssen auch im wissenschaftlichen Diskurs (und darüber hinaus) vermittelt werden können. Ich habe den Eindruck, daß dies kaum geschieht und auch als ein Problem häufig gar nicht erkannt wird. Nicht selten hört man in einer Diskussion als »wissenschaftliches Argument«: »Ich bin Physiker« oder »Ich als Mediziner«; es wird also gar nicht mehr auf das Inhaltliche Bezug genommen, sondern nur noch mit der Zugehörigkeit zu einer Disziplin argumentiert. Wie wehrt man sich gegen solche Totschlagargumente, in denen die Macht eines institutionellen Rahmens, der sich aus einer Zunft ableitet, ins Spiel gebracht wird?

Wenn man in seinem wissenschaftlichen Paradigma gefangen bleibt und die Randbedingungen seines Tuns nicht erkennbar macht, kann wie von selbst der Vorwurf der Heuchelei auftreten. Wenn ich von meinem wissenschaftlichen Tun absolut überzeugt bin und mir nicht vorstellen kann, daß ich in einem eingeschränkten Weltbild (meinem Kontext, Paradigma, Rahmen oder Bezugssystem) operiere, dann mag ich leicht den Vorwurf erheben, der andere sei ein Heuchler. Nach meiner Meinung müßte er es ja besser wissen, wenn ich nur meine Meßlatte des Wissens und Handelns anlege. Die Verabsolutierung meines Tuns führt entsprechend dazu, daß der Vorwurf der Heuchelei auch mir gegenüber gilt. Wenn ich keine Orientierung mehr habe, die mir anzeigt, wo andere Spezialisten sind, wenn nur noch meine Welt gilt und ich mir andere Welten gar nicht mehr vorstellen kann, dann müssen mir die anderen als unredlich erscheinen. Somit ist Interdisziplinarität und Offenheit für andere Denkweisen eine formale Bedingung für die Überwindung des möglichen Vorwurfs heuchlerischen Verhaltens.

Die »Diskursunkultur« des Aneinandervorbeiredens hat sich deshalb so verfestigt, weil sich das Spezialistentum innerhalb der Wissenschaften in unzumutbarer Weise entwickelt und stilisiert hat. Spezialisierung ist eine Folge des wissenschaftlichen Denkens der Neuzeit, die für mich mit dem cartesischen Rationalismus beginnt. Eine Grundthese von Descartes ist, und er drückt diese in seinen Regeln des Denkens aus, daß Probleme in ihrer Ganzheit präzise erfaßt werden können, daß sie zu ihrer Lösung in Teilprobleme zerlegt werden können und sogar müssen und daß sich Probleme (am besten in einer mathematischen Sprache) klar und deutlich formulieren lassen. Das Bemerkenswerte an den von uns in den Wissenschaften Tätigen als selbstverständlich empfundenen Regeln ist, daß man unterstellt, diesen cartesischen Forderungen tatsächlich gerecht werden zu können. Die cartesische Grundeinstellung hat ohne Frage zum großen Erfolg in den modernen Wissenschaften geführt, sie hat aber auch zur Überbetonung des Reduktionismus und zur Entfaltung eines unverbundenen Spezialistentums geführt. Ein Beispiel aus der Medizin wäre etwa der Glaube, alle Fragen *nur* aus der Molekularbiologie beantworten zu können.

Eine nur am Rationalismus und nur an Teilkomponenten eines Problembereiches orientierte Wissenschaft muß bei komplexen Systemen in Widersprüche und Kontroversen geraten. Bei der Untersuchung komplexer Systeme, die in ihrer Gesamtheit analytisch schwer erfaßbar sind, müssen Teilkomponenten isoliert und selektiv analysiert werden. Der Selektionsprozeß, in den selbstverständlich auch Wertungen einfließen, schränkt den Hypothesenraum ein. Inwieweit diese Einschränkung das gesamte System repräsentiert (oder überhaupt repräsentieren kann), muß in jedem Einzelfall bedacht werden. Dieses Problem nicht mehr zu sehen, ist nicht nur ein wissenschaftliches Defizit, sondern es hat ethische Implikationen, da häufig Handlungsanweisungen gegeben werden, die sich aus eingeschränktem Teilwissen ableiten.

Probleme des Diskurses entstehen natürlich häufig auch durch die Sprache selbst. Jedes Fachgebiet pflegt seine eigene Fachsprache, die ein Gebiet hermetisch von anderen, manchmal gar nicht so entfernten Gebieten abschließen kann. Für mich heißt Heuchelei in den Wissenschaften auch, die eigene Fachsprache undurchschaubar zu machen. Natürlich benötigt man Fachsprachen, doch müssen diese in andere Bereiche transportierbar sein. Ein positiver Beitrag zur Verbesserung der Diskurskultur könnte sich dadurch ergeben, daß eine Übung der scholastischen Philosophie aus dem Mittelalter wieder aufgenommen wird, daß nämlich vor der Kommentierung oder Widerlegung des Argumentes eines anderen dessen Aussage zunächst wiederholt wird, um zu prüfen, ob sie überhaupt verstanden wurde. Diese Gesprächstechnik könnte den heilsamen Einfluß haben, daß nicht nur Meinungen vorgetragen werden, die unverbunden nebeneinander stehen. Im interdisziplinären Gespräch wendet man dem anderen seine Aufmerksamkeit zu, wenn man kreativ zuhört; in dieser Form des Zuhörens äußert sich Achtsamkeit und Respekt dem anderen gegenüber.

Ich möchte in diesem Zusammenhang wieder von einem persönlichen Erlebnis berichten, diesmal mit einem ehemaligen Bundesminister. Dieser verlangte in einer öffentlichen Diskussion, daß wir Wissenschaftler (in diesem Fall bei Problemen der Umweltforschung) schneller Informationen für politische Aktivität bereitstellen müßten, wobei eigentlich gemeint war, unsere Kriterien für Aussagen zu lockern. Wir würden der Gesellschaft, so meine ich, einen sehr schlechten Dienst erweisen, wenn wir uns in unserer Arbeit (insbesondere in der Grundlagenforschung) an Zeitrahmen anpaßten, die bei anderen Teilkulturen bestimmend sind (bei den Medien: Tage und Wochen; bei der Wirtschaft: Monate oder wenige Jahre; bei der Politik: Legislaturperioden). Ich betonte in der erwähnten Diskussion, daß unsere

Verantwortung in der Wissenschaft, einer eigenen Teilkultur mit eigenen Regeln, eine Aufweichung wissenschaftlicher Kriterien nicht erlaube, um schneller politische Entscheidungen zu ermöglichen. Das bedeutet nicht, sich der Anwendung von Erkenntnissen zu verschließen, aber es bedeutet, sich nicht unter Druck setzen zu lassen und (dies wäre eine besondere Heuchelei) Gefälligkeitsgutachten zu geben. Unabhängigkeit der Wissenschaft und ihre Vernetzung mit anderen Teilkulturen ist beides notwendig. Wir als Wissenschaftler sollten Vertretern anderer Teilkulturen mit Respekt entgegentreten, aber wir dürfen auch Respekt für unsere Tätigkeit verlangen (natürlich nur, wenn wir ihn verdienen).

Ethisches Handeln bezieht sich auf ein gegenwärtiges Geschehen. In einem gegebenen Augenblick frage ich nicht, ob es richtig ist, was ich mache. Erst wenn die Handlung abgeschlossen ist, dann kann ich retrospektiv fragen, ob es gut war, was ich gemacht habe. Doch meist stellt sich diese Frage nicht, denn meist sind meine Handlungen konsistent mit meinen Absichten. Dann aber geschieht es, und es geschieht immer wieder, daß ich aus einer Situation heraustrete und feststelle, daß die Handlung nicht stimmig war, daß etwas am vergangenen Geschehen mir nicht gemäß war. Ich trage offenbar einen Sensor in mir, der anzeigt, wenn in einem Handlungskontext ein Fehler aufgetreten ist, wenn ein falsches Wort gesagt oder eine unangemessene Entscheidung getroffen wurde. Ich nehme an, daß jeder von uns diesen Sensor in sich trägt, der uns immer dann eine Meldung gibt, wenn wir uns nicht gemäß eines inneren Bildes, das wir über uns in uns tragen, verhalten haben. Ich glaube, daß ethisches Handeln in einer solchen Weise überwacht wird, daß also gegenwärtige Vollzüge dann, wenn eine Inkongruenz festgestellt wird, mitgeteilt werden. Diese Mitteilung ist oft nur eine Ahnung von der Unstimmigkeit der Situation; es mag eine leichte vegetative Verstimmung eintreten, ein Ärger über einen selbst muß kontrolliert werden, das Gefühl der Peinlichkeit oder Beschämung ist nicht zu unterdrücken.

In diesen Situationen vermittelt uns unsere Leiblichkeit direkt und explizit, daß etwas nicht in Ordnung ist. Wir haben nicht in der Weise mit jemandem kommuniziert, wie es angemessen gewesen wäre. Wir sind dem anderen nicht in der Weise erschienen, wie es recht gewesen wäre; wir haben uns (vielleicht aus guten Gründen) in unseren Worten verborgen. Es gibt Situationen, in denen ein solches Verhalten richtig und auch notwendig ist, und dennoch treten wir betroffen aus der Situation heraus.

Doch was ist mit jenen Situationen, in denen uns von unserem Sensor nichts gemeldet wird? Sind wir dann immer gerecht gewesen? Aufgrund unserer biologischen Natur sind wir geprägt durch die Erlebnisse und Erfahrungen, die wir im Laufe des Lebens gesammelt haben. Diese Erfahrung wird zum impliziten Besitz und bestimmt die Inhalte unserer Wertesysteme, unsere Vorurteile, den Rahmen unseres Handelns. Diese Prägungen liegen zeitlich zurück, und wie wir uns verhalten, wie wir uns selber sehen, ist ohne unsere persönliche Verantwortung gestaltet worden. Wir können die Matrix unserer Prägungen nicht mehr auflösen, wir können sie uns retrospektiv und reflexiv nur bewußt machen, und das ist mit einer erheblichen geistigen Kraftanstrengung verbunden und auch nicht immer möglich. Nach einer Handlung also keine Meldung unseres inneren Sensors über die Stimmigkeit oder Unstimmigkeit des eigenen Handelns bekommen zu haben, bedeutet nicht, daß wir uns richtig verhalten haben. Was ist zu tun? Kann man sich überhaupt gegen sich wehren? Zunächst ist es erforderlich, diese Sachverhalte zu kennen, also etwas über die Weise unserer Welterfahrung zu wissen, damit wir uns nicht blind und wissenslos ausgeliefert sind. Will man aber etwas mit Nachhaltigkeit erreichen, das über die individuelle Verantwortung hinausgeht, dann kann und muß man sich dafür einsetzen, daß jene Prinzipien des Handelns, für die man steht, explizit und für individuelle Prägungen der Zukunft transparent gemacht werden. Hier wird die Forschung dann politisch, denn das bedeutet, daß Verantwortliche aus den verschiedenen Teilkulturen zunächst über die Grundlagen unserer Welterfahrung informiert sind und dann zusammenwirken, um die Erkenntnisse aus der Forschung gesellschaftlich zur Geltung zu bringen. Wissen zu nutzen ist auch eine ethische Herausforderung, aber wissen wir überhaupt, was Wissen ist?

8 Selbstversagen

Denn was ich vollbringe, erkenne ich nicht; denn nicht, was ich will, das tue ich, sondern was ich hasse, das übe ich aus. Paulus (Römerbrief 7,15)

Cependant, l'homme est naturellement bon, je crois l'avoir démontré. –
Jedoch der Mensch ist von Natur gut, wie ich bewiesen zu haben glaube.
Jean-Jacques Rousseau

Erst ein Scheitern läßt einen Mann Einkehr bei sich halten und zusehen, was ihm geblieben ist.
Joseph Conrad

Wo Es war, soll Ich werden. Sigmund Freud

There is no sin but stupidity.
Es gibt nur eine Sünde: die Dummheit.
Oscar Wilde

Wir irren, wenn wir die Moral als ein System von Pflichten und Verboten betrachten, das für alle Menschen dasselbe ist. Ein solches System ist eine Abstraktion. Sehr wenige, vielleicht überhaupt keine Handlungen sind absolut gut oder absolut böse.
José Ortega y Gasset

Es gibt Augenblicke, in denen man sich vor sich selbst verstecken möchte. Ich erschrecke vor mir selbst, wenn ich aus dem Rahmen gefallen bin: Wie konnte ich dies nur sagen, wie konnte ich das nicht tun? Ein mißglücktes Wort, eine verpaßte Gelegenheit. Ich erlebe diese Augenblicke als entfremdend und befremdend zugleich. Ich habe den Eindruck, als sei es gar nicht ich gewesen, der versagt hat; gleichzeitig empfinde ich aber mit aller Deutlichkeit, daß ich versagt habe. Dieses Versagen, das Selbstversagen, zeigt mir, daß ich dem »Bösen« ausgeliefert bin. Wie entsteht das Böse in einem selbst? Wie entdeckt man das Böse in sich? Wie entwickelt man einen Begriff vom Bösen? Wie habe ich selbst das Böse entdeckt (sofern ich mich daran noch erinnern kann)? Wie entdecke ich das, was man das Böse nennt, in anderen? An die Verletzungen, die ich anderen zugefügt habe, und jene, die mir zugefügt wurden, kann ich nur mit Herzklopfen denken; ich reagiere mit meinem vegetativen Nervensystem so stark auf diese Erinnerungen, die plötzlich ungerufen aufsteigen können, daß mir der Schweiß ausbricht. Es wehrt sich etwas in mir, die Erinnerungen zuzulassen, es verweigert sich etwas in mir, das Böse als einen Teil meiner selbst anzunehmen. Mit Empörung denke ich an die Ungerechtigkeiten, die mir widerfahren sind, nur mit Widerwillen kann ich an die Verletzungen denken, die ich anderen zugefügt habe. Erlittene Kränkungen und die zugefügten Verletzungen gehören nicht in den Rahmen meines Selbstbildes; meine Identität ist beschädigt.

Dieser innere Widerstand führt zu einer weiteren Beobachtung; es ist bemerkenswert, daß mich das, was man das Böse nennt, als ein wissenschaftliches Thema nie interessiert hat. (Als Forscher, der sich mit allen Aspekten des seelischen Lebens befassen sollte, dürfte man ein solches Thema eigentlich nicht ausklammern. Allerdings muß ich sagen, daß mich auch das, was man das Gute nennt, nicht wirklich beschäftigt hat; und viele andere Bereiche, die den Rahmen unseres Handelns bestimmen, haben mich leider auch nicht in dem Maße interessiert, wie es wohl notwendig gewesen wäre.) Wenn ich mich in dem Rahmen betrachte, der mein wissenschaftliches Handeln bestimmt, dann stelle ich fest: Ich stehe mir selbst gegenüber als jemand, der herausfinden möchte, wie wir etwas erkennen, wie wir mit unseren Gefühlen umgehen, wie wir sehen oder hören, wie wir uns an etwas erinnern können, wie wir unser Handeln bestimmen, wie wir denken, wie im Gehirn mit zeitlichen Abläufen umgegangen wird oder wie unsere persönliche Identität aufgebaut wird (sofern sie aufgebaut wird und nicht ein gegebenes Phänomen ist). Mich interessiert das Wie der Prozesse im Gehirn, das Wie psychischer Vorgänge, das Wie von Abläufen in der Natur (bei der Entstehung der Welt, dem

Gang der Evolution, der Entdeckung des Bewußtseins), und mich interessieren offenbar weniger die Inhalte, also was es jeweils ist, das durch das Wie der Prozesse bedingt wird. Wenn man von dem Bösen spricht, dann bezieht man sich auf inhaltliche Aspekte des Handelns oder auch Erlebens. Wenn ich auf den eigenen Rahmen schaue, dann mag die Faszination darüber, wie etwas geschieht, der Grund dafür gewesen sein, das Böse nicht als Gegenstand des Beforschens aufgenommen zu haben.

Keiner weiß, welchen Wert solche Selbsterklärungen haben; man möchte dem Bild entsprechen, das man von sich entworfen hat. Geht man von einem anderen Rahmen aus, der sich aus psychoanalytischen Überlegungen ergibt, dann könnte ich über mich auch sagen: Daß ich mich als Forscher nicht mit dem Bösen befaßt habe, mag daran liegen, daß das Böse für mich eine zu große Bedeutung hat; deshalb muß ein Abwehrmechanismus dafür sorgen, das Thema nicht zuzulassen. Das Böse in mir wird nicht zu einem bewußten Fokus meiner Existenz zugelassen. Der Widerstand hat zum Ziel, mich nicht meiner selbst zu entfremden, und das gute Bild, das ich von mir selbst habe, aufrechtzuerhalten. Wenn ich mich wissenschaftlich mit dem Thema des Bösen befassen würde, dann bestünde die Gefahr, daß meine Identität in Frage gestellt werden könnte.

Erklärungen gibt es immer viele, und da wir alle ein Wirkungsgefüge von Möglichkeiten sind, gelten vermutlich auch in diesem Fall mehrere Gründe. Auch über mich selber sollte ich nicht in die Falle der monokausalen Erklärung geraten. Die Vernachlässigung des Bösen mag noch einen anderen Grund haben, der nichts zu tun hat mit der chronischen Verengung des eigenen Gesichtsfeldes. Es mag sein, daß wir alle das Böse als ein gedankliches Konstrukt in uns tragen. Derartige Konstrukte oder abstrakte Begriffe gibt es viele, und sie geben uns Orientierungsrahmen des Handelns wie das Gute, das Wahre oder das Schöne. (Immer wieder tauchen diese Grundkategorien auf, wie in den drei Kritiken von Immanuel Kant; bestimmen sie die Grundpfeiler unserer Existenz, oder gibt es noch andere, die den Rahmen des Erlebens in grundlegender Weise bestimmen?) Wenn das Böse (nur) ein abstrakter Begriff ist, dann muß das Böse von jedem einzelnen erst gefunden (oder vielleicht sogar erfunden) werden. Da es viele solcher Konstrukte gibt, auf die wir unsere Aufmerksamkeit lenken könnten, ist es eher ein Zufall, daß das Böse als Thema nicht aufgetaucht ist, denn die Wahl bestimmter Themen folgt nicht unbedingt einer inneren Notwendigkeit, sondern ist eingebettet in die Indeterminiertheit des sozialen Geschehens und die Zufälle der eigenen Existenz.

Wenn ich mich der Frage nähere, ob das Böse ein gedankliches Konstrukt oder unmittelbar Erlebtes mit empfundener Bedrohung ist, dann muß ich zurückdenken. Wie habe ich selbst das Böse erstmals erlebt, entdeckt? Was waren Lebensereignisse, die ich im nachhinein als eine Begegnung mit dem Bösen ansehe? Erste bewußte Erinnerungen beziehen sich auf das Ende des Zweiten Weltkrieges. Im Winter 1945 schob sich in Pommern die russische Front gegen Westen, und ich erlebte als kleines Kind Krieg. Es war nicht der abstrakte Krieg, der mir über sekundäre Informationsträger wie die Zeitung oder das Fernsehen vermittelt wurde (und wie wir heute Kriege mitverfolgen können), sondern es war das unmittelbare Erleben des Krieges; es sind Bilder in mich hineingepreßt worden, die nie verlorengehen und die dennoch immer unterdrückt werden wollen. Mitteilen kann man dies alles nicht in der Weise, wie man es erlebt hat, damit der andere daran Teil haben kann (was wohl auch gar keine gute Idee ist); man kann nur andeutungsweise einiges berichten.

Zum Beispiel liegen nach einer Nacht voller Ängste am nächsten Morgen über den Hof verstreut tote Tiere, Hühner, Gänse, Enten mit durchschnittenen Hälsen. Ich bin angesichts dessen, was ich sehe, was nach der Schlachtorgie tot um mich liegt, erstarrt. Es kann nicht sein, was geschehen ist; es gibt kein Wort dafür, den inneren Zustand zu beschreiben. Oder: Eine Frau, die Widerstand leistet, wird von Soldaten auf den Hof gezogen, mit schweren Stiefeln getreten; man springt auf sie, und alles geschieht mit steigender Wut. Wir sind entsetzt, doch schauen zu, als könne es alles nicht sein.

Diese Erlebnisse (und leider viele andere mehr) zeigen, daß es die unmittelbare Erfahrung ist, dem Bösen in seiner Wirklichkeit zu begegnen. Daß solche Erlebnisse als Ausdruck des Bösen erfaßt werden, bedeutet, daß es offenbar eine Instanz gibt, die ein Ereignis als etwas Böses bestimmt. Ein Geschehen fällt derart aus dem Rahmen, daß es sofort als Ausdruck des Bösen erkannt wird. Daß es sich um etwas Böses handelt, muß man nicht erst lernen. Vorgegebene, in uns eingepflanzte Programme melden unmittelbar, wenn etwas Böses geschieht.

Dies bedeutet aber auch, daß die zeitliche und räumliche Distanz zu einem bösen Ereignis das Böse im eigentlichen Sinne nicht erkennbar macht. Es geht nicht in mich hinein wie die unmittelbare Erfahrung; ein medialer Bericht über das Böse irgendwo in der Welt ist nur eine Geschichte, über die ich mich aufregen kann, die Betroffenheit auslöst, (daß man von Betroffenheit und nicht von Getroffenheit spricht, sagt schon alles über die innere Distanz zur Nachricht), die mich aber nicht prägt. So ist auch mein Bericht für andere nur eine Geschichte; jeder muß das Böse für sich und auch in sich selbst entdecken (wobei ich davon ausgehe, daß es nur gute Menschen nicht gibt).

Das Böse zeigt sich nicht nur in der unfaßbaren Intensität von Vernichtung; Ausdruck des Bösen ist häufig auch das Selbstversagen in alltäglichen Situationen. Viele Beispiele könnte ich hier geben, doch soll die Selbstentäußerung nicht zu weit getrieben werden. Nur ein Beispiel des Versagens: Bei einem Besuch des *Fliegenden Holländers* bei den Osterfestspielen in Salzburg fehlt plötzlich eine Eintrittskarte. Mein Sohn, elegant gekleidet und voller Erwartung, bleibt enttäuscht draußen. Während der Aufführung merke ich plötzlich, was ich getan habe. Warum habe ich ihm nicht meine Karte gegeben? Ich erschrecke noch heute über dieses Selbstversagen als Vater. Ich habe etwas zu spät erkannt; ich habe nicht im richtigen Augenblick angemessen gehandelt. Dies geschieht immer wieder: im Augenblick zu versagen und erst im Rückblick das Selbstversagen, das Böse, zu erkennen. Wieder stoße ich auf die Zeit; im gegenwärtigen Handeln ist ein Rahmen bestimmend, und dann erkenne ich, wenn sich mir eine Rückschau aufzwingt, daß dies ein falscher Rahmen war. Offenbar gibt es in mir eine Instanz, die sehr genau verfolgt, was ich mache, die die Stimmigkeit meines Handelns überprüft und die damit sicherstellt, daß mein Selbstbild nicht zerstört wird.

Sofern diese Beobachtungen über mich selbst auch für andere gelten, also nicht nur singuläre Erscheinungen an einem Exemplar des Menschseins sind, so bedeuten sie, daß uns das Böse im unmittelbaren Erleben entgegentritt. Dabei erleben wir Vernichtung von Menschen, von Tieren, von Natur wie bei Feuer-, Sturm- oder Wasserkatastrophen; wir erleben aber auch Vernichtung unseres Selbstgefühls in der Erniedrigung, nicht nur die Bedrohung oder Vernichtung unserer körperlichen Existenz. Sind wir selber Träger des Bösen, erkennen wir oft erst im nachhinein, daß wir Repräsentanten des Bösen waren, indem wir Menschen, Mitgeschöpfe oder die Natur verletzt oder zerstört haben. Wir versagen in der Begegnung mit dem Bösen, wenn es an einem anderen Ort und zu einer anderen Zeit geschieht. Wir müssen uns das Böse rekonstruieren, um uns einen Begriff davon zu machen. Das Böse in der räumlichen und zeitlichen Ferne dringt nicht wirklich in uns ein.

Dieser Abstand zum Bösen hat weitere Konsequenzen. Unser heutiges Leben ist durch Vergleichzeitigungen gekennzeichnet. Ereignisse an anderen Orten und zu anderen Zeiten werden durch die Medien in einen Rahmen von Gegenwart gebracht. In diesem Gegenwartsfenster werden Ereignisse aus einer Außenperspektive und mit Distanz betrachtet. Daraus entsteht eine paradoxe Situation: Indem wir uns Fernes gegenwärtig machen, dieses aber mit einer gewissen Gleichgültigkeit aufnehmen, entwickeln wir ein Gefühl, als sei die wirkliche Wirklichkeit, das uns räumlich und zeitlich Nahe, auch nur eine virtuelle Welt. So geschieht es dann, daß man zuschaut, wie Kinder in einem See ertrinken, auch wenn man helfen könnte; was geschieht, ist fern. Mit der wirklichen und virtuellen Ferne verlieren wir Verantwortung; das schnelle Handeln im Hier und Jetzt wird ein Opfer der Distanz. Selbstversagen heißt somit auch, daß wir uns des Bösen zu entledigen suchen, indem wir uns in den Rahmen der Gleichgültigkeit stellen, aus dem heraus der andere in seiner Nähe gar nicht mehr gesehen wird. Die Vermischung medial vermittelter und der Wirklichkeit der Nähe hebt die unmittelbare Begegnung mit dem Bösen auf. Das Böse wird zu einem abstrakten Konstrukt; die Antennen für das Böse, das nah ist, verlieren sich; für das Böse, das fern ist, gibt es sie vielleicht gar nicht, und für das Böse, das in mir ist, kommen die Signale zu spät, wenn ich schon gehandelt habe; die Antennen reagieren zeitverschoben.

Die Entfremdung vom unmittelbar Bösen, der fehlende Kontakt zum Bösen, hat auch etwas mit der Überbewertung des rationalen Denkens in unserer Kultur zu tun. Isolierte Rationalität, die sich von ihrer natürlichen Einbettung in die Emotionalität löst, wird zur malignen Rationalität. Wir sehen uns in einem falschen Rahmen, wenn wir meinen, unser Erleben sei nur durch explizite, bewußt verfügbare Rationalität gekennzeichnet. Diese Hervorhebung der reinen Rationalität hat auch Konsequenzen für das Menschenbild, das in unserer Gesellschaft tief verankert ist. Durch die Abtrennung der Rationalität vom sonstigen psychischen Geschehen ist auch unsere Emotionalität abgetrennt worden. In dem reduktionistischen Weltbild, das uns dominiert, werden alle Funktionen von anderen abgetrennt, damit wir einfacher über uns nachdenken können. Durch die Abtrennung ist es zu einer eigenen Kultivierung der Emotionalität gekommen, in der Betroffenheit ausgelebt wird. Im Augenblick der Trennung kommt es nicht nur zur Entwicklung einer malignen Rationalität, sondern auch zur Entwicklung einer bösartigen Emotionalität. Gefühle und ihr Ausdruck werden frei von rationaler Einbettung inszeniert, und jeder rationale Bezug wird verworfen. Es ist zu einer Spaltung gekommen, die sich darin ausdrückt, daß manchen Menschen von vornherein kalte Rationalität, anderen warme Emotionalität zugeschrieben wird. (Ich kann nie so recht verstehen, warum ich zu den kalten Rationalen gehören soll.) Eine solche kategoriale Stilisierung von Teilmengen menschlicher Möglichkeiten bedeutet häufig eine unerträgliche Einengung von Lebens- und Erlebensmöglichkeiten jener, die ihren gesunden Verstand noch nicht völlig verloren haben. Die nach außen inszenierte Trennung in Emotionalität und Rationalität und die Stigmatisierung des einzelnen bezüglich einer der beiden Alternativen (als gäbe es nur diese beiden Rahmen) sind häufig Ursache des Versagens im sozialen Geschehen. Sich nur in einem Rahmen zu sehen, sich nur einer Dimension seiner selbst verpflichtet zu fühlen, bedingt auch Selbstversagen. Im nachhinein, wenn es zu spät ist, erinnert mich (manchmal) die eigene Natur daran, was richtig gewesen wäre.

Gibt es eine Therapie, mit dem Bösen fertig zu werden? Eine solche Therapie gibt es nicht, aber es mag eine Möglichkeit geben, mit dem Bösen besser umzugehen. Dazu gehört die Offenlegung der Möglichkeiten des Bösen, in uns selbst, zwischen Menschen und auch in der Natur, da wir in manchen Naturkatastrophen auch den Ausdruck des Bösen zu sehen glauben (auch wenn das natürlich eine grobe Anthropomorphisierung der Natur ist). Diese Offenlegung kann aber nur mit den Denkwerkzeugen geschehen, die wir haben. Mehr, als was uns zum Denken, zum Verstehen der Welt mitgegeben ist, haben wir nicht. Unsere Denkwerkzeuge sind in ihrer Effizienz beschränkt, und wir können offenbar nicht alles so gestalten oder verstehen, wie wir es wünschen. Wie kann man das Selbstversagen angesichts dieses begrenzten Rahmens erträglicher machen? Mit Toleranz (vor allem auch einem selbst gegenüber; keine leichte Sache), mit Bescheidenheit (die schwache Kraft der eigenen Gedanken anerkennend; keine leichte Sache), mit Gelassenheit (eine Distanz sich selber gegenüber halten können; ebenfalls keine leichte Sache) kann man sich selber vielleicht etwas besser aushalten (und die anderen auch).

9 Drei sprechen über 3

Die Zahl ist das Wesen aller Dinge.   Pythagoras

Nihil certi habemus in nostra scientia, nisi nostra mathematica. –
Nichts Sicheres haben wir in unserer Wissenschaft, außer unserer Mathematik.   Nicolaus Cusanus

Die Mathematiker sind eine Art Franzosen; redet man zu ihnen, so übersetzen sie es in ihre Sprache, und dann ist es alsobald ganz etwas anderes.
    Johann Wolfgang von Goethe

Die ganzen Zahlen hat Gott gemacht, alles andere ist Menschenwerk.   Ludwig Kronecker

Die großen Fragen – die Fragen, die ein kleines Kind stellt, solange es noch nicht durch Erziehung verdorben ist, sollen uns immer vor Augen stehen.
    Hans-Lukas Teuber

Liebe Zuschauer hier im Studio und zu Hause vor den Fernsehgeräten, ich begrüße Sie zu einer nächtlichen Gesprächsrunde mit drei Gästen, die man nicht so leicht an einen Tisch bekommt. Meines Wissens sind Sie sich, meine Herren, im wirklichen Leben nie begegnet, Herr La Mettrie, Herr Einstein, Herr Picasso. Wir waren der Meinung, daß es angesichts der zunehmenden Vernetzung der Teil-Kulturen in der Gesellschaft einmal nützlich sein könnte, einen Arzt – nämlich Sie, Herr Dr. La Mettrie –, einen Wissenschaftler mit künstlerischen und auch philosophischen Interessen – nämlich Sie, Herr Prof. Einstein – und einen Künstler – nämlich Sie, Herr Picasso – zusammenzubringen, um interdisziplinäres Denken einmal in einer öffentlichen Diskussion zu zeigen. Unsere Vorstellung ist, daß Sie zu

Fragen der modernen Wissensgesellschaft diskutieren und welche Bedeutung die Künste, die Wissenschaften und die Medizin für die Entwicklung der modernen Gesellschaft haben; wir bitten Sie trotz der Komplexität des Themas, sich jeweils knapp zu fassen; wir haben nur 45 Minuten Sendezeit. Argumente können nicht in aller Breite ausgeführt, und Thesen können nur angedeutet werden; wir dürfen unsere Zuschauer auch nicht überfordern. Damit Sie einander ein wenig bekannter werden und damit unsere Zuschauer hier im Studio und zu Hause schon zu Beginn unserer Sendung sich in Ihre Gedankenwelt hineinfühlen können, möchte ich Sie mit einigen Ihrer Thesen vorstellen.

Als Sie, Herr La Mettrie, im Alter von 42 Jahren 1751 starben (im übrigen: welches die Umstände Ihres Todes in Berlin waren, wo Sie zur Gesprächsrunde Friedrichs des Großen gehörten, sind immer noch ungeklärt), als Sie starben, hatten Sie mehrere Schriften publiziert, wobei eine sogar auf dem Scheiterhaufen verbrannt wurde. Jene Schrift, die uns heute interessiert, »L'homme machine«, beschreibt den Menschen als eine Maschine, sagen wir besser als eine vom Gehirn gesteuerte Maschine.

Ein Satz aus Ihrem Buch mag Ihre Grundeinstellung deutlich machen: »Der Mensch ist eine so komplizierte Maschine, daß man ihn unmöglich vorab in einen klaren Begriff fassen bzw. definieren kann. Aus diesem Grunde waren alle Untersuchungen, die die größten der Philosophen a priori anstellten, indem sie sich sozusagen vom reinen Geiste beflügeln lassen wollten, vergebliche Mühen. Erkenntnisse über das Wesen des Menschen kann man nur a posteriori gewinnen, d. h. indem man den Zugang zur Seele gleichsam über die Organe des Körpers sucht.«

Wenn wir Sie hier richtig verstehen, fordern Sie als praktische Konsequenz, das Gehirn des Menschen, seinen Bau und seine Funktionen zu untersuchen, um damit Einblick in das Wesen des Menschen zu gewinnen. Nur wenn wir die Mechanismen des Gehirns verstehen, wenn wir die Arbeitsweise der Sinnesorgane erfaßt haben, wenn wir den Blick geschärft haben für die Bedingungen unserer möglichen Selbsterfahrung und Selbsterkenntnis, dann erlangen wir Zugang zu jenem menschlichen Rahmen, den wir als unser Wesen bezeichnen können, was immer »Wesen« bedeuten könnte.

Sie, Herr Einstein, bewegten die Welt vor einhundert Jahren mit einer Theorie, der speziellen Relativitätstheorie, die u. a. zeigte, mit welchen Vorurteilen unser Begriff der Zeit belastet ist. Später schrieben Sie mit zwei Kollegen eine Arbeit, die heute noch die Gemüter der Physiker bewegt, denn Sie wiesen mit einem Gedankenexperiment auf eine Paradoxie in der Quantenmechanik hin. Mit diesen speziellen Überlegungen, die als »Einstein-Podolsky-Rosen-Paradox« (oder EPR) bekannt geworden sind, wollen wir uns heute hier nicht befassen. Wir wüßten gerne Ihre Meinung darüber, wie überhaupt Wissen im Menschen entsteht, ob das Wissen der Menschheit, wie es z. B. in Texten dokumentiert ist, wirklich allgemeine Bedeutung hat oder ob unser Wissen im Rahmen von gedanklichen Bezugssystemen zu verstehen ist, die ihrerseits wandelbar sind.

Daß Sie den Gedanken unseres Arztes in der Runde, Herrn La Mettrie, nahestehen, entnehmen wir Ihrer Schrift »Zur Methodik der theoretischen Physik«. Sie sagten dort nämlich, daß wir durch bloßes Nachdenken keinerlei Wissen über die Erfahrungswelt erlangen können. Alles Wissen über die Wirklichkeit geht, wie Sie sagen, von der Erfahrung aus und mündet in ihr. Erfahrung bleibt das einzige Kriterium der Brauchbarkeit einer mathematischen Konstruktion für die Physik. Und damit sind wir wieder bei den Organen, auf die Herr La Mettrie hinwies, insbesondere bei den Sinnesorganen.

Zur Information der Zuschauer hier noch ein Gedanke von Ihnen, Herr Einstein: »Der Mensch sucht [...] ein vereinfachtes und übersichtliches Bild der Welt zu gestalten und so die Welt des Erlebens zu überwinden, indem er sie bis zu einem gewissen Grade durch dieses Bild zu ersetzen strebt. Dies tut der Maler, der Dichter, der spekulative Philosoph und der Naturforscher, jeder in seiner Weise.« Mit diesen Worten wird deutlich, wie nahe Sie Ihre Tätigkeit als Forscher der eines Künstlers oder Philosophen sehen.

Bilder des Menschen und Bilder der Welt haben Sie uns, Herr Picasso, in ganz anderer Weise gegeben. Doch stimmen Sie vielleicht dennoch Herrn Professor Einstein zu, daß sich Kunst und Wissenschaft nahestehen. Das Vereinfachen, wie es Herr Einstein betont, haben Sie in vielen Ihrer Werke praktiziert. Das Vereinfachen ist aber immer nur möglich, wenn ein Rahmen vorgegeben ist, innerhalb dessen die vereinfachende Abstraktion sich vollziehen kann. Über solche Rahmen und Bezugssysteme sagten Sie einmal:

»Heute sind wir in der unglücklichen Lage, keine Ordnung mehr zu haben... Sobald die Kunst jede Verbindung zur Tradition verloren hatte, und jene Befreiung jedem Maler gestattete zu tun, was er wollte, war es mit der Malerei vorbei.... In gewissem Sinn ist das eine Befreiung, aber gleichzeitig ist es eine ungeheure Begrenzung, denn wenn die Individualität des Künstlers beginnt, sich auszudrücken, verliert er das, was er an Freiheit gewinnt, an Ordnung.«

Ich könnte mir vorstellen, Herr Picasso, daß sich Herr La Mettrie und auch Herr Einstein gerne zu dieser These äußern möchten, ob es überhaupt möglich ist, keinen Rahmen oder kein Ordnungssystem zu haben, innerhalb dessen wir denken, handeln oder auch fühlen.

Darf ich Ihnen nun, Herr La Mettrie, das Wort geben und Sie bitten, uns in knapper Weise Ergebnisse aus der Forschung über den Bau und die Funktion des menschlichen Gehirns mitzuteilen, die für ein besseres Verständnis der Künste, vielleicht der Kultur allgemein, des Denkens und des Wissens, dienlich wären. Was die Zuschauer von Ihnen erwarten, ist ein kurzer Überblick, und das in etwa fünf Minuten; ich darf an die Sendezeit erinnern.

La Mettrie: Es ist richtig, daß ich mein Buch »L'homme machine« in kürzester Zeit verfaßt habe, doch in wenigen Minuten alles das zusammenzufassen, was in über zwei Jahrhunderten erarbeitet wurde, ist nicht ganz einfach, und so etwas kann man wohl nur im Fernsehen verlangen. Allerdings: Ich sollte mich vielleicht hinsichtlich der Kürze korrigieren; glaubt man manchen Theoretikern aus dem Bereich der künstlichen Intelligenzforschung, die davon ausgehen, das menschliche Gehirn sei explizit modellierbar und seine Funktionsweise durch einfache mathematische Algorithmen beschreibbar (dies zumindest im Prinzip), dann ist es vielleicht in Zukunft möglich, alles in einer Minute über uns zu sagen, denn dann reicht eine einfache Formel. Es wäre dann wie in der Physik, deren grundlegende Gesetze auf eine Karteikarte passen. Daß dies für Lebensprozesse nie der Fall sein wird, ist eine vorweggenommene Pointe meiner Ausführungen.

Einstein: Soll dies bedeuten, Herr La Mettrie, daß unser Erleben, unser Geist nicht in jener einfachen und eleganten Weise mathematisch zu beschreiben ist, wie es für sonstige Naturphänomene gilt?

Gibt es nach Ihrer Meinung einen prinzipiellen Unterschied in der wissenschaftlichen Beschreibung der Natur *um* uns und der Natur *in* uns?

La Mettrie: Genau dies. Funktionszustände des menschlichen Gehirns sind zu kompliziert und können nicht berechnet werden. Eine Brücke zwischen diesen wissenschaftlichen Bereichen zeichnet sich allerdings ab, wenn man an das dritte Bein der Forschung, die Simulation, denkt, die sich neuerdings neben Experiment und Theorie stellt. Simulation mit Hilfe von Computern, und die größten sind immer noch nicht groß genug, bringt nicht nur interessante Ergebnisse, sondern weist möglicherweise auf homologe Probleme in den verschiedenen wissenschaftlichen Bereichen hin; zumindest glauben dies ja manche Forscher aus der Chaostheorie und Komplexitätsforschung. Lassen Sie mich aber nun versuchen, meiner Aufgabe gerecht zu werden, kurz einen Einblick in die Arbeitsweise und den Bau des Gehirns, insbesondere des menschlichen Gehirns, zu geben. Wie unser Gehirn arbeitet, läßt sich am einfachsten verdeutlichen, wenn man sich an der Evolution orientiert. Die sich über Hunderte von Millionen Jahren erstreckende Entwicklung der Gehirne hat dazu geführt, daß sich beim Menschen schließlich ein Telencephalon entwickelt hat, das all jene Funktionen bereitstellt, die wir als menschliche Erlebnisweisen explizit oder implizit verfügbar haben. Neben den Bauprinzipien der Divergenz und Konvergenz zwischen Neuronenpopulationen, den funktionellen Mechanismen der Exzitation und der Inhibition, hierbei verschiedene Transmitter, wie z. B. die Katecholamine oder auch Peptide nutzend, wobei präsynaptische oder postsynaptische Vorgänge bei der interzellulären Regulation ...

Einstein: Halt, La Mettrie, nicht weiter! Ich kann nicht folgen; können Sie bitte sagen, was Exzitation und Inhibition bedeuten, was Transmitter sind, wie man Katecholamine buchstabiert, was der Unterschied zwischen präsynaptisch und postsynaptisch ist, was mit einem Telencephalon gemeint ist?

Picasso: Herr La Mettrie, Einstein hat recht; wenn Sie so weiterreden; haben Sie uns schnell verloren, und ein Gedankenaustausch kann nicht stattfinden.

La Mettrie: Meine Herren, heißt das, daß Sie über die einfachsten und grundlegendsten Sachverhalte der Biologie nicht informiert sind? Ist Ihnen womöglich nicht einmal das Konzept der Synapse geläufig?

Picasso: Ich habe nie davon gehört. Was ist Synapse?

Einstein: Herr La Mettrie, ich spüre Ihre Betroffenheit; zwar sind mir einige der von Ihnen genannten Begriffe dem Wort nach bekannt, doch was sie bezüglich der Arbeitsweise und des Baus des Gehirns bedeuten – ich weiß es auch nicht.

La Mettrie: Ich sehe, daß meine 5-Minuten-Aufgabe schwieriger wird, als ich dachte; wenn Sie, meine Herren, diese einfachsten biologischen Tatsachen nicht wissen, deren Kenntnis Voraussetzung ist, wenn wir über die Funktionsweise des Gehirns sprechen, dann muß ich wohl annehmen, daß die meisten unserer Zuschauer auch nicht darüber informiert sind. Versuche ich es also noch einmal auf eine andere Weise. Aber vorher lassen Sie mich, Herr Moderator und verehrte Herren, doch meine Verwunderung darüber ausdrücken, was manche manchmal unter »Bildung« verstehen. Sollte man nicht eigentlich fordern, daß zur Bildung auch gehört, wesentliche Sachverhalte der lebenden und nichtlebenden Natur zu kennen und zu bewerten? Kann sich ein »Gebildeter« leisten, einen ganzen Bereich von Wissen, insbesondere über uns selbst, auszublenden? Vielleicht trägt diese Diskussion dazu bei, deutlich zu machen, daß hinsichtlich unseres Selbstverständnisses naturwissenschaftliche Sachverhalte, im speziellen auch biologische, zum Bildungsgut gehören sollten.

Picasso: Das mag schon richtig sein, doch glaube ich, die Forderung geht in alle Richtungen. Mir fällt als Außenstehendem immer wieder auf, wie wenig Naturwissenschaftler über die Fachgebiete ihrer Kollegen wissen. Naturwissenschaftler und auch Ingenieure bewegen sich oft wie in einem verschlossenen Raum. Sie scheinen sich nur selbst im Spiegel zu sehen, dessen Rahmen dann oft zu klein gerät. Anscheinend hat man wohl auch Angst, sich über einfachste Dinge bei den anderen zu informieren, weil man meint, sich dabei bloßzustellen. Dem angeborenen Trieb der Neugier steht die Angst einer

Bloßstellung gegenüber. Wenn es so wenig Wechselwirkungen zwischen Forschern einzelner Disziplinen gibt, dann muß man sich natürlich auch nicht wundern, wenn die Kommunikation zu ferner liegenden Bereichen wie den Künsten unterentwickelt ist. Da hört man dann von solchen Leuten (und das habe ich mir früher oft anhören müssen) Kommentare wie: »Das ist doch keine Kunst!« oder »Das soll Kunst sein?« oder »Das kann ich auch!«, und dann wird deutlich, in welchen getrennten Welten wir leben. Vielleicht sollten wir uns in diesem Gespräch besser darauf konzentrieren, wie dieses Auseinanderfallen in Teil-Kulturen zu verstehen ist, wie es möglich geworden ist, daß Kunst und Wissenschaft so unverbunden nebeneinander stehen, und wie diese Spaltung vielleicht überwunden werden kann. Vielleicht könnten Sie, Herr La Mettrie, uns etwas dazu sagen? Sind wir Sklaven der Funktionen unseres Gehirns, sind wir Sklaven kultureller Prägungen, so daß wir nur schwer aus unseren Vorurteilswelten heraustreten können? Warum sprechen wir z. B. von »zwei Kulturen«, den »two cultures«, wie sie sich in den Geistes- und Naturwissenschaften zeigen sollen, wobei für die eine das Prinzip des Verstehens, für die Geisteswissenschaften, und für die andere das Prinzip des Erklärens, für die Naturwissenschaften, gelten soll? Dies scheint mir nicht einmal für die Wissenschaften insgesamt zu gelten, wenn ich sie als Künstler von außen betrachte. Um wieviel weniger gilt diese Doppelperspektive für die Gesellschaft als Ganzes. Für mich sind es mindestens drei Kulturen, die wir unterscheiden sollten, wollen wir überhaupt Unterschiede kenntlich machen.

Einstein: Picasso, das interessiert mich. Bevor Sie, La Mettrie, uns etwas über Hirnforschung erzählen und wie das Gehirn uns mit seinen Mechanismen die Weise unserer Welterfahrung aufzwingt, lassen Sie uns von ihm hören, was er meint. An die Vorstellung von zwei Kulturen haben wir uns gewöhnt, die Welt der naturwissenschaftlichen Erkenntnis, die in der Welt der Technik wirksam wird, und die Welt des Sichhineinfühlens, die Welt der Künste, der Werte; solche Zweiteilung beobachtet man doch überall, wie schon beim Yin und Yang der alten Chinesen.

Picasso: Verzeihen Sie, meine Herren, ich habe diese »These« mit den drei Kulturen spontan geäußert; diese Bemerkung war nicht Ergebnis eines langen Nachdenkens. Ich beobachte und arbeite, und dann stelle ich fest, daß die Zwei uns irgendwie einengt und daß die sogenannten zwei Kulturen ja gar nicht der Lebenswirklichkeit entsprechen. Es ist für mich eine Dreiheit, die unser Leben durchzieht und vielleicht sogar bestimmt. Lassen Sie mich dies gleichnishaft sagen: Die Welt der Künste ist durch das Bild symbolisiert, und Bilder sind es auch, die in meiner Erinnerung verankert sind, d. h. sie haben für jeden von uns eine persönliche Bedeutung und bestimmen unsere Identität. Der Welt der Wissenschaften, insbesondere der Naturwissenschaften, entspricht das Buch, in dem explizites Wissen festgehalten wird, das allen zugänglich ist. Und dann gibt es noch eine dritte Welt, nämlich die Welt des Handelns, die ich mit dem Bau als Gleichnis in Verbindung bringe. Im Bau symbolisiert sich für mich unsere Fähigkeit, etwas zu errichten, also menschliche Aktivität. Diese drei Kulturen haben für mich auch einen zeitlichen Bezug: Bilder bestimmen die Gegenwart, Begriffe die Vergangenheit (mit ihnen wird früheres Wissen reflektiert und festgehalten), doch der Bau steht für die Zukunft, denn Handeln ist immer zur Zukunft hin orientiert.

La Mettrie: Ich denke, daß Ihre Intuition richtig sein könnte, daß unsere Kultur durch ein Prinzip der Dreiheit gekennzeichnet ist, daß es drei Wurzeln oder drei Säulen sind, von denen wir ausgehen sollten. Vielleicht ist es überhaupt die Dreiheit, die wir mehr betonen sollten; wir sind möglicherweise festgefahren mit unseren Denkschemata, stets alternativ, mit ja oder nein, mit diesem oder jenem, mit dem Grundsatz der Logik, daß es ein Drittes nicht gibt (»tertium non datur«; etwas ist wahr oder falsch), an Probleme heranzugehen. Lassen Sie uns doch einmal, nachdem Picasso uns auf diese Fährte gesetzt hat, gemeinsam prüfen, ob nicht Dreiheit als Grundprinzip überhaupt eine Rolle spielen könnte, nicht nur in der Gesellschaft, wie er meint, sondern in der Natur. Ich denke als Arzt sofort an die drei Keimblätter, aus denen sich Leben entwickelt, das Endoderm, das Mesoderm und das Ektoderm, die den Aufbau der lebenden Natur kennzeichnen. Die Zweiteilung der Welt ist mir nie sympathisch gewesen. Wie habe ich mich über diesen Descartes geärgert, der die Welt in zwei Teile geteilt hat, das Körperliche und das Geistige, res extensa und res cogitans, und durch die Abtrennung der Seele vom Leib das Leben, wie es unserer Natur gemäß ist, eigentlich unmöglich macht. Durch die Abspaltung der Rationalität von unserem körperlichen Sein verliert unser Denken den Bezug zum Lebendigen. Wahrnehmen wird als Körperfremdes gedacht, und schon sind wir Karikaturen unserer selbst. Picasso, wollen Sie anfangen, uns ein paar Beispiele zu nennen über die Drei und das Prinzip der Dreiheit?

Picasso: Was ist eine einfache und dennoch sichere Sitzgelegenheit? Ein Hocker mit drei Beinen.

Einstein: Das überrascht mich gar nicht, dies leitet sich doch aus einfachen physikalischen Gesetzen ab.

Picasso: Das mag sein; als Künstler beobachte ich und analysiere nicht wissenschaftlich, bevor ich etwas mit meinen Augen gesehen habe. Aber nach der Beobachtung möchte ich dann doch wissen, was dahintersteckt. Sie als Wissenschaftler, verehrter Einstein, können vielleicht die Frage beantworten, die mich bei meinen Beobachtungen bewegt: Wann immer ich die Zahl 3 finde, gleichsam gesetzmäßig, spiegelt diese Beobachtung, dieses »starke Gesetz der kleinen Zahl«, eigentlich Naturphänomene wider (wie bei dem Hocker), oder ist die kleine Zahl ein Ausdruck unseres Denkens, indem wir einfachste Zahlenverhältnisse der Vielfalt der Welt überstülpen? Sind wir zwanghaft dazu verurteilt, immer einfachste Gesetze zu akzeptieren, einfachste Strukturen zu finden, weil sie uns ästhetisch befriedigen, auch wenn der Natur damit Zwang angetan wird? Als Künstler könnte ich dieses ästhetische Prinzip akzeptieren, aber können Sie als Wissenschaftler damit zufrieden sein, gilt dieses Prinzip der Einfachheit auch in der Natur? Aber jetzt will ich Ihnen ein Beispiel der Dreiheit aus dem Bereich der Kunst geben. Es gibt eigentlich nur drei Themen, die von Künstlern behandelt werden: Tod, Angst, Liebe.

La Mettrie: Also, Picasso, so faszinierend ich Ihre bisherigen Bemerkungen finde, das ist kein gutes Beispiel für eine grundlegende Dreiheit, denn ein zentrales Thema der Künste ist auch der Umgang mit der Zeit. Und dann hätten wir schon vier Themen. Doch ich glaube wie Sie, daß es nur sehr wenige Themen sind, die im Kern Künstler bewegen. Bitte geben Sie doch einmal gute Beispiele über die Dreiheit, und dann können wir prüfen, ob sich dahinter ein allgemeines Prinzip verbirgt oder ob Ihre Dreiheit nur die Tatsache widerspiegelt, daß wir vorzugsweise immer nur bis 3 zählen. Ist Dreiheit ein äußerer Rahmen, von der Natur vorgegeben, oder ein innerer Rahmen, den wir uns selber machen?

Picasso: Nun gut, hier sind einige Beispiele, und ich bin sicher, daß Sie beide weitere nennen können. Es gibt drei Bereiche der Umwelt – Boden, Wasser, Luft. In diesen drei Kompartimenten hat sich das Militär eingenistet: Heer, Luftwaffe, Marine. Wir haben unsere Speisenfolge dreifach geordnet: Vorspeise, Hauptspeise, Nachspeise. Wir gliedern den geschichtlichen Ablauf in Altertum, Mittelalter, Neuzeit. Wir unterscheiden im Staat drei Gewalten: Legislative, Exekutive, Judikative. Wir unterscheiden drei Grundfarben, rot, grün und blau. Wir meinen, es gebe drei Erzengel. Gott erscheint uns in dreifacher Weise, als Vater, Sohn und Heiliger Geist; und solche Trinität gilt auch in anderen Religionen. Der uns allen bekannte und Ihnen, Herr La Mettrie, vielleicht nahestehende Sigmund Freud unterscheidet im Aufbau der Persönlichkeit Ich, Es und Über-Ich. In der frühkindlichen Entwicklung zur Persönlichkeit werden nach Freud drei Phasen durchlaufen, die orale, anale und genitale, und in diesen Phasen finden endgültige Persönlichkeitsprägungen statt. Besondere Erlebnisse in der analen Phase führen zur analen Trias: Geiz, Eigensinn und Pedanterie. Dann sprechen wir davon, daß drei Wünsche frei sind, daß man drei Rätsel lösen oder drei Hindernisse überwinden muß, um etwas zu erreichen. Ein Mann muß drei Dinge tun: ein Haus bauen, einen Baum pflanzen, einen Sohn zeugen. Es gibt die Heiligen Drei Könige. Im rheinischen Karneval tritt das Dreigestirn auf. Was dreimal geschieht, kann bei der Gesetzgebung zur Regel werden. Und wie sind im delphischen Orakel die Phasen des Menschenlebens gekennzeichnet? Nach den drei Tageszeiten: morgens, in der ersten Lebensphase, geht man auf vier, dann, mittags, auf zwei und schließlich am Lebensabend auf drei Beinen.

La Mettrie: Lieber Picasso, das ist doch alles sehr deskriptiv. Sie lassen sich durch Dreiheit anmuten; genausogut könnte man Bestätigungen für Einheit, Zweiheit oder andere Vielheiten finden. Mich überzeugt

Ihre Darlegung überhaupt nicht. Lassen Sie mich ein eigenes Beispiel nennen und es dann mit Hilfe eines Dichters, nämlich Heinrich Heine, kommentieren. Wie heißt es im Korinther-Brief? »Nun aber bleiben Hoffnung, Glaube, Liebe, diese drei, aber die Liebe ist die größte unter ihnen.« Das klingt zunächst nach einer Bestätigung Ihrer These einer Dreiheit, doch wie sieht dies der Spötter Heine?

>»Wir heben nun zu singen an
das Lied von einer Nummer,
die ist geheißen Nummer drei;
nach Freuden kommt der Kummer.
Doch tröste Dich, mein Herz, Dir blieb
Dein Lieben, Hoffen, Glauben,
auch guter Kaffee und ein Schlückchen Rum,
das kann keine Skepsis mir rauben.«

Einstein: Herr La Mettrie, ich halte diese Bemerkungen des Herrn Heine für unangemessen. Mir geben die Überlegungen von Picasso zu denken. Findet Picasso immer nur das, was er schon weiß, was er also als Bild, als Hypothese oder als Vorurteil in sich trägt und was er dann seiner Sicht der Welt aufzwingt, oder gibt es substantiellere Hinweise für das Prinzip der Dreiheit? Ich will mich selbst einmal versuchen, obwohl ich auch wiederum nur mit einer Beschreibung beginne. Doch sollten wir bei unseren Überlegungen nicht vergessen, und das gilt für alles wissenschaftliche Arbeiten, und Picasso deutete dies bereits an, daß vor der Analyse immer die Beschreibung kommen muß. Die Frage hier lautet: Ist Dreiheit überhaupt ein Phänomen oder nur ein gedankliches Konstrukt, vielleicht ein Hirngespinst, das sich nicht zu analysieren lohnt? Meine Beschreibung beginnt mit den drei Fragen von Immanuel Kant: Was kann ich wissen? Was darf ich hoffen? Was soll ich tun? Diese drei grundlegenden Fragen, die in den berühmten drei Kritiken von Kant behandelt werden, münden in jener einen Frage, die uns alle bewegt: Was ist der Mensch? Aber diese eine zentrale Frage ist begründet durch die vorausgehenden drei Fragen. Und gibt es eine weitere Frage, die denselben Rang hätte?

Ich möchte Ihnen ein naturwissenschaftliches Beispiel geben, das die Bedeutung der Dreiheit, wie ich meine, recht gut demonstriert. Die Zahl 3 spielt eine fundamentale Rolle im Verständnis der elementaren Bausteine der Materie. Protonen und Neutronen, die Bausteine der Atome, sind jeweils durch drei Quarks beschrieben, und hier zeigt sich Dreiheit als ein elementares Prinzip in der Natur. Es ist bemerkenswert, wie mein junger Freund Murray Gell-Mann das Wort gefunden hat, und ich will es ihn selber schildern lassen: »From time to time, phrases occur in the book (Finnegans Wake, by James Joyce) that are partially determined by calls for drinks at the bar. I argued, therefore, that perhaps one of the multiple sources of the cry ›Three quarks for Muster Mark‹ might be ›Three quarts for Mister Mark‹, in which case the pronunciation »kwork« would not be totally unjustified. In any case, the number three fitted perfectly the way quarks occur in nature.«

Es ist auch erstaunlich, welche Bedeutung der Dreiheit in der Logik zukommt. Beim einfachen kategorischen Syllogismus geht man von zwei kategorischen Urteilen aus, den Prämissen, die durch einen gemeinsamen Mittelbegriff verknüpft sind und zu einem Schluß führen. Grundregel des kategorischen Syllogismus ist, daß es nur drei Begriffe geben darf, nicht mehr und nicht weniger. Ein sehr einfacher kategorischer Syllogismus wäre: Forschung ist wichtig. In Deutschland wird geforscht. Also ist Deutschland wichtig.

Dreiheit ist aber natürlich auch grundlegend in unserer Raum- und Zeiterfahrung. Die drei Raumdimensionen haben Friedrich Schiller zu folgendem Gedicht geführt:

»Dreifach ist des Raumes Maß
rastlos fort ohn' Unterlaß
strebt die Länge; fort ins Weite
endlos gießet sich die Breite;
grundlos senkt die Tiefe sich.«

Und die Dimensionen des Raumes als Metapher geben Schiller dann Anlaß, in dreifacher Weise das menschliche Leben zu beschreiben. Beherrschend ist das Prinzip der Dreiheit im Umgang mit der Zeit. Wir trennen zwischen Vergangenheit, Gegenwart und Zukunft. Hier stoßen wir nun auf ein Problem, das wohl mit der Tradition der klassischen Physik und ihrer Wirkung auf Philosophie und Psychologie im Zusammenhang steht. Betrachten wir die Zeit als ein vorgegebenes Kontinuum, dem wir passiv ausgeliefert sind, dann werden wir in eine Zweiheit der Zeiterfahrung gestoßen, dann gibt es nur Vergangenheit und Zukunft, denn die Gegenwart ist ausdehnungslose Grenze zwischen dem, was war, und dem, was sein wird. Gehen wir aber von unserer unmittelbaren Erfahrung aus, wie sie uns durch den Kirchenvater und Philosophen Augustinus nahegelegt wird, dann gibt es auch die Gegenwart. Und vielleicht nur diese. Denn Zukunft ist Erwartung, und Vergangenheit ist Erinnerung, während das Gegenwärtige das unmittelbare Erleben im Jetzt kennzeichnet. Augustinus schreibt in seinem Werk »Confessiones«: »Tempora ›sunt‹ tria, praesens de praeteritis (memoria), praesens de praesentibus (contuitus), praesens de futuris (expectatio). Es gibt drei Zeiten, Gegenwart des Vergangenen (Erinnerung), Gegenwart des Gegenwärtigen (Anschauung), Gegenwart des Zukünftigen (Erwartung)«.

La Mettrie: Einstein, was Sie über die Zeit sagen und den Konflikt zwischen der physikalischen und der psychologischen Zeit, erinnert mich daran, wie in der japanischen Kultur mit dieser Spannung umgegangen wird. Als ich den Dichter Basho in Japan besuchte, erläuterte er mir an seinen Haikus, wie in dieser kürzesten aller Gedichtformen die verschiedenen Zeiten zusammenkommen. In jedem Haiku muß eine Beziehung zur Zeit in der Natur bestehen, üblicherweise zum Verlauf der Jahreszeiten, dann muß es einen Bezug zur Gegenwart geben, und zwar zu einem konkreten Ereignis in der Gegenwart. Damit wird in den 5 + 7 + 5 Silben des Haikus in drei Zeilen auf der Grundlage eines dreifachen Prinzips eine Integration von Mensch und Natur im Zeitverlauf hergestellt, ein Grundgedanke, der für das japanische Denken wesentlich ist. Das vielleicht berühmteste Haiku von Basho lautet:

>Furu ike ya!
>Kawazu tobikomu
>Mizu no oto.

>Der alte Teich.
>Ein Frosch springt hinein.
>Das Geräusch des Wassers.

Es muß Sie doch faszinieren, Picasso, wie Basho mit wenigen Worten, gleichsam mit Wortstrichen, ein Bild entstehen läßt. Mich interessiert daran insbesondere das strukturelle Prinzip, wie dem künstlerischen Werk ein verpflichtender Rahmen vorgegeben wird. Und die strukturelle Ähnlichkeit zu anderen Wirklichkeitsbereichen ist verblüffend. Ihre Ausführungen, Einstein, über die Dreiheit in der Elementarteilchenphysik, daß also jeweils 3 Quarks zusammenkommen, um Protonen und Neutronen zu konstituieren, erinnern mich daran, daß Dreiheit als Prinzip auch in der Gestaltung des Lebens wirksam ist. Es sind jeweils 3 Buchstaben, 3 Basenpaare, die in der DNA, dem Faden des Lebens, das Programm für eine Aminosäure enthalten, und die Aminosäuren sind die Bausteine für die Proteine. Daß ein Mensch wie ein Mensch aussieht und ein Affe wie ein Affe, wird letzten Endes durch diese Triplets, die Codons, bestimmt.

Einstein: Wenn wir so viele Beispiele über die Wirkung von Dreiheit gefunden haben, liebe Freunde, dann lassen Sie uns doch auch einmal fragen, ob Dreiheit vielleicht auch etwas spezifisch Menschliches ist, nicht nur ein Zahlenprinzip, das grundlegend für die Natur zu sein scheint, oder ein Phänomen, dem wir immer wieder in unserer Erfahrungswelt begegnen. Mir kommt hierzu ein Gedanke über die Bedeutung von Zahlen, und mich würden Ihre Kommentare zu dieser Spekulation interessieren. Jedes Lebewesen, auch der Mensch, ist gekennzeichnet durch ein geradezu zwanghaftes Kategorisieren, d. h. das Trennen eines wahrgenommenen Gegenstandes vom Hintergrund. Ich sehe etwas, ich glaube an etwas; dieser intentionale Bezug im Wahrnehmen und Denken ist Ausdruck von Dualität; es wird eine Beziehung hergestellt zwischen einer geistigen Kategorie und dem Rest, und es wird eine Beziehung hergestellt zwischen dem wahrgenommenen oder gedachten Objekt und dem Subjekt. Diese unterschiedlichen Beziehungen sind stets dual. Ich möchte dieses In-Beziehung-Setzen eines wahrgenommenen Gegenstandes zum Rest der Welt einerseits und zu mir als Betrachter andererseits als prähumanes Wahrnehmen und Denken bezeichnen. Auf dieser Ebene der Erfahrung und des Erlebens gibt es keine Zahlen, und es braucht auch keine Zahlen zu geben. Worauf es mir ankommt: Die Zahl 1 oder die Zahl 2 ist als Zahl in dieser ursprünglichen dualen Beziehung noch nicht vorhanden und noch nicht gedacht. Erst wenn wir aus einer

Kategorie heraustreten und eine weitere, unabhängige Operation mit den einzelnen Repräsentanten, die zu der Kategorie gehören, vornehmen, dann können wir auch Relationen herstellen, z. B. hinsichtlich der Größe der einzelnen Elemente, und dann erst können wir aufgrund dieser gedanklichen Operation Zahlen erfinden bzw. finden. Die Zahlen 1 und 2 werden überhaupt erst denkmöglich dadurch, daß es das Dritte gibt. Das heißt aber auch: Zum Vergleichen gehören immer mehr als 2, der potentiell Dritte ist immer mitgedacht. Ohne den Dritten gibt es immer nur das eine oder das andere, also sich ausschließende, voneinander unabhängige Kategorien, aber noch keine Zahlen. Die Erfindung der 3 als Zahl, indem zunächst das Dritte konzipiert wird, bevor dann die Drei als Kardinalzahl möglich wird, ist nach meiner Auffassung die herausragende Leistung des menschlichen Geistes, denn sie verlangt ein Heraustreten aus anschaulichen Kategorien der Wahrnehmung. Abstraktion wird notwendig. Damit wird der Mensch durch die Erfindung oder Entdeckung der 3 erst zum Kulturwesen; die Zahl 3 macht Kultur möglich.

La Mettrie: Ich weiß nicht, wie Sie dazu stehen, Picasso, ich muß diesen Gedanken erst einmal in Ruhe kreisen lassen. Manchmal muß man langsam denken. Was mir als eine Schlußfolgerung aus unserem bisherigen Gespräch allerdings mit Sicherheit feststeht, ist, daß es mir nicht sinnvoll erscheint, von zwei Kulturen zu sprechen. Dies spiegelt offenbar eine zu oberflächliche Denkweise wider. Die Dreiheit zeigt sich doch in vielem, und mir scheint die Anregung von Picasso, gleichnishaft vom Bild, vom Buch und vom Bau als Ankerpunkte einer festgefügten Gesellschaft auszugehen, richtig zu sein. Aber lassen Sie mich einen anderen Vorschlag machen: Wenn es so viele Dreiteilungsmöglichkeiten nach verschiedenen Gesichtspunkten gibt und wenn sich das Prinzip der Dreiheit auch in 3 Teilkulturen zeigt, warum sprechen wir dann nicht von nur *einer* Kultur? Hinsichtlich der anfänglichen Frage, Picasso, ob Dreiheit gefunden oder erfunden wird, glaube ich, daß beides zutrifft; Dreiheit ist ein Bauprinzip der Natur, und Dreiheit ist ein Ordnungsprinzip des Menschen. Aber ganz sicher bin ich mir nicht; vielleicht ist es nur die Faszination der kleinen Zahlen, die uns in der Naturwissenschaft verführt, diese zu sehen, weil wir immer vereinfachen wollen. Aber mit dem Vereinfachen fühle ich mich bei Ihnen, Picasso, in guter Gesellschaft, denn die Künstler, vor allem Sie, vereinfachen ja ebenfalls nach den unterschiedlichsten Kriterien. Da sieht man plötzlich Bilder mit einfachsten Strukturen.

Picasso: Ob ich wirklich nach vorgegebenen Kriterien vereinfache, ist mir nicht bewußt; mir ist sowieso nicht klar, wie ich eigentlich arbeite. Aber könnten wir vielleicht nicht doch noch von Ihnen, Herr La Mettrie, etwas über das Gehirn erfahren. Sie wollten uns doch eigentlich etwas über die Hirnforschung berichten, und nun haben wir uns in der Dreiheit verloren. Aber der Moderator hätte uns sicher unterbrochen, wenn das eigentliche Thema wichtiger gewesen wäre.

Moderator: Ich muß Sie in der Tat unterbrechen, meine Herren. Wir haben die Sendezeit schon weit überzogen. Ich will nicht versuchen zusammenzufassen, was erörtert wurde. Vieles scheint mir doch sehr kontrovers zu sein. Was bedeutet Ihre Zahlenspielerei mit der Dreiheit und dem Bezug der Dreiheit für die Welt der Kultur? Meinen Sie damit, daß neben jener Wissenschaft, die sich mit der Natur, und neben der Geisteswissenschaft eine dritte wissenschaftliche Säule gesehen werden muß, in der vor aller inhaltlichen Orientierung auf Natur oder Geist die Weise möglicher Welterfahrung, wie wir wahrnehmen und denken, untersucht wird – dies war immer ein Thema der Philosophie – und in der die Regeln der Strukturbildung in der Natur selbst analysiert werden, wie es beispielsweise in der Komplexitätstheorie der Fall ist? Hier würde der Hirnforschung als einer Strukturwissenschaft natürlich eine besondere Bedeutung zukommen, und zu diesem Thema sind Sie in Ihrem Gespräch nun gar nicht gekommen. Man könnte von den Neurowissenschaftlern vielleicht lernen, warum wir so wahrnehmen, wie wir wahrnehmen, und dann das Wahrgenommene für wahr nehmen und warum wir so denken, wie wir denken. Vielleicht kann dann auch die Frage beantwortet werden, warum wir trotz der von Ihnen vertretenen Dreiheit meist in Zweiheiten denken? Hirnforscher sind ja selten um eine Antwort verlegen. Die Polarität unserer Welterfahrung, alles stets in Gegensätzen begreifen zu wollen, wie schwarz/weiß, gut/böse, schön/häßlich, muß auch erklärt werden. Hat diese Polarität womöglich etwas mit der Komplementarität als einem generativen Prinzip zu tun, daß sich die polaren Gegensätze also gar nicht ausschließen, sondern gegenseitig bedingen? Bevor wir uns in diese Diskussion hineinbegeben, lassen Sie uns diese Sendung jetzt beenden. Ihnen hier im Studio und zu Hause an den Fernsehschirmen danke ich für die Aufmerksamkeit.

10 Gehirnorientierungswissen

Die Seele kann nur, solange der Körper dauert, sich etwas vorstellen und sich der vergangenen Dinge erinnern.
Baruch Spinoza

Was vernünftig ist, das ist wirklich; und was wirklich ist, das ist vernünftig.
Georg Wilhelm Friedrich Hegel

Die Harmonie von Seele und Körper – wie großartig ist das. Wir in unserem Wahn haben beides voneinander getrennt und uns einen vulgären Realismus und einen hohlen Idealismus zusammengedacht.
Oscar Wilde

Singende Hirne, mein Freund, verkapselt wie Mohn,
Hoch montiert auf Stativen: Das sind wir –
(O helles Walnußmark)
Innen so fruchtfleischweich,
Außen so knochenstarr,
Antenne, Höhlung, Traumration.
Durs Grünbein

Weil La Mettrie nicht dazu kam, einen Einblick in Ergebnisse der Hirnforschung zu geben, nachdem sich die drei Diskutanten in der Betrachtung einer Zahl, der Zahl 3, verloren hatten, muß dies nachgeholt werden. Ausgangsthese moderner Hirnforschung ist, daß psychische Funktionen durch evolutionäre Selektionsprozesse entstanden sind; sie sind also das Ergebnis spezifischer Anpassungen an die Herausforderungen der Welt, denen unsere Vorfahren ausgeliefert waren. Der evolutionäre Prozeß hat dazu geführt, daß alle Funktionen (was wir wahrnehmen, erinnern, fühlen, wollen oder denken) durch neuronale Programme im Gehirn erzeugt sind; die Verfügbarkeit psychischer Funktionen ist also an die Funktionsfähigkeit neuronaler Strukturen gebunden. Im erkenntnistheoretischen Sinne vertrete ich (wie die meisten Neurowissenschaftler) eine monistische Position; die wesentliche Annahme dieses pragmatischen Monismus (oder empirischen Realismus) ist, daß das, was wir als unseren Geist oder unsere Seele bezeichnen, außerhalb des Gehirns nicht vorhanden ist; Geist und Seele sind ein Teil des Leibes; diese Auffassung ist für Neurowissenschaftler zwar eine Selbstverständlichkeit, doch wird sie von manchen außerhalb der Hirnforschung deshalb nicht akzeptiert, weil die sogenannte »Alltagspsychologie« einen Dualismus nahezulegen scheint, daß also Körperliches und Psychisches unterschiedliche Seinsbereiche repräsentieren. Pragmatisch ist dieser Monismus insofern, als sich zeigen läßt, daß alle psychischen Funktionen, die man kennzeichnen und dadurch für Beobachtungen operationalisieren kann (das sind die experimentellen Herausforderungen für die Hirnforscher), aufgrund von Störungen, sei es durch örtliche Funktionseinschränkungen oder durch Veränderungen im Gesamtsystem Gehirn, verlorengehen können. Durch solche selektiven Ausfälle, die (was wichtig ist) mit interindividueller Konstanz auftreten, also in derselben Weise bei verschiedenen Patienten beobachtet werden können, liefert die Natur gleichsam einen Existenzbeweis dieser Funktionen, denn hiermit wird unmittelbar die Kopplung einer bestimmten Struktur und psychischer Funktion erkennbar. Nur was existiert, kann verlorengehen.

Wenn beispielsweise bei einem strukturellen Ausfall (z. B. nach einem Schlaganfall) im hinteren Bereich des Gehirns (im Okzipitallappen) Patienten an Sehstörungen leiden, dann kann man davon ausgehen, daß im Normalfall diese Strukturen für das Sehen zuständig sind. In Abb. 7 sind die verschiedenen Areale mit unterschiedlichen Symbolen gekennzeichnet; diese weisen darauf hin, daß es eine funktionelle Zuordnung zu bestimmten Bereichen des Gehirns gibt. Manche Areale sind für das Hören, andere für sprachliche Kompetenz, für Bewegungskontrolle, für Gefühlsregulation oder für die Selbststeuerung zuständig. Eine derartige Lokalisation von Funktionen mag selbstverständlich erscheinen, doch könnte man sich im Prinzip auch eine andere Weise der funktionellen Repräsentation vorstellen (wie sie teilweise in technischen Systemen, etwa in Hologrammen, verwirklicht ist), daß nämlich alle Funktionen jeweils im ganzen Gehirn repräsentiert sind und daß die Verfügbarkeit der

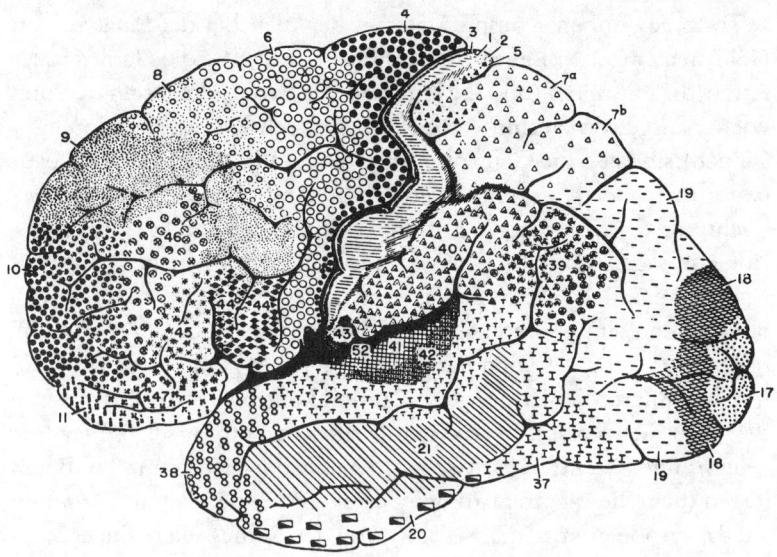

Abb. 7 Ein Blick auf das Gehirn mit verschiedenen Arealen, wie sie von Korbinian Brodmann, einem Begründer der Neurowissenschaften, beschrieben wurden.

Funktionen jeweils gekoppelt ist an spezifische neuronale Programme, die ortsunabhängig arbeiten und die durch die Nutzung bestimmter Transmitter-Systeme, die die Implementierung weitreichender neuronaler Algorithmen erlauben, ermöglicht werden. Für die elementaren Grundfunktionen, auf die unser Seelenleben aufbaut, scheint dies aber nicht der Fall zu sein.

Dieses Prinzip der örtlichen Repräsentation von Funktionen scheint aber in drei Weisen durchbrochen zu werden, nämlich erstens durch die Tatsache, daß stets mehrere Orte im Gehirn zusammenwirken müssen, um eindeutige Bewußtseinszustände zu erzeugen, zweitens durch die Beobachtung, daß solche Allgemeinzustände wie Aktivation oder Müdigkeit sich auf das ganze Gehirn auswirken, und drittens durch experimentelle Befunde, daß innerhalb umschriebener Orte oder Module, die spezifische Funktionen repräsentieren, die eindeutige Ortszuweisung von Funktionen nicht mehr gegeben ist, daß ganz im Gegenteil hier das Gesetz der »Äquipotentialität« von Nervenzellen zu gelten scheint, d. h. daß jede Zelle jede andere in der Bereitstellung einer Funktion ersetzen kann.

Trotz der hohen Komplexität, mit der man bei der Analyse von Gehirnen einzelner Lebewesen konfrontiert ist, sind die Gehirne aller Arten, die existieren (und die jemals in der Evolution entstanden und wieder ausgestorben sind – über 99 % sind schon wieder verlorengegangen), sind also die Gehirne aller Arten im Prinzip gleich aufgebaut (wenn man bereit ist, eine relativ hohe Abstraktionsebene der Betrachtung zu akzeptieren). Auf dieser Ebene der Verallgemeinerung läßt sich sagen, daß alle Gehirne nur drei Arten von Nervenzellen besitzen, nämlich solche, die Informationen von außen aufnehmen, die also den »input« repräsentieren (Sinneszellen oder Rezeptoren), solche, die Informationen nach außen abgeben, indem die Muskeln und die inneren Organe angesteuert und kontrolliert werden, die also den »output« repräsentieren (man nennt sie »motorische« Nervenzellen), und solche, die zwischen den beiden erstgenannten Typen liegen (manche Neuroanatomen beziehen sich bei diesen Neuronen auf das »große intermediäre Netz«). Von den Sinneszellen gibt es beim Menschen einige hundert Millionen (jedes Auge hat allein weit über 100 Millionen Rezeptoren); von den motorischen Nervenzellen gibt es bei uns verglichen damit relativ wenige, nämlich nur etwa 2 Millionen.

Wie viele Zellen gibt es für den dritten Typ, der zwischen den Rezeptoren und den motorischen Neuronen liegt? Wie viele Zellen benötigt das intermediäre Netz für seine verschiedenen Aufgaben? Zunächst ist auffallend, daß sich im Laufe der Evolution die Größe dieses intermediären Netzes bei verschiedenen Tierarten stark entfaltet hat und beim Menschen eine besondere Größe erreicht hat (allerdings haben wir hier ernstzunehmende Konkurrenten wie etwa die Wale). Beim Menschen gibt es nach traditionellen Schätzungen etwa zehn Milliarden, aufgrund neuerer Schätzungen aber sehr viel mehr Nervenzellen; es sind sicher über 100 Milliarden, und es können sogar eine Billion sein.

Wie wird Information in diesem komplexen Netzwerk verarbeitet? Zur Erörterung dieser grundlegenden Frage (die im Zentrum der neurowissenschaftlichen Forschung steht und die längst noch nicht zufriedenstellend beantwortet ist), muß man zunächst auf die Verbindungsmöglichkeiten zwischen Nervenzellen, also auf die Architektur des Gehirns, eingehen. Jede Nervenzelle hat Kontakt mit vielen anderen; man vermutet, daß im Durchschnitt 10 000 Nerven-

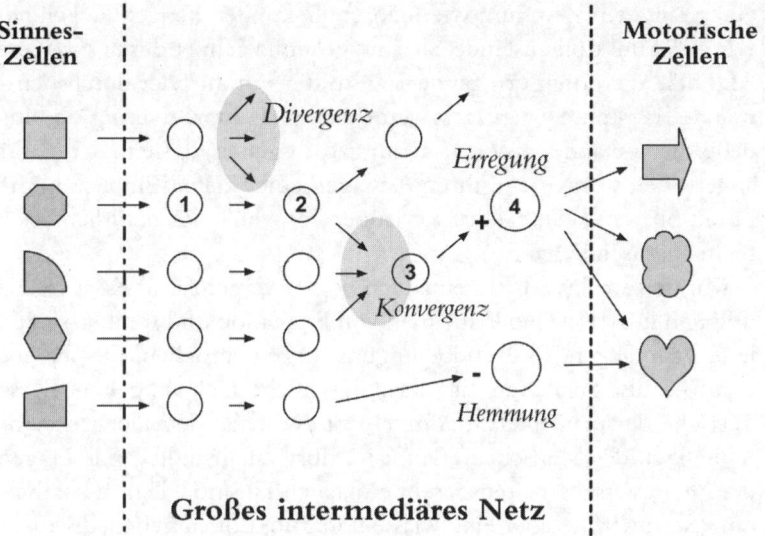

Abb. 8 Prinzipieller Aufbau von Nervensystemen einschließlich des Gehirns des Menschen (Details im Text).

zellen mit jeder einzelnen Nervenzelle in Verbindung stehen. Diese Kontaktaufnahme bedeutet, daß 10 000 Nervenzellen von einer Nervenzelle beeinflußt werden (Prinzip der Divergenz) und daß jede Nervenzelle von 10 000 Nervenzellen beeinflußt wird (Prinzip der Konvergenz). Diese Kontaktaufnahme kann erregend (Prinzip der Exzitation) oder hemmend (Prinzip der Inhibition) sein. Für Erregung und Hemmung sind jeweils unterschiedliche chemische Botenstoffe, sogenannte Transmitter, verantwortlich. Für die Informationsverarbeitung im Gehirn ist nun ein weiterer Sachverhalt wichtig, der leider bei der mathematischen Modellierung von Hirnfunktionen gerne vernachlässigt wird. Bei der Entwicklung von neuronalen Modellen, wie sie etwa in der Forschung zur »artificial intelligence« oder über »artificial life« entwickelt werden, um über mathematische Simulation Einblicke in biologische Systeme zu bekommen, geht man üblicherweise von zwei Funktionszuständen der einzelnen Elemente aus, wie es durch die Arbeitsweise eines Computers nahegelegt wird (ein Funktionszustand ist gegeben, oder er ist nicht gegeben, ein Drittes gibt es nicht). Wenn man die Aktivität wirklicher Neuronen über einen längeren Zeitraum wie mehrere Sekunden betrachtet, kennen wir drei Funktionszustände. Sie sind gekennzeichnet durch spontane Aktivität, die durch erregende Transmitter erhöht oder durch hemmende Transmitter verringert werden kann. (Es ist fragwürdig, ob Modelle, die von anderen Voraussetzungen ausgehen, als sie in der Natur angetroffen werden, mit ihren Aussagen einen tiefen Einblick in die Funktionsweise des Gehirns erlauben, obwohl dies natürlich auch nicht auszuschließen ist.)

Mit den strukturellen Prinzipien von Divergenz und Konvergenz und den funktionellen Prinzipien von Exzitation und Inhibition sind jene grundlegenden Randbedingungen angesprochen, die für alle Gehirne, also nicht nur für das menschliche Gehirn, gelten. Diese Tatsache der prinzipiellen Ähnlichkeit zwischen den Tierarten einschließlich des Menschen erlaubt im übrigen, grundlegende Fragen der Neurowissenschaften an sehr einfachen Tiermodellen zu bearbeiten. (Stets wird es aber eine Klasse von Funktionen geben, die nicht am Tiermodell untersucht werden können, wie beispielsweise die besondere Sprachkompetenz des Menschen oder bestimmte Denkleistungen, wobei allerdings Einzelfragen auch hier bei anderen Arten untersucht werden können, wie etwa die Fähigkeit zur Lautbildung, die grundlegend für das Sprechen ist).

Obwohl es sehr viele Nervenzellen im Gehirn gibt, sind die Verarbeitungsmechanismen des Gehirns aber auch durch »das starke Gesetz der kleinen Zahl« gekennzeichnet, das sich in der funktionellen Nähe von Nervenzellen zeigt. Jede Nervenzelle ist nicht weiter als maximal vier Umschaltstationen von jeder anderen Nervenzelle im Gehirn entfernt, wobei es natürlich auch Umwege gibt (alle Wege führen nach Rom, auch wenn man an verschiedenen Stellen Zwischenstationen einlegen kann). Diese strukturell bedingte funktionelle Nähe bedeutet in der Sprache der Datenverarbeitung, daß das Gehirn durch massivste Parallelität gekennzeichnet ist; alles ist mit allem engstens verbunden, auch wenn es unterschiedliche Gewichtungen in den Verbindungen gibt. Diese Tatsache bedeutet, daß Gehirne prinzipiell anders arbeiten als vom Menschen konstruierte Computer, die im wesentlichen durch sequentielle Informationsverarbeitung gekennzeichnet sind (trotz aller Bemühungen bei der Entwicklung von Parallelrechnern). Aufgrund der engen Vernetzung der Nervenzellen untereinander entsteht ein neues Problem für das Gehirn, nämlich lokale Aktivitäten voneinander zu trennen. Es geht in Gehirnen nicht nur darum, räumlich verteilte Aktivitäten für die Gestaltung subjektiver Zustände miteinander zu verbinden, sondern Aktivitäten müssen auch eingegrenzt und entbunden werden. Grenzen sind wichtig, damit nicht alles wirr durcheinander agiert und damit auf der Grundlage einer Entgrenzung geordnete Kommunikation zwischen den einzelnen Bereichen organisiert werden kann.

Aus der Architektur des Gehirns und insbesondere der funktionellen Nähe seiner Elemente leitet sich eine Überlegung ab, die für unser Selbstverständnis wichtig ist (und auch Philosophen interessieren könnte): Es gibt keine Unabhängigkeit der einzelnen psychischen Zustände; jeder Seelenzustand ist immer auch bezogen auf andere Aktivitäten, die im Augenblick des Erlebens nicht im Fokus der Aufmerksamkeit stehen. Es kommt also in meinem Gehirn nicht vor, daß ich nur etwas sehe, nur etwas rieche, mich nur an etwas erinnere, nur eine Gefühlsregung habe, nur etwas will oder nur einen Gedanken denke; das Sehen eines Bildes ohne einen gleichzeitigen Bezug auf im Gedächtnis gespeicherte Inhalte und ohne eine emotionale Bewertung ist nicht möglich; die Erinnerung an ein Ereignis ohne einen gleichzeitigen Bezug auf ein Gefühl ist nicht möglich; die gedankliche Analyse eines komplexen Sachverhaltes ohne einen gleichzeitigen Bezug auf im Gedächtnis gespeicherte Information und eine emotionale Bewertung des Problems (beides muß nicht explizit sein) ist nicht möglich. Alles ist mit allem engstens verknüpft und beeinflußt sich gegenseitig auf eine nicht berechenbare Weise.

Obwohl auf der neuronalen Ebene alle Prozesse engstens miteinander verbunden sind, werden auf einer anderen Ebene (wenn man so will: auf einer höheren Ebene) einfache Kategorien gebildet. Das Hauptgeschäft des Gehirn ist Reduktion von Komplexität der Information, die gleichsam auf uns einstürzt, damit wir auf der Ebene des Erlebens nicht im Sumpf der Abermillionen Einzeldaten versinken. (Leider geschieht bei manchen Patienten gerade dies, daß sie alle Detailinformationen festhalten, wie der russische Neurologe Alexander Luria an einem Fall geschildert hat, der aufgrund dieser Fähigkeit, etwas nicht vergessen zu können, als Gedächtniskünstler auftrat.) Ergebnis der Komplexitätsreduktion sind Abstraktionen (zu denen der Patient von Luria nicht fähig war), so daß wir in der retrospektiven Reflexion, wenn wir also über das Erlebte nachdenken, vermeintlich unabhängige phänomenale Bereiche »entdecken« oder »erfinden«, indem wir Begriffe einsetzen wie Wahrnehmung, Erinnerung, Gefühl oder auch Bewußtsein. Im gegenwärtigen Vollzug des Erlebens gibt es diese Trennung nicht, denn Abstraktionen bedingen nicht, daß das Abstrahierte sich von allen anderen neuronalen Prozessen unabhängig gemacht hat. (Unabhängigkeit einzelner Seelenregungen anzunehmen ist vermutlich in der philosophischen Tradition des Abendlandes begründet, beginnend vielleicht mit der platonischen Ideenlehre, die eine Aufspaltung des Psychischen in verschiedene operative Bereiche nahelegt. Diese Segmentierung des Psychischen im begrifflichen Rahmen legt die Meinung nahe, man könne Komponenten des Psychischen unabhängig voneinander betrachten und verstehen, was zu vielen Irrläufern der Selbstinterpretation des Menschen geführt hat.)

Ein weiterer Befund der modernen Neurowissenschaften verdient wegen seiner potentiellen Bedeutung für andere Bereiche des Lebens und Erlebens besondere Aufmerksamkeit. Aus neurowissenschaftlicher Sicht leben wir eigentlich zwei verschiedene Leben, nämlich ein Leben der neuronalen Plastizität in den frühen Phasen der Biographie und danach ein Leben mit einer festgelegten neuronalen Matrix. Bei der Geburt sind wir mit einem Überangebot möglicher Verbindungen von Nervenzellen ausgestattet. Diese genetisch vorgegebene Potentialität wird aber erst lebenswirksam, wenn in den ersten Lebensjahren die zahlreichen Verbände von Nervenzellen und ihre genetisch angebotenen Verknüpfungen tatsächlich genutzt werden. Erst durch den Gebrauch der neuronalen Informationsverarbeitung wird die genetische Potentialität zur Faktizität und damit langfristig verhaltenswirksam und lebensbestimmend. Durch die funktionelle Bestätigung der Verbindungen wird die detaillierte Struktur des Gehirns überhaupt erst festgelegt. Was nicht genutzt wird, das wird abgeschaltet; potentielle Verbindungen zwischen Nervenzellen bleiben nicht das ganze Leben erhalten. Anstrengungsloses Lernen (etwa das Lernen von mehreren Sprachen in der frühen Kindheit) ist später nicht mehr möglich, da die Lernprozesse dann in bereits festgelegten Hirnstrukturen ablaufen müssen. Diese strukturelle Festlegung des Gehirns gilt für das gesamte Repertoire des Psychischen, also für unsere Wahrnehmungen, Gefühle, Erinnerungen und auch für unsere motorische Kompetenz, also die zahlreichen Bewegungsmuster, mit denen wir den Alltag bestehen können. (Diese Überlegungen machen deut-

Abb. 9 Eine doppeldeutige Figur, die als Mann oder als Maus gesehen werden kann.

lich, daß ein Wissen über neuronale Prozesse und deren Plastizität in der frühen Kindheit wesentlich ist für verschiedene soziale Bereiche, insbesondere für interkulturelle Kommunikation oder für pädagogische Maßnahmen; zweite und dritte Sprachen müssen vor der Pubertät gelernt werden, um anstrengungslos und vor allem akzentfrei gesprochen werden zu können.)

Auch wenn manche Denker meinten (und manche Forscher vielleicht immer noch meinen), daß »nichts im Geiste ist, was nicht vorher in den Sinnen war« (»Nihil est in intellectu, quid non ante fuerit in sensu«), so bedeutet dies nicht, daß unser Erleben nur durch passive Rezeption des Geschehens um uns gekennzeichnet ist: Wir konstruieren (besser: rekonstruieren) die Welt um uns. Das Gehirn mit seinen Systemen der Informationsverarbeitung arbeitet nicht mit einem passiven Filter für Reize, die von außen kommen und aufgenommen werden, sondern das Gehirn hat gestaltende Kraft. Ein einfacher Beleg für diese These sind die doppeldeutigen Figuren, bei denen man je nach Einstellung verschiedene Dinge sehen kann, etwa einen Mann mit relativ geringem Haarwuchs oder eine Maus; man kann nie beides gleichzeitig sehen (wie man überhaupt nur immer einen Inhalt im Brennpunkt der bewußten Aufmerksamkeit haben kann), aber man kann willentlich zwischen den beiden Sehweisen wechseln und sich das jeweils andere bewußt machen. (Manche können nicht auf Anhieb zwischen den beiden Sehweisen hin und her wechseln, sondern sehen nur die Maus oder nur den Mann; nur Geduld: nach einiger Zeit taucht das alternative Bild von selbst auf, und nun gibt es ein neues Problem: wenn man im Prinzip beides sehen kann, also zwischen beiden Bildern willentlich hin und her wechseln kann, dann ist es nicht mehr möglich, nur noch das eine zu sehen; automatisch tritt nach wenigen Sekunden die jeweils andere Alternative in das Bewußtsein.) Der Wahrnehmungsgegenstand ist also nicht eindeutig durch eine gegebene Reizkonfiguration bestimmt, und dies gilt für alle Sinnessysteme, nicht nur für das Sehen. Was jeweils gesehen, gehört oder empfunden wird, ist wesentlich gesteuert durch vorangehende Aktivitäten, wobei emotionale Bewertungen oder Interesselagen eine wichtige Rolle spielen.

Aus zahlreichen Experimenten über Wahrnehmungs- und Denkprozesse läßt sich als allgemeines Gesetz festhalten: Das Wahrgenommene oder das Gedachte, die Entscheidung oder das Urteil ist jeweils eine Bestätigung oder Zurückweisung einer Hypothese (eines Vor-Urteils) innerhalb eines mentalen Bezugssystems, das in einem gegebenen Augenblick besteht. Alles Psychische steht immer schon in einem Rahmen, und der Rahmen, der unser Wahrnehmen und Denken bestimmt, ist in jedem Augenblick wirksam. Hier liegt eine Automatik von Hirnprozessen vor, der sich keiner entziehen kann, von der wir also nicht absehen können. Mentale Hypothesen, der jeweilige Rahmen, gehören zu uns wie das Atmen.

In diesem Mechanismus drückt sich das Ökonomieprinzip menschlichen Wahrnehmens und Denkens aus. Normalerweise ist es nicht notwendig, in jedem Augenblick die wahrgenommene Welt neu zu konstituieren, denn aufgrund von Hystereseeffekten kann man von einer gegebenen Kontinuität und Homogenität von Weltzuständen ausgehen. Die Welt um uns und auch in uns ändert sich nicht dauernd von Sekunde zu Sekunde. An diese Kontinuität und diese Homogenität hat sich das Gehirn in der Evolution angepaßt, ist dann aber in seiner Informationsverarbeitung überfordert, wenn Unerwartetes auftritt oder ein Urteil in einem nicht etablierten Rahmen zu fällen ist. Allgemein gilt, daß die Inhalte dieser Rahmen außer durch biologische Bedürfnisse auch durch individuelle Erfahrungen beeinflußt werden, wobei solche Bewertungen, die auf Erfahrungen beruhen, nicht notwendigerweise bewußt sein müssen. (Das meiste des Psychischen ist sowieso impliziter Natur, und nur ein kleiner Teil kann explizit und damit bewußt werden.)

Ausgehend von der Beobachtung (für manche mag es nur eine These sein), daß unser Erleben von einem Nervensystem gestaltet wird, das durch hochgradige Vernetzung der einzelnen Nervenzellen gekennzeichnet ist, sind wir dennoch auf einer praktischen Ebene herausgefordert, die verschiedenen Bereiche zu kategorisieren und begrifflich zu fassen, wie es ja auch die Tradition unseres Denkens seit der Antike nahelegt. Auf dieser abstrakten Ebene der Betrachtung, der retrospektiven Reflexion über das, was uns innerlich bewegt, läßt sich das Repertoire des Psychischen durch vier Funktionsbereiche beschreiben, nämlich durch die Funktionen der Wahrnehmung (Informationsaufnahme), des Lernens und Gedächtnisses (Informationsbearbeitung), der Gefühle (Informationsbewertung) sowie der Absichten, die sich in Handlungen oder Aktionen (also der aktiven Umsetzung der Information) zeigen (dabei darf nie außer Acht gelassen werden, daß diese Funktionsbereiche nicht unabhängig voneinander agieren können). Als wesentlicher Befund der Hirnforschung sei nochmals betont, daß elementare Funktionen im Gehirn örtlich repräsentiert sind. Die Verfügbarkeit solcher lokaler Programme in neuronalen Modulen ist Voraussetzung dafür, daß wir überhaupt ein psychisches Repertoire besitzen.

Ein paar Beispiele: Ein Modul des Gehirns mag dafür verantwortlich sein, daß wir Bewegungen von Gegenständen im Raum erkennen können. Dies läßt sich daraus erschließen, daß es Patienten gibt, die nach einer bestimmten Schädigung des Gehirns offenbar noch alles sehen, nur keine Bewegungen von Objekten im Raum mehr erkennen können. Andere Patienten, mit einer Verletzung an einer anderen Stelle im Gehirn, können beispielsweise keine Farben mehr sehen, obwohl im Auge selbst die Sinneszellen noch funktionstüchtig sind. Eine Störung an einer wieder anderen Stelle führt dazu, nicht mehr in der Lage zu sein, Gesichter anderer Menschen unterscheiden zu können. Ein solcher Patient weiß zwar noch, daß es sich um ein Gesicht handelt, das er sieht, doch sind alle Gesichter für ihn gleich. Derartige Verletzungen sind instruktiv, weil sie zeigen, daß elementare Funktionen modulär im Gehirn repräsentiert sind, wobei

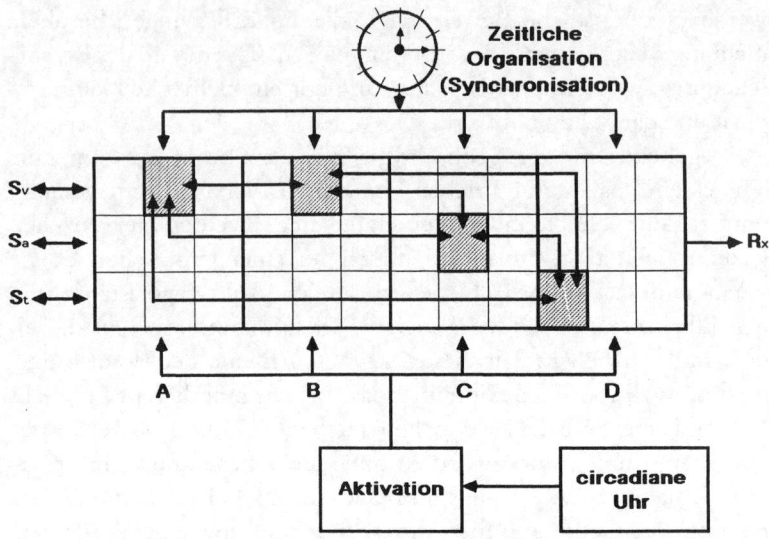

Abb. 10 Modulärer Aufbau des Gehirns: Stimuli (S) werden selektiv aufgenommnen (Doppelpfeil), und es kommt zu einer Repräsentation (R); es werden vier Funktionsbereiche (A, B, C, D) unterschieden, die für Wahrnehmungen, Erinnerungen, Gefühle und Handlungsabsichten und Denkvorgänge stehen, innerhalb derer einzelne Module (kleine Quadrate) elementare Funktionen repräsentieren; damit inhaltliche Funktionen verfügbar sind, bedarf es einer Aktivation, die einer tagesperiodischen Modulation unterliegt (circadiane Uhr); jeder psychische Akt ist gekennzeichnet durch ein bestimmtes raumzeitliches Muster von neuronalen Aktivitäten in mehreren Modulen (graue kleine Quadrate). Die verteilten neuronalen Aktivitäten werden miteinander in Beziehung gesetzt (zeitliche Organisation, Synchronisation, Pfeile zwischen den grauen Quadraten), damit einheitliche Bewußtseinszustände entstehen.

jeweils ein umschriebener Bereich für eine Funktion zuständig ist (was nicht ausschließt, daß dies auch manchmal mehrere Funktionen sein können).

Die modulare Informationsverarbeitung gilt für alle Bereiche, so auch für jene der Reizbearbeitung. Wenn wir Informationen aufnehmen und längerfristig im Gehirn in Gedächtnissystemen speichern, dann ist die Einspeicherung neuen Wissens abhängig von der Verfügbarkeit lokal repräsentierter neuronaler Programme. Seit längerer Zeit ist bekannt, daß bei der Einspeicherung referentiellen Wissens (Wissensinhalte, auf die man sich bewußt beziehen kann) die Innenseiten der Schläfenlappen (der Hippocampus) wichtig sind. Wenn diese

Strukturen abgetragen werden, stellt man fest, daß der Patient keine neue Information mehr aufnehmen kann. Er hat sein Gedächtnis verloren. Ein berühmter, inzwischen historischer Fall ist der Patient Henry M., an dem eine solche Operation durchgeführt wurde; aufgrund anders nicht behandelbarer epileptischer Anfälle wurden der Hippocampus und angrenzende Strukturen auf beiden Seiten des Gehirns abgetragen. Seit der Operation leidet der Patient kaum noch an epileptischen Anfällen, doch nicht deshalb ist er so berühmt geworden. Mit dem Patienten kann man ein Gespräch führen, aber nach einer Stunde kann er sich an nichts mehr erinnern, nicht an die Person, mit der er gesprochen hat, oder die Inhalte, die man erörtert hat. Der Patient ist zeitlich und auch räumlich fixiert; die Orientierung in neuen Umgebungen kann er nicht mehr erwerben, und auch zeitlich ist er auf einem bestimmten Punkt festgelegt. Aus solchen Fällen lernen wir, daß in der Tat einzelne Bereiche des Gehirns für selektive Gedächtnisfunktionen verantwortlich sind. (Ich selbst habe bei Henry M. vor Jahren eine Messung des Gesichtsfeldes an meiner alten Wirkungsstätte, dem MIT in Cambridge, vorgenommen und ihn dabei als einen sehr freundlichen, allerdings recht antriebslosen Menschen kennengelernt, der in der Tat unfähig war, mich bei einem zweiten Kontakt zu erinnern. Sein Gesichtsfeld ist aufgrund der Operation auch geringfügig eingeschränkt, was allerdings im Vergleich mit den anderen Störungen ein vernachlässigbarer Nebeneffekt war.)

Auch unsere Gefühle sind modulär im Gehirn repräsentiert, was wiederum aus Störungen wie auch aus tierexperimentellen Beobachtungen bekannt ist. Wenn jemand qualvoll an Eßgier leidet, dann bedeutet dies, daß bestimmte neuronale Programme, die Hunger und Sättigung regulieren, nicht mehr angemessen funktionieren. Wenn Patienten an chronischem Schmerz leiden, dann ist wiederum eine andere spezifische Konstellation modulärer Aktivität gegeben. Auf der Grundlage vergleichender Studien in verschiedenen Kulturen vermutet man, daß es sechs Grundemotionen gibt, die sich überall mit einem spezifischen Gesichtsausdruck feststellen lassen; trotz möglicher kultureller Besonderheiten setzen sich diese Emotionen überall durch, weshalb für sie eine gemeinsame genetische Basis angenommen wird. Es handelt sich hierbei (und man mag sich in jedem Fall seinen eigenen Gesichtsausdruck vor das innere Auge stellen) um Freude, Überraschung, Furcht, Ärger, Ekel und Trauer.

Die Repräsentation der Gefühle im Gehirn kann man sich in der folgenden Weise vorstellen: Alle Gefühle sind als neuronale Programme stets im Gehirn vorhanden, doch werden sie aktiv gehemmt. Tritt eine besondere Situation auf, sei es durch ein Ereignis um uns oder durch eine Änderung unserer eigenen Seelenlage, dann wird die Hemmung gehemmt, und damit kann dann das Gefühl geäußert und erlebt werden. Der Trick des Gehirns besteht also darin, eine Hemmung aufzuheben, und dies geschieht, indem die Hemmung selber gehemmt wird (wir haben in der Schule gelernt, daß »minus« mal »minus« plus ergibt; genauso arbeitet das Gehirn). Dies gilt im übrigen nicht nur für die Gefühle, sondern für das gesamte Repertoire des Psychischen; was im Gehirn gespeichert ist, unsere Erinnerungen, verschiedene Bewegungsmuster, muß aktiv gehemmt sein, damit der Fortgang des inneren Geschehens nicht dauernd in unvorhersehbarer Weise unterbrochen wird. Erst, wenn »es paßt«, wenn also etwas für den Fortgang des psychischen Geschehens gebraucht wird, kann es aus der Hemmung entlassen werden, indem eine Hemmung der Hemmung eingeschaltet wird. Dies setzt allerdings eine Instanz voraus, die darüber Bescheid weiß, was im Gehirn an Information gespeichert ist, und die darüber hinaus aussucht, was jeweils für den sinnvollen Fortgang des mentalen Geschehens herangezogen werden muß. Neuronale Hemmung ist also die Grundoperation des Gehirns, damit wir nicht dauernd von Quergedanken überschwemmt werden (und genau dies kann ja manchmal geschehen; wenn man von Quergedanken überschwemmt wird, dann funktionieren bestimmte Denkhemmungen nicht mehr, aber das ist dann auch die Chance, neue Verbindungen von vorher Unverbundenem herzustellen).

Der vierte Funktionsbereich, der das psychische Repertoire ausmacht, ist jener des Handelns oder der motorischen Umsetzung von Information. Hier sind jene Module des Gehirns angesprochen, die für unsere sprachliche Kompetenz, für Gestik, Mimik, Bewegungen im allgemeinen verantwortlich sind; hierher gehören auch jene neuronalen Mechanismen, die die inneren Organe steuern. Auch hier gilt, daß elementare Funktionen modulär repräsentiert sind.

Die vier bezeichneten Funktionsbereiche, deren Partialfunktionen modulär im Gehirn repräsentiert sind, kennzeichnen das Inhaltliche des Psychischen. Wahrgenommenes, Erinnertes, Gefühltes, Geplantes oder Getanes repräsentieren sich als das Repertoire möglicher Erfahrung. Damit Inhalte subjektiv verfügbar sein können, wir also etwas bewußt erleben können, bedarf es aber weiterer Funktionen, die ich als »logistische Funktionen« bezeichne. (Es geht mir bei dieser klassifikatorischen Beschreibung darum, zu verdeutlichen, daß wir im Prinzip, wollen wir das Psychische besser begreifen, zwei Funktionsdomänen zu unterscheiden haben, deren neuronale Mechanismen qualitativ unterschieden sind, nämlich die inhaltlichen oder »Was-Funktionen« und die logistischen oder »Wie-Funktionen«.)

Bei den logistischen Funktionen sind drei Bereiche zu unterscheiden: Einmal bedarf es einer Aktivation (gleichsam einer »Stromversorgung«) des Gehirns, damit Psychisches verfügbar wird, daß wir also überhaupt ein Bewußtsein von etwas haben können; jedem ist dies aufgrund der tagesperiodischen Schwankungen der Aktivation bekannt, die uns alle 24 Stunden in den Schlaf bringen. (Eine dauernde Reduzierung der Aktivation tritt im übrigen bei der Erschöpfungsdepression auf, bei der die »Was-Funktionen« eingeschränkt sind, was sich darin äußert, daß schwer Depressive sich nur noch schlecht erinnern können, die Gefühle blaß werden und im motorischen Antrieb gehemmt sind.)

Damit bestimmte psychische Funktionen verfügbar sind, muß die Aufmerksamkeit gesteuert und fokussiert werden; wir können uns jeweils auf einen Sachverhalt konzentrieren und anderes ausblenden, was in einem gegebenen Augenblick nicht in den Rahmen des mentalen Geschehens paßt. Ein anderer Aufmerksamkeitsmechanismus sorgt dafür, daß wir manchmal das Fenster der Aufmerksamkeit weit öffnen können, um möglicherweise bedeutsame Information nicht zu übersehen (man kann seine Blicklinie von dem Fokus der Aufmerksamkeit entkoppeln, so daß man jemanden anschauen kann, während man den inneren Blick und das innere Ohr auf jemand anders richtet; bei gesellschaftlichen Veranstaltungen manchmal eine sinnvolle Nutzung der neuronalen Maschinerie).

Schließlich gehört zu den logistischen Funktionen die zeitliche Koordination der räumlich verteilten Aktivitäten im Gehirn. Um die logistischen Herausforderungen der zeitlichen Koordination von Funktionen zu verstehen, muß die neuronale Aktivität verschiedener Module nochmals hervorgehoben werden. Jeder psychische Zustand (wenn wir sehen, hören, nachdenken, rechnen, planen, sprechen) ist dadurch gekennzeichnet, daß gleichzeitig an verschiedenen Stellen des Gehirns Nervenzellen in ihrer Aktivität hervorgehoben oder selektiv gehemmt sind, sich also von der Durchschnittsaktivität abheben. (Dies ist auf allgemeiner Ebene wohl der wichtigste Befund der modernen neurowissenschaftlichen Forschung mit bildgebenden Verfahren, in denen funktionelle Kernspintomographie, Magnetoenzephalographie oder Positronenemissionstomographie eingesetzt werden; was für Wörter (!); kurz: fMRT, MEG, PET). Es wäre falsch zu meinen, daß ein bestimmter psychischer Zustand nur durch erhöhte neuronale Aktivitäten in einem Areal des Gehirns gekennzeichnet wäre. (Die Seele geht im Gehirn nicht von Ort zu Ort spazieren.) Wenn wir etwas lesen, ist die lokale Hirndurchblutung, über die man auf die Tätigkeit von Nervenzellen schließen kann, u. a. im Schläfenlappen, wo die semantische Kompetenz der Sprache bevorzugt verarbeitet wird, und im Frontalbereich, mit dem syntaktische Kompetenz assoziiert wird, deutlich erhöht; zusätzlich findet man Aktivitätserhöhungen dort, wo offenbar die Sprechbewegungen repräsentiert sind. Hinzu kommt Aktivität im visuellen Verarbeitungsgebiet, von wo aus die Information über eine Umschaltstelle in die Sprachzentren weitergeleitet wird. Wesentlich bei diesen Beobachtungen ist, daß gleichzeitig an verschiedenen Stellen Aktivitätserhöhung zu beobachten ist. Solche gleichzeitige und räumlich verteilte Aktivität gilt für alle psychischen Funktionen, wobei jeder psychische Zustand durch ein spezifisches raum-zeitliches Muster neuronaler Aktivitäten gekennzeichnet ist. Es ist *die* experimentelle Herausforderung für die Neurowissenschaften in der Zukunft, diese spezifischen Muster jeweils für definierte psychische Zustände zu identifizieren (wobei diese Herausforderung nur mit interdisziplinären Teams zu meistern ist, denn nicht jeder kann alles, um solche grundsätzlichen Fragen zu bearbeiten).

Die gleichzeitige Aktivität an verschiedenen Orten wirft ein Problem der Verarbeitung auf, wie es nämlich aufgrund dieser verteilten Aktivität von Nervenzellen zu einem einheitlichen Eindruck kommen kann, denn jeder psychische Akt ist durch seine Geschlossenheit, seine einheitliche Gestalt gekennzeichnet. Welches sind die Mechanismen des Verbindens, die räumlich verteilte Aktivitäten zusammenbringen, um das Phänomen der Einheit des Erlebens zu ermöglichen? Bevor ich hier eine Hypothese vorstelle, möchte ich auf eine informatische Herausforderung bei der Beschreibung von psychischen Zuständen hinweisen. Wenn wir nur 100 verschiedene Module annehmen, die elementare Funktionen repräsentieren (es sind vermutlich mehr), und wenn wir nur zwei funktionelle Zustände solcher Module voraussetzen (aktiv bzw. nicht aktiv; vermutlich spielen auch Abstufungen eine Rolle) und wenn wir die Tatsache der gleichzeitigen Aktivität verschiedener Module berücksichtigen, deren Muster jeweils typisch für einen bestimmten psychischen Zustand ist, dann errechnen sich etwa 10 hoch 30 potentielle raum-zeitliche Muster von Funktionszuständen, die bestimmte psychische Zustände charakterisieren. Unabhängig von dem kaum lösbaren mathematischen Problem, solche Zustände eindeutig zu identifizieren, besagt die Zahl auch, daß jeder Mensch durch absolute Individualität gekennzeichnet ist, denn es ist unvorstellbar, daß sich identische raum-zeitliche Muster bei zwei Menschen finden lassen (bzw. sich bei einem Menschen jemals wiederholen). Außerdem bedeutet diese Überlegung, daß das Gehirn offenbar in der Lage ist, eine Reduktion dieser Kompliziertheit vorzunehmen, daß wir also einheitliche Zustände des Erlebens haben können, an die wir uns sogar später erinnern können; dies heißt, daß die Einengung auf singuläre Zustände des Gehirns auch eine Markierung dieser Zustände ermöglicht, so daß wir sie in unseren Erinnerungen wieder finden können.

Was bietet sich nun als ein Rahmen für die Integration der räumlich verteilten Aktivitäten an, damit einzigartige psychische Zustände sich herausfiltern können? Ich gehe davon aus, daß neuronale Oszillationen genutzt werden, um eine zeitliche Organisation zu ermöglichen; das Gehirn nutzt eine Uhr (allerdings mit besonderen Eigenschaften), die wie ein Dirigent den Takt vorgibt und die dadurch eine zeitliche Koordination zwischen verteilten neuronalen Aktivitäten erlaubt. Kern dieser Hypothese ist, daß die zeitliche Koordination in einem ersten Schritt durch periodische Prozesse (im technischen Sinn vom Typ der Relaxations-Oszillationen) in Neuronenpopulationen hergestellt wird. Die Periode dieser Oszillationen liegt aufgrund experimenteller Beobachtungen bei etwa dreißig bis vierzig Tausendstelsekunden (30-40 ms), wobei eine Periode einen Systemzustand des Gehirns repräsentiert. Innerhalb eines Systemzustandes ist die Vorher-nachher-Beziehung von neuronaler Information nicht bestimmt und auch nicht bestimmbar. Solche atemporalen Systemzustände stellen einen formalen Rahmen bereit, innerhalb dessen es zu einer Bündelung räumlich und zeitlich verteilter Information kommt und damit zu einer Reduktion von neuronaler Komplexität. Systemzustände sind als zeitlose Zonen deshalb atemporal, weil innerhalb der Zustände trotz physikalischer Ungleichzeitigkeit von Information eine erfahrbare oder bewußt zugängliche zeitliche Ordnung nicht möglich ist.

Wie ist es nun auf der Grundlage isoliert definierter Ereignisse möglich, daß in unserem Erleben dennoch so etwas wie Kontinuität entsteht? Es stellt sich also die Frage nach der zeitlichen Integration aufeinanderfolgender Ereignisse. Diese muß vermutlich auf anderen neuralen Mechanismen beruhen als die Integration räumlich verteilter Aktivitäten zur Bestimmung von »Ur-Ereignissen«. Im Prinzip gibt es zwei Möglichkeiten, wie eine Integration nacheinander repräsentierter Ereignisse ablaufen könnte. Eine Möglichkeit wäre, daß die Integration von Ereignissen semantisch erfolgt, daß also die Ereignisse sich selbst miteinander gemäß ihrer Bedeutung verketten. Eine solche semantische Integration, die nach meinem Eindruck in der kognitiven Informatik bevorzugt wird, setzt ein intern repräsentiertes Schema voraus, mit dem die jeweils aufgenommene Information verglichen wird. Bestätigt die Information das interne Schema, ist damit der Prozeß der Integration abgeschlossen, d. h. es gibt bei diesem Modell der Integration keine zeitlichen Vorgaben.

Alternativ zu einer derartigen semantischen Integration ohne vorgegebene Zeitbegrenzung ist jedoch auch eine präsemantische Integration denkbar, die unabhängig von einem internen Schema, an dem Reize überprüft werden, abläuft. Eine solche automatische, vor aller inhaltlichen Bestimmung ablaufende Integration wird durch Beobachtungen tatsächlich nahegelegt, obwohl ein solcher Mechanismus der intuitiven Erwartung widerspricht. Ereignisse in einer Spanne bis zu wenigen Sekunden werden automatisch aneinandergekettet, ohne daß darauf willentlich Einfluß genommen werden kann. Die Grenze für die zeitliche Integration von Ereignissen liegt bei etwa 2 bis 3 Sekunden. Ein einfaches Beispiel für diesen Integrationsprozeß im Bereich weniger Sekunden: Wenn man zwei Reize hinsichtlich ihrer Intensität miteinander vergleichen will (beispielsweise ob etwas schwerer oder leichter, heller oder dunkler, lauter oder leiser als etwas anderes ist), dann müssen diese beiden Reize innerhalb dieses Zeitfensters gegeben werden, um zu einem sachgerechten Vergleichsurteil zu kommen. Eine längere Pause zwischen den beiden Reizen führt dazu, daß die neuronale Repräsentation des jeweils ersten verblaßt und somit der zweite Reiz hinsichtlich seiner Intensität überschätzt wird. Von manchen (insbesondere von dem Philosophen Rudolf Carnap) wird die mentale Operation des Vergleichens als die ursprüngliche Leistung des menschlichen Geistes überhaupt angesehen. Wenn dies einmal angenommen wird, so zeigt sich, daß diese Grundoperation nur in einem bestimmten zeitlichen Rahmen möglich ist, den uns die Natur vorgibt.

Wie aber kommt nun jenes Gefühl der Kontinuität zustande, das über die Grenze von wenigen Sekunden hinausgeht? Mit den beschriebenen Mechanismen der Komplexitätsreduktion und der zeitlichen Integration sind nur logistische Randbedingungen genannt, die als notwendig angesehen werden, damit psychische Inhalte entstehen können; die Zeitfenster selber sind inhaltslos. Anschauliche Kontinuität kommt dadurch zustande, daß das, was jeweils in den einzelnen Zeitfenstern von bis zu etwa 3 Sekunden repräsentiert ist, mit den Inhalten der vorhergehenden und der folgenden Zeitfenster verbunden wird; diese Verbindung wird getragen von der Bedeutung des jeweils Repräsentierten. Daß es sich dabei um einen aktiven neuronalen Prozeß handelt, lernen wir von Patienten, bei denen die semantische Verbindung zusammengebrochen ist, wie bei manchen Schizophrenen, die an formalen Denkstörungen leiden. Der kontinuierliche Fluß der Zeit, wie er uns üblicherweise erscheint, ist also eine Illusion, bedingt durch die Verbindung von Inhalten in voneinander getrennten Zeitfenstern. Der erlebte Fluß der Zeit, die gefühlte Kontinuität der Zeit, hat also nichts zu tun mit dem Zeitbegriff der klassischen Physik (oder auch der speziellen Relativitätstheorie), die von der Kontinuität der Zeit in der Natur ausgeht. (Doch wäre es möglich gewesen, daß eine Illusion hätte konstruiert werden können, die dem physikalischen Gesetz widerspricht?)

11 Störungsmuster

Des Menschen Hirn faßt so unendlich viel, und ist doch manchmal auch so plötzlich voll! Von einer Kleinigkeit, so plötzlich voll.   Gotthold Ephraim Lessing

Mein Gehirn treibt öfters wunderbare Blasen auf, die schnell, wie sie entstanden sind, zerspringen.
Friedrich Schiller

Meine geistigen Kräfte sind gänzlich zerrüttet. Arbeiten ist mir unmöglich; ein dumpfes Brüten hat sich meiner bemeistert, in dem mir kaum ein Gedanke noch hell wird. Alles verzehrt sich in mir selbst; hätte ich einen Weg für mein Inneres – aber ich habe keinen Schrei für den Schmerz, kein Jauchzen für die Freude, keine Harmonie für die Seligkeit. Dies Stummsein ist meine Verdammnis.   Georg Büchner

Das Verlangen nach Leben und Gesundheit ist der Natur des Menschen eingepflanzt; – die Liebe zur Freiheit und Uneingeschränktheit ist eine Schwesterleidenschaft dazu.   Laurence Sterne

Ich hab' die Spiegeln abgeschafft, weil sie die Frechheit haben, mein Gesicht, was einzig in seiner Art ist, zu verdoppeln.   Johann Nepomuk Nestroy

Auf der Grundlage des Aufbaus und der Funktionsweise des Gehirns (Abb. 8) läßt sich voraussagen, welche Erkrankungen im Prinzip möglich sind, wie sich der normale Rahmen individueller Erfahrung verschieben oder wie er zerstört werden kann. Störungen können bei der Informationsaufnahme in den einzelnen Sinnessystemen oder bei der Umsetzung der im Gehirn verarbeiteten Information auftreten; im zweiten Fall können die Effektoren, also die Muskulatur oder die inneren Organe, vom Gehirn nicht mehr mit Informationen versorgt werden. Und es kann zu Störungen im großen intermediären Netz selber kommen, indem die Fortleitung zwischen den Nervenzellen eingeschränkt ist, die Übertragung zwischen Nervenzellen mit Hilfe von chemischen Botenstoffen (der Transmitter) gestört ist oder es zu einem übermäßigen Verlust von Nervenzellen kommt. Besondere Störungen liegen vor, wenn das Gleichgewicht zwischen den erregenden und den hemmenden Transmittern in umschriebenen Arealen des Gehirns, in denen bestimmte Funktionen repräsentiert sind, nicht mehr gegeben ist. Da Funktionen aber auch durch die Module repräsentiert sind, in denen sich Nervenzellen in ihrer Aktivität zu einem System verbinden (Abb. 10), ergeben sich hier weitere Ansätze für mögliche Störungen. Wenn die modulären Bereiche voneinander entkoppelt sind, kann es zu Ausfällen kommen, die sich in psychiatrischen Erkrankungen äußern können; wenn die zeitliche Sychronisation der verschiedenen Module nicht mehr gewährleistet ist, zeigen sich weitere Störungsmuster. Schließlich ist das Gehirn wie jedes andere biologische System auf Energie (»Stromversorgung«) angewiesen. Auch im Bereich der im Hirnstamm verankerten Aktivationsmechanismen, die diese energetische Versorgung gewährleisten, kann es zu Ausfällen kommen. (Die Voraussage möglicher Störungsmuster auf der Grundlage der prinzipiellen Struktur von Nervensystemen hat einen interessanten Nebeneffekt, weil nämlich neurologische und psychiatrische Erkrankungen innerhalb eines gemeinsamen Rahmens erörtert werden können; wenn es einen solchen gemeinsamen Rahmen für Störungsmuster gibt, dann sollte man die verschiedenen medizinischen Fachgebiete wie Neurologie und Psychiatrie auch nicht zu weit »auseinanderdenken«, die in früheren Zeiten sowieso zusammengehörten.)

Beginnen wir mit dem Einfachem (doch was ist bei der Betrachtung des neuronalen Wirkungsgefüges schon einfach). Wenn die Antennen fehlen, wenn also bestimmte Sinneszellen nicht vorhanden sind, dann fehlt ein möglicher Ausblick in die Welt, und jene zentralen Hirnmechanismen, die für die Verarbeitung der Information vorgesehen sind, die von diesen Antennen kommen, liegen brach, oder sie werden für andere Aufgaben verwendet. Wenn also aufgrund eines genetischen Problems jemand nicht sehen oder nicht hören kann

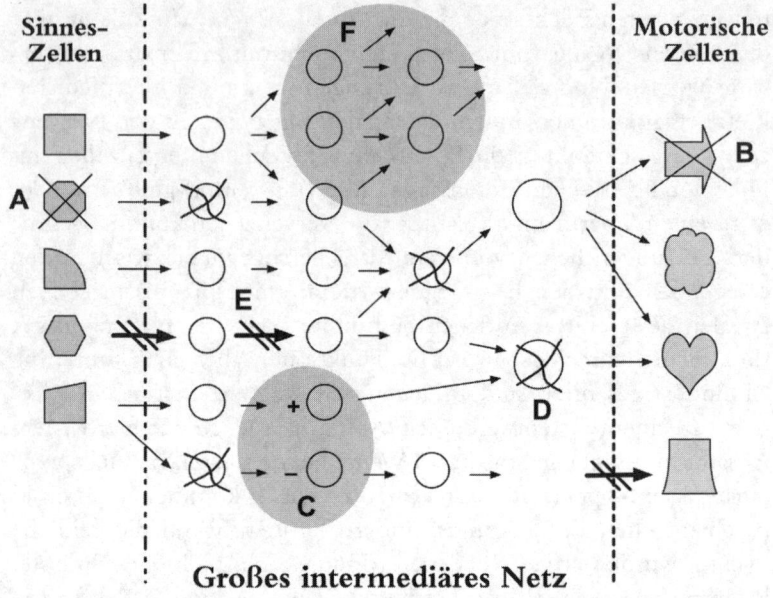

Abb. 11 Schema zur Voraussage einzelner Störungen im Gehirn (vgl. Abb. 8): A – Sinnessysteme können ausfallen, B – motorische Nervenzellen können ausfallen, C – das Gleichgewicht von Erregung und Hemmung in umschriebenen Bereichen des Gehirns kann gestört sein, D – Nervenzellen in allen Bereichen des Gehirns können verlorengehen, E – die Verbindung von Nervenzellen kann zerstört werden, F – größere Bereiche oder Module des Gehirns können ausfallen (Details im Text).

oder wenn im Laufe des Lebens die Sinneszellen degenerieren, bleibt der unmittelbare Ausblick in die Welt über diesen Sinneskanal verschlossen. Das Weltbild, das Bild, das sich jemand von der Welt macht, wird sich anders aufbauen, und es wird anders strukturiert sein als das Weltbild des Gesunden, denn dieses wird vom unmittelbaren sinnlichen Zugriff auf Informationen bestimmt. (Ein Beispiel für eine genetisch bedingte Sehstörung ist die Retinitis pigmentosa, eine Erkrankung, bei der die Rezeptoren in der Netzhaut verlorengehen und die Patienten schließlich erblinden. In ehrgeizigen Projekten versuchen einige Forscher den Verlust der Sinneszellen bei diesen Patienten dadurch zu kompensieren, daß gewebeverträgliche Folien in das Auge implantiert werden, die die Funktion der Umwandlung von Licht in neuronale Aktivität ersetzen. Das Problem hierbei ist, daß die Nervenzellen aus dem Auge ein räumlich ungeordnetes elektrisches Muster an die nachgeschalteten Areale des Gehirns schicken, aus denen ein topographisch strukturiertes, also geordnetes neuronales Muster erlernt werden muß; damit wir einen Gegenstand erkennen, müssen die geometrischen Beziehungen der Merkmale, die den Gegenstande kennzeichnen, im Gehirn erhalten bleiben; diese »Retinotopie« ist aber bei künstlicher Reizung im Auge nicht mehr gegeben; die Schaffung eines neuen Rahmens, in dem die geometrischen Beziehungen neu definiert sind, ist für das Gehirn eine große Herausforderung, und es könnte sein, daß das Gehirn damit überfordert ist; wir können vieles lernen, aber nicht alles.)

Eine der größten persönlichen Katastrophen unter den Sinnesausfällen ist die angeborene Schmerzblindheit, wenn jemand also ohne Sinneszellen für Schmerzreize (ohne Nozizeptoren) in die Welt tritt. Man möchte zunächst meinen, daß jemand glücklich darüber sein müßte, keine Schmerzen zu fühlen, doch Schmerz hat natürlich eine funktionelle Bedeutung (sonst gäbe es den Schmerz nicht; alles, was in der Evolution entwickelt wurde, hatte einen Sinn und hat diesen Sinn immer noch; es gab einen Selektionsvorteil für alle Funktionen, mit denen wir ausgestattet sind). Wer keine Schmerzsensoren hat, besitzt keine Information darüber, was wo weh tun könnte. Aber was ist der funktionelle Sinn vom Schmerz? Schmerz dient dem Zweck, sich nach einer Verletzung ruhig zu verhalten, damit der Heilungsprozeß in Gang gesetzt und unterstützt werden kann. Eine weitere Bedeutung des Schmerzes (und die scheint mir aus evolutionärer Sicht wichtiger zu sein) liegt darin, Überlastungen der Gelenke und der körperlichen Kontaktflächen zu vermeiden. Wer keine Schmerzrezeptoren hat, der nimmt auch keine Körperverlagerungen vor, die aber notwendig sind, um eine zu starke Belastung der Gelenke oder der Auflageflächen des Körpers zu vermeiden; schmerzblinde Patienten sterben relativ jung wegen chronischer Entzündungen ihrer Gelenke. Wenn Patienten von sich aus keine Lageveränderungen mehr vornehmen können, kommt es zu Entzündungen, so daß sie regelmäßig umgelagert werden müssen. Schmerz ist also das Signal, sich in eine neue Position zu begeben.

Wie schmerzhaft etwas ist, das ist auch davon abhängig, welche Körperseite gereizt wird. In einer Studie zusammen mit Pia Parth, Rudolf Morawetz und Christian Madler stellten wir einen überraschenden Links-rechts-Unterschied bei der Schmerzwahrnehmung fest. (Nach einer Vorlesung, die ich in Innsbruck hielt, kam Rudi Morawatz mit der Frage, ob er nicht eine Doktorarbeit machen könne. Er gefiel mir, vor allem auch, weil er noch so jung war; er wurde mein jüngster Doktorand, der schon mit 23 Jahren seinen Doktorhut bekam; einige Tage später kam Pia Parth, die auch eine Doktorarbeit machen wollte; auch sie gefiel, und sie wurde später die Managerin des Institutes in München, nachdem sie wieder aus Seattle zurückgekehrt war, wo sie mit krebskranken Patienten gearbeitet hatte.) Um was ging es in dem Experiment? Es wurden Schmerzreize entweder auf der rechten oder auf der linken Körperseite gesetzt, und die Versuchspersonen mußten jeweils angeben, wie sie die Reize beurteilten. Drei verschiedene Maße wurden dabei unterschieden, nämlich die Wahrnehmungsschwelle, die Schmerzschwelle und die Toleranzschwelle. Die Wahrnehmungsschwelle bezieht sich auf einen Reiz, der in seiner Intensität gerade hinreichend ist, um bemerkt zu werden. Im Experiment wurde festgestellt, daß es keinen Unterschied in der Wahrnehmungsschwelle zwischen links und rechts gibt; es war jedesmal in etwa gleich viel Intensität erforderlich, damit die Reize überhaupt wahrgenommen wurden. Wichtig ist bei dieser Beobachtung, daß die Versuchspersonen diese Reize nicht (oder noch nicht) als schmerzhaft einstuften, obwohl ja Schmerzreize geboten wurden. Wenn man nun die Reizintensität erhöhte, wurde ab einer bestimmten Grenze eine Schmerzempfindung ausgelöst. Die Schmerzschwelle bezieht sich auf einen solchen Reiz, der gerade eben als schmerzhaft empfunden wird. Hier gab es nun einen wichtigen Unterschied: Jene Reize, die auf der linken Körperseite gegeben wurden, führten bei deutlich geringeren Intensitäten zur schmerzhaften Empfindung; für Reize auf der rechten Seite war dagegen eine größere Intensität erforderlich, um als schmerzhaft erlebt zu werden. Dieser Seitenunterschied mit der größeren Empfindlichkeit der linken Körperseite für Schmerzreize zeigte sich auch dann, wenn die Schmerztoleranz gemessen wurde; Schmerztoleranz bezieht sich auf jene Reizintensität, die im Experiment von einer Versuchsperson gerade noch zu ertragen ist. Dieser Seitenunterschied weist darauf hin, daß offenbar die Schmerzrezeptoren oder jene Mechanismen des Gehirns, die die Information aus den Schmerzrezeptoren verarbeiten, asymmetrisch verteilt sind. Da die Informationen, die von der linken Körperseite kommen, im wesentlichen in der rechten Gehirnhälfte verarbeitet werden (sowie umgekehrt das, was von rechts kommt, in die linke Gehirnhälfte geht), kann man sagen, daß die rechte Gehirnhälfte offenbar empfindlicher für das Schmerzhafte ist, da geringere Intensitäten ausreichen, Schmerz zu bereiten.

Diese Beobachtung einer Asymmetrie für den Schmerz war aber nur der erste Schritt, um den Rahmen der Schmerzerfahrung zu erkunden; ein wohl noch interessanteres Ergebnis erhielten wir bei der Überprüfung der Frage, ob nicht möglicherweise Tranquilizer (insbesondere Benzodiazepine wie Valium) eine Wirkung auf den empfundenen Schmerz haben. Zu unserer Überraschung (und von mir bis heute nicht genau verstanden) ergab sich eine signifikante Wirkung der Tranquilizer (bei denen es sich nicht um eigentliche Schmerzmedikamente handelt) sowohl auf die Schmerzschwelle als auf die Schmerztoleranz, und zwar auf besondere Weise: Die Wirkung war ihrerseits asymmetrisch verteilt. Schmerzschwelle und Schmerztoleranz für Reize, die in der linken Gehirnhälfte verarbeitet wurden (wenn die Reize also von rechts kamen), blieben unverändert. Schmerzschwelle und Schmerztoleranz für Reize, die in der rechten Gehirnhälfte verarbeitet wurden, waren aber deutlich erhöht. Diese Erhöhung drückte sich darin aus, daß nun die gleiche Reizintensität erforderlich war wie für die andere Seite (die linke Gehirnhälfte), damit Reize als schmerzhaft empfunden wurden. Der eigentliche Befund war also, daß der selektive »Schmerz-Vorteil« der rechten Gehirnhälfte aufgehoben wurde, indem der Unterschied der beiden Gehirnhälften, der normalerweise bestand, durch die Tranquilizer beseitigt wurde, und dieses sowohl bei der Schmerzschwelle als auch bei der Schmerztoleranz.

Dieser Befund hat mehrere Implikationen: Zunächst einmal ist gezeigt, daß Tranquilizer tatsächlich eine Wirkung auf das Schmerzerleben haben, obwohl sie in erster Linie bei Patienten mit Angstzuständen eingesetzt werden; aber vielleicht war dies der Effekt, daß nämlich die antizipierte Angst vor dem Schmerzreiz vermindert oder aufgehoben wurde. Dann läßt sich aus der Beobachtung schließen, daß Rezeptoren für Benzodiazepine in den beiden Gehirnhälften nicht gleich verteilt sind, sondern daß die Rezeptoren vermutlich auf der rechten Seite des Gehirns eine größere Dichte oder Effizienz besitzen; (mir ist nicht bekannt, ob dies jemals überprüft wurde). Das bedeutet, daß die Schmerzschwelle nicht nur eine periphere Sensitivität von Nozizeptoren (also Rezeptoren für Schmerz) repräsentiert, sondern daß zentrale Mechanismen im Gehirn auch bei geringer Schmerzreizung beteiligt sind (dies ist eigentlich selbstverständlich, doch muß man es dennoch betonen, um dem Eindruck entgegenzutreten, als könne man die Sensitivität von Sinneszellen ohne diese zentralen Mechanismen abschätzen). Das bedeutet, daß die rechte Gehirnhälfte dominant für die emotionale Bewertung von Erlebnissen ist, denn Schmerzreize lösen immer auch eine emotionale Reaktion aus. (Und eine weitere Vermutung: Da die rechte Gehirnhälfte nicht nur für Schmerzreize sensitiver ist als die linke Gehirnhälfte, sondern da sie auch dominant für das Lustempfinden ist, wird es bei Einnahme von Tranquilizern zu einer Verminderung des Lustempfindens kommen; insbesondere dürfte die Auslösung eines Orgasmus schwieriger werden, da während des sexuellen Höhepunkts aufgrund der peripheren Reizung eine typische neuronale Aktivität – gekennzeichnet insbesondere durch Thetawellen im Elektroenzephalogramm – in der rechten Gehirnhälfte ausgelöst werden muß; wenn die Schwellensensitivität erhöht ist, dürfte der orgastische Zustand schwerer erreichbar sein. Mir ist nicht bekannt, daß dies als Nebenwirkung bei der Gabe von Tranquilizern berücksichtigt wird, wobei die gesamte Sexualsphäre sowieso meistens ausgeblendet wird; trotz aller sogenannter Fortschritte fällt Sexualität immer noch aus dem Rahmen.)

Wie sich Störungen oder Erkrankungen in den Sinnessystemen voraussagen und durch Beispiele belegen lassen, gilt dies in gleicher Weise für die motorische Seite unseres Gehirns. Etwa zwei Millionen Nervenzellen sind dafür verantwortlich, daß die Peripherie unseres Organismus, also die Muskulatur und die inneren Organe, kontrolliert wird. Alles, was sich an neuronaler Informationsverarbeitung in den mehreren hundert Millionen Sinneszellen und den mehreren hundert Milliarden Nervenzellen im Gehirn abspielt, hat nur ein Ziel, nämlich in Handlung, Bewegung und Steuerung der inneren Organe umgesetzt zu werden. Die überwältigende Anzahl jener Zellen, die den sensorischen Input und die zentrale Verarbeitung repräsentieren, steht im Dienste der sehr viel geringeren Anzahl von Zellen, die für den Output verantwortlich sind. (Um dem Rahmen der neuronalen Prozesse gerecht zu werden, muß man sich vor Augen halten, daß es im Gehirn immer nur darum geht, zu gewährleisten, was wir tun können, nicht was wir aufnehmen oder was wir bedenken können; die Natur hat uns von der Ausführung erfolgreicher Bewegungen her konzipiert, und alles andere sind Dienstleistungen für das gelungene Agieren und die angemessene Steuerung der inneren Organe). Doch hier kann es wie überall in der Natur, Störungen geben. Dabei unterscheidet man (wenn man etwas spezifischer werden möchte) vier Angriffspunkte für Störungen: Die Zellkörper der motorischen Nervenzellen (die Motoneurone) können betroffen sein, oder die Fortleitung der neuronalen Aktivität von einer Zelle zur nächsten oder die Übertragung zur nächsten Zelle oder die Muskelfasern selber. (Neurologen können aus bestimmten Erkrankungsmustern herauslesen, an welcher Stelle die Störung vorliegt.)

Beispiele: Wenn ein chemischer Botenstoff, der Transmitter Acetylcholin, nicht mehr hinreichend produziert wird, dann kann es zum Krankheitsbild der Myasthenia gravis kommen, bei der die neuronale Aktivität aus dem Gehirn nicht mehr ausreichend auf die Muskulatur übertragen werden kann, so daß es schließlich zum Ausfall der Bewegungskontrolle kommt. In anderen Fällen mag zwar die Übertragung der neuronalen Information auf die Muskulatur noch funktionieren, doch die motorischen Nervenzellen selber sind in ihrer Funktion beeinträchtigt, oder jene Nervenzellen, die ihrerseits diese motorischen Nervenzellen steuern, fallen aus. Liegt eine solche Störung vor, dann kann ein Krankheitsbild wie das der amyotrophischen Lateralsklerose (ALS) entstehen. Es gibt jährlich einige tausend Patienten in Deutschland, die von dieser Erkrankung, einer fortschreitenden Lähmung, betroffen sind. Es gibt bisher keine therapeutischen Möglichkeiten bei ALS. Als erstes Anzeichen dieser Erkrankung tritt manchmal eine etwas undeutliche Artikulation auf. Für diese Patienten hat Niels Birbaumer aus Tübingen ein sensationelles Verfahren entwickelt, das den Patienten trotz des zunehmenden Bewegungsverlustes erlaubt, noch zu kommunizieren. Durch die Deafferentierung, die Entkopplung der (quergestreiften) Muskulatur vom Gehirn müssen die Patienten schließlich künstlich beatmet werden; sie können nicht mehr sprechen, nicht einmal mehr ihre Augen öffnen, und sie sind schließlich völlig bewegungslos. Dennoch haben sie, soweit man dies beurteilen kann, ein voll funktionsfähiges Gehirn, und diese Tatsache machte sich Niels Birbaumer zunutze, um eine kommunikative Brücke zur Umwelt zu bauen. Die Patienten können mit Hilfe eines

Neurofeedback-Verfahrens lernen, willentlich die elektrische Aktivität ihres Gehirns zu beeinflussen. Die damit verbundenen Potentialänderungen können technisch genutzt werden, um beispielsweise einen Computer so zu steuern, daß die Patienten zwar langsam und recht mühevoll, aber dennoch erfolgreich Nachrichten übermitteln können.

Unter einer Sonderform der ALS scheint der englische Physiker Stephen Hawking zu leiden, der sich als Forscher mit grundlegenden Fragen der Kosmologie, insbesondere mit den »Schwarzen Löchern« befaßt hat und der in seiner Auseinandersetzung mit dem Konzept der Zeit in der Physik eine ungewöhnliche Lösung gefunden hat; damit die mathematische Betrachtung des Universums in sich konsistent ist, hat er eine »imaginäre Zeit« eingeführt. Zu würdigen und zu respektieren ist der geistige Kampf von Hawking um die Aufklärung grundlegender Prinzipien des Universums trotz aller körperlichen Einschränkungen. Unabhängig davon muß man jedoch den wissenschaftlichen Ertrag analysieren, ob also beispielsweise die Einführung einer »imaginären Zeit« tatsächlich eine Lösung für einige der Fragen ist, die sich bei der Beschäftigung mit der Zeit stellen; zunächst ist die Einführung einer »imaginären Zeit« ein mathematischer Trick, um Konsistenz in der formalen Beschreibung von Weltzuständen herzustellen; nicht alles, was mathematisch einfach ist, muß in der Natur realisiert sein, auch wenn alles, was in der Natur realisiert ist, mathematisch einfach ist oder zu sein scheint. Insofern muß man noch abwarten, ob Hawking wirklich eine kreative Lösung gefunden hat, um die Zeit des Universums (die die größtmöglichen Räume umfaßt) und die Zeit in der Quantenmechanik (die sich auf das Kleinstmögliche bezieht) in einer Theorie zu vereinen.

Zurück zu den Voraussagen von Störungsmustern: Eine spezifische Einschränkung liegt dann vor, wenn die Weiterleitung von Information zwischen Nervenzellen gestört ist. Normalerweise läuft die neuronale Information entlang eines Kabels (des »Axons«) von einer Nervenzelle zur nächsten. Wenn die Myelinscheiden der Axone degenerieren, dann tritt das Krankheitsbild der Multiplen Sklerose (MS) auf. Der Ausfall der Myelinscheiden bewirkt, daß die Fortleitung zwischen Nervenzellen verlangsamt wird. Damit gelangt die Information aus verschiedenen Zentren des Gehirns nicht mehr rechtzeitig dorthin, wo sie für die Kontrolle von Funktionen benötigt wird. Besonders katastrophal ist dies für die Organisation von Bewegungen; ein koordinierter Ablauf von Bewegungen ist aufgrund der veränderten zeitlichen Verarbeitung der Information nicht mehr möglich. Doch die Erkrankung betrifft nicht nur jene Bereiche des Gehirns, die für die Bewegungskoordination zuständig sind, sondern auch die Wahrnehmungssysteme. Häufig kündigt sich eine MS mit Sehstörungen an. Das liegt dann daran, daß die zügige Fortleitung der Information aus der Netzhaut ins Gehirn über die normalerweise myelinisierten Fasern des optischen Nervs eingeschränkt ist.

Nervenzellen können natürlich auch selber betroffen sein. Es gibt manche Hinweise darauf, daß Nervenzellen spontan zugrunde gehen; mit zunehmendem Alter (dem normalen Alterungsprozeß) stehen vermutlich immer weniger Nervenzellen für die einzelnen Funktionen zur Verfügung. Damit ist das natürliche Ende des individuellen Lebens vorgezeichnet, da es mit wenigen Ausnahmen (wie dem Hippocampus, einer Struktur auf der Innenseite des Schläfenlappens, die für die Einspeicherung von Informationen in das Gedächtnis wichtig ist) nicht zu einer Neubildung von Nervenzellen kommt. Manche Forscher gehen davon aus, daß eine Lebenserwartung von über 140 Jahren prinzipiell nicht möglich ist (es sei denn, man entwickelt in Zukunft Verfahren, die das Absterben der Nervenzellen verhindern oder die eine generelle Erneuerung von Nervenzellen ermöglichen. Ob solche Projekte erfolgreich sein werden, ist offen, und ob es überhaupt wünschenswert ist, die Lebenserwartung um viele Jahrzehnte zu verlängern, ist fraglich). Der natürliche Verlust von Nervenzellen führt dazu, daß es bei älteren Menschen zu funktionellen Änderungen kommt, die aber differenziert zu betrachten sind. Das »Was« der Funktionen, die Inhalte unseres Erlebens, bleibt bei den meisten Menschen erhalten und kann sich manchmal sogar noch entfalten (so daß man von Weisheit sprechen kann), aber das »Wie« der Funktionen, die operativen Abläufe, unterliegt Einschränkungen. Neuronale Prozesse beim älter werdenden Menschen laufen langsamer ab, so daß die Koordination von Bewegungen verzögert oder Entscheidungsfunktionen verlangsamt sind. (Ein 40jähriger ist in einem bestimmten Rahmen schon alt, bleibt er doch bei sportlichen Leistungen wie dem 100-m-Lauf oder dem Tennisspiel hinter den Jungen zurück.)

Kommt es aber zu einem beschleunigten Abbau der Nervenzellen und damit zu einer Einschränkung mentaler Leistungsfähigkeit in einem Lebensalter, in dem man normalerweise noch voll funktionsfähig sein sollte, dann kann die Alzheimersche Erkrankung vorliegen. Die Krankheit führt dazu, daß in weiten Bereichen der Gehirnoberfläche, vor allem im Scheitel- und Schläfenlappen, (und wohl auch im frontalen Bereich) Nervenzellen degenerieren. Die Innenseite des Schläfenlappens, der Hippocampus, ist besonders betroffen. Patienten mit der Alzheimerschen Erkrankung haben zahlreiche Ausfälle, wobei insbesondere Gedächtnisstörungen auffällig sind, die zur Konsequenz haben, daß auch die personale Identität des Patienten in Frage gestellt wird. Im Sprachbereich leiden diese Patienten an Wortfindungsproblemen. Auch bei der Alzheimerschen Erkrankung ist bisher nicht im Detail bekannt, welche Faktoren sie auslösen. Bei manchen Patienten liegt eine genetische Ursache nahe, doch offenbar nicht bei allen.

Wie kann man sich gegen die Alzheimersche Erkrankung wehren? Die medikamentösen Möglichkeiten sind recht eingeschränkt. Es gibt aber einige lebenspraktische Gesichtspunkte, die für jeden nützlich sein könnten (auch wenn er durch diese Erkrankung nicht gefährdet ist). Das Gehirn ist ein aktives Organ, und es funktioniert dann am besten, wenn es genutzt wird; daraus folgt, daß geistige Tätigkeit eine der besten vorbeugenden Maßnahmen gegen eine Demenz ist. Das bezieht sich auch auf den Gebrauch des Gehirns in der Jugend; Studien haben gezeigt, daß jedes zusätzliche Jahr an schulischer oder universitärer Ausbildung das Risiko für die Alzheimersche Erkrankung um 17 % vermindert. Geistige Tätigkeit in den frühen Phasen der Biographie verbessert die Verbindung zwischen den Nervenzellen, und man baut durch die intensive Nutzung des Gehirns in der Kindheit und in der Jugend eine »kognitive Reserve« auf, die aktiv gegen den Verfall des Gehirns eingesetzt werden kann. Und ein weiterer Befund: Jede zusätzliche Stunde, die man vor dem Fernsehapparat verbringt, erhöht das Risiko für die Alzheimersche Erkrankung um den Faktor 1.3; das muß nicht unbedingt heißen, daß übermäßiges Fernsehen das Gehirn vergiftet, aber das viele Fernsehen ist sicher ein Ausdruck eines eher inaktiven Lebensstils. Sportliche Tätigkeit allein hat im übrigen auch eine präventive Wirkung gegen die Entwicklung einer Demenz, und Sport hat noch einen weiteren Effekt: Mit zunehmendem Alter verliert das Gehirn an Substanz, nämlich etwa 15 bis 25 Prozent zwischen 30 und 90 Jahren; dabei sind vor allem jene Areale betroffen, die für das Gedächtnis und Lernen zuständig sind. Ist jemand aber körperlich aktiv, dann ist dieser Substanzverlust erheblich geringer. Wenn jemand regelmäßig Sport treibt, dann verbessert er also nicht nur seine körperliche Fitneß, sondern er verbessert vor allem auch die neuronale Effizienz seines Gehirns. Sport ist also auch der richtige Rahmen für geistige Gesundheit. (Es werden manchmal Erwartungen geschürt, als gäbe es in der nahen Zukunft »gentherapeutische Maßnahmen«, um die Alzheimersche Erkrankung oder andere Störungen des Gehirns unter Kontrolle zu bringen; niemand sollte sich der Hoffnung hingeben, daß in den nächsten zwanzig Jahren Gentherapien zur Verfügung stehen; das bedeutet aber nicht, daß man dieses Ziel innovativer Therapien nicht energisch verfolgen sollte, doch sollte man sich nicht über den Zeitrahmen täuschen.)

Warum gehen Nervenzellen zugrunde? Interessanterweise ist der Mechanismus der Zellzerstörung bei der Alzheimerschen Erkrankung ähnlich wie bei der Epilepsie und dem Schlaganfall: Bei diesen Erkrankungen kommt es zu einer vermehrten Produktion eines chemischen Botenstoffes, des erregenden Transmitters Glutamat; vermehrte Glutamatproduktion bewirkt einen übermäßigen Einstrom von Calcium-Ionen in die Nervenzellen, die nicht mehr herausgepumpt werden können, und dieser unkontrollierte Einstrom zerstört dann diese Zellen. Ein therapeutischer Ansatz bei diesen Erkrankungen besteht deshalb darin, die Glutamatproduktion zu reduzieren oder die Rezeptoren für Glutamat gleichsam unempfindlich zu machen, indem sie durch andere chemische Verbindungen besetzt werden. (Die Zerstörung von Nervenzellen ist auch für zwei weitere Erkrankungen typisch, nämlich für den schweren Alkoholismus und für AIDS. Auch wenn Alkohol in Maßen genossen für die Gesundheit durchaus zuträglich ist, da er eine kardioprotektive Funktion hat, wirkt er bei übermäßigem Genuß als Zellgift, das die Zerstörung von Nervenzellen vorantreibt.)

Aufgrund der prinzipiellen Struktur und Funktion von Nervensystemen kann es also Störungen bei Informationsaufnahme, der Bewegungskontrolle oder der Wechselwirkung zwischen Nervenzellen geben, oder Nervenzellen können aus welchen Gründen auch immer zugrunde gehen. Fehler können (wenn eine andere Ebene der Betrachtung gewählt wird) bei der Übertragung von Information zwischen Nervenzellen (der synaptischen Übertragung) dann auftreten, wenn Erregung und Hemmung innerhalb eines umschriebenen Bereiches des Gehirns in ein Ungleichgewicht geraten. Dies kann dann geschehen, wenn nicht mehr ausreichend Transmitter produziert wird, der an einer anderen Stelle des Gehirns benötigt wird. Es kommt dann am Zielort zu einem Ungleichgewicht (es liegt dort zuviel Erregung oder zuviel Hemmung vor), und das Gesamtsystem gerät aus den Fugen. Dies ist beispielsweise bei der Parkinsonschen Erkrankung, der Schüttellähmung, der Fall.

Die Parkinsonsche Erkrankung beruht darauf, daß an einer bestimmten Stelle in der Tiefe des Gehirns, in den sogenannten Basalganglien (in der Substantia nigra), zuwenig von dem chemischen Botenstoff Dopamin ausgeschüttet wird. Ein Patient mit der Parkinsonschen Krankheit ist dadurch gekennzeichnet, daß er neben seinem augenfälligen Muskelzittern Bewegungen nicht mehr wie üblich anstrengungslos in Gang setzen kann. Normalerweise ist es so, daß in unserem Gehirn die Bewegungsprogramme gespeichert sind. Damit diese nicht unkontrolliert ablaufen, werden sie von hemmenden Transmittern unter Kontrolle gehalten. Damit ein bestimmtes Bewegungsprogramm gestartet werden kann, muß diese Hemmung gehemmt werden; dann erst kann es zu einer geordneten Bewegung kommen. Wenn der Transmitter Dopamin fehlt, ist die Hemmung der Hemmung und damit der Start einer Bewegung eingeschränkt. (Bei einem Patienten mit Parkinsonscher Erkrankung habe ich einmal eine erstaunliche Beobachtung gemacht: Er war in seinen Bewegungsmöglichkeiten wie eingefroren; als er ein Medikament erhielt, konnte er sich sofort bewegen, obwohl das Medikament noch keine Wirkung entfaltet haben konnte; offenbar bewirkte die Medikamentengabe eine Veränderung der Sensitivität der neuronalen Schwellen in den betroffenen Gebieten, indem die positive Wirkung des Medikaments antizipiert wurde. Dies bedeutet, wenn es sich nicht um einen singulären Fall eines ungewöhnlichen Patienten handelt, was ich nicht annehme, daß ein Medikament nicht nur in passiver Weise auf die neuronalen Schaltkreise wirkt, sondern daß das Wissen um die mögliche Wirkung eines Medikaments sich aktiv auf die neuronale Informationsverarbeitung auswirkt. Mir geht es schon besser, wenn ich weiß, daß es mir besser gehen wird.)

Bekanntlich gehört es zu den Aufgaben eines Hochschullehrers,

Vorlesungen zu halten, und ich kann für mich sagen, daß ich dies gerne mache. In jedem Jahr sind es über siebenhundert Studierende, die die sogenannte Hauptvorlesung in der medizinischen Psychologie hören müssen, und über die Jahre hinweg habe ich zu über zwanzigtausend Studenten gesprochen. Was sehr bedauerlich ist und was sich durch die große Zahl ergibt, ist die Tatsache, daß ich kaum jemanden persönlich kennenlernen kann; ich freue mich, wenn ich bei Gelegenheit von jemandem angesprochen werde, und wenn ich höre, daß sie oder er vor zehn, zwanzig oder sogar dreißig Jahren bei mir in der Vorlesung gesessen ist. Es hat viele Jahre gedauert, bis ich begriffen habe, daß in diesen Vorlesungen immer auch Betroffene sitzen. Ich kann dann über bestimmte Erkrankungen nicht mehr nur in einer abstrakten Weise sprechen, sondern ich muß davon ausgehen, daß es einzelne unmittelbar angeht. Dies zeigt sich häufig dann, wenn nach der Vorlesung jemand kommt und um Rat fragt. Da die Epilepsie eine Erkrankung ist, die bei etwa einem Prozent der Bevölkerung auftritt, sitzen also in jeder Vorlesung mit hoher Wahrscheinlichkeit auch Patienten mit Epilepsie. Die Epilepsie ist eine Erkrankung, bei der ebenfalls das Gleichgewicht zwischen Erregung und Hemmung von chemischen Botenstoffen gestört ist. Aufgrund einer Störung im Haushalt der Transmitter kann es zu unkontrollierten Ausbreitungen neuronaler Erregungen im Gehirn kommen, da in einem bestimmten Bereich, oft im Schläfenlappen, zu wenig Hemmung oder zu viel Erregung vorhanden ist. Neue Erregungsherde können dann an anderen Stellen des Gehirns gebildet werden, so daß das Gehirn sich gleichsam selbst vergiftet. Ein Grund für diese positive Verstärkung epileptischer Aktivität liegt an einem strukturellen Merkmal des Gehirns; die beiden Gehirnhälften sind spiegelsymmetrisch über den sogenannten Balken (das Corpus callosum) miteinander verbunden; liegt an einer Seite des Gehirns ein epileptischer Herd vor, kann sich dieser auf der spiegelsymmetrischen Seite des Gehirns verdoppeln. Dies war ein Grund, warum bei machen Patienten mit Epilepsie (bei sehr wenigen) die beiden Gehirnhälften chirurgisch voneinander getrennt wurden, damit sich die Erregung nicht ausbreiten konnte, wenn die Epilepsie medikamentös nicht unter Kontrolle zu bringen war. Da es bisher nur möglich ist, etwa 70 Prozent der Epilepsie-Patienten mit Medikamenten zu helfen (manche gehen von 80, andere von 60 Prozent aus), die in den Haushalt der Transmitter eingreifen, bleibt die

Frage nach anderen, auch chirurgischen Therapien weiterhin offen. (Die Epilepsie gehört zu jenen Erkrankungen, bei denen die Patienten eine große Scheu haben, dies preiszugeben. Dies liegt wohl an dem Kontrollverlust, den man während eines epileptischen Anfalls, insbesondere beim »Grand-mal-Anfall«, erleidet; wer zum erstenmal einen solchen Anfall bei einem Patienten miterlebt, der wird dies sein Leben lang nicht vergessen, wenn die Fragilität unseres irdischen Seins vor Augen geführt wird.)

Störungsmuster lassen sich auch für die modulare Ebene der Repräsentation von Funktionen voraussagen. Die modulare Repräsentation hat die folgenden Konsequenzen: Jeder mentale Akt ist durch Wahrnehmung gekennzeichnet; es gibt keinen mentalen Akt, der nicht einen Wahrnehmungsbezug enthält, in dem also Gesehenes und Gehörtes oder Gespürtes repräsentiert ist. Zweitens gibt es keinen Bewußtseinsinhalt, der nicht auf eine Handlung bezogen ist; was immer wir im Bewußtsein haben, hat einen Bezug auf etwas Beabsichtigtes oder Gewolltes, beispielsweise anderen etwas mitzuteilen. Es kommt überhaupt nichts ins Bewußtsein, was nicht etwas Mitteilenswertes an sich hat. Drittens ist in jedem Bewußtseinsinhalt ein Bezug zur Erinnerung gegeben. Wir können nichts im Bewußtsein haben, wenn nicht unser Gedächtnis abgefragt wird und wir dadurch eine Verbindung zu früherer Erfahrung herstellen. Hierbei spielen verschiedene Gedächtnisformen eine Rolle, und es muß nicht immer explizit bewußt sein, daß das Gedächtnis am mentalen Akt beteiligt ist. Doch ohne Einschränkung gilt: Ohne eine vorausgehende Wissensrepräsentation kann ein Bewußtseinsinhalt nicht konstituiert werden. Viertens, und das muß besonders hervorgehoben werden, ist in jedem Bewußtseinsakt eine gefühlsmäßige Bewertung enthalten. Die Bewertung erfolgt in ihrer Grundtönung jeweils danach, was in einem gegebenen Augenblick gut oder schlecht für den einzelnen ist. Alle diese Funktionsdomänen stellen elementare Bausteine für Bewußtseinsakte zur Verfügung. Damit sich ein bewußter Zustand überhaupt ausprägen kann, müssen diese Domänen mit ihren Modulen miteinander in Verbindung gebracht werden. Aus dieser Bautechnik lassen sich Störungsmuster ableiten, die wir in verschiedenen Hirnerkrankungen auch tatsächlich beobachten. Einzelne Module können ausfallen, so daß bestimmte Funktionen einem Patienten nicht mehr verfügbar sind, oder die Wechselwirkungen zwischen

Modulen und den verschiedenen Domänen des Psychischen können gestört sein.

Im Krankheitsbild der Schizophrenie kommt es offenbar zu einer Entkopplung der neuronalen Bewertungen von den Wahrnehmungen und den Erinnerungen, also zu einer Einschränkung der Wechselwirkung zwischen einzelnen Hirnarealen, die die integrierte Aktivität sicherstellen. Der schizophrene Patient ist dadurch auffällig, daß er emotional inadäquat, also einer Situation nicht entsprechend reagiert. Zu spüren, daß kein angemessener emotionaler Bezug mehr gegeben ist, belastet Freunde und Angehörige besonders schwer. Das Denken, Wahrnehmen und Handeln des Schizophrenen scheint nicht in die normale emotionale Bewertung eingebettet zu sein, was auch Ursache für die typischen formalen Denkstörungen sein mag. Es fehlt offenbar der neuronale »Klebstoff«, der die verschiedenen modulären Bereiche zusammenheftet. Der Grund dafür ist vermutlich, daß bestimmte chemische Botenstoffe, die normalerweise für dieses Verbinden verantwortlich sind, dem schizophrenen Patienten nicht mehr in ausreichendem Maße zur Verfügung stehen. Dabei spielen insbesondere die frontalen Regionen des Gehirns eine wichtige Rolle; ein Merkmal der schizophrenen Erkrankung ist die »Hypofrontalität«, also die verminderte neuronale Aktivität in den vorderen Bereichen des Gehirns.

Eine andere Erkrankung, die wie die Schizophrenie zu den psychiatrischen Störungen gehört, ist die Depression. Auch bei der Depression fehlen wichtige chemische Botenstoffe, die zur Steuerung der Stimmung und des Antriebs notwendig sind. Wie jedes System, so benötigt auch das Gehirn Aktivation. Die normale Aktivation der Module des Gehirns sorgt dafür, daß diese funktionsfähig sind. Aktivation garantiert ein mittleres Niveau von Zelltätigkeit, so daß Informationen wirkungsvoll in diesen Modulen verarbeitet werden können. Fehlt die Aktivation, dann sind auch die Möglichkeiten der Modulation der neuronalen Aktivitäten eingeschränkt. Die Wahrnehmungsprozesse laufen verlangsamt ab, die Erinnerungen werden blasser, die Gefühle verstummen, und Bewegungen können nur mühsam in Gang gesetzt werden. Es sind also alle Domänen betroffen, die Bewußtseinsinhalte bestimmen. Subjektive Konsequenz der Depression ist unter anderem, daß Patienten in einen Zustand der Teilnahmslosigkeit verfallen. Es fällt ihnen schwer, Erlebnisse nach den Grunddimensionen der elementaren Bedürfnisbefriedigung zu bewerten. Was gut oder schlecht für ihn ist, das ist für den Depressiven also nicht mehr wie im gesunden Zustand fühlbar. Am meisten leiden viele Depressive am Versiegen ihrer Lust und an der tödlichen Gleichgültigkeit, daran, daß sie von nichts mehr betroffen sind.

Auch wenn es bei vielen Patienten eine genetische Veranlagung zur Depression gibt, so spielt im täglichen Leben die Erschöpfungsdepression eine außerordentlich wichtige Rolle. (Die genetische Komponente für eine zentralvenöse Erkrankung bedeutet nicht, daß der Patient automatisch erkrankt. Bezüglich der Erkrankung ist nur die Wahrscheinlichkeit erhöht, depressiv bzw. schizophren zu werden.) Bei einer Erschöpfungsdepression muß gar keine genetische Ursache vorliegen; aufgrund zu intensiver Arbeit wird gleichsam das Reservoire der Aktivation so ausgeschöpft, daß die Aktivation für alle psychischen Funktionen reduziert wird. Es ist auffällig, daß Erschöpfungsdepressionen relativ häufig bei Künstlern, Wissenschaftlern und anderen intensiv geistig arbeitenden Menschen auftreten (man möge mir nachsehen, wenn ich tatsächlich behaupte, daß die genannten Berufsgruppen tatsächlich intensiv geistig arbeiten; sicher gibt es manchmal Ausnahmen). Manche geraten durch die geistige Tätigkeit in einen intellektuellen oder kreativen Rausch, der nicht mehr gebremst wird; bei solchen Tätigkeiten (nennen wir es ruhig »Arbeiten«) gibt es offenbar keinen Mechanismus der Sättigung. Wenn wir dagegen primären Bedürfnisbefriedigungen wie dem Essen nachgehen, dann gibt es irgendwann einmal das Gefühl der Sättigung (zumindest beim Gesunden), und Gleiches gibt es für das Trinken, die Sexualität und auch für die Aggression. Anders ist es hingegen bei geistiger Tätigkeit. Damit der geistig Arbeitende nicht in eine Erschöpfungsdepression hineingerät (und nicht zum »workaholic« wird), sind bestimmte Lebenstechniken erforderlich; man muß sich dazu zwingen können, eine Arbeit vorübergehend zu beenden. Wer verinnerlicht hat, daß die Arbeit nur ein bestimmtes Zeitsegment des Tages einnehmen darf, hat es leichter. Allgemein gilt, daß geistige Arbeit zeitlich strukturiert werden muß, um einer Erschöpfungsdepression vorzubeugen. (Auch für jene depressiven Patienten, bei denen aus genetischen Gründen die Funktionsfähigkeit des Gehirns so verändert ist, daß die Aktivation der einzelnen neuronalen Module des Gehirns nicht mehr ausreicht, kann die Einhaltung einer bestimmten Lebenstechnik Erleichterung bringen; dies heißt nicht, daß sie nicht auch medikamentös behandelt werden sollten und daß eine psychotherapeutische Begleitung unverzichtbar ist; mir fällt immer nur auf, daß sehr einfache lebenstechnische Maßnahmen wie körperliche Bewegung, vernünftige Ernährung oder die zeitliche Strukturierung des Tages nicht hinreichend genutzt werden, weil sie wohl zu »normal« und zu wenig »spektakulär« sind.)

Wenn man von der prinzipiellen Struktur von Nervensystemen ausgeht, dann lassen sich also Störungsmuster voraussagen, die sich auf die Aufnahme von Information über die Sinnesorgane beziehen (wie die Retinitis pigmentosa), die Bewegungsmuster betreffen (wie die amyotrophische Lateralsklerose, ALS), die die Fortleitung von Information zwischen Nervenzellen angeht (wie die Multiple Sklerose, MS), die sich auf den generellen Verlust von Nervenzellen bezieht (wie die Alzheimersche Erkrankung), die vom Ungleichgewicht erregender und hemmender Transmitter ausgeht (wie die Epilepsie), die sich aus der fehlerhaften oder mangelhaften Integration modulärer Strukturen des Gehirns ergibt (wie die Schizophrenie) oder die sich aus einer Reduktion der Aktivation der verschiedenen modulären Systeme ergibt (wie die Depression). Wenn wir die modulären Systeme selber in den Blick nehmen, dann ergeben sich weitere Störungsmuster, wenn nämlich einzelne Module verlorengehen, was nach einem Schlaganfall oder einem Gehirntrauma (oder auch nach einem neurochirurgischen Eingriff) der Fall sein kann. Ein Ausfall jener zentralen Strukturen, die für das Sehen verantwortlich sind, führt zu einer Anopsie, üblicherweise zu einer Hemianopsie, wenn nur eine Gehirnhälfte betroffen ist. In speziellen Fällen kann es zu einer Alexie (oder Dyslexie) kommen, wenn die Fähigkeit zu lesen eingeschränkt ist. Eine Läsion in den Gedächtnissystemen führt zu einer Amnesie, wobei eine Gedächtnisstörung für Ereignisse vor dem Schlaganfall als retrograde, für Ereignisse nach dem Schlaganfall als anterograde Amnesie bezeichnet wird. Ein Ausfall in jenen Arealen, die für Sprachkompetenz notwendig sind, führt zur Aphasie, wobei je nach Ort der Läsion unterschiedliche Formen zu unterscheiden sind. Manchmal gehen erlernte Bewegungsmuster verloren (ein Mann kann sich etwa die Krawatte nicht mehr binden), und man spricht dann von einer Apraxie. Oder es kann dazu kommen, daß man mit dem Gesehenen keinen Sinn mehr verbinden kann, so daß man eine Agnosie diagnostiziert. Eine besondere Form der Agnosie ist die Prosopagnosie, wenn man Gesichter nicht mehr unterscheiden kann.

Das Überraschende und auch das Faszinierende in der neuropsychologischen Forschung, die sich insbesondere mit solchen Ausfällen befaßt, ist die Tatsache, daß alles, was man an Funktionen, Leistungen, Erlebnissen, also alles, was im seelischen Gefüge irgendwie vorkommt, auch verlorengehen kann. Hiermit leisten die Funktionen gleichsam einen Existenzbeweis ihrer selbst. Eine Funktion kann nur dann verlorengehen, wenn es für sie im Gehirn einen neuronalen Algorithmus gibt, der diese Funktion im Normalfall bereitstellt und der üblicherweise mit einer bestimmten Struktur des Gehirns assoziiert ist (was aber für das Argument selber nicht entscheidend ist; es geht darum, daß es selektive neuronale Prozesse gibt, die einzelne Funktionen tragen, und nur weil es sie gibt, können sie auch ausfallen). Die genannten Störungsmuster kennzeichnen einen sehr allgemeinen und abstrakten Rahmen, wenn also von dem prinzipiellen Aufbau des Gehirns ausgegangen wird; es versteht sich von selbst, daß es für einen betroffenen Patienten eine erhebliche Ausdifferenzierung innerhalb der genannten (und auch der nicht genannten) Störungen gibt, die jeweils eigene diagnostische und therapeutische Herausforderungen darstellen. Doch der prinzipielle Aufbau von Nervensystemen stellt einen Rahmen für eine erste Orientierung bereit, und er macht vor allem deutlich, daß es so vielfältige Störungsmuster geben kann, daß mentale Gesundheit ein Geschenk ist.

12 Identität durch Bilder

Die Erinnerung ist das einzige Paradies, woraus wir nicht vertrieben werden können. Jean Paul

Den Spruch: »Erkenne dich!« sollst du nicht übertreiben;
Laß immer unbekannt dir in dir etwas bleiben.
 Friedrich Rückert

Aus seiner Individualität kann keiner heraus.
 Arthur Schopenhauer

Ich bin. Aber ich habe mich nicht. Darum werden wir erst. Ernst Bloch

Jedermann erfindet sich früher oder später eine Geschichte, die er für sein Leben hält. Max Frisch

Warum haben wir Bilder, in unseren Erinnerungen und hergestellte Bilder, die wir an die Wand hängen, im Museum betrachten, im Photoalbum oder neuerdings in unserem Computer aufbewahren? Im Bild halten wir einen Augenblick für immer fest. Mit dem Bild frieren wir ein Ereignis, das uns wichtig ist, von früher für später ein. (Das ist ähnlich wie mit der Erbsubstanz, der DNA; in ihr halten wir ebenfalls etwas von früher für später fest, damit sich ein Lebensprozeß mit einem gespeicherten Programm aus der Vergangenheit entfalten kann.) Somit entdecken oder erfinden wir durch das Bild, daß es Vergangenheit gibt, und wir erkennen Zukunft; über das Bild wird uns überhaupt erst ein Zugang zur Zeitlichkeit eröffnet. Wir treten mit dem hergestellten Bild wie auch mit dem Bild, das in unserem Gedächtnis gespeichert ist, aus dem nur gegenwärtigen Erleben heraus. Dies bedeutet, daß wir mit dem Bezug zu einem Bild in uns und um uns, also dem erinnerten und dem hergestellten Bild, uns überhaupt erst als Menschen bestimmen, denn zu den menschlichen Seinsbedingungen gehört Orientierung in die Zukunft und Verwurzelung in der Vergangenheit; nur in einer zeitlichen Verankerung, die über die unmittelbare Gegenwart hinausgeht, kann Wissen aus der Vergangenheit Bedeutung haben oder macht der Begriff Hoffnung überhaupt Sinn.

Untersucht man die Bilder der Vergangenheit, dann fällt allerdings eine Merkwürdigkeit auf, und dies berichtet fast jeder, der auf eine Zeitreise in sein früheres Leben geht, bei der ein Bild aus der Vergangenheit in der bildlichen Vorstellung gegenwärtig wird. Einige persönliche Beispiele mögen diese Merkwürdigkeit verdeutlichen: Ich habe lebhaft Bilder vom Ende des Zweiten Weltkrieges vor Augen, die mich 60 Jahre zurückversetzen und in denen das, was war, gegenwärtig wird. Ich sehe vor meinem geistigen Auge russische Panzer auf uns gerichtet. Ich sehe in der Ferne das Feuer einer brennenden Stadt, und dabei höre ich in meinem inneren Ohr den Kanonendonner; es ist heute noch so, daß ein kommendes Gewitter mit seinem entfernten Dröhnen in mir das Bild des roterleuchteten Himmels auslöst. Ich schaue auf ein sterbendes Pferd, und ich sehe vor meinem inneren Auge, wie ich auf das sterbende Pferd schaue. Ich sehe mich selbst in einem Zug sitzen, der mich vor vielen Jahrzehnten vom Osten in den Westen bringt, wobei ich Papier in immer kleinere Stücke zerreiße, ein Bild, das mir in seiner Sinnlosigkeit heute noch (und immer stärker werdend) das Herz zerreist. (Wenn solche Bilder, vor allem Bilder des Schreckens, ein Leben lang gegenwärtig bleiben, dann heißt dies, daß am Ende dieses Jahrhunderts jene Bilder, die sich heute bei ähnlichen Ereignissen in die Gehirne von Kindern einprägen, noch gegenwärtig sein werden, da am Ende dieses Jahrhunderts immer noch Menschen leben werden, die das jetzige Grauen erlebt haben. Weil unser Geist eine Zeitreise in die Vergangenheit antreten kann, dehnt sich die Gegenwart eines jeden von uns über Jahrzehnte, und wenn man sehr alt wird, über ein Jahrhundert.) Doch es sind nicht nur Bilder des Schreckens, durchaus nicht: Ich sehe mich selbst in Szenen der Lust, die vor Sehnsucht das Herz noch einmal klopfen lassen (und die müssen gar nicht Jahrzehnte zurückliegen).

Merkwürdig, selbst in den Bildern der vergangenen Ereignisse anwesend zu sein. Ist es nicht erstaunlich, daß ich mich im Bild sehe? Wie kann dies sein, da ich mich als Betrachter doch selbst nie sehen kann? Wie gerate ich in mein Bild hinein? Diese Merkwürdigkeit, diese physikalische Unmöglichkeit ist nicht eine Besonderheit nur meines Gehirns, also einer ungewöhnlichen neuronalen Informationsverarbeitung eines singulären episodischen Gedächtnisses. In mehreren Studien, in denen Personen verschiedenen Alters über ihre Erinnerungen befragt wurden, haben wir festgestellt, daß besonders wirkungsvolle Bilder den Betrachter in das Bild hineinnehmen. Die Bilder unserer Vergangenheit werden verändert; sie werden umgestaltet, und diese Bilder spiegeln nicht mehr die unmittelbare Realität jenes Augenblicks, in dem sie erlebt wurden.

Doch auch wenn die Bilder nicht mehr die Realität abbilden, so entsprechen sie doch der Wirklichkeit eines individuellen Er-Lebens. Über das bildliche Wissen bestimmt sich unsere Identität. Das Wissen um uns selbst, wer wir eigentlich sind, was unser Selbst ausmacht, wird bestimmt durch jene Bilder, die wir in uns tragen, und diese Bilder werden redigiert und inszeniert, indem wir selbst in das Bild hineinprojiziert werden und uns damit verdoppeln. Damit erfüllen diese neuen Bilder den Zweck, die personale Identität zu sichern. Ich werde mein eigener Doppelgänger, um ich selbst zu sein.

Bei schweren Depressionen, wenn unsere Gefühlswelt erkaltet, kommt es oft zum Verlust der eigenen Bilder. Es erscheint nichts mehr vor dem inneren Auge, auf das wir uns rückbeziehen können. Ohne Bilder hat das Selbst keinen Anker mehr in der Vergangenheit. In solchen blinden Lebensphasen mag man zwar in seinen alltäglichen Lebensvollzügen funktionieren, doch da die Bilder verloren sind, gehen Jahre der eigenen Existenz verloren. Man kann sich auf diese tote Zeit vielleicht durch Erzählungen anderer, durch Photographien oder durch schriftliche Dokumente beziehen, aber dieses sind Ich-ferne Informationen, die abseits der eigenen Identität liegen. Selbstentfremdung ist die Folge, weil die Bilder aus der Vergangenheit fehlen. (Mir selbst fehlen leider etwa zehn Jahre meines Lebens, in denen sich nichts in mein bildliches Gedächtnis einprägte; ein solcher Verlust der Zeit wird nie zurückgegeben; es bleibt die zeittote Zone.)

Wenn Bilder der Vergangenheit unsere Identität ausmachen, wenn diese Ich-nahen Bilder uns unserer selbst bestätigen, dann ist es naheliegend, Teil unserer eigenen Bilder zu werden. Bilder der Vergangenheit werden dann so umgestaltet, daß wir in das Bild hineintreten können. Dabei findet ein Verdoppelungsprozeß statt, der durch eine weitere Auffälligkeit gekennzeichnet ist: Ich sehe mich selbst in meinem Bild, und ich sehe mich in diesem Bild in jenem Alter, als das Bild eingeprägt wurde. Der Betrachter, der auf eine Zeitreise in die Vergangenheit geht, und der Betrachtete sind zwar identisch, aber sie gehören zu verschiedenen Lebensphasen. Diese Komplementarität der verschiedenen Zeiten in einer Gegenwart bestätigt mich meiner selbst in unmittelbarer Weise.

Durch diese Umgestaltung der vergangenen, aber bewahrten Bilder wird die personale Identität sichergestellt, aber sie wird dadurch auch inszeniert. Es sind immer meine persönlichen Bilder, auf die ich mich beziehe, und diese eigenen Bilder sind entstanden durch Ereignisse, die für mich bedeutsam waren. Was bedeutsam ist, gilt nur für mich. Die Auswahl der Bilder, die sich einprägen, und die Umgestaltung der Bilder, um mich selbst in das Bild aufzunehmen, sind einmalige und persönliche Geschehnisse, die von niemandem geteilt werden. In seinem Werk *De officiis* (Vom rechten Handeln) weist Cicero darauf hin, daß es im Leben darum gehe, eine innere Übereinstimmung des gesamten Lebens (aequabilitas universae vitae), für alle seine Handlungen, zu erreichen. Die Inszenierung des Selbst ist auf Konsistenz gerichtet; die Bilder meines Lebens werden so ausgewählt und gestaltet, daß sich daraus eine sinnvolle Geschichte, meine Lebensgeschichte, ergibt. Die vielen Zufälle, denen ich ausgeliefert bin und die häufig neue Tore öffnen, werden rückwirkend als sinnvoll gedeutet. Aus Zufall wird Bedeutung. Meine Identität wird inszeniert durch die Stimmigkeit der verschiedenen Bilder, die aufeinander bezogen werden und so ein Gesamtbild meiner selbst, mein Selbstbild, erzeugen. Was nicht stimmig ist, wird zur Gestaltung der Identität angepaßt, verwandelt, übergangen oder unterdrückt.

Wenn die Bilder unserer Vergangenheit umgestaltet werden und nicht mehr die »eigentliche Realität« wiedergeben, sondern eine individuelle Wirklichkeit darstellen, »lügen« dann solche Bilder? Kann etwas falsch sein, was die eigene Identität bestätigt? Wenn dem so wäre, dann wäre personale Identität eine lügenhafte Konstruktion (und überfällt einen nicht manchmal dieser Gedanke?). Wenn diese inneren Bilder fehlerhaft oder sogar falsch sind, wie könnte man dennoch von der Wirklichkeit persönlicher Bilder zu einer Realität gelangen, die über einen selbst hinausgeht? Kann man überhaupt zu einer Verbindlichkeit von Bildern kommen? Diese Fragen führen zum Sehen selbst, zur gegenwärtigen Anschauung, in der Bildhaftes in meinem Bewußtsein repräsentiert ist. Wenn ein Bild in den Speicher der Erinnerungen, in das episodische Gedächtnis, eingeprägt wird, muß es vorher anschaulich verfügbar gewesen sein; man muß etwas sehen, um es gesehen zu haben.

Wie sind Bilder in unserer unmittelbaren Wahrnehmung aufgebaut, wie entstehen sie in unserem Gehirn, dem eigentlichen Wahrnehmungsorgan? Ich beginne mit einer einfachen Frage, einer vermeintlich einfachen Frage: Wenn ich um mich schaue, was sehe ich? Einen Stuhl, durch das Fenster eine Wiese, dort einen Busch, in der Ferne den Wald, ein Bild an der Wand. Eine solche Beschreibung, in der auf konkrete Dinge hingewiesen wird, ist bereits das Ergebnis einer stillen Verführung durch die komplexen Mechanismen meines Sehsystems. Ich ordne meine visuelle Welt in dem Rahmen meines Gesichtsfeldes, und ich verwende dabei bestimmte Begriffe für das, was ich sehe; ich gehe mit Selbstverständlichkeit von Gegenständen aus, die durch Begriffe, die für mich eine Bedeutung haben, kenntlich gemacht werden. Das gesehene Bild wird bei einem solchen Bezugnehmen zu einem bestimmten Ding schon von einem Begriff überdeckt.

Wenn ich von dieser Begrifflichkeit und der Gegenständlichkeit der Welt absehe, wenn ich nur den nackten Rahmen betrachte, was sehe ich dann? Dazu muß ich mich zwingen, meinen Blick frei zu machen von dem unmittelbaren Drang, immer etwas Bestimmtes in den Blick zu nehmen. Das Resultat dieser mit Anstrengung verbundenen konkretisierenden Abstraktion ist: Ich sehe Kanten, Abgrenzungen in meinem Gesichtsfeld, die homogene Flächen voneinander trennen. Kanten bedingen, daß es Unterschiede innerhalb des Gesichtsfeldes gibt, daß etwas oben und nicht unten, links und nicht rechts ist. Dies bedeutet, daß durch Begrenzungen mein Gesichtsfeld untergliedert wird und jeweils etwas Bestimmtes bestimmten, voneinander getrennten Bereichen zugeordnet wird. Aus Kanten oder solchen Grenzen leitet sich das abstrakte Konzept der Linie ab; Linien selbst sehe ich nicht. Die Linie ist bereits eine mathematische Idealisierung. Was sehe ich noch? Das, was die Kanten umschließt oder begrenzt, kann ich als Flächen bezeichnen. Diese Flächen können umschlossen sein (und wenn ich ein mathematischer Geist bin, dann kann ich sagen, daß es sich hier um eine »topologische Invariante«

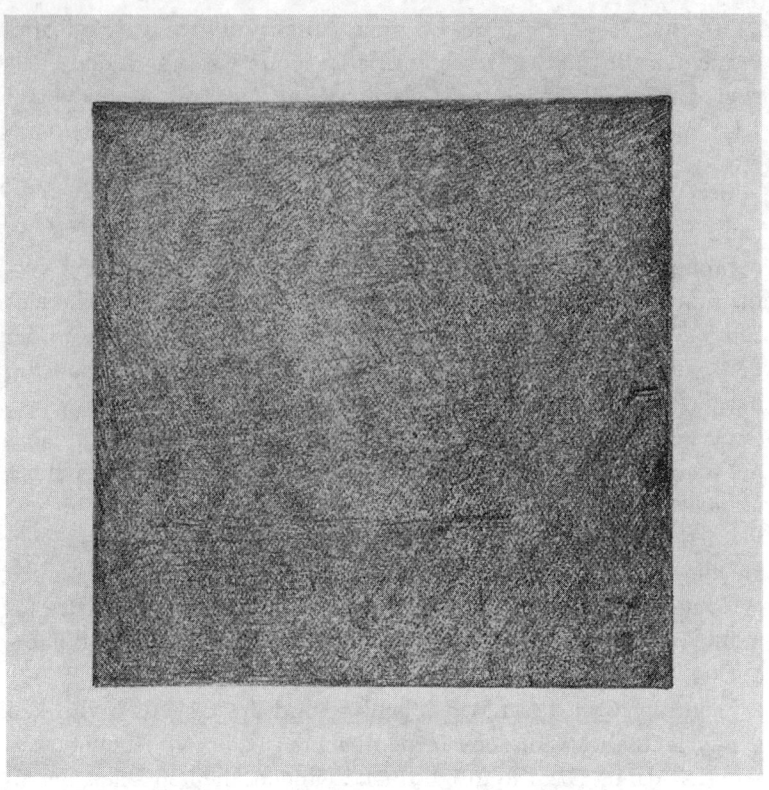

Abb. 12 »Schwarzes Quadrat« von Malewitsch; eine Ikone der modernen Malerei.

handelt), oder es können solche Flächen sein, die nur teilweise begrenzt sind und auf einer oder mehreren Seiten an das Ende meines Gesichtsfeldes stoßen, also in das Unendliche des visuellen Raumes hineinreichen.

Schaue ich in den blauen Himmel, dann erlebe ich diese Grenzenlosigkeit, denn der Himmel wird als Gegenstand nicht durch seitliche Grenzen bestimmt; der Himmel ist in meiner Anschauung nicht umschlossen, wenn ich diesen Blick mit dem auf eine Wolke am Himmel vergleiche. Wie sind nun in meiner visuellen Erfahrung die Flächen selbst bestimmt? Ich muß in dieser auf das Ursprüngliche gerichteten Abstraktion immer noch darauf verzichten, einen gegenständlichen Bezug herzustellen. Flächen haben eine bestimmte Helligkeit, und Flächen haben eine bestimmte Farbe. Sie können weiß oder schwarz, hell oder dunkel, sie können rot, grün, blau oder gelb sein, und ihre Farbe kann mir mehr oder weniger hell oder unterschiedlich intensiv erscheinen, blaß oder gesättigt sein. Flächen können darüber hinaus eine bestimmte Struktur oder Körnigkeit haben, wie wir sie von der Rinde eines Baumes oder der Musterung eines Stoffes kennen. (Der Bezug auf die Elemente der Wahrnehmung als eine konkretisierende Abstraktion zeigt sich im Werk mancher Künstler wie etwa bei Malewitsch oder Rothko).

Wenn ich um mich blicke, dann sehe ich also nur Kanten und Flächen, doch diese beiden Grundelemente bewirken, daß die noch zu bestimmenden Objekte irgendwo in meinem Gesichtsfeld erscheinen, d. h. es findet mit Hilfe dieser präsemantischen Ordnungsprinzipien eine Ortszuweisung statt. Etwas ist irgendwo und nicht überall. (Diese trivial erscheinende Aussage täuscht darüber hinweg, daß es für das Gehirn eine der größten Herausforderungen ist, diese Ortszuweisungen von Gegenständen vorzunehmen, also die topographische Struktur, wie sie die Welt um uns kennzeichnet, im Gehirn zu bewahren.) Und es findet eine weitere Ortszuweisung statt: Die noch zu bestimmenden Objekte, gekennzeichnet durch Kanten und Flächen, sind nicht nur irgendwo im Gesichtsfeld, sondern sie sind auch unterschiedlich weit von mir entfernt.

Mit diesem Schritt, der Angabe von etwas zunächst noch Unbestimmtem, auf das mein Blick fällt, stehe ich im Mittelpunkt meiner visuellen Welt; ich nehme eine egozentrische Position ein. Aus dieser Position des Bezuges der Kanten und Flächen an irgendwelchen Orten in meinem Gesichtsfeld ordne ich mir meine Welt. Nun kann ich im nächsten Schritt daran gehen, das präsemantisch Geordnete mit Begriffen zu belegen, Gegenstände für meine Wahrnehmungswelt zu bestimmen, Objekte sprachlich verfügbar zu machen, so daß ich das von mir Wahrgenommene benennen, darauf zeigen und damit anderen mitteilen kann. Ich trete also aus der egozentrischen Position der Betrachtung heraus, und ich kann mit Hilfe von Begriffen, die das Gesehene bezeichnen, eine exozentrische Position gewinnen, indem ich über den wahrgenommenen Gegenstand reflektiere und mit anderen kommuniziere. Diese exozentrische Position, mit der ich den Rahmen des unmittelbaren Sehgeschehens verlasse, erlaubt also ein Bedenken des Bildes, das ich vor Augen habe. (Wenn ich hier jeweils auf mich selbst Bezug nehme, daß »ich« alles dieses vollbringe, dann mag dies irreführend sein, denn all diese Operationen werden anstrengungslos und automatisch von neuronalen Programmen meines Gehirns erledigt; doch diese Operationen sind Grundlage dessen, worauf ein »Ich« sich aufbaut.)

Damit diese Reflexion möglich wird, müssen die wahrgenommenen Gegenstände mit sich selbst identisch bleiben. Wenn ich einen Gegenstand kategorial bestimmt habe, dann heißt dies, daß er seine Identität bewahrt, zumindest für eine gewisse Zeit. Hier greift ein weiteres Prinzip der neuronalen Informationsverarbeitung, nämlich das Ökonomiegesetz der Wahrnehmung; dieses Gesetz besagt, daß unser visuelles System (wie alle anderen Sinnessysteme auch) alles versucht, um die einmal bestimmte Identität eines wahrgenommenen Gegenstandes über einige Zeit festzuhalten. (Daß dies keine Kleinigkeit ist, lernt man von Patienten, bei denen dieses gerade nicht mehr möglich ist, bei denen sich die Identität dessen, was sie sehen, von Augenblick zu Augenblick auflöst; offenbar muß das, was wir sehen, stets aktiv bestätigt werden.)

Was nun jeweils in den Rahmen der unmittelbaren Wahrnehmung gesetzt wird, ist abhängig von Auswahlprinzipien des Gehirns. Sehen ist nicht ein Spiegeln der Welt, sondern was als Bild im wahrnehmenden Bewußtsein erscheint, wird ausgewählt und ist schon bewertet, bevor es anschauliche Klarheit gewonnen hat. Nicht alles gelangt in den Fokus der Aufmerksamkeit, sondern nur das, was für den Betrachter in einem gegebenen Augenblick Bedeutung hat. Aufgrund der hochgradigen Vernetzung des Gehirns gibt es keinen Wahrnehmungsakt, der unabhängig wäre von einer emotionalen Bewertung, oder der frei wäre von einem Bezug zu unseren Erinnerungen. Jedes Sehen, jedes Bild, das im Wahrnehmen entsteht, ist eingetaucht in unsere Gefühlswelt, in unsere Vergangenheit mit unseren Erinnerungen und auch in die Zukunft mit unseren Absichten. Jede Wahrnehmung hat immer auch einen Bezug zu neuronalen Mechanismen des Wollens, das sich in Bewegungen oder Handlungen kundtut. Dieses Prinzip der Vernetzung, das durch die Architektur unseres Gehirns vorgegeben ist, verbietet von vornherein den Gedanken an eine mögliche Unabhängigkeit von Teilprozessen. Das »nackte Bild« unserer Wahrnehmung kann es nicht geben, vielmehr erzeugt ein individueller Rahmen immer schon Bilder mit Bedeutung, die in die Lebensgeschichte des einzelnen eingebettet sind. Insofern sind die Bilder der

Vergangenheit, die Bilder in unserem episodischen Gedächtnis, bereits im Hinblick auf die personale Identität ausgewählt.

Wenn die Bilder meines episodischen Gedächtnisses und selbst Bilder meiner gegenwärtigen Anschauung einem redaktionellen Prozess unterzogen werden, kann man dann davon ausgehen, daß hergestellte Bilder davon frei sind? Dies ist nicht möglich, denn auch diese Bilder werden von Menschen gemacht. Jedes hergestellte Bild, das gemalte Bild eines Künstlers aus einer bestimmten Epoche, die Photographie eines Geschehens im Kontext einer Berichterstattung oder das wissenschaftliche Bild über einen Ablauf in der Natur (z. B. der »Lebensbaum« der Evolutionstheorie) ist mit Notwendigkeit eingebettet in einen Rahmen, der über das Bild hinausgeht, oder besser: im Bild enthalten ist. Wichtiger als der Rahmen um das Bild ist der »Rahmen im Bild«. Jedes Bild steht immer in einem Kontext und bildet nie »eigentliche« Realität ab. Während die Einfluß-Faktoren der individuellen Bilder sich aus der Vernetzung des Gehirns ergeben, sind die Einfluß-Faktoren hergestellter Bilder bedingt durch das kulturelle System, in dem es wie im Gehirn keine voneinander abgetrennten Bereiche der Informations-Repräsentation gibt.

Das Überschreiten der Gegenwart durch das hergestellte Bild verankert uns in unserer Geschichte und in unserer Gesellschaft und erzeugt somit kulturelle Identität. Insofern können Bilder auch nicht lügen, selbst wenn sie die Realität verzerren oder sogar ändern. Sie bilden etwas ab, was der Gemeinschaft, für die das Bild hergestellt wird, Zugehörigkeit und damit Sicherheit gibt. Hergestellte Bilder, sei es in den Medien oder sei es in den Museen, dienen natürlich auch dem Zweck, Information oder Wissen zu vermitteln; doch viel wichtiger ist, daß sie durch das, was sie zeigen, das Bedürfnis erfüllen, in einer Gemeinschaft eingebunden zu sein, zu einem sozialen Raum zu gehören oder in einer geschichtlichen Kontinuität zu stehen; damit geben sie Sicherheit. Bilder spiegeln somit eine kulturelle Wirklichkeit und nicht eine abstrakte Realität. Die Repräsentation einer abstrakten (oder nackten) Realität mag man in der rationalistischen Tradition als ein Idealbild ansehen, das vor allem für die Naturwissenschaften gilt, aber aufgrund der Erfassungsweise unserer Sinne und der Struktur unserer Denkwerkzeuge entzieht sich die Realität der unmittelbaren Erfassung. Wir können gar nicht anders als immer schon auswählen; diese Auswahl erfolgt im Rahmen unserer kulturell und individuell geprägten Erwartungen. Sinnliche Erfahrung und Repräsentation von Wirklichkeit ist nicht das Ergebnis eines Aufnahmevorganges in einem technischen Kamerasystem, das unabhängig von individuellen oder kulturellen Bewertungen die Welt um uns erfaßt.

Dennoch ist offenkundig, daß Bilder in die Irre führen können, daß sie sogar manipuliert werden können, um einer gewünschten oder inszenierten Realität angepaßt zu werden; wie mit Worten, kann man auch mit Bildern lügen. Die Kluft zwischen einer Realität jenseits unserer unmittelbaren Erfahrung und der inneren Wirklichkeit kann sich zu weit öffnen, und in der Tat geschieht dies häufig genug. Was läßt sich tun, eine Brücke zwischen der unmittelbaren Wirklichkeit und einer abstrakten, mittelbaren Realität begehbar zu halten? Diese Frage führt zur Komplementarität der verschiedenen Wissenssysteme. Unser Wissen ist nicht nur bildlich, sondern auch begrifflich (und darüber hinaus auch intuitiv) verankert, und wenn wir von Wissen sprechen, beziehen wir uns üblicherweise nur auf das explizite Wissen. Das begriffliche Wissen geht über die augenblickliche Anschauung, wie sie sich in einem Bild verwirklicht, hinaus und bestimmt einen vom Augenblick unabhängigen Rahmen der Repräsentation von Sachverhalten. Der Bezug zur abstrakten Realität wird über das explizite oder semantische Wissen vermittelt.

Das begriffliche Wissen macht im Hinblick auf das bildliche Wissen den meist impliziten Rahmen eigener oder hergestellter Bilder explizit; über die gelungene (oder zumindest versuchte) Transparenz meiner selbst oder der Kultur, in der die Bilder sich bewegen, wird ein Weg von der Wirklichkeit mit ihrer individuellen oder sozialen Bedeutung zu einer mittelbaren Realität geebnet, auf die wir uns gemeinsam beziehen können. Im Prozeß einer rationalen Analyse führen wir uns jene Bezugssysteme oder auch Vorurteile vor Augen, mit denen wir gedankenlos aber nicht unbedacht die Welt erfassen, um die Bedeutung der Bilder, die individuelle und kulturelle Identität sichern, zu durchschauen; und es werden jene möglichen Irreführungen durch Bilder erkennbar, die uns wegführen von jener Realität, auf die wir uns gemeinsam auf einer abstrakten Ebene beziehen können. Zu verhindern sind Vorurteile nicht; individuelle wie kulturelle Bezugssysteme sind Konstanten unseres Erlebens und damit unserer Existenz; der Rahmen des Bewertens kann nicht aufgehoben werden, weder individuell noch kulturell. Die Verwirklichung eines rationalen Programms, in dem nur das explizite Wissen Gültigkeit hat und über das eine abstrakte Realität erschlossen werden kann, auf die man sich gemeinsam und damit objektiv bezieht, würde (sofern ein solches Programm überhaupt verwirklicht werden könnte) einhergehen mit dem Verlust personaler und kultureller Identität. Damit die Bilder ihren wahren Zweck erfüllen können, nämlich personale und kulturelle Identität zu sichern, muß es zum komplementären Einsatz beider Wissenssysteme kommen. Explizites und bildliches Wissen stellen ein mentales Wirkungsgefüge bereit, denkend die Welt zu erfassen und bildlich in der Welt verankert zu sein.

13 Kein Glück

Die Weltgeschichte ist nicht der Boden des Glücks. Die Perioden des Glücks sind leere Blätter in ihr.
Georg Wilhelm Friedrich Hegel

Es gibt nur einen angeborenen Irrtum, und es ist der, daß wir da sind, um glücklich zu sein.
Arthur Schopenhauer

Gott, was ist Glück! Eine Grießsuppe, eine Schlafstelle und keine körperlichen Schmerzen, – das ist schon viel.
Theodor Fontane

But a lifetime of happiness! No man alive could bear it: it would be hell on earth. –
Glück ein Leben lang! Niemand könnte es ertragen; es wäre die Hölle auf Erden.
George Bernard Shaw

Glücklich sein heißt ohne Schrecken seiner selbst innewerden können.
Walter Benjamin

(So komme ich nur langsam voran, wenn ich jeden Tag noch einmal alles lese, was ich bisher geschrieben habe.) Wie heißt es in einem Gedicht von Bertolt Brecht (»Das Lied von der Unzulänglichkeit menschlichen Strebens«) – und diese Worte tauchen immer wieder in mir auf: »Ja, renn nur nach dem Glück, doch renne nicht zu sehr! Denn alle rennen nach dem Glück, das Glück rennt hinterher.« Ist Glück etwas Gutes? Wenn ich es recht besehe, dann kann ich nicht sagen, jemals glücklich gewesen zu sein. Ich meine das in dem Sinn, in einem bestimmten Augenblick gesagt haben zu können: »Ich bin glücklich.« Was aber vorgekommen ist, das war der Eindruck: »Ich bin glücklich gewesen!« Das Glück kommt hinterher (doch nicht unbedingt zu spät). Im Augenblick des Erlebens kann ich nicht gleichzeitig noch eine Selbstreflexion ablaufen lassen, die mir bestätigt, ich sei glücklich (ich kann es nicht). Glück ist nichts Gegenwärtiges, sondern wird rückblickend entdeckt. (Ich weiß, daß diese Auffassung nicht von jedem geteilt wird.)

Doch ich bleibe bei meiner Einschätzung; neuronale Prinzipien (so wie ich sie verstehe) legen nahe, nicht gleichzeitig glücklich zu sein und sagen zu können, glücklich zu sein. Unser Gehirn stellt uns je nach Bedingungen zwei verschiedene Rahmen zur Verfügung, in denen Bewußtseinsinhalte repräsentiert sind, nämlich einmal das unmittelbare Erleben (das Eingetauchtsein in der Betrachtung eines Bildes, das konzentrierte Zuhören in einem Gespräch oder das Hören einer Melodie, das Empfinden einer Lust, das Spüren eines Schmerzes) – und dann das Nachdenken über Sachverhalte (die distanzierte Reflexion über Phänomene, die sich begrifflich geben und die Abstraktionen vergangener Erlebnisse oder zukünftiger Erwartungen sind). Glück ist somit nichts Unmittelbares, sondern Glück ist ein bewertender Begriff, der im nachhinein auf Erlebnisse angewandt wird, so daß ich dann vielleicht sagen kann: »Ich war ... gewesen!«, und wenn sich die Situation nicht geändert hat, dann kann ich vermuten, daß ich über den jetzigen Augenblick später auch sagen kann, daß es so gewesen ist. Aus der zeitlichen Verschränkung von unmittelbarem Erleben und Reflexion kann dann eine Kontinuität des Glücks konstruiert werden; es gibt also kein gegenwärtiges Gefühl des Glücks, sondern nur die Idee des Glücks, bedingt durch die besondere Arbeitsweise unseres Gehirns, daß wir nämlich zwei verschiedene Bewußtseinszustände haben.

Diese verschiedenen Rahmen der Betrachtung nicht zu unterscheiden, kann nur zu Mißverständnissen über sich selbst und auch zur Unzufriedenheit führen. Wenn sogar in einer politischen Verfassung (der amerikanischen nämlich) das Glück als Ziel festgeschrieben wird, kann sich als Konsequenz nur die frustrierte Gier nach Glück entwickeln; das Glück soll in die Gegenwart hineingezwungen werden, doch kommt es dort nie an. Wir sitzen aufgrund unserer Ausstattung in einer Glücksfalle; gegenwärtiges Glück ist eine Illusion. Dies heißt aber nun keinesfalls, sich nicht so einzurichten, im Rückblick sagen zu können, daß man glücklich gewesen ist. Diese Möglichkeit zu eröffnen erfordert aber einen anderen Umgang mit sich selbst. Ich muß lernen, mich in einem gegebenen Augenblick ganz zu konzentrieren, bei der Betrachtung, dem Zuhören, der Erinnerung; ich muß ganz Hingabe sein, und nichts anderes darf meine Aufmerksamkeit wegziehen. Ohne Hingabe kein vergangenes Glück.

In diesem meinem Selbstgespräch wird mir auch klar, daß ich mir selbst der größte Feind meines vergangenen Glücks bin. Durch die Erkenntnis, daß wir im Prinzip zwei verschiedene Seelenzustände haben, die von der Arbeitsweise des Gehirns vorgegeben werden, hoffe ich, mir weniger ausgeliefert zu sein. Bei dieser Betrachtung über das Glück, und wie ich es nicht in meine Gegenwart hineinzwingen kann, kommen mir einige Zeilen des römischen Dichters Vergil ins Bewußtsein, die ich seit langem auswendig kenne und die mir immer wieder einfallen (auswendig gelernt habe ich sie wohl, weil sie mit Glück zu tun haben):

»Felix qui potuit rerum cognoscere causas
Atque metus omnes et inexorabile fatum
Subiecit pedibus strepitumque Acherontis avari.

»Glücklich, wer es vermochte, das Wesen der Welt zu ergründen,
wer all die Angst und das unerbittliche Schicksal
unter die Füße sich zwang und des gierigen Acheron Tosen.«

Als ob so etwas möglich sei! Dieses Glück, wie es Vergil beschreibt, ist niemandem zugänglich. (Nebenbei bemerkt: Ich gehöre zu jenen, die Kenntnisse im Latein für unerläßlich halten, auch wenn mein eigenes Wissen recht kümmerlich ist; hier liegt eine Wurzel unserer Kultur, von dem Einfluß auf viele europäische Sprachen ganz zu schweigen.) Dieses Glück kann niemand erreichen (nicht jeder wird mir zustimmen), auch wenn wir dies als ein Ziel vor Augen haben mögen. Welcher Forscher möchte nicht das Wesen der Welt ergründen, das Unmögliche erreichen, wie es Goethe in seinem Eingangsmonolog Faust sagen läßt: »Daß ich erkenne, was die Welt im Innersten zusammenhält«? Wer möchte nicht seine Ängste bezwingen? Wer möchte nicht das unerbittliche Schicksal beherrschen und frei sein von der Angst des Todes – dem gierigen Tosen des Acheron?

Das Entsetzlichste, was ich jemals erlebt habe, ist Vernichtung. Psychiater nennen es den »horror vacui«, den Schrecken vor dem

Nichts. In einem Traum erlebte ich den Weltuntergang. Es wurde plötzlich dunkel, die Sonne verschwand, und von rechts oben kommend zog eine undurchdringliche Finsternis über mich; was in mir größte Panik bewirkte, war, daß ich mit einer heftigen Bewegung ins Nichts mitgerissen wurde. Dieser Traum löste einen solchen Schrekken aus, daß ich vor Entsetzen aufsprang und schrie; immer noch denke mit Grauen an diese Vernichtung, sich in nichts aufzulösen.

Ein Begründer der abendländischen Philosophie, Parmenides, hat einen jener Wahrheitssätze formuliert, der für unser Denken der letzten zweieinhalbtausend Jahre grundlegend ist, daß nämlich das Nichts nicht ist (»Es ist ausgeschlossen, daß du etwas erkennst, was nicht ist ... Denn daß man es erkennt, ist dasselbe, wie daß es ist.«). Dies scheint offenkundig zu sein, wenn man von dem Erkennen der Welt ausgeht. Anders ist es jedoch, wenn man nicht von diesem Rahmen des Denkens, sondern vom Rahmen der unmittelbaren Betroffenheit ausgeht, dann hat dieses Nichts eine Wirklichkeit, eine grauenvolle Wirklichkeit, die einen nicht mehr losläßt. Wenn ich das riesige Bild von Rubens, den »Höllensturz« in der Alten Pinakothek in München, vor Augen habe, dann stelle ich mir vor, daß Rubens hier ins Bild setzt, was er selber als »horror vacui«, als Sturz ins Nichts, erlebt hat.

Persönliche Erlebnisse sind für einen Forscher auch Anlaß (leider nicht immer), darüber nachzudenken, was man prinzipiell aus solchen Erlebnissen lernen kann, für sich und für andere. Interessant war in der rückblickenden Analyse des Weltuntergangs, daß ich deutliche Empfindungen in meinem Gleichgewichtssystem (dem vestibulären Apparat) hatte, daß also vermutlich eine Störung auf dieser neuronalen Ebene den Vernichtungstraum auslöste. Dies bedeutet auch, daß die Störung in den tieferen Strukturen des Gehirns, die für die elementare Regulation von Lebensprozessen verantwortlich sind, vorlag. In diesem Zusammenhang möchte ich auf eine bekannte Erfahrung von Seefahrern hinweisen, daß nämlich Störungen des Gleichgewichtssinns, die zu Seekrankheit führen, den Lebensmut des Seekranken fundamental einschränken. Ich selber leide in den ersten Tagen auf See (ich war als junger Mann bei der Marine) immer sehr schwer an Seekrankheit und habe an mir selbst erlebt, wie man sich aufgeben möchte. Man will dann nur noch ins Meer springen, um die unerträgliche Übelkeit zu beenden. Es wird aus früheren Jahren berichtet, daß Seeleute angebunden wurden, um nicht von Bord zu gehen. (Der dauernde Schwindel, die Übelkeit, die den Lebensnerv raubt, ist auch ein Begleitsymptom in der Chemotherapie bei Krebserkrankungen. Manche dieser Patienten sterben zweimal.)

Jetzt bin ich vom Glück zum Tod gekommen; zurück zum möglichen Glück. Vergil beschreibt mit seinen Zeilen ein Glück, das fern von uns liegt und als ein Ideal nie erreicht werden kann; hier wird zuviel von uns verlangt. Doch gibt es den anderen römischen Dichter, der dem wirklichen Leben nähersteht, nämlich Horaz. Er schreibt an einer Stelle: »Beatus ille qui procul negotiis. – Glücklich jener, der fern von den Geschäften.« (Wer denkt hier nicht an den Urlaub – doch wen macht der Urlaub schon glücklich?) Und Horaz schreibt weiter: »Paterna rura bobus exercet suis. – Die väterlichen Felder mit seinen eigenen Ochsen bestellt.« Mir sagt dieses Bild sehr zu (wohl auch wegen meiner Herkunft vom Lande); dies kann ich mir leichter vorstellen, ein mögliches Glück bei der »Ankunft auf dem Lande«, wie es Beethoven in seiner Pastorale nennt und in Musik verwandelt. Doch wenn man dort angekommen ist? Nach wenigen Tagen stellt sich Unruhe ein; es muß etwas geschehen. Vergils Glück ist nicht zu erreichen; Horaz' Glück ist nicht zu halten. Es ist nur von kurzer Dauer, und es ist auch kein echtes Glück, da es ein Flucht-Glück ist (wie das verpaßte Urlaubs-Glück). Man lebt eine kurze Zeit in einer Situation möglicher Gelassenheit und Heiterkeit, die durch den Rahmen »fern von den Geschäften« gegeben ist. Doch dann halten wir uns selbst und auch die anderen nicht mehr aus. Es fehlen die Rituale (man läßt sich gehen), und es fehlt der Rahmen, der sich für die neue Situation erst aufbauen muß.

Durch ein erhofftes gegenwärtiges Glück denke ich zuviel über mich nach; ich gerate in die Falle der dauernden Selbst-Reflexion, die immer neue Wünsche erzeugt. Erstrebenswert ist jener Zustand, den wieder ein Römer, diesmal Tacitus, in seinem Werk »Germania« beschreibt (jenem Werk, das erstmals genauere Auskünfte über die Menschen nördlich der Alpen, also über unsere Vorfahren, gibt): »Securi adversus homines, securi adversus deos rem difficillimam assecuti sunt, ut illis ne voto quidem opus esset. – Heiter gegenüber den Menschen, unbesorgt gegenüber den Göttern, haben sie das schwierigste Ziel erreicht, nämlich nicht einmal mehr einen Wunsch zu haben.« Ich lese dies so, daß es hier (also bei uns) Menschen gab, die ganz gegenwartsbezogen lebten, die wunschlos glücklich waren und die den Augenblick genießen konnten. (Mit der Idealisierung der anderen versuchte Tacitus natürlich den Römern, die nach seiner Meinung am Leben vorbeilebten, ein Beispiel zu zeigen.) Ich möchte diese Spur des Tacitus aufnehmen, der anders als Vergil das Glück offenbar nicht im reflektiven Denken sieht. Tacitus verweist auf die notwendige Stimmigkeit einer Situation. Diese Abgestimmtheit findet sich vor allem in seinen Zeilen, die jeder Politiker zum glücklichen Handeln und Verhandeln beherzigen sollte:»Deliberant, dum fingere nesciunt, constituunt, dum errare non possunt. – Sie beraten, während sie sich nicht zu verstellen wissen, und beschließen, wenn sie sich nicht irren können.« Dies heißt, daß Beschlüsse sowohl emotional als auch rational stimmig sein müssen.

Mit dem Begriff der Stimmigkeit bin ich bei dem, was ich mit Glück verbinde. Glück hat etwas mit Stimmigkeit zu tun (einem ästhetischen Kriterium), nämlich Stimmigkeit im Hinblick auf das, was gewesen ist, was also der Vergangenheit angehört. Ich vertraue meinem Gedächtnis und ich mißtraue Wörtern. Wenn ich jetzt sage:»Ich bin glücklich«, dann hebe ich mit dieser Äußerung den Zustand des Glücks auf. Das geäußerte Wort (auch das mir selbst gesagte Wort) zerstört den Zustand, auf den es sich bezieht. Das Wort erzeugt eine Außenperspektive zu mir selbst. Ich betrachte mich selbst aus der Ferne, und ich bin nicht mehr derselbe, der ich im Augenblick des Erlebens war. Das Wort nimmt Stellung, es greift in der retrospektiven Reflexion, im bedenkenden (und bedenkenlosen) Rückblick, einen Teil meiner Befindlichkeit, einen Teil meines unmittelbaren, doch vergangenen Erlebens heraus und stellt es in einen neuen Rahmen. Ich trete mit einem auto-noetischen Prozeß neben mich, und ich verdopple mich. Neben das unmittelbare Erleben tritt ein bewußter Kommentar, aus der Unmittelbarkeit der Erfahrung filtert sich retrospektiv ein Wort ab, das der Selbsterklärung dient, einen inneren Zustand behauptet und ihn festzuhalten sucht.

Warum kann man nicht, was ist, einfach geschehen lassen? Warum müssen wir uns erklären? Dient die Erklärung, die begriffliche Fixierung, der Selbstrechtfertigung? Warum muß alles mit einem Wort benannt werden? Warum zerstören wir den Augenblick durch Worte? Ist es nicht möglich, die Stille des Glücklichseins auszuhalten? Durch das ausgesprochene Wort verlassen wir uns selbst; wir inszenieren vor uns und nur zu oft für andere einen Teil unserer selbst.

Hinter dieser mißglückten Suche nach dem Glück steckt der tiefe Glaube an die Macht des expliziten Wissens; dies gilt zumindest für unsere Kultur. In einem Menschenbild, das sich am Rationalismus, an der vernunftmäßigen Durchdringung aller Sachverhalte orientiert, instrumentalisieren wir uns selbst; Glück wird zum operativen Ziel. Diese Vernunftgläubigkeit bedingt, als könne man abstrakte Begriffe in Lebenswirklichkeit verwandeln. Die operationalisierte Sehnsucht nach Glück macht uns zu Karikaturen unserer selbst. Wir sind uns notwendigerweise selbst ein Rätsel; wir sind für uns selber (und für andre) unberechenbar, wenn wir an die anderen Wissensformen denken, das implizite und das intuitive Wissen, die insgesamt einen viel weiteren Rahmen für unsere Lebenswirklichkeit spannen, als ihn das nur begriffliche Wissen geben könnte. Die Arbeitsweise des Gehirns und seine hochgradige Vernetzung macht es unmöglich, uns selber transparent zu machen. Weil das so ist, klammern wir uns an Begriffe, damit wir eine Orientierung haben und uns (zumindest ein wenig) selbst erklären können. Wie können wir dieser Falle entgehen, die uns in einen zu engen Rahmen zwängen will?

Ich komme wieder auf die Stimmigkeit. Wenn ich davon ausgehe, daß es darum geht, sagen zu können: »Ich bin glücklich gewesen«, und wenn ich feststellen kann, daß dies tatsächlich manchmal auch geschieht, dann muß ich annehmen, daß es in mir einen Indikator dafür gibt, der anzeigt, daß etwas gelungen ist. Dieser Indikator hat etwas mit »Selbst-Monitoring« zu tun, und hier sehe ich den Ansatz für eine operative Bestimmung dessen, was Glück sein könnte. Glück wäre dann nämlich, etwas vollbracht zu haben, etwas erfolgreich abgeschlossen, etwas zu Ende gebracht zu haben. In der Hirnforschung gibt es für den zugrundeliegenden Prozeß, der dieses Selbst-Monitoring ermöglicht, den Begriff des Reafferenzprinzips. Wann immer wir etwas tun, findet im Gehirn zweierlei statt. Zum einen wird ein Auftrag zur Handlung gegeben, zum anderen wird dieser Auftrag kopiert, und im Verlauf der Handlung, sei sie sehr kurz (im Sekundenbereich), sei sie sehr lang (im Bereich von Jahren), wird überprüft, wo man gerade steht oder ob die Handlung bereits abgeschlossen ist. Dieser Mechanismus, der meist implizit abläuft, also der bewußten Kontrolle entzogen ist, repräsentiert das biologische Prinzip der Vollendung. Wir streben immer danach, etwas zum Abschluß zu bringen, und solange dies nicht geschehen ist, wird eine Spannung aufrechterhalten, und die Aufmerksamkeit wird immer wieder auf das noch nicht erreichte Ziel gezogen. Kann etwas nie zum Abschluß, nie etwas vollendet werden, entstehen Frustration und Ärger. (Dies zeigt sich beispielsweise bei Zusammenschlüssen von Firmen. Viele dieser »merger« sind deshalb nicht erfolgreich, weil einzelne Mitarbeiter eine Aufgabe nicht zum Abschluß bringen konnten und dadurch in ihrer Identität in Frage gestellt werden. Würde man das menschliche Maß berücksichtigen, würde man das notwendige Prinzip der Vollendung würdigen, könnten solche strategischen Aktionen viel leichter zum positiven Ziel geführt werden, und Mitarbeitern könnte zum Glück verholfen werden.)

Glück in diesem Sinne ist, etwas zum Abschluß bringen zu können, etwas zu beenden; Glück ist Vollenden. Doch dieses Glück wird einem nicht geschenkt. Nehmen wir den einzelnen Tag. Um das »carpe diem« (»nütze, genieße, pflücke den Tag«) zu verwirklichen, das der Dichter Horaz beschreibt, muß ein Tag als Ganzes gelebt, ich behaupte: inszeniert werden. Doch der Tag, ein Rahmen von Gegenwart, als Ganzes ist eine Herausforderung. Ohne etwas vollendet zu haben, ohne etwas zum Abschluß gebracht zu haben, was man sich vorgenommen hat, ist ein Tag kein Tag. Am Abend muß ich sagen können: Es war gut. In meine Erinnerung treten wieder die Bilder des Tages: ich wandere durch mein Gedächtnis und sehe vor mir, mit wem ich gesprochen habe, wen ich kennengelernt habe, was ich erreicht habe und was es noch zu tun gibt.

Vor Jahren redete der Begründer der modernen Sprachforschung, Roman Jakobson, jemanden mit Namen an, den er jahrelang nicht gesehen hatte. Als der verwundert fragte, wie er sich an seinen Namen erinnern könne, antwortete Jakobson, daß er jeden Abend den Tag vor dem inneren Auge ablaufen lasse, sich noch einmal vorstelle, wen er kennengelernt habe, und dabei präge sich für immer der Name des anderen ein. Nach getaner Arbeit, nachdem die Kühe gemolken und die Pferde gefüttert waren, saß mein Großvater vor hundert Jahren abends vor dem Haus auf der Bank und schaute vor sich hin (dieses Bild versuche ich für meine leere Erinnerung zu erfinden). Mit seinen Gedanken ging er noch einmal durch den Tag, und er versicherte sich so seiner selbst, und sein Blick war nicht leer, sondern nach innen gewandt.

Bei dieser rückgewandten Tageswanderung soll das Nicht-Gute

nicht unterdrückt werden, doch jeder Tag hat auch sein Gutes, und es ist das Gute besonders dann, wenn es sich zunächst als Herausforderung entgegengestellt hat. Jeder Tag verlangt die Erfüllung einer selbst gestellten Aufgabe, und deren Vollenden, das kann man Glück nennen, weil das Beabsichtigte und das Erreichte sich entsprechen, wenn also Stimmigkeit erzielt wird.

Vor kurzem fiel mir ein Text von Wilhelm von Humboldt in die Hände, den er am 12. Januar 1834 an eine Freundin geschrieben hat (veröffentlicht aus dem Nachlaß 1847); offenbar hatte er eine ähnliche Auffassung über das Glück; er schreibt: »Was ist Glück? Wenn man unter dem Worte das Glück meint, durch das man im Leben in der letzten tiefen Empfindung glücklich oder unglücklich ist, nicht bloß darunter einzelne Glücksfälle versteht, so ist es recht schwer das Glück zu definieren. Denn man kann sehr vielen und großen Kummer haben und sich doch dabei nicht unglücklich fühlen, vielmehr in diesem Kummer eine so erhebende Nahrung des Geistes und des Gemütes finden, daß man diese Empfindung mit keiner anderen vertauschen möchte. Dagegen kann man im Besitz recht vieler, Ruhe und Genuß gewährender Dinge sein, gar keinen Kummer haben und doch eine mit den Begriffen des Glücks ganz unverträgliche Leere in sich empfinden. Notwendig wird also zum Glück eine gehörige Beschäftigung des Geistes oder des Gefühls erfordert, allerdings verschieden nach jedes einzelnen Geistes- und Empfindungsmaß, aber doch so, daß eines jeden Bedürfnis dadurch erfüllt werde. Die Natur dieser Beschäftigung oder vielmehr dieses inneren Interesses richtet sich also dann nach der inneren Bestimmung, die jeder seinem Leben gibt, oder vielmehr die er schon in sich gelegt findet, *und so liegt Glück oder Unglück in dem Gelingen oder Mißlingen des Erreichens dieser Bestimmung* (von mir kursiv gesetzt). Ich habe immer gefunden, daß weibliche Gemüter in das Gefühl lieber und williger eingehen als Männer.« (Das scheint mir allerdings eine sehr persönliche Wertung zu sein.)

14 Im Garten

Geht sie drauf, die Natur? Oder muß sie sich umstell'n?
Wahrscheinlich falsch, sie im Freien zu lassen.
In Büros und in Banken, da wuchert und grünt es
dermaßen prächtig – da kommt kein Wald mit.
Robert Gernhardt

Naturam expellas furca tamen usque recurret.–
Verjage die Natur mit der Mistgabel, sie kehrt doch wieder.
Horaz

... que s'il n'y avait pas le meilleur (optimum) parmi tous les mondes possible, Dieu n'en aurait produit aucun. –
... daß, wenn es keine beste (optimum) unter allen Welten gäbe, Gott gar keine geschaffen haben würde.
Gottfried Wilhelm Leibniz

Tout est pour le mieux dans le meilleur des mondes possibles. –
Alles ist auf das beste bestellt in der besten aller möglichen Welten.
Voltaire

»Nun aber müssen wir unsern Garten bestellen. – Il faut cultiver notre jardin.« So endet Voltaire den Roman »Candide«, seine berühmte, merkwürdige und auch erschreckende Satire über die beste aller Welten, in der wir nach Auffassung des Philosophen Leibniz leben. Candide taumelt von Unglück zu Unglück; er wird von jedem denkbaren Mißgeschick erfaßt. (Eine vorweggenommene Bestätigung zu »Murphy's Gesetz«: Wenn etwas schiefgehen kann, dann geht es auch schief.) Doch alles löst sich am Schluß mit dem Satz auf: wir gehen in den Garten, vielleicht wirklich die Beste aller Welten. Der Garten als Rahmen der Ruhe, der Gelassenheit, des Bei-sich-Seins. Sprachgeschichtlich bezieht sich das Wort Garten ursprünglich auf solche Tätigkeiten wie einzäunen, einfassen, umfassen; in diesem Sinn ist ein Garten ein persönlicher Ort.

Das Paradies als Garten, das ist auch das wiederkehrende Bild im Koran. Was macht diesen paradiesischen Garten aus? Schatten, Früchte, fließendes Wasser, Frieden und Jungfrauen; immer wieder wird in den einzelnen Suren des Koran auf einen solchen Garten der Sehnsucht hingewiesen. So heißt es beispielsweise: »Sehe diejenigen, welche glauben und das Rechte tun, für sie sind Gärten, durcheilt von Bächen; das ist die größte Glückseligkeit.« Wer möchte dort nicht gerne sein. Und wer fühlt sich nicht herausgefordert, den Garten nicht wieder herzustellen, wenn er verwüstet wurde. Shakespeare verwendet in seinem Königsdrama »Heinrich V.« das Bild des schönsten Gartens, nämlich Frankreich (»... this best garden of the world, our fertile France«), das es neu zu gestalten gilt, nachdem die Franzosen und die Engländer gegeneinander gekämpft hatten. Wenn der Garten (das Land, ein Staat) nicht gepflegt wird, dann verlieren sich Schönheit und Nützlichkeit (»... losing both beauty and utility«). Und der Garten als Rahmen des Friedens, der Schönheit, des Bei-sich-Seins kann auch der Ort für die besondere Frage sein: In Martens Garten wird der arme Faust von Margarete zur Rede gestellt: »Versprich mir Heinrich! – Was ich kann! – Nun sag, wie hast du's mit der Religion?« Die bekannte Gretchen-Frage von Goethe.

Jeder (so glaube ich) trägt ein Bild eines Gartens, seines Gartens, in seinem Gedächtnis. Der geneigte Leser mache jetzt (wirklich jetzt) eine Zeitreise in die Vergangenheit, in die eigene Vergangenheit, und stelle sich das Bild eines Gartens vor das innere Auge. Das Bild, das entsteht, bezieht sich auf einen bestimmten Ort, einen Garten eben, den wir aus einem bestimmten Blickwinkel vor uns haben oder in dem wir an einer bestimmten Stelle stehen oder in dem wir gemächlichen Schrittes auf und ab gehen. Bei dieser Gedankenreise mögen wir uns selbst in dem Garten sehen; unser Gehirn projiziert uns in das Gedächtnisbild aus der Vergangenheit hinein, so daß wir Teil des Gartens in unserer eigenen Anschauung werden. Das Bild des Gartens, das Bild im Garten, ist immer verbunden mit einem besonderen Geschehen. Es mag ein Bild der Freude, der Neugier, des Staunens, der Sehnsucht, der Erwartung oder auch ein Bild der Trauer, der Verzweiflung sein. Viele meiner Gartenbilder haben sich eingeprägt, weil ich jemanden getroffen habe, manchmal zum ersten-, manchmal zum letztenmal. (Oft gehe ich in den Garten, um Abstand vom Alltäglichen zu gewinnen, um zu mir selber zu kommen, um mich meiner selbst zu versichern.) Ich beziehe mich zur Veranschaulichung auf solche inneren Gartenbilder, die jeder in sich trägt, für immer eingespeichert, jedes einzelne als Bild unvergleichlich, doch in manchem wohl vergleichbar, so daß beim Nachdenken über Gärten keine sichtbaren Gartenbilder gezeigt werden müssen. (Gezeigte Bilder zerstören manchmal die Anschaulichkeit innerer Bilder. Der Reichtum des inneren Bildes kann vom sichtbaren Bild überdeckt werden; dieses kann uns zwar miteinander verbinden, wenn wir den gemeinsamen Blick darauf richten, doch das sichtbare Bild erfaßt nicht das Besondere und Persönliche des inneren Bildes.)

Ein eigenes Beispiel eines solchen inneren Bildes, und mancher hat wohl Ähnliches erlebt (nicht das Besondere und Persönliche, sondern das strukturell Ähnliche): Als ich als Kind, aus dem Osten kommend, im Westen ankam, bekam ich von dem Bauern, wo wir zufälligerweise gelandet waren, einen eigenen Garten (was für ein kluger Mann); das war weniger als ein Quadratmeter, aber ich konnte (und mußte auch) meinen Garten bestellen, und dieser winzige Garten war ein neuer Ort der Verankerung. Ich sähte und pflanzte Gemüse und Blumen, und ich ging jeden Tag in den Garten, um zu schauen, ob sich etwas verändert hatte. Erstaunlich ist, daß ich dieses Bild des Pflanzens und des Wachsens und des Schauens in diesem winzigen Garten nie vergessen habe. Nicht nur sah ich die Pflanzen wachsen; ich sah auch, wie das Unkraut sich breitmachte; nicht alles gehört dorthin, wo es sich breitmacht. Ich entdeckte anstrengungslos und ohne Unterricht (mit einem erhobenen Zeigefinger) den eigenen Blick für Dinge in der Natur. Mit solchen Beobachtungen aus der Kindheit spreche ich sicher für viele, die das Glück hatten, in ähnlicher Weise in den Gang der Dinge eingebunden zu sein: das Erleben des Wachsens (oder auch, daß manches nicht wächst), das Entdecken der Farben, der Geschmack der Karotten, die man selber geerntet hat, der Widerstand des Unkrauts, die Bedeutung des Sonnenscheins, das Hoffen auf Regen, das Summen von Insekten und auch die Verantwortung für den eigenen Garten, ohne daß dafür dieses Wort notwendig gewesen wäre. (Vielleicht in Erinnerung an diese frühen Aktivitäten habe ich begonnen, wieder in einem winzigen Garten,

Kartoffeln anzupflanzen; was man selber gepflanzt und geerntet hat, schmeckt ganz anders. Wie überrascht war ich aber, daß viele auf dem Markt gekaufte Kartoffeln nicht wuchsen, so daß nichts geerntet werden konnte; ich wußte nicht, daß die meisten Kartoffeln, die wir kaufen, sterilisiert sind und ihnen so die Lebenskraft genommen wurde. Ich war verblüfft, enttäuscht und auch verärgert; inzwischen weiß ich, wo man richtige Kartoffeln bekommt.)

Was geschieht alles in einem Garten, im kleinen oder sogar kleinsten (manchmal auf einem Balkon oder sogar nur auf einem Fensterbrett) wie auch im großen Garten, in dem wir uns ergehen, oder im Park, in dem wir mit gemessenem Schritt etwas bedenken oder den Rahmen eines Gartens nutzen, um jemanden im Gespräch zu überzeugen, einem anderen sein Leid zu klagen, Entschlüsse zu fassen oder die ersten Schritte einer Verführung zu versuchen? Wie viele Liebesgeschichten entstehen (oder enden) in Gärten, und vielleicht wäre die Menschheit schon ausgestorben, gäbe es keine Gärten und keine Parkanlagen, wobei ein englischer Garten mit seiner naturnahen Gestaltung besonders geeignet ist. Allerdings, der Nymphenburger Park in München durch seine Verbindung von symmetrischen Strukturen mit ihrer besonderen Ästhetik und der offenen Gestaltung eines englischen Gartens, wo man sich den Blicken entziehen kann, ist eine Antwort von Gartenarchitekten auf elementare menschliche Bedürfnisse, nämlich einen strukturierten Rahmen mit einer von der Natur beherrschten Gestaltung zu verbinden. Ein solcher Park oder Garten entspricht der Komplementarität menschlicher Bedürfnisse, nämlich klare Strukturen mit Unordnung (wenn nicht sogar Chaos) zu koppeln. Zuviel Ordnung ist steril, aber auch zuviel Unordnung (ich bin immer noch bei den Kartoffeln: Warum werden die eigentlich sterilisiert?).

Ein Garten ist auch ein geeigneter Rahmen für das Denken, und so taucht ein vielleicht verwegener Gedanke auf: Mit dem Garten der Vergangenheit, der Teil unseres Ichs geworden ist, entdecken wir die Zeit als Zeit. Wie dieses? Wenn wir uns nicht auf Vergangenes beziehen können, dann wissen wir auch nicht, daß es Gegenwart gibt. Ähnliches gilt für die Zukunft: Wenn wir nicht wüßten, daß es ein Morgen gibt, dann gäbe es auch kein Heute. Das Gestern und Morgen, das Wissen um das Vergangene und das Kommende, konstituieren erst das Gegenwärtige; ohne Gestern und Morgen würden wir besinnunglos dahinleben (was oft genug sowieso geschieht). Die Gestaltung des Gartens mit künstlerischer Absicht und künstlerischem Erfolg oder auch das wilde Wachsenlassen, um zu sehen, was geschehen wird, wenn man nicht eingreift, beziehen sich auf die Zukunft. Wenn ich jetzt einen Garten anlege, dann weiß ich, daß vielleicht erst in zehn Jahren das innere Bild meiner Erwartung verwirklicht ist; Vergangenheit und Zukunft, Erinnerungen und Planungen, lassen uns die Gegenwart entdecken, das Heute, den Tag, diesen Tag. Bin ich in meinem Garten, verbinden sich hier und jetzt Vergangenes und Zukünftiges zu einer Einheit.

Dieses Jetzt, unsere erlebte Gegenwart, erscheint in zwei möglichen Weisen: Ich kann die Dinge von außen betrachten, oder ich kann Teil meines Gartens sein, mich mit ihm identifizieren. In der Ich-Ferne, wenn ich eine Außenperspektive der Welt gegenüber einnehme, dann inspiziere ich meinen Garten, ich beurteile den Wuchs der Pflanzen, begutachte das Unkraut, treffe Entscheidungen für mögliche Änderungen oder überlege, ob die Hecke geschnitten werden muß. Diese Außenperspektive ist notwendig, doch bestimmt sie nur die Hälfte gegenwärtigen Erlebens. Wenn ich ein Teil meines Gartens bin, dann bin ich eins mit dem, was ich sehe, höre oder rieche. Ich denke in diesem Augenblick nicht daran, was gemacht werden könnte oder sollte, sondern ich freue mich am Gesehenen, am Geruch, am Geräusch; ich weiß nicht, daß ich denke. Ich bin ein Teil des Gartens, und der Garten ist ein Teil von mir. Kommentare sind überflüssig; Worte stören.

Diese Teilhabe am Garten und die innere Besitznahme des Gartens wird durch die Hecke besonders gefördert oder überhaupt erst ermöglicht. Die Hecke ist mehr als ein Zaun; sie ist nicht nur die Grenze zum Nachbarn; sie ist für den Blick undurchdringlich, und dies in beiden Richtungen. Die Hecke bestimmt einen abgegrenzten Raum, der Sicherheit gibt. Durch die Hecke bestimme ich einen Garten nur für mich; mein Garten ist ein intimer Raum, und wenn ich jemanden in meinen Garten führe, dann offenbare ich mich, ich gebe etwas von mir preis, und ich schließe den anderen in meinen Rahmen ein; zeige mir deinen Garten, und ich weiß, wer du bist, und ich weiß, daß ich willkommen bin. (Ich habe immer eine Scheu, den Garten eines anderen zu betreten, als würde hier eine Grenze der Intimität überschritten.)

Die Hecke ist aber dennoch transparent, auch wenn sie für den Blick undurchdringlich sein mag. Ich bekomme in meinem Garten Besuch von außen; Vögel, die die Hecke überfliegen, zeigen, daß ich nicht völlig abgetrennt bin; Vögel kümmern sich nicht um den einzelnen in seiner Zurückgezogenheit, sondern sie verbinden uns mit anderen und mit der Natur. Wenn ich Vögel beobachte, dann stelle ich fest, daß sie zu manchen Tageszeiten kommen, zu anderen fernbleiben. Dieser fliegende und auch flüchtige Besuch von außen zeigt uns das biologische Maß, das Maß des Lebens überhaupt, das auch uns beherrscht, denn jeder trägt in sich eine innere Uhr, die unseren Tageslauf bestimmt und die auch den Jahreslauf prägt. Alle Lebewesen, ob Pflanzen, Tiere, Einzeller oder Menschen, werden gesteuert von biologischen Uhren, die in unseren Genen liegen. Wenn wir in unserem Garten leben, dann spüren wir unmittelbar das Zeitmaß der Natur, das auch unser Maß der Zeit ist. Wir sind eingebettet in den Lauf der Welt, wir sind mit dieser Welt verbunden und sogar synchronisiert; der Garten ist jener Ort, wo uns dieses Zeitmaß anschaulich und miterlebbar wird.

Daß wir ein Teil der Natur sind, zeigt der Blick in den Himmel; im Garten können wir unmittelbar erfahren, wie sich Sonnenlicht auf die Gestaltung von Materie auswirkt. Jede wachsende Pflanze, jeder Strauch oder Baum braucht Sonnenlicht, damit Stoffliches entstehen kann (das haben wir einmal im Naturkundeunterricht gelernt). Wir sind im ursprünglichen Sinn mit der Welt um uns verbunden, denn wenn wir eine Blume aus dem Garten auf den Tisch stellen, dann stellen wir verwandeltes Licht auf den Tisch. (Machen wir uns das eigentlich jemals bewußt?) Wenn wir etwas essen, dann verinnerlichen wir ebenfalls verwandeltes Licht.

Der Garten ist auch der Ort des Lernens. Wo sonst als im Garten kann man als Kind natürliche Vorgänge wie den Wechsel der Tages- und Jahreszeiten so unmittelbar erfahren? Wo sonst als im Garten kann das Gestalten (nicht das Beherrschen) der Natur empfunden werden? Wo sonst kann Zukunft gelernt werden, das nachhaltige Sich-Kümmern um den Erhalt des Natürlichen? Wenn ich jetzt nicht sorge, ist die Zukunft leer. Und der Garten ist der Ort des Lehrens; wenn wir uns im Garten ergehen, dann können wir nicht nur im Garten aufgehen, sondern wir können anderen zeigen, wohin man blicken kann und was man sieht. Der Garten ist der Erlebnisrahmen für Lernen und Lehren, für Neugier und Ruhe. Der Garten ist der Ort, an dem Menschen aller Altersgruppen, vom kleinen Kind bis zum Greis, miteinander verbunden werden.

Sind Gärten Kunstwerke? Ein einfacher Gedanke: Jene Kunstwerke sind am wirkungsvollsten und auch eindrucksvollsten, durch die möglichst viele unserer Erlebnismöglichkeiten gleichzeitig angesprochen werden, die uns ganz erfassen: das Sehen, Hören, Riechen, Tasten, Bewegen. Eine Syntopie aller sinnlichen Erfahrung verwirklicht sich im Gottesdienst (wenn man ihn als Kunstwerk betrachtet), in der Oper (vielleicht mit manchen Einschränkungen), in der Liebe (in unserem Kulturkreis als Kunst nur zurückhaltend betrachtet) und in der Kochkunst (bei vielen leider nicht auf gleicher Höhe künstlerischen Anspruchs gesehen; welch ein Irrtum). Was für alle diese Formen der syntopischen Kunst gilt, ist das Vorübergehende; der Augenblick kann nicht festgehalten werden, auch wenn er immer wieder gesucht wird; ein Gottesdienst, eine Oper, ein Liebesakt, ein Essen sind irgendwann zu Ende. Anders der Garten: Jeder Garten, der den ästhetischen Sinn befriedigt, schließt alle unsere sinnliche Erfahrung ein: Betrachten und Lauschen, das Riechen und Fühlen und der Gang durch den Garten, einen Garten, der stets einlädt. Dieses Kunstwerk bleibt. Der Garten gibt Dauer, indem wir uns gestaltend als Teil der Natur erfahren, in der besten aller Welten (wie Voltaire, in ironischer Weise auf Leibniz Bezug nehmend, in seinem »Candide« sagt).

(Das klingt alles viel zu schön, verführt von einem Idealbild. Oft ist man Sklave seines Gartens, getrieben vom Wahn der Perfektion. Die Arbeit im Garten kann süchtig machen; die Sehnsucht nach Vollkommenheit läßt jeden Grashalm beargwöhnen; immerzu findet man Unkraut, das dort nicht hingehört, wo es wächst. Der innere Rahmen des perfekten Gartens gibt dann nicht Muße, sondern füttert den Ordnungswahn. Einmal wollte ich trockenes Gras beseitigen, das den ästhetischen Blick beleidigte, und das endete in einer Katastrophe. Um effizient zu sein, zündete ich das Gras an. Ich hatte nicht berücksichtigt, wie trocken das Gras war, und das Feuer geriet außer Kontrolle. Es gelang mir zwar mit wachsender Panik, das Feuer wieder zu löschen, aber der Schreck und das Bild des sich schnell ausbreitenden Feuers ist geblieben. Die Verbindung von Dummheit und Faulheit scheint überhaupt oft die Ursache von Katastrophen zu sein.)

Und wenn ich schon bei Problemen bin: Mit den Bäumen im Garten muß man besonders aufpassen. Weil wir mit dem Obst bestimmter Bäume nicht vorsichtig umgegangen sind, wurden wir zu Vertriebenen, denn bekanntlich (in unserem Kulturkreis) verwies man uns aus dem Garten Eden, aus dem Paradies, wegen eines Apfels. Nach der Erschaffung des Menschen ließ Gott »aufwachsen aus der Erde allerlei Bäume, verlockend anzusehen und gut zu essen, und den Baum des Lebens mitten im Garten und den Baum der Erkenntnis des Guten und Bösen« (1. Mose 2). Der Mensch wurde beauftragt, den Garten zu bebauen und zu bewahren, und er konnte von allen Bäumen im Garten essen, »aber von dem Baum der Erkenntnis des Guten und Bösen sollst du nicht essen; denn an dem Tage, da du von ihm issest, mußt du des Todes sterben.« Angedroht wurde also zunächst nicht (wenn ich es richtig verstanden habe), aus dem Paradies vertrieben zu werden, sondern daß der Mensch nicht ewig leben würde. Aber dann kam es unter Mithilfe der Schlange zum Sündenfall (1. Mose 3), und es wurde vom Baum der Erkenntnis gegessen: »Da wurden ihnen beiden die Augen aufgetan.« Später heißt es dann: »Der Mensch ist geworden wie unsereiner und weiß, was gut und böse ist. Nun aber, daß er nur nicht ausstrecke seine Hand und breche auch von dem Baum des Lebens und esse und lebe ewiglich! Da wies ihn Gott der Herr aus dem Garten Eden, daß er die Erde bebaute, von der er genommen war. Und er trieb den Menschen hinaus und ließ lagern vor dem Garten Eden die Cherubim mit dem flammenden, blitzenden Schwert, zu bewachen den Weg zu dem Baum des Lebens.« Vielleicht deute ich diese Worte nicht in einer theologisch angemessenen Weise, doch scheint mir daraus hervorzugehen, daß Erkenntnis uns durchaus ermöglicht, paradiesisch zu leben, auch wenn man sterblich ist; der Anspruch auf Unsterblichkeit, der zweite Baum also, von dem Menschen hätten essen können, hat uns vertrieben. Es war also eine göttliche Vorsichtsmaßnahme, daß Menschen nicht mit dem Leben selbst spielen, um uns aus dem Paradies zu entfernen. (Doch den Traum von der Unsterblichkeit, zumindest von der Verlängerung des Lebens, haben wir nicht aufgegeben. Die Sehnsucht nach diesem zweiten Baum, der mitten im Garten steht, ist geblieben; doch Vorsicht ist geboten, damit wir nicht endgültig aus jener Welt, der besten aller Welten, vertrieben werden, die wir uns durch Erkenntnis schaffen können.)

15 In der Hexenküche

Du mußt verstehn!
Aus Eins mach Zehn,
Und Zwei laß gehen,
Und Drei mach gleich,
So bist du reich.
Verlier die Vier!
Aus Fünf und Sechs,
So sagt die Hex,
Mach Sieben und Acht,
So ist's vollbracht:
Und Neun ist Eins,
Und Zehn ist keins.
Das ist das Hexen-Einmaleins.

Gewöhnlich glaubt der Mensch, wenn er nur Worte hört,
Es müsse sich dabei doch auch was denken lassen.
                              Johann Wolfgang von Goethe

Es gibt viele Weisen, einem Text näherzukommen, den Text aufzunehmen, ihn zu verstehen oder gar sich mit ihm zu identifizieren. Die erste Stufe einer Näherung zielt auf Information und spricht den Rahmen des expliziten Wissens oder das rationale Denken an. Ich lese in einem Lexikon über ein Drama, ein anderer spricht kenntnisreich über einen Roman, ich studiere Sekundärliteratur, um mich einem Text zu nähern (wobei mich diese Literatur manchmal zur Verzweiflung bringt, wenn sie sich ohne Kraft und dann auch noch zu weit von dem ursprünglichen Text entfernt), und so erfahre ich einiges über Inhalt, Umstände der Entstehung, historische Bedingungen oder Wirkungsgeschichte. Diese Informationen über einen Text erweitern mein Wissen. Ich habe dem Text gegenüber eine Außenperspektive; ich bin (oder ich fühle mich zumindest) informiert. (Wenn man von Lesen spricht, dann bezieht man sich häufig nur auf diese Form des

Lesens, bei der es in erster Linie um Faktenwissen und Sinnentnahme aus einem Text geht, beispielsweise einem wissenschaftlichen Text; in diesem Fall werden insbesondere neuronale Prozesse der linken Gehirnhälfte angesprochen, die für eine begriffliche Analyse und sequentielle Informationsverarbeitung dominant ist.)

Wenn ich mir einen äußeren Rahmen für den Text geschaffen habe, kann die nächste Stufe der Annäherung erfolgen, wenn ich den Text selber lese. (Ich weiß, daß viele auf die erste Stufe der Annäherung verzichten, und ich tue dies häufig auch, doch lese ich viele Texte mit sehr viel mehr Gewinn, wenn ich mir vorher einen Wissensrahmen aufgebaut habe.) Es dauert immer eine Zeit, bis ich mich in den Text hineingelesen habe, und dann entfaltet sich in meiner Phantasie eine bildhafte Geschichte. Dabei spielen insbesondere neuronale Prozesse der rechten Gehirnhälfte eine Rolle, die dominant ist für das räumlich-bildliche Vorstellen und die emotionale Bewertung der aufgenommenen Information. (Es gibt natürlich auch literarische Texte, in denen meine Gedanken in eine begriffliche Welt abgezogen werden und sich explizites Wissen aufbaut; vielleicht ist es auch immer so, daß neben der bildlichen Geschichte, die sich entfaltet, es ohne mein Wissen in mir mitdenkt und Abstraktionen vorgenommen werden). Die bildhafte Geschichte findet irgendwo statt (das ist natürlich eine Selbstverständlichkeit); sie ist immer örtlich verankert; ortlose Geschichten gibt es nicht (oder vielleicht doch?). Die einzelnen Personen nehmen ein Aussehen an, obwohl sie für mich meist kein eigentliches und wiedererkennbares Gesicht haben, sie bewegen sich in einer typischen Weise, und sie haben ein bestimmtes Äußeres. Manchmal jedoch haben sie das Gesicht eines bestimmten Menschen, und ich habe damit einen bildhaften Bezug zwischen mir, meiner eigenen Geschichte, meinen eigenen Geschichten, und der Geschichte, die ich lese, hergestellt. Neben die anfängliche Außenperspektive tritt eine erste Stufe der Innenperspektive; ich beginne, in dem Text zu leben.

Der Gewinn dieser Innenperspektive wird noch intensiver, wenn ich den Text vorlese. Als ich in früheren Zeiten meinen Kindern Geschichten vorlas, gingen sie nicht nur als Zuhörer in den Geschichten auf, sondern das ging dem vorlesenden Vater genauso. Wir waren alle Teil des Geschehens. Ich habe noch die Worte meiner Tochter Julie im Ohr: »Noch eine Geschichte!«

Wenn mich die Geschichte weiter festhält, dann gibt es mehrere

Weisen der weiteren Verinnerlichung oder auch der Schaffung einer neuen Innenperspektive. Im Theater oder im Film erlebe ich die Geschichte, wie sie jemand ins Bild gesetzt hat. Dieses Fremdbild mag meinen Bildern entsprechen, und manche Personen erhalten ein deutlicheres Gesicht. Oder das Fremdbild widerspricht meinen Erwartungen, die Geschichte, die mir vorgeführt wird, ist nicht meine Geschichte. Ich neige im letzteren Fall dazu, von einer schlechten Inszenierung zu sprechen. Eine geglückte Inszenierung gibt meinen eigenen Bildern Halt und legt sie manchmal erst fest. (Ich kann mir das Geschehen in Goethes Faust nicht mehr ohne die Inszenierung von Gustav Gründgens vorstellen, die Jahrzehnte zurückliegt.) Dieses Fremdbild mag meine Innenperspektive unterstützen, und ich mag mich noch stärker mit dem Text identifizieren; wenn hingegen das Fremdbild meinen Erwartungen widerspricht, dann ziehe ich mich auf den Text zurück und betrachte dieses Fremdbild als ein mißlungenes Ins-Bild-Setzen, und die Inszenierung wird Teil meiner Außenperpektive über den Text.

Um mich noch intensiver an den Text anzunähern und in ihn einzudringen, lerne ich ihn auswendig. Mit dem Gelernten erschließt sich ein neuer Rahmen des Verstehens. Wenn ich den Text beherrsche, dann kann ich über Jahre hinweg den Text für mich sprechen, und ich kann jedes Wort, jede Zeile immer wieder neu nachklingen lassen. Der Text gehört dann mir; es sind meine Worte, die ich sage. Dieselbe Zeile mag, wenn sie in einem anderen Kontext gesprochen wird, eine andere Bedeutung, ein neues Gewicht bekommen. Manchmal träume ich Szenen aus dem Text, dann habe ich die höchste Stufe der Innenperspektive erreicht.

Auf die Bedeutung des Auswendiglernens für den Aufbau eines neuen Rahmens, der Ich-Nähe zu einem Text herstellt, bin ich zufällig gestoßen. Ich machte mit mir selber ein Experiment über eine mögliche (und mir notwendig erscheinende) Verbesserung meines Gedächtnisses. Ich wollte prüfen, ob regelmäßiges Auswendiglernen meine Gedächtnisleistung verbessere, und zwar im doppelten Sinne. Einmal wollte ich wissen: Würde sich die Lernzeit für jeweils gleich lange Textstellen verkürzen, verlängern oder gleichbleiben? Ich stellte fest, daß sich die Lernzeit immer mehr verkürzte, daß also eine spezielle, textbezogene Gedächtnisverbesserung durch das Auswendiglernen erfolgte. Zum anderen wollte ich wissen: Würde sich die Verbesserung des Gedächtnisses auch in anderen Situationen bemerkbar machen, könnte es also einen Generalisierungseffekt geben? Auch diese Frage muß ich für mich positiv beantworten; ich hatte und habe den Eindruck, sehr viel effektiver Information zu speichern und Wissen aufbauen zu können, wenn ich regelmäßig etwas auswendig lerne. Als Material für dieses Experiment wählte ich Goethes Faust. Und auf diese Weise erlebte ich dann (was nicht Fragestellung dieses Selbstversuches war), daß es etwas ganz anderes ist, in einen Text einzudringen, wenn man ihn auswendig kann. (Um kein Mißverständnis aufkommen zu lassen: Ich habe bisher nicht den ganzen Faust geschafft.) Es gibt noch einen weiteren Nebeneffekt, wenn man einen Text auswendig kann: Man erlebt unmittelbar die gedankliche und sprachliche Kraft eines Dichters, in diesem Fall Goethes, die sich nicht in der gleichen Weise erschließt, wenn man stumm liest. Die Sprache klingt. Manchmal spürt man beim Auswendiglernen aber auch die Ohnmacht eines Dichters, wenn ein falsches Wort gewählt wurde oder wenn ein Wort oder eine ganze Strophe zuviel geschrieben wurde.

Ich muß noch etwas über einen der äußeren Rahmen zum Lernen von Gedichten sagen, der mir im Rückblick immer noch recht ungewöhnlich erscheint. Als ich auf dem Schulschiff »Gorch Fock« war (ich wäre gerne Marineoffizier geworden), meldete ich mich freiwillig als »Schiffsgärtner«. Diese Tätigkeit hat nichts mit Gartenarbeit zu tun, sondern bei den täglichen Rein-Schiff-Arbeiten (jedes Schiff wird täglich intensiv geputzt) wählte ich die Toiletten und Waschräume, für die der »Schiffsgärtner« verantwortlich ist. Hier konnte ich ohne kontinuierliche Kontrolle der Vorgesetzten meiner Reinigungsarbeit nachgehen, und meistens blieb noch genügend Zeit, um Gedichte auswendig zu lernen. So schaffte ich mir in den Toiletten und Waschräumen des Schulschiffs einen eigenen virtuellen Raum, in dem ich mich mit ganz anderen Dingen beschäftigte, als sie von uns jungen Marinern verlangt wurden, und hier habe ich mein Repertoire wesentlich erweitert. Ein Band mit Hölderlin-Gedichten lag versteckt zwischen den Rohren.

Kann man sich einem Text noch intensiver nähern, als ihn auswendig zu lernen? Eine dritte Weise der Verinnerlichung wäre es, eine eigene Welt der Bilder aus dem Text heraus zu gestalten; mir ist diese Möglichkeit verschlossen. Mit der Hexenküche aus dem Faust ist es oft geschehen, und hier ist ein Beispiel aus einem neuen Versuch durch Janet Brooks Gerloff. (Wir saßen vor Jahren bei einem Abendessen, und eher spielerisch sagte ich zu ihr, warum sie nicht einmal die zentrale Szene im Faust, den Übergang vom Gelehrtendrama zur Liebesgeschichte, ins Bild setzen würde.) Von obszöner Direktheit ist jenes Bild des sich nach vorne lehnenden Mephisto, ein Kontrapunkt zum Text: Der alte Verführer tritt einem, während Faust gerade verjüngt wird, in morbider Trauer entgegen.

Dieser Verfall wird als Bild auch zu einem Gedicht von Durs Grünbein aus der »Schädelbasislektion« deutlich, in dem es heißt:

> Dem Skelett an der Wand
> Was von der Seele zu schwafeln
> Liegt gerad so verquer
> Wie im Rachen der Zeit
> (Kleinhirn hin, Stammhirn her)
> Diese Scheiß Sterblichkeit.

Die Künstlerin macht sich ihre Bilder, dringt mit ihren Bildern in den Text ein und gestaltet damit ihre eigene Geschichte. Diese bildnerische Deutung entspricht der Rezitation: In einem Augenblick der persönlichen Lebensgeschichte wird ein bestimmtes Wort oder eine bestimmte Zeile wichtig; zu einem besonderen Zeitpunkt ragt eine besondere Szene heraus, und diese wird in ein Bild verwandelt. Bildliche Umsetzung als Wandlung, manchmal Verwandlung, ist somit eine sehr persönliche Deutung und nicht eine allgemeine Bebilderung eines Textes. Die Künstlerin rezitiert mit ihren Bildern den Text in einer Weise, daß meine Aufmerksamkeit auf bisher übersehene Sinnzusammenhänge gezogen wird. Ihre Deutung ist ein Schlüssel für mich; ich werde auf Spuren geführt, die vorher nicht für mich vorhanden waren. Es entsteht ein Gesamtkunstwerk Hexenküche, und dieses Gesamtkunstwerk umfaßt die Sprache des Dichters und dessen bleibende Erinnerung in meinem Sprachgedächtnis, die eigenen Bilder, die in meiner Phantasie entstanden sind, das Wissen um die Bedeutung der Hexenküche für den gesamten dramatischen Ablauf, und es schließt Bilder der Künstlerin ein.

Die Hexenküche im Faust-Drama hat für mich auch deshalb eine herausragende Bedeutung, weil ich hier überraschende Verbindungen zu unserer Zeit sehe; die Hexenküche ist gleichsam ein vorgezogener Kommentar Goethes zu unserer Zeit. Da der Dichter vermutlich

Abb. 13a Mephisto in der Hexenküche; ein Bild von Janet Brooks Gerloff, die die Hexenküche aus Goethes »Faust« neu ins Bild gesetzt hat.

Abb. 13b Eine zeichnerische Assoziation zu »Diese Scheiß Sterblichkeit« aus einem Gedicht von Durs Grünbein (Schädelbasislektion, in: »Von der üblen Seite«, Gedichte 1985-1991; 1994), von Janet Brooks Gerloff.

nicht in die Zukunft schauen konnte, kann man nur schlußfolgern, daß sich über die Zeiten hinweg so viel nicht ändert; anthropologische Universalien des Erlebens und Verhaltens geben einen gleichbleibenden Rahmen vor, dem wir offenbar nicht entgehen. Welche Bezüge aus der Hexenküche gibt es zu heute?

Auch in unserer Zeit richten viele ihren Blick auf alternative Verfahren in der Medizin und orientieren sich an schamanischen Ritualen. Die Hexe verfügt über traditionelles medizinisches Wissen, das uns heute in der Schulmedizin verlorengegangen ist. Faust, selber Medizin-Professor und zunächst ein typischer Vertreter der Schulmedizin, verläßt frustriert den angelernten Rahmen und erhofft sich eine Verjüngungskur durch magische Rituale. In der Hexenküche stoßen die Ratlosigkeit einer wissenschaftlichen Medizin und tradiertes Handlungswissen aufeinander. Der Hinweis, durch angemessene Lebensführung sich zu verjüngen (»Dich zu verjüngen, gibt's auch ein natürlich Mittel«) stößt damals wie heute auf Widerspruch. Man möchte anstrengungslos durch Medikamente oder auch Drogen Jugendlichkeit geschenkt bekommen. Die Verantwortung für die eigene Lebensqualität wird an die Pharmazie delegiert.

Ein anderes Thema: Wenn wir heute von Wissen sprechen, dann meinen wir damit meist nur das explizite, sprachlich verfügbare Wissen; wir leben in der Illusion, daß nur begriffliches Wissen, das dem Bewußtsein zugänglich ist, Wissen sei. Aber zum Wissen gehört auch das intuitive Handlungswissen. Als Faust fragt: »Warum denn just das alte Weib?/ Kannst du den Trank nicht selber brauen?«, antwortet Mephisto: »Nicht Kunst und Wissenschaft allein,/ Geduld will bei dem Werke sein.« Und er fügt später hinzu: »Der Teufel hat sie's zwar gelehrt;/ Allein der Teufel kann's nicht machen.« (Das geht auch vielen Professoren heute so, und ich schließe mich hier ein, die bei manchen Tätigkeiten aus der Übung gekommen sind; manche Patienten wissen, daß man besser zum Oberarzt und nicht zum Chefarzt geht.)

Ein weiteres, das uns auch einen Spiegel vorhält, wenn wir die heutige Zeit denken. Die Entdeckung kausaler Prinzipien ist eine der großen Leistungen des menschlichen Geistes, doch nicht immer halten wir uns daran. Als Mephisto die Meerkatzen fragt, wo denn die Hexe sei (»Wie lange pflegt sie wohl zu schwärmen?«), erhält er die Antwort: »Solange wir uns die Pfoten wärmen.« Im Rahmen des egozentrischen Denkens (hier repräsentiert im vormenschlichen Denken bei den Meerkatzen) geht alle Kausalität von uns selber aus, und die Folge von Ursache und Wirkung wird nicht klar gesehen und deshalb manchmal umgedreht. Wir sind beim akausalen Denken nicht eingebunden in ein Netzwerk von Ursache und Wirkungen, das über uns hinausweist, sondern wir stehen im Mittelpunkt, und alles orientiert sich an uns; im Rahmen dieses egozentrischen Denkens bin ich selbst die jeweilige und die letzte Ursache.

Ein nächstes: Jeden Samstag erleben wir an den Lottoannahmestellen die drängende Unruhe, die richtigen Zahlen auf dem Lottoschein anzukreuzen. Magisches Denken wird auch hier wirksam, indem man mit persönlich bedeutsamen Zahlen das Glück zu zwingen sucht. »Wie glücklich würde sich der Affe schätzen/ Könnt er nur auch ins Lotto setzen« ; »Und wär ich bei Geld/ So wär ich bei Sinnen«.

Ein anderes Bild: Berühmt ist das Hexen-Einmaleins, dessen konkreter Sinn sich mir allerdings verschließt; manche meinen, daß Goethe mit diesen Zeilen ein magisches, d. h. mathematisches Zahlenviereck beschreibt, doch leider kann ich ein solches Viereck nicht nachkonstruieren. Was sich aber für mich aus dem Hexen-Einmaleins erschließt, ist unsere Faszination durch Zahlen. Es gibt bis heute in den Grundlagen der Mathematik keine schlüssige Antwort auf die Frage, wo Zahlen eigentlich herkommen, wie unserem Denken Zahlen verfügbar wurden. Es ist beispielsweise nicht klar, was im mathematischen Sinn als »die erste Zahl« angenommen werden muß. Ist es eine Kardinalzahl (wie Eins, Zwei oder Drei), ist es eine Ordinalzahl (wie Erster, Zweiter, Dritter), ist es vielleicht die Null, oder ist es die Eins, oder ist es vielleicht die Drei oder der Dritte (wofür es auch Argumente gibt)? Bei dieser Unklarheit nimmt es nicht wunder, daß man den Ursprung der Zahlen in einer anderen Welt vermuten muß, wo solche Regeln gelten wie: »Und Neun ist Eins/ Und Zehn ist keins.« Faust kann dann nur mit »Mich dünkt, die Alte spricht im Fieber« kommentieren.

Und noch ein Thema: Die wirkliche und virtuelle Welt der Multimedia heute entspricht in der Hexenküche dem Spiegel, in dem Faust eine Frau erblickt: »Was seh ich? Welch ein himmlisch Bild/ Zeigt sich in diesem Zauberspiegel! ... Ist's möglich, ist das Weib so schön?« Und Faust antwortet: »Natürlich, wenn ein Gott sich erst sechs Tage plagt.« Unsere Alltagswirklichkeit wird kontrastiert durch jene Bilder, die uns in den Medien erscheinen und die für viele Verlockungen sind, nach denen Wünsche, Hoffnungen und Lüste ausgerichtet werden. Und dabei helfen natürlich auch Drogen, die uns einen neuen Rahmen der Wahrnehmung bereitstellen können. Sehnsüchte, unterstützt von Drogen, können zu erheblichen Sehstörungen führen. Die Hexenküche endet, indem Faust sagt: »Laß mich nur schnell noch in den Spiegel schauen!/ Das Frauenbild war gar zu schön!« Worauf Mephisto antwortet:

> »Nein! Nein! Du sollst das Muster aller Frauen
> Nun bald leibhaftig vor dir seh'n.
> (Leise.) Du siehst, mit diesem Trank im Leibe,
> Bald Helenen in jedem Weibe.«

(Es sind natürlich nicht nur Drogen, die die ästhetische Schwelle herabsetzen; ältere Männer, deren Potenz nachläßt, können sich oft nicht mehr wie gewohnt der Liebe widmen, doch gerade deswegen nimmt die Sehnsucht immer mehr zu, und die Anzahl attraktiver, aber nicht erreichbarer Frauen wird für sie immer größer; oder bei Festen, mit Wein und Bier, verschiebt sich die ästhetische Schwelle derart, daß schließlich alle begehrenswert erscheinen. Bei längeren Schiffsreisen, wenn Seeleute wochenlang kein weibliches Wesen gesehen haben, verwandelt sich jede Frau in eine Helena; wenn schließlich ein Hafen angelaufen wird, strömen viele »bald in dies Bordell, bald in jenes Bordell«, wie es in einem Gedicht von Ringelnatz über den Seemann Kuddel Daddeldu heißt. Der Verstand ist, wie David Hume einmal meinte, der Sklave der Leidenschaften.)

16 Kunstausflug

Die Kunst steckt wahrhaftig in der Natur; wer sie heraus kann reißen, der hat sie. Albrecht Dürer

Auf dem langen Wege, aus dem Auge durch den Arm in den Pinsel, wieviel geht da verloren. Gotthold Ephraim Lessing

Zunächst glaube ich mit Schopenhauer, daß eines der stärksten Motive, die zur Kunst und Wissenschaft hinführen, eine Flucht ist aus dem Alltagsleben mit seiner schmerzlichen Rauhheit und trostlosen Öde, fort aus den Fesseln der ewig wechselnden eigenen Wünsche. Albert Einstein

Tatsächlich werden Kunstwerke desto weniger genossen, je mehr einer davon versteht. Theodor Adorno

Eines der Hauptmotive des künstlerischen Schaffens ist gewiß das Bedürfnis, uns gegenüber der Welt wesentlich zu fühlen. Jean-Paul Sartre

Die Künste setzen einen Rahmen, in den ich offenbar nicht hineinkomme. Ich wünschte mir, es wäre anders, doch bleiben mir die Künste fremd. Allerdings: Sind es eigentlich die Künste, oder sind es nicht eher bestimmte Personen, die mir den Weg zu den Künsten versperren? Wenn ich es mir recht überlege, sind es Menschen, die als Wächter vor dem Tor der Künste stehen; es sind insbesondere jene, die über Kunst genau Bescheid wissen und die mich (ich muß es zugeben) einschüchtern, so daß ich mir oft nicht einmal zutraue, eine Meinung zu haben. Also habe ich mir eine eigene Welt geschaffen, in der mir Kunstwerke nah sind (natürlich nicht alle), dies aber in einer sehr persönlichen Weise und auf eine Art, die ich nicht mitteilen kann. Es sind also Repräsentanten der anderen Teilkultur, Spezialisten, die mir den Zugang verwehren und die mich immer wieder spüren lassen, wie wenig ich verstehe, was ja in deren Rahmen auch stimmt. (Dieses Ausgeschlossensein gilt nicht nur für die Künste; ich kann das Gefühl der Fremdheit und des Nichtdazugehörens für viele Bereiche menschlicher Tätigkeit nicht überwinden. George Bernard Shaw ist es offenbar ähnlich gegangen; er sagte einmal: »All professions are conspiracies against the laity. – Alle Berufe sind Verschwörungen gegen den Laien.« Und ein Laie, oder ein Dilettant, bin ich fast überall.) Vielleicht ist es aber gerade dieses »Draußen vor der Tür«, das mich antreibt, in die Künste hineinzuschauen, dies aber mit einem unprofessionellen Blick. Was ist dabei herausgekommen? Beispielsweise eine Frage und Freundschaften mit Künstlern (auch mit Künstlerinnen).

Kann man mehr verstehen oder sogar besser begreifen, was in den Künsten geschieht, wenn auch naturwissenschaftliche Überlegungen einbezogen werden? Können Naturforscher, insbesondere Hirnforscher, umgekehrt von den Künsten (von den Künstlern) etwas für die Forschung lernen, insbesondere auch darüber, wie unser Gehirn arbeitet? Gibt es also einen kreativen Austausch in beiden Richtungen? Ohne Frage gibt es aus der Naturwissenschaft Anregungen zu einem erweiterten Verständnis für das, was man als Kunst bezeichnet; doch diese Selbstverständlichkeit (was es für mich ist) löst bei manchen erhebliche Widerstände aus. Aber auch dem Laien ist erlaubt, ein Bild zu betrachten, und dieses in seinem eigenen Rahmen, auch wenn dem Kenner die Haare zu Berge stehen mögen, wenn er sich die laienhaften Bemerkungen über ein Kunstwerk anhört. (Ich habe sogar einmal richtig Ärger bekommen, als ich die Bilder eines bekannten deutschen Museums zweckentfremdet habe, indem ich mit diesen wissenschaftliche Sachverhalte zu verdeutlichen versuchte; dafür waren die Bilder in der Tat nicht geschaffen, und man wehrte sich dagegen, daß ich die Bilder in einer unangemessenen Weise trivialisierte, wobei ich sie nur in einen anderen Kontext stellte, um auf metaphorische Weise wissenschaftliche Sachverhalte zu erläutern; das Publikum erfreute sich daran, Kunstwerke einmal verfremdet zu erleben, und mir war es ein Vergnügen.)

Ein Beispiel für eine solche Verfremdung ist das Bild »Nummer 32« von Jackson Pollock. Wir können hier auch die enge Verflechtung von Nervenzellen im Gehirn sehen, die von einem neuroanatomischen

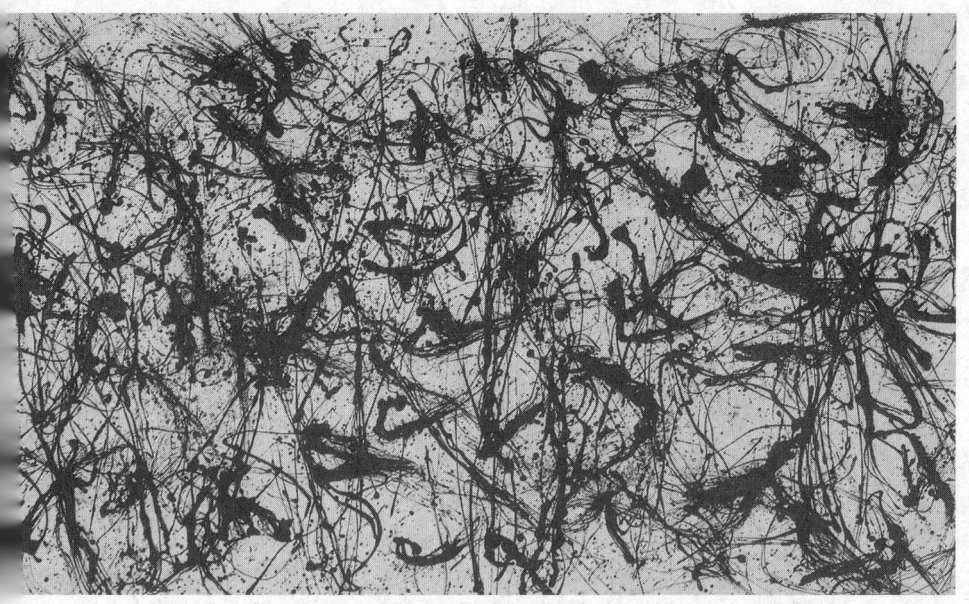

Abb. 14 Jackson Pollock: »Nummer 32«; aus der Kunstsammlung Nordrhein-Westfalen (Düsseldorf); eine bildliche Assoziation für die Vernetzung von Nervenzellen im Gehirn.

Bild in dieser dynamischen Weise nicht sichtbar gemacht werden kann. Denn darum geht es ja bei den neuronalen Prozessen, daß Nervenzellen im Gehirn dynamisch miteinander verbunden sind, daß sich immer neue Verbindungen auftun, daß gleichzeitige Aktivitäten die Grundlage für unsere geistigen Prozesse sind, daß überall der Zufall herrscht, aber dennoch etwas Sinnvolles entsteht. Pollock hat dieses Bild sicher nicht in der Absicht hergestellt (»gemalt« wäre ein gewagter Ausdruck, wenn man die Photographie betrachtet, die ihn bei der Komposition dieses Bildes zeigt), daß ein halbes Jahrhundert später dieses Bild zu Überlegungen über neuronale Vorgänge herangezogen wird, doch ich sehe vieles, das jenseits seiner Absicht lag. (Das ist natürlich eine Vermutung; woher soll ich wissen, was er sich dabei dachte? Nicht einmal Nervenzellen sind ausgeschlossen.) Was ich sehe, gibt mir mehr Einsicht in neuronale Vorgänge als übliche wissenschaftliche Abbildungen. (Daß ich dies in das Bild »hineinsehe«, ist selbstverständlich, doch was heißt das eigentlich? Bei der Betrachtung kommt es darauf an, daß das innere Bild der Erwartung mit dem äußeren Bild vor Augen zusammenfindet; wenn diese Komplementarität gegeben ist, dann entsteht eine innere Stimmigkeit, eine Ich-Nähe, und diese Kriterien sind auch Merkmale der ästhetischen Bewertung.)

Nichts ist mühsamer, als mit seinen Kindern in ein Museum zu gehen. Was sollen sie dort auch, wenn sie von ihren Eltern von einem langweiligen Bild zum nächsten geschleppt werden? Als meine Kinder noch jünger waren, machte ich bei einem Besuch in London den Vorschlag, die Eltern in die Tate-Gallery zu begleiten, aber unter einer Bedingung: Sie dürften nur zehn Bilder anschauen. Die Herausforderung für mich war, jene zehn Bilder zu identifizieren, die sie anschauen durften. Ich habe vorher viele Stunden im Museum verbracht, um Bilder auszusuchen und mit ihnen eine Geschichte zu erfinden; es mußte also auch die Reihenfolge bestimmt werden, in der die Bilder angeschaut wurden. Durch die Auswahl, die Bestimmung einer Reihenfolge der Betrachtung und die Erfindung einer Geschichte wurden die Bilder in einen anderen Kontext gestellt (wie das Bild von Jackson Pollock). Der Besuch wurde zu einem großen Erfolg (und ich bin immer noch stolz auf meine pädagogische Leistung). Als wir uns dem zehnten Bild näherten, fragte unsere Tochter Julie, ob sie nicht vielleicht doch noch ein Bild anschauen könne. Dieses Prinzip, einen Besuch auf maximal zehn Bilder zu beschränken und diese zu verfremden oder aus ihnen eine Geschichte entstehen zu lassen, habe ich beibehalten, auch für mich selbst. Mit Medizinstudenten gehe ich manchmal in die Alte Pinakothek in München, und wir sprechen über medizinische, psychologische oder philosophische Probleme (die kunsthistorisch wahrscheinlich völlig belanglos sind); mit Besuchern aus Ostasien wird eine andere Auswahl getroffen, wobei dann Fragen der europäischen Identität ein Thema sind; meine Mitarbeiterin Susanne Piccone wünschte sich sogar als Geburtstagsgeschenk eine Wanderung durch die Alte Pinakothek, wobei wir bei der Betrachtung von Dürer-Bildern darüber sprachen, wie sich Katholiken und Protestanten in ihrem Bezug zu Gott unterscheiden (Protestanten sehen sich eher auf gleicher Augenhöhe mit Gott); und vor kurzem ging ich mit meinem Enkel Alexander durch das Museum, doch er hatte mit den »zehn Bildern« etwas mißverstanden, denn er fragte mich nach einiger Zeit, wie es eigentlich kontrolliert würde, nur zehn Bilder anzuschauen; er müsse mir gestehen, daß er mit seitlichem Blick schon mehr als zehn Bilder angeschaut habe.

Man mag die Verfremdung von Kunstwerken merkwürdig finden, wie ich sie für andere und auch für mich praktiziere, doch »verfremdet« sind sie nur in einem bestimmten Rahmen, nämlich dem der Professionalität. So wie ich als Laie einen philosophischen Text lesen kann, obwohl ich kein Philosoph bin, und ich mir zum Text meine eigenen Gedanken machen kann, die für einen Fachvertreter ungewöhnlich (oder naiv) sind, so kann ich mir als Laie Kunstwerken gegenüber eine eigene Welt erschließen, meine eigenen Geschichten entstehen lassen. Wer bestimmt eigentlich, welches das richtige (oder sogar »wahre«) Verhältnis zu Kunstwerken ist? (Dies bezieht sich nicht nur auf Kunstwerke, sondern auch auf wissenschaftliche Tätigkeiten; wie entsteht in meiner eigenen Zunft ein »mainstream«, daß also plötzlich ein bestimmtes Thema beherrschend wird, über das alle forschen? Augenblicklich ist es in der Hirnforschung das Thema »Aufmerksamkeit«; vielleicht ist es in ein paar Jahren das Thema »Zeit«, doch voraussagen läßt sich dies nicht; es ist auf jeden Fall kein rationaler Prozeß, der die Auswahl von relevanten Themen in der Forschung steuert. Aber wie entstehen diese Themen, und wie werden Kunstwerke aufgenommen, so daß bestimmte und nicht andere als wertvoll und bedeutend angesehen werden? Picasso meinte einmal, daß in Museen nur mißglückte Bilder hängen, die also zum Zeitpunkt ihres Entstehens einen Bruch darstellten; doch nach welchen Kriterien kommen sie in Museen, so daß sie dann nicht mehr als mißglückt gesehen werden?)

Über vieles kann man sich streiten, aber worüber man sich wohl nicht streitet (dies ist eine Vermutung): In den Künsten zeigt sich in einer unmittelbaren Weise menschliche Kreativität, und dies gilt gerade für unsere Zeit; wir erleben einen Reichtum in den Künsten, eine einmalige Offenheit für verschiedene Rahmen künstlerischen Ausdrucks, die in dieser Breite noch nie dagewesen sind. Allein diese Tatsache, die hohe Diversität, ist Ausdruck der Kreativität unserer Zeit (hier gilt das evolutionäre Prinzip: Hohe Diversität ist die notwendige Basis, um in einem Selektionsprozeß höhere Kreativität zu erzeugen). Was uns in den einzelnen Teilkulturen bewegt (der Wissenschaft, der Wirtschaft, der Politik, der Religion, der Gesellschaft im allgemeinen), findet seinen Ausdruck in den Künsten, und somit sind die Künste mehr als nur eine weitere, neben den anderen stehende Teilkultur; sie sind auch ein Spiegel für die anderen.

Um als Naturforscher einen Weg zu den Künsten zu finden, beginne ich mit elementaren Grundbedürfnissen, die alle Lebewesen kennzeichnen; (vielleicht ist dies etwas weit hergeholt, aber das ist nun einmal der Weg, den ich für richtig halte, um mich selbst den Künsten zu nähern). Letzten Endes geht es jedem Organismus, dem Menschen wie dem Einzeller, nur darum, sein inneres Milieu, sein homöostatisches Gleichgewicht, zu bewahren. Jeder Organismus fragt sich (ob explizit oder implizit): »Was ist gut für mich, was ist schlecht für mich?«, und nach Beantwortung dieser Frage wird entschieden, was zu tun ist; dies gilt für den Einzeller genauso wie für den Menschen; (obwohl die biologische Grundlage für Entscheidungsprozesse unterschiedlich ist, geht es immer darum, »Entscheidungen« zu treffen).

Was sind das für Bedürfnisse, deren Befriedigung uns im Gleichgewicht hält? Hunger und Durst stehen am Anfang. Es ist die Suche nach Wärme; dieses Bedürfnis zeigt sich nicht nur darin, daß wir uns der äußeren Temperatur entsprechend anziehen, sondern es äußert sich in unserer Sorge um Geborgenheit und Behausung. (Es gibt wohl auch so etwas wie Wärmeprägung in der frühen Kindheit; wenn man in den Tropen aufgewachsen ist, wird man immer unter den zu niedrigen Temperaturen in nördlichen Gefilden leiden.) Zu den Grundbedürfnissen gehört auch die Selbstbehauptung, die der Sicherung der eigenen Identität dient. Selbstbehauptung zeigt sich manchmal in Aggression; man muß sich anderer erwehren, um sich selbst nicht zu verlieren. Vermeiden von Schmerz und Sehnsucht nach Vereinigung sind weitere Antriebe. Wir sind getrieben vom Verlangen nach Dualität, nach unmittelbarer Kommunikation mit anderen. Uns kennzeichnet die Sorge für andere und unsere eigene Zukunft; Sorge äußert sich in der Angst um unsere Kinder, im Muttertrieb. Aktivität ist ein weiteres unmittelbares Bedürfnis; die rein sessile Lebensweise ist unnatürlich; der Körper verlangt nach Bewegung. Wir ordnen unsere unmittelbare Umgebung, wir herrschen über andere, manchmal unterwerfen wir uns, und wir suchen die Zeit zu beherrschen. Wir verstecken uns hinter der Angst vor dem Tod; die Neugier treibt uns, das Unbekannte zu entschlüsseln. Und wir genießen in immer neuer Weise, was unsere Sinne uns über die Welt und uns selbst erfahren lassen. (Wie für das Bedürfnis nach Wärme gilt aber für alle Bedürfnisse, daß sie einer Prägung in den frühen Phasen unserer Biographie unterliegen, auch wenn die Bedürfnisse uns von Natur aus mitgegeben sind. So erklärt sich, daß die Bedürfnisse in verschiedenen Kulturen oder auch zu verschiedenen Zeiten in einer Kultur unterschiedlich ausgelebt werden, weil die kulturellen Randbedingungen einen jeweils anderen Rahmen für die Erfüllung der einzelnen Bedürfnisse bereitstellen.)

Alle diese Grundbedürfnisse stehen nicht für sich allein. Sie kennzeichnen Leben und Erleben in komplementärer Weise und sind zwar voneinander getrennt zu denken, aber nicht getrennt zu verwirklichen. Alles dient dem Überleben, und alles ist erforderlich zur Gestaltung unseres Lebens. Mit den Grundbedürfnissen habe ich auch die zentralen Themen der Künste angesprochen, denn letzten Endes ist der Künstler immer bezogen auf menschliche Grundbedürfnisse. In welchem Medium werden diese Themen gestaltet, welche Erscheinungsweise wählen sie? Hierzu eine sehr einfache Aussage: Biologisch gesehen leiten sich die Künste aus den unmittelbaren Erfahrungen der sinnlichen Wahrnehmung ab. Sehen, Hören, Tasten, Fühlen, Riechen, Schmecken, Bewegen sind das jeweilige Medium und damit der Ausgangspunkt künstlerischen Schaffens. In allen Kulturen und zu allen Zeiten wurden die gleichen Künste entdeckt, und vermutlich geschah dies sogar unabhängig voneinander. Auffällig ist nämlich, daß alle Ethnien (von den Steinzeitkulturen bis zu den sogenannten Hochkulturen) ähnliche sensorische Kunstformen entwickelten, und dies gilt offenbar auch für Kulturkreise, die miteinander nie in Kontakt standen. Ein früher Ausdruck der visuellen Kunst mögen die Höhlenmalereien seien; von der Musik oder der Dichtkunst ist aus diesen frühen Zeiten nichts überliefert (soviel mir bekannt ist). Diese Gemeinsamkeiten sprechen für die Universalität des künstlerischen Darstellens und seiner Verwurzelung in grundlegenden Mechanismen der sinnlichen Welterfahrung. Die Tatsache, daß es in allen Kulturen die gleichen Künste gibt, kann sogar als Argument dafür herangezogen werden, daß die Künste biologisch verankert sind und sich aus sensorischen Primärerfahrungen herleiten.

Der unmittelbare Antrieb zum künstlerischen Schaffen, das in einem bestimmten sensorischen Medium Grundbedürfnisse artikuliert, erklärt sich (so meine ich) aus dem Bemühen, anderen (und manchmal ist man selbst der andere) mitzuteilen, was in expliziter Sprache nicht gesagt werden kann. Im künstlerischen Prozeß erlebt

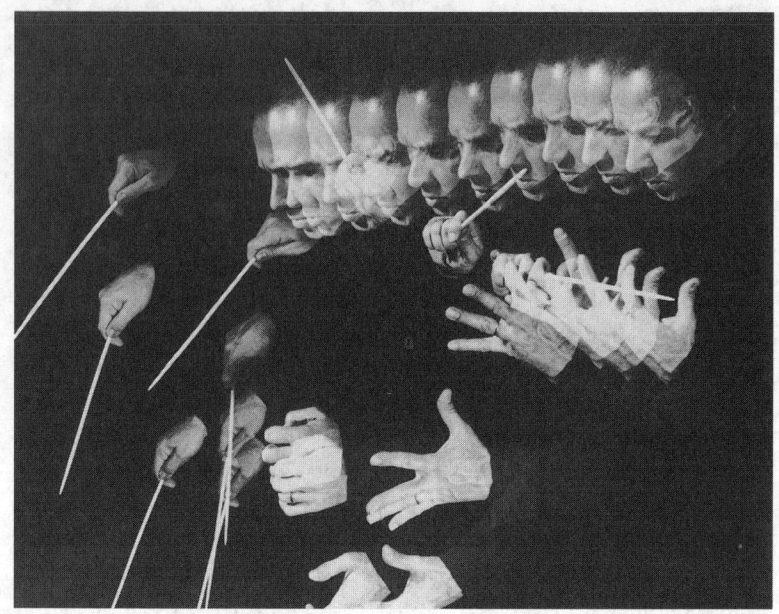

Abb. 15 Der Musiker David Epstein beim Dirigieren, Photo v. Charles E. Miller.

der Künstler als unmittelbaren Antrieb das Mitteilen selbst; Schreiben, Dichten, Malen, Zeichnen, Formen, Filmen, Komponieren, Musizieren oder Tanzen sind trotz aller Selbstversenkung auf andere bezogene Tätigkeiten (und sei der andere man selbst, dem man als sein eigener Doppelgänger im expliziten Selbstgespräch etwas über sich selbst vermitteln möchte; in einer solchen Selbst-Bezüglichkeit zeigt sich der komplementäre Bezug zwischen implizitem und explizitem Wissen, der für die Bestimmung unserer Identität so wichtig ist).

Einige Beobachtungen zu den einzelnen Künsten: Das Bild, die Zeichnung folgen aus der Primärerfahrung des Sehens. Der Maler und der Zeichner gestalten ein Bild auf der Grundlage elementarer visueller Erlebnisse, für die das Gehirn spezifische Verarbeitungsmechanismen bereitstellt. Der Rückgriff auf das bildliche oder episodische Gedächtnis kommt hier ins Spiel; für uns wichtige Bilder sind in uns für immer abgespeichert. Linien, Flächen, Farben, Kontraste und topographische Zuordnungen sind die Grundbausteine dargestellter Objekte; diese Elemente werden in verschiedenen Kunstrichtungen

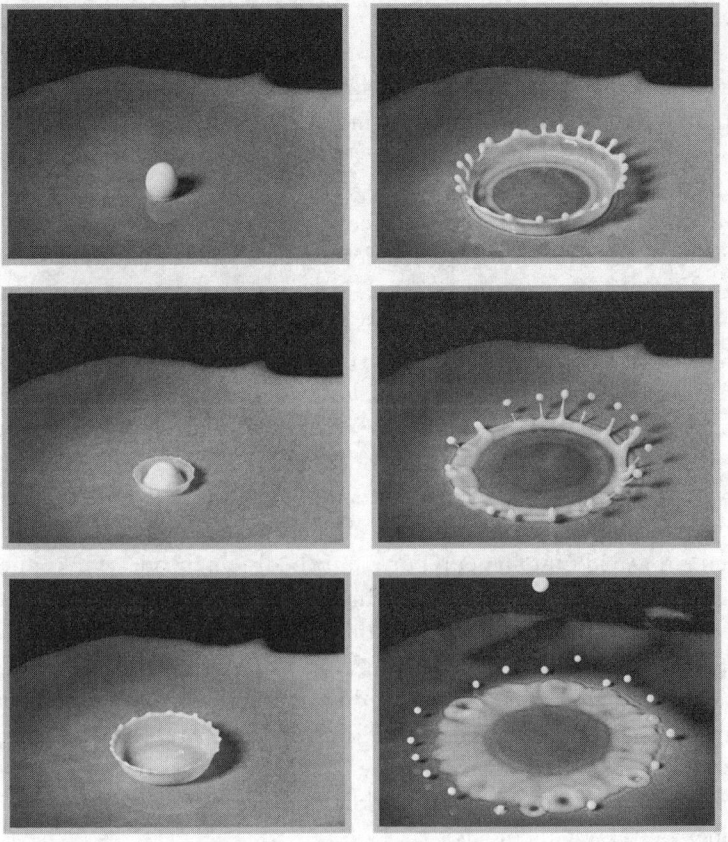

Abb. 16 Fallender Milchtropfen, photographiert von Harold Edgerton.

unterschiedlich betont, und sie gewinnen in manchen modernen Kunstrichtungen sogar eigenständige Bedeutung, indem nur innerhalb einer Kategorie künstlerische Variationen erlaubt sind oder vorgenommen werden. Die Bausteine selber werden häufig zum Thema der Gestaltung, und manchmal ist der Akt des Schaffens selbst zum künstlerischen Thema erhoben. Der Versuch allerdings, in gemalten oder gezeichneten Bildern Bewegung darzustellen, scheitert, da die unmittelbare Erfahrung gesehener Bewegung umgangen wird. Dies sagt nichts gegen den besonderen Reiz von Bildern, in denen Bewegung nahegelegt wird, wie in dem Bild eines dirigierenden Künstlers (Abb. 15) oder eines fallenden Milchtropfens (Abb. 16); Bewegung kann im stationären Bild nur assoziativ erzeugt werden. Dagegen kann man sich im stationären Bild nur über Kontraste topographisch angeordneter Flächen, durch Konturen oder durch Farben ausdrücken, da ursprüngliche sinnliche Erfahrungen, für die das Gehirn eigene Mechanismen entwickelt hat, unmittelbar angesprochen werden.

(Am Massachusetts Institute of Technology in Cambridge, dem MIT, gibt es einen langen Gang, der sich durch mehrere Gebäude zieht, etwa 300 Meter lang, und der vollgehängt ist mit Dokumenten aus der Geschichte der Universität. So sieht man auf Bildern Norbert Wiener, den Begründer der modernen Kybernetik, in Aktion, und in früheren Jahren begegnete man dort regelmäßig »Doc Edgerton«. Jeder kannte den freundlichen älteren Herrn, und jeder kannte und kennt noch heute seine aufregenden Bilder. Durch hohe Zeitauflösung bei photographischen Aufnahmen gelang es ihm, in die Prozesse technischer oder natürlicher Abläufe hineinzuschauen. So können wir David Epstein beim Dirigieren beobachten, oder wir können bewundern, welche Muster ein Milchtropfen produziert, wenn er auf eine Oberfläche trifft. Trotz des ästhetischen Reizes dieser Bilder, und obwohl wir viel über den Ablauf von Prozessen erfahren können, sehen wir aber keine Bewegung; diese müssen wir uns dazudenken. Anschauliche Bewegung verlangt die wirkliche Abfolge von visuellen Eindrücken; das Wissen um die Abfolge und das Sehen der erforderlichen Elemente ohne die wirkliche Abfolge reicht für das Sehen einer Bewegung nicht aus.)

Hören und Sprechen als Leistungen des Gehirns sind Ausgangspunkt von Musik und Dichtkunst. Wiederum müssen grundlegende Mechanismen des Gehirns berücksichtigt werden, will man elementare Phänomene dieser Zeitkünste nachvollziehen. Ein Musikstück ist nur verstanden, wenn das richtige Tempo gefunden worden ist, da bei einem falschen Tempo musikalische Motive verzerrt erlebt werden oder nicht mehr erkennbar sind. Die Kontrolle des Tempos bei der Musik kann sich nicht aus Traditionen oder gar dem Musikstück selbst ergeben, sondern unterliegt neuronalen Mechanismen, und zwar insbesondere jenen, die Bewegungsabläufe steuern. Es ist keineswegs selbstverständlich, durch ein Musikstück hindurch ein einheitliches Tempo aufrechterhalten zu können, wie es auch nicht selbstverständlich ist, halbe, Viertel- oder Achtelnoten spielen zu können. Solche Tempokontrollen oder die ganzzahlig definierten Zeiteinteilungen der Notenlängen erfordern spezifische Programme des Gehirns.

Wie in der Malerei werden auch in der Musik der verschiedenen Richtungen unterschiedliche Komponenten besonders hervorgehoben, indem sie bevorzugt variiert werden. Oder es sind nur einzelne Komponenten als künstlerischer Rahmen erlaubt, wenn etwa (wie in mancher afrikanischer Musik) Rhythmen variiert werden, also auf Tonalität verzichtet wird. Ein Grundphänomen in der Musik ist die Tatsache, daß musikalische Motive häufig eingebunden sind in ein Zeitintervall von nur wenigen Sekunden. Experimentelle Untersuchungen haben ergeben, daß diese Spanne auf etwa drei Sekunden beschränkt ist. Offenbar haben Musiker und Komponisten ein implizites Wissen über neuronale Prinzipien, daß unser Gehirn nämlich eine zeitliche Arbeitsplattform bereitstellt, auf der einzelne Bewußtseinsinhalte als einheitliche Gestalt zusammengefaßt werden. In der Tradition der Wiener Klassik, von Joseph Haydn bis zum spätromantischen Gustav Mahler, finden sich häufig musikalische Motive, die auf dieses Zeitintervall beschränkt sind. Als musikalischer Laie habe ich bei Künstlern nachgefragt, ob diese Beobachtung eine Illusion des Hörens ist oder ob ihr ein Wahrheitsgehalt zukommt. Wie nicht anders zu erwarten, löste allein die Anfrage bei manchen Profis eine mißtrauische Reaktion aus. Es war aber dann beruhigend, zumindest von manchen Künstlern bestätigt zu bekommen, wie in sehr nachdrücklicher Weise von David Epstein (Abb. 15) oder von Herbert von Karajan, daß die Beobachtung einer zeitlichen Segmentierung in Intervalle von etwa drei Sekunden Dauer der musikalischen Expression gerecht werde. (Gegen die zeitliche Beschränkung eines musikalischen Motivs auf etwa drei Sekunden spricht das bekannte Tristan-Motiv von Richard Wagner, das in der Tat sehr viel länger dauert; doch könnte es nicht sein, daß es seine Wirkung gerade dadurch erhält, daß in aufeinanderfolgenden Zeitfenstern musikalische Elemente miteinander verbunden und gleichzeitig kontrastiert werden, die Komplementarität von Bindung und Gegensatz genutzt wird?)

Die Nutzung eines vom Gehirn vorgegebenen Integrationsintervalles für die musikalische Gestaltung ist nicht auf den abendländischen Kulturkreis beschränkt. In japanischen Kunstformen, wie beim

Noh-Spiel, findet man ebenfalls auf der Bühne klare zeitliche Strukturierungen auf der Basis von etwa drei Sekunden. Ich habe mich selbst in Tokio bei Noh-Spielen beobachtet, wie ich auf den Ablauf der Zeit, die von einer Trommel vorgegeben wurde, achtete und darüber alles andere vergaß. Die vom Gehirn vorgegebene Zeitstruktur führt zu weiteren Überlegungen, die sich auf das Empfinden von Bewegung in der Musik beziehen. Wenn innerhalb eines Intervalls von etwa drei Sekunden nur ein einziges Klangereignis zu hören ist, dann kann sich kein Gefühl musikalischer Bewegung einstellen. Dem Künstler wird die Möglichkeit eröffnet, bewegende (im doppelten Sinn) und bewegungslose Musik zu komponieren. Durch das Halten eines Tones über drei Sekunden hinweg werden tonale Flächen geschaffen, die als bewegungslos erlebt werden und die durch kurzfristige Klangereignisse unterbrochen werden können, die ihrerseits dann als ein Bruch erlebt werden, wie es bei manchen Stücken von Luigi Nono der Fall ist. Das Gefühl von Bewegung oder Stillstand ist nur möglich, weil dahinter ein neuronaler Mechanismus steht, der die beiden Wahrnehmungsphänomene erzeugen kann.

Diese neuronalen Prozesse sind auch grundlegend für das ästhetische Bewerten; was als ästhetisch befriedigend erlebt wird, kann als unabhängig von zugrundeliegenden Hirnmechanismen nicht einmal erörtert werden. Einer dieser Mechanismen in der Musik ist die zeitliche Segmentierung, ein weiterer die Fähigkeit des Gehirns, ein gewähltes Tempo einzuhalten und ganzzahlige Unterteilungen von Notendauern vorzunehmen. Damit gibt das Gehirn dem künstlerischen Ausdruck einen Rahmen vor. Ich behaupte nun keinesfalls, daß dies ein starrer Rahmen oder gar eine Schablone sein muß. Ich glaube aber, daß unser ästhetisches Empfinden in biologisch vorgegebenen Bedingungen verankert ist, wobei die zeitliche Grundstruktur erkennbar ist, jedoch nicht sklavisch eingehalten werden muß. Es muß sogar zu Symmetriebrüchen kommen, wobei sich der Künstler von den vorgegebenen zeitlichen Strukturen entfernt, sie aber immer noch erahnen läßt. Das Rubato, das Schwanken des Tempos, ist dafür ein Beispiel: Man spielt gleichsam mit der Zeit, läßt aber das Grundmuster noch erkennen.

Für den experimentellen Forscher ist es wichtig zu beobachten, daß der musikalische Ausdruck trotz aller Variationen geradezu zwanghaft von Mechanismen des Gehirns kontrolliert wird. Es ist einem Musiker unmöglich, so zu spielen, daß die Notendauer nicht in ganzzahligen Verhältnissen zueinander steht; automatisch wird an der zeitlichen Grundstruktur festgehalten. Erst der Einsatz des Computers ermöglicht völlig neue Formen der Musik, bei denen neue Tonalitäten und zufällige Zeitdauern angeboten werden können. Wie aber wird solche Musik gehört? Trotz aller Veränderungen in der Zeitstruktur solcher Musik wird im Hörer zeitliche Ordnung geschaffen; die Zufälligkeiten werden geglättet und die Absicht einer Zufallskomposition scheitert; wir haben kein Organ für den Zufall – und ist ein Musikstück im mathematischen Sinne zufällig strukturiert, nimmt unser Gehirn eine Reduktion der Komplexität vor und erfindet Strukturen, auch wenn diese nicht vorliegen. (In die zufälligen Gebilde von Wolken oder die zufällige Anordnung der Sterne lege ich auch Strukturen hinein, indem ich Gesichter oder Tiere sehe oder indem ich Sternbilder erfinde.)

Läßt sich der Rahmen für ästhetische Bewertungen ändern, oder sind wir uns selbst ausgeliefert? Können wir uns beliebig weit von den biologischen Grundlagen des Ästhetischen entfernen, oder können wir sogar völlig neue Prinzipien des Ästhetischen entwickeln, die nichts mehr mit unserer ursprünglichen Sinnlichkeit zu tun haben? Ich bin sicher, daß man andere Ästhetiken entwickeln kann, und vielleicht gibt es sie sogar (hier spricht der Dilettant). Doch der Biologie ferne Ästhetiken hätten eine andere Wirkung; sie würden den Rezipienten nicht in seinem unmittelbaren und unreflektierten Erleben erreichen, sondern einen rationalen Rahmen des Bewertens ansprechen. Als Beispiel gelten für mich Goethes »Faust« I und II; der erste »Faust« ist von unmittelbarer Lebendigkeit, der zweite »Faust« ein eher intellektuelles Geschäft. (Ich befürchte nach diesem Bekenntnis gewisse Kommentare von Fachleuten.) Ich will nun nicht behaupten, daß wir völlig starr sind in unseren ästhetischen Kriterien, und ich glaube schon, daß neue Aspekte in das Bewertungsrepertoire aufgenommen werden und dann Grundlage einer neuen Ästhetik werden können. Dies braucht aber Zeit und ist nur über Prägungslernen erreichbar. Dennoch, bestimmte Grundstrukturen der neuronalen Informationsverarbeitung sind derart konservativ, daß sie auch im Hinblick auf das Ästhetische nicht abgeschüttelt werden können. (Auf diesen Sachverhalt hat der Begründer der Humanethologie, Irenäus Eibl-Eibesfeldt, immer wieder hingewiesen, wie man überhaupt

»Renki« – so sein Spitzname – viele Einsichten in das menschliche Verhalten und Erleben verdankt.)

In der Dichtkunst finden wir ebenfalls einen unmittelbaren Bezug zur zeitlichen Segmentierung der Informationsverarbeitung im Gehirn. Ich habe mit dem amerikanischen Dichter Fred Turner viele Gedichte untersucht, und wir haben festgestellt, daß universell über alle Sprachen hinweg die gleiche Zeitsegmentierung gilt. Bei längeren Verszeilen macht der Sprecher automatisch eine Zäsur, wie es beispielsweise für den Hexameter gilt. Der Leser sei gebeten, sich folgende Gedichtzeilen laut vorzulesen, wobei er feststellen wird, daß jede Verszeile, in normalem Tempo gesprochen, etwa drei Sekunden dauern wird.

> Zu fragmentarisch ist Welt und Leben!
> Ich will mich zum deutschen Professor begeben;
> Der weiß das Leben zusammenzusetzen,
> Und er macht ein verständlich System daraus.

Wenn man diese Zeilen von Heinrich Heine rezitiert, wird man die zeitliche Struktur bestätigt finden. Die formale Struktur des Gedichtes bestätigt also die These. (Wenn der Leser dem Autor nicht geneigt ist, dann mag er den Inhalt des Gedichtes als einen Kommentar zu diesen Ausführungen ansehen.) Die Tatsache, daß wir in der Dichtkunst ein Phänomen wiederfinden, das sich aus Integrationsmechanismen des Gehirns ableitet, spricht für die Stabilität des neuronalen Geschehens. Wenn unabhängig von der jeweiligen Sprache Dichter stets den gleichen Segmentierungsprozeß im Gedicht benutzen, bedeutet dies, daß unterschiedliche kulturelle Traditionen oder verschiedene syntaktische Regeln einer Sprache einen Grundmechanismus des Gehirns nicht antasten, der für zeitliche Strukturierung verantwortlich ist.

Neben der zeitlichen Struktur spielt in der Dichtkunst natürlich der Ausdruck eine herausragende Rolle, etwa auf der Bühne. Sprachlicher Ausdruck, verbunden mit ihm entsprechender Bewegung, wird durch verschiedene Mechanismen des Gehirns bestimmt. Der emotionale Ausdruck in der Sprache wird von neuronalen Strukturen der rechten Gehirnhälfte kontrolliert. Kehren wir in diesem Zusammenhang noch einmal zurück zur Musik. Es gibt Beobachtungen, die darauf hinweisen, daß die Modulation der Tonhöhe von der rechten Gehirnhälfte ermöglicht wird. Wenn man vorübergehend die rechte Gehirnhälfte ausschaltet und den untersuchten Patienten bittet zu singen, dann ist die zeitliche Struktur seines Gesanges unverändert, doch das Lied wird nur in einer Tonhöhe gesungen. (Derartige Untersuchungen werden manchmal durchgeführt, um vor einer Hirnoperation zu klären, in welcher Gehirnhälfte Sprache lokalisiert ist. Man kann dabei auch überprüfen, in welcher Weise andere Funktionen von der linken oder rechten Gehirnhälfte kontrolliert werden.)

Durch zahlreiche Beobachtungen wird nahegelegt, daß die rechte Gehirnhälfte dominant ist für die emotionale Bewertung von Erlebnissen. Diese Asymmetrie der Informationsverarbeitung in unserem Gehirn findet sich interessanterweise wieder im asymmetrischen Aufbau vieler Bilder. Dazu muß man den folgenden anatomischen Sachverhalt berücksichtigen: Alles, was links von unserer Blicklinie liegt, wandert in die rechte Gehirnhälfte, und alles, was rechts von der Blicklinie liegt, ist in der linken Gehirnhälfte repräsentiert. Was links von der Blicklinie liegt, hat somit einen unmittelbaren Zugang zur emotionalen Bewertung. Wenn man den Aufbau von Bildern analysiert, die eine Emotion zum Ausdruck bringen, wie Petra Stoerig, Christa Sütterlin und ich es einmal getan haben, so stellt man fest, daß der Bildschwerpunkt signifikant häufiger auf der linken Seite zu finden ist (dies gilt nicht für alle Bilder, aber es ist so auffällig, daß es kein Zufall sein kann; das bedeutet »signifikant«). Bei Francisco Goya findet man viele Beispiele, die diese These bestätigen, wie bei dem Bild »Der Schlaf der Vernunft erzeugt Monster« (Abb. 17). Bilder, die weniger emotional anrühren, sind eher symmetrisch aufgebaut. Die bevorzugte Kompositionsform, den Bildschwerpunkt eher links zu setzen, wenn eine starke Emotion zum Ausdruck gebracht werden soll, läßt vermuten, daß der Künstler ein implizites Wissen über die Verarbeitung im Sehsystem besitzt. Dieses Merkmal der Gestaltung hat im übrigen nichts mit unsrer bevorzugten Leserichtung von links nach rechts zu tun. In Kulturen mit anderen Leserichtungen findet man die gleiche Bildstruktur.

Eine derartige asymmetrische Bildstruktur stellt Ich-Nähe zum Betrachter her, denn die Komposition bewirkt eine anstrengungslose Aufnahme, weil Wahrnehmung und Gefühl korrespondierend an-

Abb. 17 Francisco Goya: »Der Schlaf der Vernunft erzeugt Monster«; etwa 1798, aus »Los Caprichos«.

gesprochen werden. Das Bild vor Augen und seine Abbildung im Gehirn entsprechen sich in einer unmittelbaren Weise. Ein Eingebundenwerden, die Herstellung von Nähe, kann auch durch den perspektivischen Aufbau eines Bildes erzielt werden. Die geometrische Perspektive, wie wir sie kennen, erzeugt allerdings eher eine Außenperspektive; der Betrachter wird in eine geometrisch konstruierte Welt geführt und sieht die Welt von einem Punkt aus. Diese Art der perspektivischen Darstellung widerspricht allerdings grundlegenden Prozessen des Sehens, insbesondere im Nahbereich. Der Mechanismus der Größenkonstanz bewirkt, daß Dinge nicht so gesehen werden, wie sie auf der Netzhaut geometrisch abgebildet sind, vielmehr wird ihre anschauliche Größe unabhängig von der Distanz zum Betrachter konstant gehalten. (Der Mechanismus der Größenkonstanz beruht darauf, daß sich bei unterschiedlichen Entfernungen von Sehdingen die Akkommodation der Linse im Auge, also deren Krümmung, und der Vergenzwinkel der beiden Augen ändern; wenn etwas näher kommt, konvergieren die beiden Augenachsen, so daß es im Extremfall zum konvergenten Schielen kommt. Diese Veränderungen von Akkommodation und Vergenzwinkel führen zu Transformationen der Abbildung des Sehdings im Cortex, wo visuelle Information weiterverarbeitet wird; diese Koordinatentransformation bewirkt, daß Sehdinge im Nahbereich anschaulich gleich groß bleiben und sie sich nicht gemäß der geometrischen Gesetze, speziell des Strahlensatzes, in ihrer Größe verändern.) Was könnte der funktionelle Sinn der Größenkonstanz sein? Größenkonstanz, wie alle Konstanzmechanismen der Wahrnehmung, also Helligkeitskonstanz oder Farbkonstanz, unterstützen in maßgeblicher Weise den Erhalt der Identität dessen, was wir gerade vor Augen haben.

Eine ganz andere Weise als die des asymmetrischen Aufbaus, um Ich-Nähe in einem Bild zu erzeugen, sieht man in chinesischen oder japanischen Landschaftsbildern mit ihrem eigenwilligen perspektivischen Aufbau (Abb. 18). Ein Beispiel ist das Bild »Mittsommer« des japanischen Künstlers Chikuto (das er allerdings nicht in der Mitte des Sommers, sondern im Mai gemalt hat). Die mehrschichtige Perspektive bewirkt, daß der Betrachter über dem Bild zu schweben scheint. Vielleicht kann man dieses Phänomen mit dem Bild eines Kreises oder einer Ellipse beschreiben, die durch die Struktur des Bildes im Betrachter erzeugt werden. In der Vorstellung entsteht ein senkrecht stehender Kreis (oder eine Ellipse), der die übereinander liegenden Elemente des Bildes miteinander verbindet; dieser in der Vorstellung erzeugte Kreis tritt aus dem Bild heraus, und ich als Betrachter werde ein Teil des Kreises. Diese Teilhabe an dem Vorstellungskreis (oder der Ellipse) stellt eine besondere Ich-Nähe her, und sie würde ohne die mehrschichtige Perspektive nicht erreichbar sein. (Dies mag eine eigenwillige Deutung der besonderen Struktur japanischer oder chinesischer Landschaftsbilder sein; vielleicht gibt es ganz andere Gründe, warum die Bilder derartig strukturiert sind, wie etwa die Tatsache, daß es sich meist um Rollbilder handelt, die aus praktischen Gründen eher schmal und lang sind, also nicht den Proportionen von Bildern in der westlichen Kunst entsprechen. Dennoch: Beim Betrachter, und dies ist offenbar nicht nur bei mir der Fall, lassen solche Bilder einen mentalen Kreis entstehen, der mich einbezieht.)

In einer analogen Weise möchte ich die Wirkung des Steingartens im Ryoanji-Tempel in Kyoto verstehen (Abb. 19). Dieser Garten, etwa um 1500 errichtet, ist ein steinernes Dokument der Rinzai-Schule im Zen-Buddhismus. Es gibt zahlreiche Deutungen über seine besondere Wirkung: physikalisch, existentiell, ethisch, kosmologisch, mythologisch oder metaphysisch. Alle diese Deutungen repräsentieren aber eine Außenperspektive, indem man sich Gedanken über den Garten macht. Was geschieht, wenn man sich einfach hinsetzt, in den Garten und auf die Steine in dem Garten schaut (der etwa so groß wie ein Tennisplatz ist)? Wenn man außerhalb des Gartens, den man nicht betreten kann, an einer bestimmten Stelle sitzt, wird man Teil einer vorgestellten Ellipse, die durch die Anordnung der Steine vorgegeben ist. Ich werde ein Teil des Ganzen; der Garten, wie er dort liegt, ist also ein Fragment; erst durch mich als Betrachter an einer bestimmten Stelle wird der Garten vollständig. Dies heißt auch, daß es bestimmte Betrachtungspunkte gibt, bei denen diese Ich-Nähe nicht erzeugt wird, bei denen man sich also nicht zugehörig fühlt, bei denen der Garten ein Fragment bleibt. Natürlich muß man sich Zeit nehmen und den Garten auf sich wirken lassen und dabei auch die Umgebung auf sich wirken lassen. Dabei kann man dann nebenbei erleben, wie Horden von Besuchern am Garten vorübergehen und überprüfen, ob es wirklich 15 Steine sind (es sind 15), wobei sich bei diesem schnellen Gang kaum erschließt, daß man von keiner Position

Abb. 18 Landschaftsbild »Mittsommer« von Chikuto, 1843. (Der Familienname war Nakabayashi, Vorname Seisho, Künstlername Chikuto.) Die mehrschichtigen Perspektiven stellen den Betrachter über das Bild und erzeugen auf diese Weise eine besondere Ich-Nähe.

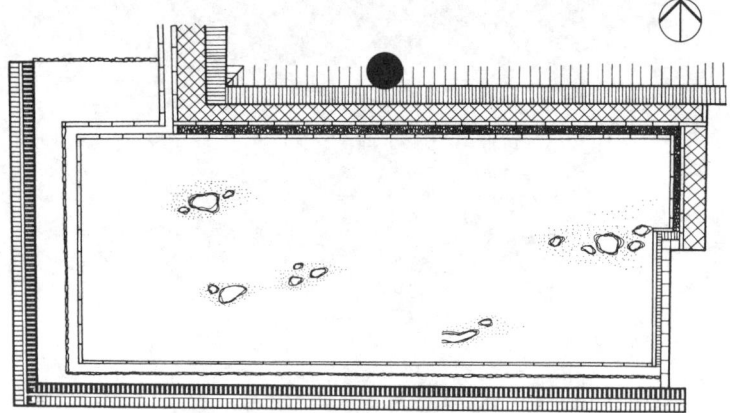

Abb. 19 Ryoanji-Tempelgarten in Kyoto. Die Anordnung der Steine erzeugt im Besucher dann eine besondere Ich-Nähe, wenn er an einer bestimmten Stelle Platz nimmt (schwarzer Punkt), so daß er Teil des Gartens wird.

aus alle 15 Steine gleichzeitig sehen kann. Diese Tatsache kann in der buddhistischen Tradition so gedeutet werden, daß man von keinem Standpunkt aus, in keinem wie auch immer denkbaren Rahmen, das Ganze der Realität erfassen kann.

Neben dem Gefühl der Einbindung in den Garten, das sich einstellt, wenn man den richtigen Ort gefunden hat, gibt es für den Betrachter eine weitere Auffälligkeit (für mich zumindest), nämlich den Eindruck von Gegensatz und Entsprechung (oder von Kontrast und Komplementarität). Die 15 Steine in den 5 Steingruppen haben sehr verschiedene Formen, und diese stehen im Gegensatz zu der Ordnung der geharkten Fläche. Die Steinformen lösen bei mir die Assoziation aus, daß wir es in der Natur mit vielen verschiedenen, häufig zufälligen Vorgängen zu tun haben; die geharkte Oberfläche läßt mich an das menschliche Ordnungsstreben denken. Dieser Gegensatz kann aber auch als Komplementarität gedacht werden: Wir versuchen Ordnung in das hineinzubringen, was uns umgibt; die Steine im Tempelgarten, die in der langen Erdgeschichte diese bestimmten Formen angenommen haben, kommen dadurch besonders zur Wirkung, weil sie in einen kulturellen Rahmen, die von Menschen gestaltete Oberfläche gesetzt werden. (Ich freue mich darauf, wieder einmal an der bestimmten Stelle zu sitzen, wo ich Teil einer Ellipse werde, und den Steingarten nicht nur in meinem episodischen Gedächtnis, sondern in Wirklichkeit zu betrachten. Welche Assoziationen sich wohl dann einstellen werden?)

Bewegung, eine ganz andere Art von Bewegung, kann in einem Bild erzeugt werden, wenn man von der zeitlichen Integration von Information ausgeht, wie sie sich in den Versen von Gedichten oder in musikalischen Motiven widerspiegelt. Diese Art von Bewegung kann man sich mit einem Würfel veranschaulichen (Wahrnehmungsforscher nennen ihn den Necker'schen Würfel, weil er erstmals von einem Forscher diesen Namens beschrieben wurde), den man in zwei verschiedenen Perspektiven sehen kann. Wenn man sich beispielsweise auf den Würfel unten rechts in Abb. 20 konzentriert, dann kann jeweils das eine oder das andere Quadrat als anschaulich »vorne« gesehen werden. (Bei manchen Betrachtern wechselt die Perspektive des Würfels nicht sofort; nur Geduld: Nach einer gewissen Zeit stellt sich der perspektivische Wechsel von selber ein.) Wenn man die beiden verschiedenen Orientierungen des Würfels sehen kann, dann kann man nun einfache Experimente machen. Der erste Versuch ist, die Perspektive so schnell wie möglich hin und her kippen zu lassen (dies ist übrigens auch ein sehr wirksames mentales Training, bei dem insbesondere Strukturen des frontalen Gehirns gefordert und damit geübt werden). Man wird bei diesem Versuch feststellen, daß eine bestimmte zeitliche Grenze nicht unterschritten werden kann. In kontrollierten Versuchen stellt man fest, daß keiner in der Lage ist, diesen inneren Perspektivenwechsel schneller als etwa nach einer halben Sekunde herbeizuführen. In dieser Tatsache spiegelt sich ein Gesetz unseres Sehens wider: eine bewußte Kontrolle über das, was uns anschaulich wird, ist auf etwa eine halbe Sekunde begrenzt. Zwei Bilder pro Sekunde sind also das Maximum, um etwas aufzunehmen und zu wissen, was man aufnimmt, und diese Geschwindigkeit ist dann schon recht anstrengend. (Die zeitliche Grenze wird allerdings häufig unterschritten, um besondere Effekte zu erzielen; wenn in der Reklame für Produkte ein kürzerer Schnitt als etwa eine halbe Sekunde pro Einstellung gewählt wird, kann man ziemlich sicher sein, daß der Betrachter keine Information aufnimmt; er wird nur angemutet, aber es wird keine Nachhaltigkeit der beabsichtigten Wirkung erzeugt).

Nach diesem ersten Versuch kann nun ein zweiter Versuch folgen, in dem man versucht, daß der Würfel seine Perspektive *nicht* ändert. Man schaut auf den Würfel in der entschiedenen Absicht, daß er die Perspektive beibehält, die er im Augenblick gerade hat. Dabei ist wichtig, daß man »Würfelhaftigkeit« im Bewußtsein hat; man darf also nicht auf den Würfel schauen (gleichsam durch ihn hindurch schauen) und dabei an etwas anderes denken. Mit Überraschung wird man feststellen, daß der Würfel automatisch, ohne eigenes Zutun nach einer gewissen Zeit seine Perspektive ändert. Wenn einige Sekunden vergangen sind, dann wird die alte Perspektive von der neuen abgelöst, und der Betrachter kann sich nicht dagegen wehren. (Voraussetzung für diesen automatischen Wechsel der Perspektiven ist, daß man sie tatsächlich sehen kann, was man im ersten Versuch überprüft hat.) Schaut man längere Zeit auf den Würfel, dieses sehr einfache geometrische Gebilde, dann erlebt man eine sich wiederholende Bewegung, bei der in regelmäßigen Abständen die jeweils andere Sichtweise hervortritt. Führt man mit diesem anschaulichen Umkippen des Necker'schen Würfels kontrollierte Versuche durch, dann stellt man fest, daß sich im Durchschnitt etwa alle drei Sekunden die alternative Sichtweise in das Bewußtsein drängt. Diese Zeitdauer entspricht jenem Integrationsintervall, das auch bei der zeitlichen Segmentierung der Sprache und der Dauer musikalischer Motive zu beobachten ist. Eine solche Übereinstimmung legt nahe, daß es sich bei dieser zeitlichen Segmentierung um ein all-

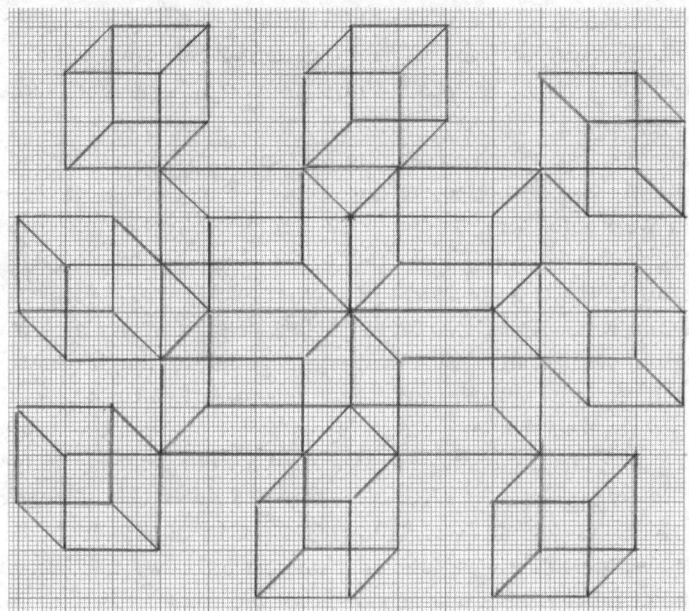

Abb. 20 Zwölf ineinander verschachtelte »Necker'sche Würfel«; die einzelnen Würfel können in verschiedenen Perspektiven gesehen werden, wobei dies für die außen liegenden Würfel für manche Betrachter leichter zu sein scheint. Insgesamt sind in dem Bild über 4000 verschiedene Sehweisen möglich.

gemeines Phänomen handelt, das für viele Bereiche der kognitiven Tätigkeit gilt.

In Abb. 20 sind 12 verschiedene Würfel zu sehen, die alle ihre Perspektiven ändern können. Die größeren Würfel im Innern der Zeichnung wechseln für manche Betrachter ihre Perspektive allerdings etwas schwerfälliger, und manchen gelingt es (dies allerdings mit Anstrengung), den Innenteil als Fläche, also nicht dreidimensional, zu sehen; doch wenn man für gewisse Zeit erzwingen kann, ein flächiges Muster zu sehen, tritt mit Gewalt wieder die Würfelhaftigkeit in den Vordergrund. Wenn man seinen Blick streifen läßt, dann beobachtet man, daß ohne eigenes Zutun die Würfel jeweils nach einer kurzen Zeit ihre Perspektive ändern. Diese innere Bewegung ist nicht zu unterdrücken, und sie bewirkt, daß diese Anhäufung von Würfeln für die Wahrnehmung instabil wird. Aufgrund des zeitlichen Integrationsmechanismus des Gehirns, der zeitlich begrenzt ist, wird im Bild

Bewegung erzeugt, die in ihrem Ablauf gar nicht oder nur schwer kontrolliert werden kann. (Wenn ich richtig gerechnet habe, dann enthält diese recht einfache Würfelkonstruktion mehrere tausend Sichtweisen.)

Offenbar haben sich Künstler mit diesem Phänomen der visuellen Instabilität von optischen Reizen vor längerem intensiv befaßt und in ihr Werk integriert, denn anders ist kaum nachvollziehbar, daß im Kubismus der Necker'sche Würfel (und analoge optische Reize) eine so zentrale Rolle gespielt hat. Betrachtet man das Bild »Grabstätte« von Paul Klee (Abb. 21), dann erlebt man die künstlerische Umsetzung des elementaren Wahrnehmungsphänomens; durch die vielfachen Perspektive entsteht im Bild eine innere Dynamik; der Blick kann nicht festgehalten werden, nichts bleibt stabil, und es entsteht Bewegung, die ausgehend von der Struktur des Bildes in unserem Gehirn erzeugt wird. Der Künstler hat in nur einem Bild also zahlreiche Bilder hergestellt. (Wie definiert man dann eigentlich »Bild«? Ist es das, was der Maler geschaffen hat, oder ist es das, was im Betrachter entsteht? Solche mehrdeutigen Bilder beweisen, daß das Bild an der Wand nur eine optische Anregung sein kann für das Bild oder die Bilder, die der Betrachter sieht; aber diese »inneren Bilder« gäbe es nicht, wenn sie nicht angeregt würden. Entscheidend ist die Komplementarität des optischen Reizes, des Bildes an der Wand also, und des Sehprozesses.)

In den mehrdeutigen Bildern, die ihre eigene Dynamik entwikkeln, macht sich der Künstler also einen zeitlichen Mechanismus des Gehirns zunutze, daß im Abstand von wenigen Sekunden in unserem Gehirn ein jeweils neuer Bewußtseinsinhalt erzeugt wird oder überprüft wird, ob der alte Inhalt noch gültig ist. Diese zeitliche Dynamik, die von unserem Gehirn vorgegeben wird, kann man auch in manchen Werken von Andy Warhol erleben; auch wenn man weiß, daß ein Bildmotiv (Campbell Soup oder Marylin Monroe) sich regelmäßig wiederholt, wird der Blick zwanghaft nach wenigen Sekunden auf ein anderes, allerdings immer das gleiche Bild gezogen. Diese innere Suche kann nicht unterdrückt werden, und trotz allen Wissens über die optische Identität der vielen Bilder wird der Blick abgezogen und neu fokussiert. (Diese Suche nach dem Neuen zeigt sich auch in der Werbung; manchmal wird an Plakatwänden dasselbe Bildmotiv mehrfach wiederholt. Ich ärgere mich dann über mich

Abb. 21 Paul Klee: »Grabstätte«, 1917, 20, Bleistift auf Papier auf Karton, 19,4 x 14,5 cm, Zentrum Paul Klee, Bern, Leihgabe aus Privatbesitz.

selbst, daß mein Blick geradezu zwanghaft zu einem neuen Fixationspunkt gezogen wird und daß ich dies nicht unterdrücken kann, auch wenn ich weiß, daß es immer dasselbe Bild ist, das ich sehen werde. Ein Sklave der Mechanismen des eigene Gehirns; doch gilt dies für jeden.)

Die Künstler des Kubismus (wie Braque, Picasso, Klee oder Feininger) haben offenbar über ihren künstlerischen Rahmen hinausgeschaut und das aufgegriffen, was damals in der Wahrnehmungsforschung untersucht wurde, um damit ihr Werk zu erweitern. Ich kann für mich sagen, daß kubistische Bilder (wie Bilder anderer künstlerischer Richtungen) auch in der anderen Richtung ihre Bedeutung haben. Ich fühle mich durch künstlerische Werke in meinen Vermutungen bestätigt, wie das Gehirn mit sensorischen Reizen umgeht. Künstlerische Werke können vom Forscher als eine unabhängige Datenquelle herangezogen werden, um zu prüfen, ob die eigenen Beobachtungen, die Experimente oder die Theorien, die man lieb gewonnen hat, tragfähig sind. (Wenn wir etwas entdecken, das nur innerhalb des wissenschaftlichen Rahmens Gültigkeit hat, dann war es wohl nicht eine so wichtige Entdeckung). Wirkungen zwischen Teilkulturen sind also keine Einbahnstraßen, sondern Künstler können etwas von Forschern übernehmen und es kreativ umsetzen (was natürlich auch nicht immer gelingt), und Forscher können durch Künstler angeregt oder sich bestätigt erfahren.

Dieses Wechselspiel zwischen Forschern und Künstlern haben wir vor einiger Zeit im Forschungszentrum Jülich inszeniert (und es hat mir auch von manchen Seiten Stirnrunzeln eingebracht; was haben Künstler in einem Zentrum zu suchen, in dem angewandte und Grundlagen-Forschung auf höchstem Niveau durchgeführt werden?). Das Vorhaben kam auf eine ungewöhnliche Weise zustande. In München hatte Christa Maar die »Akademie zum Dritten Jahrtausend« gegründet, und sie hatte mich gefragt, ob ich in dieser interdisziplinären Gruppe mitmachen wolle. Das tat ich gerne (und ich bin immer noch dabei). Eines der ersten Vorhaben war die Veranstaltung einer Konferenz über die »Schnittstelle Gehirn und Computer« (die Beiträge der Konferenz wurden dann unter dem Titel »Die Technik auf dem Weg zur Seele« veröffentlicht). An den Vorbereitungen nahm der junge Kurator Hans-Ulrich Obrist teil, und er schlug vor, ob man nicht Künstler in ein Forschungszentrum einladen wollte, damit sie dort unmittelbar erlebten, wie Forschung geschieht. Er suchte die Künstler aus, und so kamen etwa zehn Künstler aus verschiedenen Ländern für eine Woche zusammen, gingen durch die Labors, beobachteten Experimente, bestaunten experimentelle Großgeräte und ließen Vorträge über sich ergehen. Es war für alle eine ungewohnte Situation, und es verlangte eine Anpassung in beide Richtungen; die Wissenschaftler nahmen mit Erstaunen zur Kenntnis, wofür sich Künstler interessieren (was oft gar nichts mit den wissenschaftlichen Fragestellungen zu tun hatte); die Künstler waren davon überrascht, mit was für Fragen sich Wissenschaftler beschäftigen. Zwei Welten spiegelten sich gegeneinander, die nicht verschiedener sein könnten. Fairerweise muß ich sagen, daß die Künstler aufgeschlossener und vor allem selbstsicherer waren als die Wissenschaftler.

Die Künstler wurden gebeten, einen kleinen Beitrag zu liefern, mit dem sie ihre Erlebnisse im Forschungszentrum reflektierten; Hans-Ulrich Obrist hat diese Beiträge in Form einer Postkartensammlung herausgegeben. Ein solcher Beitrag ist das Selbstportrait des englischen Künstlers Douglas Gordon (Abb. 22), das mir besonders zusagt, weil ich meine, daß jeder Mensch sein eigener Doppelgänger ist (da wir uns in unserem episodischen Gedächtnis in den vorgestellten Bildern selbst sehen können und gleichzeitig erleben, daß wir uns sehen); in diesem vorgestellten Spiegel versichern wir uns dauernd unserer selbst. Das Spiegeln des eigenen Gesichtes, wie es Douglas Gordon hier zeigt, hat aber noch eine andere Bedeutung. Jeder sei eingeladen, sich einmal eine Minute lang im Spiegel zu betrachten, sich dabei in die Augen schauend, also nicht mit der Absicht einer Überprüfung, wie man aussieht, sondern mit der Intention zu erkennen, wer man ist. Nach kurzer Zeit wird man den Blick in das eigene Gesicht nicht mehr ertragen können und sich (manchmal mit Entsetzen) abwenden.

Das Jülicher Projekt hatte noch einige weitere Konsequenzen. So lernten sich dort Rosemarie Trockel und Carsten Höller kennen (und offenbar auch persönlich schätzen); sie haben dann auf der documenta in Kassel und auf der Expo 2000 in Hannover gemeinsam ausgestellt. Der Dichter Durs Grünbein wollte, konnte dann nicht kommen, was in Kreisen von Germanisten für Verwirrung gesorgt hat; ich wurde Jahre später gefragt, ob er dabei war oder nicht (er war wirklich nicht dabei, aber er hat für die Postkartensammlung aus einem seiner Gedichte einige Zeilen aufgeschrieben [Abb. 23]). Ich glaube, daß alle Künstler einen persönlichen Gewinn durch ihre Teilnahme an diesem Vorhaben »Art and Brain« hatten und daß es ihrer weiteren künstlerischen Laufbahn genutzt (oder zumindest nicht geschadet) hat. Andere Künstler waren Fabrice Hybert, Matt Mullican (der mit Frau und kleinem Kind aus New York gekommen war), Andreas Slominski, Patrick van Caeckenbergh oder die Zwillinge Christine und Irene Hohenbüchler. In die Sammlung aufgenommen wurde auch eine Abbildung von Joachim Treusch, dem Vorstandsvorsitzenden des Forschungszentrums Jülich, in der er seine Vision der verschiedenen Forschungsbereiche dargestellt hat, die in Jülich verfolgt wurden und werden, nämlich Forschung zu Umwelt, Energie, Materie und Information, wobei alle diese Bereiche dem Menschen dienen, der im Zentrum der Abbildung steht. (Daß eine Abbildung von Treusch unter die anderen der Künstler gemischt wurde, hat in Künstlerkreisen für Unruhe gesorgt: Wer ist denn das, von dem wir noch nichts gehört haben?) Mit dem Besuch der Künstler war das Vorhaben aber noch nicht zu Ende. Das Deutsche Museum in Bonn unter der Leitung von

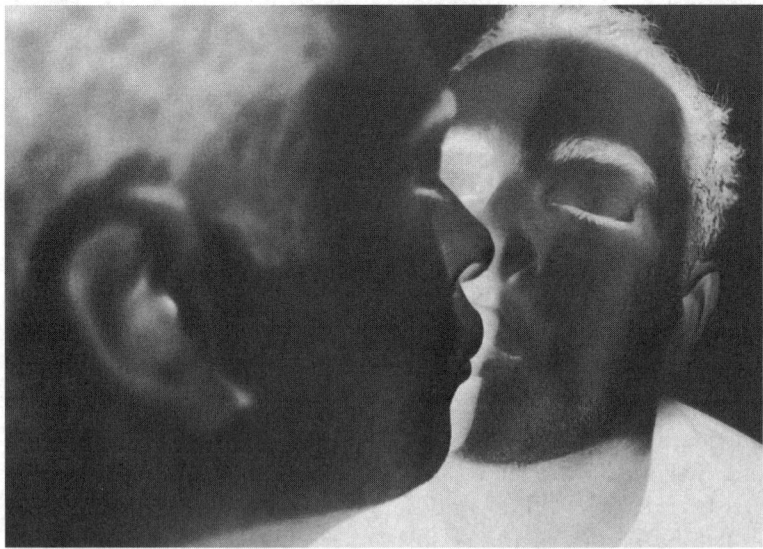

Abb. 22 Selbstportrait des britischen Künstlers Douglas Gordon nach einem Besuch im Forschungszentrum Jülich.

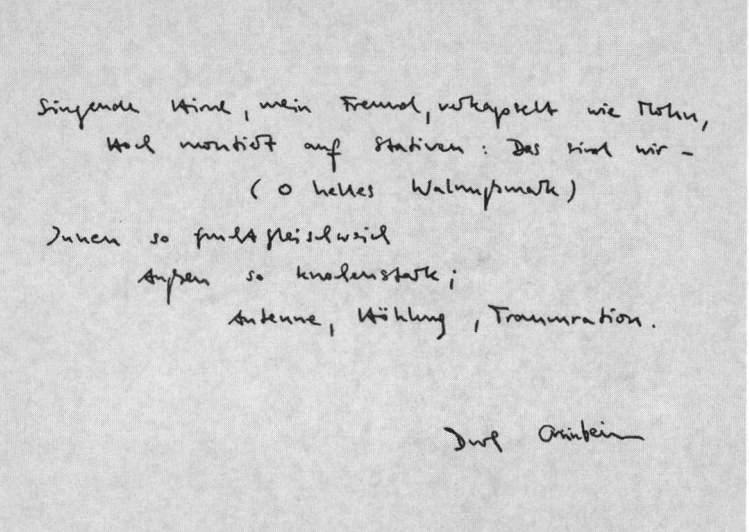

Abb. 23 Faksimile aus einem Gedicht von Durs Grünbein, der an einer Expedition von Künstlern in das Forschungszentrum Jülich nicht teilnehmen konnte.

Peter Frieß startete daraufhin eine Reihe von Ausstellungen, wobei einer der Künstler, Via Lewandowsky, sein Gehirn für zukünftige Forschung zur Verfügung stellte (dieses Geschenk an die Zukunft, das aus einem Impuls des Augenblicks entstand, könnte in einer neuen künstlerischen Aktion wieder zurückgenommen werden; meine Empfehlung).

Einer der Künstler, den ich bisher nicht genannt habe und den ich selber eingeladen hatte, war Igor Sacharow-Ross. Er ist ein »Syntopist«, der in seinem Werk das Verschiedene zusammenbringt und damit dem Vorhaben in Jülich einen sichtbaren Rahmen gibt. In seinen Installationen und Bildern bindet er an einem Ort (»topos«) Bildliches und Gedankliches aus verschiedenen Orten, aus verschiedenen Zeiten, aus verschiedenen Kulturen, aus verschiedenen Denkwelten zusammen (»syn«); dieses Wirken in Syntopia (und nicht Utopia, dem Nicht-Ort) drückt sich auch darin aus, daß er an einem Werk sehr lange, manchmal mehrere Jahre arbeitet. Abb. 24 zeigt ein Beispiel, in dem Elemente aus Technik und Natur zusammengestellt sind und durch den Kontrast zwischen der Dunkelheit auf der linken Seite des

Bildes und den bildlichen Elementen seine besondere Wirkung erzielt. Wenn ich zurückkomme auf den Seitenunterschied bei Bildern, dann entspricht das Dunkle der emotionalen Bewertung, denn es bildet sich unmittelbar in der rechten Gehirnhälfte ab, während die einzelnen Elemente rechts im Bild einzeln dargestellt in der linken Gehirnhälfte repräsentiert sind; doch beides gehört zusammen.

Abb. 24 Ein Bild des deutsch-russischen Künstlers Igor Sacharow-Ross, in dem sein Konzept der Syntopie verwirklicht ist. Der Künstler arbeitet manchmal über 10 Jahre an einem Werk, um verschiedene Orte und Zeiten zu vereinen. Technisches, Textliches, Natürliches, Menschliches werden in diesem Bild zusammengebunden.

17 Göttliches Umweltexperiment

Et eunt homines admirari alta montium et ingentes fluctus maris et latissimos lapsus fluminum et oceani ambitum et giros siderum, et relinquunt se ipsos. –
Und es gehen die Menschen hin zu bewundern die Höhe der Berge, und die gewaltigen Fluten des Meeres und das Fließen der breitesten Ströme und des Ozeans Umlauf und die Kreisbahnen der Gestirne – und geben sich dabei selbst auf.
Augustinus (zitiert von Petrarca)

Die einfachsten Wahrheiten sind es gerade, auf die der Mensch immer erst am spätesten kommt.
Ludwig Feuerbach

Bemerke, wie die Tiere das Gras abrupfen. So groß ihre Mäuler auch sein mögen, sie tun der Pflanze selbst nie etwas zuleide, entwurzeln sie niemals. So handle auch der starke Mensch gegen alles, was Natur heißt, sein eigenes Geschlecht voran. Er verstehe die Kunst, vom Leben zu nehmen, ohne ihm zu schaden.
Christian Morgenstern

Gott hat der menschlichen Einsicht Grenzen gesetzt – warum aber nicht der menschlichen Dummheit?
Konrad Adenauer

Sind Sie sicher, daß Sie die Erhaltung des Menschengeschlechts, wenn Sie und alle Ihre Bekannten nicht mehr sind, wirklich interessiert?
Max Frisch

Vielleicht war es der italienische Dichter Petrarca, der im 14. Jahrhundert den Rahmen dafür geschaffen hat, daß wir heute ein Konzept von Landschaft und davon abgeleitet ein Konzept von Umwelt haben. Er war wohl der erste, der einen Berg bestieg, um den Berg und das darunter und darum liegende Land als Landschaft zu erfahren. So schildert er zumindest dieses Erlebnis nach der Besteigung des Mont Ventoux in Südfrankreich. Mit Petrarca beginnt der Alpinismus, aus keinem anderen Grund als dem des subjektiven Bedürfnisses auf einen Berg zu steigen. Natürlich gab es immer schon Seen, Berge, Flüsse und Wälder, aber sie waren die Umgebung, in der man sich einrichtete oder die man nutzte, und wurden nicht durch den erst noch zu entdeckenden Rahmen gesehen, in dem sie als Landschaft erfahren wurden. In ihrer Sammlung jüdischer Witze gibt Salcia Landmann ein Beispiel dafür, daß ein Konzept von Landschaft erst entwickelt werden muß: »Der westlich gebildete Sohn schwärmt für die Natur. Mit schwerer Mühe ist es ihm geglückt, den Papa zu einem Spaziergang auf den Stadthügel zu bewegen. Der Sohn, innig bewegt, sagt: Sieh nur, Papa, wie schön es ist da unten! Papa: Der Schlag soll dich treffen. Dazu schleppst du mich so hoch hinauf, damit ich sehen soll, wie schön es ist da unten?«

Erst ein Konzept von Landschaft ermöglicht, auch ein Konzept von Umwelt zu entwickeln. Wie kommen wir eigentlich zu jenen Begriffen, die wir selbstverständlich, gleichsam axiomatisch, in der Umweltforschung voraussetzen? Ich finde es interessant, daß diese Frage wie so viele Fragen wieder in die Antike zurückführt, zu den Vorsokratikern. In der Erforschung der Umwelt redet man, ohne viel darüber nachzudenken, von den Kompartimenten, also dem Boden (der Erde), dem Wasser, der Luft und – diesen Kompartimenten gleichwertig zugeordnet – dem Leben (der Biosphäre). Es fällt auf, daß diese Kompartimente der Umwelt, die Atmosphäre, die Hydrosphäre und die Lithosphäre, den Elementen des griechischen Denkens entsprechen. Nur das griechische Feuer hat in dem modernen Kompartimentdenken keine Entsprechung, es sei denn, man setzt das Leben dem Feuer gleich (was manchmal naheliegend zu sein scheint). Der griechische Naturphilosoph Empedokles, der von 490 bis 430 auf Sizilien gelebt und der nach der Überlieferung sich in den Ätna gestürzt haben soll, beschrieb Erde, Wasser, Luft und Feuer als Urstoffe, als Elemente, aus denen sich über Mischung und Entmischung alles andere in der Welt ergebe. Wie ein moderner Chemiker dachte er, daß die Urstoffe zusammenwirken und daß aus dem Zusammenwirken Neues erschaffen werde. Wie es ein moderner Umweltforscher tun sollte, dachte Empedokles ganzheitlich, also systemorientiert. Die Naturerklärung des Empedokles war bereits eine Integration; vor ihm wurden bei der Frage nach dem Ursprung allen Seins jeweils einzelne Elemente in den Blickpunkt gestellt, wie die primäre Bedeutung des Wassers bei Thales. Wir warten in der Umweltforschung immer noch auf einen Empedokles, denn auch heute wird alles Umweltgeschehen im wesentlichen durch Vorgänge im Kompartiment Luft oder Wasser oder Boden bestimmt gesehen. (Ich weiß, daß diese Aussage für manche Umweltforscher ärgerlich ist, doch es fällt auf, wie wenig jeweils die Forscher innerhalb einzelner Kompartimente sich für Fragestellungen innerhalb der anderen Kompartimente interessieren.)

Die sich in der Umweltforschung zeigende topologische Ordnung der Welt spiegelt eine Eigenart menschlichen Denkens wider, an die man sich immer wieder erinnern muß. Wir versuchen, mit einfachen Begriffen Rahmen zu schaffen, um die Welt *um uns* möglichst einfach zu ordnen. Bieten sich topologische Ordnungsgesichtspunkte an, werden diese unreflektiert aufgegriffen, als repräsentierten sie eine natürliche Ordnung. Die griechischen Elemente, unsere Kompartimente der Umwelt, sind stabile und sinnlich unterscheidbare Kategorien. Sie geben uns Orientierung in der Welt, im räumlichen wie im übertragenen Sinn, und sie sind als solche nützlich. Wir gehen heute mit einem gedanklichen Schema, das auf die Vorsokratiker zurückgeht, an die Umwelt heran; diese historisch zwar sanktionierte, aber die Kreativität einschränkende Denkweise, sollte aufgegeben werden. Wir müssen diese Denkweise verlassen, weil es notwendigerweise Wechselwirkungen zwischen Variablen innerhalb der Kompartimente gibt. Die Betonung dieser Wechselwirkungen ist deshalb notwendig, weil wir uns bei Umweltfragen in erster Linie mit dem Leben befassen und Lebensprozesse immer in alle Kompartimente eingebettet sind. Es ist insofern sinnlos, wie es in der Umweltforschung geschieht, von einem Kompartiment Biosphäre zu sprechen, das neben den Kompartimenten Atmosphäre, Hydrosphäre und Lithosphäre steht. Dies ist ein grobes Mißverständnis über die Wirklichkeit der Welt, in der wir leben. Die Biosphäre steht nicht daneben; das Leben entfaltet sich in allen Kompartimenten, die als Ganzes den Rahmen für evolutionäre Prozesse vorgeben; wir stehen auf dem Boden, wir trinken und atmen.

Eine evolutionäre Orientierung überwindet vielleicht das reine Kompartimentdenken. Ein Aspekt der Evolution ist die Selektionstheorie, und für diese gilt die folgende Überlegung: Grundannahme ist, daß ein Nachkommenüberschuß besteht. Trotz dieses ständigen Überschusses ändert sich die Populationsgröße nicht. Aus Nachkommenüberschuß und konstanter Populationsgröße folgt eine entsprechende Vernichtung des Nachkommenüberschusses. In Populationen besteht eine hohe genetische Variabilität. Daraus ergibt sich, daß die der jeweiligen Umwelt besser entsprechenden Individuen die größere Wahrscheinlichkeit besitzen, im Konkurrenzkampf zu überleben. Diese Auslese der besseren Varianten führt fortschreitend zur Verbesserung der Anpassung und zum graduellen Wandel des Artbildes. Was geschieht in diesem Evolutionsszenario, wenn sich die Umwelt zu schnell ändert, wie es heute durch die Einflüsse, die vom Menschen ausgehen, tatsächlich der Fall ist? Oder was geschieht, wenn der Nachkommenüberschuß bleibt, wie bei uns Menschen, die Populationsgröße also nicht stabil ist? Wir müssen uns also fragen, wie sich die Lebensprozesse der verschiedenen Arten (einschließlich des Menschen) an die sich rasch ändernden Umweltbedingungen anpassen können. Es ist offensichtlich, daß viele Arten hinsichtlich der Adaptation überfordert sind; sie sterben aus. (Man rechnet mit einigen tausend verlorenen Arten jährlich, die durch anthropogene Einflüsse vernichtet werden.) Besonders interessant ist die Frage nach der Anpassung an eine sich zu schnell ändernde Umwelt (bedingt durch den Menschen) für den Menschen selbst. Schaffen wir für uns durch unsere Aktivität eine Umwelt, in der wir nicht mehr leben können, an die wir uns als natürliche Wesen nicht mehr anpassen können? Zumindest sind wir mit unserer Anpassung sehr gefordert (ich selbst jedenfalls betrachte mich als überfordert), und man könnte sogar sagen, daß wir schon in einer Welt leben, in der wir nicht mehr leben können, es sei denn, wir besinnen uns auf uns selbst und machen uns den Rahmen bewußt, der für den Erhalt menschlichen Lebens, alles Lebens, notwendig ist.

Wir stehen also vor der Aufgabe, jene Umweltfaktoren zu identifizieren, die den Lebensraum möglichst vieler Arten (theoretisch der gesamten Biosphäre) kennzeichnen; die nächste Aufgabe wäre, diese

Lebensräume zu erhalten. Eine schnelle Überlegung zeigt, daß dieses einfach erscheinende Ziel nicht erfüllbar ist. Auch wenn wir uns die Aufgabe stellen, die ganze Natur zu erhalten (was offenbar Ziel mancher Bestrebungen ist), sind unsere Eingriffe in das Wirkungsgefüge jener Faktoren, die für viele Arten (den Menschen eingeschlossen) bezüglich ihres Lebensraumes maßgeblich sind, so groß (und seien die Eingriffe noch so zart), daß viele Arten mit kurzfristigen Adaptationen überfordert sind. Artenschutz an einer Stelle bewirkt eine Instabilität an anderen Stellen, die wir nicht voraussehen können. Das Wirkungsgefüge der Natur ist ein zu komplexes System, um berechenbare Stabilitätsszenarien zu entwickeln.

Wir müssen uns der Tatsache bewußt sein, daß wir die Welt nicht zurückverändern können; selbst der Anspruch, die natürliche Welt zu erhalten, wie sie ist, kennzeichnet die intellektuelle Hybris des Menschen, denn damit wird zum Ausdruck gebracht, schon über das notwenige Wissen für eine solche Aufgabe, also über das Wirkungsgefüge der Natur, zu verfügen, was nicht der Fall ist (und auch nie der Fall sein wird, da die hohe Komplexität sich jeder Berechenbarkeit entzieht). Diese Rückbesinnung auf intellektuelle Bescheidenheit, also nicht in der Lage sein zu können, die Welt nach unserem Bild zu gestalten und in dieser Welt Kontrolle auszuüben, heißt natürlich nicht, die Umwelt zu verwüsten (da man ja sowieso nichts machen könne). Uns bleibt, den uns selbst zur Verfügung stehenden Lebensraum so zu gestalten, daß wir nicht plötzlich allein auf der Erde sind, denn dann gäbe es uns auch nicht mehr; wir sollten also pragmatisch sein und versuchen, Lebensräume anderer Arten, bakterieller, pflanzlicher, tierischer, zu erhalten, wohl wissend, daß es gar nicht anders sein kann, als Lebensräume auch zu vernichten. Die Überlegungen zeigen, daß man in der Betrachtung der Umwelt dann, wenn man über isoliert gedachte Kompartimente hinausgeht, zur Regulation von Lebensprozessen geführt wird, die nur über Wechselwirkungen von Variablen verstanden werden können. Dies soll ein experimenteller Bericht verdeutlichen.

Kurz vor dem Ende der Zeiten planten die Götter noch einmal ein Experiment. Aus der großen Zahl von Planeten, die sie mit Leben ausgestattet hatten, suchten sie sich zwei aus, auf denen die Lebensbedingungen relativ ähnlich waren, die Dauer der Evolution sich etwa entsprach und die Zahl der Arten, die sich entwickelt hatten, nicht zu verschieden war. Für den einen Planeten (Erde I) entschlossen sie sich, in die Evolution dadurch einzugreifen, daß sie *einer* Art die Chance gaben, ihr Gehirn besonders zügig zu entwickeln. Diese Entwicklung führte dazu, daß diese Art in wenigen Millionen Jahren die Fähigkeit erwarb, das Feuer zu bändigen, Werkzeuge zu gebrauchen, sich in sozialen Gruppen zu organisieren, miteinander zu kommunizieren und sogar über sich selber nachzudenken. Diese Art bezeichnete sich selbst als intelligent, sogar wissend, indem sie sich Homo sapiens sapiens nannte. Mit ihrem vorzüglichen Gehirn gelang es, aus dem ursprünglichen Werkzeuggebrauch Technik zu entwickeln, die Bändigung des Feuers führte zu verschiedensten Formen der Energieversorgung, die Organisation in soziale Gruppen entwickelte sich zu Staaten, miteinander zu kommunizieren spiegelte sich in verschiedenen Sprachen und der Entwicklung der Medien wider, und die Selbstreflexion dieser Art führte zu höchsten Kulturgütern (wie sie selber sagte), den Künsten, der Dichtung, der Musik und der Philosophie. Sie waren stolz auf sich.

Für den anderen Planeten (Erde II) hatten die Götter nur eine Variable verändert; als gute Experimentatoren wußten sie, daß man nur eine Variable verändert, wenn man einen besseren Einblick in ein System erhalten möchte. Statt der einen Art mit vorzüglich entwickelter Intelligenz entschieden sie sich für zwei solche Arten. Sie achteten darauf, daß die beiden Arten ähnliche Lebensräume einnahmen. Obwohl auf Erde II die beiden Arten durch hohe Intelligenz ausgestattet waren, so redeten die beiden Arten nicht direkt miteinander. Die Kommunikationsmöglichkeiten waren nur für den innerartlichen Informationsaustausch entwickelt. Eine Art konnte die andere nicht über ihre Pläne im voraus informieren, und dies konnte die andere auch nicht. Beide Arten konnten von der anderen immer nur registrieren, was im gemeinsamen Lebensraum geschehen war, und darauf hatten sie sich einzustellen.

Wie sah die Lebensbewältigung jeder der Arten aus? Wie jedem Lebewesen ging es auch den intelligenten Arten auf beiden Planeten um die Regulation ihres inneren Milieus, und zwar unter möglichst optimalen Bedingungen, und um Selbstreproduktion, also Fortpflanzung. Die Regulation des inneren Milieus wurde durch geeignete Nahrungsaufnahme gewährleistet; optimale Bedingungen wurden wegen der besonderen Form der Wärmeregulation angestrebt; man hatte es gerne warm. Als die Arten noch nicht so intelligent waren, entnahmen sie ihrem Lebensraum immer nur so viele Ressourcen für Nahrung und Wärme, daß die Ressourcen sich von selbst erneuern konnten und immer etwa gleich viele Individuen ernährt werden konnten. Der Lebensraum der Individuen befand sich im Gleichgewicht. Doch die Lebewesen wurden intelligenter; Wertmaßstäbe wurden geändert. Das Leben des einzelnen Individuums der eigenen Art und der optimale Erhalt dieses Lebens bei möglichst langer Lebenserwartung wurden zu einem ersten Ziel. Man begann, seinem Lebensraum mehr Ressourcen zu entnehmen, als unter natürlichen Bedingungen nachwachsen konnten. Der eigene Lebensraum wurde verändert.

Dies war nun die wissenschaftliche Frage der Götter: Welcher der Planeten wird auf Grund der überschüssigen Intelligenz seiner Art besser mit dem Problem fertig, den Lebensraum zu erhalten, Planet I oder Planet II? Es war den Göttern klar, daß man seinen Lebensraum nicht beliebig verändern kann, um die individuellen Bedürfnisse der Art zu befriedigen. Irgendwann muß ein solches System zusammenbrechen. Als Experimentalzeit setzte man 200 Jahre an. Als die Beobachtungsperiode abgeschlossen und die Datenanalyse erfolgt war, stellten die Götter fest, daß Planet II in sehr viel besserer Weise seinen Lebensraum stabil gehalten hatte als Planet I. Was könnte der Grund hierfür gewesen sein? Auf Planet II mußte sich eine Art in ihrer Lebensgestaltung, also der Bedürfnisbefriedigung der Individuen, an der anderen Art orientieren. Entnahm man seinem Lebensraum zu viele Ressourcen, bestand die Gefahr von Sanktionen durch die andere Art. So pendelte sich die Bedürfnisbefriedigung, die optimale Ausnutzung des Lebensraumes zwischen den Arten so ein, daß beide Arten ausreichend Ressourcen zur Verfügung hatten. Jede Art kontrollierte in der Lebensgestaltung die andere trotz (und nicht wegen) der hohen Intelligenz.

Nachdem die Götter die Beobachtungen diskutiert hatten, kamen sie zu einer Empfehlung: Da sich gezeigt hat, daß Stabilität (durchaus auch dynamische Stabilität) in komplexen Systemen besser erreichbar ist, wenn wie bei einer Waage zwei Systemkomponenten sich entsprechen, wenn also Komplementarität gegeben ist, wird empfohlen, daß solche Systeme, die nur eine Systemkomponente entwickelt haben, eine zweite virtuelle Systemkomponente aus regulatorischen

Gründen hinzuzunehmen. Diese zweite Systemkomponente ist sinnvollerweise die jeweils folgende Generation, also die Kinder, indem deren Lebensraum und deren Lebenszeit gedanklich einer Vergleichzeitigung unterzogen wird. Wenn deren Interessen mitgedacht, wenn aufeinanderfolgende Systemzustände als kotemporal strukturiert werden können, dann besteht die Möglichkeit, längerfristige Stabilität von Lebensräumen zu garantieren. Da das Experiment aber kurz vor dem Ende der Zeiten durchgeführt wurde, konnten die Befunde und die daraus folgenden Konsequenzen nicht mehr praktisch umgesetzt werden.

18 Erfindungen des Lebens

Der Mensch kommt unter allen Tieren in der Welt dem Affen am nächsten.
Georg Christoph Lichtenberg

Es ist wahrlich etwas Erhabenes um die Auffassung, daß der Schöpfer den Keim alles Lebens, das uns umgibt, nur wenigen oder gar nur einer einzigen Form eingehaucht hat, und daß, während sich unsere Erde nach den Gesetzen der Schwerkraft im Kreise bewegt, aus einem so schlichten Anfang eine unendliche Zahl der schönsten und wunderbarsten Formen entstand und noch weiter entsteht.
Charles Darwin

Der Mensch von heute stellt gegenüber dem Höhlenmenschen zwar keinen biologischen, wohl aber einen begrifflichen Fortschritt dar. Die Erziehung hat Vorrang vor der Belehrung: sie begründet den Menschen.
Antoine de Saint-Exupéry

Alle Organismen, Pflanzen wie Tiere und Menschen, sind Problemlöser . . . Alle diese Probleme haben eine Richtung: sie sind alle Versuche, die Zukunft zu antizipieren.
Karl Popper

Nothing in biology makes sense, except in the light of evolution. –
Nichts in der Biologie macht Sinn, außer im Lichte der Evolution.
Theodosius Dobzhansky

Leben bedeutet nicht unbedingt, daß es auch den Tod gibt. Als das Leben auf der Erde (auf dieser Erde) erfunden wurde, gab es noch kein Sterben; die ersten Lebewesen waren unsterblich. Der Tod des Lebendigen kam erst viel später. Der Tod mußte erfunden werden, und er kam in die Welt durch Sexualität. Sterben kann immer nur der einzelne, das Individuum, und ein Individuum bestimmt sich aus seinem Werden. Erst sexuelle Fortpflanzung schafft Individuen, die sterben können und auch sterben müssen. Somit gehören Lust und Tod zusammen (natürlich nur insofern, als Sexualität etwas mit Lust zu tun hat).

Warum waren die ersten Lebewesen, entstanden vor vielleicht vier Milliarden Jahren, unsterblich? Sie pflanzten sich durch Zellteilung fort, und Zellteilung führt zu identischen Kopien in den nächsten Generationen. Zellteilung war für Milliarden von Jahren die wichtigste Weise der Fortpflanzung; es gab somit auf dieser Erde für einige Milliarden Jahre Leben, aber keine Individuen. Diese Form des nichtindividuellen Lebens gibt es natürlich immer noch, denn Zellteilung als Fortpflanzung bei den Bakterien, die den Großteil der Biomasse auf der Erde ausmachen, sind mit uns und auch in uns; in jedem Körper gibt es mehr Bakterien als Körperzellen; da sie klein sind, machen sie nicht sehr viel Gewicht aus, doch wir tragen sie durch die Welt; jeder von uns ist ein Kosmos bakteriellen Lebens. Doch dieses Leben, das wir mittragen, ist nicht durch Individualität gekennzeichnet, und somit auch nicht durch Tod.

Für uns, die wir uns als Individuen bestimmen, sind Sexualität und Tod natürlich nicht nur der biologische Rahmen für den Beginn und das Ende des Lebens, sondern dieser zeitliche Rahmen ist selber zu einem existentiellen Thema geworden. Dies gilt für jeden, und je älter man wird (nach früheren Maßstäben wäre ich selbst inzwischen ein Greis), um so stärker drängen sich Gedanken über Lust und Tod in das Bewußtsein (vor allem in das Traumbewußtsein); man hat nur noch einen kurzen Weg zu gehen, und die Sehnsucht nimmt zu, doch die Kraft nimmt ab. Ein gewisser Trost kommt von manchen Künstlern, die den Zauber der Liebe (des Entstehens) und den Schrecken des Todes (des Vergehens) und manchmal auch das Grauen vor dem Nichts vor Augen stellen; und dann ist man nicht mehr so allein. Gedicht und Bild sind dann existentiell, wie Musik, die uns dem Augenblick enthebt. Als Forscher versuche ich das persönliche Versagen in manchen Lebensprozessen und das endgültige Vergehen mit dem Tod im Rahmen des Allgemeinen zu sehen (dies ist auch eine Form der Lebensbewältigung); Trost kommt auch aus dem Wissen über die Regeln, die die Natur (und damit jeden einzelnen) beherrschen.

Warum hat Leben auf der Erde überhaupt begonnen? Die ersten Lebensformen sind offenbar durch spontane chemische Reaktionen entstanden, wobei die Teile, aus denen das Leben hervorging, selber nicht belebt waren – doch warum? Eines der vielen Rätsel der Lebenswissenschaften ist, wie aus Unbelebtem Belebtes entstehen kann (für mich das größte Rätsel überhaupt)? Man hört manchmal die Meinung, daß das Leben nicht auf der Erde selbst entstanden, sondern von anderen Planeten oder gar von anderen Sternensystemen importiert worden sei, doch auch dann muß es einmal entstanden sein, wenn auch an einem anderen Ort im Universum. Vieles spricht dafür, daß das Leben, so wie wir es kennen, seinen Ursprung hier auf unserem Planeten hat. Was aber war der äußere Rahmen, der Leben hier entstehen ließ?

Als ich als junger Forscher am Massachusetts Institute of Technology in Cambridge arbeitete, lernte ich einen älteren Wissenschaftler kennen, der in Harvard gelehrt hatte, doch nun zurückgezogen war; ein bescheidener Herr, der in den zwanziger Jahren des zwanzigsten Jahrhunderts eine wissenschaftliche Expedition nach Neu-Guinea durchgeführt hatte. Dieser Wissenschaftler, Ernst Mayr, war allerdings immer noch aktiv, indem er Bücher über die Evolution schrieb. Er ist vor kurzem als über Hundertjähriger gestorben, und er war das lebende Beispiel dafür, wie jemand bis in das höchste Alter aktiv und produktiv sein kann; er hat noch kurz vor seinem Tod, also mit fast einhundert Jahren, ein Buch verfaßt, nämlich »What evolution is«, das jeden in eingängiger Weise über die Entstehung des Lebens und die Prinzipien der Evolution informiert. Hier schreibt er: »The actual shift from the belief in a static worldview to evolutionism was caused by the dramatic event of the publication of Charles Darwin's ›On the Origin of Species‹ on the 24th of November 1859 ... This event represents perhaps the greatest intellectual revolution experienced by mankind.«

Ernst Mayr hat entscheidend dazu beigetragen, daß die Evolutionstheorie zur Grundlage der Biologie wurde und daß wir heute sagen können: Nichts in der Biologie hat Sinn, außer im Lichte der Evolution. (Wenn ich Ernst Mayr vor mir sehe, dann wird mir deutlich, welche Spannweite an Jahren das Alter umfassen kann. Manche erleben sich mit fünfzig Jahren bereits als alt, und wenn man an das Einschlafen des Geistes denkt, dann sind sie es schon mit vierzig Jahren; mit sechzig Jahren sind viele im Ruhestand, der als wohlverdient angesehen wird; doch manche können dann noch weiteren vierzig Jahren entgegensehen, in denen sie mit Neugier und mit Staunen die Welt erfahren und in denen sie zurückgeben, was sie erlebt haben, in Geschichten, die sie erzählen, in Büchern, die sie schreiben. Wenn die Spannweite an Jahren für das Alter derart groß ist, dann folgt daraus, daß Altern nicht nur ein biologisches Phänomen ist, sondern daß jeder sein Altern gestalten kann.)

Wenn wir über die Evolution nachdenken, stellt sich die Frage, was überhaupt Leben kennzeichnet. Wer sich mit dem Er-Leben befaßt, der muß auch Klarheit darüber suchen, was Leben ausmacht, denn das Er-Leben steht im Dienste des Lebens. (Diese Grundposition mag nicht von jedem geteilt werden; manche könnten meinen, es gehe beim Menschen in erster Linie um die Sicherstellung des Erlebens, und die grundlegenden Vorgänge, die das Leben sichern, seien nur zum Erhalt des Erlebens entwickelt worden. Umgekehrt ist es richtig: Erleben dient dem Erhalt und auch der Entfaltung des Lebens.)

Eine Eigenschaft lebender Organismen ist, daß sie hochgradig organisiert sind, daß Lebewesen also aus komplexen chemischen Bausteinen zusammengesetzt sind. Im Vergleich dazu ist die unbelebte Materie, Steine, Wasser oder Luft, einfach strukturiert; Unbelebtes besteht aus einer vergleichsweise geringen Anzahl einfacher chemischer Bausteine. Jeder Baustein einer lebenden Zelle, jedes Molekül erfüllt eine Funktion, und bei jedem Molekül einer Zelle oder des ganzen Organismus kann man fragen, welchem Zweck es dient. Es ist aber wenig sinnvoll, bei unbelebter Materie Fragen nach dem Zweck zu stellen, etwa welchen Zweck ein Stein hat. (Das schließt nicht aus, daß wir einem Stein einen Zweck geben können, also einen Rahmen bestimmen, innerhalb dessen ein Stein beispielsweise als Werkzeug oder in einem anderen Rahmen als Waffe verwendet werden kann; ein Verwendungszweck wird dann von außen an den Stein herangetragen.) Ein weiteres Kennzeichen des Lebens ist, daß Organismen die Fähigkeit haben, Energie aus der Umwelt aufzunehmen und diese zum Erhalt der Lebensfunktionen umzuwandeln. Doch die wesentlichste

Eigenschaft des Lebens ist wohl, sich zu reproduzieren, sich aus sich selbst heraus erneuern zu können. Diese Möglichkeit der Reproduktion, der Selbstreplikation, sich selber kopieren zu können, scheint (soviel ich weiß) in der unbelebten Natur nicht vorzukommen.

Wie ist es möglich, daß etwas Lebendes aus Unbelebtem entsteht? Warum ist die lebende Zelle mehr als die Summe ihrer unbelebten Teile, der chemischen Bausteine? Wenn man einer solchen Frage gegenübersteht und nicht sofort eine Antwort geben kann, so mag man dazu verführt werden, eine von außen wirkende Kraft anzunehmen, die der unbelebten Materie das Leben einhaucht. Im Mittelalter meinte man, daß es eine solche unabhängige Lebenskraft gebe. Auch heute meinen noch manche, daß es eine geheimnisvolle Energie gebe, die Leben in das unbelebte Miteinander der komplexen Biomoleküle hineintrage. Die Annahme eines solchen Rahmens einer nicht faßbaren Energie zur Erklärung des Lebens wird aber von den Wissenschaftlern abgelehnt (zumindest von den meisten). Es geht darum, die Regeln zu finden, die das qualitativ Neue, das Leben, ermöglichen; gesucht wird nach der molekularen Logik des Lebens.

Diese molekulare Logik bestimmt den Rahmen des Lebens und ist Voraussetzung für die Selbstverständlichkeiten unserer Existenz. Daß wir morgens aufwachen, geträumt haben, daß wir miteinander sprechen, einander zuhören und uns dabei anschauen, daß wir weinen und lachen, lieben und hassen, alles dies ist nur möglich, weil die Milliarden und Milliarden von Zellen in unserem Körper gemeinsam und geregelt wirken, weil die Aberbillionen chemischer Bausteine (mit üblichen Zahlbegriffen läßt sich ihre Anzahl nicht richtig einfangen) aufeinander abgestimmt ihre Funktionen entfalten. (Und weil wir natürlich ein Gehirn haben. Ohne ein Gehirn gäbe es dies alles nicht.)

Was ist ein weiteres Merkmal des Lebendigen? Beim Übertritt zum Leben wurden molekulare Strukturen entdeckt, die Zustände und Ereignisse der Welt festhalten konnten. Durch die Speicherung von Informationen aus der Umwelt wurde erreicht, etwas von früher für später aufzubewahren. Die neuen molekularen Verbindungen am Beginn des Lebens ermöglichten, Zeit einzufrieren, denn aufgrund der Speicherung von Information machten sie sich unabhängig vom Zerfall, der die Welt des Unbelebten kennzeichnet. Das Einfrieren von Ereignissen in den Molekülen der DNA und deren Festhalten für die Zukunft wurde möglich durch die Entwicklung einer Zellmembran, die die chemischen Verbindungen nach außen abgrenzt und zugleich als Vermittler zwischen der Zelle und Umwelt wirkt; ohne solche Zellmembran könnte die Zeit in der DNA (den Erinnerungsmolekülen) nicht eingefroren werden.

Leben überwindet damit auch den gleichförmigen Fluß der Zeit; es wird ein gegenwärtiger Zustand festgehalten, weil ein zukünftiger Bezug des Organismus auf diesen gegenwärtigen Zustand nützlich sein könnte. Mögliche Zustände, in die der Organismus hinein geraten könnte, werden durch dieses Einfrieren der Zeit antizipiert. Leben erfindet Zukunft. Und Leben erfindet Gegenwart; die molekularen Verbindungen, die etwas von früher für später aufbewahren, repräsentieren immerwährende Gegenwart; in ihnen selbst ist die Zeit stillgestanden, und sie ist deshalb stillgestanden, damit dieser gegenwärtige Innenzustand auf Veränderungen außerhalb des lebenden Organismus in Verbindung gebracht werden kann. So geraten wir durch die Erfindung (oder Entdeckung) des Lebens in eine Paradoxie: Gleichzeitig fließt die Zeit in der unbelebten Natur von der Vergangenheit in die Zukunft mit einer ausdehnungslosen Gegenwart als Schnitt zwischen Vergangenem und Zukünftigem, und gleichzeitig hat sich die Natur innerhalb von lebenden Zellen einen Zustand immerwährender Gegenwart geschaffen. (Liegt hier wirklich eine Paradoxie vor? Wohl nicht; es handelt sich um eine notwendige Komplementarität, die als generatives Prinzip überall in der Natur zu beobachten ist; durch zu einfaches Nachdenken, durch die Wahl nur eines Rahmens der Betrachtung, geraten wir in eine Paradoxie, daß nämlich der Fluß der Zeit, wie ihn die klassische Physik beschreibt, und immerwährende Gegenwart nicht gleichzeitig bestehen können; denkt man in Komplementaritäten, ist die vermeintliche Paradoxie eine Notwendigkeit; Anpassung des Lebens an die nichtlebende Natur heißt, Vergangenes als Gegenwärtiges zu bewahren, um im Zukünftigen bestehen zu können.)

Eine andere Komplementarität, die die Entwicklung des Lebens kennzeichnet, ist Zufall und Gestaltung. Zufällige Veränderungen in der Erbsubstanz führen bei geeigneten Umweltbedingungen zu organismischen Veränderungen. So entstehen über Selektionsprozesse neue Arten, die in alle Kompartimente der nichtbelebten Welt eindringen, auf den Boden (und häufig auch in den Boden), in die Luft, in das

Wasser. Der Prozeß der Artenentfaltung verlief zunächst eher gemächlich, solange nämlich Zellteilung die übliche Weise der Fortpflanzung war. Mit der Entdeckung der sexuellen Fortpflanzung wurde nicht nur der Tod in das Leben geholt, sondern aufgrund der Kombination des Erbgutes von jeweils zwei Individuen (den Eltern) konnte die evolutionäre Entwicklung, also die Anpassung an jeweils neue Umgebungsbedingungen, erheblich beschleunigt werden. Sexuelle Fortpflanzung erhöht die Vielfalt individueller Ausprägungen und stellt damit mehr Auswahlmaterial für Selektionsprozesse bereit. Sterbensfähigkeit ist also auch ein Gewinn, vielleicht nicht für den einzelnen, aber für das Leben als Ganzes. Zufällig wurden und werden immer neue Nischen aufgetan, in denen sich Lebensprozesse entfalten konnten und können. (Die Evolution ist natürlich nicht beendet; ganz im Gegenteil wird gerade durch den Menschen die Evolution stark beschleunigt. Durch anthropogene Einflüsse werden laufend neue ökologische Nischen geschaffen, in die sich neue Lebewesen hineinentwickeln können. Der Mensch schafft durch seine Wirkung auf die Umwelt freien Raum, indem jährlich einige tausend Arten vernichtet werden, für die die veränderten ökologischen Räume nicht mehr lebbar sind; damit werden aber neue Rahmen geschaffen, in die neues Leben aufgenommen werden kann. So gesehen eröffnet der Mensch sogar Lebensmöglichkeiten für neue evolutionäre Anpassungen, auch wenn dieser Gedanke befremdlich erscheinen mag.)

Sind es Entdeckungen oder Erfindungen, die in der Evolution stattfinden? Eine Erfindung wäre etwas völlig Neues; eine Entdeckung macht bekannt, was es schon gibt. Ich weiß nicht, was ich selber zu dieser Frage meine; man könnte sagen, daß eine neue Art (ein Insekt, ein Reptil) immer eine Erfindung war, da es diese Art vorher nicht gab. Aber vielleicht ist es doch (nur) eine Entdeckung; es wird eine neue Art durch eine ökologische Nische aufgedeckt, die für die Existenz eines bestimmten Lebens vorbereitet war, das es potentiell also schon gab, wenn es sich auch bisher noch nicht verwirklicht hat. Oder wird die ökologische Nische selber erfunden? (Ich bin ziemlich ratlos.)

Was sind weitere Erfindungen (oder Entdeckungen) in der Evolution, neben dem »Einfrieren der Zeit« in Molekülen? Damit eine solche Überbrückung des zeitlichen Vergehens möglich wurde, war eine weitere Erfindung notwendig, nämlich die Schaffung neuer Räume, also von Zellen, in denen die Gedächtnismoleküle aufbewahrt werden. Es gibt somit auf der Erde in einem abstrakten Sinn mindestens zwei Räume, nämlich jenen des Unbelebten und jenen des Belebten. Der Raum des Belebten, die Zelle also, ist aber kein geschlossenes System, sondern es ist offen, und als offenes System steht es im energetischen und informatischen Austausch mit dem Raum des Unbelebten. Das Gedächtnis, in den Zellen gespeichert, dient dem Zweck, sich in dem Raum des Unbelebten zurechtzufinden. Ich stoße hier wieder auf das Grundprinzip der Komplementarität: Die Räume des Unbelebten und des Belebten bedingen einander.

Auf die sexuelle Fortpflanzung, die eine erhebliche Beschleunigung der Entstehung neuer Arten ermöglichte, habe ich hingewiesen. Doch mir ist völlig rätselhaft, warum sich in der Natur ein Prozeß als erfolgreich durchsetzte, der schnellere Anpassungen an veränderte Umweltbedingungen erlaubte. Vielleicht hat der englische Biologe Richard Dawkins recht, der vom »selbstsüchtigen Gen« spricht, daß also nicht Individuen oder Populationen von Lebewesen Kriterien für den Lebenserhalt bestimmen, sondern das genetische Material selber; für dieses mag es von Vorteil sein, sich aufgrund der sexuellen Fortpflanzung schneller an Änderungen in den unbelebten Räumen anpassen zu können. Was für mich so schwer begreiflich ist (bei diesem für viele Wissenschaftler einleuchtenden Argument), welche Instanz auf der genetischen Ebene den Erfolg oder Mißerfolg registriert. Wenn alle diese Prozesse der Lebensentstehung blind und zufällig ablaufen, muß es dann nicht doch ein Kriterium geben, das zumindest den Erhalt des Lebens als Kriterium nutzt? Das Leben tut alles, sich zu erhalten und sich zu reproduzieren; aber woher weiß es das? (Ich vermute, daß ich hier an die Grenzen meiner eigenen Möglichkeiten von Einsicht gekommen bin; immer wieder wird mir erklärt, daß es mit den Argumenten seine Richtigkeit habe, doch begreife ich es nicht. Ich habe den Eindruck, als seien die theoretischen Erklärungen nicht vollständig, als fehle etwas in der Argumentation. Es kann natürlich auch sein, daß meine Unfähigkeit, es zu begreifen, nicht an der Schwäche meiner rationalen Verstandestätigkeit liegt, sondern daß sich in mir etwas gegen diese Erklärungen wehrt, so als wünschte ich, daß es eine Kraft außerhalb der uns bekannten Gesetze der Natur gebe, die den Lebensprozeß aufrechterhält.)

Betrachtet man die Entwicklungsgeschichte des Lebens, fällt auf, daß es zahlreiche Erfindungen gegeben hat, die die Lebensprozesse auf immer höhere Organisationsstufen heben. Eine solche Erfindung war die Mehrzelligkeit, daß sich also einzellige Lebewesen zu mehrzelligen Verbänden zusammenschlossen. Allein dieser Schritt hatte eine weitere Erfindung zur Folge. Wenn sich mehrzellige Organismen bewegen, dann muß es zwischen den verschiedenen Zellen des Organismus ein Informationssystem geben, damit alle Zellen zusammenarbeiten können, um den Organismus als Ganzes von einem Ort zu einem anderen zu bewegen. Dies war die Geburtsstunde der Gehirne; es wurden Nervenzellen erfunden, die Informationen von außen aufnehmen, solche, die Bewegungen koordinieren, und solche, die zwischen dem »input« und dem »output« vermitteln, indem Informationen ausgewertet und bewertet werden und damit Handlungsoptionen für den Organismus erschlossen werden. Damit ist bereits das gesamte Repertoire psychischer Funktionen benannt, das auch uns kennzeichnet: In verschiedenen Modulen des Gehirns sind die Grundoperationen verankert, nämlich unsere Wahrnehmungen, unsere Gefühle, unsere Erinnerungen und unsere Absichten. Man kann diese Grundoperationen schon bei den einzelligen Lebewesen feststellen; damit das innere Milieu eines Organismus angemessen reguliert werden kann, muß Information von außen berücksichtigt werden (Wahrnehmung); diese gilt es im Hinblick auf den augenblicklichen Innenzustand zu bewerten (Gefühl), was nur möglich ist, wenn ein Bezug zu bereits gespeicherter Information gewährleistet ist (Gedächtnis); verschiedene Innenzustände müssen aufeinander bezogen und verglichen werden, damit es zu einer Handlung kommen kann. Etwas in Beziehung setzen können heißt, daß zeitlich getrennte Ereignisse kategorial repräsentiert sein müssen, um dann eine Wahl zwischen ihnen und eine Entscheidung zu treffen. Die Erfindung dieser mentalen Grundoperationen ist also mit dem Beginn des Lebens verbunden, nur die Weise der Implementierung hat sich in den Jahrmilliarden geändert.

Die Erfindungen des Lebens sind somit ko-kreative Prozesse, in denen die jeweiligen Funktionsbereiche sich gegenseitig bedingen. Insofern kann man die einzelnen Funktionsbereiche nicht unabhängig voneinander verstehen; sie gehören notwendigerweise zusammen, und nur die Sprache verführt dazu, Gefühle oder Wahrnehmungen oder Denken als unabhängig voneinander zu sehen. Die Erfindungen des menschlichen Geistes sind immer in das Gesamtsystem des psychischen Repertoires eingebettet. Ein kreativer Prozeß kann aufgrund der Bauweise des menschlichen Gehirns gar nicht losgelöst sein von Wahrnehmungen, Erinnerungen, Gefühlen oder Absichten. Diese sind immer mit beteiligt, auch wenn das dem einzelnen im kreativen Augenblick, in der Erfindung, nicht bewußt ist.

Betrachtet man Lebewesen, die sich bewegen, fällt eine Eigentümlichkeit auf, die darauf hinweist, daß die Steuerung von Körperbewegungen sich immer nach dem gleichen Prinzip entwickelt hat. Wohin wir schauen, beobachten wir, daß sich bewegende Organismen trotz unterschiedlicher Entwicklungsgeschichte immer spiegelsymmetrisch aufgebaut sind. Offenbar ist die symmetrische Organisationsform (die Bilateralität) die beste, um sich möglichst schnell von einem Platz zu einem anderen zu bewegen. Würmer, Insekten, Fische oder Säugetiere sind links und rechts einigermaßen gleich, und diese Seitengleichheit ist zum Zwecke bestmöglicher Fortbewegung immer wieder erfunden worden. Mit Beinen oder Rädern an einem Organismus oder einer Maschine können Organismus oder Maschine am besten die Erdanziehungskraft überwinden und sich zu einem anderen Ort bewegen. Für Autos, Flugzeuge, Fische, Vögel und Menschen gilt also das gleiche Grundprinzip hinsichtlich der optimalen Fortbewegung: Bilaterale Symmetrie scheint am vorteilhaftesten zu sein, um bei gegebenen energetischen Ressourcen möglichst schnell woanders hinzukommen. Hier gibt die Physik einen Rahmen für die spezifische Entwicklung von Organismen vor. Da Gravitation als eine der physikalischen Grundkräfte für den ganzen Kosmos gilt, vermute ich, daß, wo immer sich im Universum komplexe Lebewesen entwickelt haben, diese bilateral konstruiert sein müssen. (Für mich hat dieser Gedanke etwas Tröstliches, daß nicht nur nach unserem jetzigen Wissen physikalische und chemische Prinzipien über unsere Erde hinaus gelten, sondern daß bei der Entwicklung von Leben an anderen Orten des Universums, von der wir aber bisher keine Nachricht haben, vermutlich der gleiche Rahmen gilt wie bei uns, wenn auch dort Bewegung entdeckt oder erfunden wurde.) Spiegelsymmetrie hat eine Konsequenz, weil damit das Konzept von »links« und »rechts« erst möglich wurde. Es ist verblüffend, welche Konsequenzen sich aus der bilateralen Bauweise ergeben haben, die aus der Notwendigkeit entstanden ist, sich möglichst zügig fortbewegen zu können; Zuordnungen zu politischen Einstellungen haben letztlich eine biologische Wurzel, die mit effizienter Bewegung zu tun hat; auch wenn hier »links« und »rechts« als ein Bild genutzt wird, mag es hilfreich sein, sich gelegentlich an den ursprünglich biologischen Rahmen zu erinnern. (Beim Menschen ist die Spiegelsymmetrie teilweise wieder aufgebrochen worden, indem sich für die linke Gehirnhälfte eine Dominanz für sprachliche Funktionen, für die rechte eine Dominanz für das räumliche Vorstellungsvermögen und emotionale Bewertungen entwickelt haben. Doch diese Dominanzen stehen sich nicht entgegen, sondern sie sind aufeinander bezogen: Bild und Begriff sind komplementär.)

Ein Weiteres ist die Erfindung des Rätsels in der Evolution; niemand möchte für den anderen völlig transparent sein, und dies scheint für alle Lebensstufen zu gelten. So wurde die Unvorhersehbarkeit des Verhaltens und auch des eigenen Erlebens erfunden. Es ist ein Selektionsvorteil, wenn andere nicht genau voraussagen können, was der einzelne jeweils tun wird. Dies hat aber zur Folge, daß man dies auch nicht über sich selber weiß. Unberechenbarkeit macht einen für andere unkalkulierbar; man ist sich damit aber auch selber ausgeliefert, weil man die Gründe seines Handelns selten durchschaut; oft ist man sich selbst ein Rätsel. Doch dieses Nicht-Wissen ist gerade der Antrieb für kreatives Handeln, sei es für den Wissenschaftler, sei es für den Künstler.

Eine Erfindung des Lebens, für uns von besonderer Bedeutung, ist das Prägungslernen oder das »Prinzip der Offenheit«. Eigentlich leben wir zwei verschiedene Leben, eines bis zur Pubertät, eines danach. Wir treten bei Geburt in die Welt hinein mit angeborenen Programmen von Möglichkeiten. Die Verbindungen zwischen den einzelnen Nervenzellen sind zwar genetisch vorgegeben, doch damit aus diesen neuronalen Möglichkeiten Wirklichkeiten werden, müssen die genetischen Programme im Rahmen des Prägungslernens bestätigt werden. Was nicht bestätigt wird, das wird abgeschaltet oder verkümmert. Die Matrix der Persönlichkeit, die Weise der emotionalen Erfahrung, wie wir lernen, das gesamte Repertoire des Psychischen, die kreativen Möglichkeiten, werden in den frühen Phasen der Biographie bestimmt. Sinnlos zu fragen, was am menschlichen Erleben angeboren oder was erworben ist; es ist notwendigerweise beides. Die kulturellen Randbedingungen bestimmen den Rahmen des anstrengungslosen Lernens in dieser ersten Phase des Lebens. Auf der Grundlage des »Prinzips Offenheit« wird Kultur zur Struktur des Gehirns. Diese Weise des frühen Lernens heißt nicht, daß wir später, in der zweiten Phase des Lebens, nicht mehr lernen können, doch können wir dies um so besser, je breiter die geprägte Plattform aus der ersten Phase ist. Und unsere kreativen Möglichkeiten sind um so größer, je umfangreicher die Landschaft ist, in der neue Verbindungen gefunden oder erfunden werden können.

Eine Erfindung des Lebens, die vielleicht nur für den Menschen gilt (vielleicht), ist die »Außenperspektive«. Wir sind in der Lage, uns gleichsam neben uns zu stellen. Wir wissen, daß wir wissen. Kinder im Alter von etwa vier Jahren entdecken ihren eigenen Blick. Natürlich können Kinder schon früher »sehen«; unmittelbar nach der Geburt vermittelt das Auge bereits optische Eindrücke. Aber zu wissen, daß man sieht, daß man einen Blick in die Welt hat, das reift erst später. Die Entdeckung des eigenen Blicks heißt, daß man auch entdeckt, daß andere einen Blick haben und daß man deshalb etwas gemeinsam betrachten kann. Diese Erfindung eines »auto-noetischen« Prozesses hat eine besondere Bedeutung für unsere personale Identität; eine Erfindung des Lebens sind auch die drei Formen des Wissens, des expliziten, des impliziten oder intuitiven und des bildlichen Wissens, und im bildlichen Wissen sind die Bilder unserer eigenen Vergangenheit gespeichert. Wenn ich mich meiner selbst versichere, wenn ich Bezug nehme zu meiner eigenen Identität, dann wandere ich in meine eigene Vergangenheit, zu den Bildern, die sich in mir eingeprägt haben. Dies kann ich aber nur, wenn ich willentlich auf eine individuelle Zeitreise gehe. Der auto-noetische oder selbst-referentielle Prozeß ermöglicht mir, mich von außen zu betrachten und mich als mein eigener Doppelgänger auf die Reise zu mir selbst zu begeben. Dies ist deshalb möglich, weil wir beides können, die gewollte Reise und das Nacherleben der früheren Erlebnisse in der anschaulichen Erinnerung. Diese Komplementarität des Innen und Außen ist für den Menschen auf der zunächst höchsten Komplexitätsebene der Evolution vielleicht die wichtigste (»zunächst«, denn wer weiß, welche Erfindungen in der Evolution noch auf unsere Abkömmlinge warten). Geht man vom Prinzip der Komplementarität aus, so gehören auto-noetische Prozesse und unmittelbare Erlebnisse zusammen. Erfindungen des Lebens sind stets durch dieses Prinzip des »Sich-gegenseitig-Bedingens«, der Komplementarität als generatives Prinzip also, gekennzeichnet. Eine Erfindung auf einer höheren Ebene kann sich nicht von den Ebenen darunter befreien.

Evolutionäre Prozesse laufen erstaunlich schnell ab, und manche zweifeln an der Evolution, weil ihnen diese Prozesse zu schnell erscheinen. Die Schnelligkeit evolutionärer Prozesse mag leichter verständlich werden, wenn man den »Baldwin-Effekt« oder einen »explorativen Darwinismus« berücksichtigt, wie es der Philosoph Karl Popper vorgeschlagen hat. Ausgangspunkt der Überlegung ist, daß Lebewesen solche Verhaltensweisen wie Neugier, aktive Untersuchung der Umgebung oder die Suche nach neuen Umwelten entwickelt haben. Dies ermöglicht ihnen, neue ökologische Nischen zu erkunden und zu besetzen. Damit ein Lebewesen sich aktiv in seiner Umwelt bewegen und bessere Umgebungen für sich finden kann, die für die Befriedigung der elementaren Bedürfnisse besonders gut geeignet sind, ist es notwendig, daß dieses Lebewesen bestimmte mentale Operationen einsetzen kann (wobei diese nicht explizit, sondern implizit ablaufen können und dies üblicherweise auch tun); die bestehenden Lebensumstände, in denen sich das Lebewesen befindet, müssen erkannt und bewertet werden können; diese müssen mit anderen Umständen verglichen werden können, die bei der Exploration identifiziert wurden; dies setzt Gedächtnisleistungen und zeitliche Integration voraus; der Vergleich als grundlegende Leistung des Gehirns erfordert die gleichzeitige Verfügbarkeit von mindestens zwei registrierten Zuständen, die hinsichtlich ihrer Bedeutung für den Organismus bewertet wurden. Auf der Grundlage des Vergleichs kann das Lebewesen entscheiden, den günstigeren Ort zu wählen. Der »Baldwin-Effekt« zeigt, daß mentale Kompetenz ein kritischer Faktor für die Selektion ist, denn je höher die mentale Kompetenz eines Lebewesens ist, um so erfolgreicher wird es bei der Suche nach einer günstigeren Umgebung sein. Das explorative Verhalten, die Neugier, wird wichtig; Intelligenz wird evolutionär belohnt.

Wenn sich dauernd neue Lebensformen entfalten, warum ist dann die Welt nicht viel voller? Die Erde müßte doch längst übervölkert sein. Neben der Entfaltung des Lebens gibt es den natürlichen Prozeß der Auslöschung. Die Extinktion des Lebens gehört auch zum Programm der Evolution. Die durchschnittliche Lebenserwartung von

Arten liegt bei etwa zwei Millionen Jahren, auch wenn manche Arten sehr viel länger, andere aber auch sehr viel kürzer leben. Auf den Menschen bezogen, heißt dies, daß es unter dem Gesichtspunkt der Evolution nichts Besonderes wäre, wenn die Menschheit als Ganzes aufhören würde zu existieren. Homo sapiens ist ja bereits längere Zeit auf der Erde anwesend, und wenn es zum Ende der Menschheit käme, wäre dies von außen betrachtet durchaus im Rahmen biologischer Gesetze.

Wenn man sich die verschiedenen Erfindungen oder Entdeckungen der Evolution in den vergangenen vier Milliarden Jahren vor Augen hält, dann leitet sich daraus auch ein wissenschaftliches Programm für die Untersuchung von Lebensprozessen ab. Um zu einem Verständnis zu kommen, darf man sich nicht nur mit einer Ebene der evolutionären Erfindungen befassen. Richtig verstandene Analyse muß zunächst die verschiedenen Systemebenen bestimmen. Der jeweilige Rahmen mag sein, Prozesse in der Membran einer Zelle zu untersuchen, es können auch Aktivitäten in Zellverbänden sein, die besonders interessieren. Wenn man den kategorialen Rahmen gefunden oder bestimmt hat, dann erst kann man reduktionistisch vorgehen, und zwar in zwei Richtungen. Zum einen kann man zum Molekularen, zu den Bausteinen gehen; der Reduktionismus muß aber auch in die andere Richtung gehen: Wozu ist eine Funktion da, welchem Zweck dient sie? Und hier kommen wir dann zu einer der zentralen Fragen, die das Leben betrifft: Wie entstehen im biologischen System die höheren Systemebenen; wie geht etwas Komplexes aus etwas hervor, das weniger komplex ist?

Ein zu enger Rahmen des Forschens über Lebensprozesse wird den biologischen Phänomenen nicht gerecht, die im Laufe der Entwicklungsgeschichte entstanden sind. Aufgrund unserer ökonomisch orientierten Denkweise (die auch ein Erbe der Evolution ist) streben wir zwar nach monokausalen Lösungen bei wissenschaftlichen Fragen; wir sind beeindruckt von einfachen, ästhetisch befriedigenden Antworten. Doch eine solche Vorgehensweise in den Lebenswissenschaften (und nicht nur dort) mündet in einen irreführenden Reduktionismus, wenn nur in einer Richtung gedacht wird. Es ist dann nichts gegen ein reduktionistisches Vorgehen einzuwenden, wenn in zwei Richtungen geschaut wird, vom Rahmen des Kleinen zum Rahmen des Großen und auch vom Rahmen des komplexen

Systems (des Großen) zum Rahmen der molekularen Prozesse (des Kleinen). Ich möchte diese Denkweise als »bidirektionalen Reduktionismus« bezeichnen, in der einerseits die materiale, also molekulare Grundlage der Lebensprozesse analysiert wird und in der andererseits der jeweilige Zweck der Lebensprozesse betrachtet wird, wenn auf der systemischen Ebene also gefragt wird, wozu bestimmte Funktionen dienen, die sich durch Selektionsprozesse herausgebildet haben. (Das ist natürlich überhaupt nichts Neues: In einem der grundlegenden Werke des abendländischen Denkens, das über zweitausend Jahre alt ist, nämlich in der »Physik« des Aristoteles, weist dieser darauf hin, daß man mehrere Arten von Gründen zu unterscheiden habe, wie die materiale Grundlage und deren Zweck; Aristoteles lehrt also bereits, den Blick in mehrere Richungen zu lenken, will man Ursachenforschung betreiben.) Ein solches Vorgehen, einen bidirektionalen Reduktionismus nicht nur zu akzeptieren, sondern auch zu verwirklichen, mag allerdings den einzelnen überfordern, weshalb dann ein Rahmen des interdisziplinären Arbeitens kreativ genutzt werden muß.

19 Selbstversicherungen

Mit fünfzehn wollte ich lernen. Mit dreißig war ich gefestigt, mit vierzig von Zweifeln frei. Mit fünfzig verstand ich das Gesetz des Himmels. Mit sechzig war mein Ohr geöffnet. Mit siebzig konnte ich meinen Herzenswünschen folgen, ohne das rechte Maß zu verlieren.
Konfuzius

This above all: to thine own self be true,
And it must follow, as the night the day,
Thou canst not then be false to any man. –
Dies über alles: sei dir selber treu,
Und daraus folgt, so wie die Nacht dem Tage,
Du kannst nicht falsch sein gegen irgendwen.
William Shakespeare

Condition de l'homme: inconstance, ennui, inquiétude. –
Der Mensch: Unbeständigkeit, Langeweile, Unruhe.
Blaise Pascal

Ich habe nichts, wovon ich sagen möchte, es sei mein Eigen. Friedrich Hölderlin

Ein Mann, der Herrn K. lange nicht gesehen hatte, begrüßte ihn mit den Worten: Sie haben sich gar nicht verändert. Oh! sagte Herr K. und erbleichte.
Bertolt Brecht

Warum es so ist, weiß ich nicht, doch ist es für mich wichtig, mich meiner selbst immer wieder in der Vergangenheit (der eigenen Vergangenheit) zu versichern. Es hat wohl auch mit einem Idealbild zu tun, das ich von mir habe (oder gerne von mir hätte), das Bezüge in die persönliche Vergangenheit erfordert. Die meisten Einflüsse, die einen Menschen formen, bleiben unbekannt; was weiß ich wirklich über mich, warum ich dieser Mensch bin, der ich bin? Dieses Nichtwissen über mich selbst mag ein Grund sein, nach einem verläßlichen Rahmen zu suchen, der Sicherheit gibt. Die Suche nach dem eigenen Selbst, die Begründung der eigenen Identität, ist tägliche Herausforderung. Das spüre ich besonders deutlich, wenn ich den Eindruck habe, nicht bei mir zu sein, gleichsam neben mir zu stehen. Dann spüre ich den Abstand zwischen der gegenwärtigen Wirklichkeit und dem Idealbild, das ich von mir habe und das ich durch Erinnerungen an Vorbilder zu verankern suche. Gäbe es die Vergangenheit nicht, wäre ich mir selber ausgeliefert (keine angenehme Vorstellung). Wer waren jene, auf die ich mich beziehe, an denen ich mich für das Wie und Was meines Handelns vor allem auch als Forscher orientiere?

An meinen Vater habe ich nur noch flüchtige Erinnerungen, und die Bilder werden immer blasser. Er hatte das letzte Mal 1943 Urlaub von der russischen Front; wo er genau umgekommen ist, ist nicht genau zu erfahren. Zu Beginn des Tausendjährigen Reiches wurde er Mitglied der SS; offenbar gefiel es ihm nicht, und er trat wieder aus, was zu Beginn der Nazizeit noch möglich war. Vielleicht erinnerte man sich später daran, daß er die SS wieder verlassen hatte; er hat immer an vorderster Front kämpfen müssen, im Polen-Feldzug, an der Westfront und schließlich an der Südfront in Rußland, wo er kurz vor Kriegsende starb. (Vor wenigen Jahren erfuhren wir, daß frühere Angaben über den Ort, wo er gestorben sei, vielleicht nicht richtig seien, und ein neuer Ort wird vermutet. Ich finde es bemerkenswert, daß es bei uns eine Behörde gibt, die ein halbes Jahrhundert nach Kriegsende immer noch versucht herauszufinden, wo Soldaten begraben sind, sofern sie begraben sind.)

Als ich vor einiger Zeit in Moskau war, ging ich mit Nikita Chruschtschow um den Kreml (er ist ein Enkel des Politikers), und wir sahen uns jedes Denkmal an, das zur Erinnerung an die einzelnen Schlachten im Zweiten Weltkrieg errichtet worden war. Nikita, der einmal bei mir als Wissenschaftler gearbeitet hat, erzählte mir, daß ein Onkel, der Flieger gewesen war, verschollen ist; man habe nie erfahren, wo er geblieben ist (obwohl man inzwischen eine Vermutung hat, wie ich der neuen Biographie über Stalin von Simon Sebag Montefiore entnehme). Ich werde selten von einem Tränenausbruch übermannt, doch hier an den Mauern des Kremls geschah es; ich mußte still zur Seite treten und mich den unerwarteten Tränen überlassen. Ich bin stolz auf einen Vater, der die SS wieder verlassen hat. Ob ich in einer ähnlichen Weise unabhängig bin oder gewesen wäre, weiß ich nicht, doch ist es ein Idealbild für mich, möglichst unabhängig zu bleiben, niemandem verpflichtet zu sein. (Es mag ein ungewöhnlicher Gedankensprung sein, doch ist für mich das Prinzip der Unabhängigkeit auch ein wissenschaftliches Problem; meine erste wissenschaftliche Arbeit überhaupt ist dem Thema der statistischen Unabhängigkeit gewidmet. Vielleicht ist es aber nur ein Zufall, auf persönlicher Unabhängigkeit zu bestehen und vom Prinzip der Unabhängigkeit in der Wahrscheinlichkeitstheorie fasziniert zu sein; aber was weiß ich, welche Verknüpfungen in meinem Gehirn stattfinden). Mein Vater war auch sonst wohl ein ungewöhnlicher Typ, der tollkühn mit einem Pferdeschlitten über die Ostsee fuhr, als sie zugefroren war. Durch ihn ist wohl meine Liebe zu Pferden (und Tieren überhaupt) geprägt worden; eine meiner letzten Erinnerungen an ihn ist, wie er mich mit mehreren Pferden zu einem See mitnahm, die Pferde ins Wasser trieb und auch selber schwamm.

Bevor der Vater in den Krieg zog, verkaufte er alle Kühe vom Hof, um die Mutter bei der Arbeit zu entlasten. Sie waren erst drei Monate verheiratet; sie war ein Stadtkind und gerade schwanger (das war mein Beginn). Solche impulsiven Entscheidungen kenne ich von mir selbst, aus dem Nichts heraus Fakten zu schaffen (viele leiden darunter). Die Mutter kaufte die Kühe wieder zurück, als der Vater an der Front war. Sie traute sich zu, auch nach kurzer Gewöhnung einen Hof zu halten (nicht Hof zu halten), bis der Vater wieder zurück war. Es sollte, wie es am Anfang eines Krieges immer erwartet wird, nicht zu lange dauern. Von der Mutter trage ich einen Satz in mir, der mich immer begleiten wird und der für Schule, Universität und Beruf entscheidend wurde: Alles, was du besitzt, ist in deinem Kopf. Das war nicht nur bildlich gemeint. Als wir im Frühjahr 1946 in den Westen kamen, besaßen wir nichts mehr. Wir hatten mitgenommen, was wir tragen konnten; da die Mutter den kleineren Bruder tragen mußte, war es hauptsächlich nur das, was ich als kleiner Junge schultern konnte. Als wir schließlich auf einem Bauernhof einquartiert wurden (was sich als besonderer Glücksfall erwies), wurden wir gefragt, wo denn das Gepäck sei; wir hatten keines. Dennoch hatte die Mutter einiges mitgenommen: natürlich Geld (was aber nicht so nützlich war) und einige Dokumente. Aber was für Dokumente? Von Pferden und Kühen; dies wohl, um nach der Rückkehr den Besitzanspruch zu sichern. Was sie nicht mitgenommen hatte, waren persönliche Dokumente wie Geburtsurkunden. Die Tierdokumente erwiesen sich nicht als nützlich; unpraktisch war, keine persönlichen Dokumente zu haben; ohne Geburtsurkunde existiert man einfach nicht.

Auch die Mutter hatte in jungen Jahren einen Hang zur Tollkühnheit. Sie ließ nach Kriegsende heimlich aus allen Landmaschinen die Getriebe ausbauen und in den Feldern verstecken, damit der »Feind« nicht ernten konnte. Eines Tages stand ein russischer Offizier mit angelegtem Gewehr vor ihr; sie hatte mich an ihrer Hand; der Offizier ließ von Soldaten die Felder durchsuchen; fänden sie etwas, würde sie erschossen. Sie fanden nichts. Dies ist ein Bild, das sich für immer in mir eingeprägt hat. Die Mutter war trotz mancher Anwandlungen übermäßigen Mutes eine sehr praktische und überaus intelligente Frau; sie spielte sehr gut Klavier, konnte hervorragend kochen und sehr gut Geschichten erzählen; ihre Enkel hingen an ihren Lippen und konnten nicht genug hören, wenn sie von der Vergangenheit erzählte. Sie paßte sich nach der Vertreibung schnell an die neue Situation an, um in einem neuen Rahmen bestehen zu können. Die Kraft zum Handeln nahm sie wohl aus der Hoffnung (wie das in jener Zeit viele taten), daß ihr Mann sicher bald aus Rußland zurückkommen würde. Als wir einige Jahre später erfuhren, daß dies nie der Fall sein würde, brach für sie alles zusammen. Es gab keinen sinnvollen Rahmen mehr. Zwar hat sie weitergekämpft, doch nie mehr mit der Entschlossenheit wie vorher, und oft überkam sie Mutlosigkeit. Die Szene, als ich vom Tod des Vaters erfuhr, war eigenartig: Ich ging zur Schule auf der rechten Straßenseite; die Mutter kam auf der anderen Straßenseite entgegen, schaute nur kurz herüber und ging weiter, an mir vorbei. Es war, als ginge sie in einer anderen Welt. Ich wußte, was es bedeutete, und wußte es doch nicht. Diese Begegnung (oder eigentlich Nichtbegegnung) auf der Straße ist eines jener Bilder, die nie verlorengehen.

Mit dem Wissen vom Tod des Vaters änderte sich alles. Bis dahin bestand (merkwürdigerweise) immer auch die Hoffnung, daß wir in die Heimat zurückgehen würden, daß wir unseren Hof wieder übernehmen würden; das waren natürlich unrealistische Träume, die nun endgültig weggewischt waren. Es war der Verlust des Bodens und damit der Bodenständigkeit. Erstaunlich, wie man geprägt wird: Es ist für mich wesentlich, auf dem Boden zu stehen. Was geschieht, wenn die Bodenständigkeit verlorengeht? Martin Heidegger hat in einem Aufsatz geschrieben, daß der Ersatz für die verlorene Bodenständigkeit die Gelassenheit sei und auch die Offenheit zu den Dingen. (Ich habe als Student Heidegger in einer Vorlesung gehört, als er ein Gedicht von Hölderlin interpretierte; eine große Gemeinde hörte zu; ich kann nicht glauben, daß sich vielen der Sinn seiner Worte erschloß; es war faszinierend, dabei zu sein, aber ich verstand nichts.) Wenn man über Bodenständigkeit und Gelassenheit schreibt, so mag es einleuchten, das eine für das andere zu setzen, doch wenn man selber den Boden verloren hat, dann ist es ein dauernder Kampf mit sich, Gelassenheit zu gewinnen. Das eine ist selbstverständlich, das andere muß erkämpft werden. Ob es der Mutter gelang, gelassen zu werden? Sie vermittelte den Eindruck, und sie war für viele, vor allem für ihre Enkel, eine gütige alte Frau, die zuhören konnte. Zuhören, das ist auch für den Wissenschaftler von grundlegender Bedeutung; richtig zuhören ist ein kreativer Akt, aus dem etwas Neues entstehen kann.

Welche waren es, von denen ich im nachhinein sagen möchte, daß ich ihnen zuhörte (zumindest manchmal), und die mir den Rahmen gaben, innerhalb dessen ich mich als Wissenschaftler sehe? (Wenn ich mich selbst als Wissenschaftler bezeichne, dann geschieht dies mit einer gewissen Herablassung mir selbst gegenüber; lieber wäre ich ein Forscher, der auf der Suche ist; mit dem Bild eines Wissenschaftlers verbindet sich jemand, der schon weiß, was für kreative Forschung meist hinderlich ist.) Es fällt auf, daß es nur Männer waren. Wieso spielen für dieses Bild, das ich von mir selbst entwerfe, Frauen keine Rolle (obwohl sie sonst in allen Lebenslagen außerordentlich wichtig waren; eine Antwort habe ich nicht)? Und es fällt mir auch auf, wer es alles nicht ist, der wichtig hätte sein können (und vielleicht auch müssen). Warum orientiert man sich an bestimmten Menschen und an anderen nicht? Sind Orientierungen Bestätigungen dessen, was man über sich zu wissen glaubt, oder sind es Sehnsüchte, in denen sich ausdrückt, wie man gerne sein oder auch erscheinen möchte? Ist ein Denken an jemanden (ein An-denken) eine Affirmation oder eine Konstruktion der eigenen Identität?

Viel gelernt habe ich für meinen Beruf von Otto Stengel; er war Trainer für Leichtathletik. Ich bin während der Schulzeit jahrelang täglich einige Stunden auf dem Sportplatz gewesen; vielleicht war dies auch eine Flucht. (Besonders gut war ich nie; das Höchste war einmal die Teilnahme an einer Deutschen Meisterschaft im Hochsprung, wo ich aber kläglich versagte.) Im Sport habe ich gelernt, verlieren können und mein Gesicht dabei zu wahren (das Wort wahren ist mit Wahrheit verbunden; aber hat das Wahren des Gesichts etwas mit Wahrheit zu tun?). Im Wettkampf gibt man sein Bestes; es gibt kein Mogeln (Doping war kein Thema); man geht fair miteinander um; man erlebt, wie man verliert und wie man gewinnt; man freut sich mit und für die andern; man ärgert sich über das eigene Versagen; man begreift, wie wichtig Konzentration ist; man weiß, daß man sich im Training vorbereiten muß; man lernt, wie man seine Zeit einzuteilen hat; und man lernt zu verlieren. Ob ich als Verlierer immer eine gute Figur gemacht habe oder mache, weiß ich nicht; sicher habe ich auch manchmal schlecht verloren. Es trifft mich sehr, wenn ein Antrag für ein Forschungsvorhaben abgelehnt wird, doch kann ich solche Kränkungen (so empfinde ich eine Ablehnung in einer ersten Reaktion; es ist, als würde ein Teil von mir in Frage gestellt), doch kann ich solche Kränkungen wohl besser überwinden, weil ich in sportlichen Wettkämpfen verloren habe. Andere waren besser; ich war nicht gut vorbereitet oder nicht gut genug.

Manche Wettkämpfe habe ich allerdings nicht verloren. Als ich Professor wurde, wollte ich mir, in einem Alter, das für den Erwerb einer neuen Bewegungskoordination eher ungünstig ist, selbst beweisen, einen neuen Sport lernen zu können und ein akzeptables Leistungsniveau zu erreichen. Ich spielte Squash, und zwar jeden Tag (und kam dadurch bei manchen in Verruf; ein Professor gehört in den Hörsaal, ins Labor oder an den Schreibtisch und nicht auf den Sportplatz). Squash ist ein wunderbarer Sport, der einiges verlangt: Konzentration, Umsicht, Taktik, natürlich Schlagtechnik, und wenn man eine halbe Stunde intensiv Squash gespielt hat, dann ist das Seelenleben wieder zurechtgerückt. Ich wurde in meiner Aktivität sehr ermutigt durch den legendären Hashim Khan, der viele Jahre das

British Open gewonnen hatte (das ist so etwas wie die Weltmeisterschaft) und der sagte, daß man mehr und nicht weniger Sport treiben müsse, wenn man älter werde. Ich sehe ihn noch vor mir, wie er als alter Mann mit unglaublicher Präzision den Ball schlug. In dieser Zeit, ohne Frage einer etwas verrückten Zeit, spielte ich einige Turniere und wurde sogar einige Male bayerischer Ärztemeister. Es gab auch einen wissenschaftlichen Ertrag, den ich dann auf einem wissenschaftlichen Kongreß präsentierte. Ich entdeckte, daß es bei sehr schnellen Ballwechseln unmöglich ist, visuell auf den Ball zu reagieren, sondern daß man die akustische Information nutzen muß, um einen Ball zu treffen. (Die Reaktionszeit auf optische Reize ist erheblich länger als auf akustische Reize.) Der gute Squashspieler nutzt zwei akustische Quellen, um seinen Schläger in die richtige Position zu bringen, nämlich den Ton, der beim Kontakt des Balls mit dem gegnerischen Schläger erzeugt wird, und den Ton, der beim Kontakt des Balls mit der Wand entsteht. Damit sind zwei Punkte in einem dreidimensionalen Raum gegeben, und das Gehirn kann dann mit hoher Geschwindigkeit einen dritten Raumpunkt berechnen, wo der eigene Schläger sein muß, um den Ball aufzunehmen. (Ohne eigene Erfahrung beim Squash wären mir diese zeitlichen Randbedingungen nicht aufgefallen, und ich hätte nicht darüber nachdenken müssen, wie unser Gehirn mit einer komplexen Situation bei minimaler Information umgeht.)

In dieser Zeit war ich mit einem besonderen Problem bei den Medizinstudenten konfrontiert. Viele der Studenten im ersten Semester waren psychisch stark belastet. Der Grund war wohl, daß sie in eine große Universität kamen, wo sie niemanden kannten. Man saß plötzlich in einem Hörsaal mit Hunderten von Kommilitonen, die auch alle sehr gut in der Schule gewesen waren; über gute Schulnoten kam man zum Medizinstudium. In der Schulklasse kannte einen jeder, und jeder wußte, wo man intellektuell stand. Plötzlich war man anonym; aus dem Rahmen gefallen. Viele der Studenten waren im klinischen Sinn depressiv, und manche zeigten paranoide Züge. (Dies wurde bekannt, weil alle Studenten Tests machen mußten, um an sich selbst kennenzulernen, wie solche Tests funktionieren, die bei Patienten in Psychiatrie, Psychosomatik und auch Neurologie eingesetzt werden.) Was war zu tun? Ich versuchte, die Studenten (und auch die Studentinnen) zum Sport zu bewegen, weil sportliche Tätigkeit bekanntlich die beste Psychotherapie ist. Als Anreiz schlug ich vor, daß jeder die erfolgreiche Teilnahme am Kurs der medizinischen Psychologie ohne Prüfung bestätigt bekäme, wenn er mich im Squash schlägt; Studentinnen erhielten wie beim Golf ein Handicap. Viele haben daraufhin intensiv trainiert (womit das eigentliche Ziel bereits erreicht war; und ich selber mußte auch fit bleiben), und es wurde immer wieder versucht, gegen den Professor zu gewinnen. Glücklicherweise ist es keinem gelungen. (Was hätte ich getan, wenn ich verloren hätte? Die Kollegen, der Dekan, der Rektor, der Minister wären nicht sehr angetan gewesen von dieser Form einer akademischen Prüfung. Ich freue mich, immer wieder ehemalige Studenten zu treffen, mit denen ich einmal Squash gespielt habe; vielleicht war das wichtiger als manches am akademischen Unterricht.)

Vor allem die eigene Erfahrung im Sport hat es mir ermöglicht, eine längere Zeit sportmedizinische Vorlesungen zu halten (die nicht besonders gut waren). Dabei habe ich einen prinzipiellen Unterschied zwischen verschiedenen Sportarten zu verdeutlichen gesucht, der etwas mit dem psychischen Rahmen zu tun hat, in dem man sich jeweils befindet. Es gibt Sportarten, in denen ich zwar im Wettkampf bin, in denen aber der eigentliche Gegner ich selber bin; dies sind die leichtathletischen Disziplinen oder das ist Golf. Es gibt wohl keine Sportart, die mehr zur Demut zwingt als Golf. Obwohl ich immer dachte, recht sportlich zu sein, bin ich im Golf ein Versager. Ich habe die flachste mir bekannte Lernkurve (Abb. 25); in über zwanzig Jahren habe ich es nur zu einem sehr bescheidenen Handicap gebracht. Wie das bei Golfern üblich ist, habe ich natürlich auch meine Erklärungen, wie etwa, daß in allen Sportarten, die ich bisher betrieben habe (Hochsprung, Kugelstoßen, Tennis oder Squash) eine natürliche Streckbewegung vorkommt. Diese Bewegung, und sei sie auch nur angedeutet, führt bei jedem Golfschwung zu katastrophalen Ergebnissen, doch diese Bewegung ist so fest in mein Gehirn einprogrammiert, daß es mir in zwanzig Jahren nicht gelungen ist, sie aus meinem Bewegungsrepertoire zu streichen.

Die anderen Sportarten sind jene, in denen es tatsächlich einen Gegner gibt, nämlich nur eine Person, wie beim Tennis oder Squash, wenn man sich auch nur auf den einen einstellen muß; und dann gibt es vor allem die Mannschaftssportarten wie Fußball, in denen erheblich größere psychische und soziale Herausforderungen bestehen,

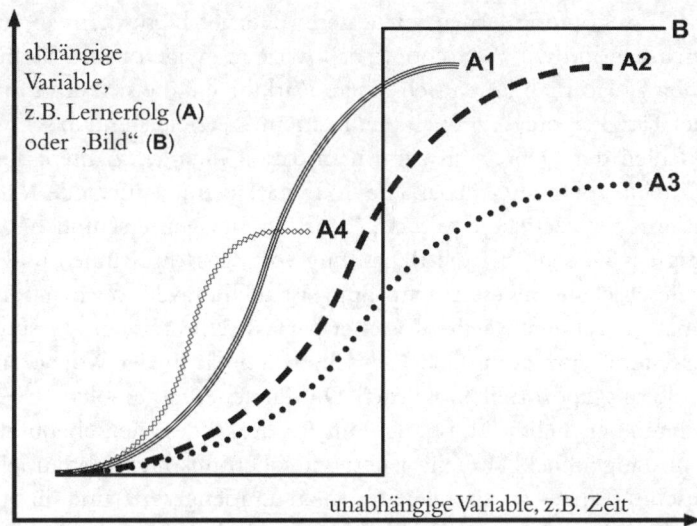

Abb. 25 Sigmoide Kurven (A) und eine Sprungfunktion (B); Übergänge von einem Zustand in einen anderen sind meist durch eine S-förmige Funktion gekennzeichnet. Solche sigmoiden Funktionen können unterschiedliche Steilheiten haben, und sie können ein unterschiedliches Niveau erreichen. Beispielsweise ist »Lernen« durch derartige Funktionen gekennzeichnet; manche Menschen lernen schneller als andere, und manche erreichen ein höheres Niveau. Besondere Ereignisse können sich sprunghaft in unser Gedächtnis einprägen (»one-trial-learning«, B); unser episodisches Gedächtnis, in dem Bilder gespeichert sind, entsteht durch solche Sprungfunktionen.

neben der technischen Kompetenz und der körperlichen Fitneß. Hier kann man wie in einem Vergrößerungsglas sehen, wie sich strategische Konzepte verwirklichen lassen oder wie dies mißlingt; das Mißlingen ist meist bedingt durch schlechte Abstimmung zwischen den einzelnen Spielern, und schlechte Abstimmung ist wiederum Folge eingeschränkter sozialer Kompetenz und schlecht kontrollierter psychischer Verfassung.

Sport ist für mich aus wissenschaftlicher Arbeit nicht wegzudenken. Körperliche Fitneß ist Vorbedingung für geistige Arbeit. Körperliche Aktivität hat eine antidepressive Wirkung und fördert die Kreativität. Wir haben einen leichteren Zugang zu unseren Gedächtnissystemen, wir sehen die Dinge klarer, die Stimmung ist aufgehellt, und wir schreiten leichter zur Tat. (Und man kann leichter sterben, aber das hat jetzt nicht unbedingt mit der wissenschaftlichen Arbeit zu tun;

durch Erschöpfung lernen wir unseren Körper besser kennen, und manchmal sind wir so erschöpft, daß wir den ewigen Schlaf herbeisehnen.) Natürlich lassen sich einige Wirkungen, die sich aus sportlicher Tätigkeit ergeben, auch medikamentös erzielen, und in schweren Fällen der Depression kann man darauf nicht verzichten; doch auch dann sollte auf körperliche Aktivität als unterstützende Maßnahme nicht verzichtet werden. (Es ist im übrigen erstaunlich, wie wenig das Wissen über die Bedeutung von Sport in Schulen und in der Gesellschaft umgesetzt wird. Sport ist auch Prävention; man sollte einmal ausrechnen, welche Kostenersparnisse es in unserem Gesundheitssystem gäbe, wenn alle Menschen dreimal in der Woche eine Stunde lang Sport treiben würden. Die Tatsache, daß es solche Überlegungen gar nicht gibt, ist auch ein Ausdruck des Menschenbildes, das uns augenblicklich beherrscht; wir sehen uns nicht als ein leibseelisches Ganzes, sondern aus Teilen zusammengesetzt, und für verschiedene Teile gibt es verschiedene Zuständigkeiten; die Medizin als System ist keineswegs unschuldig an dieser Partikularisierung, die Teilbereiche des Menschseins in jeweils verschiedene Rahmen stellt.)

In diesem Rahmen der Selbsterklärung, der in der Vergangenheit geformt wurde, spielt der Physiologe Jürgen Aschoff eine wichtige Rolle. Er hat mich nicht nur in das Forschungsgebiet der Zeit gestoßen, sondern von ihm habe ich gelernt, wie man als Forscher arbeiten sollte (dies bedeutet nicht, daß das Gelernte immer angemessen berücksichtigt wird). Unvergeßlich sind die Diskussionen mit ihm, oft bis tief in die Nacht und dann unter Zuhilfenahme vieler Flaschen Weißwein (die Qualität der Argumente wurde dann vermutlich objektiv dürftiger, doch subjektiv erschienen sie uns hervorragend). Alles wurde im Diskurs hinterfragt; was einem als selbstverständlich erschien, wurde nicht hingenommen, insbesondere, wenn sich die Selbstverständlichkeiten auf wissenschaftliche Autoritäten bezogen; alles fand in einer intensiven, brennenden, doch vertrauensvollen und auch herzlichen Atmosphäre statt. Um ein Problem zu lösen, wurde immer auf den Beginn, auf die grundsätzlichen Annahmen zurückgegangen; damit wurden auch die eigenen Vorurteile in Frage gestellt.

Wenn heute die Chronobiologie eines jener Gebiete ist, das sich stürmisch entwickelt, so geht dies vor allem auf Jürgen Aschoff zurück. Legendär sind seine Bunkerversuche, in denen Versuchspersonen für einige Wochen von der Umwelt isoliert wurden. Hier wurde nachgewiesen, daß auch wir von einer inneren Uhr gesteuert werden, die den Tagesablauf bestimmt. Die Tatsache, daß wir einen Tag als eine Einheit erleben, ist bedingt durch das Wirken dieser biologischen Uhr, die wir mit allen Lebewesen teilen. Alle Organismen haben eine solche Uhr (einen circadianen Rhythmus), die eine der ersten Erfindungen der Evolution gewesen ist. Im Durchschnitt läuft die innere Uhr beim Menschen etwas langsamer als der Tag-Nacht-Wechsel, der von der Erdumdrehung vorgegeben wird, nämlich im Mittel etwa 25 Stunden. Wir werden alle jeden Tag mit unserer inneren Uhr auf 24 Stunden synchronisiert, d. h. um etwa eine Stunde beschleunigt, die einen etwas mehr, die anderen weniger, je nach der Laufgeschwindigkeit der persönlichen inneren Uhren. In diesen Versuchen wurde auch gezeigt, daß diese genetisch vorgegebene Uhr nicht mit beliebigen äußeren Zyklen synchronisiert werden kann; nur im Bereich zwischen 23 und 28 Stunden können wir zeitlich adaptiert werden. Es ist uns also in unseren Genen ein Zeitrahmen mitgegeben worden, der uns einpaßt in den Ablauf der äußeren Zeit, wie sie von der Erdumdrehung vorgegeben wird. Daß wir einen inneren Tagesrhythmus haben, der in einer bestimmten Zeitrichtung von 24 Stunden abweicht, hat systemtheoretische Gründe: Biologische Systeme können in ihrer zeitlichen Organisation nicht exakt (auf die Minute genau) vorprogrammiert werden; es gibt immer eine kleine Variation. Wenn diese notwendig ist, dann ist es günstiger, eine Abweichung von einem Zielwert (also von 24 Stunden) in nur einer Richtung vorzugeben, weil dann nur in einer Richtung (nämlich der Gegenrichtung) korrigiert werden muß, und dies ist sehr viel ökonomischer.

In diesen Versuchen wurde auch gezeigt, daß wir mehrere innere Uhren besitzen, die unter normalen Bedingungen von einer kleinen Neuronengruppe im Gehirn (dem Nucleus suprachiasmaticus, der zum Hypothalamus gehört) synchronisiert werden, die aber bei bestimmten Gelegenheiten und vor allem auch im Alter nicht mehr im zeitlichen Gleichklang arbeiten, sich also selbständig machen können. Der zeitliche Rahmen bricht dann zusammen, wie es bei Schichtarbeit typisch ist und wie es jeder erleben kann, der in eine neue Zeitzone reist. Wir mögen zwar versuchen, und wir müssen es auch, in das Leben in Peking oder New York einzutauchen, doch die meisten Funktionen sind am Zielort noch gar nicht angekommen, wenn wir aus dem Flugzeug steigen. Man braucht etwa einen Tag, um eine

Stunde Zeitverschiebung auszugleichen. Meistens ist man schon wieder abgereist (Politiker immer), bevor man angekommen ist.

Eines Tages meinten Jürgen Aschoff und ich, Versuche über die Wirkung von Meskalin durchführen zu müssen. Es gehörte offenbar zum Ritus der Forschung in den späten sechziger Jahren, Bekanntschaft mit verschiedenen Drogen zu machen. Wir wollten herausfinden, in welcher Weise sich unsere Wahrnehmung unter Meskalin verändern würde; stimmte, was Aldous Huxley in seinem Buch »Doors of Perception« beschrieben hatte? Aschoff war die erste Versuchsperson dieser Versuchsreihe, und er war auch die letzte Versuchsperson. Wenn ich selbst nie mit Drogen experimentiert habe (nicht nur nicht inhaliert, wie einmal ein bekannter amerikanischer Politiker betonte, sondern nicht einmal eine entsprechende Zigarette zwischen den Lippen gehabt), dann liegt dies an diesem Versuch von Aschoff. Er hatte einen typischen »Horrortrip«, der alle, die dabei waren, erschreckte. Am Anfang der Meskalinwirkung konnten wir noch die geplanten Versuche machen, wie sich das Sehen von Farben oder die anschauliche Größe von Gegenständen änderte. Daran war mit zunehmender Wirkung nicht zu denken. Er lag in sich gekrümmt und stöhnte nur manchmal auf; gelegentlich hörte man nur Worte wie »grauenvoll«. Wir haben dann später viel über diesen Versuch gesprochen, und es muß wohl irgendwo noch ein Protokoll geben, das Aschoff später verfaßt hat. Die Versuche wurden abgebrochen.

Für jeden Hirnforscher ist das Leib-Seele-Problem eine besondere Herausforderung, und jeder hat dazu seine eigene Meinung (dies ist nicht ganz richtig: manche verzichten darauf, sich mit diesem grundsätzlichen Problem auseinanderzusetzen und verlagern es in die ausschließliche Zuständigkeit der Philosophie; dies gilt vor allem für jene, die sich hauptsächlich mit den molekularen Grundlagen neuronaler Vorgänge befassen). Es waren Kolloquien im Max-Planck-Institut in Seewiesen, in denen ich erstmals von diesem Problem erfahren habe. In einer Runde saßen mit vielen anderen, vor allem mit Jungforschern aus dem Institut, Konrad Lorenz, Werner Heisenberg und Carl-Friedrich von Weizsäcker. Mir machten die Ausführungen von Lorenz den meisten Eindruck. Heisenberg sagte fast nichts, und von Weizsäckers Überlegungen schienen immer sehr klar zu sein, doch konnte ich deren Inhalt nie wiederholen. Was mich an Lorenz immer wieder faszinierte und zu ihm hinzog (wobei er mich kaum kannte, allenfalls registrierte), war seine Fähigkeit, immer etwas Positives zu entdecken, und war ein Vortrag auch noch so dürftig. Ganz anders als andere bei den gefürchteten Mittwochs-Kolloquien in Seewiesen (manchen schien es um die intellektuelle Vernichtung der Redner zu gehen) gab Lorenz Vertrauen und zeigte ein unverstelltes Interesse. Seine Neugier schien unerschöpflich zu sein. Die Schriften von Lorenz gehören für mich zu den wichtigsten Beiträgen der modernen Forschung über den Menschen; ich habe alles, was ich von ihm bekommen konnte, gelesen. Wenn ich über unsere Erfahrungsmöglichkeiten nachdenke, wenn ich versuche, das Denken zu bedenken, finde ich mich wieder im Rahmen der Ethologie, die von Lorenz geprägt wurde. Es ist erstaunlich, daß die Kognitionsforschung, wie sie sich in den letzten Jahren entwickelt hat, die Erkenntnisse der Verhaltensforschung kaum zur Kenntnis nimmt.

Das Leib-Seele-Problem war für Lorenz eigentlich kein Problem. Für ihn als Biologen stellte sich die Frage nicht, wie Seelisches mit Körperlichem in eine Beziehung gebracht werden könnte. Die Überlegung, daß Seelisches (res cogitans) und Körperliches (res extensa) zwei getrennte Seinsbereiche oder Substanzen seien, die im Menschen miteinander verkoppelt würden, ist in der Neuzeit insbesondere durch René Descartes vertreten worden. Dieser dualistischen Auffassung steht jene entgegen, die Körperliches und Seelisches aus einem Prinzip zu erklären sucht, wie es, unmittelbar auf Descartes folgend, Baruch de Spinoza getan hat. Die meisten Hirnforscher vertreten die Position eines pragmatischen Monismus oder auch empirischen Realismus, daß also jede psychische Funktion getragen wird von einem neuronalen Prozeß. Die Begründung hierfür ist relativ einfach: Man kann zeigen, daß alles, was man an psychischen Funktionen identifizieren kann (jede Wahrnehmung, jedes Gefühl, jede Erinnerung, jedes Wollen, unsere Ich-Identität), durch Störungen im Gehirn selektiv verlorengehen kann. Der mögliche und der immer wieder beobachtete Verlust spezifischer Funktionen ist der Beweis für die unauflösbare Verkopplung von neuronaler Substanz und psychischer Funktion. Um den Unterschied von Körper und Geist zu überwinden, hat Lorenz den Begriff der Fulguration eingeführt (andere, wie Mario Bunge, sprechen auch von Emergenz). Durch die Wechselwirkung verschiedener Systemteile kann qualitativ etwas Neues entstehen. Man kann Qualitätssprünge durch die ganze Evolution beobachten, wie etwa beim Übergang von nichtlebender Substanz zu lebenden Organismen. In ähnlicher Weise entsteht durch Fulguration eine neue Komplexitätsebene, auf die wir uns als auf das Geistige beziehen können. Diese Fulguration (oder Emergenz) wird technisch dadurch möglich, daß im neuronalen Netz ein neuer Rahmen durch das Zusammenschalten räumlich und zeitlich verteilter Prozesse aufgespannt wird.

Daß wir uns auf den Geist beziehen können, erfordert allerdings einen weiteren Qualitätssprung, der häufig bei Erörterungen über das Leib-Seele-Problem unberücksichtigt bleibt. Wir müssen eine Außenperspektive zu uns selbst einnehmen können, um über die erste Emergenz überhaupt nachdenken zu können. Ein auto-noetischer Prozeß ist erforderlich, damit wir über uns selbst nachdenken können, unser Erleben selber zum Thema machen können. Über das eigene Wahrnehmen und Wissen zu reflektieren erfordert einen weiteren Rahmen als nur den der Verfügbarkeit von Wahrnehmen und Wissen.

Einige Bausteine eines möglichen Wissenschaftlers habe ich also zusammengetragen: Sich selber etwas trauen, andern vertrauen, unabhängig sein, verlieren können, zuhören lernen, sich bewegen, offen sein, Risiken eingehen. Als ich einige Zeit bei Jürgen Aschoff gearbeitet hatte, fiel auf, daß ich gar kein abgeschlossenes Studium hatte; (ich konnte das universitäre Studium nicht mehr aushalten und floh zu früh in die Forschung). In dieser kritischen Situation erwies sich Ivo Kohler aus Innsbruck als besondes entgegenkommend. Er machte es möglich, ohne Diplom und als Externer (und ohne Vorlesungsbesuch) bei ihm zu promovieren. Bei Kohler war man nie sicher, ob er das meinte, was er sagte; ihm saß immer ein Schalk im Nacken. Er war ein genialer Experimentator (was ich von mir nicht sagen kann; ich habe zwei linke Hände – in der Tat ist meine rechte Hand nach einem Unfall verstümmelt, was das Schreiben recht mühsam gestaltet; doch ich bin ein guter Beobachter; man muß auch seine guten Seiten kennen). Auch an Kohler orientiere ich mich, wenn ich versuche, nicht alles so ernst zu nehmen, insbesondere nicht in der Wissenschaft. Er war ein wirklich unabhängiger und auch unbequemer Denker und sicher auch ein ungewöhnliches Fakultätsmitglied. Da er sich in Sitzungen langweilte (was ich gut nachfühlen kann), nahm er manchmal weiße Mäuse mit, um diese während der Sitzung zu trainieren. (Es gab Einwände anderer, die in ihren Verhandlungen ernst genommen werden wollten; es war sicher nicht diplomatisch, wenn er entgegnete, daß seine Versuche wichtiger seien.)

Berühmt geworden ist Ivo Kohler durch seine Brillenversuche, die noch heute von grundsätzlicher Bedeutung sind. Seine Frage war, wie flexibel eigentlich unser Wahrnehmungsapparat ist. Er konstruierte mit Hilfe von Prismen Brillen, die den Sehraum um einen bestimmten Grad seitlich verschoben, und er überprüfte dann, ob man sich und wie man sich an die visuell verschobene Welt adaptieren kann. Tatsächlich kommt es recht schnell zu solchen Anpassungen; wenn man auf einen Punkt zeigen muß, dann greift man zunächst daneben, aber nach einiger Zeit hat man sich an die verschobene Welt angepaßt; Bewegungskoordination und Sehinformation sind aufeinander abgestimmt. (Hier gibt es allerdings große individuelle Unterschiede, die für die Augenheilkunde recht wichtig sind; für manche dauert es lange, sich an Gleitsichtbrillen zu gewöhnen; während der Phase der Adaptation kann es zu Schwindelgefühlen kommen, weil sich auch das Gleichgewichtssystem an die veränderte optische Information anpassen muß.)

Sensationell waren die Versuche von Ivo Kohler, die er mit sich selbst durchführte, indem er Umkehrbrillen trug. Mit diesen Brillen wurde die Welt auf den Kopf gestellt; oben und unten waren vertauscht. Er trug eine solche Brille über 100 Tage, und in dieser Zeit experimentierte er mit sich selbst. Was waren die Ergebnisse? Er paßte sich so gut an die neue Welt an, daß er Skilaufen konnte und daß er mit dem Auto fuhr. Dabei fiel ihm auf, daß sich nur stationäre Objekte anschaulich umdrehten; Bewegtes blieb, wo es war. So kam der Rauch nun aus der falschen Stelle aus dem Haus. Interessant war auch die Beobachtung, daß es nach dem Abnehmen der Brille wieder einige Zeit dauerte, bis die Welt normal gesehen wurde. Diese Brillenversuche zeigen in eindrucksvoller Weise die Plastizität unseres Sehsystems. Die Versuche wurden später von vielen aufgenommen; sie waren der Beginn für zahlreiche neuronale Studien, in denen die funktionelle Plastizität einzelner Nervenzellen überprüft wurde und wird. Die Anpassungsfähigkeit des Nervensystems steht heute im Zentrum neurobiologischer Forschung, und entscheidend befruchtet worden ist dieses Thema von einem etwas extravaganten Forscher aus Tirol, der selber dachte, sich etwas traute und für jeden geistreichen Unfug in der Wissenschaft aufgeschlossen war. Auch ein Rahmen, in dem ich mich gerne sehe.

Eines Tages kam ein Besucher aus den USA, vom Massachusetts Institute of Technology (MIT) in Cambridge. Es war Walter Rosenblith, der mir als Herausgeber des Buches *Sensory Communication* ein Begriff war. Bei einem Abendessen wollte er wissen, was jeder macht, und ich erzählte über Experimente zur Zeitwahrnehmung. Es waren Beobachtungen darüber, wie lang Zeitintervalle als Funktion der Tageszeit empfunden werden. Ich hatte festgestellt, daß am späten Vormittag und Mittag die Zeit am schnellsten zu vergehen scheint, und daß am frühen Morgen und dann wieder am Nachmittag die Zeit langsamer verrinnt. Ähnliche Experimente hatte jemand am MIT gemacht, und er hatte die Daten so interpretiert, daß der Verlauf der empfundenen Zeit von der Körpertemperatur abhängig ist. Wenn wir wärmer sind, dann geht die Zeit schneller vorbei; hier wurde eine Überlegung aus der Chemie, daß höhere Temperatur chemische Prozesse beschleunigt, auf das Erleben des Menschen übertragen. Ich sagte, daß dies nicht sein könne, daß zwar die Körpertemperatur einen tagesperiodischen Verlauf zeige und daß auch die Zeitwahrnehmung tageszeitlich variiere, daß aber keine kausale Beziehung vorliegen könne, da die Maxima beider Funktionen viele Stunden auseinanderlägen. Irgendwie war er von dieser recht einfachen Beobachtung angetan und lud mich ein, als junger Wissenschaftler zu ihm zu kommen. So wurde mir ein neuer Weg eröffnet, doch ich landete dann in einem anderen Institut.

Als ich bei Rosenblith meinen ersten Besuch machte, erzählte er mir, daß es am MIT auch ein Institut für Psychologie und Hirnforschung gäbe, und fragte, ob ich nicht Lust hätte, dort jemanden zu treffen. Die hatte ich, und so begegnete ich Hans-Lukas Teuber. Das erste Treffen war allerdings etwas verzögert; wir trafen uns um Mitternacht in seinem Büro, weil sein Flugzeug wegen eines Schneesturms verspätet in Boston ankam. Erst sprachen wir englisch und dann deutsch, und er lud mich im Laufe des Gespräches ein, zu ihm für einige Zeit als junger Wissenschaftler zu kommen. Teuber kam ursprünglich aus Berlin, mußte Deutschland verlassen und baute dann in Amerika das wohl bedeutendste interdisziplinäre Institut auf, in dem Forscher aus der Psychologie, Linguistik, Neurophysiologie, Verhaltensforschung und Neuroanatomie zusammenarbeiteten; auch die Philosophie war vertreten. Die wohl beste neuroanatomische Ausbildung konnte man vor dreißig Jahren in einem psychologischen Institut bekommen, wenn man die Vorlesungen von Walle Nauta besuchte. Als ich später versucht habe, ein Institut aufzubauen, in dem Vertreter verschiedener Fachrichtungen zusammenkamen, war dies nach dem Department von Teuber modelliert. Das Prinzip von Teuber war relativ einfach: nur Leute zur Mitarbeit gewinnen, die besser sind als man selber, und einen Rahmen schaffen, in dem sie miteinander kommunizieren können. Eine Kommunikationsbasis waren die Kolloquien am Freitagnachmittag, zu denen immer auch Vertreter anderer Institute kamen und wo ich das erste Mal dem Präsidenten von Polaroid, Edwin Land, begegnete, der zu einem Vortrag über das Farbensehen gekommen war (vor den Vorträgen gab es immer Kaffee und Doughnuts). Unvergeßlich sind für mich die Vorstellungen der Redner, in denen es Teuber gelang, eine Atmosphäre der Offenheit und der Spannung zu schaffen, und den Rednern vermittelten sie das Gefühl, wirklich bedeutende Wissenschaftler zu sein (was insofern auch richtig war, denn die Ehre, in diesem Institut zu einem Vortrag eingeladen zu werden, wurde nicht jedem zuteil).

Die modernen »Cognitive Neurosciences«, wie sie heute in den führenden Instituten weltweit betrieben werden, sind wesentlich durch Teuber mitgeprägt worden. Er hat umfangreiche Studien über die Folgen von Hirnschädigungen durchgeführt, wobei er sich vor allem für das visuelle System interessierte. Er kannte die gesamte Literatur zu diesem Thema, wie sie vor allem auch von europäischen Wissenschaftlern erarbeitet wurde; dies ist an sich nicht erwähnenswert, wenn es jetzt nicht ganz anders wäre. Ein großer Reichtum von Wissen ist allein deshalb nicht mehr verfügbar, weil er nicht auf englisch publiziert wurde. Manche haben ihr wissenschaftliches Profil dadurch verbessert, daß sie aufgrund von Deutsch- oder Französischkenntnissen alte Arbeiten aufgriffen und neu deuteten. Am schlimmsten ging es wohl den Russen; wegen einer für die meisten unzugänglichen Sprache liegt immer noch vieles brach.

Eine besondere Frage, die Teuber bewegte, war die nach der topographischen Repräsentation der visuellen Welt im Gehirn. Die topographische (oder topologische) Repräsentation ist nach meiner Einschätzung eines der faszinierendsten Phänomene in der Hirnforschung. Wie gelingt es dem Gehirn, die vor uns ausgebreitete räumliche Welt

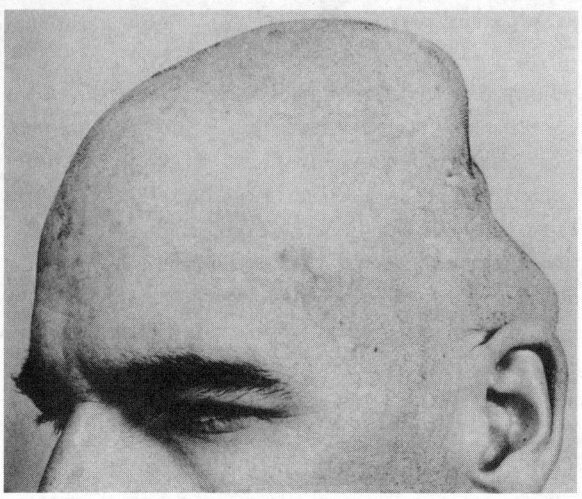

Abb. 26a Hans-Lukas Teuber hat viele Patienten mit schweren Hirnverletzungen untersucht; bei dem gezeigten Patienten ist durch eine Kriegsverletzung der linke Teil des Hinterhaupts zerstört worden.

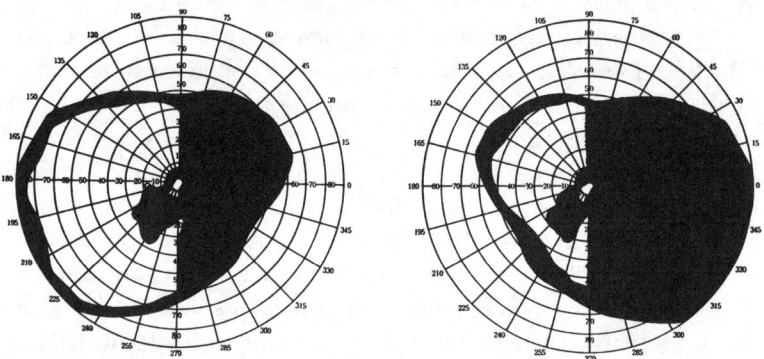

Abb. 26b Eine Gesichtsfelduntersuchung dieses Patienten zeigt, daß er auf der rechten Seite in beiden Augen nichts mehr sehen kann. Auch kleinere Teile des Gesichtsfeldes auf der linken Seite sind betroffen, doch interessanterweise ist die Blicklinie selbst bei diesem Patienten noch funktionstüchtig (kleiner weißer Punkt im Zentrum).

mit den klaren Ortsbeziehungen so in das Gehirn hineinzutransportieren, daß diese geometrischen Beziehungen erhalten bleiben? Wenn man diese Frage stellt, muß man natürlich nachgewiesen haben, daß eine Entsprechung zwischen der Geometrie der Welt um uns und der neuronalen Repräsentation in den Nervenzellen tatsächlich gegeben ist. Wie diese Retinotopie (so der Fachbegriff) im einzelnen gekennzeichnet ist, hat Teuber an Patienten untersucht, die eine Schädigung des Gehirns erlitten haben. Er konnte zeigen, daß bei Ausfall eines umschriebenen Bereiches des visuellen Cortex eindeutig zugeordnete Teile des Gesichtsfeldes verlorengehen. Auf diese Weise läßt sich eine Landkarte der Welt um uns im Gehirn rekonstruieren, so daß Dinge, die in der Welt da draußen nebeneinanderliegen, auch im visuellen Cortex nebeneinander abgebildet sind.

Bei einem Urlaub in der Karibik wurde Hans-Lukas Teuber beim Schwimmen in das Meer hineingezogen; man hat lange nach ihm gesucht, doch er blieb für immer verschwunden, vielleicht von Haien mitgenommen. Mir scheint sein plötzliches Verschwinden ein ihm gemäßer Tod zu sein; er war ein ungewöhnlicher Mensch, der mir manchmal wie ein Gast auf der Erde erschien (bei Pascal heißt es: »Memoria hospitis unius diei praetereuntis – die Erinnerung an einen Gast, der an einem Tag vorübergeht«). Jeden Montag morgen trafen wir uns in seinem Zimmer, und wir jungen Forscher erhielten ein privates Seminar. Teuber war voll von Geschichten über die vielen Leute, die zu seinem Leben gehörten, wie sein Schulkamerad in Berlin, Wernher von Braun, der russische Neurologe aus Moskau, Alexander Luria, oder der amerikanische Psychologe Karl Lashley, der seinerseits die Hirnforschung wesentlich mitgeprägt hat.

Auf Lashley geht das Gesetz der neuronalen Massenwirkung und Äquipotentialität zurück. Damit wird gesagt, daß Nervenzellen in einem umschriebenen Areal alle die gleiche Potenz haben, also füreinander einspringen können, und daß es die Masse macht; Redundanz und Anzahl von Neuronen sind entscheidend für die Bereitstellung von Funktionen. Obwohl sich das Gesetz von Lashley bei den meisten Hirnforschern keiner großen Akzeptanz mehr erfreut, hat es für mich seine Bedeutung bewahrt. Nach einer Hirnschädigung (wie etwa nach einem Schlaganfall) bleibt in jenen Arealen, die jeweils für bestimmte Funktionen zuständig sind, häufig noch ein kleiner Rest von funktionsfähigen Nervenzellen erhalten. Dieser Rest kann dann immer noch die Funktion tragen, wenn auch nicht mehr so gut wie vorher. In der Therapie wird versucht, die Funktionsfähigkeit des Restes zu erhöhen, indem die Effizienz der Übertragung zwischen Nervenzellen verbessert wird. Ein Beispiel für Redundanz von Nervenzellen ergibt sich aus Beobachtungen an Patienten mit der Parkinsonschen Erkrankung. In strategisch wichtigen Arealen des Gehirns, die für die Bewegungssteuerung zuständig sind, findet ein schleichender Verlust von Nervenzellen statt, ohne daß der Patient in seiner Bewegungskoordination etwas davon merkt; er kann bis zu dreiviertel aller Zellen schon verloren haben, bevor die typische Symptomatik erkennbar wird. Offenbar findet innerhalb der betroffenen Gebiete, insbesondere der Substantia nigra, eine Selbstreparatur statt, die nur möglich ist, weil die einzelnen Nervenzellen äquipotent sind, also die selben Aufgaben übernehmen können. Trotz aller Äquipotentialität gibt es aber Einbußen; nach Hirnschädigungen kommt es immer zu einer Verlangsamung der neuronalen Abläufe. Ich habe einmal einen Patienten untersucht, bei dem eine Aufgabe etwa zehnmal soviel Zeit benötigte, als es beim Gesunden der Fall ist. Die Massenwirkung spiegelt sich also in der zeitlichen Bewältigung einer Aufgabe wider; je mehr Nervenzellen beteiligt sind, um so schneller geht es. Damit alle unsere Funktionen in einen zeitlichen Rahmen passen, müssen möglichst viele Nervenzellen aktiv sein.

Wenn ich rückblickend betrachte, an wem ich mich gerne orientiere, dann fällt mir auch auf, auf wen ich lieber verzichte. »De mortuis nil nisi bene. – Über die Toten soll man nur im guten Sinne sprechen.« Ich spreche hier über die Toten, die mir Vorbild waren und die mir den Blick für bestimmte Fragestellungen geschärft haben; könnte es sein, daß ich, weil jemand für mich nicht als Vorbild taugt, auch bestimmte wissenschaftliche Fragestellungen als zweitrangig ansehe? Keine angenehme Vorstellung, mir in dieser Weise möglicherweise ausgeliefert zu sein. Ich muß zugeben, daß es mir schwerfällt, die Aussage zu beherzigen, nur gut über die Toten zu sprechen (oder auch zu denken). Ich verzichte lieber darauf, überhaupt einen Bezug herzustellen.

Mir fällt auf, daß es mehrere Juden waren, die mir Vorbild geworden sind und die mir wissenschaftliche Perspektiven vermittelt haben. Dies mag ein Zufall sein, ist aber dennoch auffällig. Ich habe dafür keine Erklärung, nur eine Vermutung. Was alle miteinander verbindet, an die ich denke, ist der existentielle Bruch, die authentische Persönlichkeit, drängende Neugier und die Fähigkeit zu staunen, menschliche Wärme und vor allem auch die Fähigkeit, sich gesetzte Ziele durchzusetzen. Vielleicht ist, was mich vor allem verbindet, die Erfahrung existentieller Brüche. Das Wiederaufstehen nach Einbrüchen, immer wieder neu anzufangen, wenn ein Rahmen zerbrochen ist, hat mein väterlicher Freund Janos Szentágothai immer wieder in mir bestärkt.

Mit Szentágothai verbrachte ich eine längere Zeit am Neuroscience Research Program in Boston, einer Abteilung des MIT, in der es darum ging, die Neurowissenschaften als eigenständiges Gebiet erkennbar zu machen. Das NRP, wie es kurz genannt wurde, ging auf eine Initiative von Francis Schmitt zurück, der als der Pate der modernen Neurowissenschaften angesehen werden kann. Mit den regelmäßig stattfindenden Workshops wurde dieses neue Gebiet geprägt, und es wurde von vornherein als ein interdisziplinäres Projekt gesehen, wobei in den Workshops jeweils die Besten der einzelnen Fachrichtungen, von der Molekularbiologie bis zur Linguistik, zusammenkamen. Szentágothai war ein Neuroanatom, und ich hatte das Glück, nahezu täglich mit ihm zu diskutieren. Er wurde Präsident der Ungarischen Akademie der Wissenschaften, was insofern bemerkenswert war, daß er als praktizierender Christ in einem kommunistischen Land ein Amt im Range eines Ministers innehatte. Ich habe später Szentágothai gelegentlich nach München zu Vorträgen eingeladen, aber eigentlich kam er zu Geheimverhandlungen (das war vor der politischen Wende), um die Gründung einer privaten Universität in Ungarn zu betreiben. Er hat immer sehr direkt mit mir gesprochen und unverblümt gesagt, was in meinem Leben nicht stimme und daß ich mich wissenschaftlich mehr anstrengen müsse (womit er recht hatte, doch habe ich seinen Rat nicht angemessen befolgt).

Als wir nach unserer gemeinsamen Zeit am Neuroscience Research Program auseinandergingen, schenkte Szentágothai mir zum Abschied ein Aquarell, das er gemalt hatte und das seine Auffassung über den Aufbau des Cortex bildlich zusammenfaßt. In räumlich begrenzten Säulen findet eine lokale Informationsverarbeitung in den Nervenzellen statt, wobei Szentágothai aus der Form der Zellen gerne auf deren Funktion schloß und liebevoll von Oktopus-Zellen oder von Kandelaber-Zellen sprach. Das Konzept von räumlich umgrenzten

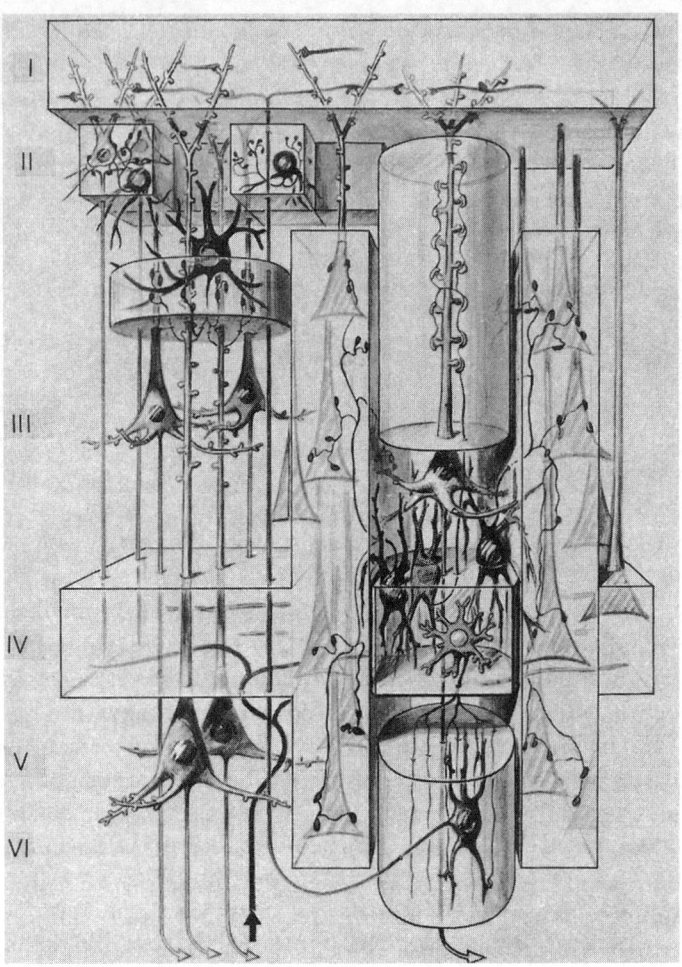

Abb. 27 Schemazeichnung über den Aufbau der sechs Schichten von Nervenzellen und deren Verbindungen im Cortex von Janos Szentágothai, dem ungarischen Neuroanatomen. Man erkennt deutlich die pyramidenartigen Zellen, die verarbeitete Information aus einem corticalen Areal in andere Bereiche des Gehirns schicken.

Modulen (»local circuits«), die für elementare Leistungen verantwortlich sind, wurde von ihm wesentlich mitbefördert. In dem Konzept der hierarchischen Informationsverarbeitung im Gehirn geht man davon aus, daß einzelne Nervenzellen sich zu lokalen Gruppen zusammenschließen und daß diese wiederum größere Gruppen bilden;

die schwierige Frage, die sich hierbei stellt, ist, wie viele solcher Hierarchie-Ebenen zu unterscheiden sind und welche Bedeutung die einzelnen Ebenen im Gesamtsystem haben. Wir werden bei dieser Betrachtung wieder auf das Konzept der Emergenz gestoßen, daß durch den Zusammenschluß von Elementen auf den verschiedenen Ebenen jeweils neue funktionelle Qualitäten entstehen.

Auf dem Bild von Szentágothai wird auch ersichtlich, daß der Cortex eine geschichtete Struktur ist und daß in den verschiedenen Schichten unterschiedliche Typen von Nervenzellen liegen. In einer Schicht wird Information, die aus anderen Gegenden des Gehirns kommt, aufgenommen; die pyramidenartigen Zellen schicken Information aus dem Cortex hinaus. Betrachtet man den Cortex (genauer: den Neocortex) in verschiedenen Bereichen des Gehirns, sieht er mit wenigen Ausnahmen erstaunlicherweise überall gleich aus. Es spielt also keine Rolle, ob Information aus den Sinnessystemen kommt, ob dort Bewegungsplanung programmiert wird oder ob Sprache repräsentiert ist, der strukturelle Rahmen ist immer derselbe. Diese Tatsache erscheint mir eine Antwort auf eine Frage, die wir noch nicht formulieren können.

Wenn man sich mit den neuronalen Grundlagen des Erlebens befaßt, sollte man auch einigermaßen sattelfest in der Neuroanatomie sein. Ohne ein Grundverständnis der Architektur des Gehirns kann man nicht zu den eigentlichen Grundlagen gelangen. Einer der bedeutendsten Neuroanatomen des zwanzigsten Jahrhunderts war Walle Nauta, dessen Vorlesungen am Dienstag abend Kultveranstaltungen am MIT waren. Mit Gelassenheit (und einer Pfeife in der Hand, an der er gelegentlich sog) führte er die Zuhörer durch den Kosmos der Gehirne. Er sprach in einem gemessenen Tempo, und er erläuterte seine Ausführungen mit einfachen Zeichnungen an der Tafel. Was er aber vor allem auch vermittelte, das war die Ästhetik der Natur. Man ist überwältigt von der Schönheit neuronaler Strukturen, und nicht ohne Grund sind viele Naturforscher auch künstlerisch tätig.

Walle Nauta hat das »Schmuh-Gehirn« entwickelt, das auf eine einfache Weise den grundlegenden Aufbau von Gehirnen vieler Arten einschließlich des Menschen zusammenfaßt. Trotz der ironisierenden Begriffswahl handelt es sich bei diesem Schema-Gehirn jedoch nicht um Schmuh. Im Aufbau des Gehirns spiegelt sich die Evolution wider; jeweils komplexere Strukturen haben sich über die

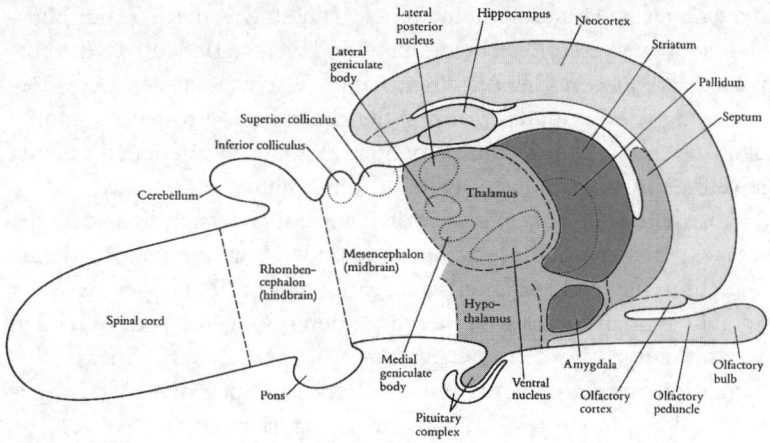

Abb. 28 Der »Schmuh« des Neuroanatomen Walle Nauta; mit diesem Bild wird die prinzipielle Struktur von Gehirnen von Säugetieren, inklusive des Menschen, konzeptionell erfaßt (Details im Text).

früheren und einfacheren gewölbt. Wenn man eine sehr hohe Abstraktionsebene wählt, dann kann man die Funktionen des Gehirns durch zwei Begriffe kennzeichnen: Haltung und Bewertung. Die niederen Strukturen, die das Rückenmark bis hin zum Mittelhirn umfassen, sind für Haltung (»posture«) verantwortlich. Hiermit sind aber mehrere Dinge assoziiert. Zum einen geht es um die körperliche Stabilität, damit wir Haltung bewahren können. Um stehen und gehen zu können, müssen die Reflexbögen funktionieren. Dann geht es aber auch um die innere Stabilität, die durch homöostatische Regulation ermöglicht wird. Dem Körper geht es in erster Linie darum, seine Grundfunktionen sicherzustellen (wie Stoffwechsel, Wärmeregulation, Steuerung der inneren Organe). Homöostase ist das eigentliche Wirkprinzip unseres Leibes. Alle anderen, und vor allem die sogenannten höheren Funktionen, stehen im Dienste dieser Grundfunktion. Das bedeutet, daß jene höheren Funktionen, die durch das Zwischenhirn und das Großhirn vermittelt werden (und die letzten Endes Bewußtsein ermöglichen) den niederen Funktionen untergeordnet sind. Die höheren Funktionen können mit dem Schlagwort »Bewertung« erfaßt werden, und Bewertung hat sich in der Evolution entwickelt, um die Homöostase zu optimieren. Letzten Endes ist somit Denken eine Dienstfunktion für das innere Gleichgewicht des Leibes. (Üblicherweise wird die Bedeutung der Ebenen vertauscht, indem die biologischen Grundfunktionen als für den Erhalt der höheren Funktionen gedacht werden; damit ist ein falscher Rahmen gewählt; es geht um den Erhalt des Lebens, nicht um den Erhalt von Theorien über das Leben, auch wenn diese für den Forscher noch so faszinierend sind.) Es war Walle Nauta, der in diese Welt der nüchternen Betrachtung hineinführte.

20 Zeitfragen und keine Antworten

Ein jegliches hat seine Zeit, und alles Vorhaben unter dem Himmel hat seine Stunde: geboren werden hat seine Zeit, sterben hat seine Zeit; ... schweigen hat seine Zeit, reden hat seine Zeit; lieben hat seine Zeit, hassen hat seine Zeit; Streit hat seine Zeit, Friede hat seine Zeit. Salomo

Nihil est toto, quod perstet in orbe.
Cuncta fluunt, omnisque vagans formatur imago. –
Es gibt im ganzen Weltkreis nichts Beständiges.
Alles ist im Fluß, und jedes Bild wird gestaltet, während es vorübergeht. Ovid

Die Zeit, die ist ein sonderbar Ding. Wenn man so hinlebt, ist sie rein gar nichts. Aber dann auf einmal, da spürt man nichts als sie ... Manchmal stehe ich auf, mitten in der Nacht, und laß die Uhren alle stehen.
Hugo von Hofmannsthal

Komisch ist und bleibt es, wie die Zeit einem lang wird zu Anfang, an einem fremden Ort. Thomas Mann

Time is what happens, when nothing else happens. –
Zeit ist, was passiert, wenn sonst nichts passiert.
Richard Feynman

Manche Tätigkeiten sind gefährlich, auch geistige Tätigkeiten (gefährlich für einen selbst, in ihren Konsequenzen manchmal gefährlich für andere). Eine Auseinandersetzung mit dem Thema Zeit (wie es notwendig ist, will man Abläufe im Gehirn verstehen), endet oft in Ratlosigkeit. Vertiefe ich mich in naturwissenschaftliche Analysen (insbesondere der Physik), oder verliere ich mich in geisteswissenschaftliche Betrachtungen (insbesondere der Philosophie), erlebe ich, wie das »Geheimnis« Zeit literarisch behandelt wird, stellt sich bei mir, nehme ich alles zusammen, ein Zustand von Verwirrtheit ein. Eine Analyse mag für sich überzeugend sein, doch nehme ich die nächste zur Hand, überzeugt sie genauso, sagt aber etwas ganz anderes. Wenn ich nach jener *einen* Zeit suche, die allem zugrunde liegen könnte, der Zeit des Menschen und der Zeit überhaupt, finde ich sie nirgends. Es ist, als ob ich es bei der Zeit mit einem Thema zu tun habe, das zu schwierig ist (für mich zu schwierig ist). Dennoch, im illusionären Gefühl der Kraft eigener Gedanken wage ich mich wie manch anderer an jene Fragen, die sich auf Zeit beziehen und die immer wieder gestellt werden.

Was ist Gegenwart? Ist Gegenwart der ausdehnungslose Schnitt zwischen dem Kommenden und dem Gewesenen? Oder ist Gegenwart ein zeitlicher Rahmen des Erlebens, in dem sich Erwartungen und Erinnerungen spiegeln? Wenn Gegenwart *eine* Bedeutung hat, dann kann nicht beides wahr sein. Hat Gegenwart aber möglicherweise viele Bedeutungen, und haben wir es bei der Frage, was Gegenwart sei, vielleicht (nur) mit einem sprachlichen Problem zu tun? Oder eher mit mehreren Problemen, wobei die Frage nach der Gegenwart in ihrem jeweiligen Rahmen etwas anderes bedeutet? (Ludwig Wittgenstein hat in dem folgenden Zitat einen besonderen Rahmen für die Gegenwart gewählt: »Wenn man unter Ewigkeit nicht unendliche Zeitdauer, sondern Unzeitlichkeit versteht, dann lebt der ewig, der in der Gegenwart lebt.«)

Oder eine andere Frage: Warum wird die Dauer gleicher Zeitabschnitte so häufig als verschieden lang erlebt? Eine Stunde zu warten kann ewig dauern, eine Stunde mit einem geliebten Menschen viel zu schnell vergehen. Wie entsteht Langeweile, und was ist der Grund für die Atemlosigkeit der Zeit? Wir leiden unter Hektik – aber wie entsteht Hektik? Warum müssen Eindrücke eine bestimmte Dauer haben, um überhaupt bewußt zu werden? Und warum reagieren wir gereizt, wenn Eindrücke zu schnell oder zu langsam aufeinander folgen? Haben wir in uns einen Maßstab für den gemessenen Schritt der Zeit? (Vielleicht hängt ein solcher Maßstab mit der Regelmäßigkeit des Gehens zusammen oder mit dem Puls.)

Wie ist es überhaupt möglich, daß wir Bewegungen erkennen, wenn wir etwas betrachten und ein Gegenstand sich gegenüber dem

Hintergrund zu bewegen beginnt oder wenn wir etwas hören und Bewegung in der Musik oder der Sprache hörbar wird?

Wie ist es möglich, verschiedene Ereignisse als gleichzeitig oder aber als aufeinanderfolgend zu empfinden? Warum löst ein Gedanke den anderen ab, warum bleiben wir nicht stets demselben Gedanken verhaftet? Und wenn ein Gedanke neu entsteht, was geschieht, damit dieser neue Gedanke einen sinnvollen Bezug zum vorausgegangenen Gedanken hat und sich nicht im Chaos verliert? Und manchmal geschieht genau dieses, daß unsere Gedanken keine Beziehung mehr miteinander haben.

Wie hängt die Aufeinanderfolge von Gedanken mit dem Gedanken der Aufeinanderfolge zusammen? Die Aufeinanderfolge von Gedanken ist notwendig für die Entstehung eines Konzeptes, daß es so etwas wie Aufeinanderfolge gibt. Was muß hinzukommen, damit wir einen Begriff von zeitlicher Folge haben? Steht erlebte Abfolge von Ereignissen in einem Zusammenhang mit unserer Fähigkeit, zählen zu können? Woher kommen überhaupt Zahlen, sind sie zeitneutral oder sind sie nur deshalb denkmöglich, weil sie *in* der Zeit sind?

Warum teilen wir den Fluß der Zeit in drei Bereiche, in Vergangenheit, Gegenwart und Zukunft? Was heißt eigentlich vergangen oder zukünftig? Kann man sagen, das Vergangene sei wirklich (was geschehen ist, das ist nicht mehr auslöschbar), und das Zukünftige sei möglich (was geschehen wird, ist unbestimmt, da es noch nicht gewesen ist)? Könnten wir dann die Zeit nicht auch in zwei Bereiche einteilen, nämlich in das, was ist – das Gegenwärtige –, und das, was war – das Vergangene –, denn diese Bereiche sind durch Wirklichkeit gekennzeichnet? Zukunft käme bei dieser Zweiteilung nicht vor. Allerdings: Wenn die Gegenwart als ausdehnungslose Grenze gedacht wird, dann gäbe es nur Vergangenheit, denn Gegenwart wäre dann nicht und Zukunft noch nicht. Wenn wir vom »Ende der Zeiten« sprechen, dann meinen wir wohl, daß es Zukünftiges nicht mehr gibt, aber Vergangenes (und vielleicht Gegenwärtiges) gab und gibt. Doch Vergangenes gab es auch nicht immer; vor der Entstehung der Welt, vor dem Urknall, gab es keine Vergangenheit. Also ist diese Frage nach den Zeiten nur sinnvoll im Rahmen des bestehenden Universums.

Oder sollte man vielleicht nur von *einer* Domäne der Zeit sprechen, der Gegenwart, und Erinnerungen und Erwartungen in dem Sinne verstehen, daß sie Vergangenheit oder Zukunft repräsentierten? Ist es nicht wirklich so, wie der Kirchenvater Augustinus in seinen *Bekenntnissen* schreibt, daß nur die Gegenwart ist, Vergangenheit und Zukunft aus der Gegenwart heraus konstruiert werden? Dann hätte Gegenwart wieder eine andere Bedeutung.

Wie entsteht in unserem Erleben der Eindruck einer Richtung der Zeit, daß Zukünftiges gegenwärtig und in die Vergangenheit entlassen wird? Oder schiebt sich die Gegenwart voran und nimmt der Zukunft Zeit weg? Haben wir überhaupt ein unmittelbares Gefühl von Zeitrichtung, oder ist dies nicht vielmehr eine gedankliche Rekonstruktion, der unmittelbaren Anschauung eher fremd? Hängt die Erfahrung von gerichteter Zeit mit physikalischen Gesetzen zusammen, wie etwa mit dem zweiten Hauptsatz der Thermodynamik (in einem geschlossenen System wird ein Zustand maximaler Unordnung angestrebt), oder ergibt sich der Eindruck gerichteter Zeit aus der Weise unserer Welterfahrung, insbesondere aus der Tatsache, daß wir ein Gedächtnis haben?

Wie hängen anthropologische Konstanten unseres Erlebens – das Sorgen in die Zukunft hinein, das Klagen über Vergangenes und das Verwobensein in Schuld, die Freude am Gegenwärtigen –, wie hängen sie mit unseren Zeiterfahrungen zusammen? Und wie ist unser Leben im Alltag in zeitliche Programme eingebettet, die uns von Natur aus vorgegeben sind wie der Schlaf-wach-Wechsel – oder sind sie dies gar nicht; sind Zeitprogramme menschengemacht?

Wie ist es möglich, daß sich Menschen treffen, sich miteinander synchronisieren? Setzt Beziehung zeitliches Miteinander voraus, und entstehen Beziehungsprobleme, weil zwei Menschen ihr Miteinander nicht vergleichzeitigen können?

Wie entstehen Zeitbegriffe, die insbesondere in der Philosophie und der Physik das abendländische Denken über Zeit geprägt haben? Sind Zeitbegriffe – der klassischen Physik, der speziellen Relativitätstheorie, der Thermodynamik oder der Evolutionstheorie – unabhängig von der menschlichen Zeiterfahrung überhaupt denkbar?

Warum suchen wir überhaupt nach *einem* Zeitbegriff, als gäbe es jene *eine* Zeit? Wie wirkt sich hier die Arbeitsweise unseres Gehirns, unserer Denkwerkzeuge auf den Umgang mit dem Problem Zeit aus? Versuchen wir vielleicht mit Gewalt etwas zu vereinfachen, was nicht einfach ist?

Gibt es denn nicht mindestens einen zweiten Zeithorizont, der etwas ganz anderes erblicken läßt als die Zeitbegriffe, die sich auf die Natur *um uns* beziehen, nämlich jene Zeitbegriffe, die die Zeit des Menschen zu erfassen suchen, unsere gelebte und erlebte Zeit, die wir vergeuden oder nutzen? Ein jegliches hat seine Zeit, wie der Prediger Salomo sagt.

Gibt es einen unmittelbaren Zusammenhang zwischen unserem ästhetischen Empfinden und unserem Zeiterleben? Was ist der Grund dafür, daß Meeresrauschen, Plätschern eines Brunnens, das bestimmte Tempo einer Musik für viele beruhigend oder beglückend wirkt, während ein falsches Tempo bei einem musikalischen Motiv dessen Sinn zerstört? Gibt es so etwas wie »zeitliche Ästhetik«?

Und eine weitere, mich zutiefst beunruhigende Frage: Was veranlaßt uns eigentlich zu sagen, die Zeit fließe regelmäßig, gleichsam mit konstanter Geschwindigkeit, wie es Isaac Newton in einer berühmten Aussage formulierte (»Absolute, true and mathematical time, of itself and from its own nature, flows equably without relation to anything external – Die absolute, wahre und mathematische Zeit fließt aus sich selbst heraus gleichförmig ohne Bezug zu etwas Äußerem«)? Woher wissen wir das, fließt die Zeit wirklich kontinuierlich? Könnte es nicht auch sein, daß selbst innerhalb eines physikalischen Bezugsystems Zeit ihr Tempo wechseln kann? Daß wir dies nicht annehmen, daß wir von einem gleichbleibenden Fluß der Zeit ausgehen, kennzeichnet unseren tiefen Glauben an die Gültigkeit physikalischer Gesetze.

Fließt die Zeit überhaupt; könnte sie nicht auch zersplittert sein und sich schrittweise in jene Domäne, die wir Zukunft nennen, hineinpressen? Kleinste Zeitstücke, Quanten, könnten aneinandergereiht sein und dann jene Illusion vermitteln, die wir als Kontinuität der Zeit ansprechen.

Und es stellt sich auch die Frage, ob diese einzelnen Fragen miteinander zusammenhängen. Gibt es überhaupt *ein* Thema, mit dem wir uns beschäftigen, wenn wir von Zeit sprechen, oder ist Zeit vielleicht gar kein Begriff, sondern nur ein Wort, das uns irreführt, so daß wir nur meinen, es mit *einem* Sachverhalt zu tun zu haben? Bei all diesen Fragen denke ich an eine Definition der Zeit, die der Physiker Richard Feynman gegeben hat (eine Art von Definition) und die auf besonders klare Weise den Begriff von Zeit als apriorischer Anschauungsform erfaßt, wie er von Immanuel Kant in seiner »Kritik der reinen

Vernunft« gekennzeichnet wurde: Zeit ist, was passiert, wenn sonst nichts passiert.

Wenn man mehrere Fragen, wie hier geschehen, aneinanderreiht, kommt man zu dem Punkt, sich auch zu fragen, was überhaupt Fragen sind. Die grammatikalische Form eines Fragesatzes gewählt zu haben heißt noch nicht, etwas Sinnvolles bezüglich eines Problems getan zu haben. Hat man mit jedem Fragesatz eine wirkliche Frage gestellt? Manche Fragen mögen oberflächlich, manche uninteressant und manche auch abseitig sein. Aber es gibt auch jene Fragen, die vermutlich gar nicht beantwortet werden können, und dies sind oft solche, die mit »Was ist . . . .« beginnen und die sich auf einen abstrakten Begriff beziehen. Die vielleicht berühmteste »Was-ist-Frage« wurde im Kontext Zeit gestellt und stammt von Augustinus und wurde im Elften Buch der »Bekenntnisse« formuliert: »Quid est ergo tempus? Si nemo ex me quaerat, scio; si quaerenti explicare velim, nescio. – Was also ist die Zeit? Wenn niemand mich danach fragt, weiß ich es; wenn ich es jemandem auf seine Frage hin erklären will, weiß ich es nicht.« Fragen nach der »Washeit« eines Begriffes enden in Ratlosigkeit (zumindest für mich); um einer solchen Ratlosigkeit zu entgehen, flieht man gerne in Definitionen, hat dann aber oft den weiten Rahmen von implizit Mitgemeintem zerstört.

So könnte man schlußfolgern, daß es zu schwierig ist, sich überhaupt auf Zeit als ein allgemeines Thema einzulassen, sollte das Ziel sein, eindeutige und klare Antworten zu erhalten. Jedes Denken, das sich an der Zeit versucht (und nicht nur mein eigenes Nachdenken über Zeitfragen, möchte ich unterstellen), kann nur beschränkt oder eingeschränkt sein, wenn dieses Denken auch noch so durchdringend ist (oder so erscheint). Jeder Beitrag bleibt eine bescheidene gedankliche Übung. Also – warum es dann nicht überhaupt bleibenlassen? Das ist das Merkwürdige an der Forschung: Man weiß, daß man letzten Endes die eigentlichen Fragen nicht beantworten kann, daß man nicht zum Kern vordringt, und dennoch läßt man sich darauf ein, und dies sogar mit Begeisterung. Dennoch bleibt es bei Lichte besehen Hybris, weil man insgeheim wohl meint, den endgültigen Durchbruch zu schaffen, jene einmalige Inspiration zu haben, um etwas Grundsätzliches zu erkennen. Dabei wird man leicht dadurch verführt, eine zu frühe Antwort zu akzeptieren, die weitere Fragen ausschließt. Ich muß für mich gestehen, daß ich oft Angst davor habe, eine weitere Frage zu stellen, weil damit der mühsam gefundene Rahmen, der wie eine Antwort aussieht, wieder zerstört wird.

Neben diesen grundsätzlichen Fragen gibt es aber jene Fragen nach der Zeit, die mich selbst betreffen. Wie lebe ich in der Zeit, wie erfülle ich meine Zeit (oder lasse ich sie unerfüllt)? Doch auch bei diesen Fragen meiner eigenen Zeitlichkeit bin ich ratlos. Ich bin in der Gestaltung meiner eigenen Zeit mir selbst ausgeliefert oder durch den zeitlichen Rahmen, der von anderen vorgegeben wird, in meinem Handeln bestimmt.

Warum leide ich darunter, unpünktlich zu sein? Wenn ich einen Termin wahrnehmen muß, dann versuche ich es so einzurichten, sehr viel früher zu erscheinen, um auf gar keinen Fall zu spät zu kommen. Doch wenn dies geschieht, wenn ich festgehalten werde, wenn ich aufgrund schlechter Planung unpünktlich sein werde, dann stellen sich die merkwürdigsten vegetativen Reaktionen ein, Indikatoren von Streß wie erhöhter Blutdruck, beschleunigter Puls, Schweißausbrüche, körperliche Unruhe und auch hormonelle Veränderungen. In einem engen zeitlichen Rahmen zu leben, fremdbestimmt durch die notwendige Synchronisation mit anderen, macht krank (macht mich krank), denn nicht immer läßt sich Unpünktlichkeit vermeiden. Ich bewundere jene, die nicht darunter leiden, unpünktlich zu sein. Doch sollte ich sie alle bewundern? Häufig ist Unpünktlichkeit der Ausdruck, geradezu die Inszenierung von Macht. Wer unpünktlich ist, der bringt damit zum Ausdruck, daß ihm die Zeit gehört, und was gibt es Wertvolleres als Zeit? Wenn ein Minister bei einer Veranstaltung, bei der er den Festvortrag halten wird, eine halbe Stunde zu spät kommt, eine Erklärung zu geben nicht für notwendig ansieht (und so etwas passiert!) und 500 Gäste auf den Vortragenden zu warten haben, dann sind 250 Stunden (oder 15 000 Minuten) Lebenszeit anderer in Besitz genommen, aber eigentlich vergeudet worden. Pünktlichkeit ist Ausdruck von Respekt, Unpünktlichkeit ein Indikator dafür, daß der andere oder die anderen mir nicht so wichtig sind. Doch Vorsicht mit solchen Verallgemeinerungen: Ist Unpünktlichkeit nicht auch Ausdruck des Vertrauens, daß man sich nicht immer qualvoll an einen Terminrahmen halten muß? Und dann gibt es natürlich noch ganz andere Rahmenbedingungen für den Umgang mit der Zeit, daß nämlich Pünktlichkeit als Unhöflichkeit verstanden werden kann; in manchen Ländern (z. B. in Südamerika) darf man nicht um 7 Uhr abends erscheinen, wenn man für 7 Uhr eingeladen wurde; hier gelten andere soziale Spielregeln, und eine Stunde zu spät ist immer noch zu früh. Und dennoch: Auch wenn ich es weiß, leide ich an der Unzeit. Warum geschehen Dinge für mich so oft zur Unzeit? Vielleicht falle ich deshalb so häufig in eine düstere Stimmung, weil ich so schlecht synchronisiert bin und weil deshalb alles unzeitig wird, schlecht synchronisiert mit der physischen Welt um mich, also dem Wechsel von Tag und Nacht und auch den Jahreszeiten, schlecht synchronisiert mit der Welt der anderen Menschen, die den sozialen Rahmen vorgeben, und sogar schlecht synchronisiert mit mir selber.

Ratlos über alles Zeitliche zu sein, die Zeit des Menschen und die Zeit überhaupt, das war eine Konsequenz, vielleicht die wichtigste Konsequenz eines Seminars, das wir jeden Freitag nachmittag abhielten, mehrere Jahre lang. (Warum die »wichtigste Konsequenz«? Zum wissenschaftlichen Geschäft gehört vor allem, das geistige Gelände zu sondieren, in dem man sich bewegt, die Fragen zu identifizieren, die wichtig sein könnten, und auf keinen Fall sich zu schnell auf Antworten einzulassen.) Wir waren eine Gruppe von Biologen, Medizinern, Psychologen, Informatikern, Mathematikern, Physikern und Philosophen, und manchmal waren auch Künstler dabei, und es wurden mit der Zeit immer mehr, wobei sich manche keinem wissenschaftlichen Fach verpflichtet fühlten, sondern einfach nur aus Interesse dabeisein wollten. Wir fingen immer um zwei Uhr an, jemand hielt ein Referat, manchmal gut, manchmal schlecht, über eine neue wissenschaftliche Arbeit, über einen klassischen Text (von Plato, Aristoteles, Immanuel Kant oder auch Thomas Mann, der sich im »Zauberberg« mit dem Thema Zeit befaßt hat). Eigene Forschungsergebnisse wurden vorgetragen und kritisch (sehr kritisch) diskutiert, und manchmal hatten wir Gäste, die ihre Gedanken vortrugen (einmal war jemand, den wir einladen wollten, so verwegen zu fragen, ob er ein Honorar bekäme; dies Seminar war nicht eine jener typischen Fortbildungsveranstaltungen, in denen man einem Sprecher vielleicht etwas hätte bezahlen können, sondern ein ko-kreativer Prozeß, an dem alle beteiligt waren, auch wenn das Ergebnis Ratlosigkeit war, wie in meinem Fall). Nach dem Seminar landeten wir beim »Italiener« an der Ecke, wo dann weiter »intelligent« geredet wurde, oft mit Unterstützung von einigen Flaschen Wein. Beschwingt, immer noch verwirrt, aber mit dem gespannten Gefühl, über etwas nachzudenken, über das es sich wirklich lohnte nachzudenken, gingen wir auseinander.

Entstanden war dieses Seminar durch den Besuch einer Physikerin, die mit Carl-Friedrich von Weizsäcker (auch ein Physiker) zusammenarbeitete; beide meinten, daß es für ihre Diskussionen über grundlegende Konzepte in der theoretischen Physik nützlich sein könnte, einmal mit einem Neurowissenschaftler zu reden. Wir redeten miteinander, wobei ich wohl mehr lernte als die beiden von mir. Von Eva Ruhnau, der Physikerin, die die Einrichtung dieses »Zeitseminars« vor allem vorangetrieben hat, lernte ich, daß es in der Physik gar keinen einheitlichen Begriff von Zeit gebe. Für mich, den Außenstehenden, ist die Physik ein wissenschaftliches Gebäude von Klarheit (und ich nehme innerlich Haltung an, wenn ich mit einem Physiker spreche; sie wissen immer alles so genau, auch die Physikerinnen). Und dann erfährt man in einem solchen Seminar, daß alles ganz anders ist, daß es in der Physik mehrere Zeitbegriffe gibt und daß man sich auch in der Physik jeweils über den Rahmen, die Diskursebene, im klaren sein muß, wenn man sich auf Zeit bezieht.

Ein Rahmen der Betrachtung ist die klassische Physik, und der Zeitbegriff, wie ihn Isaac Newton in seinen *Principia Mathematica Philosophiae Universalis* definiert hat, scheint völlig selbstverständlich vorauszusetzen (zumindest für den Laien), daß die Zeit (die absolute Zeit) gleichförmig dahinfließt. Zeit wird in diesem Rahmen als etwas Absolutes verstanden (wie auch Raum), und Ereignisse (daß ich beispielsweise jetzt und hier an meinem Schreibtisch sitze) sind durch ihre Position in einem absoluten Raum und in einer absoluten Zeit gekennzeichnet. Dieser Bezug zum Absoluten von Raum und Zeit wird durch Albert Einstein in der speziellen Relativitätstheorie aufgehoben, indem die Lichtgeschwindigkeit als das neue Absolute gesetzt wird. Eine Konsequenz dieser neuen Betrachtung ist, daß die Uhren von Beobachtern mit zunehmender Geschwindigkeit langsamer gehen. Dies ist nicht nur eine theoretische Aussage, sondern experimentell belegt. In der allgemeinen Relativitätstheorie kommt als ein weiterer Rahmen der Betrachtung die Schwerkraft hinzu. Da die Schwerkraft, die Gravitation, auch auf das Licht wirkt, hat der Materieninhalt des Universums einen Einfluß auf die Zeit; die Zeit vergeht um so langsamer, je mehr Materie vorhanden ist. (Habe ich das richtig verstanden? Eine Frage an Physiker. Und dann eine weitere Frage: Heißt dies, daß bald »nach« dem Urknall, dem vermuteten Beginn des Universums, als die Materie nach meinem Verständnis sehr viel dichter war, es die »Zeit« aber schon gab, diese langsamer verlief? Ich würde dies gerne verstehen.)

Wenn es diesen Urknall, den »big bang«, gegeben hat und damit der Kosmos entstanden ist, in dem wir leben, dann ist auf dieser kosmologischen Ebene der Betrachtung etwas Weiteres hinzugekommen, wenn wir an die Zeit denken, denn sie hat damit eine Richtung bekommen; es gibt nämlich einen Anfang (und vielleicht einmal ein Ende der Zeiten). Daß die Zeit eine Richtung hat, wird in der Physik auch durch den Zweiten Hauptsatz der Thermodynamik eingeführt; dieser Satz besagt, daß in einem geschlossenen System die Entropie (die Unordnung) zunimmt. Die Richtung der Entropiezunahme bestimmt die Richtung der Zeit. (Wenn ein Ei auf den Boden fällt und zerplatzt, dann ist aus einem geordneten Zustand, dem ganzen Ei, ein ungeordneter Zustand geworden, bei dem Teile der Schale, Eigelb und Eidotter herumliegen; daß sich aus diesem Zustand wieder ein ganzes Ei ergibt, ist noch nie vorgekommen, obwohl es statistisch möglich wäre, nur würde die Dauer des Universums nicht ausreichen, damit ein derart unwahrscheinlicher Zustand jemals auftreten könnte.) Wie der Physiker Brian Greene in seinem faszinierenden Buch »Der Stoff, aus dem der Kosmos ist« analysiert, gibt es eine Richtungsangabe der Zeit durch den Zweiten Hauptsatz der Thermodynamik nur, weil es einen Beginn des Universums mit dem Urknall gegeben hat; ganz am Anfang, als das Universum geboren wurde, war alles viel weniger unordentlich, die Entropie war erheblich geringer als jetzt, und von diesem Beginn unseres Universums nimmt im Durchschnitt die Unordnung zu. Dies schließt nicht aus, daß trotz dieser Entropiezunahme im Ganzen an ausgezeichneten Orten wie auf unserem Planeten Ordnung entsteht, Leben sich entfalten kann, also Bereiche geringerer Entropie entstehen. Die Frage, die sich aber nun stellt, ist die, ob sich unser Erleben der Gerichtetheit der Zeit aus dem Zweiten Hauptsatz der Thermodynamik herleitet, daß wir also durch solche Erfahrungen wie herunterfallenden Eiern lernen, Zeit habe eine Richtung, aus der Vergangenheit über die Gegenwart in die Zukunft.

Der Dichter Christian Morgenstern hat das Problem der Zeitrichtung auf seine Weise mit der »Korfschen Uhr« gelöst:

> Korf erfindet eine Uhr,
> die mit zwei Paar Zeigern kreist
> und damit nach vorn nicht nur,
> sondern auch nach rückwärts weist.
>
> Zeigt sie zwei, – somit auch zehn;
> Zeigt sie drei, – somit auch neun;
> Und man braucht nur hinzusehn,
> um die Zeit nicht mehr zu scheun.
>
> Denn auf dieser Uhr von Korfen
> Mit dem janushaften Lauf
> (dazu ward sie so entworfen):
> hebt die Zeit sich selber auf.

In seiner Analyse über die Zeit meint Stephen Hawking (ebenfalls ein Physiker), daß unser Erleben einer Zeitrichtung in der Tat durch den Zweiten Hauptsatz der Thermodynamik erklärt werden könne, und ich verstehe die Analyse von Brian Greene in der gleichen Weise, daß also unsere subjektive Erfahrung der Zeitrichtung eine Widerspiegelung eines grundlegenden physikalischen Prinzips ist. Diese These kann nach meiner Einschätzung nicht richtig sein. Ausgangspunkt der Überlegungen, die vom Zweiten Hauptsatz ausgehen, ist, daß in einem *geschlossenen System* alles zum Zustand der Unordnung, der höheren Entropie, strebt. Denken wir noch einmal an das herunterfallende Ei, oder stellen wir uns vor, eine Tasse Kaffee zu trinken: Wenn ich den Zucker umrühre, dann ist er schließlich gut vermischt in dem Kaffee, der Zustand hoher Entropie ist erreicht, und der Zucker wird sich nie mehr entmischen und zum Würfel zurückkehren, den ich hineingegeben habe. Mit meiner Tasse Kaffee habe ich ein geschlossenes System beschrieben, für das die gegebene Darstellung gilt. Doch wir repräsentieren kein geschlossenes System, im Leben und im Erleben sind wir ein *offenes System*. Dieser Unterschied ist entscheidend, wenn wir darüber nachdenken, wie die Richtung der Zeit im Erleben entstehen kann.

In einem geschlossenen System, für das zunehmende Entropie oder Unordnung gemäß des Zweiten Hauptsatzes der Thermodynamik gilt, gibt es nie wieder einen Zustand wie früher. Alles strebt einem Endzustand, einer guten Durchmischung, entgegen. Wenn es nie wieder einen Zustand wie früher gibt, dann kann sich in einem solchen System kein Gedächtnis entwickeln. Der notwendige Rahmen für die Selektion von Gedächtnis ist dadurch gekennzeichnet, daß Ereignisse von jetzt gespeichert werden, damit sie später einmal genutzt werden können. Wenn aber dieselbe Situation, dasselbe Ereignis, prinzipiell nicht noch einmal auftreten kann, wie es in einem geschlossenen System der Fall ist, dann gibt es auch keinen Selektionsdruck für die Entwicklung eines Gedächtnisses. Nicht nur gäbe es kein Gedächtnis; es gäbe überhaupt keine Lebensprozesse, denn diese sind durch Informationsaufnahme (also Wahrnehmung), Speicherung von Information (also Gedächtnis) oder Bewertung dessen, was gespeichert ist, gekennzeichnet. Die Tatsache, daß wir ein Gedächtnis haben, beweist, daß wir nicht in einem geschlossenen System leben. Der prinzipielle Unterschied von Vergangenheit und Zukunft, der Unterschied zwischen Faktizität und Potentialität, ist der entscheidende Grund dafür, daß in unserem Erleben die Zeit eine Richtung hat.

Wir haben es also mit mindestens zwei Zeitpfeilen zu tun, einem, der durch den Zweiten Hauptsatz der Thermodynamik vorgegeben wird und der sich auf geschlossene Systeme bezieht (letzten Endes also auf das ganze Universum als ein geschlossenes System), und einem anderen Zeitpfeil, der die subjektive Zeit betrifft, die sich in offenen, nicht von der Umwelt abgeschlossenen Systemen gestaltet. Die Übereinstimmung von zwei Zeitpfeilen, die beide in dieselbe Richtung weisen, heißt aber nicht, daß der eine Ursache für den anderen ist. Der Zeitpfeil des Erlebens ist nicht einfach die Kopie eines physikalisch definierten Zeitpfeils, sondern er ist auf eine eigenständige Weise entstanden, die sich aus Mechanismen des Gehirns und Lebensprinzipien im allgemeinen herleitet.

Hier ist ein ungewöhnlicher Nebengedanke am Platz: Könnte irgend jemand auf den Gedanken kommen, daß das Erleben einer Zeitrichtung Ursache für die Zunahme der Entropie in geschlossenen Systemen wäre? Das kann ich mir nicht vorstellen, und dieser untaugliche Versuch der Umkehr einer kausalen Beziehung zwischen der Welt in mir und der Welt um mich zeigt auch, wie selbstverständlich es für uns ist, zunächst in der Natur um uns nach Erklärungen zu suchen, wobei es dann manchmal zu voreiligen Schlußfolgerungen kommen kann. Ein anderes: Ich halte es für ausgeschlossen (oder für sehr unwahrscheinlich), daß der Zweite Hauptsatz der Thermodynamik überhaupt hätte entwickelt werden können, wenn es nicht das Erleben einer Zeitrichtung gäbe, nicht in dem Sinne einer Begründung, sondern aus dem subjektiven Erleben heraus, auf ein physikalisches Phänomen aufmerksam gemacht worden zu sein.

21 Ereignisse: Momentaufnahmen

Wenn es einerseits Zeit nicht gäbe, gäbe es auch das Jetzt nicht, wenn es andererseits das Jetzt nicht gäbe, dann auch die Zeit nicht.   Aristoteles

Vermittelst der Sinnlichkeit werden uns Gegenstände gegeben, und sie allein liefert uns Anschauungen; durch den Verstand aber werden sie gedacht, und von ihm entspringen Begriffe   Immanuel Kant

Die Welt ist alles, was der Fall ist. Die Welt ist die Gesamtheit der Tatsachen, nicht der Dinge. Was der Fall ist, die Tatsache, ist das Bestehen von Sachverhalten.
Ludwig Wittgenstein

Jedes Jetzt ist auch schon ein Soeben bzw. sofort.
Martin Heidegger

Es ist jener seltene Zustand zwischen Erwachen und vollem Wachsein, in dem sozusagen nur das Auge wach ist, während der Intellekt noch ruht. Dann erscheint die gewohnte Welt als Gefüge von Flecken und Formen verschiedener Gestalt, Farbe, Größe und »Konsistenz«, die gewohnten Dinge warten gleichsam hinter diesem farbigen Gewebe, um aus ihm zu entstehen.
Hans Sedlmayr

Es ist schon einige Jahre her, da standen Klaus Peter und ich auf der großen Brücke in Wuhan und schauten auf den Yangtse hinunter, auf jenen Fluß, der den Norden vom Süden Chinas trennt. Wir waren eine kleine Gruppe, die kurz nach der Kulturrevolution durch China reiste. Bei dieser Reise entstand eine Verbundenheit mit China, die sich über die Jahre immer mehr verstärkt hat. Mit den Jahren haben sich Freundschaften entwickelt, etwa mit dem Wahrnehmungsforscher Chen Lin (Lin ist sein Vorname), der längere Zeit in München an seiner Theorie der »topologischen Invarianten« arbeitete (wir sehen erst die groben Umrisse eines Gegenstandes, bevor wir die Details erkennen, allerdings entzieht sich diese Abfolge der bewußten Wahrnehmung). Aus Wuhan kam Li Baihan (Baihan ist sein Vorname), der nach vier Wochen bereits deutsch sprach und der in seinen Experimenten, die er mit Ulla Mitzdorf durchführte, feststellte, daß viel mehr Nervenzellen im Gehirn, im visuellen Cortex, auf optische Reize reagierten, als man üblicherweise annahm und wie wir selbst, Otto Creutzfeldt, Wolf Singer und ich, früher schon beobachtet hatten, was wir aber leider nicht systematisch weiterverfolgten (jetzt ist Li Baihan Professor in Philadelphia). Eines Tages stand unangemeldet Tan Ying aus Shanghai in der Tür, sie blieb und untersuchte im Labor von Martha Merrow die Wirkung des Lichts auf Schimmelpilze (Neurospora), wobei sie entdeckte, daß diese einfachen Lebensformen bereits eine photoperiodische Reaktion zeigen, d. h. die Länge des Tages »messen« können, und dadurch in den Jahresrhythmus der Natur eingebettet sind (auch sie ging weiter nach Amerika, um irgendwann einmal wohl in ihrer Heimat anzukommen, nach einer langen Reise um den Globus in westlicher Richtung; wie mir der Rektor der Universität Peking, Chi Huisheng, einmal sagte: Chinesen kommen immer zurück, auch wenn es manchmal sehr lange dauert). Es kam Bao Yan, und sie kommt immer wieder; sie stammt aus Harbin im Nordosten, nicht weit von der russischen Grenze, und sie ist jetzt Professorin für Psychologie an der Universität Peking; sie hat festgestellt, daß es verschiedene neuronale Mechanismen bei der Steuerung der visuellen Aufmerksamkeit gibt, und zwar je nachdem, wo etwas im Gesichtsfeld erscheint; die Peripherie des Gesichtsfeldes gehorcht anderen Gesetzen als die Blicklinie selbst oder blicknahe Bereiche des Gesichtsfeldes; es ist also für die Zuwendung unserer Aufmerksamkeit nicht gleichgültig, wo etwas erscheint. Seit kurzem betreue ich einen der jüngsten Doktoranden, die ich je hatte, nämlich Zhou Bin aus dem Süden Chinas, der, kaum angekommen, mir einen Fehler in einer Veröffentlichung über Größenkonstanz nachwies (auch wenn Gegenstände unterschiedlich weit von uns entfernt sind, werden sie als gleich groß gesehen, was aufgrund der optischen Gesetze nicht so sein dürfte; ich hatte für eine vernünftige Hypothese Daten herangezogen, die die Hypothese gar nicht stützten; peinlich). Ich habe mich gefreut, daß er den Mut hatte, mir den Fehler mitzuteilen; über den Fehler habe ich mich geärgert.

(Manche trauen sich nicht, einem »Professor« zu sagen, daß er einen Fehler gemacht hat; jeder im wissenschaftlichen Geschäft muß lernen, daß wir vom Studenten oder Diplomanden bis zum Professor auf der Ebene der Forschung alle gleich sind; es gibt keine Hierarchie der Erkenntniskompetenz. Nur weil jemand einen Titel hat, hat er nicht »recht«, was aber oft von Titelträgern und auch von den Jüngeren ohne langes Nachdenken angenommen wird. Ich glaube, es gehört zu den schwierigsten Aufgaben eines akademischen Lehrers, überhaupt jedes Lehrers, diese Offenheit zu vermitteln, sich also frei zu machen von einer hierarchischen Struktur im Erkenntnisgewinn. Gleichzeitig muß man aber begreifen, daß es auch eine »Kommandostruktur« geben muß, daß also jemand da sein muß, der Entscheidungen trifft und verantwortet. In jedem Forschungsinstitut, wie eigentlich in jeder Institution, wo Menschen zusammenarbeiten, muß es zwei nebeneinanderlaufende Strukturen geben, nämlich die implizite Struktur des Denkens und Wissens und die explizite Struktur des Entscheidens, wobei letztere üblicherweise in einem Organigramm der Institution festgehalten wird. Organigramme verschleiern diese Doppelstruktur, die sich leider für viele nicht von selbst versteht, und man muß sie jedem, und dies auf allen Ebenen, verdeutlichen, um einerseits kreatives Arbeiten und andererseits effizientes Entscheiden zu ermöglichen.)

(Jetzt bin ich von meinen Bindungen nach China zu Problemen des Managements geführt worden; zurück zu China:) Nach einem Besuch von Chi Huisheng in München beschlossen wir, die Zusammenarbeit zwischen unseren beiden Universitäten zu festigen. Dieses Miteinander drückt sich darin aus, daß wir uns jedes Jahr gegenseitig besuchen; entweder es kommt eine Gruppe aus China nach Deutschland, oder wir reisen nach Peking. Neben der wissenschaftlichen Zusammenarbeit ermöglichen diese Besuche ein besseres persönliches Kennenlernen; ich habe für diese Aktivitäten das Motto »Scientists are natural ambassadors« (Wissenschaftler sind natürliche Botschafter) gewählt. Unabhängig von äußeren Randbedingungen verfolgen wir ein gemeinsames Ziel, nämlich etwas über die Welt oder über uns selbst zu erfahren (mir ist klar, daß dies ein ideales Bild der Wissenschaft ist, doch möchte ich mir dieses Ideal bewahren). Der kulturelle Rahmen, die finanziellen Möglichkeiten, die religiösen Bindungen, die staatlichen Bedingungen, die historischen Wurzeln treten in den Hintergrund und sind (wie auch das Alter oder das Geschlecht der Forschenden) bei der Suche nach Erkenntnis bedeutungslos.

Um den Besuchsrahmen etwas zu erweitern, nehmen auf deutscher Seite regelmäßig auch Elsbieta Szelag aus Warschau und Yoshihiro Miyake aus Tokyo teil, mit denen uns seit langem eine konstruktive Zusammenarbeit verbindet. Die politischen Gespräche, die wir zwischen Yoshihiro Miyake und den chinesischen Freunden auf deutschem Boden erlebt haben, mit Li Liang, der in Peking und auch in Toronto über akustische Informationsverarbeitung im Gehirn arbeitet, mit Han Shihui, der zur Frage der nationalen Identität entdeckt hat, daß diese tatsächlich verschieden im Gehirn verankert ist (zumindest wenn man Chinesen und Angloamerikaner miteinander vergleicht), mit Wang Lei, der sich mit Fragen der Neuroökonomie befaßt, oder mit Wu Yanhong aus der inneren Mongolei, die regelmäßig einen buddhistischen Tempel besucht, diese Gespräche haben mir erst so richtig bewußt gemacht, wie gespannt die Beziehungen zwischen den beiden Ländern in Ostasien immer noch sind. Durch den persönlichen Kontakt, durch die emotional geladenen Gespräche können die Spannungen gelöst werden, und es ist hoffentlich nicht ein frommer Wunsch, daß auch Forscher Brücken zwischen den Ländern bauen, auch wenn diese Brücken auf einem anderen Kontinent vorkonstruiert werden.

Das alles wußte ich noch nicht, alle die Kollegen kannte ich noch nicht, als ich auf der großen Brücke in Wuhan stand, als Klaus Peter plötzlich meinte, ob wir in München nicht stärker zusammenarbeiten sollten, er als Anästhesiologe und ich als Psychologe (obwohl ich nie so recht weiß, ob ich wirklich ein Psychologe bin; meine berufliche Identität habe ich nie gefunden, und das wird wohl auch nichts mehr). Nun kann man in der Ferne eine Zusammenarbeit ansprechen und planen, aber zu Hause ist das dann oft wieder vergessen. Hier war es anders. Wir arbeiten seit Jahren zusammen, und es ist durch dieses vertrauensvolle Miteinander einiges entstanden (wir würden es Entdeckungen nennen), das sonst wohl verborgen geblieben wäre. Das wichtigste Ergebnis unserer Zusammenarbeit ist wohl, daß wir ein

Verfahren entwickelt haben, mit dem man die Tiefe einer Narkose bestimmen kann. Eines Tages, wir steckten schon mitten in der Schmerzforschung (mit der sich vor allem Pia Parth befaßte und wo wir feststellten, daß die beiden Gehirnhälften unterschiedlich empfindlich für Schmerzreize sind; die rechte Gehirnhälfte ist empfindlicher), eines Tages kam die Frage auf, ob es nicht eine Möglichkeit gebe, die Tiefe einer Narkose zum Beispiel bei offenen Herzoperationen genauer zu kontrollieren. Auf der Grundlage früherer Studien über die zeitliche Verarbeitung von Information hatte ich eine Idee, wie man das vielleicht bewerkstelligen könne, und vor allem Christian Madler und Dierk Schwender haben dann diese Idee (die »Hypothese«) in zahlreichen Studien untersucht und nach meiner Einschätzung bestätigt (es ist selbstverständlich, daß ich der Bestätigung einer eigenen Hypothese sehr viel freundlicher gegenüberstehe als andere).

Ausgangspunkt der Überlegungen ist, jenen funktionellen Zustand des Gehirns zu bestimmen, der es dem Chirurgen erlaubt, eine Operation ohne Bewußtheit und ohne Schmerz des Patienten durchzuführen. Um diesen funktionellen Zustand ohne Bewußtheit zu finden, muß man zunächst klären, welches denn der funktionelle Zustand ist, der Bewußtheit kennzeichnet. Nach meiner Hypothese müssen zunächst, damit wir überhaupt etwas bewußt haben können, elementare Ereignisse als Bausteine des Bewußtseins erzeugt werden. Man muß sich also mit diesen Bausteinen befassen. Wenn diese nicht mehr erzeugt werden können, dann kommt es zur Ausschaltung des Bewußtseins, also zur Narkose. Die experimentelle Frage, die sich stellt, ist, ob man den Aufbau solcher elementaren Bausteine oder Ereignisse sichtbar machen kann. Meine Vermutung war (und ist immer noch), daß sich die elementaren Bausteine in »evozierten Potentialen« des Gehirns, speziell in akustisch evozierten Potentialen (AEPs), noch spezieller in akustisch evozierten Potentialen der mittleren Latenz bis etwa 100 Millisekunden nach Reizauftritt, abbilden. (Das klingt komplizierter, als es wirklich ist.) Und weitergehend: Im Wachzustand sind solche Potentiale gut erkennbar, in der Narkose, wenn das Bewußtsein ausgeschaltet ist, sind sie nicht mehr beobachtbar, und wenn der Patient wieder aus der Narkose aufwacht, kehren sie zurück. Die AEPs können also nach dieser Hypothese als ein Indikator für eine bestimmte Form der neuronalen Informationsverarbeitung herangezogen werden; für das Wachbewußtsein sind sie notwendig, um elementare Ereignisse bereitzustellen, in der Narkose sind sie aufgehoben, und deshalb können auch keine Ereignisse mehr aufgebaut werden. Die Voraussage, daß dies so sein müsse, war ein »Volltreffer«; gleich der erste von inzwischen weit über eintausend untersuchten Patienten zeigte diesen Effekt.

Wie geht man vor? Der zur Operation vorbereitete Patient erhält einen Kopfhörer aufgesetzt, über den ihm in regelmäßigen Abständen akustische Reize (Klicks) präsentiert werden. Der Abstand aufeinanderfolgender Klicks kann recht kurz gewählt werden, etwa zehn Reize pro Sekunde. Gleichzeitig werden mit Hilfe von Elektroden, die am Kopf des Patienten befestigt werden, die elektrischen Antworten des Gehirns aufgezeichnet. Man muß eine Serie von solchen Klicks geben, damit die Antwort des Gehirns deutlich sichtbar wird. Wenn man die Reaktion des Gehirns auf etwa 600 Reize überprüft, (was eine Minute dauert), dann stellt man fest, daß typische Wellen auftreten, die eine Periode von etwa 30 Tausendstelsekunden (oder 30 Millisekunden, ms) haben. Unmittelbar nach dem Reizauftritt werden zunächst Mechanismen des Hirnstamms angesprochen; man kann beobachten, in welchen Verarbeitungsschritten der Klick über das Ohr aufgenommen und bis zum Zwischenhirn weitergereicht wird. Danach gibt es zwei bis drei Perioden von jeweils 30 ms Dauer, die die gleichgeschaltete Aktivität von Nervenzellen vor allem im Cortex, wahrscheinlich aber auch im Zwischenhirn, anzeigen. Diese Wellenformen kennzeichnen die Informationsverarbeitung im Wachzustand.

Beginnt man nun die Narkose, dann stellt man fest, daß bei der Gabe von allgemein wirkenden Anästhetika diese periodischen Abläufe verschwinden. Zwar wird die Information noch vom Gehirn aufgenommen, denn die frühen elektrischen Veränderungen des Gehirns sind noch erkennbar, aber die zeitlich geordnete Aktivität in den neuronalen Verbänden des Großhirns, die sich in den periodischen Abläufen oder Oszillationen zeigt, ist unterbrochen. Das Narkosemittel beseitigt gleichsam einen funktionellen Klebstoff, der im Wachzustand zwischen den Nervenzellen eine Verbindung und damit einen Gleichklang der Tätigkeit herstellt, womit im Wachzustand organisierte Informationsverarbeitung ermöglicht wird.

Kennzeichen dieses Zustandes ist die tiefe Bewußtlosigkeit. Ein

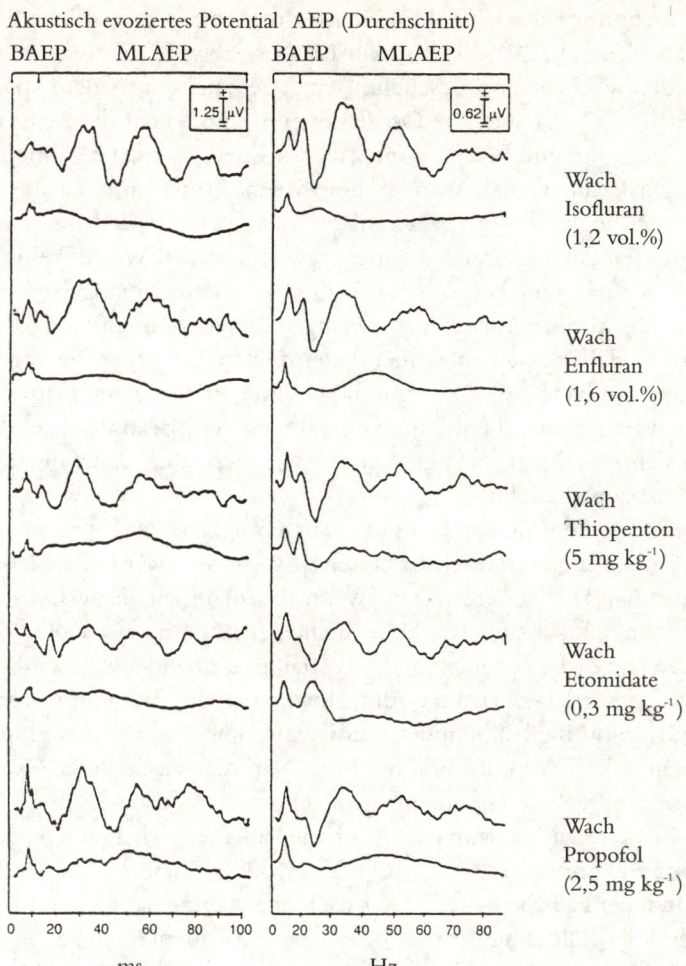

Abb. 29 Akustisch evozierte Potentiale der mittleren Latenz (MLAEP) im Wachzustand und während verschiedener Narkosen. Während beim Wachen oszillatorische Reaktionen ausgelöst werden, gehen diese in der Narkose bei verschiedenen Anästhetika verloren.

Patient, der aus der Narkose erwacht, fragt häufig, wann denn die Operation beginne. (Mir ist es selbst einmal so gegangen; nach einer recht langen Narkose war für mich überhaupt keine Zeit vergangen, und ich hatte den Eindruck, als ich aufwachte, daß ich die Operation noch vor mir hatte, obwohl sie schon vorbei war.) Eine solche Frage macht deutlich, daß während der Narkose bewußt nichts registriert wurde, nichts von den Geschehnissen um einen herum oder von körperlichen Vorgängen. Die Oszillationen sind offenbar der neuronale Ausdruck für jene Mechanismen, die notwendig sind, um elementare Ereignisse aufzubauen. Werden diese Mechanismen ausgeschaltet, indem der neuronale Taktgeber außer Kraft gesetzt wird, dann können keine elementaren Ereignisse mehr erzeugt werden. Weil es keine Ereignisse mehr gibt, kann auch kein Bewußtsein mehr aufgebaut werden. Wir können uns einen jeweiligen Bewußtseinszustand als ein fertiges Haus vorstellen, wobei die einzelnen Ereignisse die voneinander unabhängigen Bausteine repräsentieren, die gemeinsam nach einem Bauplan das Haus ergeben; während der Narkose gibt es diese Bausteine nicht; sie werden nicht angeliefert, und dann nützt der ganze Bauplan nichts.

Mit der Messung der AEPs ist es auch möglich, die Repräsentation von Information im Gehirn besser zu verstehen, wenn die Narkose hinreichend tief zu sein scheint, wenn aber dennoch die periodischen Prozesse sichtbar sind, was bei manchen Anästhetika der Fall ist (wie bei Ketamin, das vor allem in der Notfallmedizin eingesetzt wird). Ob noch etwas im Gehirn ankommt, obwohl sich der Patient im Zustand der Bewußtlosigkeit befindet, wurde von Agnes Kaiser, einer Hypnotherapeutin, überprüft. Während der Narkose wurde einer Gruppe von Patienten die Geschichte von Robinson Crusoe erzählt. Nach der Narkose wurde dann gefragt, ob die Patienten sich an irgend etwas erinnern konnten. Dies war auf der bewußten Ebene bei keinem Patienten der Fall; die Narkose war nach dieser Information also hinreichend tief. Allerdings war es so, daß bei den Patienten, bei denen die periodischen Prozesse im Gehirn nicht ganz verschwunden waren, eine implizite Erinnerung an die Geschichte von Robinson Crusoe gegeben war. In dieser Geschichte spielt bekanntlich die Figur des Freytag eine wichtige Rolle. Wenn nach der Operation die Patienten gefragt wurden, was ihnen zu dem Wort »Freitag« einfalle, dann wurde nur von jenen, bei denen während der Narkose noch periodische Prozesse sichtbar waren, berichtet, daß ihnen auf dieses Stichwort merkwürdigerweise die Robinson-Geschichte einfalle; sonst wurde typischerweise auf Freitag als Wochentag Bezug genommen. Interessant an diesem Experiment ist, daß die Wissensrepräsentation in einer impliziten Weise gegeben war, da sie kein explizites Wissen davon hatten, was sie während der Operation gehört hatten. (Dies soll nicht ausschließen, daß bei manchen Narkosen, die nicht sachgerecht durchgeführt werden, auch eine explizite, also bewußte Erfahrung über den Verlauf der Operation gegeben sein kann.) Die Messung der AEPs bietet also eine Möglichkeit, die Tiefe der Narkose angemessen einzustellen und sowohl explizite wie auch implizite Verarbeitung von Information zu unterdrücken. (Ein solches Verfahren hat nicht nur einen medizinischen Nutzen für Patienten, sondern es bietet dem Arzt neben der Erleichterung des Monitorings einer Narkose auch einen möglichen rechtlichen Schutz; es kommt, wenn auch selten, immer wieder vor, daß eine Narkose nicht ausreichend wirkt; wenn man aber die neuronalen Prozesse und deren Veränderung bei einer sachgerechten Narkose im Gehirn selber beobachten kann, dann ist man als Arzt auf der sicheren Seite.)

Daß es solche neuronalen Oszillationen im Gehirn geben muß, ist mir durch Versuche klar geworden, in denen ich Reaktionszeiten gemessen habe. In jener grauen Vorzeit (die im übrigen noch gar nicht so weit zurück liegt), als man Experimente ohne Unterstützung eines Computers durchführte, mußte man als Experimentator einzelne Meßwerte noch mit der Hand notieren; ich habe es jedenfalls getan. Heute sind solche Experimente, wie etwa die Erfassung von Reaktionszeiten von Versuchspersonen, voll automatisiert; das mühsame Notieren einzelner Datenpunkte wird dem Experimentator durch elektronische Datenverarbeitung abgenommen. Bei meinen Experimenten hatten die Versuchspersonen die Aufgabe, so schnell wie möglich auf einen unvorhergesehenen Reiz zu reagieren. Es wurden optische oder akustische Signale gegeben, auf die jeweils mit einem Druck auf eine von zwei zugeordneten Tasten geantwortet werden mußte. Als ich bei diesen Experimenten die Zeiten aufschrieb, die zwischen dem Erscheinen des Reizes und dem Knopfdruck vergingen, erfaßte mich plötzlich eine Hochstimmung, begleitet von einer merkwürdigen Unruhe, die ich noch wie heute spüre. (Es ist erstaunlich, was für Ereignisse sich in das episodische Gedächtnis eines Hirnforschers einprägen, die für jeden »vernünftigen« Menschen von absoluter Trivialität sind; der Rahmen macht den Unterschied.) Ohne daß ich es hätte voraussehen können, zeigten die notierten Werte eine ungewöhnliche Struktur. Anders, als es in Lehrbüchern stand, waren sie nicht um einen mittleren Bereich herum zufällig verteilt, vielmehr fanden sich im Abstand von etwa 30 ms unerwartete Häufungen. Dieser erste Eindruck, daß hinter den Daten etwas Ungwöhnliches verborgen war, weil beim Reagieren auf Reize einzelne Werte bevorzugt wurden, bestimmte meine nächsten Tage. Ich wertete die Daten aus, zeichnete Histogramme, überprüfte, ob ich vielleicht einen Fehler gemacht haben könnte, und versuchte zu verstehen, was es bedeuten könnte, daß Reaktionszeiten im Abstand von etwa 30 ms gehäuft auftraten, als würden sie also bevorzugt in vorgegebene Zeitfenster hineinfallen.

Im Rückblick ist mir klar, daß ich bei einer automatisierten Datenerfassung, bei der ich nicht jeden einzelnen Datenpunkt aufgeschrieben hätte, sondern dies eine Maschine für mich erledigt hätte, diese überraschende Struktur der Daten übersehen hätte (und daß ich vor allem auch dieses Gefühl der Hochstimmung nicht erlebt hätte). Dadurch, daß jeder einzelne Datenpunkt bewußt erfaßt werden mußte, wurde meine Aufmerksamkeit auf etwas gelenkt, woraus sich dann für mich ein völlig neues Verständnis der Informationsverarbeitung unserer Sinnessysteme entwickelt hat (wobei ich anmerken muß, daß dieses Verständnis nicht von jedem Forscher geteilt wird). Diese Sensitivität für das Ungewöhnliche, für das nicht Erwartete, für einen »Symmetriebruch«, können wir nicht in ein Computerprogramm hineinschreiben, das die automatische Datenerfassung erledigt, weil wir das Ungewöhnliche nicht voraussehen können und es somit nicht in einem Programm festhalten können. (Es stellt sich die Frage, ob ein Computerprogramm ohne einen Menschen überhaupt etwas entdecken kann, wenn ihm nicht der Rahmen der möglichen Entdeckung schon vorgegeben ist? Kann ein Computerprogramm etwas darüber »wissen«, daß es eine Entdeckung gemacht hat? Für mich ist die Antwort ein »nein«, auch wenn dies in Zukunft anders sein mag; das »nein« leitet sich daraus ab, daß es bisher nicht gelungen ist, Programme mit semantischer Kompetenz auszustatten, der Fähigkeit also, die Bedeutung eines Sachverhaltes zu begreifen. Nur der menschliche Entdecker mit seinem Gehirn, das ihm semantische Kompetenz verleiht, kann eine Entdeckung machen. Um allerdings in den Rahmen einer möglichen Entdeckung zu kommen, in dem die Bedeutung von etwas Neuem erkannt werden kann, sind in vielen wissenschaftlichen Bereichen heute Computer mit ihren mächtigen Kapazitäten zur Datenverarbeitung unverzichtbar. Dies gilt vor allem für die Simulation von Prozessen, doch bleibt es dem menschlichen Gehirn vorbehalten, die Ergebnisse der Simulationen etwa bei der Wettervorhersage, bei Verkehrsabläufen oder bei Veränderungen der Umwelt zu deuten.)

Aus meiner Erfahrung bei dem Aufschreiben von Reaktionszeiten leitet sich ab (leitet sich für mich ab; andere mögen dies anders sehen), daß jede einzelne Messung, jeder Datenpunkt, jede einzelne Beobachtung ihre eigene Bedeutung hat und von einem Forscher zur Kenntnis genommen werden muß; ich gehe so weit zu sagen, daß jede einzelne Messung in der Forschung ihre eigene Würde hat; sie ist ein singuläres Ereignis, das sich nie wiederholen wird; das mag überschwänglich klingen, ist aber trotzdem richtig: Die experimentelle Erfassung einer einzelnen Reaktionszeit ist aufgrund der einmaligen Konstellation von Variablen an diesem Ort und zu diesem Zeitpunkt ein nicht wiederholbares Ereignis im Universum. Wenn dies für den einzelnen Datenpunkt in einem Experiment gilt, so gilt dies generell: Jedes Ereignis ist einmalig und wird in identischer Weise nie wieder auftreten. (Diese Tatsache mag ein Anstoß dafür sein, in jedem Augenblick sich auf das einmalige Geschehen zu konzentrieren, mit Offenheit allen Ereignissen zu begegnen; doch dann spürt man schnell, daß es unmöglich ist, alles bewußt zur Kenntnis zu nehmen. Es zu wollen, aber es nicht zu können, mag der Grund dafür sein, daß man in manchen Kulturen versucht zu lernen, sein Bewußtsein frei zu machen von den vielen Inhalten, um sich in der Meditation auf nur ein Bild, nur ein Wort, nur einen Satz, und dann vielleicht auf gar nichts mehr, zu konzentrieren.)

Wenn wir in der Forschung Datenerfassung automatisieren und durch statistische Programme »vorverarbeiten« lassen, können uns Erkenntnisse entgehen, die sich in der besonderen Struktur der einzelnen Messungen abbilden. Ein übliches Vorgehen bei der automatisierten Erfassung von Daten ist, daß offenkundig aus dem Rahmen fallende Datenpunkte mit Hilfe statistischer Verfahren außer Acht gelassen werden (für die Fachleute: was außerhalb von plus/minus 2 Standardabweichungen liegt, wird nicht berücksichtigt). Solche »outlier«, die außerhalb des Erwarteten liegen, werden als Störungen angesehen, die etwa durch technische Probleme bedingt sein mögen, die also mit der eigentlich zu messenden Variable nichts zu tun haben.

Wenn in Experimenten zu Reaktionszeiten plötzlich Werte auftreten, die viel zu lang sind, dann ist man geneigt zu vermuten, daß die Versuchsperson vielleicht unkonzentriert war oder die Reaktionstaste nicht gleich getroffen hat. Das alles kann vorkommen, es kann aber auch sein, daß manchmal solche »wilden« Werte, die völlig daneben liegen, interessante Einblicke in die zugrundeliegenden Prozesse des Gehirns ermöglichen. (Das Gesagte hat natürlich nicht nur seine Bedeutung für die Hirnforschung, sondern gilt für alle empirischen Forschungen, in denen Messungen durchgeführt werden; überall liegt das Neue häufig am Rande. Ich versuche deshalb und lade meine jüngeren Mitarbeiter dazu ein, jeden einzelnen Datenpunkt in den Experimenten bewußt zur Kenntnis zu nehmen und das Auge zu schulen, das Ungwöhnliche zu bemerken. Wenn ich nicht auf das Einzelne schaue, habe ich bereits eine implizite Theorie im Kopf, die eine bestimmte Weise der Datengenerierung unterstellt, wie also die Messungen auszusehen haben. Die statistischen Verfahren, die wir üblicherweise anwenden, um Daten übersichtlich darzustellen, repräsentieren bereits Abstraktionen über das, was wir messen.)

Das Auftreten von Reaktionszeiten im Abstand von etwa 30 ms kann man auch bei Augenbewegungen beobachten (Abb. 30), wie Nikos Logothetis festgestellt hat. Wenn sich ein Gegenstand zu bewegen beginnt (jemand steht auf und verläßt den Raum) und wir mit unseren Augen folgen, starten die Augen nicht sofort, sondern nach einer kurzen Pause. Diese Pause oder Reaktionszeit oder auch Latenz der Augen mag 120 ms lang sein, oder 150 ms, oder 180 ms; der Abstand zwischen den verschiedenen Startzeiten liegt bei etwa 30 ms. Wir können einem Blickziel, auf das sich unsere Aufmerksamkeit richtet und das sich plötzlich zu bewegen beginnt, also nicht zu einem beliebigen Zeitpunkt folgen, sondern ein vom Gehirn vorgegebener zeitlicher Rahmen erzwingt bevorzugte Startfenster für diese Augenfolgebewegungen. (Dieser Prozeß liegt unterhalb der Bewußtseinsschwelle; wir selber haben kein Gespür für die Zeitfenster, die unser Verhalten bestimmen; erst die Messung der Augenbewegungen legt offen, daß hier diskrete Zeitschritte der Steuerung von einfachen Bewegungen zugrunde liegen.)

Eine solche mehrgipflige Verteilung von Latenzen gilt nicht nur für Augenfolgebewegungen, sondern ebenso für die schnellen Augenbewegungen, auch Sakkaden genannt, wie Eva Ruhnau, Vitor Haase

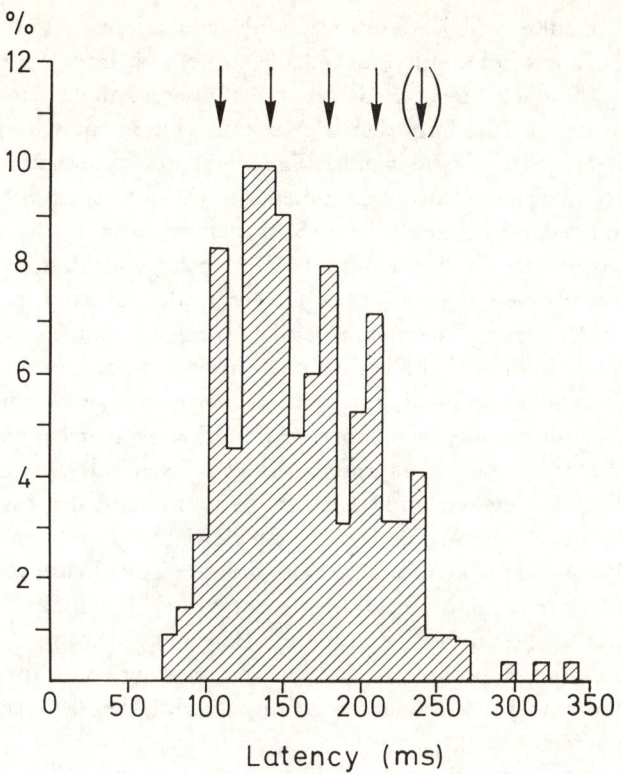

Abb. 30 Histogramm der Latenzen (Reaktionszeiten) von Augenfolgebewegungen; wenn ein Blickziel sich zu bewegen beginnt, dann folgen die Augen nach einem kurzen Intervall, doch bevorzugt in bestimmten Zeitzonen (senkrechte Pfeile), wie Nikos Logothetis entdeckt hat.

und andere festgestellt haben. Auch wenn die neuronalen Programme für die Steuerung von Augenfolgebewegungen und von Sakkaden sich in mehreren Dingen unterscheiden, gilt doch für beide die gleiche zeitliche Charakteristik der Latenzen. Wenn wir auf ein neues Blickziel schauen, das plötzlich in der Peripherie des Gesichtsfeldes erscheint und unsere Aufmerksamkeit erregt (wenn plötzlich ein Vogel vorbeifliegt), wird vom Gehirn eine Sakkade mit einer Latenz von etwa 200 ms programmiert. (Diese Sakkaden treten auch beim Lesen auf; wenn wir meinen, daß beim Lesen unser Blick gleichmäßig über die Zeilen gleite, dann ist dies eine Illusion; für kurze Zeit haftet der Blick auf einem Wort, und nach dieser Fixation, die mindestens 200 ms dauert, folgt eine Lesesakkade, um ein nächstes Wort anzusteuern; diese schrittartigen Bewegungen unserer Augen beim Lesen entziehen sich allerdings dem Bewußtsein; interessanterweise sind die Pausen zwischen aufeinanderfolgenden Lesesakkaden um so länger, je schwieriger Texte zu verstehen sind.) Wenn man sich nun die Verteilung der Latenzen solcher Sakkaden genauer anschaut, stellt man fest, daß auch hier bestimmte Zeitfenster, also Startzeiten, für die Augenbewegungen bevorzugt werden; der Abstand zwischen den verschiedenen Startzeiten beträgt ebenfalls etwa 30 ms; wiederum wird ein zeitliche Raster mit Intervallen von 30 ms vorgegeben. Wenn wir schnell auf einen Reiz reagieren, etwa mit einer Handbewegung, oder wenn unsere Aufmerksamkeit erregt wird und wir etwas Interessantes mit unserem Blick erfassen oder wenn etwas, das sich zu bewegen beginnt, weiterhin mit unserer Aufmerksamkeit begleitet wird, jedesmal ist der Start der Bewegung durch ein neuronales Programm gekennzeichnet, das diskrete Zeitschritte von etwa 30 ms Dauer vorgibt. Wir können nicht zu beliebigen Zeiten, sondern nur zu bestimmten Zeiten eine Bewegung beginnen. Daraus leitet sich die Hypothese ab, daß die Verarbeitung von Information im Gehirn durch Zeitquanten bestimmt wird, deren Dauer etwa 30 ms beträgt.

(Wenn man in Lehrbücher schaut, dann wird man üblicherweise solche mehrgipfligen Verteilungen von Reaktionszeiten oder Latenzen von Augenbewegungen nicht sehen; dies hat mehrere Gründe: solche Verteilungen sind nur beobachtbar, wenn mit hinreichender zeitlicher Auflösung gemessen wird; wenn der Abstand den einzelnen Gipfeln in einem Histogramm, wie in Abb. 30 gezeigt, etwa 30 ms beträgt, sollte jede einzelne Bewegung mit einer zeitlichen Auflösung, die weit darunter liegt, also etwa 1 ms, gemessen werden, und dies ist nicht immer der Fall; außerdem müssen stationäre Versuchsbedingungen vorliegen, was bedeutet, daß während eines Experimentes keine Änderungen auftreten dürfen. Diese Bedingung ist äußerst schwer einzuhalten, denn eine Versuchsperson oder ein Patient kann während des Versuchs ermüden oder sich erst im Laufe des Versuchs mit den Versuchsbedingungen vertraut machen, wenn die Bedingungen nicht eingehalten werden, dann wird durch Ungenauigkeiten in der Messung der eigentliche neuronale Prozeß verschleiert, der durch diskrete Zeitschritte gekennzeichnet ist. Es gibt noch einen weiteren Grund, warum solche Mehrgipfligkeiten nicht beobachtet oder dargestellt werden, wenn man als Forscher nämlich von einer kontinuierlichen Verarbeitung von Information im Gehirn ausgeht; mit einem derartigen theoretischen Rahmen betrachtet man die verschiedenen Gipfel in solchen Verteilungen wie in Abb. 30 als statistische Artefakte; die Daten von Nikos Logothetis, einem brillanten Experimentator, sprechen eine andere Sprache.)

Was könnte der Grund dafür sein, daß sich das Gehirn einer diskreten Zeitverarbeitung bedient, daß also Zeitquanten mit einer Dauer von etwa 30 ms die Verarbeitung von Information bestimmen? Neben der Herausforderung, räumlich verteilte Aktivitäten zu bündeln (Abb. 10), um Einheit herzustellen, weil bei jedem mentalen Akt neuronale Prozesse in entfernt liegenden Arealen des Gehirns zusammengefaßt werden müssen, gibt es ganz elementare Gründe der Repräsentation von Information, die ein solches Verarbeitungsprinzip als sinnvoll erscheinen lassen. Wenn wir ein Bild betrachten, dann ist dies Bild üblicherweise durch Bereiche unterschiedlicher Helligkeit gekennzeichnet (ich sehe im Augenblick von Farben ab). Wieviel Licht auf unsere Netzhaut fällt, bestimmt aber, wie lange die Umwandlungsprozesse (die Transduktion) dauert, damit die Sinneszellen aktiv werden. Dies bedeutet, daß durch unterschiedliche Lichtintensität an verschiedenen Stellen des Bildes das Bild als Ganzes nicht gleichzeitig an die zentralen Bereiche des Gehirns weitergereicht werden kann. Nach unseren Messungen können solche zeitlichen Differenzen 20 ms oder mehr betragen. Wir »sehen« also ein Bild auf der Netzhaut gar nicht gleichzeitig; aber warum »sehen« wir es dann im Gehirn gleichzeitig? In Abb. 31 ist ein einfaches Modell gezeigt, das eine solche Vergleichzeitigung erklären kann. Nach einer variablen Transduktionszeit T wird eine neuronale Oszillation ausgelöst; diese ist hier als ein Relaxationsoszillator dargestellt, der dadurch gekennzeichnet ist, daß er ohne großen Zeitverzug angestoßen werden kann und daß er nach einigen Perioden wieder verschwindet, die Amplitude im Laufe der Zeit also abflacht, wenn es nicht zu einer Erneuerung des oszillatorischen Prozesses durch neue Information kommt. Eine Periode dieser Oszillation entspricht in dieser Hypothese einem Zeitquant. Alles, was an Information innerhalb einer Periode auftritt, wird dieser Periode zugeordnet. Eine Periode eines

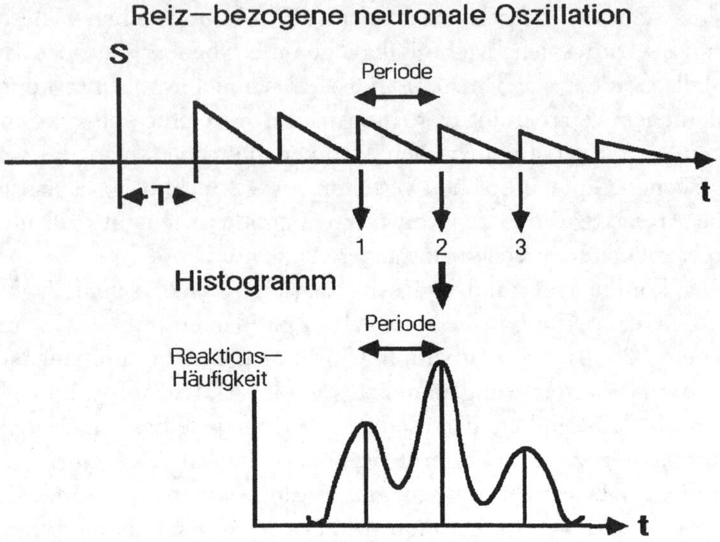

Reiz—bezogene neuronale Oszillation

Abb. 31 Theoretisches Konzept über die Entstehung von Zeitzonen, innerhalb derer neuronale Information gebündelt wird. Ein Reiz (S – Stimulus) löst nach einer bestimmten Zeit, die für die Umwandlung physikalischer Energie in Gehirnsprache benötigt wird (T – Transduktion), eine neuronale Oszillation aus. Eine Periode dieser Oszillation repräsentiert eine zeittote Zone in der Größenordnung von 30 bis 40 Millisekunden. Auf der Beobachterebene sieht man dann beispielsweise multimodale Verteilungen von Reaktionen; die nebeneinanderliegenden Gipfel in einem Histogramm spiegeln die Periode des zugrundeliegenden neuronalen Prozesses wider.

solchen oszillatorischen Prozesses kann somit als ein Zeitfenster angesehen werden, innerhalb dessen alles, was geschieht, als gleichzeitig behandelt wird. Wenn also verschiedene Bereiche eines Bildes durch unterschiedliche Helligkeit gekennzeichnet sind und diese Bereiche somit zu jeweils anderen Zeitpunkten in zentralen Bereichen des Gehirns ankommen, dann sorgt der oszillatorische Prozeß dafür, daß sie demselben Zeitfenster zugeordnet werden. Indem diskrete, aufeinanderfolgende Zeitfenster geschaffen werden, überwindet das Gehirn ein Problem, das es sich aus biophysikalischen Gründen selbst eingebrockt hat, daß nämlich wegen verschiedener Transduktionszeiten in der Netzhaut die Information, die für den Aufbau eines Bildes benötigt wird, nicht mehr gleichzeitig ist. Aus anatomischen und auch aus physiologischen Gründen scheint sich für den Menschen (wie für andere, nichtmenschliche Primaten) eine Periode von etwa 30 ms bewährt zu haben. Diese Perioden sind »zeittote« Zonen, denn alles, was in ihnen geschieht, wird als *gleichzeitig* oder auch als *unzeitig* behandelt.

Gibt es neben den Beobachtungen über die AEPs, die für die Überwachung einer Narkose nützlich sind, oder über die Reaktionszeiten von Hand- und Fingerbewegungen oder über die Latenzen von Augenbewegungen weitere Befunde, die die Annahme von zeittoten Zonen oder Zeitquanten stützen? In der Tat sind es eine Reihe von experimentellen Phänomenen, die auf ein universelles Prinzip in der neuronalen Verarbeitung von Information hinweisen. Man beobachtet Zeitquanten mit einer Dauer von etwa 30 ms bei zeitlichen Ordnungsschwellen, beim räumlichen Sehen, beim Erkennen von Farben, bei der Wahrnehmung von Sprache, bei der Ausführung und Kontrolle schneller Bewegungen, bei Gedächtnisprozessen, bei der Steuerung der Aufmerksamkeit, bei der Zeitwahrnehmung selbst, bei Entscheidungen oder auch bei der periodischen Entladung von Nervenzellen, die auf oszillatorische Prozesse schon auf zellulärer Ebene hinweisen.

Derartige Oszillationen auf der Ebene einzelner Nervenzellen wurden schon vor längerem von dem russischen Physiologen Nikita Podvigin aus St. Petersburg beschrieben. Er stellte fest, daß nach Auftritt eines optischen Reizes Nervenzellen im Sehsystem (hauptsächlich in einer Struktur des Zwischenhirns, dem Corpus geniculatum laterale, durch das die visuelle Information hindurchgeht, bevor sie zum visuellen Cortex kommt) oszillatorische Prozesse mit einer Periode von etwa 30 ms Dauer ausgelöst werden. Solche reizgekoppelten Oszillationen auf einer frühen Ebene der Verarbeitung sind nach meiner Einschätzung eine Bedingung dafür, daß dann auf den weiteren Ebenen der Verarbeitung eine Matrix von Gleichzeitigkeit vorhanden ist, auf der Beziehungen zwischen visuellen Elementen hergestellt werden, die notwendig für die Erzeugung eines Bildes in der Wahrnehmung sind. Damit eine Bindung zwischen räumlich verteilten neuronalen Aktivitäten hergestellt werden kann, die beispielsweise Orientierungen von Linienelementen repräsentieren (auf die vor allem Wolf Singer aus Frankfurt in seiner Beschreibung der visuellen Informationsverarbeitung hinweist), muß zunächst ein Rahmen von Gleichzeitigkeit geschaffen werden; hierfür können oszillatorische Prozesse auf einer davorliegenden Schicht, wie sie Nikita Podvigin beschrieben hat, eingesetzt werden. (Die Forschung von Podvigin ist leider nicht so bekannt geworden, wie es sie verdient hätte, da fast alle seine Befunde auf russisch publiziert wurden.)

Weitere Beobachtungen, die für die Existenz von Zeitquanten und damit für eine diskontinuierliche, also zeitlich zerhackte Weise der Verarbeitung von Information sprechen: Wenn man die Zeitdauer bestimmt, die mindestens vorübergehen muß, damit zwei Reize als aufeinanderfolgend wahrgenommen werden (man nennt dies die zeitliche Ordnungsschwelle), dann beobachtet man, daß für das Sehen, Hören oder Tasten immer der gleiche Wert gemessen wird, nämlich jeweils etwa 30 bis 40 ms. Die Tatsache, daß die zeitlichen Ordnungsschwellen in diesen verschiedenen Sinnesbereichen, also beim Hören, Sehen oder Tasten, etwa gleich lang sind, legt die Annahme nahe, daß für die Erkennung der zeitlichen Ordnung von Reizen ein einheitlicher Mechanismus des Gehirns in Anspruch genommen wird; auch wenn wir durch das Hören, Sehen oder Tasten einen völlig anderen Ausblick in die Welt haben, nutzen die Systeme offenbar dieselben neuronalen Algorithmen, wenn es darum geht, einen Reiz von einem anderen zeitlich unterscheidbar zu machen. Die Tatsache, daß sich die verschiedenen Sinnessysteme in diesem Aspekt nicht unterscheiden, hat noch eine weitere Konsequenz, weil dadurch Information aus den verschiedenen Sinneskanälen sehr viel leichter aufeinander bezogen werden kann. Die Sinnessysteme arbeiten im gleichen Takt, was eine Voraussetzung dafür ist, daß das, was wir tasten (»begreifen«), hören und sehen, in einen gemeinsamen Rahmen gestellt werden kann. (Meines Wissens gibt es keine Informationen über die zeitliche Ordnungsschwelle beim Riechen und Schmecken, was sich auch daraus erklären mag, daß es experimentell außerordentlich schwierig ist, bei diesen Sinnesmodalitäten für diese Fragestellung eine kontrollierte Reizsituation herzustellen; wir haben es jedenfalls nicht versucht.)

Wie geht man bei der Bestimmung der zeitlichen Ordnungsschwelle beim Hören vor? Jedes Ohr wird über Kopfhörer mit einem Klick gereizt, der selber nur 1 ms dauert; wenn die Reize gleichzeitig gegeben werden, dann hört man in der Mitte vom Kopf einen Ton, was bedeutet, daß die Reize aus den beiden Ohren zu einer einzigen Wahrnehmung fusioniert wurden. Wenn die Reize nicht mehr gleichzeitig, sondern in einem zeitlichen Abstand gegeben werden, kann man erst bei einem Intervall von etwa 30 ms mit einiger Verläßlichkeit angeben, in welcher Reihenfolge die Ohren gereizt wurden. Um also sagen zu können: »erst links, dann rechts«, muß die Pause zwischen beiden Reizen mindestens 30 ms betragen. Um dies aber feststellen zu können, um sagen zu können: »erster, zweiter«, müssen die aufeinanderfolgenden Wahrnehmungen als eigenständige Ereignisse erkannt werden, sonst könnten sie nicht in eine Reihenfolge gestellt werden. Mit der zeitlichen Ordnungsschwelle mißt man also gleichzeitig jene Zeit, die notwendig ist, um ein elementares Ereignis im Gehirn zu bestimmen. Die Tatsache, daß in den drei untersuchten Sinnessystemen, beim Hören, Sehen und Tasten, sich dieses Intervall jeweils entspricht, bedeutet somit auch, daß unabhängig von dem Sinnessystem gleiche Zeitquanten genutzt werden, um elementare Ereignisse, also die Bausteine des Bewußtseins, bereitzustellen.

Wenn ich von Zeitquanten in der neuronalen Informationsverarbeitung mit einer Dauer von etwa 30 ms spreche, so darf diese Zahl nicht als eine physikalische Konstante mißverstanden werden. Biologische Prozesse sind immer durch Variabilität zwischen Individuen aber auch situationsabhängig in einem Individuum, sei es Tier oder Mensch, gekennzeichnet. Die Zeitquanten von etwa 30 ms beschreiben einen Arbeitsbereich des Gehirns, und sie beschreiben auch eine untere Grenze, die vornehmlich bei jungen Erwachsenen beobachtet wird. Wenn man älter wird, verlängern sich die Ordnungsschwellen, wie Elsbieta Szelag in Warschau und Marc Wittmann in San Diego beobachtet haben; diese Verlängerung ist ein Ausdruck des natürlichen Alterungsprozesses, der für alle neuronalen Vorgänge gilt. Die Ordnungsschwellen sind darüber hinaus auch verlängert, wenn Schädigungen des Gehirns vorliegen; Nicole von Steinbüchel hat bei Patienten, die nach einem Schlaganfall an Sprachstörungen leiden, erhebliche Verlängerungen der akustischen Ordnungsschwellen beobachtet; sie hat aber auch festgestellt, daß durch systematisches Training die zeitliche Verarbeitung verbessert werden kann, was erfreulicherweise positive Konsequenzen für das Verstehen von Sprache hat.

Wenn es richtig ist, daß solche Zeitquanten zeittote Zonen repräsentieren, innerhalb derer die Abfolge von Information nicht erkannt werden kann, dann bietet sich ein Experiment an, das auf sehr elegante Weise die Existenz solcher Zeitquanten bestätigen kann. Gesprochene Sprache wurde in aufeinanderfolgende Intervalle zerlegt, und dann wurde die akustische Information in diesen Intervallen zeitlich umgedreht, so daß sie nicht mehr in die Zukunft, sondern in die Vergangenheit lief. Dann wurden die Intervalle wieder miteinander verkettet und dem Zuhörer vorgespielt. Bei Zeitintervallen, innerhalb derer die akustische Information in die zeitliche Gegenrichtung 30 ms beträgt, hört man keinen Unterschied zwischen den beiden Bedingungen. Dies belegt, daß wir keine Sensitivität in unserer Anschauung dafür haben, was sich innerhalb solcher Zeitfenster ereignet. Innerhalb dieser Zeitquanten wird einlaufende Information als gleichzeitig (ko-temporal) und damit auch als unzeitlich (a-temporal) behandelt. Man mag solche Zeitquanten auch als Repräsentanten des jeweiligen »Jetzt« ansehen, und daß der Fluß der Zeit durch die Abfolge von »Jetzten« geschaffen wird, die die operative Grundlage für die Schaffung elementarer Ereignisse darstellen und die ihrerseits die Erzeugung von Anschauungen ermöglichen.

Wenn man einmal ein Phänomen aufgedeckt hat, dann entwickelt man eine eigentümliche Sensitivität dafür, dieses Phänomen überall zu sehen; ich sehe plötzlich in allen möglichen Bereichen neuronaler und mentaler Aktivitäten Zeitquanten von etwa 30 ms Dauer, und ich bin dann geneigt, diese Beobachtungen als Bestätigung für meinen theoretischen Rahmen anzusehen, wie Information im Gehirn zeitlich verarbeitet wird. (Vielleicht geht es mir aber auch wie Don Quijote, der seine Beobachtungen in einen Erwartungsrahmen hineinstellte, der durch die intensive Lektüre von Ritterromanen geprägt war, so daß die Beobachtungen keinen Bezug mehr zur wirklichen Wirklichkeit hatten; wie Don Quijote bin ich allerdings auch von der Richtigkeit meiner Bemühungen überzeugt. Man kann das auch etwas freundlicher ausdücken: Wenn sich in den verschiedensten Bereichen neuronaler Prozesse immer wieder Zeitquanten von etwa 30 ms feststellen lassen und wenn diese Untersuchungen unabhängig voneinander durchgeführt wurden und vor allem wenn es manchmal »Abfälle« eines Experimentes waren, die zufällig mitregistriert wurden, also gar nicht im Zentrum des eigentlichen Interesses lagen, dann ist eine Generalisierung über alle Einzelbeobachtungen hinweg erlaubt, daß also ein allgemeingültiges Prinzip der Verarbeitung von Information im Gehirn vorliegt. Dieses Verfahren kann man als »darwinische« Vorgehensweise bezeichnen, denn als guter Naturforscher hat Charles Darwin erst einmal gesammelt, um dann auf der Grundlage des gesammelten Materials Verallgemeinerungen vorzunehmen; sein Buch *Die Entstehung der Arten*, das die ganze Biologie verändert hat, ist auch ein Dokument des Sammelns. Bevor man eine Theorie konstruiert, muß man die Phänomene bestimmt haben, die von der Theorie beschrieben werden; eine Theorie ist immer über »etwas«, und dieses Etwas liegt nicht immer auf der Hand, sondern muß erst gefunden werden. Doch kann ich überhaupt »etwas« finden, wenn ich nicht schon eine Ahnung davon habe, in welchen neuen Rahmen es gestellt werden könnte? Vermutlich trage ich bereits einen impliziten Rahmen mit mir, wenn ich etwas beobachte, und ich habe ein implizites Mißtrauen jenen Rahmen gegenüber, die üblicherweise für die Erklärung von Sachverhalten angenommen werden.)

Mit welchen Beobachtungen werden denn die Zeitquanten von etwa 30 ms noch gestützt? Beispielsweise ist unser dreidimensionales Sehen in diesem Zeitbereich bestimmt. Wenn wir einen Gegenstand mit beiden Augen betrachten, dann entsteht ein Eindruck räumlicher Tiefe dadurch, daß im Nahbereich, also bis zu wenigen Metern, die beiden Augen nicht das exakt gleiche Bild bekommen; dadurch, daß die Augen nebeneinanderliegen, entsteht eine Disparität zwischen den Abbildungen des Gesichtsfeldes in den beiden Augen, die ausgenutzt wird, um anschauliche Tiefe der gesehenen Gegenstände zu erzeugen. Nun kann man einen kleinen Trick im Experiment einführen: Man stimuliert die beiden Augen nicht mehr gleichzeitig, sondern zeitlich versetzt, um die zeitliche Toleranz zu prüfen, ab welcher Pause zwischen den beiden Reizen das dreidimensionale Sehen (die Stereopsis) zusammenbricht. Wenn der zeitliche Abstand eine Grenze von etwa 30 ms überschreitet, dann gibt es keine Stereopsis mehr; die beiden Augen können also für den Tiefeneindruck nur das an optischer Information heranziehen, was innerhalb eines Zeitquants zur Verfügung steht. Ein anderes Beispiel aus dem visuellen System kommt vom Farbensehen: Wenn man an einer bestimmten Stelle im Gesichtsfeld kurzfristig einen farbigen Reiz präsentiert, dem ein Reiz mit einer anderen Farbe folgt, dann müssen beide Reize mindestens etwa 30 ms gezeigt werden, will man beide Farben sehen. Bei kürzeren Präsentationen fällt die optische Information in das gleiche Zeitfenster, und die optischen Informationen können nicht mehr für unterschiedliche Farbeindrücke genutzt werden, so daß nur eine Farbe wahrgenommen wird, als hätte ein Künstler auf seiner Palette verschiedene Farben miteinander vermischt.

Wenn verschiedene Farben vermischt sind, lassen sie sich nicht mehr trennen. Das Gehirn hat keinen Zugriff mehr auf das, was die verschiedenen Farben bestimmt, also die optische Information aus unterschiedlichen Frequenzbereichen elektromagnetischer Wellen; (niedrige Frequenzen entsprechen der Wahrnehmung von »rot«, hohe Frequenzen der Wahrnehmung von »blau«). Eine solche zeitliche Begrenzung der Entmischung von Information gilt offenbar für alle geistigen Prozesse, nicht nur für die eher peripheren Vorgänge, die die Bausteine für die bewußte Tätigkeit bereitstellen. Wenn wir unser Gedächtnis durchsuchen, ob dort etwas vorhanden ist, was wir jetzt gerade als Information brauchen könnten, dann geschieht dies ebenfalls in Schritten von etwa 30 ms. Nehmen wir als Beispiel ein Reklamebild, das im Fernsehen bei einer Werbung gezeigt wurde; ein Fachmann aus der Werbewirtschaft möchte gerne wissen, ob eine wichtige Botschaft vom potentiellen Konsumenten überhaupt erkannt wurde. Er bietet in einem Versuch denjenigen, die die Nachricht gesehen haben, mehrere Alternativen zur Auswahl und fragt, ob eine bestimmte Information auf dem Bild vorhanden gewesen war oder nicht. Der potentielle Konsument überprüft dann in seinem Arbeitsgedächtnis, was er gesehen hat. Er muß jeweils Entscheidungen treffen, und dabei zeigt sich, daß dieses Auswählen und Entscheiden, ob etwas gesehen wurde oder nicht, nicht ein kontinuierlicher Prozeß des Gehirns ist, sondern daß das Auswählen und Entscheiden in sequentiellen Schritten erfolgt, wobei die Taktzeit im Bereich der Zeitquanten liegt.

Wie einfach im Grunde alles ist: Wenn wir uns zwischen zwei Alternativen zu entscheiden haben oder wenn wir aus mehreren Angeboten auswählen müssen, sind die Grundoperationen unseres Gehirns immer dieselben. Zunächst muß bestimmt werden, was es eigentlich zu vergleichen gilt. Ein Sachverhalt oder ein Ereignis muß kategorial in unserem Gehirn repräsentiert sein. Es muß »etwas als etwas« gegeben sein. Im nächsten Schritt werden zwei Sachverhalte (oder mehrere) miteinander in Beziehung gesetzt. Wir können offenbar gar nicht anders, als dauernd Verschiedenes miteinander zu vergleichen; wir sind zum Vergleichen geboren. Im Vergleich wird geprüft, ob etwas qualitativ oder quantitativ verschieden ist. Uns interessiert, ob etwas mehr oder weniger ist (quantitativ) oder ob etwas anders ist (qualitativ). Wenn am Morgen bei der Visite der Arzt fragt, wie es mir geht, und wenn ich sage, daß es mir gutgeht, dann habe ich eine Aussage auf der Grundlage eines qualitativen Vergleichs gemacht; es ging mir schlecht, doch jetzt geht es mir gut; dies sind zwei qualitativ verschiedene Zustände, und der Arzt geht zufrieden weiter. Wenn er mich aber fragt, ob es mir besser oder schlechter geht, und wenn ich sage, daß es mir besser geht, dann stelle ich eine Beziehung her zwischen der Intensität von zwei Zuständen der Befindlichkeit, und meine Aussage beruht auf einem quantitativen Vergleich (und der Arzt hat damit auch etwas mehr Information, als wenn er nur danach fragt, wie es mir denn ginge, weil er etwas über den Verlauf erfährt). Beide Vergleiche, seien sie hinsichtlich eines qualitativen oder eines quantitativen Unterschieds in der mentalen Repräsentation, nutzen aber offenbar dieselbe zeitliche Struktur, daß also Entscheidungen schrittweise erfolgen, wobei die zeitliche Begrenzung durch Zeitquanten von etwa 30 ms Dauer gegeben ist.

Diese zeitliche Logik gilt aber nicht nur für Entscheidungen, die sich auf Sachverhalte oder Ereignisse beziehen, sondern auch darauf, wo etwas ist. Die Steuerung unserer Aufmerksamkeit auf Gegenstände im Gesichtsfeld ist abhängig davon, wo diese Gegenstände erscheinen, wie Bao Yan (Yan ist ihr Vorname) aus Peking entdeckt hat. Für ihre Studien nutzt sie das Paradigma des »Inhibition of Return«, (IOR, Hemmung der Wiederkehr), das sich in Studien zur Aufmerksamkeitskontrolle bewährt hat und das im Grunde recht einfach ist. Ein Versuch sieht ungefähr so aus: Man gibt einer Versuchsperson einen visuellen Reiz in der Peripherie des Gesichtsfeldes, auf den sie möglichst schnell reagieren soll. Wenn an derselben Stelle kurz vorher schon ein Reiz präsentiert wurde, dann ist die Reaktionszeit verlängert, als würde die Wiederkehr zur selben Position gehemmt. Diese Verlängerung beträgt etwa 30 ms; sie entspricht also den Zeitquanten wie in den anderen Bereichen der neuronalen Informationsverarbeitung. Diese zeitliche Verlängerung um ein Zeitquant gilt aber nur für blicknahe Bereiche im Gesichtsfeld. Wenn die visuellen Reize weiter in der Peripherie liegen, dann steigt die Reaktionszeit sprunghaft an und entspricht nun zwei Zeitquanten. Die zeitliche Steuerung unserer visuellen Aufmerksamkeit erfolgt also nicht kontinuierlich, sondern findet in einem zeitlichen Rahmen statt, der durch Zeitquanten bestimmt wird. Der Unterschied für blicknahe und blickferne Gegenstände im Gesichtsfeld, daß also ein Zeitquant oder zwei Zeitquanten im Steuerungsprozeß genutzt werden, liegt daran, daß die blicknahen Bereiche des Gesichtsfeldes prinzipiell anders im Gehirn repräsentiert sind als die Peripherie. Diese unterschiedliche Repräsentation löst jeweils verschiedene Zeitprogramme aus, indem jeweils ein operativer Schritt oder zwei für die Kontrolle der örtlichen Aufmerksamkeit benötigt werden.

Zeitquanten von etwa 30 ms Dauer werden also auf der Ebene von einzelnen Nervenzellen, in Verbänden von Nervenzellen (wie bei den AEPs) und bei mentalen Funktionen wie in der visuellen und auditiven Wahrnehmung, in der Sprache, in zeitlichen Ordnungsschwellen, in Reaktionszeiten, in Entscheidungsprozessen, schließlich bei Augenbewegungen, bei Gedächtnisvorgängen oder bei der Steuerung der Aufmerksamkeit beobachtet. Diese Universalität spricht für ein einheitliches zeitliches Prinzip, daß also Information diskontinuierlich, mit Zeitquanten von etwa 30 ms Dauer, verarbeitet wird. Für diese Deutung spricht, daß es verschiedene Bereiche sind, die durch dieselbe zeitliche Logik bestimmt werden. Manche Kritiker dieses Konzeptes (die es ohne Frage gibt) versuchen, Ergebnisse einzelner Experimente in Frage zu stellen, um damit die ganze These zu Fall zu bringen. Das mag in einzelnen Fällen gelingen (und damit muß ich mich auseinandersetzen). Schwierig erscheint mir aber, alle Beobachtungen zu Artefakten zu erklären. Es schiene mir eine Verschwörung der Natur zu sein, in den verschiedenen Bereichen neuronaler Aktivitäten zeitliche Diskontinuitäten mit ähnlichen Zeitquanten zu inszenieren. (Ich bin also von der Belastbarkeit dieser Hypothese überzeugt; doch es kann natürlich auch sein, daß ich etwas Wesentliches übersehen habe und daß ich manche Befunde in den Rahmen meiner eigene Hypothese »hineingesehen« habe.) Doch dann wird man wieder mit einer Beobachtung konfrontiert, die in den Rahmen der eigenen Hypothese hineinpaßt, und diese Beobachtung hat etwas mit der Musik zu tun. Wenn man Klavier spielt, müssen die Finger eine gewisse Zeit eine Taste berühren; wie lang ist diese »Tastenberührungszeit« (die Zeit also zwischen dem Ende einer agonistischen und dem Beginn einer antagonistischen Fingerbewegung)? Wenn man diese Zeit mißt, ergibt sich beispielsweise ein Wert von 80 ms. Nun verlangsamt der Spieler das Tempo, und man stellt fest, daß die

Verlangsamung nicht kontinuierlich erfolgt, sondern daß nun eine Tastenberührungszeit von etwa 110 ms gewählt wird; wenn es noch langsamer wird, dann beobachtet man einen Wert von etwa 140 ms, oder wenn das Tempo beschleunigt wird, dann sind es 50 ms, die die Taste berührt wird. Die Beschleunigung oder die Verlangsamung des Tempos eines gespielten Stücks wirkt sich im Gehirn des Pianisten so aus, daß automatisch bestimmte Zeitfenster in der Ausführung der Bewegung aufgesucht werden, die in ihrer Dauer jeweils durch Zeitquanten unterschieden sind. Dies geschieht auf einer bewußtseinsfernen Ebene. Der Pianist weiß davon aber nichts, und er muß es auch nicht wissen (und ich hoffe, daß ein Klavierspieler, der dies lesen sollte, durch das neue Wissen in seinem Spiel nicht behindert wird, indem er plötzlich auf die Tastenberührungszeit achtet).

22 Gegenwartsbühne

Handle! Worauf noch warten? Der Herr aller Welt, der Augenblick, gewinnt auf der Stelle meist den Sieg.
Sophokles (Philoktet)

Quod autem nunc liquet et claret, nec futura »sunt« nec praeterita, nec proprie dicitur: tempora »sunt« tria, praeteritum, praesens et futurum, sed fortasse proprie diceretur: tempora »sunt« tria, praesens de praeteritis, praesens de praesentibus, praesens de futuris. –
Soviel ist aber nun klar und deutlich: Weder die Vergangenheit noch die Zukunft »ist«, und nicht eigentlich läßt sich sagen: Zeiten »sind« drei: Vergangenheit, Gegenwart und Zukunft; vielmehr sollte man, genau genommen, etwa sagen: Zeiten »sind« drei: eine Gegenwart von Vergangenem, eine Gegenwart von Gegenwärtigem, eine Gegenwart von Künftigem.
Augustinus

Wenn man im Sukzessiven eine Ordnung einführt, so wird eben damit die Sukzession zur Simultaneität.
Henri Bergson

Time past and time future
What might have been and what has been
Point to one end, which is always present. –
Vergangene Zeit und zukünftige Zeit
Was gewesen sein könnte und was gewesen ist
Zeigen auf ein Ziel, das immer gegenwärtig ist.
T. S. Eliot

Es war mir nicht wenig überraschend, daß nur ganze drei Sekunden nötig waren, um die mitfahrenden acht oder neun Damen ästhetisch einzuordnen und ein Urteil über sie parat zu haben.
José Ortega y Gasset

Was geschieht mit einzelnen Ereignissen, die das Gehirn aus einem Meer unzähliger neuronaler Bewegungen mit einem Zeitnetz von etwa 30 ms herausgefischt hat; wie werden die Bausteine des Bewußtseins weiter verarbeitet? Um dieser Frage näher zu treten, muß man von einer ursprünglichen Erfahrung unseres Erlebens ausgehen, die so selbstverständlich ist, daß es fast peinlich ist, darauf hinzuweisen: Elementare Ereignisse werden nicht für sich allein stehend erlebt oder wahrgenommen (es sei denn, man schafft eine künstliche Situation, um elementare Ereignisse in einem Experiment aus dem Fluß der Zeit herauszufiltern), sie werden vielmehr aufeinander bezogen, so daß aufeinanderfolgende Ereignisse oder Gedanken jeweils eine Wahrnehmungsgestalt, also eine Einheit, bilden. Dieses Bezugnehmen zwischen dem Aufeinanderfolgenden ist deshalb möglich, weil das Gehirn einen zeitlichen Integrationsmechanismus bereitstellt, der automatisch für einige Sekunden alles, was geschieht, zu einer Einheit zusammenfaßt. Dieser Integrationsmechanismus zeigt sich in der gesamten Vielfalt unseres Erlebens.

Hier ein sehr einfaches Beispiel für dieses Bilden von Einheiten aus sukzessiven Elementen in der Wahrnehmung, das jeder nachvollziehen kann, der ein Metronom hat, um das Tempo beim Musizieren zu kontrollieren: Läßt man das Metronom im Sekundentakt schlagen, so kann nahezu jeder eine subjektive Akzentuierung vornehmen; obwohl alle Metronomschläge objektiv gleich laut sind, können wir jedem zweiten Metronomschlag einen subjektiven Akzent geben, so daß wir den Eindruck haben, er sei etwas lauter als der dazwischenliegende Schlag. Viele können auch drei aufeinanderfolgende Schläge zu einer Gestalt zusammenschließen, indem sie jedem dritten Schlag ein stärkeres subjektives Gewicht geben; so entsteht ein Walzertakt. Schwieriger ist es, vier oder gar fünf aufeinanderfolgende Schläge zu einer gehörten Gestalt, in eine Einheit also, zusammenzufassen; den meisten ist es unmöglich. Dieser Versuch zeigt, daß die Integration aufeinanderfolgender Ereignisse zu Einheiten eine zeitliche Grenze hat, die bei wenigen Sekunden liegt. Nur wenn aufeinanderfolgende Ereignisse in einen zeitlichen Rahmen fallen, kann eine Beziehung zwischen ihnen hergestellt werden, und dies macht es möglich, eines der Ereignisse subjektiv hervorzuheben. Der Metronomversuch kann noch in einer anderen Weise durchgeführt werden, indem man nämlich den zeitlichen Abstand aufeinanderfolgender Schläge verändert.

Wenn der Abstand nicht eine, sondern zwei Sekunden beträgt, können fast alle noch einen subjektiven Akzent setzen; wenn aber der Abstand fünf Sekunden beträgt, kann kein Mensch eine subjektive Akzentuierung vornehmen. Die einzelnen akustischen Reize liegen dann zeitlich zu weit auseinander, um zusammengebunden zu werden und um damit eine Zeitgestalt zu schaffen. Der Integrationsmechanismus unseres Gehirns ist auf Zeitintervalle von etwa zwei bis drei Sekunden begrenzt, und er kann willentlich nicht ausgedehnt werden, auch wenn wir uns noch so sehr bemühen, eine unmittelbar empfundene Beziehung zwischen einzelnen Elementen zu erzeugen. Die Natur hat es so eingerichtet, daß wir anstrengungslos Einheiten bilden können, aber nur im begrenzten zeitlichen Rahmen.

Manchmal bricht aber auch diese automatische Integration für kürzere Intervalle zusammen. Elsbieta Szelag in Warschau hat nachgewiesen, daß bei Patienten mit einer Schädigung im linken Bereich des Gehirns, die an einer Sprachstörung, einer sogenannten Broca-Aphasie, leiden, die Akzentuierung von Tonreizen im Metronomtest deutlich verschlechtert ist. Dies läßt vermuten, daß diese Patienten nicht nur eine Einschränkung ihrer linguistischen Kompetenz erlitten haben, also die grammatischen Regeln nicht mehr wie üblich beherrschen, sondern daß auf einer darunterliegenden, vorsprachlichen Ebene ein zeitlicher Integrationsprozeß geschädigt ist, den wir zum Sprechen benötigen. Vielleicht ist dies sogar die Grundstörung bei jenen Patienten, denn wenn elementare neuronale Mechanismen der zeitlichen Integration nicht mehr bereitstehen, können auch grammatische Regeln nicht mehr umgesetzt werden, denn diese verlangen, daß einzelne Wörter in eine richtige Reihenfolge gesetzt werden. Diese Bemerkungen sind hoch spekulativ, doch die Spekulation ist das Geschäft der Forschung. Weil ich mich intensiv mit Fragen der zeitlichen Ordnung beschäftige, fällt mir auf, welch geringe Rolle die zeitliche Dimension bei der Analyse von Sprachstörungen spielt; weil die Sprache solcher Patienten auf der Symptomebene durch den Verlust der syntaktischen Kompetenz gekennzeichnet ist, ist man geneigt zu vermuten, daß die Verfügbarkeit grammatischer Regeln verlorengegangen ist; es könnte aber auch sein, daß die syntaktische Kompetenz deshalb nicht mehr beobachtbar ist, weil der neuronale Mechanismus der zeitlichen Integration verlorengegangen ist, und daß als Folge des Verlustes von Einheit auf einer elementaren

Ebene die typischen Symptome in der Sprache bei solchen Patienten auftreten.

Der Metronomversuch ist nur ein Beispiel, ein sehr einfaches Beispiel für die Bedeutung eines einheitsstiftenden Programms unseres Gehirns. Viele Experimente über die unterschiedlichsten Bereiche unseres Erlebens zeigen, daß etwa drei Sekunden die Grenze sind, über die hinaus wir Information nicht mehr zu Wahrnehmungsgestalten zusammenbinden können. Doppeldeutige Figuren (wie Abb. 9) eignen sich beispielsweise, um in die Dynamik von Hirnprozessen hineinzuschauen. In der Abbildung sieht man entweder einen Mann oder eine Maus, und wenn man im Prinzip beide Interpretationen des Bildes sehen kann, dann stellt man fest, daß nach wenigen Sekunden das jeweils andere Bild automatisch in die Anschauung kommt, obwohl sich an der Zeichnung selbst nichts verändert hat. Dieser Wechsel von Deutungen des jeweils Gleichbleibenden im Rhythmus von wenigen Sekunden gilt auch für sprachliche Reize. Bei der regelmäßigen Folge der Silben »KU« und »BA« hört man entweder »KUBA« oder »BAKU«. Nach etwa drei Sekunden findet automatisch ein Wechsel der Wahrnehmung statt, »KUBA« verwandelt sich in »BAKU« und kurz darauf wieder in »KUBA«, und so fort in regelmäßigen Schritten, ohne daß sich an der Reizfolge selbst etwas ändert. Ich deute dieses Phänomen so, daß im Gehirn eine Wahrnehmungsgestalt nur etwa drei Sekunden festgehalten werden kann, daß also die Integrationskraft nach dieser Zeit erschöpft ist. Bietet eine Reizkonfiguration die Möglichkeit, in zwei Weisen gesehen oder gehört zu werden, kommt automatisch nach etwa drei Sekunden die jeweils andere Perspektive oder Hörweise zur Geltung, die immer darauf »lauert«, ins Zentrum des Bewußtseins zu gelangen, aber erst nach etwa drei Sekunden auf die Bühne gelassen wird.

Ein ganz anderer experimenteller Ansatz bestätigt ebenfalls diesen auf wenige Sekunden begrenzten Integrationsprozeß, wenn man nämlich vorgegebene Zeitstrecken in ihrer Dauer reproduzieren soll. Ein typischer Befund ist, daß eine Versuchsperson einen Reiz nur bis zu etwa drei Sekunden recht genau reproduzieren kann und daß längere Zeitstrecken zu ungenauen Wiederholungen führen (Abb. 32). Dieser Befund kann so gedeutet werden, daß ein Reiz nur innerhalb einer bestimmten Zeitstrecke als Ganzes überblickt werden kann und dann auch als Ganzes wiederholt werden kann. Wenn diese Zeit-

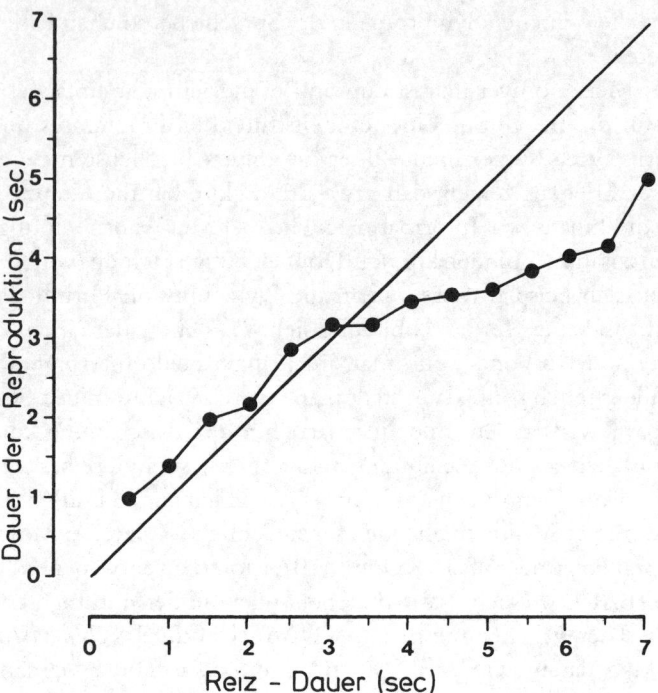

Abb. 32 Reproduktion von Zeitstrecken im Bereich weniger Sekunden. Bis etwa drei Sekunden kann man eine Zeitstrecke recht genau reproduzieren; längere Zeitstrecken werden unterschätzt.

strecke überschritten ist, findet sozusagen eine Stauchung der vorgegebenen Zeit im Gehirn statt, und es kommt zu einer kürzeren Reproduktion der Reizdauer; die Reproduktionen von länger dauernden Reizen sind auch dadurch gekennzeichnet, daß sich die Versuchsperson nicht mehr so sicher über ihre Schätzung ist, was sich in einer größeren Variationsbreite der Antworten zeigt.

(Es war wiederum Elsbieta Szelag, die eine höchst interessante Beobachtung mit autistischen Kindern gemacht hat. Wenn diese Kinder die Aufgabe bekommen, die Dauer von unterschiedlich langen Reizen zu wiederholen, wie es in Abb. 32 für einen jungen Erwachsenen gezeigt ist, dann zeigt sich eine Besonderheit: Gleichgültig, wie lang der Reiz gedauert hat, er wird in seiner Dauer fast immer mit etwa drei Sekunden wiederholt. Bei diesen Kindern wird in diesem Versuch offenbar ein neuronaler Prozeß angestoßen, der die zeitliche Integration unabhängig von Außenreizen zeigt. Die innere Zeit kann nicht mehr durch die äußere Zeit moduliert werden. Die Innenzeit der autistischen Kinder ist abgekoppelt von der Außenzeit; sie sind in den Grundoperationen der zeitlichen Integration ihres Gehirns gefangen. Vielleicht ist dies sogar ein wesentlicher Grund dafür, daß diese Kinder in ihrer eigenen Welt leben, abgetrennt vom Zeitfluß der Welt, in der sie leben. Diese Beobachtungen mit den autistischen Kindern werden von experimentellen Befunden von Mernoush Kashabi aus Teheran unterstützt, die bei manchen schizophrenen Patienten ein ähnliches Phänomen festgestellt hat. Auch die Schizophrenen sind in ihrer Zeit gefangen, indem sie im gleichen Experiment stets dasselbe Intervall von etwa drei Sekunden reproduzieren. Diese Störungen zeigen den zeitlichen Integrationsprozeß in einer ursprünglichen Arbeitsweise, der durch Außeninformation nicht moduliert werden kann; der Wert solcher Beobachtungen besteht auch darin, daß durch unvorhersehbare Befunde eine Vermutung bestärkt wird, denn eine solche Beobachtung kann man nicht voraussagen.)

Bemerkenswert ist, daß der auf etwa drei Sekunden begrenzte zeitliche Integrationsmechanismus nicht nur für die Wahrnehmung gilt, sondern auch andere Bereiche unseres Erlebens und Verhaltens steuert. Untersuchungen über die Dauer von geplanten oder intentionalen Bewegungen haben ergeben, daß auch hier eine zeitliche Strukturierung vorliegt. Ein Beispiel für eine solche Bewegung ist etwa, zur Begrüßung jemandem die Hand zu reichen. Man stellt fest, daß solche ritualisierten Bewegungen bevorzugt in einem Zeitfenster bis zu etwa drei Sekunden ausgeführt werden. Wenn jemand die Hand des Begrüßten länger festhält, stellt sich automatisch eine emotionale Reaktion ein; der Händedruck mag positiv empfunden werden, weil damit Zuwendung ausgedrückt wird, auf die man sich gerne einläßt; oder er mag als unangenehm und besitzergreifend empfunden werden; man weiß dann nicht, wie man wieder Herr über seine Hand wird, denn das Herauswinden der eigenen Hand ist peinlich. Diese emotionale Reaktion beim Händeschütteln ist ein Indikator dafür, daß die übliche Dauer der intentionalen Bewegung überschritten wurde. Eine emotionale Reaktion stellt sich manchmal auch dann ein, wenn die Handreichung zu kurz war, also die Hand zu schnell wieder zurückgezogen wird. Solche intentionalen Bewegungen, wobei die Handreichung bei der Begrüßung nur *ein* Beispiel ist, werden bevorzugt für drei Sekunden programmiert. Interessanterweise hat ein Vergleich von ähnlichen Bewegungweisen bei verschiedenen Kulturen ergeben, daß die Dauer dieser Bewegungen überall gleich ist; das spricht dafür, daß hier ein grundlegender Mechanismus des Gehirns am Werke ist, der der Planung und Ausführung von Bewegungen zugrunde liegt. (Diese Feststellung ist möglich geworden durch Analysen des Filmmaterials von Irenäus Eibl-Eibesfeldt; er hat filmisch spontane Verhaltensweisen in verschiedenen Kulturen dokumentiert, wie etwa bei den Yanomami-Indianern aus Südamerika oder den Kalahari-Buschleuten in Afrika, und aus diesem Material lassen sich dann anthropologische Universalien herausfiltern wie die Segmentierung des intentionalen Verhaltens auf zeitlichen Bühnen von etwa drei Sekunden Dauer; diese Bühne gilt für alle Menschen; sie gehört zu unserer Grundausstattung.)

Einen Einblick in die Steuerung von Bewegungen und ihre Einbettung in ein Zeitfenster von etwa drei Sekunden gewinnt man auch durch Experimente, in denen die Synchronisation von Sinnesreizen mit Bewegungen überprüft wird. Ein solches Experiment sieht so aus: Eine Versuchperson erhält den Auftrag, eine Serie von regelmäßig auftretenden akustischen Reizen mit Fingerklopfen zu synchronisieren; immer wenn ein Ton zu hören ist, muß man auf einen Knopf drücken (solche »psychophysischen« Experimente zeichnen sich dadurch aus, daß sie ungewöhnlich einfach sind, daß man aber dennoch interessante Einblicke in die Funktion des Gehirns erhalten kann). In diesem Experiment zeigt sich, daß bei kurzen Intervallen die Reize antizipiert werden können; noch bevor der Reiz erscheint, erfolgt bereits eine Reaktion (Abb. 33). Offenbar kann das Gehirn vorwegnehmen, wann der Ton zu hören sein wird, und die erforderliche Bewegung wird in Gang gesetzt. Verlängert man nun den Reizabstand,

Abb. 33 Sensomotorische Synchronisation. Wenn jemand eine regelmäßige Folge von Tönen mit einer Fingerbewegung synchronisieren soll, dann kann er dies dann ziemlich präzise machen, wenn der Abstand der aufeinanderfolgenden Reize (ISI – Interstimulusintervall) beispielsweise 600 oder 1200 Millisekunden (msec) beträgt. Bei längeren Abständen (ISI = 4800 msec) ist dies unmöglich; zwischen etwa zwei bis drei Sekunden gibt es eine Übergangszone. Die Abbildung zeigt links und rechts Beispiele von zwei verschiedenen Versuchspersonen.

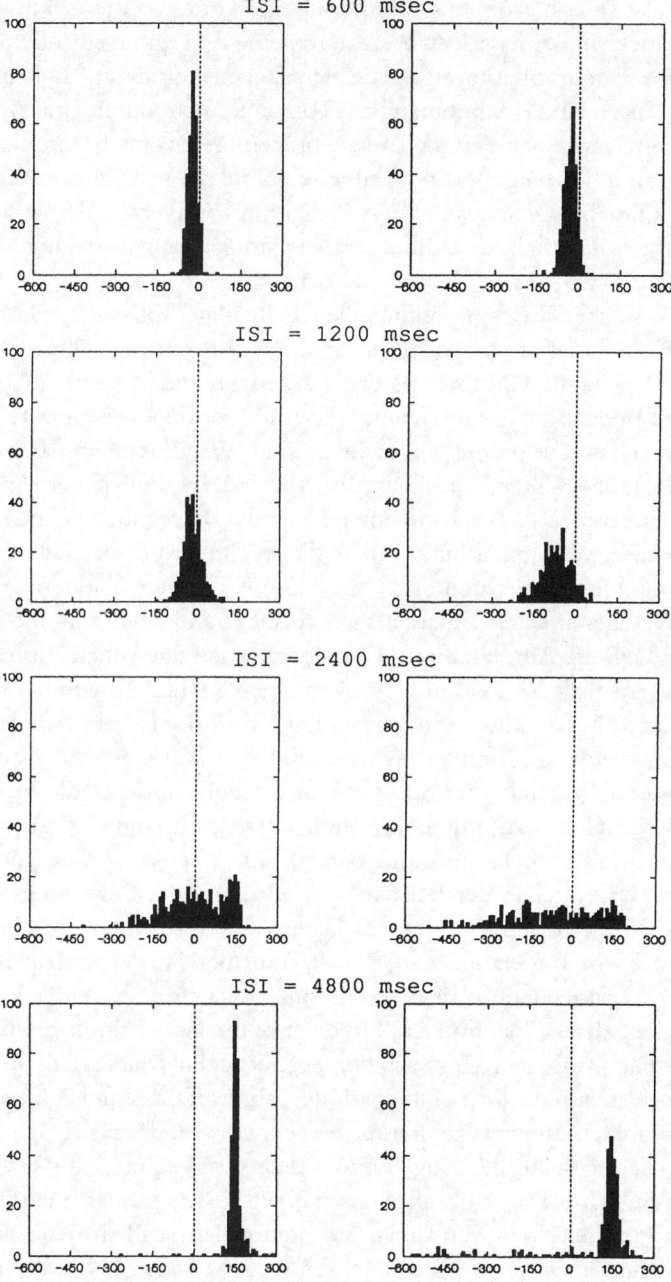

ist die Versuchsperson jenseits einer Grenze von etwa drei Sekunden nicht mehr in der Lage, den Reiz durch eine Bewegung zu antizipieren. Die Synchronisation erfolgt bei dem langen Reizabstand üblicherweise durch eine Reaktion auf den Reiz und nicht durch eine Antizipation. Wenn man dennoch versucht, den Reiz zeitlich durch eine Bewegung des Fingers vorwegzunehmen, macht man große Fehler. Dieses Ergebnis zeigt, daß eine Antizipation von Reizen, die Vorausplanung willentlich kontrollierter Bewegungen, nur für wenige Sekunden möglich ist.

Eine solche Situation, nämlich die regelmäßige Abfolge von Tönen mit Fingerklopfen zu synchronisieren, kommt nun im Alltag nicht besonders häufig vor, aber das Ergebnis erlaubt eine Übertragung in andere Bereiche, in denen wir auf die Antizipation eines unmittelbar eintretenden Ereignisses angewiesen sind. Wenn wir eine belebte Straße entlanggehen, versuchen wir, mit anderen Fußgängern nicht zu kollidieren, und dabei antizipieren wir die Bewegung der anderen Fußgänger; manchmal funktioniert dies nicht, und dann erlebt man die mißglückten Versuche, sich aus dem Weg zu gehen, indem jeder den Weg des anderen einzuschlagen versucht und beide hin und her taumeln. Beim Autofahren sind wir ebenfalls auf die Antizipation angewiesen; für jedes Zeitfenster von wenigen Sekunden wird berechnet, wo sich das Auto befinden wird, um Kollisionen zu vermeiden. Ein anschauliches Beispiel für den zeitlichen Rahmen von Antizipationen liefert auch der Sport. Wenn ein Fußballspieler die Flanke eines Mitspielers zu einem Torschuß nutzen will, muß er an einer vorbestimmten Stelle Fuß und Ball synchronisieren; er muß antizipieren, wann genau der Ball wo sein wird, um das Bewegungsprogramm zum Torschuß vorher in Gang zu setzen. Wenn mit einem Kopfball ein Tor erzielt werden soll, muß der Spieler antizipieren, wann er springen muß, damit das Zeitintervall getroffen werden kann, innerhalb dessen Ball und Kopf in einer optimalen Position zueinander stehen, um dem Torwart der gegnerischen Mannschaft keine Chance zu lassen. Diese Antizipation ist aber auf etwa drei Sekunden beschränkt; in diesem Zeitfenster berechnet das Gehirn des Spielers, wann er angesichts der Flugbahn des Balls springen muß, um erfolgreich zu sein. (Da es bei biologischen Prozessen immer auch eine Variationsbreite gibt, muß man davon ausgehen, daß manche Fußballspieler ein etwas größeres Zeitfenster als andere haben und daß

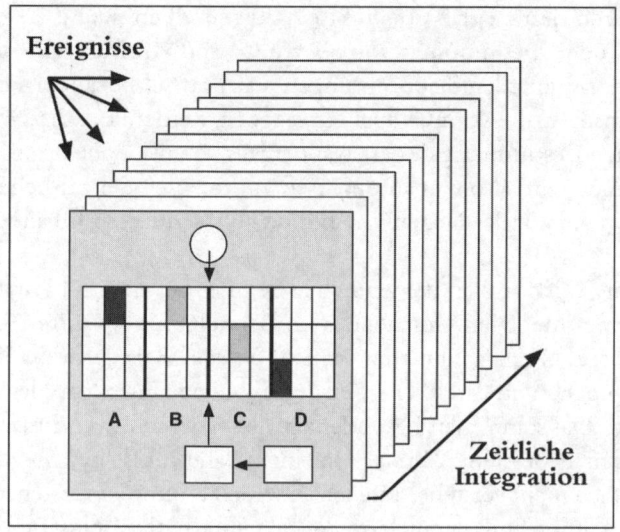

Abb. 34 Einzelne Ereignisse, die im Abstand von etwa 30 bis 40 Millisekunden aufeinanderfolgen, werden automatisch zu Einheiten von etwa drei Sekunden Dauer integriert.

bei ihnen die zeitliche Integration etwas genauer als bei anderen arbeitet; wie wäre es, wenn man in Zukunft bei der Beurteilung von fußballerischer Kompetenz das »Zeit-Talent« mit erfaßt? Die experimentellen Möglichkeiten sind gegeben.)

Die zeitliche Segmentierung der Informationsverarbeitung in Intervalle von zwei bis drei Sekunden Dauer führt zu voneinander getrennten Zeitfenstern, innerhalb derer ein Akt der Wahrnehmung, eine intentionale Bewegung oder eine Antizipation repräsentiert sind. Diese Zeitfenster sind durch den Eindruck der Gegenwärtigkeit dessen gekennzeichnet, was in ihnen subjektiv gegeben ist. Es ist deshalb naheliegend, die *subjektive Gegenwart* als genau dieses Zeitintervall zu bezeichnen, das von einem automatisch arbeitenden Mechanismus des Gehirns vorgegeben wird. Weiterhin ist es naheliegend, jeden einzelnen Gegenwartszustand als den jeweiligen Zustand »bewußt« zu bezeichnen; was uns gegenwärtig ist, das ist uns auch bewußt. Wir haben somit eine operative Beschreibung des schwer faßbaren Begriffs »bewußt«. Die Aufeinanderfolge dieser einzelnen subjektiven Gegenwarten läßt sich dann, um den Definitionsrahmen zu erweitern, durch den Begriff »Bewußtsein« beschreiben. Diese Beschreibungen oder Definitionen von »bewußt« und »Bewußtsein« gehen von experimentellen Beobachtungen aus, und sie beziehen sich auf Mechanismen, die vom Gehirn vorgegeben werden. Bei dieser pragmatischen Bestimmung dessen, was man als bewußt oder Bewußtsein bezeichnet, wird also von automatischen Prozessen der zeitlichen Integration der auf der Gegenwartsbühne repräsentierten Inhalten ausgegangen.

Für die Wirksamkeit der zeitlichen Segmentierung und Rhythmisierung des mentalen Geschehens im Bereich von etwa drei Sekunden gibt es noch zahlreiche weitere Belege. Beispielsweise findet beim Sprechen eine zeitliche Gliederung unabhängig von der Sprache statt. Das kann man besonders gut beobachten, wenn man eine Sprache nicht versteht. Wenn ich in einem Land auf Reisen bin, dessen Sprache ich nicht verstehe, höre ich anderen zu, ohne zu verstehen, was sie sagen, und achte darauf, wie die Sprache rhythmisch strukturiert ist; mit der Stoppuhr messe ich dann, welche Dauer die einzelnen Aussageeinheiten haben, und ich stelle fest, daß sie in den zeitlichen Rahmen von etwa drei Sekunden hineinpassen. Wenn Kinder sprechen, dann ist ihre Sprechgeschwindigkeit geringer, die zeitliche Segmentierung bleibt aber die gleiche. In manchen Sprachen, wie dem Spanischen oder Italienischen, wird manchmal sehr schnell gesprochen, die zeitliche Grundstruktur ist aber dieselbe. Gelegentlich werden aufeinanderfolgende Zeitsegmente durch paralinguistische Vokalisationen überbrückt. (Das sind die »äh's« und »hm's« der Sprache, in denen offenbar die nächste Aussageeinheit von etwa drei Sekunden vorprogrammiert wird; eigentlich sind dies die kreativen Momente des Sprechens, und wenn jemand viele solcher paralinguistischen Vokalisationen hören läßt, dann macht er damit deutlich, daß er tatsächlich darüber nachdenkt, was er zu sagen hat, und daß es nicht einfach aus ihm herausredet.)

Das Sprechen, das Bewegen, das Wiederholen und Vergleichen oder das Vorwegnehmen nutzen die Gegenwartsbühne genauso wie das Entscheiden. Wie lange dauert es eigentlich, um jeweils eine Entscheidung zu treffen? Wenn man den typischen Fernsehzuschauer in seinem Entscheidungsverhalten untersucht, stellt man fest, daß beim Durchschalten durch die Kanäle (beim »zapping«) in einem Zeitfenster bis zu drei Sekunden entschieden wird, ob man auf dem Kanal bleibt oder nicht. Ähnliches gilt für Leser einer Zeitschrift; beim Durchblättern wird auf der Gegenwartsbühne entschieden, ob man auf einer Seite bleibt oder nicht. (Wie muß dann eine Reklame optisch aufgebaut sein, damit der Blick länger haften bleibt und eine Botschaft vermittelt werden kann?) Offenbar ist unser Gehirn in der Lage, in kürzester Zeit zu bewerten, ob etwas interessant ist oder nicht. Was im Fernsehen gezeigt wird oder was in einer Zeitschrift abgedruckt wird, muß in einen Rahmen persönlicher Erwartungen hineinpassen. Dieser Rahmen gibt Bedingungen vor, so daß sehr schnell, innerhalb weniger Sekunden, entschieden wird, ob die Aufmerksamkeit gebunden wird. (Diese neuronalen Bedingungen geben auch einen Rahmen für die Wechselwirkungen vor; wenn man die Aufmerksamkeit für ein neues Produkt erregen will, muß es zu einem »Symmetriebruch« kommen; Erwartungen müssen durchbrochen werden, um eine neue Aufmerksamkeit zu erzeugen.)

Wie kommt es nun, daß wir trotz der zeitlichen Segmentierung ein kontinuierliches Erleben haben? Wie ist es möglich, daß eintritt, was Robert Musil in seinem Roman *Der Mann ohne Eigenschaften* beschreibt: »Der Zug der Zeit ist ein Zug, der seine Schienen vor sich herrollt, der Fluß der Zeit ist ein Fluß, der seine Ufer mitführt. Der Mitreisende bewegt sich zwischen festen Wänden auf festem Boden, aber Boden und Wände werden von den Bewegungen der Reisenden unmerklich auf das Lebhafteste mitbewegt«? Hier wird ein weiterer Mechanismus unseres Gehirns wirksam, nämlich jener der semantischen Vernetzung. Was jeweils ins Bewußtsein gelangt, ist nicht unabhängig von den vorhergegangenen Inhalten des Bewußtseins; aufeinanderfolgende Segmente von subjektiven Gegenwarten enthalten voneinander abhängige Inhalte des Bewußtseins. Was ich jetzt denke, wird entscheidend dadurch mitbestimmt, was ich gerade gedacht habe. Das Erleben einer zeitlichen Kontinuität wird bestimmt durch die Verknüpfung aufeinanderfolgender Inhalte. Der subjektive Eindruck einer zeitlichen Kontinuität ist also eine Illusion. Die Basis unseres Erlebens ist zeitlich zerstückelt; nur weil über die zeitlichen Grenzen der Gegenwartsbühne hinaus die Bedeutung des Bedachten, des Gesehenen oder Gehörten, des Erinnerten oder des Gefühlten gleich bleibt, kommt es zum Eindruck einer kontinuierlichen Zeit.

Daß hier eine aktive Leistung des Gehirns vorliegt, zeigt sich, wenn man Patienten mit bestimmten Denkstörungen untersucht. Manche

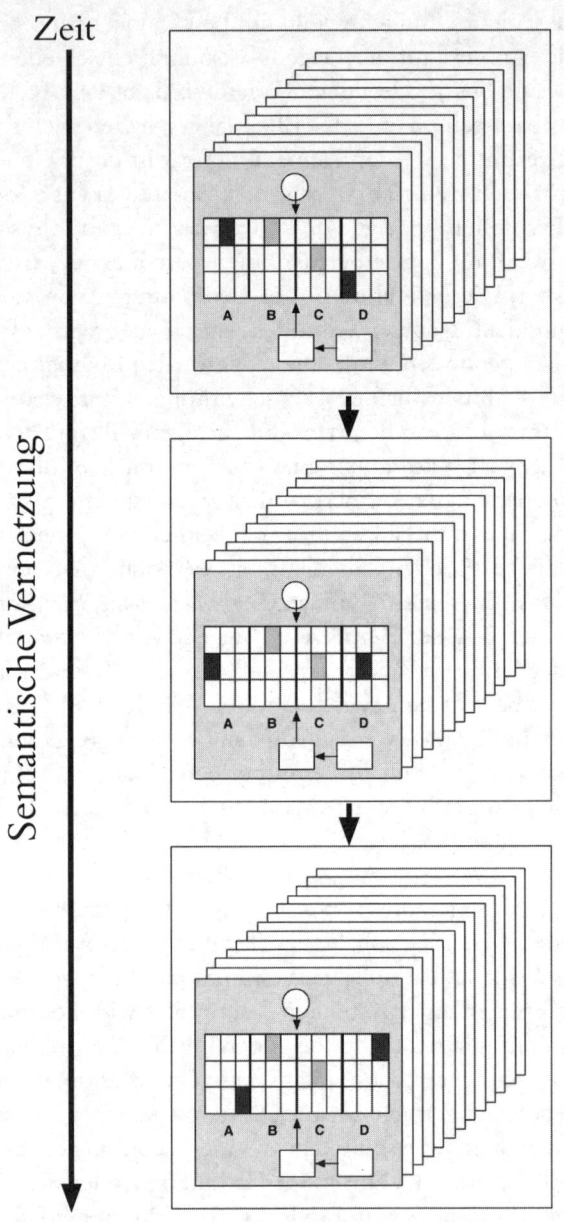

Abb. 35 Die Inhalte aufeinanderfolgender Zeitfenster von etwa drei Sekunden werden automatisch miteinander vernetzt, so daß der Eindruck einer fließenden Zeit entsteht.

schizophrene Patienten sind nicht in der Lage, aufeinanderfolgende Bewußtseinsinhalte so miteinander in Beziehung zu setzen, daß die Bedeutung der einzelnen Bewußtseinsinhalte eine sinnvolle Gedankenkette ergibt. Für solche Patienten gehen die Kontinuität des Erlebens und der subjektive Eindruck eines zeitlichen Stroms verloren. Die inhaltliche Verknüpfung des jeweils einzeln auf der Gegenwartsbühne Repräsentierten wird neuronal vermutlich durch die relativ langen Zeitkonstanten jener Module bewirkt, die für die Bewertung von Information zuständig sind (diese Spekulation teile ich mit Paloma Enriquez, einer Neuropsychologin aus Madrid). Ich hatte festgestellt, daß aufgrund der engen Vermaschung aller neuronalen Vorgänge im Gehirn Denk- und Wahrnehmungsvorgänge nicht unabhängig von emotionalen Bewertungen ablaufen können. Was jeweils in einem zwei bis drei Sekunden dauernden Zeitfenster repräsentiert ist, hat also immer auch ein emotionales Etikett (wobei dieses nicht explizit sein muß). Auch wenn sich in der Wahrnehmungswelt neue Konstellationen von Reizen ergeben oder wenn Denkprozesse abgehoben vom Realitätsbezug zwischen verschiedenen Trajektorien hin und her zu springen versuchen, erzwingen die längerfristig wirkenden Bewertungen eine Kontinuität der Hirntätigkeit im Hinblick auf Informationsverarbeitung. Daß diese Kontinuität gestört werden kann, sieht man außer bei der formalen Denkstörung mancher Schizophrener bei Patienten mit Alzheimerscher Erkrankung und manchmal bei Alkoholisierten, wenn die inhaltliche Verbindung von Bewußtseinsakten zusammenbricht und nicht begründbare Gedankensprünge oder absolute geistige Leere auftreten. Daß es zu derartigen pathologischen Veränderungen kommen kann, zeigt, daß im Normalzustand ein neuronaler Prozeß für die semantische Verbindung jener mentalen Inhalte sorgt, die auf der Gegenwartsbühne repräsentiert sind.

(In letzter Zeit beobachte ich bei mir, daß es gelegentlich zu solchen Abrissen kommt, und dies auch ohne Wirkung des Alkohols; plötzlich ist ein Gedanke verlorengegangen; vielleicht hängt dies mit dem Älterwerden zusammen; ich beobachte aber auch, daß der verlorengegangene Gedanke meist von selber wiederkommt; weil ich diese Erfahrung gemacht habe, verzichte ich darauf, krampfhaft einem verlorenen Gedanken nachzujagen. Wenn er dann wiederkommt, woher weiß das Gehirn eigentlich, daß es der verlorene Gedanke war?

Ich bin mir immer absolut sicher, welcher bestimmte Gedanke es war, den ich verloren habe und der nun wieder da ist. Wenn ich neuronal betrachtet nicht eine merkwürdige Ausnahme bin, was ich ungern annehme, dann bedeutet diese Beobachtung, daß im Gehirn jede Aktivität, die einen geistigen Inhalt repräsentiert, von einer anderen Aktivität begleitet wird, die den geistigen Inhalt registriert und die den Gang der Gedanken überprüft. Es gibt offenbar ein bürokratisches System der Registrierung und Überwachung im Gehirn, das den Gang der Abläufe sicherstellt und das beim kurzfristigen Verlust einer Akte weiß, daß diese verloren wurde und wo sie hingehört, wenn sie gefunden wird. Es sind somit immer mehrere Prozesse, die komplementär ablaufen, nämlich solche, die die Inhalte des Erlebens bereitstellen, und solche von Beamten des Gehirns, die dafür sorgen, daß die Inhalte bereitgestellt werden können. Beamte sind also keine Erfindung gesellschaftlicher Systeme, sondern das Gehirn hat deren Nützlichkeit seit langem erkannt. Allerdings muß sich die Tätigkeit der Beamtenschaft auch im Gehirn zurückhalten, denn sie hat nur eine dienende Funktion; es geht darum, daß geistige Inhalte erzeugt werden können und daß die Inhalte aus aufeinanderfolgenden Gegenwartsbühnen eine semantische Verbindung eingehen.)

Bei jedem biologischen Phänomen kann man sich fragen, welchen Sinn es eigentlich hat. Welchen Zweck erfüllt demnach eine Gegenwartsbühne von etwa drei Sekunden Dauer? Oder gibt es vielleicht sogar mehr als einen Zweck? Im evolutionären Prozeß muß es wohl *ein* Zweck gewesen sein, damit durch spezifische Selektion eine automatische zeitliche Integration entstehen konnte. Dies schließt nicht aus, daß eine solche zeitliche Integration in anderer Weise genutzt wird. Meine Vermutung ist, daß das Gehirn eine derartige Integration benötigt, um die *Identität* von Bewußtseinsinhalten für einige Zeit sicherzustellen. Das Geschehen um uns und die neuronalen Prozesse in uns sind einem steten Wechsel unterworfen. In Zeitschritten von Millisekunden ändert sich die Welt um uns und die Welt in uns. Wenn es nicht einen Mechanismus des Bewahrens gäbe, wären wir diesen dauernden Änderungen ausgeliefert. Eine automatische Integration von neuronalen Aktivitäten zu Einheiten enthebt das Gehirn von diesem steten Wechsel. Mit einer Integration über die Zeit hinweg tritt das Gehirn in seiner Informationsverarbeitung aus dem Fluß der Zeit heraus. Es werden Kategorien der Wahrnehmung und Inhalte des Denkens gebildet, die sich zwar auf die Welt um uns und auf die Welt in uns beziehen, die aber nicht ein getreues Abbild dieser Geschehnisse sind. Dieses Abstandnehmen oder diese Abstraktion sollte aber aus praktischen Gründen zeitlich begrenzt sein; wenn das Gehirn gleichsam für immer Abstand nähme, dann wäre man mit der Welt überhaupt nicht mehr verbunden (was in Ausnahmesituationen auch geschehen kann). Deshalb haben sich für Gehirne (und nicht nur für das menschliche Gehirn) Gegenwartsbühnen von endlicher Dauer entwickelt, auf denen für eine begrenzte Zeit etwas in seiner Identität bestimmt wird, aber eben nur für diese begrenzte Zeit. Nach Ablauf des Integrationsintervalls wird aus dem Gehirn heraus gefragt, ob es nicht etwas Neues gibt, auf das die Aufmerksamkeit gerichtet werden sollte. Es wird also überprüft, ob alles beim Alten bleiben kann oder ob sich etwas Wesentliches verändert hat, so daß ein Bewußtseinsinhalt mit neuer Identität geschaffen werden muß. Aus praktischen Gründen hat sich dabei die Konstruktion eines Zeitfensters von zwei bis drei Sekunden beim Menschen (und auch bei anderen höheren Tieren) bewährt. Was könnten aber diese praktischen Gründe sein? Vielleicht ist unser Gehirn mit der Gegenwartsbühne von etwa drei Sekunden optimal an den Zeitverlauf natürlicher Geschehnisse in der Welt angepaßt. Es hat sich vermutlich einfach bewährt, genau in diesen Zeitschritten die Identität eines mentalen Inhaltes zu überprüfen. (Die Spekulation wäre wohl zu weit getrieben, wenn ich darauf hinweise, daß das Meeresrauschen eine ähnliche zeitliche Dynamik hat. Könnte ich mit dieser Spekulation dann nicht behaupten, daß der Urlaub am Meer gerade deshalb so erholsam ist, weil das äußere Rauschen des Wassers dem inneren Rauschen der Seele entspricht, und daß damit ein zeitlicher Gleichklang von außen und innen erzeugt wird?) Vor dieser Spekulation gilt es aber festzuhalten, daß die Komplementarität von Stationarität (etwas wird in seiner Identität für eine gewisse Zeit bewahrt) und von Dynamik (etwas kann als neuer Inhalt auf die Bühne der subjektiven Gegenwart gestellt werden) unsere geistige Tätigkeit bestimmt.

Auf diese Deutung der möglichen Funktion der Gegenwartsbühne bin ich erst vor kurzem gekommen. Dies muß nicht heißen, daß es die anderen Funktionen der Gegenwartsbühne nicht gibt, sondern nur, daß diese anderen Funktionen im Selektionsprozeß nicht die treibende Kraft zu deren Entwicklung gewesen sind (obwohl ich mir

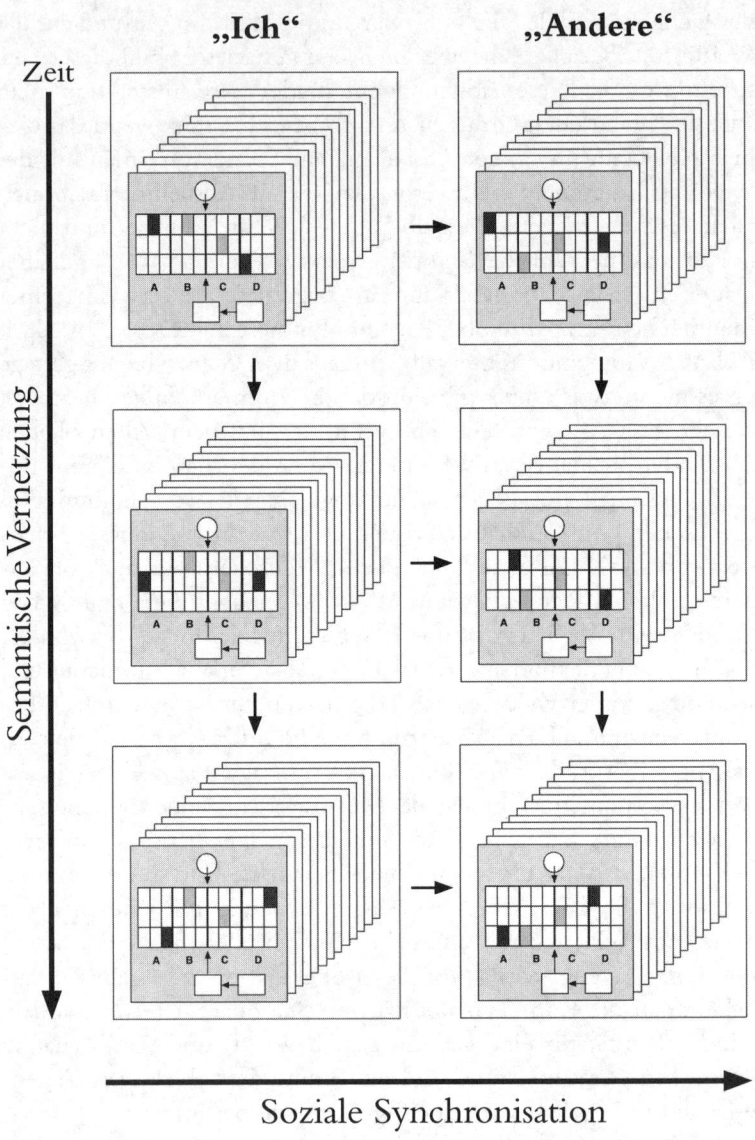

Abb. 36 In einer Situation der Kommunikation werden die aufeinanderfolgenden Zeitfenster von etwa drei Sekunden zwischen den Partnern synchronisiert, so daß alle (»Ich – andere«) in einer gemeinsamen Gegenwart verbunden sind.

auch hier nicht sicher bin; ich kann nicht, und ich sollte wohl auch nicht meine Unsicherheit verbergen). Was könnte denn außerdem die Funktion der Gegenwartsbühne sein? Wenn das mentale Geschehen auf der Gegenwartsbühne mit dem Eindruck von Gegenwärtigkeit und Bewußtheit verbunden ist, dann muß man sich fragen, warum wir überhaupt solche Zustände haben. Warum ist uns überhaupt etwas bewußt? Wäre es nicht möglich, daß alles ohne Bewußtheit abliefe, wie wir es für manche Tierarten vermuten? Ich gehe davon aus, daß jenes neuronale Geschehen in uns bewußt wird, das anderen mitgeteilt werden kann. Mitteilbarkeit ist also an das Kriterium für Bewußtheit gebunden, wobei die Mitteilung im Prinzip möglich sein muß, also nicht wirklich erfolgen muß; bewußt ist, was ich sage oder sagen könnte, was ich auf irgendeine Weise mitteile oder mitteilen könnte, auch wenn ich selbst wie in einem Selbstgespräch Sender und Empfänger der Mitteilung bin. Damit bekommt die Gegenwartsbühne eine soziale Dimension (Abb. 36). Weil es andere gibt, habe ich Bewußtsein.

Wenn ich mit jemandem spreche, ist mein eigenes Reden zeitlich gegliedert; Bühnen der Gegenwart sind nebeneinander gestellt. Wer mir zuhört, ist zeitlich mit mir synchronisiert. Seine Gegenwartsbühnen entsprechen den meinen; damit teilen wir eine gemeinsame Bühne; wir sind in *einer* Zeit miteinander verbunden, und wir teilen ein gemeinsames Bewußtsein. Nichts anderes ist das Gespräch, als Gemeinsamkeit des Zuhörens und Sprechens zu erzeugen und damit ein verdoppeltes Bewußtsein zu gewinnen. Was es in mir denkt, das denkt es im andern. In dieser Vergleichzeitigung stellt sich zwischen uns Ich-Nähe her; der andere (oder die andere) wird zum Du. Dies kann er (oder sie) natürlich nur, wenn er (oder sie) für mich seine (ihre) Identität bewahrt. So könnte es sein, daß wir das Gegenwartsfenster einer Ko-Evolution verdanken: Etwas, und manchmal ist dieses Etwas ein Jemand, muß seine Identität bewahren, damit wir in eine gemeinsame Gegenwart eintreten können und an einer gemeinsamen Bewußtheit teilhaben.

23 Drei Formen des Wissens

Was bezweckt die Malerei bei jedem ihrer Gegenstände? Will sie das Seiende nachbilden, wie es ist, oder das Erscheinende, wie es erscheint? Ist sie Nachahmung des Erscheinungsbildes oder der Wahrheit?   Plato

Die Kunstfertigkeit bringt teils zur Vollendung, was die Natur nicht zu Ende bringen kann, teils eifert sie der Natur nach.   Aristoteles

Nam quicquid essentia dignum est, id etiam scientia dignum, quae est essentiae imago. – Denn was würdig ist zu existieren, das ist auch wert, erkannt zu werden, denn das Wissen ist das Abbild des Seins.
Francis Bacon

Wir wissen nur insoweit wir machen.   Novalis

Ich weiß nicht, daß ich weiß.   Eva Ruhnau

Ist es nicht verwunderlich, daß wir (oder zumindest manche) glauben, daß mit gezielter Planung, auf der Grundlage von Wissen, das man nur anreichern müsse, wenn man es nicht hat (deshalb leistet sich eine Gesellschaft das, was man »Wissenschaft« nennt), die Probleme der Welt gemeistert, alle Herausforderungen des persönlichen oder des gesellschaftlichen Lebens bewältigt werden können? (Bei dem Wort »bewältigen« muß ich an »Gewalt« denken, oder schreibt man »beweltigen«? Änderungen der Rechtschreibung verwirren mich.) Es ist wohl die Erwartung vieler, die auf die Wissenschaften schauen (aber die nicht selber in der Forschung oder Wissenschaft tätig sind), daß Wissensvermehrung in erster Linie der Problembewältigung gilt. (Man könnte Forschung auch aus einem anderen Grunde betreiben, wie es in einem Gedanken von Albert Einstein angesprochen wird:

»Ich glaube allen Ernstes, daß man den Menschen am besten dient, indem man sie mit einer edlen Sache beschäftigt und dadurch indirekt veredelt. Dies gilt in erster Linie von den bedeutenden Künstlern, in zweiter Linie aber auch von den Forschern. Es ist richtig, daß die Ergebnisse der Forschung den Menschen nicht veredeln und bereichern, wohl aber das Streben nach dem Verstehen, die produktive und rezeptive geistige Arbeit.«) Schaut man um sich (und auch in sich), dann muß man feststellen, daß wir mit dem angereicherten Wissen, das immer mehr wird (und das niemand mehr überblicken kann), bei der Lösung von Problemen nicht weit gekommen sind; im Gegenteil: Man gewinnt den Eindruck, daß durch mehr Wissen *mehr* Probleme geschaffen werden. Ein Grund (nur ein Grund) dafür, mit den Problemen der Welt und mit unseren eigenen Problemen nicht zurechtzukommen, ist ein falsches oder besser: ein zu eingeschränktes Wissen über das Wissen selbst, sich nämlich auf nur einen Teil dessen, was Wissen umfaßt, zu beziehen. Wir wissen mehr über das Wissen, wenn wir in die Vergangenheit schauen. Manchmal ist es gut, in der Bibel zu lesen; sie beginnt in der Übersetzung von Martin Luther mit den Worten:

»1 Am Anfang *schuf* Gott Himmel und Erde. 2 Und die Erde war wüst und leer, und es war finster auf der Tiefe; und der Geist Gottes schwebte auf dem Wasser. 3 Und Gott sprach: Es werde Licht! Und es ward Licht. 4 Und Gott *sah*, daß das Licht gut war. Da schied Gott das Licht von der Finsternis 5 und *nannte* das Licht Tag und die Finsternis Nacht. Da ward aus Abend und Morgen der erste Tag.«

Dieser Text der Genesis bezieht sich auf *drei* Formen des Wissens, nämlich begriffliches oder explizites Wissen (Nennen, Sagen), implizites oder Handlungs-Wissen (Schaffen, Tun) und bildliches oder Anschauungs-Wissen (Sehen, Erkennen). Der Bezug auf drei Formen des Wissens gilt nicht nur für unseren Kulturkreis. Im Koran, in der Sure 96, die nach Meinung Fachkundiger die erste Offenbarung von Mohammed erfaßt, heißt es gleich zu Beginn: »*Lies* im Namen deines Herrn, der alles *geschaffen* hat und der den Menschen aus geronnenem Blut *erschuf*. *Lies*, bei deinem Herrn, dem glorreichsten, der den Gebrauch der *Feder* lehrte und den Menschen lehrt, was er nicht *ge*-

wußt hat.« Mit dem Lesen und dem Erfassen des Gelesenen wird auf das explizite Wissen verwiesen, mit dem Erschaffen auf das Handlungswissen. Und wenige Zeilen später heißt es in dieser kurzen Sure: »Weiß er denn nicht«, nämlich der Zweifler, »daß Allah alles *sieht*?« Und hier wird, wie in der Genesis, auf das bildliche Wissen verwiesen.

Am Anfang der geistigen (und für viele auch geistlichen) Geschichte verschiedener Kulturkreise stehen also Texte, in denen ein Rahmen für jene Formen des Wissens bestimmt wird, der auch dem Menschen, nicht nur dem Schöpfer, auf den die Schriften sich beziehen, gemäß ist, der aber in den Wissenschaften wenn nicht vergessen, so doch vernachlässigt wurde und den wir heute auf ganz anderem Wege (wieder) entdecken.

Die dreifache Begründung des Wissens liegt in unserer Natur; sie ist durch den Rahmen unserer Welterfahrung, von den Verarbeitungsprinzipien unserer Sinnessysteme und unseres Gehirns, vorgegeben. Obwohl diese dreifache Begründung eines unserer Wesensmerkmale ist, müssen wir uns dieser Tatsache immer wieder versichern. Was selbstverständlich ist, wird in seiner Bedeutung oft verkannt, an was wir gewöhnt sind, wird übersehen; erst, wenn das Selbstverständliche verlorengegangen ist, wird es rückblickend als wesentlich erkannt. Was wir mühelos vollbringen (jemanden erkennen, auf ihn zugehen, ihm die Hand reichen, mit ihm sprechen), ist so selbstverständlich, daß die Tatsache, dazu fähig zu sein, im Hintergrund unserer Aufmerksamkeit bleibt. Erst wenn aufgrund besonderer Ereignisse, etwa bestimmter Störungen im Gehirn, das Sehen eingeschränkt, die Bewegung stockend oder die Sprache verloren ist, merken wir, daß das Erkennen eines anderen, das Unterscheiden von Gegenständen, der Blick in die Welt, die mühelosen Bewegungen wie das Gehen oder das gemeinsame Gespräch Geschenke sind. Spezifische Mechanismen des Gehirns, im Laufe der Evolution entstanden, sind für die anstrengungslose Verfügbarkeit der Grundfunktionen verantwortlich.

Die drei Formen menschlichen Wissens sind so grundlegend und bestimmen derart stabile Koordinaten, daß eine Gesellschaft des Wissens und Lernens (wenn es die je geben sollte) nur dann wohl verortet, eine Wissenswelt nur dann festgefügt ist, wenn die Bewohner dieser Welt ihr Wissenspotential gemäß ihrer Ausstattung, das von der Natur mitgegeben wurde, dreifach gestalten: als explizites, als implizites und als bildliches Wissen. Wie kann man diese drei Formen des Wissens genauer kennzeichnen? Ich möchte keine präzisen Definitionen geben (was ich gar nicht könnte), sondern mit den Umschreibungen der einzelnen Wissensformen auf das jeweils Gemeinte hinweisen. (Eine Definition bestimmt immer einen sehr engen Rahmen, damit sich alle in einer expliziten Weise auf Sachverhalte innerhalb des Rahmens beziehen können; was durch die Definition nicht abgedeckt wird, bleibt außerhalb des Rahmens; eine Konsequenz solcher notwendigerweise ausgrenzender Definitionen ist, daß die Kreativität eingeschränkt wird, denn kreative Prozesse gehen häufig über einen vorgegebenen Rahmen hinaus.)

Explizites Wissen bedeutet, Auskunft erteilen zu können, also Bescheid zu wissen. Explizites Wissen ist Information mit Bedeutung. Explizites Wissen ist einem bewußt, und wenn man es vergessen hat, kann man es sich erneut aneignen. Explizites Wissen ist katalogisiert und katalogisierbar; es steht in Enzyklopädien und Lehrbüchern; man eignet es sich als jene Kenntnisse an, die man dann *hat*. Es ist jenes Wissen, das uns in unserer Geschichte der Neuzeit dominiert hat und das manche als das eigentliche Wissen ansehen. (Explizites Wissen, insbesondere Orientierungswissen über historische Sachverhalte, wird gerne mit der Idee von Bildung in Verbindung gebracht, eine Auffassung, der ich mich nicht anschließen kann, sollte sich Bildung darauf beschränken.) Explizites Wissen, das uns begrifflich zur Verfügung steht, wird durch Lernen erworben, das manchmal mühsam ist (aber Lernen kann auch ein Vergnügen sein). Es ist jenes Wissen, auf das sich bei Goethe der Famulus Wagner im Dialog mit Faust bezieht, wenn er sagt:

> »Wie schwer sind nicht die Mittel zu erwerben,
> Durch die man zu den Quellen steigt!
> Und eh man nur den halben Weg erreicht,
> Muß wohl ein armer Teufel sterben.«

Worauf ihm Faust antwortet:

> »Das Pergament, ist das der heil'ge Bronnen,
> Woraus ein Trunk den Durst auf ewig stillt?«

und mit seiner Bemerkung das alleinige Quellenwissen und die alleinige Sehnsucht nach solchem sekundären Wissen in Frage stellt.

Explizites Wissen ist besonders in der neuzeitlichen Tradition des Rationalismus herausgehoben worden, wie es beispielsweise René Descartes im *Discours de la méthode* (»Von der Methode«) getan hat. Mit explizitem Wissen als Orientierung wird der Anspruch erhoben, jedes Problem klar und deutlich formulieren und damit auch lösen zu können. Wenn Sokrates sagt: »Ich weiß, daß ich nichts weiß«, dann bezieht er sich auf explizites Wissen (mich hat ein Philosoph einmal zurechtgewiesen, daß diese sokratische Aussage viel weiter zu verstehen sei, doch habe ich ihn leider nicht verstanden, deshalb bleibe ich zunächst einmal bei meiner Aussage, daß sich Sokrates auf explizites Wissen bezogen hat).

Die veröffentlichten Erkenntnisse der Wissenschaften, insbesondere der Naturwissenschaften, repräsentieren explizites Wissen. Der Versuch, menschliches Wissen nur als explizites Wissen zu begreifen, kann jedoch in die Irre führen. In der Forschung zur »Künstlichen Intelligenz« ging man anfänglich davon aus, daß explizites Wissen für das gesamte menschliche Wissen stehe. Da dieses Wissen sich präzise in der Sprache abbilde, könne es auch formal erfaßt und mathematisch beschrieben werden, und man könne Algorithmen entwickeln, um den menschlichen Geist als Programmablauf in einem Computer festzuhalten. Dieses Projekt, die explizite Beschreibung und eine darauf aufbauende Algorithmisierung des menschlichen Geistes, kann nie gelingen. Dies ist mein Standpunkt, doch manche Wissenschaftler, vor allem Informatiker, Computerwissenschaftler, Neurobiologen oder Psychologen, glauben, und viele hoffen offenbar auch, der Versuch der vollständigen Algorithmisierung des menschlichen Geistes könne gelingen. Dahinter mag der Traum von der Unsterblichkeit stehen: Wenn es gelingt, die Seele von der fleischlichen Körperlichkeit abzuziehen und in immerwährendes Silizium zu übertragen, wäre ein solches Maschinen-Wesen wohl unsterblich. Diese Vision kann nie verwirklicht werden (meine Auffassung), weil die Komplexität unseres Gehirns zu groß ist und damit einzelne neuronale Zustände, die für bestimmte subjektive Zustände stehen, nicht berechenbar sind. (In einer meiner wissenschaftlichen Heimaten, dem Massachusetts Institute of Technology in Cambridge, bin ich vielen begegnet, für die die computerbasierte Verwandlung des Menschen in naher Zukunft verwirklicht werden kann; ich war dann manchmal so bösartig zu sagen: »Ich habe nie an *künstliche* Intelligenz geglaubt, bis ich dich getroffen habe.« Vielleicht gibt es tatsächlich Teilmengen menschlicher Inkarnationen, die einer Algorithmisierung ihres Geistes näher stehen als andere, aber auch diese bewahren einen nicht verwandelbaren Rest – sonst wären sie keine Menschen.)

Das explizite Wissen kann man mit einem Bild der Hirnforscher auch als »linkshemisphärisch« bezeichnen. Dieses Bild rührt daher, daß nach neuronalen Störungen in der linken Gehirnhälfte, beispielsweise nach einem Schlaganfall, die Fähigkeit zu sprechen verloren gehen kann. Es sieht dann so aus, als habe der Patient sein explizites Wissen verloren. Ein solcher Sprachverlust kann auch bedeuten, daß die Ankopplung des expliziten Wissens, das im Gehirn noch vorhanden ist, an die begriffliche Repräsentation in der Sprache unterbrochen ist, so als würden die Gedanken die Wörter oder die Worte nicht mehr erreichen.

Die zweite Form des Wissens ist implizit, und dieses Wissen bezieht sich auf unser Können und auf unsere Handlungen, ohne daß wir dafür Worte haben oder haben müssen. Wenn das explizite Wissen mit dem sokratischen Satz »Ich weiß, daß ich nichts weiß« gekennzeichnet werden kann (wie ich meine), so gilt für das implizite Wissen der Satz: »Ich weiß nicht, daß ich weiß.« Der Unterschied zwischen explizitem und implizitem Wissen läßt sich auch an der klassischen Frage des Augustinus verdeutlichen, wenn er sagt: »Was also ist Zeit? Wenn mich niemand danach fragt, weiß ich es; will ich einem Fragenden es erklären, weiß ich es nicht.« Hier wird das Wort »wissen« in zwei Bedeutungen verwendet, nämlich zuerst als implizites Wissen und dann als explizites Wissen. Ungefragt und ungesagt weiß man Bescheid; mit klärenden Worten verwirrt man sich.

Doch implizites Wissen ist auch körperliches Wissen, nämlich jenes Wissen über bestimmte Bewegungsabläufe, wie ein Fahrrad zu fahren, ein Musikinstrument zu spielen oder mit dem Federhalter zu schreiben, die wir als Kind gelernt haben und die uns dann selbstverständlich geworden sind. (Heinrich von Kleist bezieht sich in seinem Essay »Das Marionettentheater« auf dieses implizite motorische Wissen, wenn er einen Fechtkampf mit dem Bären beschreibt, den der Bär aufgrund seines überlegenen impliziten Bewegungswissens immer gewinnt.) Nie können wir im Detail beschreiben, wie wir etwas machen, welches die Komponenten waren, die eine Bewegung als gelungen oder eine Handlung als erfolgreich erscheinen lassen. Wenn wir einen Golfschwung oder einen Tennisaufschlag beherrschen, dann geschieht die Bewegung mit uns, sie ist ein Teil von uns, die unreflektiert aus uns heraus entsteht. Wenn wir etwas wirklich können, dann beherrschen wir anstrengungslos den Ablauf einer Bewegung, ohne daß wir uns darauf konzentrieren müssen.

Neben dem impliziten motorischen Wissen wird unser Alltag bestimmt vom impliziten heuristischen Wissen. Heuristisches Wissen ist das Gewohnheitswissen des Tages, es ist das Eingebettetsein in Abläufe und auch Rituale, die nicht mehr hinterfragt werden. Wenn wir etwas tun oder erschaffen, mit den Händen etwas formen und manchmal kreativ gestalten, wenn wir kochen oder uns anziehen, wenn wir etwas »erledigen«, dann verwirklicht sich in diesen Tätigkeiten die heuristische Form des impliziten Wissens, die im Augenblick der Tat stumm ist und deren Ergebnis erst im Rückblick bewußt wird oder werden kann. Handlungsabläufe sind meist automatisiert; wenn wir täglich mit dem Auto denselben Weg zur Arbeit fahren, folgen wir einer internalisierten Heuristik, einem automatisierten Ablauf, bei dem es kaum explizite Entscheidungen gibt, es sei denn, sie werden durch eine neue Situation (wie eine neue Baustelle) erzwungen.

Mit den internalisierten Heuristiken können wir aber auch Sklaven unserer selbst werden, wenn wir eigenen Zwängen ausgeliefert sind. Im zwanghaften Verhalten müssen bestimmte Rituale ständig wiederholt werden, wie bei einem Waschzwang, wenn man sich in kurzen Abständen die Hände waschen muß. Heuristiken, die sonst hilfreich sind, weil sie »gedankenlose« Tätigkeiten erlauben, um uns währenddessen auf etwas anderes zu konzentrieren, haben sich bei Zwängen verselbständigt. Hierher gehören auch die Vorbereitungszwänge: Vielleicht geht es nicht nur mir so, daß ich, bevor ich zum Eigentlichen komme, bestimmte Rituale zu erledigen habe; ich meine, ich müsse (und ich könne) mich von Dingen befreien, die noch im Wege stehen, bevor ich zum Wichtigeren gehe, doch in Wirklichkeit nimmt mir die zwanghafte Handlungskette nur Zeit. Ich erlebe diese Situationen als Heuristiken des Funktionierens und gleichzeitig als Verlust von Handlungsfreiheit; man schafft etwas, doch nichts Vernünftiges wird getan.

Eine dritte Form des impliziten Wissens drückt sich in unseren Intuitionen aus, ohne die ein Künstler oder ein Wissenschaftler (und natürlich auch ein Handwerker, ein Politiker, ein Unternehmer oder eine Hausfrau) nicht wirken und nichts erreichen kann. Die Fülle und der Reichtum des intuitiven Wissens jedes einzelnen ist explizit nicht berechenbar, weil zu viele Faktoren zu berücksichtigen wären, die zum großen Teil nicht bekannt sind und auch nicht bekannt sein können. Die Tatsache der Nichtberechenbarkeit unserer Innenzustände kann sich in Unberechenbarkeit äußern; niemand kann das Handeln eines anderen oder sein eignes Handeln voraussagen. Diese Offenheit des intuitiven Erfahrungswissens garantiert absolute Individualität; wir können nie kopiert werden, denn selbst wenn wir Klone wären, würden uns einzelne Prozesse in unserer impliziten Wissensbasis hinreichend verschieden machen. Das intuitive Wissen spiegelt sich in unseren Entscheidungen, die oft »aus dem Bauch heraus« erfolgen. Entscheidungen sind immer auch emotional gefärbt oder begründet, auch wenn diese emotionale Tönung in der Intuition nicht bewußt ist. Das intuitive Wissen ist jedoch nicht irrational, denn retrospektiv können wir uns in der Reflexion der Sinnhaftigkeit des Handelns versichern. Wenn Goethe darauf hinweist, daß sein künstlerisches Schaffen »mit einer gewissen Bewußtlosigkeit und gleichsam instinktmäßig« ablaufe, bezieht er sich auf das implizites Wissen als intuitives Wissen. Intuition kennzeichnet den Experten, der ohne notwendige Reflexion handelt und dennoch richtig handelt.

Die dritte Form des Wissens ist bildliches Wissen, und dieses erscheint uns ebenfalls in dreifacher Form, nämlich als Anschauungswissen, als Erinnerungswissen (oder auch episodisches Wissen) und als abstrahierendes Wissen. Das sinnliche Anschauungswissen ist so selbstverständlich, daß wir es erst erkennen, wenn es verlorengegangen ist. Wir müssen nur die Augen öffnen, um vom Anschauungswissen Kenntnis zu nehmen. Die Welt stellt sich uns bildlich vor in Formen und Gegenständen, in ruhenden und bewegten Gestalten. Der Aufbau der visuellen Welt erfolgt mühelos, indem unser Auge Umrisse, Figuren vom Hintergrund abhebt und als gesehenen Gegenstand in das Bewußtsein setzt. Es ist immer etwas Bestimmtes, was wir sehen, und in diesem Wahrnehmungsakt wird das Gesehene für wahr genommen. Beim Aufbau des visuellen Wissens unterliegen wir einem kategorialen Zwang; das Gehirn mit seinen Sinnessystemen kann gar nicht anders, als gestaltend zu wirken; es wird immer etwas Bestimmtes erkannt. Daß es sich hier um eine aktive Leistung des Gehirns handelt, die konstitutiv für unser Anschauungswissen ist, erkennt man an Patienten mit Agnosien, bei denen das Fürwahrnehmen des Gesehenen nicht mehr möglich ist; diese Patienten erkennen zwar noch etwas, doch wissen sie nicht mehr, was es ist. Die Gliederung des Sehraumes und die Gestaltung der visuellen Welt, das Wahrnehmen von Gegenständen und damit ihr Fürwahrnehmen, ist ein Ausdruck unseres bildlichen Wissens, das unser gegenwärtiges Erleben erfüllt.

Die zweite Form des bildlichen Wissens spiegelt sich in den sinnlichen Erfahrungen und den Episoden wider, also in den Erinnerungen, die wir in uns tragen. Erinnerungswissen aus der Vergangenheit ist mit Orten verbunden, die sich bleibend in unser Gedächtnis eingeprägt haben. Die Bilder dieser Orte beziehen sich auf hervorstechende Episoden unserer Lebensgeschichte, mögen sie beglückend oder verletzend gewesen sein. Diese Bilder bestimmen unser Selbst, und sie verbinden uns mit der Welt. Wenn wir uns fragen, welches unsere erste Erinnerung ist, dann tritt ein Bild in das Bewußtsein, und dieses Bild bezieht sich auf einen bestimmten Ort und ein bedeutsames Ereignis, das uns nicht mehr losläßt. Damit sich unsere Identität, unser Selbstwissen, ausprägen kann, gehen wir an die Grenzen unserer Erfahrung. Wer jedem Schmerz, jeder Lust aus dem Wege geht, wer kein Risiko eingeht, wer alles verdrängt, dessen Identität bleibt blaß. Erst an den Grenzen erkennen wir uns, und diese Grenzerfahrungen in Lust und Schmerz, in Liebe und Verzweiflung bleiben für immer als Bilder in unseren Erinnerungen. Bildliches Wissen als Erinnerungswissen ist somit grundlegend für die Gestaltung eines Rahmens, in dem das Selbstwissen gefaßt ist.

Bildliches Wissen ist uns aber noch in einer dritten Form gegeben, nämlich als abstrahierendes Wissen. Während das Erinnerungswissen aus der persönlichen Vergangenheit durch Ich-Nähe und individuelle Bedeutung geprägt ist, das sich durch jeweils nur ein einziges Ereignis, ein einmaliges Erleben, in uns einprägt, bezieht sich bildliches Wissen als abstrahierendes Wissen auf Strukturen, topologische Anordnungen, die wir aus der Distanz betrachten. Diese Form des bildlichen Wissens ist Gegenstand der Geometrie, wie sie in der Antike durch Euklid begründet wurde, Vorstellungswissen ist in der analytischen Geometrie thematisiert, wie sie durch René Descartes entwickelt wurde. Wenn wir eine einfache funktionelle Beziehung in einem Diagramm veranschaulichen, dann wird in einem zweidimensionalen

Koordinaten-System die Abhängigkeit einer Variablen y (Ordinate) von einer unabhängigen Variablen x (Abszisse) ins Bild gesetzt. Über den im Bild veranschaulichten Zusammenhang kann dann deutlich werden, daß in verschiedenen Bereichen menschlicher Erfahrung funktionelle Zusammenhänge identisch erscheinen, obwohl die Variablen aus verschiedenen Kontexten stammen. Ein typisches Beispiel ist die sigmoide oder S-förmige Beziehung zwischen zwei Variablen, die charakteristisch ist für Phänomene in der Mathematik, Physik, Chemie, Biologie, Ökologie oder Psychologie und die Übergänge zwischen verschiedenen Zuständen beschreibt, die bekanntlich in allen Bereichen vorkommen können (Abb. 25). Ähnliches gilt für die statistische Normalverteilung, die so genannte Glockenkurve, die von dem Mathematiker Carl Friedrich Gauß beschrieben wurde (und die früher auf den 10-Mark-Scheinen abgebildet war), die beispielsweise beschreibt, wie sich die Größe oder das Gewicht, aber auch die Intelligenz bei Menschen verteilt; wenige sind klein oder leicht oder dumm bzw. groß oder schwer oder gescheit, die meisten liegen in der Mitte. Hier wird uns erst durch das Bild deutlich, daß es in der Natur einheitliche und sehr einfache Prinzipien gibt, die uns nicht »ins Auge fallen«, beschriebe man diese Phänomene nur mit Worten. Mühelos informiert uns das abstrahierende Wissen über die Welt und seine Gesetze, wie der springende Golfball (Abb. 37) mit seiner einfachen mathematischen Kurve, und erzeugt eine anschauliche Vorstellung.

Die drei Formen des Wissens, das explizite, das implizite und das bildliche Wissen, sind an unterschiedliche Mechanismen des Gehirns gebunden, was aber nicht bedeutet, daß sie voneinander unabhängig sind. Es gibt in unserem Erleben keine Funktion, die jeweils unabhängig von anderen Funktionen sein könnte, und dies gilt auch auf die Formen des Wissens. Die drei Wissenssysteme bilden ein gemeinsames Wirkungsgefüge, in dem jeweils nur unterschiedliche Orientierungen unseres Wissens deutlicher betont werden können. Diese Orientierungen spiegeln sich beispielsweise in der »Ich-Nähe« oder der »Ich-Ferne« des Wissens. Explizites Wissen, das Wissen über Sachverhalte, das uns in den Stand setzt, andere zu informieren, ist Ich-fernes Wissen; es bezieht sich auf Informationen, die allen bekannt sind oder bekannt sein können. Wenn wir von »Wissensmanagement« sprechen, dann wird auf dieses Ich-ferne Wissen Bezug genommen, das verbal und durch Anweisungen vermittelt wird und das zwischen

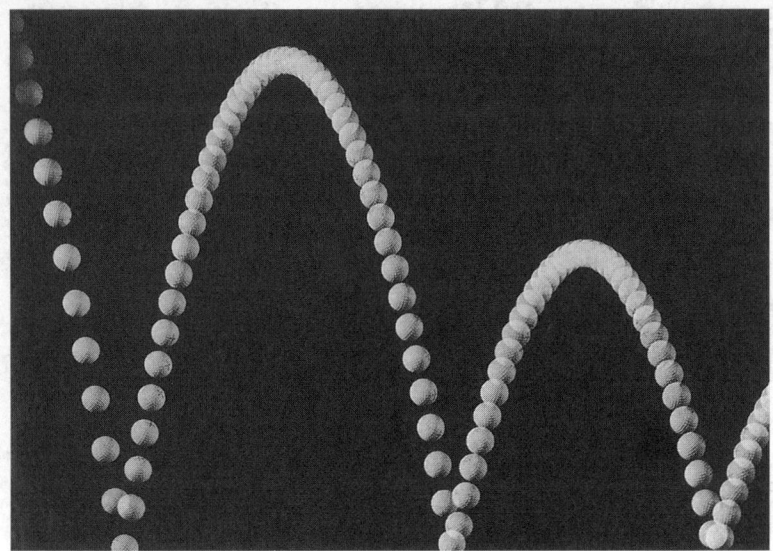

Abb. 37 Ein springender Golfball, photographiert von Harold Edgerton. Anstrengungslos informiert das Bild über einen komplexen mathematischen Sachverhalt, den man mit Worten nur schwer beschreiben kann und der sich in einer mathematischen Formel der Anschaulichkeit entzieht.

Trägern von Information ausgetauscht werden kann. Nur weil explizites Wissen Ich-fern ist und man sich davon distanzieren kann, nur deshalb kann es auch unverfälscht ausgetauscht werden. (Das bedeutet natürlich auch, daß beim »Wissensmanagement« die größte Menge menschlichen Wissens unberücksichtigt bleibt.)

Das implizite Wissen ist hingegen eine Ich-nahe Wissensform. Wenn wir uns intuitiv zu einer Handlung entscheiden, wenn wir in eingeübte Abläufe und Rituale des Alltags eingebunden sind, wenn wir automatisierte Bewegungen durchführen, dann geschieht dies gleichsam ohne eigenes Zutun aus uns heraus. Es geschieht mit uns, doch wird das Handeln nicht als Ich-fremd, sondern als ein Geschehnis erlebt, das ein Teil von uns ist. Wiederum können hier Beobachtungen an Patienten ein besseres Verständnis erschließen; es kann geschehen, daß nach bestimmten Störungen im Gehirn einzelne Körperteile, beispielsweise eine Hand, als Fremdkörper empfunden werden, als würden sie nicht mehr zum Selbst gehören. Solche Beobachtungen zum »neglect« zeigen, daß die Ich-Nähe des impliziten

Wissens keine Selbstverständlichkeit ist, sondern durch spezifische neuronale Prozesse bereitgestellt wird. Die Ich-Nähe des impliziten Wissens zeigt sich auch in unseren Ausdrucksbewegungen, die sich uns manchmal instinktiv aufdrängen. Der Ausdruck unserer Gefühle beruht auf jenen uns mitgegebenen Bewegungsformen, die mühelos hergestellt und mühelos verstanden werden können und die als unmittelbar zu uns gehörend empfunden werden.

Wie das implizite Wissen, so ist auch das bildliche Wissen durch Unmittelbarkeit und Ich-Nähe gekennzeichnet. Dies trifft insbesondere für das Erinnerungswissen zu. Das Wissen um unsere Identität, das auf Bildern unserer Lebensgeschichte beruht, begründet sich in jenen Bildern, die wir mit niemandem teilen können; sie sind in höchstem Maße subjektiv. Auch das gegenwärtige Anschauungswissen ist durch Ich-Nähe gekennzeichnet, denn sinnliche Wahrnehmung ist unmittelbar, und es ist immer nur *meine* Wahrnehmung. Die Ich-Nähe des Anschauungswissens können wir aber aufheben, wenn wir uns in den Zustand des Inspizierens versetzen. Man kann in den sternenklaren Himmel schauen und sich als Teil des Universums empfinden oder sich darin verloren finden, und andererseits kann man die Sterne zählen. (Blaise Pascal, der den Unterschied zwischen mathematischem Denken und intuitivem Erkennen betont, sagt zu den endlosen Räumen: »Wenn ich die kurze Dauer meines Lebens betrachte, verschlungen in die Ewigkeit, die ihm vorausgeht und folgt, den kleinen Raum, den ich ausfülle, und selbst jenen, den ich erblicke, der in der grenzenlosen Weite der Räume versinkt, von denen ich nichts weiß und die von mir nichts wissen, dann erschrecke ich.«)

Bildliches Wissen ist aber auch abstrahierendes Wissen, und als solches ist es distanziertes Wissen über Sachverhalte, das Wissen in das Bild setzt, damit ich im Bilde bin (»man kann die Sterne zählen«). Doch erweist sich das abstrahierende Wissen auch als Ich-nahes Wissen, wenn ein weiterer Gesichtspunkt berücksichtigt wird, der für alle visuelle Erfahrung gilt. Bildlich vermittelte Zusammenhänge müssen eine ästhetische Qualität haben, nur dann wird auch Information durch das Bild vermittelt, und es entsteht Wissen. Eine S-förmige Kurve in einem Koordinatensystem oder ein springender Golfball geben auf ästhetische Weise den funktionellen Beziehungen, die zum Ausdruck gebracht werden sollen, Bedeutung und Gewicht. Offenbar nur dann, wenn ein Sachverhalt in einfacher Weise zum Ausdruck gebracht wird, kann dieser im abstrahierenden Wissen des Betrachters nachhaltig verankert werden. Hier verbirgt sich ein fundamentales Prinzip unseres Wahrnehmens und Erkennens, nämlich nur dann etwas als richtig oder wahr begreifen zu können, wenn es in einfacher Form, sei es in einem einfachen Bild oder in einer einfachen Formel, dargestellt werden kann. Die Schönheit einer Lösung gilt in den Naturwissenschaften geradezu als ein Kriterium für deren Richtigkeit.

Nun stellt sich die Frage, ob das ästhetische Prinzip nicht generell den Rahmen für Wissen liefert und ob nicht eine innere Verbindung zwischen den verschiedenen Formen des Wissens gegeben ist. Ich verstehe das »ästhetische Wissen« als ein Grundprinzip und gehe davon aus, daß Inhalte der drei Wissensformen nur dann in uns verankert sind, wenn sie dem ästhetischen Prinzip gehorchen.

Explizites Wissen strebt immer nach Ordnung, um in die Unübersichtlichkeit der uns umgebenden Information ein System zu bringen. Explizites Wissen muß klassifiziert sein, und wenn Ordnung nicht gegeben ist, entwickelt man eigene Schemata. Das Kriterium für eine gelungene Klassifikation ist deren Stimmigkeit, Einfachheit und Klarheit; dies sind ästhetische Kriterien. Für das implizite Wissen gilt ebenfalls Stimmigkeit als Kriterium; wenn Handlungs- oder Bewegungsabläufe harmonisch sind, wenn sie eine Gestalt bilden, dann werden sie als richtig, als befriedigend und auch als schön empfunden.

Für das Anschauungswissen und das Erinnerungswissen gilt das ästhetische Prinzip in seiner ursprünglichen Weise. Der Begriff der Ästhetik leitet sich aus dem griechischen »aisthesis« ab und meint ursprünglich Wahrnehmung, Gefühl und auch Erkenntnis. An diese Bedeutung des Begriffs lehnt sich Immanuel Kant an, wenn er die Ästhetik als die »Wissenschaft von den Regeln der Sinnlichkeit überhaupt« bezeichnet. Wenn Ästhetik in diesem ursprünglichen Sinne verstanden wird, also nicht eingegrenzt wird auf die Philosophie der Kunst oder die Theorie des Schönen, dann gilt in der Tat das ästhetische Prinzip auch für das Anschauungs- und das Erinnerungswissen. Ein Kennzeichen des inneren Theaters (Anschauungswissen) oder des inneren Museums (Erinnerungswissen) ist der Rahmen. Bildliches Wissen ist immer begrenzt, und in dem Rahmen, der durch die Begrenzung vorgegeben ist, repräsentiert sich eine vergangene oder gegenwärtige Wirklichkeit. Für diese Repräsentation gilt nicht das Kriterium der Schönheit, sondern das Kriterium der Bedeutung. Wie in einem Bild eines Künstlers muß diese Bedeutung erkennbar sein, und sei sie durch Verzerrungen oder Symmetriebrüche noch so verfremdet. In unserem inneren Museum wird nichts aufbewahrt, was langweilig ist, in unserem inneren Theater wird nichts aufgeführt, was nicht unsere Aufmerksamkeit auf sich zieht. Für die Bilder, die wir in uns tragen und die wir uns von Augenblick zu Augenblick schaffen, gilt das ästhetische Prinzip also in seinem eigentlichen Sinn, nämlich als Ausdruck der Weise unserer Erfahrung, wie sie vom Gehirn und den Sinnesorganen vorgegeben wird.

Wenn das ästhetische Prinzip für jede der Wissensformen gilt, dann gilt es auch für das Zusammen des expliziten, impliziten und bildlichen Wissens. Jede der drei Formen des Wissens ist wesentlich, und keine Form des Wissens kann für sich alleine stehen (auch wenn wir uns in unserer kulturellen Tradition vorzugsweise auf das explizite Wissen konzentrieren). Würden wir nur explizites Wissen kultivieren, dann würden wir uns genauso zu Karikaturen unserer selbst machen, wie wenn es für uns nur implizites oder bildliches Wissen gäbe. Explizites oder begriffliches Wortwissen allein ist *unfruchtbar*. Implizites oder intuitives Wissen allein ist *ziellos*. Nur individuelles Bildwissen ist *unverbindlich*. Auf keine Form des Wissens können wir als einzelner (oder auch als Gemeinschaft) verzichten; alle drei Koordinaten des Wissens müssen bestimmt sein.

Wenn sich in den verschiedenen Formen des Wissens explizite Sachverhalte, implizite Abläufe oder bildliche Repräsentationen zeigen und dieses Sich-Zeigen nach dem ästhetischen Prinzip erfolgt, gibt es neben diesem formalen Prinzip der Abbildung, *wie* also etwas abgebildet wird, ein weiteres Prinzip, das die drei Wissensformen miteinander verbindet, das sich auf das bezieht, *was* abgebildet wird? Dies ist der Fall (so ist zumindest meine Hypothese). Das ästhetische Prinzip wird ergänzt durch das mimetische Prinzip. Wissen ist Nachahmen, Spiegeln, Abbilden, Verdoppeln.

Wie steht es mit dem bildlichen Wissen hinsichtlich des Nachahmens? In einer unmittelbaren Weise entspricht der Seheindruck der Wirklichkeit. Was ich sehe, ist die Kopie der Welt, die sich in meinen Augen spiegelt und die in meinem Wahrnehmungssystem als Seheindruck festgehalten wird. Anschauungen sind der unmittelbare Ausdruck des mimetischen Prinzips. Aber dennoch: Was ich sehe, ist nicht eine photographische Kopie dessen, was auf dem Augenhintergrund, auf der Retina, abgebildet wird, denn Verarbeitungsprozesse des Gehirns verwandeln die optischen Informationen in einen Seheindruck mit Bedeutung; ohne die optischen Informationen jedoch gäbe es keine Abbildung und somit auch keine Anschauung. Das bildliche Anschauungswissen entspricht somit dem mimetischen Prinzip, doch nicht als ein passives Spiegeln oder gedankenloses Verdoppeln der äußeren Wirklichkeit, sondern als ein aktives Gestalten von Wirklichkeit, indem eine verbindende Brücke zwischen der optischen Information, die über die Augen aufgenommen wird, und der subjektiven Bedeutung dieser Information hergestellt wird. Diese verbindende Brücke wird von Aufmerksamkeitsprozessen gesteuert, die auswählen, welche Informationen zum gegebenen Zeitpunkt »sehenswert« gemacht und als inneres Bild erzeugt werden. Sehen als Grundlage für das Anschauungswissen ist ein aktiver Vorgang, der ins Leere laufen würde, gäbe es nicht das Abzubildende. Bei allen Lebewesen mit Augen findet ein aktives Verdoppeln statt, damit das gesehen wird, was in einem gegebenen Augenblick an einem bestimmten Ort wichtig ist.

Diese aktive Verdoppelung der Welt gilt auch für das Erinnerungswissen. Die Bilder, die sich in unser episodisches Gedächtnis seit der frühesten Kindheit eingeprägt haben, halten für immer jene Ereignisse fest, die im Augenblick des Erlebens für den einzelnen bedeutsam waren. Es ist wiederum nicht das photographische Bild, das gespeichert wird, sondern die inneren Bilder sind verändert und auch inszeniert, indem sie nur Wichtiges festhalten und damit in die persönliche Lebensgeschichte hineinpassen. Diese Bilder gäbe es jedoch nicht, wenn nicht Information mit den Sinnesorganen aufgenommen worden wäre. Die Komplementarität der Informationen von außen und der Gestaltung von innen ist Grundlage des Erinnerungswissens.

Das Festhalten von Bildern im Erinnerungswissen steht einerseits im Bezug zu unserer personalen Identität; wir versichern uns unserer Selbst durch das Erinnerungswissen, indem wir in diesen Bildern im Bewußtsein spiegeln, was vergangen ist, und dieses Spiegeln erfolgt in der Gegenwart. Wenn ich jetzt ein Bild aus meinem Erinnerungswissen aufrufe, dann weiß ich aber, daß ich dies morgen wiederholen kann; somit ermöglicht mir das Erinnerungswissen, mich in die Zukunft zu projizieren. Das Erinerungswissen ist damit ein zeitliches »Brückenwissen«, das mich aus der Vergangenheit in die Zukunft trägt, indem ich mich immer wieder selbst verdoppeln kann. Diese Selbstspiegelung (nicht »Selbstbespiegelung«) verlangt aber auch, daß ich zu mir selbst eine Außenperspektive einnehmen kann, daß ich also weiß (oder zumindest davon ausgehe), daß ich morgen noch derselbe bin. (Diese Bedeutung des Brückenwissens macht erklärlich, was es heißt, sein Gedächtnis zu verlieren, denn nicht nur ist die Vergangenheit ausgelöscht, sondern auch die Zukunft ist verschlossen.)

Für das topologische Wissen gilt das mimetische Prinzip in einer ganz anderen Weise. Diese Form des bildlichen Wissens entspricht dem expliziten Wissen auf der begrifflichen Ebene, indem ein Abbild einer reduzierten Realität auf abstrakter Ebene vorgenommen wird. Eine Teilmenge dessen, das in einem anschaulichen Rahmen repräsentiert ist, wird herausgegriffen und explizit gemacht, indem es benannt oder topologisch (etwa durch eine einfache Graphik) dargestellt wird. Manchmal wird das explizite Wissen formelhaft festgehalten, wie es typisch für die Physik ist. Etwas sagen und etwas formalisieren ist dasselbe. Was als explizites Wissen festgehalten wird, ist ein Abzug, eine Kopie aus der Realität in einem neuen Rahmen, den man Wissensrepräsentation nennen kann, und dieses erfolgt in einer ganz anderen Sprache, in einem neuen Medium. Üblicherweise wird eine abstrakte Ebene angestrebt, auf der ein verallgemeinertes Abbild von Sachverhalten vorgenommen wird. Mimesis ist in diesem Fall also abhängig von einer vorausgehenden abstrakten Leistung.

Auch für das implizite Wissen gilt das mimetische Prinzip, doch wiederum in einer anderen Ausprägung: Eine Bewegung und ein Ritual (wie es sich als heuristisches Wissen repräsentiert) sind Wiederholungen von im Gehirn gespeicherten Programmen, die genetisch oder gelernt zur Verfügung stehen. Intuitionen als ein weiterer Ausdruck des impliziten Wissens repräsentieren Lösungen; sie sind Antworten auf Fragen. Doch was sind eigentlich Lösungen? Sie sind Abbildungen zwischen Fragen und Antworten, die sich in der Realität bewähren müssen und als Intuition mit einem impliziten Probehandeln schon bewährt haben. Während explizites Wissen eine abstrahierte Wirklichkeit repräsentiert und durch Ich-Ferne gekennzeichnet ist, sind das implizite und das bildliche Wissen durch eine

Verschränkung der Erfahrungswelt mit dem »Wissenden« charakterisiert; diese Ich–Nähe des Wissens gibt Vertrauen und Sicherheit.

Das mimetische Prinzip als Spiegelung des Wissens ist nicht nur eine theoretische Überlegung, sondern wird neuerdings experimentell von Giacomo Rizzolatti (Parma) bei Versuchstieren und von Riitta Hari (Helsinki) bei Menschen gestützt. Rizzolatti und seine Mitarbeiter haben die sogenannten »Spiegel-Neuronen« entdeckt; diese Nervenzellen sind dann aktiv, wenn Versuchstiere und sehr wahrscheinlich auch Menschen eine bestimmte Handlung ausführen oder wenn sie beobachten, daß jemand anderes dasselbe macht. Wenn also ein Affe eine bestimmte Handbewegung oder eine typische Mundbewegung ausführt (wenn etwas gegessen wird oder einem anderen Affen etwas mit der Mundbewegung signalisiert wird), dann sind diese Nervenzellen aktiv, aber sie sind auch aktiv, wenn sie diese Bewegungen bei anderen beobachten. Interessanterweise reagieren diese Zellen bei den Versuchstieren auch dann, wenn Menschen oder Hunde beispielsweise Bewegungen des Beißens ausführen; dies heißt, daß in dem neuronalen Netz, das hinter der Aktivierung dieser Nervenzellen liegt, eine Abstraktion stattgefunden haben muß, daß also unabhängig davon, ob ein Mensch oder ein Tier die Bewegung ausführt, jeweils die Bedeutung der Bewegung erkannt und »gespiegelt« wird. (Diese Beobachtung weist auch darauf hin, wie nah sich Menschen und bestimmte Tierarten sind, denn sonst wäre eine solche Homologie von Reaktionsmustern nicht vorstellbar.) Mit diesen Spiegelneuronen ist auch ein grundlegender Mechanismus für Imitationen gefunden worden, aber auch für das Spielen, denn Spielen ist ein Handeln des Als-ob. Im Spiel werden Situationen simuliert, die Alltagswirklichkeiten entsprechen. Beim Spielen der Kinder laufen Probehandlungen ab, und damit ist auch eine Brücke zum Denken hergestellt, denn Denken ist ebenfalls ein Probehandeln, eine Aktivität des Als-ob. Somit zeigt sich auf der Ebene der neurowissenschaftlichen Betrachtung eine enge Beziehung zwischen dem Spielen, dem Probehandeln, dem Nachahmen, dem Lernen überhaupt, dem Denken und Erdenken neuer Lösungen und somit dem Erwerb von Wissen; und dies erklärt, warum die Beschreibung der »Spiegelneuronen« von vielen als eine der wichtigsten Entdeckungen der letzten Jahre in den Neurowissenschaften angesehen wird. Sie repräsentieren die neuronale Grundlage des mimetischen Prinzips des Wissens.

Prinzipien wie das ästhetische oder das mimetische Prinzip des Wissens, mögen abstrakt klingen, doch bestimmen sie unsere Alltagswirklichkeit. Ein sichtbarer Ausdruck des ästhetischen und des mimetischen Prinzips ist die Mode. Im Sich-Kleiden zeigt sich das, was Psychologen als Modell-Lernen oder auch Imitations-Lernen bezeichnen. Man orientiert sich in seinem Verhalten an anderen, und man eignet sich deren Verhaltensweisen an. Daß dem so ist, liegt auf der Hand (denn sonst gäbe es keine Moden), aber warum sich plötzlich alle gleich anziehen, das ist schon schwerer zu verstehen (für mich zumindest). Vor einiger Zeit hielt ich Vorlesungen in der nördlichsten Universität der Welt, im norwegischen Tromsö, wo im Sommer die Sonne nicht untergeht. (Als ehemaliger Mariner habe ich natürlich auch die Stelle aufgesucht, wo die Tirpitz versenkt wurde, ein Schlachtschiff, das sich in der Bucht von Tromsö versteckt hatte; von hier aus sind auch viele Expeditionen gestartet, um die Arktis und die Antarktis zu erkunden; und dies ist der Ort, wo der Philosoph Ludwig Wittgenstein einige Zeit lebte; ein Ort am Rande der Welt, dennoch ein zentraler Ort.) Es war sehr schönes Wetter; die Sonne schien, allerdings stand sie recht flach über dem Horizont; für meine Verhältnisse war es recht kalt mit einer Temperatur knapp über dem Gefrierpunkt. Dennoch gingen die jungen Damen mit einem nackten Ring von Körperlichkeit in ihrer Nabelgegend durch die Straßen. Ich fror noch mehr, als ich diese Bauchfreiheit sah, doch es war eindeutig, daß die Mode bestimmender war als die Bedürfnisse der Temperaturregulation. Es ist offenbar wichtig, durch unsere Erscheinungsweise Zugehörigkeit zum Ausdruck zu bringen, sei es Zugehörigkeit zu einer bestimmten Modeströmung, die sich länderübergreifend durchgesetzt hat, aber auch zu einer Berufsgruppe, einer Altersgruppe, einem Sportverein, einer Nation und dergleichen; Zugehörigkeit ist entscheidend für die Bestimmung unserer Identität, und wenn wir dazugehören, dann fühlen wir uns sicher.

24 Von Patienten lernen

Einander kennen? Wir müßten uns die Schädeldecken aufbrechen und die Gedanken einander aus den Hirnfasern zerren.
   Georg Büchner

Wir fühlen den Schmerz, aber nicht die Schmerzlosigkeit; wir fühlen die Sorge, aber nicht die Sorglosigkeit; die Furcht, aber nicht die Sicherheit.
   Arthur Schopenhauer

Wer sich mit Forschung beschäftigt hat, wird schwerlich glauben, daß Entdeckungen nach dem Aristotelischen oder Bacon'schen Schema der Induktion zu Stande kommen. Da wäre ja das Entdecken ein recht behagliches Handwerk. Die Thatsachen, deren Erkenntnis eine Entdeckung vorstellt, werden vielmehr erschaut. Alle Naturwissenschaft beginnt mit intuitiven Erkenntnissen.
   Ernst Mach

Was einer ist, was einer war,
Beim Scheiden wird es offenbar.
Wir hörens nicht, wenn Gottes Weise summt,
Wir schaudern erst, wenn sie verstummt.
   Hans Carossa

Wenn mentale Aktivität ein komplexes funktionelles System ist, das auf der Beteiligung einer Gruppe von zusammenarbeitenden Arealen des Cortex beruht, dann führt eine Störung jedes dieser Areale zum Zusammenbruch des gesamten funktionellen Systems.
   Alexander R. Luria

Es hat wirklich sehr lange gedauert, bis ich begriffen habe, daß man wissenschaftlich nicht so arbeitet (nicht nur so arbeitet), wie ich es gelernt habe. Wie habe ich es gelernt? Man hat eine Frage, die man mit Hilfe eines Experimentes zu beantworten sucht; dies ist zumindest die Herangehensweise in den Naturwissenschaften. Um die Antwort zu finden, muß man einige Vorkehrungen treffen. Was man untersuchen möchte, muß klar definiert sein. Am Anfang jedes wissenschaftlichen Bemühens steht die Bestimmung einer Variablen. Die Variable, die Zielgröße des Interesses, ist das, was sich ändern kann; deswegen heißt die Variable »Variable«. In der Forschung sind bisher Abertausende von Variablen definiert worden. Von den vielen Variablen, mit denen ich mich selbst bisher in der Forschung befaßt habe, seien nur einige genannt: die Körpertemperatur des Menschen, die Laufaktivität von Hamstern, Aktionspotentiale von Ganglienzellen der Netzhaut, die Reaktionszeit von Squashspielern, die Sensitivität für visuelle Reize bei hirngeschädigten Patienten oder die Schmerzschwelle auf der rechten und linken Körperseite. Entscheidend ist, daß man die Variable messen kann, was für die Bestimmung der Intelligenz oder der gesundheitsbezogenen Lebensqualität nicht einfach ist, doch hierfür wurden in der Psychologie brauchbare Verfahren entwickelt.

Solche Messungen können im einfachsten Fall zu folgendem Ergebnis führen: Die interessierende Variable ist bei einem Merkmalsträger (bei einer Versuchsperson, einem Patienten, einem Versuchstier oder in einem Präparat) vorhanden, oder sie ist nicht vorhanden (jemand ist männlich oder weiblich; was dazwischen liegt, der Hermaphrodit, ist außerordentlich selten; oder jemand kann Farben sehen, oder er ist farbenblind; oder ein bestimmtes Gen ist vorhanden oder nicht). In diesem Fall ordnen wir eine Beobachtung, die Messung der Variablen, einer bestimmten Kategorie zu; unser ganzes Leben ist bestimmt durch solche kategorialen Zuordnungen, von denen wir täglich in der Zeitung lesen und die das Leben auf der politischen Ebene offenbar besonders schwierig machen: Wenn man zu einer bestimmten Nation, zu einer Religionsgruppe, zu einer Einkommensklasse, zu einer politischen Partei oder zu einer Altersgruppe gehört, dann ist dies das Ergebnis einer impliziten Messung, indem man einer bestimmten Kategorie zugeordnet wird (oder bei einer Wahl sich zu ihr entschieden hat). Messungen als kategoriale Zuordnungen sind auch das normale Geschäft der Medizin; wenn ein Arzt einem Patienten eine Diagnose mitteilt, dann ist dies eine Zuordnung zu einer bestimmten Kategorie, bei der der Arzt auf der Grundlage von Symptomen eine bestimmte Erkrankung, und nur diese, festgestellt hat.

Diese Art von Messung, die Zuordnung von Beobachtungen zu bestimmten Klassen oder Kategorien, kann als einfachste Form wissenschaftlicher Tätigkeit angesehen werden. Aber ist sie damit auch die leichteste? Die Frage zu prüfen, ob eine Variable vorhanden sei oder nicht (oder ob sie beobachtbar sei, was eine ganz andere Aussage ist, denn vieles kann vorhanden, aber nicht beobachtbar sein), klingt einfach, und man wird hier an eine grundlegende These der Logik erinnert: Etwas kann vorhanden sein oder nicht vorhanden sein; ein Drittes gibt es nicht (»tertium non datur«). Unsere Sprache ist voll von diesem »ausgeschlossenen Dritten«; Eigenschaften kommen in Paaren wie hell oder dunkel, gut oder böse, wahr oder falsch, schön oder häßlich, Liebe oder Haß, Lust oder Schmerz. Dieses paarweise Auftreten muß mißtrauisch machen. Schließen sich die Gegensätze aus, oder geraten wir mit der Verwendung solcher Begriffspaare in die Falle einfachsten Denkens, weil wir die Dinge möglichst einfach haben wollen, damit das Denken und Erkennen reibungslos abläuft? Vielleicht sind diese sprachlich so eindeutigen Gegensätze Konstruktionen des Geistes zum Zwecke einer möglichst einfachen, einer ökonomischen Weltbewältigung. (Ich muß hier an die Bergpredigt im Matthäus-Evangelium denken: »Eure Rede aber sei: Ja, ja; Nein, nein. Was darüber ist, das ist vom Übel.« Offenbar lag mehreren Autoren des Neuen Testaments die eindeutige kategoriale Zuordnung am Herzen, denn ähnlich heißt es im Brief des Jakobus: »Es sei aber euer Ja ein Ja und euer Nein ein Nein.«) Ich meine, daß mit dieser Ausschließlichkeit, dem für mich lebensfernen »tertium non datur« der Blick für die Wirklichkeit verstellt wird, als gäbe es keine Dämmerung (der Übergang von Dunkel nach Hell, von Hell nach Dunkel), als gäbe es nicht den Konflikt (manches Gute kann böse sein), als gäbe es nur eine Wahrheit (wir können in der Forschung allenfalls von Richtigkeit sprechen), als gäbe es das Schöne an sich (auch das Häßliche kann ästhetisch reizvoll sein, und das langweilig Schöne ist nicht auszuhalten), als gäbe es Haß ohne Liebe, Lust ohne Schmerz. Sind also die einfach erscheinenden Kategorien, die uns durch die Sprache nahegelegt werden, gar nicht einfach? Die elementare Ebene jeder wissenschaftlichen Tätigkeit, die Definition der Variablen, die klar und deutlich in unserem Bewußtsein repräsentiert sein soll, ist alles andere als trivial. Was uns als Forscher interessiert, liegt nicht klar vor Augen, und das eigentliche Geschäft der Forschung, die eigentliche kreative Leistung ist, jeweils das zu entdecken, was sich als eine Variable für den weiteren Prozeß wissenschaftlicher Analyse erweisen kann.

Hier bin ich nun in meiner eigenen Tätigkeit mit einem Problem konfrontiert, das mich an die Grenzen möglicher Erkenntnis geführt hat (andere mögen dies nicht als Problem sehen). Das, was es zu untersuchen gilt, die Variablen also, werden häufig erst durch Zufall bei Patienten entdeckt; manche Variablen liegen zwar klar vor Augen und bieten sich der Alltagspsychologie an, wie etwa Veränderungen der Sehfähigkeit, der Gedächtnisleistung oder der Sprachkompetenz nach Hirnverletzungen; über die wirklich interessanten Variablen stolpert man aus Versehen. Wenn es etwas gibt, worauf ich als Forscher besonders stolz bin, ist es die Identifizierung von nicht vorhergesehenen und auch nicht vorhersehbaren (so glaube ich) Variablen (oder Phänomenen). Eine paradoxe Situation: Wie kann man auf etwas stolz sein, das einem aus Versehen zufällt? Und wenn man besonders kritisch sein möchte, kann man sagen, daß es sich dabei nicht um »Entdeckungen« handelt. Dennoch: Aus zufälligen Beobachtungen an Patienten habe ich viel über die Arbeitsweise des Gehirns gelernt; für mich ist dies sogar die wichtigste Erkenntnisquelle geworden. Störungen des Gehirns, bedingt durch einen Unfall oder einen Schlaganfall, sind wie Experimente der Natur (traurige Experimente der Natur), über die wir etwas Neues über neuronale Mechanismen erfahren können. Dies wird auch von den Patienten selbst so gesehen. Jeder Patient, mit dem ich zusammengearbeitet habe, nimmt gerne an diesen Beobachtungen teil, in denen er zur Versuchsperson wird, weil über ihn etwas für andere erfahren werden kann, auch wenn ihm bewußt ist, daß für ihn selbst kein therapeutischer Nutzen zu erwarten ist. Ich habe bei Patienten beobachtet, daß die Erkrankung eine besondere Bedeutung bekommt, weil man etwas für andere lernen kann, daß mit einem gewissen Stolz an Studien teilgenommen wird, weil sich ein neuer Sinn für die Patienten erschlossen hat.

Merkwürdigerweise habe ich solche versehentlichen Entdeckungen auch in Vorlesungen gemacht. Wenn ich Studenten einen Patienten oder eine Patientin vorstelle, dann bitte ich sie, über sich selbst zu berichten; ich frage gelegentlich nach Einzelheiten, und die Studenten haben die Möglichkeit, ihrerseits Fragen zu stellen. Vor kurzem schilderte der Patient B. M. in der Vorlesung, wie sich sein Leben nach einem Schlaganfall verändert hat. Bei B. M. ist die rechte Gehirnhälfte betroffen, und die Durchblutungsstörung in einem bestimmten Hirn-Areal hat dazu geführt, daß er sich nicht mehr orientieren kann. Er weiß nicht mehr, wie er von einem Ort zu einem anderen kommen kann. Wir tragen eine innere Landkarte mit uns, die uns erlaubt, auf kürzestem Weg von einem Ort zu einem anderen zu gelangen (für einen Taxifahrer ist dies existentiell: Er muß in seinem Geist den kürzesten Weg planen, was er nur kann, wenn er eine räumliche Vorstellung der verschiedenen Straßen hat, also eine innere Landkarte benutzt). Diese Möglichkeit der Navigation von einem Ort zu einem anderen ist bei B. M. verlorengegangen. Um nicht vollständig abhängig von anderen zu sein, hat er eine neue Navigations-Strategie entwickelt, in der schriftlich festgelegt wird wie: »Gehe bis zur nächsten Kreuzung, wenn dort ein Geschäft ist, in dem Gemüse verkauft wird, gehe nach rechts, bis du zu dem Punkt kommst, wo eine Apotheke ist, ...«. Es werden also einzelne Landmarken identifiziert, die sequentiell abgegangen werden. Diese Navigations-Strategie ist mit erheblichem mentalen Aufwand verbunden; B. M. kann nicht mehr anstrengungslos wie vor der Erkrankung ein Ziel erreichen, sondern sequentielle Schritte, die zu einem Ziel führen (können), müssen mit hoher Konzentration und Anstrengung abgearbeitet werden. Es gibt kein inneres Vorstellungsbild mehr für die örtlichen Beziehungen. (Aufgrund dieser spezifischen Störung mußte B. M. seinen Beruf aufgeben, weil er die Leitungssysteme in einer großtechnischen Anlage nicht mehr verstand, für die er zuständig gewesen war, und er sich selbst in der Anlage verlor und sich nur mit Hilfe anderer zurechtfinden konnte.)

In der Vorlesung fragte ich B. M., ob er noch Bilder aus der Vergangenheit in seinem Gedächtnis habe, ob er also noch ein funktionsfähiges episodisches Gedächtnis habe, was er bejahte. Ihm sind Bilder aus seinem früheren Leben präsent, wie sie jeder in seinem Gedächtnis in sich trägt. Besonders eindrucksvolle Ereignisse prägen sich für immer in unser episodisches Gedächtnis ein. Da ich mich in einem Forschungsprojekt gerade mit dem episodischen Gedächtnis befaßte (in dem eine so einfache Frage untersucht wurde, wie viele Bilder wir aus der eigenen Vergangenheit eigentlich aktiv aufrufen und uns in die Vorstellung bringen können), fragte ich ihn beiläufig, ob er in der Erinnerung noch den Stadtplan Münchens verfügbar habe und ob es ihm möglich sei, in der Erinnerung einen Weg zu gehen, wie er also von einem Ort zu einem anderen kommen könne. Ohne zu zögern, schilderte B. M., daß er ein klares Bild in der Erinnerung davon habe, wie er von zu Hause zum Schloß Nymphenburg komme. (Er erwähnte im übrigen auch, daß ihm noch niemand diese Frage gestellt habe.) Ihm macht die Navigation auf einer Landkarte der Erinnerung also keine Schwierigkeiten; er ist nur in der Gegenwart verloren (doch was heißt hier »nur«?).

Ich muß sagen, daß ich einigermaßen verblüfft war, als er dies sagte. Bei B. M. liegt eine Dissoziation in der Raumorientierung zwischen dem Jetzt und dem Damals vor. Was in das Gedächtnis eingeprägt wurde und immer noch erhalten ist, das ist nicht nur das Bild, sondern auch das Koordinatensystem des Bildes, so daß die verspätete Navigation noch möglich ist. Bild und Raumvorstellung sind also miteinander verkoppelt. Zwar sind unterschiedliche Module für elementare Leistungen zuständig, wie ein neuronales Modul für Bilderkennung, ein anderes für die Raumvorstellung. Im täglichen Handeln wird die Aktivität der Module miteinander verbunden, so daß wir uns anstrengungslos in der Welt zurechtfinden. Etwas ist immer irgendwo, und ein Ort ist nie leer, sondern dadurch bestimmt, daß dort etwas ist. Die Überraschung bei dem Patienten B. M. ist, daß diese Dissoziation nicht für die Vergangenheit gilt, sondern daß die Bilder der Vergangenheit ihren Ort haben und daß die Verbindungen zwischen den Orten noch bestehen. Diese Beobachtung legt nahe, daß möglicherweise die neuronalen Mechanismen der Navigation gar nicht verlorengegangen sind (denn sie sind ja im episodischen Gedächtnis noch anwendbar), sondern daß diese nicht mehr mit der gegenwärtigen Bildhaftigkeit verbunden werden können. Mit einer zufälligen Beobachtung, entstanden durch eine beiläufige Frage, wird eine neue Hypothese nahegelegt. Ich weiß nicht, ob diese Hypothese tragfähig sein wird, doch die Umstände der Entdeckung dieser Hypothese machen deutlich, daß hier der Zufall am Werke war, weil eine Frage aus der Laune des Augenblicks heraus gestellt wurde; man würde üblicherweise wohl kaum daran denken (ich habe es zumindest nie getan), daß eine Navigation in der Vergangenheit noch möglich ist, wenn diese für die Gegenwart verloren wurde.

Eine weitere Beobachtung aus einer Vorlesung, die mich überrascht hat und deren Verständnis auf neuronaler Ebene mir immer noch rätselhaft ist: Ich frage eine seit vielen Jahren blinde Dame (sie sieht sich selbst nicht als »Patientin«), ob sie seit der Erblindung noch träume, was sie sofort bejahte. Aber was träume sie? Sie berichtet, daß die Erfahrungen des täglichen Lebens, die über das Hören, das Tasten, den Geruch und den Geschmack oder den Bewegungssinn vermittelt werden, im Traum ins Bild gesetzt werden. Das Gehirn hat also die Fähigkeit, etwas in ein anderes Sinnessystem zu transportieren, das seit vielen Jahren nicht mehr zum eigentlichen Sehen genutzt wird. Aber was ist »eigentliches Sehen«? Die vollständig blinde Dame (sie hat keine Augen mehr) kann noch sehen, aber nur im Traum. Offenbar gibt es Mechanismen in unserem Gehirn, die die sinnliche Repräsentation aus den verschiedenen Sinneskanälen, dem Sehen, Hören oder Riechen, miteinander in Beziehung bringt, sie auf Konsistenz prüft und beim Fehlen eines Kanals auf der Rezeptionsebene dieses Kanals, des visuellen Cortex in diesem Fall, Bilder inszenieren kann, die aus anderen Kanälen gespeist werden. Ich hatte immer geglaubt, und so hatte ich es gelernt, daß Erblindete zu träumen aufhören; durch diesen Fall bin ich eines Besseren belehrt, und inzwischen habe ich erfahren, daß dieses Phänomen schon bei dem Meister der Aufklärung, bei Denis Diderot, beschrieben sei (der auch gesagt haben soll, »die Welt ist meine Provokation«, womit ich mich gut identifizieren kann). Die Tatsache, daß schon ein anderer dieselbe Entdeckung gemacht hat, stört nicht, und sie zerstört auch nicht das Gefühl der Überraschung, das sich bei der eigenen ersten Beobachtung einstellt. Eine weitere Frage: Wenn es so ist, daß bei Erblindeten im Traum Bilder inszeniert werden, ist es dann vorstellbar, daß bei Ertaubten im Traum Melodien oder Sprache gehört wird? Und eine weitere Frage: Könnte man bei Erblindeten Tagträume nutzen, um zur Bildlichkeit zurückzukehren?

Und noch ein Bericht aus einer Vorlesung: Ich stelle den Studenten regelmäßig den Patienten F. S. vor, der nach einer schweren Hirnverletzung auf der linken Seite seines Gehirns Bereiche verloren hat, die für das Sprechen, das Verstehen von Sprache und für die Repräsentation des Gesichtsfeldes unverzichtbar sind. Auf einer Fahrt in den Bergen stürzte F. S. mit seinem Rennrad so unglücklich, daß er eine schwere Kopfverletzung erlitt und zehn Wochen lang bewußtlos war.

Nach dem Unfall und dem wochenlangen Koma war für F. S. nichts mehr wie früher. Er konnte nur schwer verstehen, was andere zu ihm sagten, und er konnte selber allenfalls einfache Alltags- und Funktionswörter sprechen. Bei komplizierten Wörtern brachte er nur Silbenfolgen heraus, deren Bedeutung nicht nachvollziehbar war. Er sprach eine Kunstsprache, zusammenhanglos und unverständlich. Eine solche Kunstsprache, die gekennzeichnet ist durch neu erfundene Wörter (Neologismen) und daher wie ein unbekannter Jargon klingt, wird auch als Jargon-Aphasie bezeichnet. Aber obwohl das, was F. S. mitzuteilen versuchte, völlig unverständlich war, trug er es doch mit einer normalen Sprachmelodie vor; die Prosodie der Sprache war offenbar erhalten.

Während die linke Gehirnhälfte für die Grammatik und das Verstehen der Sprache hauptverantwortlich ist, bestimmt die rechte Gehirnhälfte die Melodie der Sprache, mit der wir unseren Gefühlen sprachlich Ausdruck verleihen, und die rechte Gehirnhälfte war bei dem Unfall unbeschädigt geblieben. So konnte F. S. mit seiner Kunstsprache anderen zwar keine Inhalte vermitteln, denn seine Worte waren nicht zu verstehen, doch er konnte seinen Gefühlen Ausdruck verleihen. Er sprach mit Anna-Lydia Edingshaus über seinen Sprachverlust, und er berichtete über seine Bemühungen, wieder Herr seiner Sprache zu werden: »Ich wollte lernen. In der Zeit, als ich auf der Intensivstation war, wurde bereits mit der Sprachtherapie angefangen, jeden Tag einige Minuten. Ich mußte die Sprache neu lernen, und zwar ganz anders als ein Kind. Ich brauche achtzigmal, bis ich ein Wort drinnen habe. Es geht manchmal auch wieder weg.« »Sie haben einen neuen Beruf gelernt?« »Ich arbeite in einem Archiv. Der Hauptgrund war Bilder für« – er sucht nach einem Wort. Dann spricht er weiter: »Es geht um Formulare. Die Bilder müssen auf Formularen beschrieben werden. In die Formulare muß ich alles schreiben, was in den Bildern wichtig ist. Die Unterschriften der meisten Bilder sind englisch. Ich habe früher Englisch lesen und sprechen können. Das ist ein wahnsinniges Problem für mich, und die verschiedenen technischen Wörter, die auch in den – jetzt finde ich das Wort schon wieder nicht.« »Welches?« »Das gleiche wie vorhin – Formular.« »Sie haben es gefunden.« Er nickt mit dem Kopf und sieht dabei traurig aus. Leise redet er weiter: »Aber die Zeit, die ich dafür brauche. Das ist einer der Gründe, warum ich nicht mehr Journalist sein kann.« Er schweigt lange. Dann hebt er seine rechte Hand in Augenhöhe und schreibt mit seinen Fingern Wörter in die Luft. »Warum machen Sie das?« »Das geht bei mir so: Mein Gehirn ist wie ein Sekretär mit sehr vielen Schubladen mit Wörtern. Natur oder Technik. Auto. Computer. Ich muß dann versuchen, eine große Schublade aufzumachen und dann die nächste kleinere. Und auf einmal bin ich in ›Natur‹, in ›Biologie‹ und dann bei ›Blumen‹, bei ›Orchideen‹, und dann bin ich in der Schublade ›Frauenschuh‹. – So geht es, daß ich das alles sagen kann. – Aber ich kann oft nicht das sagen, was ich in diesem bestimmten Augenblick sagen möchte.«

In einer Vorlesung demonstrierte ich den Studenten durch eine einfache Perimetrie, in welchen Bereichen des Gesichtsfeldes F. S. blind ist. Bei der Perimetrie muß der Patient einen Punkt fixieren, in diesem Fall meine Nasenspitze, und dann werden verschiedene Dinge gezeigt, die der Patient sieht, wenn sie in einen funktionstüchtigen Bereich des Gesichtsfeldes fallen, und die er nicht sieht, wenn sie in einen Bereich fallen, der aufgrund der Läsion im Gehirn nicht mehr repräsentiert ist. Dies sind medizinische Schulweisheiten, die vor allem Augenärzte und Neurologen interessieren. Wegen der besonderen Struktur der Blindheit nahm ich dann einen langen Stab, der über die Blindheit hinausreichte und oberhalb bzw. unterhalb des blinden Bereichs zu sehen war. Erwartungsgemäß sagte der Patient, daß er ein Stück des Stabes rechts oben und ein anderes Stück rechts unten sehen könne; dazwischen sei nichts; wo man blind ist, dort ist es nicht dunkel, sondern dort ist nichts. Doch plötzlich sagte er, daß er nun den ganzen Stab sehen könne, auch dort wo er eigentlich blind sei. Ich erinnere mich noch genau, wie erschrocken ich war, als er dies sagte. Wie konnte es möglich sein, daß er plötzlich dort etwas sah, wo er nach vielen Überprüfungen nie etwas gesehen hatte (und wie konnte ich den Studenten etwas demonstrieren, von dem ich gar nichts wußte)? Die Antwort war schnell gefunden. Immer wenn sich der Stab bewegte, konnte er ganz gesehen werden; ohne Bewegung wurde er in Stücken gesehen. Nach dieser Zufallsbeobachtung habe ich dann sehr viel Zeit verbracht, um herauszufinden, welches die besonderen Bedingungen der anschaulichen Vervollständigung (oder der »completion«) waren. Es zeigte sich, daß es zu einer Vervollständigung nur dann kommt, wenn die Bewegung parallel zum vertikalen Meridian (zur senkrechten Linie durch unsere Blicklinie) erfolgt. Es wird nur dann vervollständigt, wenn die optischen Elemente oberhalb und unterhalb der Blindheit identisch sind; wenn es verschiedene Farben sind, kann eine anschauliche Brücke nicht gebaut werden. Die Vervollständigung ist nur für blicknahe Bereiche möglich und gilt nicht für die Peripherie des Gesichtsfeldes. Die Vervollständigung erfolgt auf der Ebene des visuellen Cortex ohne Zutun kognitiver Vorgänge; es nützt dem Patienten also nicht, zu wissen, daß ein optischer Reiz sich über den blinden Bereich erstreckt. (Diese Frage wird immer wieder von Fachleuten diskutiert: Ist eine Vervollständigung in der Wahrnehmung ein perzeptiver oder ein kognitiver Prozeß? In diesem Fall ist es eine perzeptive Leistung.) Ich konnte mit F. S. durch einfache Versuche gleichsam in sein Gehirn, insbesondere sein visuelles System, hineinschauen. Ohne diese Zufallsbeobachtung und vor allem ohne die Kooperation von F. S. wäre es mir nicht möglich gewesen, neue Einsichten in die neuronalen Programme des visuellen Systems zu gewinnen. Diese Beobachtung zur visuellen Vervollständigung ist nur ein Aspekt des kreativen Beitrags von F. S. für die Forschung; insbesondere durch die Studien von Petra Stoerig aus Düsseldorf mit F. S. sind wesentliche neue Erkenntnisse über das Phänomen des Blindsehens erarbeitet worden; auch wenn ein Patient bewußt nichts erkennen kann, was im blinden Bereich des Gesichtsfeldes geschieht, so hat er doch ein implizites Wissen über vieles, was sich dort ereignet; er kann es »blind sehen«. Dieses merkwürdige Phänomen hatte ich erstmals bei dem Patienten A. W. beobachtet (Abb. 5), und inzwischen ist es bei vielen solcher Patienten nachgewiesen worden.

In seinem Stück »L'homme qui« hat der Theatermacher Peter Brook neben Fallbeschreibungen über hirngeschädigte Patienten von Oliver Sacks auch das »Blindsehen« auf die Bühne gebracht. Schauspieler stellen in sehr eindrucksvoller Weise Änderungen des Verhaltens und Erlebens dar, wenn bestimmte Areale des Gehirns ausfallen. Als ich das Stück sah, war ich verblüfft, daß der »blinde« Schauspieler immer auf Gegenstände zeigte, die unmittelbar vor ihm lagen. Dies schien mir eine falsche Umsetzung des Blindsehens zu sein, denn bei den untersuchten Patienten ist die Blicklinie selber noch funktionstüchtig. Eine Störung auf einer Seite des Gehirns, etwa nach einem Schlaganfall, führt zu einem Verlust von Sehfunktionen in der Hälfte des Gesichtsfeldes, das auf der anderen Seite liegt; wenn die linke Seite

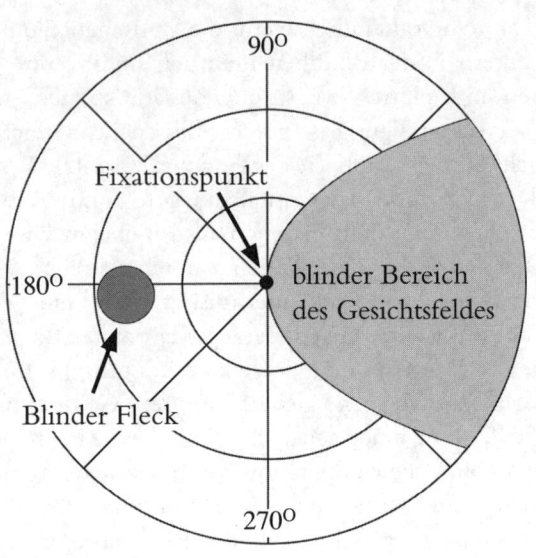

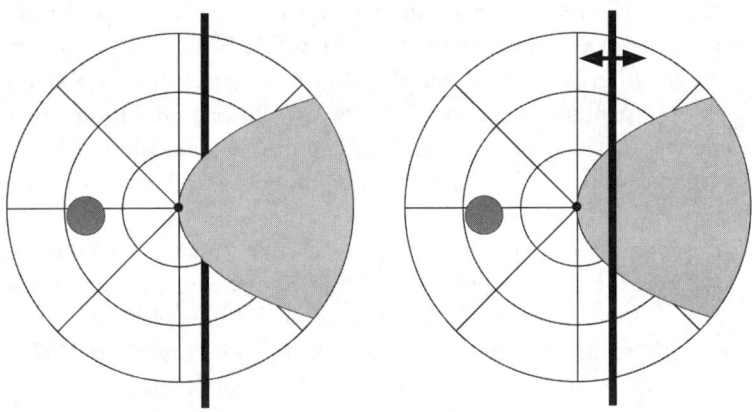

unbewegter Reiz   bewegter Reiz
keine Vervollständigung   Vervollständigung

Abb. 38 Gesichtsfeld des Patienten F. S., der über einen Bereich von Blindheit hinweg einen visuellen Reiz anschaulich vervollständigt, doch nur, wenn sich dieser bewegt.

des Gehirns betroffen ist, dann kommt es in beiden Augen zu einer Sehstörung auf der rechten Seite des Gesichtsfeldes. Auffällig ist dabei, daß die Blicklinie selber aber nicht betroffen ist. Es gibt so etwas wie ein »foveal sparing«, daß nämlich der Ort des schärfsten Sehens auf der Netzhaut, die Fovea, in der die Blicklinie ihren Ursprung hat, ausgespart ist. Dies liegt daran, daß dieser Bereich in beiden Hälften des Gehirns repräsentiert ist; wenn also ein Ausfall vorliegt, dann gibt es immer noch die Repräsentation in der nicht betroffenen Gehirnhälfte, so daß Patienten trotz ihrer halbseitigen Blindheit noch den Blick auf Dinge richten können. Nach einer Aufführung von »L'homme qui« eilte ich zu Peter Brook, um mit ihm über die unglückliche Umsetzung des Blindsehens auf dem Theater zu sprechen. Er freute sich, den Forscher kennenzulernen, der das Blindsehen beschrieben hatte, und er ließ sich gerne über dieses neurowissenschaftliche Detail informieren. Doch dann sprachen wir mit Hilfe einer guten Flasche Wein über Allgemeineres, nämlich darüber, daß es in den Künsten um Qualität gehe. Peter Brook betonte immer wieder, die Qualität sei entscheidend, und ich fragte immer wieder, was denn Qualität sei. Qualität erkenne man sofort, meinte er; doch woran erkenne man sie, fragte ich. Offenbar hat er, der Künstler, der den »leeren Raum« der Bühne gestalten kann, ein implizites Wissen darüber, was Qualität ist; ich versuche, explizit zu machen, was denn Kriterien für künstlerische Qualität sein könnten. Ich suche immer noch eine Antwort auf die Frage, die sich durch Peter Brook in meinem Gehirn festgesetzt hat: »Was ist Qualität?«

Manchmal kann es geschehen, daß nach einem Schlaganfall beide Gehirnhälften im Hinterhauptsbereich (im Okzipitallappen) betroffen sind. Der Patient ist dann auf beiden Seiten des Gesichtsfeldes blind, aber wegen einer Besonderheit der Blutversorgung im Gehirn kann es vorkommen, daß die Repräsentation der Blicklinie selbst dann ausgenommen ist. Dies war beim Patienten H. H. der Fall (Abb. 39), den ich einige Zeit begleitet habe. Wenn nur noch die Blicklinie im Gehirn repräsentiert ist, dann kommt es zum Tunnelsehen; das Gesichtsfeld ist nicht größer als der Durchmesser der Hand, wenn man den Arm ausstreckt. (Ein solcher Ausfall ist extrem selten, so daß die betreuenden Ärzte zunächst annahmen, H. H. simuliere, als sähe er nichts mehr in der Peripherie des Gesichtsfeldes. Ich wurde gebeten, die Diagnose zu unterstützen, wobei sich aber schnell feststellen ließ, daß hier eine Sehstörung nach einem Schlaganfall vorlag und nicht eine Simulation, mit deren Hilfe jemand frühzeitig in die Berentung kommen wollte.) Als ich das erste Mal das Gesichtsfeld ausgemessen hatte, das noch verblieben war, entschloß ich mich, alles daranzusetzen, den Tunnel des Sehens zu vergrößern. Durch systematisches Training gelang es tatsächlich, das Gesichtsfeld von H. H. etwas zu erweitern. Nahezu täglich verbrachten wir eine Stunde miteinander, wobei der Patient nach diesen Sitzungen völlig erschöpft war. Nach einiger Zeit wurde H. H. aus der Klinik entlassen; wie überrascht war ich nach einigen Monaten, als der Patient zur Nachuntersuchung kam, daß sich sein Gesichtsfeld wieder verkleinert hatte. Ich versuchte, durch dasselbe Training das Gesichtsfeld wieder zu erweitern, doch der ursprüngliche Erfolg konnte nicht wiederholt werden; trotz erheblicher Anstrengungen kam es nur zu einer geringfügigen Erweiterung des Gesichtsfeldes.

Von dem Patienten H. H. habe ich sehr viel gelernt. Offenbar ist es möglich, eine Verbesserung von Funktionen nach einer Hirnschädigung zu erreichen, wenn intensiv und regelmäßig geübt wird. Dafür ist es notwendig, daß der Patient selber aktiv ist, also hinreichend Motivation mitbringt, um eine Verbesserung der Funktionen zu erreichen. Wenn aber die Funktionen nicht mehr genutzt werden, für die man eine Verbesserung erreicht hat, verliert sich der funktionelle Zugewinn wieder; als H. H. nicht mehr in der Klinik war und als er nicht mehr durch andere täglich motiviert wurde, sein Sehen auch im Alltag einzusetzen, ging die Restitution der Funktion wieder zurück. Je größer das Intervall ist, das zwischen der Läsion und dem Beginn einer Rehabilitationsmaßnahme liegt, um so geringer ist die Chance für einen funktionellen Zugewinn; man muß also so schnell wie möglich nach einem Schlaganfall oder einem Gehirntrauma mit der Therapie beginnen. Ein weiterer Lernaspekt: Als sich das Gesichtsfeld erweiterte, geschah dies auf eine topographisch wohlgeordnete Weise; in den Bereichen des Gesichtsfeldes, die durch das Training hinzugewonnen wurden, blieben die Beziehungen von links und rechts und von oben und unten erhalten. (Dies mag wieder wie eine wissenschaftliche Spitzfindigkeit klingen, denn das müßte doch wohl selbstverständlich sein, daß die topographische Ordnung der Dinge in der Welt erhalten bleibt. So einfach ist es jedoch nicht, denn es hätte auch sein können, daß also jetzt links und rechts verwechselt werden. Daß dem nicht so ist, gibt uns Aufschluß darüber, wie das Gesichtsfeld im Gehirn repräsentiert ist, nämlich topographisch oder besser topologisch wohlgeordnet. Des weiteren lernt man, daß es in der offenbar noch vorhandenen Restrepräsentation des Gesichtsfeldes zu einer Verbesserung der Informationsverarbeitung kommen kann, indem die Übertragung von Information zwischen Nervenzellen verbessert wird; diese Erhöhung der »synaptischen Effizienz« findet in einem neuronalen Netzwerk statt, das unterschwellig immer noch eine topographische Ordnung hat; es könnte im Prinzip auch ganz anders sein; so ermöglichen in Frage gestellte Selbstverständlichkeiten neue Einblicke.)

Neben diesen positiven Erkenntnissen über die Mechanismen der Restitution von Funktionen habe ich aber vor allem auch gelernt, daß ich mit H. H. aus ärztlicher Sicht niemals den Versuch hätte unternehmen dürfen, sein Gesichtsfeld zu erweitern. Sein Gehirn war zu stark geschädigt, um ein Leistungsniveau zu erreichen, das für den Alltag hätte nützlich sein können. Mit dem Training wurden Hoffnungen geweckt, die nicht erfüllt werden konnten; der Patient H. H. wollte wieder sehen können, und ich war so naiv zu glauben, durch systematisches Training das Sehen so zu verbessern, daß es ihm nützen würde. Bei jedem Patienten geht es darum, zunächst die verbliebenen Ressourcen abzuschätzen, um auf dieser Grundlage Ziele möglicher Restitution von Funktionen zu bestimmen. Dies habe ich bei H. H. falsch gemacht; ich habe mir nicht einmal die Frage gestellt. Es ist nicht einfach, die verbliebenen Möglichkeiten eines Patienten auszuloten. Versucht man soviel wie möglich zu erreichen, und führt den Patienten an die Grenzen seiner Möglichkeiten, oder hält man sich von diesen Grenzen eher fern, um die Motivation des Patienten aufrechtzuerhalten und Frustrationen zu vermeiden? Wie schätzt man aber die Motivation eines Patienten ein (und wie schätzt man überhaupt seine eigene Motivation ein, um etwas zu erreichen)?

Allein in Deutschland erleiden jedes Jahr etwa 100 000 Patienten eine Hirnschädigung, bei denen eine Restitution von Funktionen erfolgversprechend ist; diese Zahl wird in Zukunft leider noch größer werden, paradoxerweise bedingt durch den Erfolg der Medizin. Es ist ohne Frage ein Erfolg der Medizin, daß wir älter werden, doch mit dem Älterwerden erhöht sich auch das Risiko für Schlaganfälle. Ich sehe in der Betreuung dieser Patienten eine wesentliche Herausfor-

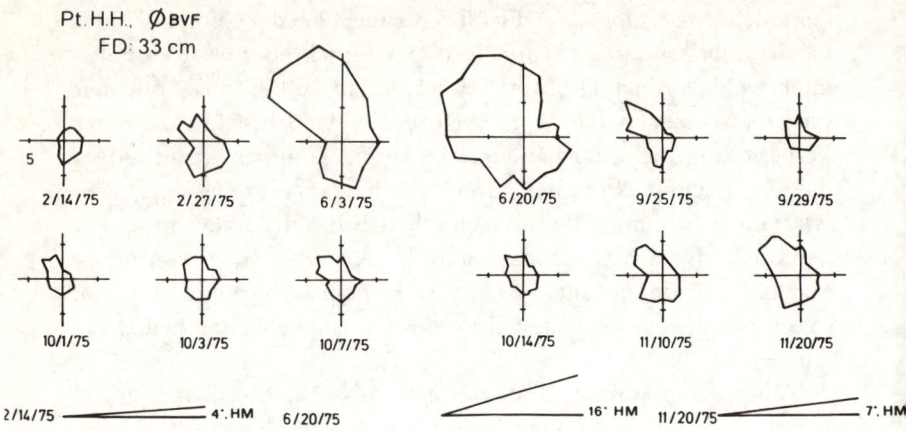

Abb. 39 Gesichtsfeld des Patienten H.H., der nach einem Schlaganfall ein stark eingeschränktes Gesichtsfeld hat (Tunnelsehen), das durch systematisches Training zeitweise, aber nicht dauerhaft vergrößert werden konnte.

derung für das Gesundheitssystem. Leider werden bisher nicht alle diese Patienten angemessen betreut; dies liegt zum Teil auch an dem Ausbildungssystem in Medizin und Psychologie, das diesem Bereich zu wenig Aufmerksamkeit schenkt. Es sind immer Einzelaktivitäten, von denen es glücklicherweise mehrere gibt, in denen gezeigt wird, wie nützlich solche Programme für die Wiederherstellung von Funktionen und die Verbesserung der Lebensqualität sind. Unser Gehirn ist durch große Plastizität gekennzeichnet, so daß wir immer noch etwas lernen können, auch wenn wir schon hundert Jahre alt sind; und nach einem Schlaganfall kann auch bei der älteren Dame oder dem älteren Herrn durch geeignete Programme zumindest teilweise eine Restitution von Funktionen erreicht werden. In unserem Klinikum in München hat Ingrid Plattner vor einiger Zeit über 900 Patienten mit einer Hirnschädigung untersucht und dabei die Restitutionspotentiale erkundet; auf der Grundlage solcher Untersuchungen können dann therapeutische Programme ausgewählt werden, die auf den Einzelfall abgestimmt wurden, wie sie dann von Wolfgang Fries, Georg Goldenberg oder Mario Prosiegel und vielen anderen in ihren Institutionen eingesetzt werden. Wichtig ist, daß es bei diesen Patienten nicht nur um die Restitution von Funktionen geht, sondern daß man sich auch psychotherapeutisch um die Patienten kümmert. Und es geht dabei nicht nur um die Patienten, sondern vor allem auch um die Angehörigen. Wenn jemand eine Hirnschädigung erlitten hat, dann ist das gesamte soziale Gefüge einer Familie betroffen; viele Ehen werden geschieden, wenn einer der Partner eine Verletzung des Gehirns erlitten hat. Die Last für den anderen ist manchmal zu groß, um weiterhin gemeinsam durch das Leben zu gehen.

Wenn man umherschaut, wo es klinische Modelle für die Betreuung solcher Patienten gibt, dann wird man interessanterweise nicht nur nach Amerika oder nach Schottland (insbesondere Glasgow) geführt, sondern auch nach Moskau. In Rußland gibt es seit langem eine Tradition in der Untersuchung hirngeschädigter Patienten, die vor allem durch Alexander Luria geprägt wurde (wobei ich mich als einen seiner wissenschaflichen Enkel betrachten kann, da mein akademischer Lehrer im Bereich der Neuropsychologie Hans-Lukas Teuber vom MIT in Cambridge war, der seinerseits von Luria beeinflußt wurde); in Moskau gibt es ein großes Zentrum für die Rehabilitation von Hirngeschädigten, das von Victor Shklovski geleitet wird. Er sagte mir einmal, daß Moskau das beste System der Welt anwende, um Patienten nach einem Unfall schnell in die Klinik zu bringen und sie dort zu betreuen. Wenn man seine Klinik besucht, dann ist es eindrucksvoll zu sehen, mit welcher Zuwendung und auch mit welchem personellen Aufwand man sich um die Patienten kümmert.

Auch nach längerem Nachdenken über die Restitution von Funktionen nach Hirnschädigung ist mir eine Frage rätselhaft geblieben: Woher weiß das Gehirn eigentlich, welche Funktionen restituiert werden müssen, wenn sie ausgefallen sind? Wenn sie verlorengegangen sind, dann dürfte es doch auch kein Wissen mehr über sie geben. Dies scheint aber nicht der Fall zu sein. Gibt es vielleicht eine Bibliothek der Funktionen in unserem Gehirn, in der aufbewahrt wird, was wir alles können, und in der überprüft wird, wie gut die Funktionen noch eingesetzt werden können? Um vor dieser Frage nicht vollständig zu kapitulieren, habe ich mir folgendes zurechtgelegt: Die Bibliothek der Funktionen ist ein dynamisches System; sie ist gegeben durch die Ankopplung unseres Erlebens und Handelns an die Welt um uns. Diese Bibliothek ist also die physische Welt selbst, und es sind die anderen, mit denen wir leben. In unserem Erleben und Handeln erhalten wir stets Rückmeldungen durch unsere Sinnesorgane, was wir getan oder nicht getan haben. Das Reafferenzprinzip erlaubt eine

Selbstüberwachung unserer Handlungen und auch unseres Denkens. Wenn bestimmte Leistungen nicht mehr gegeben sind, dann ändern sich die Rückmeldungen, die Reafferenzen. Die übliche Ankopplung an die Welt ist verändert oder sogar aufgehoben. Ich brauche also keine Bibliothek in mir, sondern meine Bibliothek ist die Verschränkung meines Handelns mit der Welt.

25 Denkwerkzeugkasten

Wer andere kennt, ist klug
Wer sich kennt, ist weise
Wer andere bezwingt, ist kraftvoll
Wer sich bezwingt, ist unbezwingbar
Wer sich zu begnügen weiß, ist reich
Wer sich durchsetzt, willensstark
Wer sein Wesen nicht verliert, währt lang
Wer dahingeht, ohne zu vergehen, lebt ewig.
                                      Lao-tse

Denn dasselbe ist Denken und Sein.   Parmenides

Alles Denken ist Zurechtmachen.
                          Christian Morgenstern

Wir kommen nie zu Gedanken. Sie kommen zu uns.
                              Martin Heidegger

Denk ich, so bin ich: wohl! Doch wer wird immer auch denken?
Oft schon war ich, und hab wirklich an gar nichts gedacht.
Johann Wolfgang Goethe und Friedrich Schiller

Was sind eigentlich Merkmale des Psychischen? Wie läßt sich das Geistige kennzeichnen? Mas macht das Mentale aus? (Oder wenn man eine andere Begrifflichkeit bevorzugt: Wie ist die Seele?) Der amerikanische Philosoph John Searle nennt vier Kriterien, die Psychisches kennzeichnen, nämlich Bewußtheit (ich kann mich auf mich selbst beziehen), Subjektivität (Psychisches ist stets mit mir selbst verbunden), Kausalität (ich kann willentlich etwas bewirken) und Intentionalität (das Psychische bezieht sich immer auf »etwas«). Ich will versuchen, über Begriffspaare das Mentale zu charakterisieren (ich verwende das »Mentale« als einen eher unverfänglichen Begriff). Mir fällt auf, daß ich kein Merkmal des Mentalen nennen kann, ohne den Gegenpol dieses Merkmals mitzudenken. Ist dies ein Prinzip der Sprache, etwas durch einen möglichen Gegensatz hervorzuheben, oder wird durch die Gegenüberstellung überhaupt erst möglich gemacht, etwas über das Mentale auszusagen?

Eine solche polare Kennzeichnung funktioniert in der Wahrnehmung, etwa beim Sehen, anders; was ich jetzt sehe, setzt nicht von vornherein ein alternatives Sehding als Gegenpol voraus, sondern die Alternative, das andere, ist das Leere, das Nichts, der beseitigte neuronale oder mentale Müll, eben der bedeutungslose Hintergrund. Erst wenn ein Sehding bestimmt ist, dann kann es selbst oder können seine Attribute wie die Farbe in eine Beziehung zu anderen Sehdingen treten, so daß sich Rot und Grün, Blau und Gelb oder Weiß und Schwarz entgegenstehen können. (Ich muß gestehen, daß ich mir über die These der Komplementarität bei der Bestimmung des Mentalen nicht sicher bin, daß sich das Mentale also am besten durch Eigenschaftsbegriffe kennzeichnen läßt, die sich entgegenstehen; trotz der Unsicherheit scheint mir dies aber der angemessene Rahmen zu sein, über das Mentale ein besseres Verständnis zu erzielen, wobei auffällig ist, daß es für manche Begriffe verschiedene Gegenpole gibt.) Welches sind Begriffspaare des Mentalen?

Bewußt – bewußtlos: Der Zustand *bewußt* ist dadurch gekennzeichnet, daß ich wach bin und daß ich mich in dieser Wachheit auf etwas und auch auf mich selbst beziehen kann; es gibt Zeiten, von denen ich aus meiner Erinnerung weiß, daß ich dann kein Bewußtsein hatte, wie im Tiefschlaf.

Bewußt – unbewußt: Im Rückblick kann ich manchmal feststellen, daß mein vermeintlich bewußt gesteuertes Handeln von Impulsen beeinflußt wurde, die implizit blieben, über die ich keine Kontrolle hatte.

Bewußt – vorbewußt/nachbewußt: Ich stelle fest, daß sich der Zustand *bewußt* auf etwas Gegenwärtiges bezogen hat, nicht auf Vergangenes oder Zukünftiges.

Subjektiv – dialogisch: Ich selbst bin Träger des Mentalen, nur *ich* weiß über mich selber Bescheid, aber dennoch bin ich nur *Ich*, weil es die anderen gibt.

Subjektiv – objektiv: Ein Sachverhalt wird gemäß meiner persönlichen Wertung beurteilt, oder er wird mit anderen abgestimmt und (wissenschaftlich gesprochen) validiert.

Subjektiv – distanziert: Manche Erlebnisse sind durch *Ich-Nähe*, andere durch *Ich-Ferne* gekennzeichnet; die Innenperspektive bezieht sich auf mein unmittelbares Erleben, die Außenperspektive auf die nüchterne Betrachtung.

Kausal – zufällig: Ich kann absichtsvoll auf etwas einwirken oder etwas bewirken, also Ursache für ein Geschehen sein, oder ich kann zufällig einem Geschehen ausgeliefert sein.

Aktiv – reaktiv: Ich kann willentlich etwas tun; ich kann mich aktiv für etwas entscheiden, oder ich reagiere automatisch auf plötzlich auftauchende Reize; ich handle instinktiv ohne Überlegung.

Intentional – gestimmt: Es ist immer *etwas*, das in meinem Bewußtsein repräsentiert ist und auf das ich mich beziehen kann (ich sehe oder höre etwas, ich glaube an etwas); aber das Mentale ist auch gefärbt durch meine Stimmung (ich bin traurig und/oder freudig erregt) oder durch meinen Aktivationszustand (ich bin müde oder wach).

Kommunikativ – autistisch: Ich bin mit anderen durch Kommunikation verbunden, sei es durch Worte oder Zeichen, oder ich bin weltabgewandt und spreche nur zu mir selbst.

Sozial – selbstbezogen: Andere sind durch mich immer mitgedacht, und sei dies auf implizite Weise; oder andere sind in meiner Selbstbezogenheit nicht existent, für immer oder vorübergehend ausgelöscht.

Abwartend – ausgeliefert: Ich kann eine Pause einlegen zwischen dem Auftreten eines Bedürfnisses und seiner Befriedigung, indem ich Abstand zu mir nehme und eine Außenperspektive zu mir selbst einnehme, oder ich kann mir ausgeliefert sein, indem jedes Bedürfnis sofort befriedigt werden muß und ich die Kontrolle über mich verloren habe.

Versunken – reflexiv: Ich bin mit aller Offenheit in ein Geschehen versunken und mit dem Gefühl der *Ich-Nähe* auf ein Geschehen konzentriert, oder ich befinde mich im Zustand der retrospektiven Reflexion, und ich betrachte aus der Position der beobachtenden *Ich-Ferne* ein Geschehen.

Wahrnehmend – erinnernd: Ich bin in meinem Jetzt verankert und auf diese Weise zeitlos, da ich den Fluß der Zeit nicht bemerke, oder ich bin auf ein vergangenes Geschehen bezogen und mit dem Fluß der Zeit konfrontiert.

Souverän – ausgeliefert: Ich empfinde mich in einer Situation autonom, selbstbestimmt und Herr meiner selbst, oder ich empfinde mich abhängig, gefangen, ausgeliefert und fremdbestimmt.

Gebannt – gelangweilt: Mir scheint die Zeit wie im Flug zu vergehen, oder meine Aufmerksamkeit richtet sich auf die Zeit, die nicht vorankommen will.

Konzentriert – diffus: Ich richte meine Aufmerksamkeit, ohne mich ablenken zu lassen, auf ein Geschehen, oder ich lasse das, was um mich geschieht, gestaltlos durch mich hindurchfließen, ohne daß etwas haften bleibt.

Körperlich – abstrakt: Das Mentale hat einen Leibbezug (»embodiment«), oder dieser leibliche Bezug besteht nicht. Mentales Geschehen findet immer in einem Körper statt und ist somit notwendigerweise körperlich begründet; doch dann gibt es jene Situationen, die der Leiblichkeit enthoben sind (oder zu sein scheinen), wenn man glaubt, die Erdenschwere hinter sich gelassen zu haben.

Verortet – virtuell: Ich empfinde mich hier und jetzt, zu einer bestimmten Zeit an einem bestimmten Ort, oder ich bin ortlos und muß meine Verortung wiederfinden; virtuelle Räume, in denen ich mich fremd fühle, lassen mich erkennen, daß ich eigentlich ein ortsgebundenes Wesen bin.

Einfach – kompliziert: Das mentale Geschehen zielt auf Einfachheit, Ordnung und Stimmigkeit; es ist immer nur *Eines*, das in einem Augenblick das Mentale bestimmt; wenn Sachverhalte zu kompliziert sind und nicht mehr anstrengungslos erfaßt werden können, dann hat die Reduktion der Kompliziertheit versagt, und ich versinke in der Unübersichtlichkeit.

Und es gibt weitere als komplementär zu verstehende Polaritäten, wie jene, die uns aus der Antike überliefert sind: Wahr – falsch, gut – böse, schön – häßlich. Von vornherein vertrauen wir den Denkwerkzeugen oder den Sinnesorganen, und wir gehen von der Wahrheit oder der Richtigkeit dessen aus, was wir wahrnehmen oder was wir im Denken bewegen. Das Falsche muß durch den Irrtum erst entdeckt werden. Das Mentale ist immer auch eingebettet in ein System von Bewertungen, und wir gehen von der Selbstverständlichkeit des Guten aus; das Böse muß erst entdeckt werden. Das ästhetische Prinzip kennzeichnet in grundlegender Weise unsere Wissenssysteme; auch das Häßliche ist von sekundärer Art und muß erst entdeckt werden. Aber die Entdeckungen des Falschen, Bösen oder Häßlichen, die den Rahmen des von vornherein Gegebenen durchbrechen, lassen ihrerseits das Wahre, Gute, Schöne erst bewußt werden.

Wenn das Mentale durch mehrere Begriffspaare gekennzeichnet ist (und viele mögen noch fehlen), welche sind dann in einem bestimmten Augenblick mentalen Geschehens gegeben? Die Antwort ist recht einfach: Alle. Es gibt kein singuläres Merkmal des Mentalen, so daß man sagen könnte, es gebe *nur* Bewußtheit als reine Bewußtheit oder *nur* Antizipation, die keine Attribute hat. Die genannten Merkmale sind gleichzeitig gegebene Attribute des Mentalen, die allerdings in unterschiedlicher Intensität ausgeprägt sein können, sei es bedingt durch eine bestimmte Situation, sei es bedingt durch die Weise der persönlichen Welterfahrung. Die verschiedenen Attribute geben einen Rahmen vor, innerhalb dessen sich das Mentale des einzelnen darstellt. Es sind also nicht nur allgemein gültige Variable, die das geistige Geschehen aller Menschen (die Seele eines jeden) charakterisieren, sondern jeder ist persönlich dadurch beschrieben, in welcher Weise sich die einzelnen Dimensionen in jedem von uns verwirklichen. (Man könnte eine kleine mathematische Spielerei vornehmen: Wenn jedes Attribut des Mentalen eine Achse in einem Raum repräsentieren würde, und wir hätten beispielsweise zwanzig solche Achsen, dann wäre jeder als ein individueller Punkt in einem Raum mit zwanzig Dimensionen lokalisiert; aufgrund der vielen Variationsmöglichkeiten hieße dies, wie auch andere kombinatorische Überlegungen zeigen, daß wir in unserer Identität unverwechselbar wären. Jeden gibt es nur einmal.)

Doch dann die Paradoxie: Trotz aller Einmaligkeit sind unsere Denkwerkzeuge recht ähnlich. Wie ist dies möglich, daß wir trotz aller Verschiedenheit in so vielen Dingen übereinstimmen? Offenbar gab es und gibt es den evolutionären Druck, uns einander ähnlich zu machen, damit wir gemeinsam in einer Welt leben können, damit wir nicht allein sind. Die Tatsache, daß uns Prinzipien der Einfachheit bestimmen, ist für mich ein Beweis dafür, daß wir im evolutionären Prozeß in ein soziales System eingepaßt werden. (Aber vielleicht ist diese Weise des Be-Weisens fragwürdig, denn das Nachdenken läuft auch häufig in die Irre.)

Doch aus Fehlern kann man (und sollte man) lernen. Vor etwa zweitausend Jahren meinte Cicero: »Cuiusvis hominis est errare, nullius nisi insipientis in errore perseverare. – Jeder Mensch kann irren. Unsinnige nur verharren im Irrtum.« Um unsere Denkwerkzeuge besser zu verstehen, muß man sich mit typischen Fehlern befassen, die wir im Denken begehen. Diese Fehler sind vom Begründer der modernen Wissenschaft, nämlich von Francis Bacon, vor etwa vierhundert Jahren in seinem Werk »Novum Organum« analysiert worden (Immanuel Kant widmete Francis Bacon, der vor allem auch ein Politiker war, seine »Kritik der reinen Vernunft«). Es sind vier Fehlermöglichkeiten, denen wir im Denken und in der Beurteilung von Sachverhalten nach Bacon ausgeliefert sind.

Wir machen Fehler, weil sich dies aus unserer Natur selber ergibt; dies sind also Quellen des Irrens, die wir alle miteinander teilen. Zur Verdeutlichung wähle ich das Beispiel der *Kreativität*. Der wichtigste Fehler, den man im Verständnis der Kreativität machen kann, ist, die

Dinge zu einfach zu sehen. Das menschliche Gehirn ist darauf angelegt, in jedem Augenblick eine Reduktion von Komplexität (oder besser Kompliziertheit) vorzunehmen, indem einfache mentale Kategorien bei gleichzeitiger informatischer Müllbeseitigung gebildet werden (das kann man auch als »kreatives Vergessen« bezeichnen). Wenn wir uns in einem nächsten Schritt, wenn wir also Kategorien gebildet haben, einen Sachverhalt zu erklären suchen (wie hängt *was* mit *was* zusammen?), dann haben wir die Tendenz, immer nach nur *einer* bestimmenden Ursache zu suchen. Wir leiden alle an der Krankheit der »Monokausalitis«. Man muß Probleme zwar vereinfachen, aber sie dürfen nicht zu einfach gemacht werden. Fast alles, was uns im Privaten und Beruflichen als Problem entgegentritt, ist durch mehrere Faktoren bestimmt. Nur weil unser Gehirn es gerne sehr einfach hätte, sollten wir nicht in die Falle geraten, immer nur *eine* Ursache für ein bestimmtes Geschehen zu vermuten. Bei strategischen Konzepten im politischen Rahmen, von Firmen oder auch in der Geseszeslandschaft darf die Interdependenz von Wirkungen nicht übersehen werden. Jedes soziale System ist wie das Gehirn aufgebaut: Alles hängt mit allem zusammen, so daß eine monokausale Betrachtung nie hinreichend ist. Die Suche nach nur einem Faktor, der alles bestimmen soll, engt von vornherein den schöpferischen Prozeß ein.

Die zweite Fehlerquelle ergibt sich aus unserer individuellen Natur. Jeder einzelne ist auf seine besondere Weise geprägt, und diese Prägung bestimmt auch unser persönliches Weltbild. Die Matrix unseres Gehirns wird in den frühen Phasen der Biographie erst durch das, was im Gehirn an Information verarbeitet wird, geformt. Der Rahmen unseres Erlebens und auch unseres Bewertens wird dann bestimmt. Was wir persönlich als wertvoll oder weniger wertvoll ansehen, entscheidet sich während der Prägung. Die individuellen Maßstäbe werden geeicht, unsere Vorurteile festgelegt. Diese individuelle Festlegung kann uns aber darin hindern, aufgeschlossen zu sein. Ein zu fester Rahmen ist ein Feind der Offenheit. Weil verschiedene Menschen verschiedene Bezugssysteme des Bewertens nutzen, kann man eine gemeinsame Kreativität nur erreichen, wenn man weiß, daß man seine eigenen Vorurteile hat, und wenn man offen ist für die anderen; kreatives Zuhören ist also geboten.

Eine dritte Weise, Fehler zu begehen, ergibt sich aus der Kommunikation, insbesondere aus der Sprache. Es gehört zu unserer Natur, mit anderen zu kommunizieren; soziale Kompetenz ist im Genom mitgegeben, was sich darin zeigt, daß wir ein Hirnareal besitzen, das zuständig ist für die Unterscheidung von Gesichtern der Mitmenschen. (Wenn dieses Areal verlorengeht, dann leiden wir an der glücklicherweise sehr seltenen Prosopagnosie.) Kommunikative Fehler entstehen dadurch, daß das, was uns durch den Kopf geht, nicht angemessen verbal oder nonverbal umgesetzt werden kann. Ein Einfall mag allein deshalb nicht von anderen aufgenommen werden, weil er nicht angemessen mitgeteilt werden kann, weil man also nicht jene Form der Kommunikation findet, die von anderen verstanden wird. Deshalb wird im kreativen Gespräch oft gezeichnet, um dem Gedanken visuell Ausdruck zu verleihen. (Um Einfälle nicht zu verlieren, habe ich alle Türen in unserem Institut in Tafeln verwandelt, auf denen man schreiben und zeichnen kann.) Eine besondere Fehlerquelle ist in der nonverbalen Kommunikation angelegt, vor allem wenn Vertreter verschiedener Kulturkreise aufeinandertreffen. Ein bestimmter Gesichtsausdruck, eine Bewegungsweise mag zu einem anderen Rahmen gehören, als man annimmt (wie ich es selbst in Gesprächen mit Kollegen erlebt habe; wenn der Psychiater und Schauspieler Mohan Agashe in einer besonderen Weise den Kopf schüttelt, dann mißverstehe ich zunächst die Bedeutung dieser indischen Form der Zustimmung).

Die vierte Fehlerquelle, die unser Urteil einschränken und unser Denken behindern kann, ergibt sich aus den Meinungen und Theorien, die wir über Sachverhalte haben. Eine Theorie kann beispielsweise das strategische Konzept eines Konzerns sein, oder die politische Richtung einer Partei oder das Erklärungsmuster, das wir in der Wissenschaft an unsere Beobachtungen legen. Damit sind Meinungen vorgegeben, die den Rahmen des Richtigen (oder zur Zeit Gültigen) bestimmen. Kreativität in der Wissenschaft, aber auch in allen anderen sozialen Systemen ist nur erreichbar, wenn wir aus dem vorgefaßten Rahmen heraustreten. Das Neue widerspricht dem bisherigen Rahmen; das wirklich Neue ist ein »Symmetriebruch«, der andere vor den Kopf stoßen kann. Hier wird nun ein persönlicher Faktor wirksam, der ebenfalls mit unserer Natur zu tun hat. Wir sind alle auch autoritätsgläubig; es gehört zur Stabilität sozialer Systeme, daß es eine vertikale Struktur gibt, in der Autorität (»leadership«) implementiert ist. Autorität ist keine soziale Erfindung des Menschen, sondern die Akzeptanz von Autorität oder das Beanspruchen von Autorität (natürlich gibt es hier individuelle Unterschiede) sind ein natürlicher und damit nicht wegzudenkender Teil von uns. Wenn man zu einem sozialen System gehört, in dem Autorität gegeben und »leadership« gelebt wird, dann fühlt sich fast jeder gut aufgehoben. Doch diese Zugehörigkeit hat ihren Preis; wenn jemand einen neuen Gedanken hat, dann gehört Mut dazu, diesen auch zu äußern. Ein System muß deshalb Mechanismen entwickeln, die einerseits Kontinuität gewährleisten (nicht dauernd kann etwas Kreatives umgesetzt werden), wo sich aber gleichzeitig Kreativität entfalten kann. (In manchen sozialen Systemen gibt es eine Institutionalisierung von Nebengedanken, etwa wenn an Königshäusern ein Hofclown alles sagen konnte; auch die Einrichtung von »think tanks« ist eine institutionalisierte Inszenierung möglicher Kreativität.)

Die Art und Weise, wie wir über die Welt nachdenken und welchen Irrtümern wir dabei ausgeliefert sind, ist ein Ergebnis jener evolutionären Prozesse, die schließlich auch den Menschen hervorgebracht haben. Dies bedeutet für die Analyse der Denkwerkzeuge, daß philosophische Sätze ein evolutionäres Erbe repräsentieren. Eine Grundlage für alles weitere Nachdenken ist der Satz der Identität: A = A; eine Sache ist mit sich selbst identisch. Dies ist eine Selbstverständlichkeit, und wer käme mit seinem gesunden Menschenverstand auf die Idee, einen solchen Satz in Frage zu stellen? Daß dieser Satz aber für manche seine Gültigkeit verlieren kann, wissen wir von manchen Patienten, die an einer Schizophrenie leiden oder die eine Hirnverletzung erlitten haben. Etwas kann für solche Menschen seine Identität verlieren, im nächsten Augenblick etwas anderes sein; auch die eigene Identität kann verlorengehen, oder Teile des Organismus können als nicht zum Ich gehörig angesehen werden, wie beim Krankheitsbild des *neglect* (der Vernachlässigung einer Körperseite, auf die die Aufmerksamkeit nicht mehr gelenkt werden kann). Wenn die Identität von etwas, das ich wahrnehme oder das ich denke, verlorengehen kann, dann muß es im Gehirn neuronale Mechanismen geben, die die Identität dessen, was im Bewußtsein repräsentiert ist, sichern. Das Gehirn muß also bestimmte Programme bereitstellen, damit dieser Grundsatz der Philosophie für uns als denkende und wahrnehmende Wesen gelten kann.

Oder ein anderer Satz aus der Tradition des philosophischen Denkens, der Satz vom Grund: »Nihil est sine ratione. – Nichts ist ohne Grund«. Die Entdeckung der *Ursache* (daß es also Gründe gibt) ist eine der großartigsten Leistungen des menschlichen Geistes. (Man kann sein Leben aber auch so leben, ohne sich jemals zu fragen, warum bestimmte Dinge so sind, wie sie sind.) Der Satz vom Grund wird aber oft nicht nur in seiner allgemeinen Aussage begriffen, sondern in seiner konkreten Form mißverstanden, nämlich dem Sinne nach: Nichts ohne *einen* Grund. Hier versteckt sich also monokausales Denken. Wir wissen eigentlich, sagen es nur nicht immer: »Nihil est sine rationibus. – Nichts ist ohne *Gründe*«. Psychische Phänomene, biologische Sachverhalte, soziale Systeme, gesellschaftliche Entwicklungen sind stets multikausal bestimmt.

Hier spielt ein dritter Satz der Philosophie hinein, der zunächst ebenfalls als selbstverständlich erscheinen mag, der Satz vom ausgeschlossenen Dritten: »tertium non datur«: Eine Sache ist wahr oder falsch, dazwischen gibt es nichts. Auf einer bestimmten Diskursebene gilt dies, aber dieser grundlegende Satz verstellt das kreative Denken, wenn er wortwörtlich genommen wird; es gibt für viele Sachverhalte, die nicht nach dem Prinzip schwarz oder weiß funktionieren, den Aspekt des *Dazwischen*. Ein Mensch ist nicht gut oder böse, eine Frau ist nicht hübsch oder häßlich, ein Land ist nicht konservativ oder sozialistisch; mit unseren Begriffen formen wir erst die sich ausschließenden Kategorien. Die Sprache legt etwas nahe, was der Wirklichkeit nicht angemessen ist. Wenn wir uns nur an der Sprache orientieren, vergessen wir, daß es für das meiste Geschehen eine nicht so eindeutige Grundlage gibt; meist gilt, daß etwas mehr oder weniger zutrifft. (Natürlich hat die Philosophie auf manche dieser Probleme reagiert und eine nicht zweiwertige Logik entwickelt.)

Wie ist es dazu gekommen, daß die Grundsätze des Denkens, die auf einer kategorialen Diskursebene selbstverständlich sind, auch den praktischen Umgang mit Sachverhalten beherrschen? Nach meiner Einschätzung liegt dies am Erbe und vor allem am Erfolg des Rationalismus und wohl auch an einem Prinzip, das mit Wilhelm von Occam in Zusammenhang gebracht wird (bekannt als Occamsches Rasiermesser, Occam's razor): »Entia praeter necessitatem non sunt multiplicanda. – Man soll Sachverhalte nicht über das Notwendigste hinaus zu erklären suchen«; das Einfachste gilt. Wenn das Occamsche Rasiermesser und der erwähnte Satz vom zureichenden Grunde

(»Omnis ens habet rationem«) miteinander verbunden werden, dann entsteht ein Paradigma im Sinne von Thomas Kuhn und für die Forschung und die Kreativität überhaupt eine Denkbehinderung; Sachverhalte seien dann gut erklärt, wenn sie einfach erklärt sind, und am einfachsten sind sie monokausal erklärt. Dies ist für komplexe Systeme, wie Lebensprozesse, neuronale Abläufe im Gehirn oder alle Wirkungsgefüge, in denen mehrere Variable in Wechselwirkung stehen, ersichtlich falsch (oder zumindest irreführend).

Auch René Descartes, einem der Väter des Rationalismus, ging es um die Analyse der Denkwerkzeuge. Er formulierte vier Regeln des Denkens, die unser geistiges Leben bestimmen (sollten). Die erste Regel besagt, mit Klarheit, ohne Vorurteile (und auch ohne Hast, was oft vergessen wird) Probleme zu behandeln; die zweite Regel, ein Problem in seine Teile zu zerlegen; die dritte, vom Einfachen zum Schwierigen fortzuschreiten; und schließlich die Forderung nach Vollständigkeit, also nichts zu vergessen. An dieser leicht nachvollziehbaren Auflistung (die man beim Ausfüllen einer Steuererklärung sicher beherzigen sollte) ist der wichtigste Aspekt, daß man sie tatsächlich beherzigen kann. Man mag hier von der Ideologie des Rationalismus sprechen: Probleme können gelöst werden, wenn man es nur richtig macht, und richtig macht man es dann, wenn man reduktionistisch vorgeht, also das Problem in seine Teile zerlegt. Die Grundthese dieses Rationalismus besagt also, daß Sachverhalte sich explizit darstellen und erklären lassen. Klar und deutlich sind Probleme zu formulieren; die Beschäftigung mit ihnen führt zu durchschaubaren und nachvollziehbaren Lösungen. Idealbild dieser Denkweise ist, daß Probleme formal, in mathematischer Sprache beschrieben und gelöst werden können. Vorausgesetzt werden mentale Kategorien, die eindeutig bestimmt (»tertium non datur«) und also auch formal darstellbar sind. Zur Lösung von Problemen lassen sich dann Algorithmen angeben.

Die Algorithmisierung des Mentalen, also unserer Denkwerkzeuge, steht in einem bemerkenswerten Bezug zur klassischen Forschung über *künstliche Intelligenz*. Eine grundlegende Idee dieser Forschung war die Annahme von Symbolsystemen, also der eindeutigen Charakterisierbarkeit mentaler Operationen. Symbole, die für Kategorien des Geistigen stehen, erlauben dann die Algorithmisierung bewußter Abläufe. Das war der Anspruch, doch sind entsprechende Versuche dieser klassischen Forschung zur künstlichen Intelligenz, den menschlichen Geist also in eine mathematische Formel zu verwandeln, gescheitert. Inzwischen gelangte man zur Erkenntnis (dies gilt allerdings nicht für alle, die auf diesem Gebiet wissenschaftlich arbeiten), daß geistige Prozesse sich nicht durch Datenverarbeitungsvorgänge wie in einem Computer simulieren lassen, indem sequentielle Operationen mit Symbolen ausgeführt werden. Daß man überhaupt auf die Idee kam, das Denken wie in Computer implementierte Algorithmen anzusehen, belegt die nachhaltige Wirkung des Rationalismus als Paradigma, daß alles klar und explizit benannt werden könne, daß Probleme rational lösbar seien, insbesondere, wenn man reduktionistisch vorgehe. Der Rahmen dieses Denkens über den menschlichen Geist ist zu eng geraten.

Manchmal heilt die Wissenschaft sich selber. Bemerkenswerterweise ging ein Wechsel der Betrachtung des Mentalen von Forschern aus, deren Arbeitsgebiet nicht weit entfernt von jenem der künstlichen Intelligenz lag, nämlich der kognitiven Robotik. Wie sähe eine Welt aus, in der sich nicht nur natürliche Lebewesen, sondern auch künstliche Lebewesen, also Roboter, bewegen? Roboter müßten sinnvollerweise so gebaut sein, daß sie sich angepaßt an unser Verhalten bewegen. In der Welt, in der ich leben möchte, ist es nicht wünschenswert, daß sich das menschliche Verhalten an das von Robotern anpaßt. (Falls es allerdings demnächst dazu kommen sollte, daß sich Roboter in unserer sozialen Welt aufhalten, wird es wohl nicht zu vermeiden sein, daß auch wir uns ein wenig anpassen. Daß wir dies erfolgreich tun könnten, zeigt ein Blick auf die Straße. Was wir beobachten, ist die Interaktion zwischen Menschen und Autos und nicht zwischen Menschen und Menschen in Autos. Ein fahrendes Auto wird als ein Objekt/Subjekt gesehen, dem wir ausweichen oder auf das wir warten. Wir passen uns in unserem Verhalten also an den Verkehr an, indem wir Verkehrsgegenstände wie Autos oder Busse »vermenschlichen«).

Stellen wir uns einmal vor, daß sich auf dem Bürgersteig Roboter bewegen, wie etwa der humanoide Roboter Asimo von Honda. Wir würden von Asimo erwarten, daß er uns beim Gehen ausweicht, wie wir ihm auch ausweichen. Seine Bewegungstrajektorien müssen so gestaltet sein, daß sie uns in unserem Ausweichverhalten kaum nachstehen. Um dies zu erreichen, muß Asimo eine Intelligenz mitgegeben werden, die vielleicht nicht ganz an die menschliche Intelligenz heranreichen muß, die aber erheblich größer sein muß als das, was Roboter heute vermögen. Die kognitive Robotik, also jenes Gebiet, das sich die Aufgabe gestellt hat, höhere Intelligenz in Roboter hineinzubringen, muß eine Art von Weltwissen im Roboter repräsentieren. Dabei wäre es nützlich, wenn beispielsweise ein Algorithmus implementiert würde, den Kerstin Schill unter dem Namen IBIG (»Inference by Information Gain«) entwickelt hat. (Handle so, daß mit dem nächsten Schritt ein maximaler Informationszuwachs erreicht werden kann; wenn jeder dementsprechend handelt, dann wird für andere das Verhalten zumindest in einem bestimmten Rahmen voraussagbar; und dann kann man sich aus dem Weg gehen.)

Unterhalb einer solchen Ebene von Intelligenz sind noch ein paar weitere Maßnahmen zu berücksichtigen: Ein Roboter muß mit Sensoren ausgestattet sein, die ihn darüber informieren, wo sich etwas befindet und in welcher Richtung sich ein Mensch oder ein anderer Roboter bewegt. Als Information müssen akustische und optische Reize und für die Reaktion auf Menschen vielleicht auch Geruchsreize verarbeitet werden. Der Roboter braucht also eine zentrale Informationsverarbeitung, in der Reize aus den verschiedenen Domänen integriert werden, um auf dieser Grundlage seine Bewegungen auszurichten. Doch die Reize aus verschiedenen sensorischen Domänen müssen nicht nur zusammengesetzt, sie müssen auch daraufhin bewertet werden, ob sie relevant sind im Hinblick auf die Bewegungssteuerung. Ein solcher Roboter braucht also ein gutes Gedächtnis, auf dessen Grundlage eine solche Bewertung möglich ist. Jedes autonome Wesen hat eine Bewertungsinstanz; wenn miteinander interagierende Roboter entwickelt werden, die sich autonom verhalten, aber sich gegenseitig berücksichtigen, muß ihnen ebenfalls eine Bewertungsinstanz eingepflanzt werden. Sie müssen in jedem Augenblick darüber informiert sein, was gut und was schlecht für sie ist. In diesem Sinne müssen autonom sich bewegende Roboter auch Gefühle haben, selbst wenn ihnen diese nicht bewußt sind. Auch wenn dies alles in ihnen verwirklicht ist, brauchen sie wohl nicht ein Wissen darüber zu haben, daß sie dies alles können; sie brauchen also keine »theory of mind«, sondern sie können sich wie ein Blindenhund, der vermutlich auch kein Wissen über seine Fähigkeiten hat, angemessen in menschlichen Umgebungen verhalten. (Eine »theory of mind« entwickelt sich beim Menschen erst mit etwa drei bis vier Jahren, wenn man also begreift, daß andere auch ein Wissen über die Welt haben, daß man gemeinsam mit jemandem seinen Blick auf etwas richten kann, daß man eine Außenperspektive zu den Dingen haben kann, daß man ein explizites Wissen seiner selbst haben kann oder daß man jemanden anschwindeln kann; lügen zu können, also die Wahrheit willentlich zu verschleiern, ist eine besondere menschliche Errungenschaft; allerdings meinte der Verhaltensforscher Konrad Lorenz, auch Hunde könnten lügen; vielleicht sind wir Menschen nur besser im Lügen.)

Ein Szenario über noch nicht existierende, aber vielleicht einmal unsere soziale Welt bevölkernde Roboter läßt sich nicht als Zukunftsmusik abtun, wenn man sich einen Mechanismus vor Augen führt, der für den Menschen charakteristisch ist. Dieser Mechanismus der Attribution verführt dazu, Gegenstände als belebt und erlebend zu empfinden. Wenn wir ein sich bewegendes Objekt sehen, dann schreiben wir diesem Objekt, und sei es auch ganz offensichtlich nur eine Maschine, Leben zu; wir können gar nicht anders, als sich bewegende Maschinen als belebt wahrzunehmen. Diese menschliche Eigenart hat zur Konsequenz, daß in technische Artefakte die Eigenschaften hineinempfunden werden, die auch uns kennzeichnen. Wir bevölkern unsere soziale Welt auch mit Unbelebtem. Die Eigenart, von uns selbst Geschaffenes als belebt und beseelt anzusehen, läßt sich als Pygmalion-Effekt nach der aus der griechischen Mythologie bekannten Figur des Künstlers bezeichnen, der sich in das von ihm geschaffene Werk verliebte und die Götter anflehte, sein Kunstwerk mit Leben zu versehen. (Die Götter haben diesen Wunsch tatsächlich erfüllt.) Der Pygmalion-Effekt, dem wir alle ausgeliefert sind, bedingt, virtuelle Realitäten als Wirklichkeiten zu sehen; Roboter, die so aussehen wie wir und die sich bewegen wie wir werden als belebt und beseelt empfunden.

Mir scheint, daß der Pygmalion-Effekt auch im Rahmen der Philosophie von Bedeutung ist. Eine zentrale Frage in der Philosophie lautet, wie man eigentlich wissen könne, daß auch ein anderer Mensch wie man selbst beseelt sei. Aufgrund der Subjektivität der Erfahrung ist man doch in sich eingeschlossen, und man kann deshalb nur vermuten, nicht aber wissen, ob ein anderer über dieselben oder ähnliche Erlebnisse verfügt wie man selbst. Der Attributionsmechanismus der Vermenschlichung führt aber automatisch dazu, anderen Menschen

Leben und Erleben zuzuschreiben. Man erlebt jeden von vornherein als einen Menschen und muß nicht erst darüber nachdenken. Der andere wird nicht erst konstruiert, er *ist* schon. Wer mit gesundem Menschenverstand ausgestattet ist (und wer ist dies eigentlich nicht?), für den ist die Frage, ob andere Menschen auch ein Bewußtsein haben, schwer zu verstehen (was für abseitige Fragen Wissenschaftler manchmal stellen!). Ich vermute, daß es durch die konzeptionelle Abtrennung der Rationalität von anderen mentalen Prozessen, insbesondere von der emotionalen Bewertung des Erlebens, in der geistigen Geschichte zu solchen Irrläufern der Analyse des Menschseins anderer kommen konnte und daß durch diese Abspaltung das Selbstverständliche in Frage gestellt wurde.

Warum sind eigentlich viele Menschen (nicht alle) so fasziniert davon, den menschlichen Geist in Computerprogrammen nachzubilden? Warum sucht man überhaupt nach Algorithmen des Mentalen, um damit unser Denken formal zu beschreiben? Neben der wissenschaftlichen Herausforderung verbirgt sich dahinter wohl vor allem der Wunsch nach Unsterblichkeit. Daß wir in Computern weiterleben können, ist also ein religiöses Bemühen. Unser Leben und Erleben ist gebunden an die Funktionsfähigkeit des Gehirns und die Leiblichkeit unseres Seins. Wenn man mathematische Programme entwickeln kann, die unseren Geist repräsentieren, dann kann man im Prinzip auch eine Kopie unseres geistigen Lebens herstellen. Diese Kopie kann man dann in Materie einbetten, die eine längere physische Existenz hat als unser körperliches Leben; wir wären endlich der Fleischlichkeit unseres Daseins enthoben. Eine solche Auffassung der Algorithmisierung alles Mentalen geht von einem Dualismus im Hinblick auf das Leib-Seele-Problem aus, also der prinzipiellen Trennbarkeit von Seelischem und Körperlichem; einem Repräsentanten des Funktionalismus ist es gleichgültig, welche materiale Basis die Seele hat; sie kann auf irgendeine beliebige Weise technisch verwirklicht werden.

Obwohl die meisten Naturforscher (männlichen und weiblichen Geschlechts) eine monistische Auffassung bei der Erklärung des Leib-Seele-Problems vertreten, ist es überlegenswert, wie dualistisches Denken überhaupt entstanden sein könnte. Ein Denken, das das Körperliche vom Geistigen trennt, scheint mir keine Selbstverständlichkeit zu sein (doch vielleicht verbirgt sich in dieser Wertung mein persönliches Vorurteil). Historisch mag die Entwicklung einer dualistischen Position mit der Entdeckung der Schriftsprache zusammenhängen. Im Aufschreiben werden Gedanken, die wir geäußert haben, von dem Augenblick des Geschehens getrennt. Die in der unmittelbaren Kommunikation angestellten Überlegungen werden durch schriftliches Festhalten anderen an anderem Ort und zu anderer Zeit verfügbar gemacht. Das schriftliche Dokument ist aber nicht nur ein Speicher des gesprochenen Wortes. Im Augenblick des Sichlösens von der unmittelbaren Kommunikation beginnen die schriftlich fixierten Worte, die Gedanken, ein Eigenleben zu führen. Der Leser beginnt zu glauben, das schriftlich Festgehaltene halte nicht mehr nur etwas fest, was in einer zwischenmenschlichen Kommunikation stattgefunden hat, sondern das Wort repräsentiere etwas Allgemeingültiges, hinter dem Wort stehe eine Idee, der eine eigenständige Existenz zukommt. Solange sich dieser Wortbezug auf Gegenstände richtet, die in unserer sinnlichen Erfahrung vorfindbar sind, mag dieser kategoriale Bezug problemlos sein. Jeder kann nachprüfen, daß es einen Stuhl oder ein Buch oder ein Bett tatsächlich gibt, wenn er sitzend oder liegend ein Buch liest. Problematisch wird dieser kategoriale Bezug aber dann, wenn sich das geschriebene Wort auf abstrakte Konzepte wie Bewußtsein oder Seele bezieht. Solche Begriffe mit einem abstrakten Bezug sind zunächst nur Worthülsen, die der Vereinfachung der Kommunikation dienen. Es ist ein Fehler, aus der Möglichkeit, das Wort »Bewußtsein« zu schreiben, zu folgern, diesem Begriff käme eine ähnliche Realität zu wie einem Stuhl, einem Buch oder einem Bett. Durch die Abtrennung des Begriffs vom *gesprochenen* Wort und durch seine schriftliche Fixierung werden wir dazu verführt anzunehmen, als gebe es Bewußtsein im eigentlichen Sinn des Wortes. Dann kann es dazu kommen, daß sich manche Hirnforscher auf den Weg machen, den Sitz der Seele zu suchen; ein unsinniges Unterfangen. Diese Denkweise ist in einem Mißverstehen der Sprache und ihrer Möglichkeiten begründet.

Dies soll nun nicht heißen, vom Gebrauch des Wortes Bewußtsein ganz abzuraten. Genausowenig kann man darauf verzichten, Wörter zu verwenden, die sich auf andere abstrakte Konzepte beziehen, die in der Psychologie und der Hirnforschung eine große Rolle spielen, wie Gefühl oder Aufmerksamkeit. Wenn man diese Wörter verwendet, sollte man dabei aber mitdenken, daß sie Gebrauchswörter sind, die sich auf Prozesse des Erlebens beziehen, die aber nicht dazu verführen sollten, anzunehmen, als *gebe* es *die* Intelligenz, *die* Aufmerksamkeit, *das* Gefühl oder *das* Bewußtsein, wie es jene Dinge gibt, die in der Anschauung unmittelbar gegeben sind und die wir begreifen können, weil wir sie greifen können. In all diesen Fällen, insbesondere bei der mißverstandenen Verwendung des Wortes Seele oder Bewußtsein, sind weitreichende Konsequenzen die Folge, die nicht nur unser soziales Leben, sondern auch den Verlauf der Geschichte prägen und geprägt haben. Wenn wir nämlich Bewußtsein als etwas vom Körper Getrenntes betrachten, dann hoffen wir, daß dieser mit unserem körperlichen Leben verbundene Bereich erhalten bleibt, wenn wir körperlich sterben. Wir sehnen uns danach, daß unsere körperliche Sterblichkeit durch die Teilhabe am ewig währenden Kosmos des Seelischen überwunden werden kann, und in manchen religiösen Systemen gewinnt man sogar eine immer dauernde Körperlichkeit zurück.

Diese Überlegungen zeigen auch, wie unsinnig die Frage ist, wo sich das Bewußtsein aufhalte, wenn wir im traumlosen Schlaf versunken sind. Nach dualistischer Auffassung muß einem diese Frage Sorge bereiten; das Bewußtsein müßte dann irgendwo gespeichert werden. Für einen Monisten ist diese Frage nicht sinnvoll. Der Zustand *bewußt* wird im Prozeß des Aufwachens immer erst wieder erzeugt. Dabei kann es durchaus geschehen (und dies wird von manchen als befremdend erlebt), daß das Gefühl der eigenen Identität sich beim Aufwachen nicht sofort einstellt. Es kann der Eindruck einer Ich-Fremdheit bestehen (und merkwürdigerweise geschieht dies gerade dann, wenn wir in einem fremden Bett aufwachen; in einer fremden Umgebung weiß man manchmal weder, wo man ist, noch, wer man eigentlich ist). Diese Ich-Fremdheit weist darauf hin, daß das Gefühl der eigenen Identität nicht etwas Selbstverständliches ist. Unsere Wahrnehmungsvorgänge, unsere Erinnerungen, unsere bewertenden Gefühle und unsere willentlichen Absichten müssen erst miteinander verkoppelt werden, und wenn es bei den neuronalen Modulen, die diesen funktionellen Bereichen unterliegen, zu gewissen Verzögerungen in ihrer Verbindung kommt, so mag auch beim Gesunden in der Übergangsphase vom Schlafen zum Wachen kurzfristig ein Zustand von Ich-Fremdheit entstehen.

Oft wird die Frage gestellt, welche Funktion eigentlich der Traumschlaf oder die Träume haben. Man mag sich fragen (und man sollte dies auch tun), welche Bedeutung der Traumschlaf vor der Geburt hat, denn das ungeborene Kind verbringt die meiste Zeit im Zustand des Träumens. Ich schlage für das pränatale Träumen die folgende Hypothese vor (die von manchen, aber sicher nicht von allen Fachleuten geteilt wird; als der amerikanische Schlafforscher Allan Hobson bei mir zu Gast war, erzählte ich ihm von meiner Spekulation, und ich freute mich, endlich jemanden zu treffen, der ähnlich dachte; mit manchen Thesen möchte man nicht allein stehen): Der Traumschlaf repräsentiert Phasen, in denen das Gehirn visuelle Information als virtuelle Information verarbeitet. Es sind Zustände des *als ob*, mit denen das Gehirn für die visuelle Informationsverarbeitung sofort nach der Geburt vorbereitet wird. Dieser rein neurobiologischen Erklärung der Funktion des Träumens steht jene entgegen, die dem Traum eine Funktion bezüglich der psychischen Hygiene zuweist. In einer solchen nichtbiologischen Deutung gibt es einen physiologisch eindeutig definierten Zustand, der im Laufe der Evolution entwickelt wurde, damit in einem anderen Bewußtseinsbereich, eben dem Traumbewußtsein, psychische Realitäten verwirklicht werden können, die auch für das Wachbewußtsein nützlich sind. So nahm beispielsweise Carl Gustav Jung an, daß Träume dem Wachbewußtsein melden, welche Defizite im Leben und Erleben des einzelnen vorhanden sind, was bei der weiteren Lebensgestaltung zu berücksichtigen sei. Dem Traum kommt also eine selbsttherapeutische Funktion zu.

Die Traumtheorie von Sigmund Freud kann als komplementär zur biologischen Theorie über die Funktion der Träume angesehen werden. Freud betrachtete den Traum als Königsweg zum Unbewußten; im Traum zeigen sich verdrängte Inhalte des Erlebens in einer verdeckten Weise. Im biologischen Zustand des Traumes wird eine Bühne aufgebaut, das Traumbewußtsein, auf der der einzelne als Schauspieler, Regisseur und Zuschauer agiert. Freud nimmt an, daß in dieser Phase reduzierter Ich-Kontrolle üblicherweise verdeckte Motivationen an die Oberfläche kommen. Dieser Zugang zur Oberfläche erklärt sich daraus, daß die mentale Aktivität in diesem physiologischen Zustand von sinnlicher Erfahrung unbeeinflußt bleibt. Das Gehirn hat sich gleichsam undurchlässig gemacht für Reize von außen. Obwohl nun verdrängte Inhalte die Bühne des Traumbewußtseins betreten könnten, müssen sie sich maskieren. Der sogenannte latente Traumgedanke wird mit Hilfe der Traumarbeit, wie Freud das nennt, in den erlebten Traum verwandelt. Die Maskierung der eigentlichen Traumabsicht geschieht mit Hilfe verschiedener Mechanismen, die jedem Träumer geläufig sind. Der Mechanismus der Verdichtung bewirkt, daß zwei Personen in eine Person zusammengezogen werden; der Mechanismus der Verschiebung führt dazu, daß ein Spieler auf der Traumbühne für jemand anderen steht, und der Mechanismus der Symbolisierung bedeutet, daß Objekte im Traum einen anderen Gedanken oder einen Wunsch repräsentieren. Für viele ist auffällig, und dies mag in früherer Zeit häufiger der Fall gewesen sein als jetzt, daß sexuelle Symbole die Traumbühne ausstatten. Was sozialer Ächtung unterliegt, wird in das Unbewußte verdrängt und versucht sich im Traum wieder in das Bewußtsein zu drängen. Da die Wertmaßstäbe in verschiedenen Kulturen und Zeiten voneinander abweichen, werden auch bestimmte Handlungsweisen und die ihnen entsprechenden Erlebnisbereiche mit unterschiedlicher Akzeptanz belegt. Die höhere Akzeptanz der Sexualität in unserer heutigen Zeit mag die Ursache dafür sein, daß die Traumbühne von heute von sexueller Symbolik weitgehend leergeräumt ist oder zumindest weniger genutzt wird.

Der bizarre Charakter des Träumens hängt damit zusammen, daß die Aktivität des Gehirns von der Tätigkeit der Sinnesorgane abgekoppelt ist. Das Gehirn ist sich mit seinen Denkwerkzeugen gleichsam selbst überlassen. Derartige Zustände der Eigenaktivität, bei denen die Realitätskontrolle durch die Sinnesorgane fehlt, gibt es auch bei anderen seelischen Zuständen. Im Krankheitsfall der Schizophrenie kann es geschehen, daß Sinneserfahrung nicht mehr auf die Eigenaktivität des Gehirns bezogen werden kann; diese alleingelassene Aktivität mag dann zu Halluzinationen führen. Die Entkopplung der zentralnervösen Aktivität kann auch in Experimenten über sensorische Deprivation erlebbar gemacht werden; wenn man eine Versuchsperson in eine Umgebung bringt, in der sie nichts mehr hört oder sieht, verliert sie nach kurzer Zeit das Gefühl für Raum und Zeit; sie beginnt aufgrund der sich selbst überlassenen Aktivität zu halluzinieren. Diese Beobachtungen machen deutlich, daß unser Bewußtsein eingebettet ist in die Welterfahrung, die sichergestellt wird durch die Tätigkeit unserer Sinne. Wahrnehmung ist ein konstitutives Element jedes Bewußtseinszustandes, und Denken, so weltabgehoben es auch erscheinen mag, ist letztlich immer auf die Welt um uns bezogen;

wenn diese Kopplung fehlt, dann empfinde ich zumindest ein solches Denken als befremdlich.

Etwa zur Jahrtausendwende bekam ich einen Anruf von einem Herrn, der gerne einmal mit mir über Hirnforschung und über das Denken sprechen wolle; wir trafen uns beim Italiener an der Ecke, tranken eine Flasche Wein zum Essen und sprachen darüber, wie wohl das Denken in das Gehirn gekommen sein könnte. Dieses und weitere Gespräche mit Albrecht von Müller entwickelten ihre eigene Dynamik, in denen wir beide uns über nicht gefragte Fragen in der Philosophie und vor allem in der Hirnforschung wunderten. Es ist offenkundig (dies ist meine persönliche Einschätzung), daß es kaum Bemühungen in meinem eigenen Forschungsgebiet gab und gibt, die auf ein tieferes Verständnis dessen zielen, was man unter Denken versteht. Eine Tätigkeit, die jeder Mensch täglich unzählige Male einsetzt, ist gar kein Thema der Hirnforschung, und wenn es einmal ein Thema war (wie vielleicht vor einhundert Jahren bei dem Psychiater Emil Kraepelin), dann ist es als Thema verlorengegangen (dieser meiner Einschätzung wird von manchen entgegnet, daß man heutzutage von »Kognition« und nicht mehr vom »Denken« spreche; für mich ist beides aber nicht dasselbe; mit dem Denken assoziiere ich einen Prozeß im Gehirn; dem Begriff Kognition fehlt dieser dynamische Aspekt). Wir beschlossen bereits bei diesem ersten Treffen, die Kräfte zu bündeln, und unter dem beschirmenden Namen des vorsokratischen Philosophen Parmenides haben wir inzwischen mehrere Tagungen mit Kollegen aus der ganzen Welt durchgeführt, in denen wir uns in die Frage hineinbohren, was es denn mit dem Denken auf sich hat. Viele dieser Veranstaltungen fanden und finden auf der Insel Elba statt, einem Ort, der selber zum Denken einlädt und wo sich Napoleon für kurze Zeit aufhielt. (Bei einer der Veranstaltungen überraschte uns der amerikanische Philosoph Hubert Dreyfus mit einem Palindrom, also einem Wort oder einem Satz, die in beiden Richtungen gelesen dasselbe bedeuten: »Able was I ere I saw Elba«; in der Tat war Napoleon wohl besonders fähig, bevor er Elba sah.) Für mich die bisher fruchtbarste Veranstaltung auf Elba war eine »scuola primavera« (eine »Frühlingsschule«), an der mehrere jüngere Forscher teilnahmen und an der Georg Kreutzberg, Albrecht von Müller und ich als akademische Lehrer versuchten, einen Einblick in die Hirnforschung zu vermitteln. Die Teilnehmer kamen aus Ost und West, und die Atmosphäre war beherrscht von der Stimmung des Denkens. Martin Hirsch entwickelte seine Überlegungen zur Gewinnung von Informationen aus Texten weiter; es geht ihm darum, automatisch Wissen mit Bedeutung zu erfassen; Sepideh Ravahi achtete mit ihrem pragmatischen Sinn auf den Bezug zur Realität, daß Denken nämlich nie frei sei von einem emotionalen Rahmen; Britta Glatzeder und ich versuchten uns mit einem neuen Kunstwort, dem »Denk«, an einer inhaltlichen Bestimmung des Denkens; Albrecht von Müller erörterte seine Theorie, daß das Denken durch vergleichende, sequentielle, kausale und gestaltbildende Grundoperationen gekennzeichnet sei; so war jeder in das geistige Geschehen eingebunden, das nicht einmal beim Esssen oder beim Schwimmen unterbrochen wurde.

Wie kamen wir zu diesem merkwürdigen Wort »Denk«? Bei jeder mentalen Aktivität gibt es Inhalte, so auch im Denken (einen völlig leeren Geist zu haben, dies gelingt nur wenigen). Doch was sind die Inhalte des Denkens, was ist der Gegenstand des Denkens? Wenn man sagt, es sei der Gedanke, dann scheint mir dieser Begriff bereits zu umfassend zu sein; für die Materialien des Denkens gibt es offenbar keinen Begriff (vielleicht weiß ich dies auch nur nicht). Im Denken müssen elementare Bausteine der mentalen Tätigkeit bereitgestellt werden; diese einzelnen Bausteine oder kategorialen Elemente haben wir einfach das »Denk« getauft (ohne eine gewisse Schalkhaftigkeit auch mit Begriffen machen solche Veranstaltungen kein Vergnügen).

Damals in der »scuola primavera« wie heute stellt sich für mich immer wieder die Grundfrage: Was ist der Zweck des Denkens? Warum denken wir eigentlich? (Susanne Piccone hat in ihrer Denk-Bar dieser Frage sogar einen Abend mit gutem Essen gewidmet.) Wie zu erwarten, gab und gibt es keine einhellige Antwort auf die Frage, warum wir denken. Mir selbst habe ich eine recht einfache Antwort zurecht gelegt, die sich an dem biologischen Prinzip der Homöostase-Regelung orientiert: Denken dient dem Zweck (und letztlich nur dem Zweck), unseren Organismus in einem dynamischen Gleichgewicht zu halten. Denken steht im Dienste dieser lebenserhaltenden Funktionen. Wenn Bedürfnisse auftreten, dann wird uns damit gemeldet, daß das innere Gleichgewicht in Gefahr ist. Dann müssen die Bedürfnisse erfüllt werden, auch wenn dies nicht immer sofort geschehen kann, wenn also eine Pause (ein Hiatus, wie es Arnold Gehlen genannt hat) zwischen der mentalen Repräsentation des Bedürfnisses und seiner Befriedigung notwendig ist. Im Geiste Lösungen für eine mögliche Bedürfnisbefriedigung durchzuspielen (man mag dies Probehandeln nennen, wie es Sigmund Freud getan hat), das ist Denken. Jeder Organismus versucht ein homöostatisches Gleichgewicht zu halten und wieder herzustellen, wenn es gestört ist; beim Menschen hat sich hierfür, verglichen mit anderen Lebewesen, *eine* Fähigkeit besonders entwickelt, und die nennen wir Denken.

26 Kniekehlenkunde

Ich weiß und bin des festen Glaubens, daß ich verzaubert bin; und das genügt mir zur Beruhigung meines Gewissens. Miguel de Cervantes (Don Quijote)

Es giebt Kranke, denen es ein Bedürfnis und eine Beruhigung ist, sich immer und immer wieder vom Arzte die krankhafte Natur ihrer Vorstellungen und Gefühle versichern zu lassen. Emil Kraepelin

Es liegt nahe, aus dem Erfolg einer Therapie zu schließen, daß sie selber diese erwünschte Wirkung gehabt habe, und weiter, aus der therapeutischen Wirkung auf die Art der Krankheit zu schließen. Leider sind beide Schlüsse trügerisch. Die Erfahrung lehrt, daß fast alle Mittel eine Weile in irgendeinem Sinne helfen.
Karl Jaspers

Ein Knie geht einsam durch die Welt.
Es ist ein Knie, sonst nichts!
Christian Morgenstern

Ich denke sowieso mit dem Knie. Joseph Beuys

Mit einer medizinischen Therapie wird der gesundheitliche Rahmen wiederhergestellt, und mit einer Psychotherapie wird der seelische Rahmen, den man verloren hat, wiederaufgebaut. Ich spreche jetzt einmal nicht über die zehn Prozent (diese Zahlenangabe ist nicht als exakte Ziffer, sondern bildlich zu verstehen), die wirklich eine Psychotherapie benötigen; ich spreche hier über die anderen. Als ich vor einiger Zeit nach San Diego flog, saß neben mir ein freundlicher Herr, der beim Landeanflug seine Zeitschrift zur Seite legte, die Augen schloß und eine ungewöhnliche körperliche Haltung einnahm. »You know what I did?« fragte er, als wir auf dem Boden waren. »I meditated.« Ich hatte ihn nicht gefragt, was er getan hatte, und zeigte mich beeindruckt, daß er meditiert hatte. Das war vor einigen Jahren der erste Kontakt mit einer bestimmten Form der Psycho-Szene, die sich vor allem aus Kalifornien kommend mit Erfolg verbreitet hat. Grundprinzip ist, möglichst alles auszusprechen (auch wenn man nichts zu sagen hat). Selbst wenn man nicht gefragt hat, wird man zum Zeugen gemacht, als Seelen-Voyeurist mißbraucht. Die Exhibition des einzelnen, der uns einlädt, in seine seelischen Abgründe zu schauen, wird Unbeteiligten (und Uninteressierten) zum Konsum aufgezwungen, oft mit der Absicht kundzutun, daß es einem am schlechtesten geht.

Ich war auf dem Weg nach San Diego zu einem mehrwöchigen Kursus über Gesprächspsychotherapie mit Carl Rogers, der mir von einem Fachmann empfohlen worden war; einige Wochen später kam ich mit einem neu erworbenen Diplom zurück (ich muß das irgendwo verlegt haben). Die Bedeutung von Carl Rogers für die Entwicklung der Psychotherapie ist unbestritten; er hat darauf hingewiesen, wie wichtig in einem therapeutischen Gespräch die nach ihm benannten »Rogers-Variablen« sind, nämlich Authentizität des Therapeuten, die Fähigkeit, die Probleme des Patienten (sie heißen merkwürdigerweise Klienten; ein Seelen-Kunde in der Seelenkunde) zu verbalisieren, und schließlich Empathie dem anderen gegenüber. (Wer wäre dies nicht gerne: empathisch, authentisch und wortgewandt, doch kann man das als Erwachsener in kurzer Zeit lernen, wenn man sich dem anderen gegenüber nicht öffnen kann, also keine Empathie zum Ausdruck bringt, wenn es einen Bruch in der eigenen Identität gibt, wenn einem die Worte fehlen? Ich war im übrigen beeindruckt von der Tatsache, daß Carl Rogers selbst die nach ihm benannten Variablen nicht verkörperte, was allerdings nicht gegen deren Bedeutung spricht. Wenn man etwas selbst verkörpert, dann ist es für einen etwas Selbstverständliches, das nicht hinterfragt wird, und man macht sich nicht zum Objekt der eigenen Betrachtung; oft ist es der Mangel, der den Blick auf sich selbst richten läßt; erst durch die Außenperspektive zu sich entdeckt man manchmal etwas an sich, das einem sonst entgehen mag; mit der selbstverständlichen Naivität mag es sich leichter leben, doch das, was einem fehlt, hilft manchmal der Erkenntnis.)

Es waren wunderbare Wochen: herrliches Wetter, ein schöner Strand am Pazifik, wo man nackt baden konnte und einige Herren mit Erektionen spazieren gingen, gute Tennisplätze und eine erstaunliche Bereitschaft der Teilnehmer, Dinge über sich zu erzählen, die niemanden etwas angingen, die niemanden interessierten und die vor allem recht langweilig waren (dies war für mich ein fremder Rahmen). Jeder zwang die anderen in die eigene Welt des Erlebens hinein. Faszinierend zu beobachten, wie mit voyeuristischem Blick den Selbstpreisgaben Gehör geschenkt wurde. Mitleid wurde artikuliert. Nur wenige schauten schamvoll zur Seite, wenn es etwas zu intim wurde. (Ich hatte da noch nicht begriffen, daß diese Offenheit zur Form des sozialen Lebens gehörte.) Und dann wurde jeder auch mit den leidvollen Trivialitäten des Alltags konfrontiert. (Es ist erstaunlich, worunter man alles leiden kann.) Einer erzählte voller Selbstmitleid, daß er ein Buch nicht fertig schreiben könne, und tagelang feierte er sein Unvermögen vor anderen. Ich fragte ihn nicht, ob es denn so wichtig sei, das Buch zu schreiben, sondern machte ihm den Vorschlag, ein paar organisatorische Prinzipien zu berücksichtigen; er solle doch regelmäßig jeden Tag einige Zeilen schreiben, und er müsse sich dazu jeden Tag zwingen. Natürlich mag man entgegnen, daß ein neurotisches Arrangement oder eine Depression es eben unmöglich mache, sich zu einer Tätigkeit zu zwingen. Aber: Anstrengungslos ist nichts zu haben. Er schaute mich bei der Erörterung einiger lebenstechnischer Maßnahmen verblüfft an, da sie so ganz unpsychologisch waren, doch ich wiederholte, er müsse sich einer gewissen Disziplin unterwerfen, um Kontrolle über sich, und damit Autonomie, zu gewinnen; ich glaube, meine »Therapie« war erfolgreich.

Oft wird behauptet wir befänden uns im Übergang von einer Industrie- in eine Informations- oder sogar eine Wissensgesellschaft. Das ist richtig, wenn wir eine Außenperspektive einnehmen und die Kursentwicklungen an der Börse beobachten. Man kann unsere Gesellschaft aber auch als eine analgetische, als eine schmerzfreie Gesellschaft verstehen, wenn wir uns von innen betrachten. Jede Art von Schmerz, jede Zumutung, jede Anstrengung, jede Konzentration ist zuviel verlangt. (Wenn man in einhundert Jahren mit dem historischen Blick auf unsere Zeit schaut, dann mag unsere Selbstdefinition, die einer Wissensgesellschaft, nicht mehr gültig sein; der Zeitgeist, der uns möglicherweise implizit beherrscht, mag ein ganz anderer sein als der, den wir explizit vermuten, und wir würden verblüfft sein, wie man uns in Zukunft retrospektiv sehen wird oder wie uns jetzt schon andere Kulturen sehen.) Im Rahmen meiner Betrachtung repräsentieren wir aber zur Zeit eine analgetische Gesellschaft. Allerdings scheint auch hier die 90/10-Regel zu gelten; was ich behaupte, trifft für die neunzig Prozent zu; die heutige Zwei-Klassen-Gesellschaft legt die ganze Arbeitslast auf die zehn Prozent, die es irgendwie schon richten werden, daß möglichst alle anderen anstrengungslos in die Zukunft gehen können. Wenn es mir schlecht geht, werden die Gründe hierfür sofort sozialisiert. Andere sind schuld an meiner Misere, und so sind auch andere dafür verantwortlich, daß es mir wieder besser geht. Die Optimierung meiner Befindlichkeit verlangt den Einsatz aller Kräfte, nur nicht der eigenen. Dieser Zeitgeist spiegelt sich auch in der Definition der Gesundheit durch die Weltgesundheitsorganisation: Körperliches, psychisches und soziales Wohlbefinden, und dieses möglichst vermittelt durch andere, die sich in geeigneten Verbünden institutionalisiert haben.

Unsere eigene Identität kann sich aber nur ausprägen, wenn wir den Schmerz auch einmal zulassen (und natürlich die Lust). Wenn wir mit einer analgetischen Grundeinstellung jeden Schmerz wegtherapieren, haben wir kaum eine Gelegenheit zu prüfen, wie wir uns unter Belastung bewähren, wie wir es schaffen, Schwierigkeiten zu überwinden, wer wir eigentlich sind. Die Überwindung einer Krise stets nur mit Hilfe des anderen, das sollte unseren Stolz verletzen, und eine solche Überwindung ist auch kaum erfolgreich. Es gibt ein Grundgesetz der psychologischen Lernforschung, nach dem nur durch eigene Aktivität, durch Autonomie, ein Lernerfolg zu erzielen ist. Man muß es selber machen, wenn man ein Problem gelöst haben will. Die Einstellung, nur mit Hilfe anderer therapiert werden zu können, verwirrt häufig, endet in Ratlosigkeit und verursacht im übrigen Kosten. Wenn eine Therapie erfolgreich war, dann mag man etwas an Selbstreflexion gewonnen haben, doch der Erfolg zeigt sich oft in einem eindrucksvollen Verlust von Spontaneität.

Der freundliche Herr aus dem Flugzeug nach San Diego suchte dringend Kontakt; ich solle ein Interview für »Sports Illustrated« über Psychologie und Sport geben, denn ich hatte ihm erzählt, daß die beste Therapie körperliche Aktivität, also vor allem Sport, aber natürlich nicht nur Sport sei. Das Resultat dieses Interviews war dann der knappe Satz: »To stay on the court keeps you off the couch.« Ich hatte gar nicht über die Psychoanalyse gesprochen, in der die »Couch« eine wichtige Rolle spielt, doch will ich mich nicht gegen die knappe Begrifflichkeit wehren. Wir sind in erster Linie motorische Wesen, die sich bewegen müssen. Die sessile Lebensweise, die in der Internet-Gesellschaft zunimmt (vielleicht ist das Internet der kennzeichnende Rahmen unserer Zeit), spinnt uns immer mehr ein in virtuelle Welten. Wir bewegen uns durch die ganze Welt, aber nur virtuell, und sitzen dabei reglos vor einem Bildschirm, der uns Zugang zur einer Zeitvernichtungsmaschine, dem Internet eben, verschafft. Außer der Beanspruchung der Finger und des Rückens (mit Rückenschmerzen als Konsequenz) geschieht körperlich gar nichts. Aber dann, irgend wann einmal, wenn wir nach körperlicher Anstrengung, begleitet von heftigem Schwitzen und einem deutlich erhöhten Puls, uns niedersetzen, den Blick vielleicht geöffnet haben für den herbstlichen Baum im Garten, dann erleben wir uns in ganz anderer Weise. Dann ist jeder ganz bei sich selbst, dann glaubt jeder, alles meistern zu können, dann gibt es keine Sorgen, dann ist alles in Ordnung, und dann wundern wir uns vielleicht, daß es nicht immer so ist. Die Vernachlässigung des Körperlichen hat überhaupt erst zur Entwicklung (und auch zur Überbewertung) der verschiedenen Psychotherapien geführt.

Was sich hier in unserer körperlosen Gesellschaft verbirgt, ist ein versteckter Dualismus unserer Zeit, der die Moderne in ihrer Lebensgestaltung kennzeichnet. Seele und Körper werden als verschiedene Einrichtungen angesehen, die im Prinzip nichts miteinander zu tun haben, allerdings in einen Leib zusammengezwungen wurden (für eine gewisse Zeit, die Lebenszeit des einzelnen). Wenn die Seele konzeptionell vom Körper abgezogen wird, dann ist es vielleicht nicht mehr so verblüffend, warum es so viele Therapien gibt, denn dann können beliebig viele Rahmen definiert werden, innerhalb derer man therapiert. Mir geschieht es immer wieder, daß ich in einem Gespräch mit einer neuen Therapie konfrontiert werde, von der ich noch nie etwas gehört habe und die offenbar besonders erfolgreich ist. Da ich mir dabei immer recht töricht vorkomme, habe ich selbst eine Therapie ins Gespräch gebracht (die es allerdings nicht gibt), von der ich erzähle, daß sie aus dem Süden von Indien zu uns gekommen ist. Ich bin dann außerordentlich verwundert, daß mein Gesprächspartner noch nicht davon gehört hat (manche meinen allerdings, schon damit bekannt zu sein). Es handelt sich (der geneigte Leser ahnt es) um die Igniologie. Die Grundkonzeption der Igniologie ist recht einfach. In der Geschichte haben sich Therapien häufig bestimmte körperliche Regionen oder sogar den ganzen Körper zur Beurteilung ausgewählt. Die verschiedenen Typologien analysieren den ganzen Körper, die Phrenologie betrachtet den Schädel, bei der Chiromantie werden die Hände untersucht, die Physiognomik schaut auf das Gesicht. Auffällig ist, daß ein Körperbereich, der zwar zugänglich, doch an der Grenze zum Intimbereich liegt (bei manchen Kulturen mehr, bei anderen weniger), noch nicht für eine psychologische Diagnostik und eine sich daraus ableitende Therapie erschlossen wurde, nämlich die Kniekehle. In der Zeichnung der Linien in der Kniekehle, der unterschiedlichen Beanspruchung durch Stehen und Gehen, spiegelt sich die Dynamik einer Lebensgeschichte wider. Natürlich ist es wichtig, auf die Asymmetrie der Kniekehlen zu achten. Das rechte Knie wird von der linken Gehirnhälfte dominiert, was bedingt, daß die rechte Kniekehle eher als die analytische zu betrachten ist. Aus der Feinzeichnung der Linien läßt sich die analytische Kompetenz des einzelnen erschließen; insbesondere kann der geübte Beobachter feststellen, wie gut das Knie an das Gehirn angeschlossen ist. (Es versteht sich von selbst, daß diese Kompetenz nur in einer mehrjährigen Ausbildung zu erwerben ist.) Das linke Knie wird von der rechten Gehirnhälfte gesteuert, was bedeutet, daß sich hier der emotionale Reichtum des Analysierten widerspiegelt (oder dessen emotionale Armut). Eine besondere Herausforderung für den Therapeuten ist, die beiden Knie in ihrer Ausdrucksvielfalt zu integrieren, um sich dadurch ein geschlossenes Bild der Persönlichkeit zu verschaffen. Dies ist auch insofern notwendig, um eine Ausgangsbasis für den Therapieerfolg zu schaffen, denn der Erfolg oder Mißerfolg zeigt sich in den Veränderungen einzelner Merkmale in der Kniekehle. Da es sich hier um objektive Merkmale handelt, hat der Patient selber die Möglichkeit, den Therapieverlauf zu beobachten. Diese Tatsache unterscheidet im übrigen die Igniologie von anderen Verfahren, bei denen häufig objektive Indikatoren fehlen. (Man kann dieses Spiel entwickeln, und wenn man mit einem ernsten Gesicht die Argumente vorträgt, dann gibt es nur wenige, die diese Blödelei enttarnen können. Doch ist es wirklich eine Blödelei? Wenn man an die Igniologie glaubt, dann ist sie auch erfolgreich, denn jede Therapie lebt auch von den Placebo-Effekten.)

Neben der Igniologie gibt es viele Therapien, die natürlich auch ernst zu nehmen sind. Jede Therapie ist in einer Schule organisiert, und ähnlich, wie es sich für Sekten gehört, müssen ihre Regeln dogmatisch eingehalten werden. Da gibt es natürlich die klassische Therapie der Psychoanalyse mit ihren vielen Ausläufern. Ein Ableger der Psychoanalyse war die Primärtherapie, um die es still geworden ist. Andere Therapien sind Daseinsanalyse, Gestalttherapie, Ganzheitstherapie, Systemtherapie, Gruppentherapie, Neurolinguistisches Programmieren, Gesprächstherapie, Logotherapie, Morita-Therapie, Verhaltenstherapie (und viele mehr). Auffällig ist, daß viele den Anspruch erheben, alles therapieren zu können, und dies trotz des unterschiedlichen Ansatzes oder des jeweils ganz anderen Menschenbildes, das den Therapieformen unterliegt.

Ich werde wohl Ärger bekommen, sollte jemand aus den genannten Therapierichtungen diese Zeilen lesen. Zur Erinnerung: Ich beziehe mich ausdrücklich nicht auf jene, die unbedingt Hilfe benötigen, und ich selbst gehörte auch einmal in diesen Kreis. Es geht darum, daß durch die Instrumentalisierung unserer selbst (und dies ist für mich eines der Hauptprobleme unserer Gesellschaft) wir für Störungen unserer Befindlichkeit nicht mehr verantwortlich sind und wir es nicht mehr als unsere Aufgabe ansehen, unser Leben selber zurechtzurücken. Das Leiden (insbesondere das Klagen) ist sozialisiert (auch eine Form des Sozialismus), und wenn ich mich schlecht fühle, dann ist die Solidargemeinschaft dafür verantwortlich, daß es mir wieder besser geht. Hierin drückt sich auch eine Verweigerung aus, mit sich selbst in Kontakt zu treten. Die Mühsal, Selbst-Transparenz herzustellen, ist in der Tat eine Mühsal. Man bleibt sich lieber fremd. Wie anstrengend es ist, mit sich Kontakt aufzunehmen, kann jeder mit einem Spiegel versuchen. Man schaue in den Spiegel, jedoch nicht mit der Absicht zu überprüfen, wie man aussieht, sondern man schaue sich selber ins Gesicht, ohne den Blick abzuwenden. Kaum einer kann es ertragen, sich länger als einige Minuten ins Gesicht zu sehen. Manchmal muß man voller Entsetzen den Blick vom eigenen Gesicht, vom eigenen Selbst abwenden.

Daß die Igniologie, würde sie sich als Psychotherapie etablieren, auch erfolgreich sein würde, liegt am Placebo-Effekt oder, wie Franz

Porzsolt und ich es nach gemeinsamem Nachdenken nennen würden, am »Knowledge Framing«. Jede ärztliche Therapie ist immer auch, will sie erfolgreich sein, durch eine schamanistische Komponente im ärztlichen Handeln bestimmt. Der Rahmen, der durch die Arzt-Patient-Beziehung und durch das Wissen des Patienten über seine Erkrankung vorgegeben wird, ist entscheidend für den therapeutischen Erfolg. Es wird von manchen medizinischen Kollegen nicht gerne gehört, doch solche »Placebo-Wirkungen« sind nicht eine Sache der »Einbildung« (mit solchen Begriffen bestätigt sich der Dualismus hinsichtlich des Leib-Seele-Problems in der Medizin), sondern sie sind dokumentierbare Realität. In einer umfangreichen Studie hat meine Mitarbeiterin Karin Meißner in Zusammenarbeit mit Ulla Mitzdorf gezeigt, daß Placebo-Effekte meßbare Veränderungen auf körperlicher Ebene bewirken. Die Bedeutung des »Knowledge Framing« in der Medizin hat auch praktische Konsequenzen (oder sollte sie zumindest haben); man kann auf den Arzt oder die Ärztin als Person nicht verzichten. Die Beziehung ist ein entscheidender Aspekt für die Heilung; wir müssen trotz aller Erfolge in der Schulmedizin akzeptieren, daß auch eine schamanistische Komponente wichtig ist, um therapeutische Erfolge zu haben. (Man mag das Wort »schamanistisch« problematisch finden, doch das genau meine ich: Seit alters her hat es Heiler gegeben, die Erfolg hatten, und oft war es »nur« der kommunikative Rahmen, der den Erfolg bedingte. Mir scheint es dringend geboten, die schamanistische Komponente in der modernen Medizin transparent und damit für die Patienten nutzbar zu machen; mir ist bewußt, auf welche Widerstände solche Überlegungen bei manchen stoßen, doch liegen diese Widerstände häufig an einem Mißverständnis über die Wirkungsmechanismen innerhalb des Organismus; das Immunsystem, das System der Hormone, das Nervensystem mit seinen zahlreichen Untersystemen sind nicht in der Weise voneinander unabhängig, wie man in der praktischen Medizin gelegentlich unterstellt.)

Die Bedeutung der Kommunikation für eine Therapie ist mir in einem Versuch klargeworden, der aufgrund der Vernachlässigung dieses Aspektes zu dem am wenigsten erfolgreichen Versuch gehört, an dem ich jemals beteiligt war. Es ging um eine Frage über die innere Uhr bei depressiven Patienten. Eines Tages fragte mich Detlev Ploog, Direktor des Max-Planck-Institutes für Psychiatrie in München, ob ich mich nicht eines Projektes annehmen könne, in dem tagesperiodische Veränderungen von Funktionen bei schwer depressiven Patienten untersucht werden sollten, und zwar einmal während ihrer depressiven Phase und dann wieder, wenn es ihnen besser ging. Wir stellten ein Team mit etwa zwanzig Mitarbeitern zusammen, in dem die geballte Kompetenz eines großen Institutes versammelt war. Der Versuchsplan sah vor, daß während ihres Klinikaufenthaltes bei den Patienten zahlreiche psychologische, physiologische und biochemische Funktionen untersucht wurden. Alle drei Stunden wurden über mehrere Tage hinweg Versuche durchgeführt; die Patienten waren in einen Zeitrahmen eingespannt, in dem sie in regelmäßigen und relativ kurzen Abständen unmittelbaren Kontakt mit Wissenschaftlern und dem Betreuungspersonal hatten. Überdies wußten die Patienten natürlich, daß sie an einer Studie teilnahmen, in der es um ein besseres Verständnis der depressiven Erkrankung ging. Wir hatten also einen Rahmen für eine Studie bestimmt, in dem sich die Patienten in einer Situation befanden, die mit dem täglichen Leben nichts mehr zu tun hat. Diese Randbedingungen waren notwendig, um jene Gütekriterien zu erfüllen, die für eine wissenschaftliche Studie notwendig sind; alles muß transparent und objektiv sein, damit gegebenenfalls jemand anderes die Studie wiederholen kann.

Weil dies aber so war, weil die Patienten im engen Kontakt mit den Wissenschaftlern standen, weil sie wußten, an einer wichtigen Studie teilzunehmen, hatten wir es mit einer neuen Situation zu tun. Das Experiment wurde zur Therapie für die Patienten. Wir beobachteten keine besonderen Änderungen in der tagesperiodischen Struktur der einzelnen Funktionen, verglichen mit Gesunden. Durch das Experiment bekam die Erkrankung für die Patienten eine neue Bedeutung, denn sie konnten davon ausgehen, daß durch sie wichtige Einsichten gewonnen werden könnten. Wegen der Erkrankung wurden die Patienten also für sich selbst wichtig, und damit wurde ihr Selbstwertgefühl gesteigert. Wir haben in dem groß angelegten (und auch sehr teuren) Experiment also nichts hinsichtlich unserer ursprünglichen Fragestellung entdeckt, daß also die innere Uhr bei Depressiven gestört ist (und das war für viele eine herbe Enttäuschung, hat aber deren Karriere nicht geschadet, denn viele haben nun führende Positionen), aber vielleicht haben wir etwas Wichtigeres entdeckt, nämlich die Wechselwirkung der Messung mit den gemessenen Funktionen.

Üblicherweise kennt man dies nur aus der Physik, insbesondere aus der Quantenmechanik, daß der Meßprozeß das zu Messende sogar überhaupt erst bestimmt (Heisenberg-Effekt). In unserem Fall waren wir konfrontiert mit einem »Heisenberg-Effekt der dritten Ordnung«, daß nämlich die Messung einer physiologischen oder psychischen Funktion nicht nur diese Funktionen beeinflußt (»zweite Ordnung«), sondern daß durch die Messung sogar ein therapeutischer Effekt erzielt werden kann.

Wenn dies in unserem Experiment so war, dann darf man vermuten, daß dies bei ähnlichen Experimenten auch der Fall ist; wenn Patienten an klinischen Studien teilnehmen, unterliegen sie immer einem strikten Versuchsprotokoll, das die unmittelbare Zuwendung der Experimentatoren oder Ärzte erfordert; hinzu kommt das Wissen um die Teilnahme an Studien, was in den meisten Fällen sogar eine notwendige Bedingung ist, denn ohne ihre Zustimmung können Patienten üblicherweise nicht in Studien eingeschlossen werden. Ein Patient kann nicht wie ein Versuchstier an einer Studie teilnehmen, in der er instrumentalisiert wird, um Daten über die Wirkungen von neuen Medikamenten oder Therapien zu liefern. Der Patient verbindet mit der Teilnahme an einer Studie die Hoffnung, daß ihm geholfen wird (insbesondere glauben wir alle an die Wirksamkeit neuer Verfahren), er erhält mehr Zuwendung als üblicherweise, und seine Erkrankung bekommt einen neuen Sinn, da über ihn etwas für andere gelernt werden kann (wir sind auch pro-soziale Wesen, denn wir haben ein unmittelbares Bedürfnis, für andere etwas tun zu können, was sich insbesondere in Krisensituationen zeigt). Durch Hoffnung, Zuwendung und Sinn ergibt sich also ein neuer Rahmen (ein spezifisches »Knowledge Framing«), so daß erklärbar wird, warum wir nichts im Hinblick auf unsere eigentliche Frage entdecken konnten, und womit deutlich wird, daß die Ergebnisse klinischer Studien gar nicht das (und allein das) repräsentieren können, was die Untersucher damit beabsichtigen. Das Konzept des »Placebos«, also eines nicht wirkenden Stoffes bei klinischen Studien, muß völlig neu bedacht werden (mit dem Menschenbild, das wir allerdings in der Wissenschaft haben, daß also der einzelne bei klinischen Studien anonymer Merkmalsträger und Datenlieferant ist, wird sich dieses Bedenken noch recht lange hinauszögern). Warum ist es so schwer, aus dieser Falle herauszukommen, in der man von einem reduzierten Menschenbild ausgeht? Warum ist es so schwer, in der medizinischen Forschung zu begreifen, daß der Rahmen für eine Studie mit seinen klaren Randbedingungen und Ausschlußkriterien (z. B. nicht älter als 60 Jahre alt sein und nur an *einer* Krankheit leiden) etwas anderes ist als die Alltagswirklichkeit eines 70jährigen Herrn oder einer 80jährigen Dame mit ihren jeweiligen individuellen Lebensumständen? (Dies ist kein Argument gegen solche Studien, sondern ein Argument dafür, solche Studien in den richtigen Rahmen zu stellen.)

27 Was vor Augen liegt

> ... Augen haben sie, sehen aber nicht. Ohren haben sie, hören aber nicht. Eine Nase haben sie, riechen aber nicht ... Psalm 115,5f.

> Wer die Sehkraft verliert, der verliert auch den Anblick und die Schönheit des Weltalls, und er gleicht einem, der lebendig in das Grab eingeschlossen ist, wo es ihm an Bewegung und Leben sonst nicht fehlt. Siehst du denn nicht, daß das Auge die Schönheit der ganzen Welt erfaßt? Das Auge ist der Herr über die Astronomie; es macht die Kosmographie; es ist Rat und Beistand aller menschlichen Künste; es bewegt den Menschen in die verschiedenen Teile der Welt; es ist der Fürst der Mathematik, sein Wissen ist unumstößlich; es hat die Höhe und die Größe der Sterne gemessen; es hat die Elemente und ihren Wohnsitz herausgefunden; es hat durch die Bahnen der Sterne die Zukunft vorausgesagt; es hat die Architektur und die Perspektive hervorgebracht und die göttliche Malerei. Leonardo da Vinci

> Sein Blick ist vom Vorübergehn der Stäbe
> So müd geworden, daß er nichts mehr hält.
> Ihm ist, als ob es tausend Stäbe gäbe
> Und hinter tausend Stäben keine Welt.
> Rainer Maria Rilke

Als Forscher genießt man das Privileg, Menschen aus anderen Kulturen kennenzulernen, und gerade die Hirnforschung öffnet manchmal überraschend Türen und führt einen mit Menschen zusammen, die man sonst nie kennengelernt hätte. Einer dieser Menschen war für mich Edwin Land, der Gründer der Firma Polaroid, ein genialer Erfinder, der für mich ein besonderes Vorbild wurde. Edwin Land sagte unseren Kindern einmal, daß man sich selten eine Vorstellung davon mache, wie viele Entdeckungen und Erfindungen uns im täglichen Leben umgeben, die im Laufe der Menschheitsgeschichte gemacht wurden; sie sollten doch einmal darauf achten. Diese Entdeckungen und Erfindungen hätten sich offenbar bewährt, und sie bestimmten den Rahmen unseres täglichen Handelns. Wenn wir den Tag von morgens bis abends durchgehen und registrieren, was alles in unserem unmittelbaren Umfeld von Menschen entwickelt wurde, kommen wir auf Hunderte solcher Entdeckungen und Erfindungen, die ein Teil unseres Lebens geworden sind. Ein anderes Mal sagte er mir, die beste Prüfung für eine wissenschaftliche Beobachtung sei der Markt; in der Welt der Wirtschaft müssen sich Entdeckungen oder Erfindungen bewähren. (Eine solche Auffassung widerspricht dem gedanklichen Rahmen von Grundlagenforschung, in der es gerade darum geht, keine potentielle Anwendung im Blick zu haben.) Wenn ich mich heute mit der Frage beschäftige, wie man das Wissen, das in der Forschung angesammelt worden ist, nach möglichen Anwendungen durchforsten kann (denn vermutlich schlummern hier verborgene Schätze, die gehoben werden können), dann ist Edwin Land ein Leitbild; er ist es auch deshalb, weil er erfolgreich mehrere Identitäten verbinden konnte; er war als Unternehmer immer auch Wissenschaftler, und er bewies damit, daß es möglich ist, beides zu vereinen; er sagte von sich, daß jeder Tag, an dem er nicht ein Experiment mache, für ihn ein verlorener Tag sei.

Ich lernte Edwin Land kennen, als Semir Zeki aus London und ich planten, eine Konferenz mit dem ehrgeizigen Titel »The New Psychophysics of Vision« (Die *neue* Psychophysik des Sehens) zu organisieren. Wir behauteten (mit einer gewissen Überheblichkeit), die klassische Psychophysik mit ihren Wurzeln im neunzehnten Jahrhundert sei völlig überholt und das neue Wissen der Hirnforschung würde unser Grundverständnis über das Sehen auch im Rahmen einer Psychophysik wesentlich erweitern. Es kam eine kleine Gruppe zusammen, zu der David Hubel aus Boston (der mit Torsten Wiesel kurz vorher den Nobelpreis erhalten hatte), Otto Creutzfeldt aus Göttingen (bei dem ich Jahre vorher in die neurophysiologischen Grundlagen des visuellen Systems eingeführt wurde, wobei ich besonders viel von Wolf Singer und Bert Sakmann lernte) oder Terry Caelli aus Canberra in Australien (der mit Ingo Rentschler zusammen vor allem auch mathematische Kompetenz in die Gruppe brachte und der uns mit seinen Witzen unterhielt). Ich hatte gehört, daß Edwin Land nie Einladungen annehmen würde und daß es sehr schwer war, an ihn persönlich heranzukommen (das war natürlich auch ein Grund seines Erfolges; er konzentrierte sich auf seine Arbeit, ging nicht zu Kongressen, gab keine Interviews, und kaum jemand hatte Zugang zu seinem Institut). Dennoch lud ich ihn zu dieser Konferenz ein, weil seine Untersuchungen und seine Überlegungen zum Farbensehen für unser Vorhaben wichtig waren. Ich tat dies mit einem handgeschriebenen Brief, wobei ich betonte, daß ich seine Reise nicht bezahlen könne. Er sagte sofort zu, und wie er mir später erzählte, war der Grund für die schnelle Zusage, daß er einen handgeschriebenen Brief bekommen hatte (ich nehme an, daß ihn auch das Thema interessierte). Er kam gleich mit mehreren Mitarbeitern, die ein Labor zur Demonstration von Farbeffekten aufbauten. Mein damaliger Doktorand Nikos Logothetis half beim Aufbau der Versuche und war verblüfft über einige der Effekte. Worum geht es bei den Experimenten von Land? Zur Orientierung eine kurze Vorbemerkung:

Die visuelle Welt, also alles, was sich im Gesichtsfeld zeigt, wird hinsichtlich bestimmter, voneinander unabhängiger Eigenschaften oder Gestaltmerkmale im Gehirn abgebildet. Das Gesichtsfeld mit all seinen optischen Inhalten wird also nicht einfach in das Gehirn hineintransportiert, sondern die optische Information aus dem Gesichtsfeld wird im Hinblick auf bestimmte Eigenschaften in einzelnen Schaltstationen des Gehirns analysiert, wobei die erste Station bereits die Netzhaut im Auge ist. (Auf solche Merkmals-Detektoren haben David Hubel und Torsten Wiesel erstmals in einer Veröffentlichung im Jahre 1959 hingewiesen, und diese Arbeit war für die Erforschung des Sehens eine Revolution.) Diese Eigenschaften sind beispielsweise die Orientierung von Kanten an einem Gegenstand, die Bewegung und die Bewegungsrichtung von optischen Reizen, ihr Abstand vom Betrachter oder auch die Farbe von Gegenständen. Auf der Grundlage der Untersuchungen von Semir Zeki wissen wir heute, daß diese verschiedenen Kategorien in unterschiedlichen Bereichen des Gehirns verarbeitet werden. Für die Verarbeitung von Farbe hat Semir Zeki gezeigt, daß die spektrale Information optischer Reize (also die einzelnen Wellenlängen im Spektrum der elektromagnetischen Wellen) verschiedene Stufen der Verarbeitung durchläuft, um schließlich in einem bestimmten Bereich des Neocortex zu einer neuronalen Information zu führen, die mit der gesehenen Farbe korreliert. Ist dieser Bereich des Gehirns nicht mehr verfügbar, dann ist ein solcher Patient nicht mehr in der Lage, zwischen verschiedenen Farben zu unterscheiden. Bei diesen Patienten kann es sogar vorkommen, daß dann die Welt überhaupt nicht mehr farbig, sondern nur noch schwarz und weiß gesehen wird. Der Neurologe Oliver Sacks hat den Fall eines Malers beschrieben, der die Fähigkeit, Farben zu sehen, verloren hat und der daraufhin eine völlig neue Weise des malerischen Gestaltens entwickelte. (Ich kenne niemanden wie Oliver Sacks, bei dem sich ärztliche Beobachtungsfähigkeit und schriftstellerische Kompetenz derart ergänzen, daß er einen Blick auf jene neuen Rahmen eröffnen kann, der den Patienten durch eine Hirnschädigung aufgezwungen wird.)

Diese neurophysiologischen und neuroanatomischen Befunde bilden den Hintergrund für Edwin Lands Beobachtungen zum Farbensehen. Die Theorie von Land ist auch deshalb ein wichtiger Beitrag in der Wahrnehmungs-Forschung, weil mit ihr ein mathematischer Algorithmus angegeben wird, mit dessen Hilfe Farbensehen als eine Wahrnehmungs-Kategorie verständlich gemacht wird. Worin liegt das Neue? Bisher war man der Auffassung, die Farbe eines Objektes sei eindeutig durch die Reflexions-Eigenschaften des gesehenen Objektes bestimmt. Die Blätter eines Baumes werden als grün gesehen, weil in dem spektralen Bereich, mit dem wir grün assoziieren, also im mittleren Wellenlängenbereich des reflektierten Lichtes, mehr Licht reflektiert wird als im langwelligen oder kurzwelligen Bereich. Eine Tomate ist rot, weil mehr langwelliges Licht, verglichen mit mittel- oder kurzwelligem Licht, reflektiert wird. Diese Auffassung geht auf Isaac Newton zurück. Newton schreibt in seinem Werk »Opticks«: »Every body reflects the rays of its own colour more copiously than the rest, and from their excess and predominance in the reflected light has its colour«. (»Jeder Körper reflektiert die Strahlen seiner eigenen Farbe stärker als den Rest, und von dem Übermaß des reflektierten Lichtes hat er seine Farbe.«) Die Schlußfolgerung, die Newton hier gezogen hat, ist falsch, wie die Experimente von Land gezeigt haben.

Grundgedanke der Theorie ist, daß Farben im Gehirn auf der Grundlage neuronaler Algorithmen *konstruiert* werden. Edwin Land hat hierfür eine mathematische Formel angegeben, die ich in der folgenden Weise umschreiben möchte: Es ist, als würden wir in jedem Augenblick drei Brillen übereinander tragen; eine Brille ist durchlässig für Licht im kurzwelligen Bereich, die zweite im mittelwelligen und die dritte im langwelligen Bereich elektromagnetischer Wellen; die Brillen wirken wie Filter, die nur bestimmte Wellenlängen des Lichtes durchlassen. Innerhalb jeder der Brillen wird für jeden Punkt im Gesichtsfeld das reflektierte Licht gemessen, und diese gemessene Intensität wird mit der durchschnittlichen Helligkeit innerhalb dieses Wellenlängenbereiches in Beziehung gesetzt (es wird ein Quotient gebildet). Damit wird innerhalb jeder der drei Brillen das ganze Gesichtsfeld durch Quotienten repräsentiert, und nicht mehr durch die unmittelbar gemessene Intensität des Lichtes an jedem Ort des Gesichtsfeldes. Das ist der erste Schritt der Konstruktion in Richtung der gesehenen Farbe, der bereits durch Nervenzellen in der Netzhaut erledigt wird. Der nächste Schritt im Hinblick auf die Farbe, die wir tatsächlich sehen, erfolgt dann in zentralen Bereichen des visuellen Systems, in extrastriären Gebieten des Neocortex. Hier werden für jeden Ort des Gesichtsfeldes die drei Quotienten aus den drei Wellenlängenbereichen zusammengeführt; die Integration auf dieser corticalen Ebene ist die neuronale Grundlage für die Farbe, die tatsächlich als Farbe gesehen wird.

    Man mag sich fragen, warum es die Natur so kompliziert macht, Farben zu sehen. Dahinter steckt eine Grundoperation, nämlich die Identität eines gesehenen Dinges über eine gewisse Zeit festzuhalten (der Apfel, den ich sehe, soll der Apfel bleiben), und für diese Aufgabe werden Konstanzmechanismen herangezogen, wobei Farbkonstanz einer dieser Mechanismen ist. Es ist eine alltägliche Erfahrung des Sehens, daß die Farbe von Objekten gleichbleibt, auch wenn sich die Beleuchtungsbedingungen (die Farbtemperatur) verändern. Unter Tageslicht oder künstlicher Beleuchtung wird eine Tomate immer als rot und eine Banane immer als gelb gesehen. (Dies ist ein so selbstverständliches Phänomen, daß man gar nicht darauf kommen mag, daß es hier ein Problem gibt. Man merkt es allerdings, wenn man mit einem Film Farbbilder macht und sich dann wundert, daß die Gegenstände, die man photographiert hat, in Wirklichkeit ganz anders aussahen; das liegt daran, daß Filme nicht die gesehene Farbe festhalten, sondern Intensitätsunterschiede in den spektralen Bereichen des Lichtes.) Das Problem der Farb-Konstanz wird durch die Theorie von Land beseitigt, da durch die Quotientenbildung eine Normierung stattfindet und somit nur der relative Anteil des reflektierten Lichtes in den jeweils drei Wellenlängenbereichen (den übereinander getragenen Brillen) wichtig ist.

Zu Edwin Land bestand am Ende seines Lebens auch eine sehr persönliche Beziehung. Er war sehr angetan von unseren Kindern, und er zeigte unserer Tochter Liliane, wie man einen Hund trainiert; was sich die Leute wohl dachten, wenn er mit einem jungen Mädchen und dem Laborhund »Desi« am Charles River, der Boston von Cambridge trennt, entlangging und sie eine Hundeschule beobachten konnten? Eines Tages nahm er unseren Sohn David an die Hand und brachte ihn an das Massachusetts Institute of Technology, wo dieser später studieren sollte. (Das war für ihn der Beginn seiner eigenen Laufbahn als Wissenschaftler in Amerika.) Durch Edwin Land ist mir auch ein besonderes Problem bewußt geworden, wie stark nämlich Institutionen von einzelnen Persönlichkeiten abhängig sind. Als er bei der Firma Polaroid, die er gegründet hatte, ausschied, da war es eine andere Firma; als Edwin Land starb, hörte auch das Rowland-Institut in dem Geiste auf zu leben, wie er es sich als eine interdisziplinäre Institution erträumt hatte. Wie müssen Institutionen, seien es Firmen oder Forschungsinstitute, konzipiert sein, daß sie einen einzelnen Menschen überdauern, der sie erdacht und gestaltet hat? Vielleicht ist dies gar nicht möglich. Es mag auch richtig sein, ein solches Weiterleben gar nicht erst zu versuchen; mächtige Persönlichkeiten geben manchmal einen Rahmen vor, in den kein anderer paßt.

Wenn man sich mit dem Sehen befaßt, stellt sich die Frage, wie der Raum um uns, den wir mit unserem Gesichtsfeld erfassen, im Gehirn abgebildet ist und wie wir überhaupt einen Begriff von Raum entwickeln können. Bei der Suche nach der Antwort kann ein Wort des Dichters Novalis leiten:»Wir suchen überall das Unbedingte und finden immer nur Dinge.« Es sind nur Dinge, denen wir in der Welt begegnen, nicht dem Raum an sich. Es sind die Dinge, die gesehenen Gegenstände, von denen wir in unserem Denken ausgehen müssen, wenn wir zum Raum kommen wollen. Das *Was* (also das Objekt, der wahrgenommene Gegenstand) im *Wo* (an einem bestimmten Ort im Gesichtsfeld), dies sind die elementaren Sachverhalte, die Orientierung im Raum kennzeichnen. (Neben dieser tatsächlichen Orientierung gibt es aber auch jene in der Vorstellung; wir können die

Augen schließen und uns ein Bild des Raumes machen, in dem wir uns gerade befinden, oder wir können uns den günstigsten Weg vorstellen, den wir nehmen müssen, wenn wir in einer Stadt von einem Platz zu einem anderen gehen wollen.) Ein Gegenstand, den wir sehen, befindet sich immer an einer bestimmten Stelle im Gesichtsfeld, und wenn wir uns für ihn besonders interessieren, richten wir unseren Blick auf den Gegenstand; allerdings können wir fast keinen Gegenstand mit einem Blick ganz umfassen; fast alles ist zu groß, um mit einem Blick erfaßt zu werden. Wir müssen unseren Blick wandern lassen, um das, was einen Gegenstand kennzeichnet oder ein Bild enthält, als Ganzes zu erfassen. Etwas zu betrachten heißt somit, eine zeitliche Integration von nacheinander auf dem Augenhintergrund repräsentierten Bildern vorzunehmen. Diese Blickwanderung von Detail zu Detail, von markanten Punkten oder Merkmalen, die den Umriß kennzeichnen, läßt sich nur schwer unterdrücken; wenn man seinen Blick etwa zwei bis drei Sekunden auf ein Detail gerichtet hat, wird er mit Gewalt zu einem anderen Blickpunkt hingezogen. Offenbar gibt es einen inneren Wahrnehmungsdruck, in einer bestimmten Zeit einen Gegenstand oder ein Bild als Ganzes zu erfassen.

Wie ist das Gesichtsfeld im menschlichen Gehirn repräsentiert? Das erste uns bekannte Bild über diese Repräsentation stammt aus dem arabischen Raum (Abb. 40). Und bereits René Descartes hat erkannt, daß die Abbildung des Gesichtsfeldes im Auge den optischen Gesetzen gehorcht, daß also auf der Netzhaut des Auges eine Vertauschung der Seiten sowie von oben und unten dessen vorliegt, was im Gesichtsfeld gegeben ist (Abb. 3). Daß auf der Netzhaut des Auges die Welt auf dem Kopf steht, hat also optische Gründe.

In der Netzhaut des Auges werden mit Hilfe von speziellen Umwandlungsprozessen die physikalischen Lichtsignale in die Gehirnsprache übersetzt; diese Transduktion wird von verschiedenen Sinneszellen erledigt, nämlich von sogenannten Zapfen, die für das Farbensehen zuständig sind, und von Stäbchen, die ausschließlich für Helligkeitsunterschiede sensitiv sind und melden, ob etwas heller oder dunkler ist, was vor allem auch beim nächtlichen Sehen wichtig wird. Neben diesen Sinneszellen oder Rezeptoren gibt es vier weitere Zelltypen in der Netzhaut (Horizontalzellen, Bipolarzellen, amakrine Zellen und Ganglienzellen), und diese Vielzahl von Zelltypen zeigt bereits, daß die Netzhaut einen eigenen neuronalen Computer unterhält, der be-

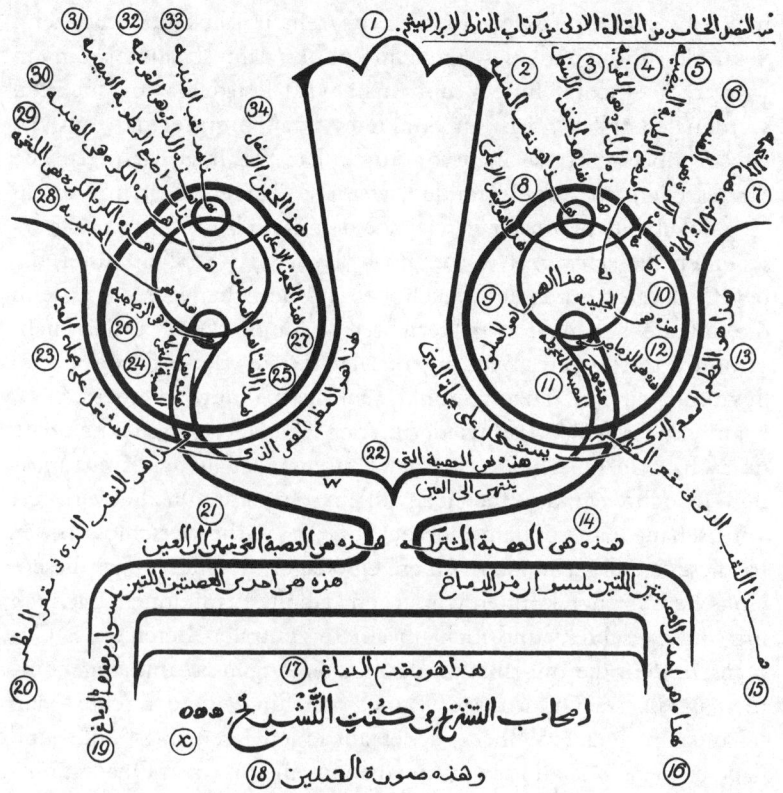

Abb. 40 Visuelle Projektion von Ibn al-Haythem; erstes bekanntes Bild über die Abbildung der Information auf der Netzhaut des Auges im Gehirn.

reits eine erhebliche Reduktion des optischen Informationsflusses vornimmt, so daß vorverarbeitete Information in das Gehirn weitergeleitet wird. Etwa eine Million Nervenfasern aus jedem Auge informieren die zentralen Bereiche des Gehirns. Der neuronale Computer in der Netzhaut sorgt dafür, daß aus über einhundert Millionen Sinneszellen die physikalischen Veränderungen der Umwelt so aufbereitet werden, daß hauptsächlich Helligkeitskontraste im Gesichtsfeld gemeldet werden.

Die Sinneszellen sind durch eine Eigenschaft gekennzeichnet, nämlich die Adaptation, die sich in optischen Effekten widerspiegelt. Wenn man das Gittermuster in Abb. 41 betrachtet, kann man gleich mehrere Effekte erzielen: Man richte seinen Blick für etwa zehn Sekunden auf irgendeinen Kreuzungspunkt; dann schaue man in ein schwarzes Quadrat hinein, und man wird feststellen (die meisten werden feststellen), daß ein dunkleres Straßenmuster das optische Muster überlagert, das man vor Augen hat. Das liegt daran, daß die Sinneszellen im Auge ermüden, wenn sie längere Zeit mit einem gleichbleibenden Muster gereizt werden. Durch die Ermüdung erscheinen die schwarzen Quadrate heller als das Straßenmuster, das den Quadraten durch den verschobenen Blick überlagert wird, denn die auf die hellen Straßen gerichteten Sinneszellen wurden nicht ermüdet. Ein weiteres Experiment: Man fixiere wieder für etwa zehn Sekunden einen Kreuzungspunkt, aber diesmal nur mit einem Auge. Man wird feststellen, daß wiederum der Überlagerungseffekt eintritt; nun schaue man nach einer kleinen Pause wieder auf den Kreuzungspunkt, doch wenn der Blick jetzt auf ein schwarzes Quadrat verlagert wird, schaue man mit dem anderen Auge, das vorher verschlossen war. In diesem Fall sieht man keinen Überlagerungseffekt. Aus diesem einfachen Versuch können wir lernen, daß die Ermüdung tatsächlich im Auge geschieht und nicht in einem zentralen Bereich des Gehirns, in dem die Information der beiden Augen zusammengekommen ist. Dieses Gittermuster eignet sich für weitere Effekte: Man schaue mit geradem Blick wieder auf einen Kreuzungspunkt, und nach etwa zehn Sekunden schaue man in ein schwarzes Quadrat hinein, doch diesmal mit geneigtem Kopf. Man wird jetzt einen Effekt verschobener Richtungen erleben; wenn man den Kopf zur Seite neigt, dann dreht man das Nachbild mit seinem Kopf mit, und es kommt zu einer Verschiebung der senkrechten Achsen des Musters, das man vor Augen hat, und dem Nachbild, das sich kurzfristig durch die Ermüdung der Sinneszellen in der Netzhaut festgesetzt hat. Und ein weiterer Effekt: Wenn man seinen Blick auf einen Kreuzungspunkt richtet, dann fällt auf, daß die anderen Kreuzungspunkte nicht mehr weiß sind, sondern deutlich dunkler erscheinen als die Straßen selbst. Doch wenn man seinen Blick darauf richtet, dann ändert sich die Helligkeit; bei manchen Abständen des Betrachtens ist die Helligkeit in der fixierten Kreuzung gleich jener der Straßen, nur die in der Peripherie liegenden Kreuzungen sind dunkler. Dieser Verdunkelungseffekt wird durch den neuronalen Mechanismus der *lateralen Hemmung* erklärt, der teilweise in der Netzhaut selbst und vermutlich in einer weiteren Verarbeitungsstufe im visuellen System (dem Corpus geniculatum laterale) am Werke ist. Das Gesichtsfeld setzt sich zusammen aus etwa einer Million rezeptiver Felder; dies sind die sensitiven Bereiche der Ganglienzellen in der Netzhaut; die Größe dieser rezeptiven Felder wird zur Peripherie des Gesichtsfeldes immer größer. Der sensitive Bereich für optische Information hat nun eine besonders interessante Struktur: Ein zentraler Bereich des rezeptiven Feldes, in dem eine optische Reizung zur Erhöhung der neuronalen Aktivität der Ganglienzelle führt, ist kreisförmig umgeben von einem Bereich, in dem optische Reizung zu einer Verminderung der Aktivität führt. (Es gibt auch gegenpolig organisierte Ganglienzellen, bei denen mehr Licht im Zentrum zu einer Verminderung und in der kreisförmigen Umgebung zu einer Erhöhung der Aktivität führt.) Wenn wir unseren Blick auf einen Kreuzungspunkt des Gittermusters richten, dann bekommen die Ganglienzellen, deren rezeptive Felder in den Straßen liegen, eine bessere Reizung als jene, die auf die Kreuzungen gerichtet sind. Bei den Straßenfeldern bekommen die Zentren der rezeptiven Felder viel Licht, und Teile der kreisförmigen Umgebung liegen im schwarzen Bereich der Quadrate, bekommen also erheblich weniger Licht; diese Art der Reizung, im Zentrum Licht, in der Umgebung Dunkelheit, mögen diese Ganglienzellen, so daß ihre neuronale Aktiviität erhöht wird. Bei jenen Ganglienzellen, deren rezeptive Felder auf die Kreuzungen gerichtet sind, gibt es mehr Licht für die kreisförmige Umgebung, was für eine optimale Reizung dieser Zellen nicht günstig ist, so daß deren neuronale Aktivität geringer ist. Dieser Aufbau, im Zentrum der rezeptiven Felder in der einen Richtung, in der Umgebung in der anderen Richtung gepolt zu sein, ist die Grundlage für die laterale Hemmung; hiermit können beim Sehen Kontraste verschärft werden, so daß Konturen hervorgehoben werden. Solche Muster lassen sich aber auch spielerisch einsetzen, um besondere optische Effekte auszulösen, was zum Teil in der Op-art auch geschehen ist. Wenn man in Abb. 42 den kleinen Punkt im Zentrum längere Zeit fixiert und dann auf das Rechteck nach rechts schaut, dann wird man plötzlich schemenhaft die Ikone der Malerei überhaupt, die Mona Lisa von Leonardo, erkennen.

Um zu verstehen, wie wir uns im Raum orientieren, müssen wir berücksichtigen, welche Bereiche im Gesichtsfeld besonders empfindlich, welche weniger empfindlich sind. Beim Tagessehen (nicht

Abb. 41 Gittertäuschung (Details im Text).

beim Nachtsehen) hat die Blicklinie die größte Empfindlichkeit und auch die beste Sehschärfe. Geht man von der Blicklinie zur Peripherie des Gesichtsfeldes, so stellt man fest, daß Empfindlichkeit und Sehschärfe immer schlechter werden. Funktionell läßt sich das Gesichtsfeld eines Auges in mindestens drei Bereiche unterteilen. Die Blicklinie selbst, die, wenn wir etwas anschauen, meist auch mit dem Zentrum der Aufmerksamkeit zusammenfällt, ist von einem Kegel

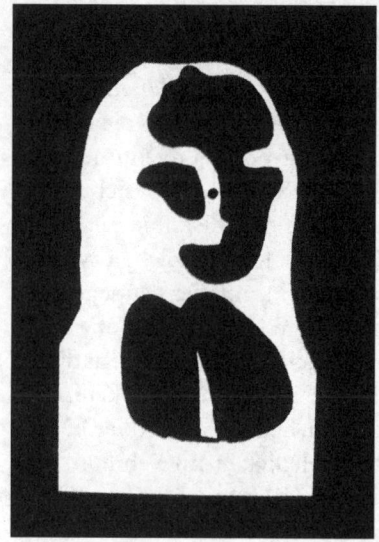 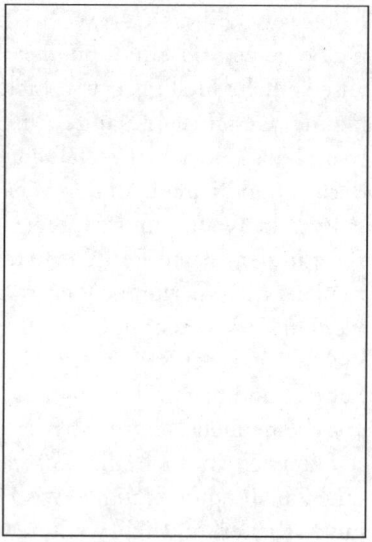

Abb. 42 Ein Experiment, um ein Nachbild auszulösen: Wenn man etwa zehn Sekunden lang den kleinen Punkt im Zentrum fixiert, und wenn man dann seinen Blick nach rechts in das Rechteck wendet, kann man nach kurzer Zeit, aber nur für einige Zeit, verschwommen die Mona Lisa von Leonardo da Vinci erkennen.

abnehmender Empfindlichkeit mit einem Radius von etwa zehn Sehwinkelgrad umgeben. (Ein Sehwinkelgrad entspricht etwa der Größe eines Euros, wenn man ihn auf Armeslänge anschaut.) Dieser die Blicklinie umgebende Kegel ist seinerseits von einem Plateau gleichbleibender Empfindlichkeit umgeben, das auf der Nasenseite etwa von 10 bis 20 Sehwinkelgrad, auf der der Nase abgewandten Seite etwa von 10 bis 35 Sehwinkelgrad reicht. Das Gesichtsfeld jedes Auges ist also bezüglich seiner Empfindlichkeit asymmetrisch gebaut. Wenn etwas seitlich erscheint, so reagiert das jeweils auf der entsprechenden Seite liegende Auge empfindlicher auf geringfügige Änderungen.

Für die Orientierung im Raum ist es wichtig, wie sich die Verteilung der Empfindlichkeit im Gesichtsfeld auf die empfundene Helligkeit auswirkt. Zunächst mag diese Frage erstaunen: Sollte es nicht eine unmittelbare Beziehung zwischen der visuellen Empfindlichkeit und der anschaulichen Helligkeit geben? Wenn ich für etwas empfindlicher bin, dann sollte es doch auch heller erscheinen? Erstaunlicherweise gilt diese erwartete Beziehung zwischen Empfindlichkeit für Sehreize und empfundener Helligkeit nicht. Vergleicht man die anschauliche Helligkeit von Lichtpunkten an verschiedenen Positionen des Gesichtsfeldes miteinander, so stellt man fest, daß die subjektive Helligkeit der physikalischen Intensität der Sehreize und nicht der Empfindlichkeit an den verschiedenen Stellen des Gesichtsfeldes entspricht. Wenn somit ein Reiz in der Nähe der Blicklinie mit einem Reiz in der fernen Peripherie des Gesichtsfeldes verglichen wird, so muß der mehr periphere Reiz zwar stärker sein, um überhaupt gesehen werden zu können, doch wird er einmal gesehen, erscheint er sehr viel heller als der Reiz in der Nähe der Blicklinie. Nimmt man diesen Sehreiz und bringt ihn langsam näher zur Blicklinie, dann kann man zwar seine Details immer besser erkennen, heller aber wird er nicht.

Dieses Phänomen, die Konstanz der Helligkeit im Sehraum, war eine Zufallsentdeckung. Lewis Harvey, der jetzt in Boulder in Colorado arbeitet, und ich wollten wissen, wie die Empfindlichkeit des Sehens im Gesichtsfeld verteilt ist, und zwar nicht nur in ausgewählten Bereichen, wie im Umfeld der Blicklinie, sondern überall, also bis zum Ende des Gesichtsfeldes. Wir trafen uns jeden morgen um neun Uhr, und ich war die Versuchsperson; insgesamt dauerten die Messungen mit einem Perimeter (einer Halbkugel, in die Lichtreize projiziert werden können) über fünfzig Stunden; ich vermute, daß es wohl kaum jemanden gibt, der sich dieser Mühe von Schwellenmessungen unterzogen hat, doch nach einer gewissen Zeit gehört es zum täglichen Ritual, morgens eine Stunde lang auf schwache Lichtpunkte irgendwo im Gesichtsfeld zu schauen; dabei ist es eine Herausforderung, sich gleichbleibend über längere Zeit konzentrieren zu können, um zufällige Schwankungen der Meßwerte zu vermeiden. Die Resultate waren durchaus erfreulich; wir entdeckten ein Plateau konstanter Empfindlichkeit, und mir sagte jemand, daß eines meiner Augen zum »Standardauge« der amerikanischen Ophthalmologie wurde; auch eine Art von Entwicklungshilfe. Bei diesen Messungen fiel mir auf, daß die Helligkeit der gerade erkennbaren Lichtreize (der Schwellenreize) nicht konstant war. Je weiter entfernt ein Punkt von der Blicklinie gegeben wurde, um so heller erschien er, wenn er gerade eben erkennbar war. (Als ich einem Vertreter der klassischen Lehre, einem Psychophysiker, diese Beobachtung schilderte, meinte er, daß dies nicht möglich sei; Schwellenreize müßten immer dieselbe anschauliche Helligkeit haben; vielleicht müßten sie dies im Rahmen einer bestimmten Theorie; Fakten sind manchmal störend, wenn sie die theoretische Erwartung nicht erfüllen.)

Die Beobachtungen legen nahe, daß es einen Mechanismus der Kompensation geben muß, der dafür sorgt, daß unabhängig von der Position im Gesichtsfeld ein Reiz stets die gleiche anschauliche Helligkeit besitzt. Auch wenn die Empfindlichkeit und die Sehschärfe von der Blicklinie nach außen gehend immer schlechter werden, sorgt dieser Mechanismus dafür, daß stets alles gleich hell erscheint, gleichgültig, wo es erscheint. Ich vermute, daß dieser für die Orientierung im Raum außerordentlich wichtige Mechanismus schon in die Netzhaut eingebaut ist, und neurophysiologische Untersuchungen, die Till Roenneberg in München durchgeführt hat, bestätigen dies. Die dadurch bewirkte Konstanz der Helligkeit im Sehraum garantiert, daß ein Reiz unabhängig von seiner Position im Sehraum mit der gleichen Wahrscheinlichkeit eine Zuwendebewegung auslösen kann, denn er erscheint ja stets als gleich hell. Gäbe es diesen Kompensationsmechanismus nicht, würden die mehr peripheren Reize im Sehraum benachteiligt werden. Die Konstanz der Helligkeit im Sehraum ist somit eine Vorausbedingung für sachgerechte Orientierung im Raum.

Warum aber ist der Mechanismus in der Netzhaut selbst zu finden? Dies hat im wesentlichen anatomische Gründe. Nervenfasern aus dem Auge schicken ihre Informationen nicht nur in jene Strukturen, in denen die gesehenen Gegenstände analysiert werden, sondern auch in andere Strukturen, von wo aus Blickzuwendebewegungen gesteuert werden. Diese Nervenfasern werden unmittelbar nach dem Auge abgezweigt. Damit ich also schnell irgendwo hinschauen kann, wird nicht erst analysiert, was es eigentlich anzuschauen gibt, vielmehr erfolgt automatisch, vor jeder Detailanalyse, eine Blickzuwendung, gleichsam ein visueller Greifreflex. Da nie vorauszusagen ist, wo ein neues Objekt erscheinen wird, das interessant sein könnte, muß sich dieser Reflex von der Verteilung der Empfindlichkeit in der Netzhaut frei machen; die Erfindung einer solchen Folie, auf der Gegenstände der visuellen Wahrnehmung erscheinen können, ist ein Beispiel für die »Intelligenz« evolutionärer Prozesse.

Die orientierende Zuwendung zu Ereignissen in der Peripherie kann ohne Bewußtheit erfolgen, wie sich aus Studien mit Patienten ergibt, die aufgrund einer Hirnschädigung in Teilen ihres Gesichtsfeldes erblindet sind. Zur Verblüffung der Patienten selbst können sie sich richtig auf einen visuellen Reiz hin orientieren, obwohl sie ihn nicht »sehen« können (Blindsehen, »blindsight«). Die Orientierungsleistung zeigt, daß die Patienten den Reiz aufnehmen können, doch dieses Restsehen erfolgt ohne Bewußtsein, die Patienten wissen also nicht, was sie tun, und sie wissen nicht, daß sie das, was sie tun, richtig tun. Ohne derartige Ausfälle bei Krankheit oder nach einem Unfall wäre viel schwerer erkennbar, daß es sich in unserer Wahrnehmung, in unserer visuellen Raumorientierung, bei dem *Was* und dem *Wo* des Sehens, um prinzipiell verschiedene Leistungen des Gehirns handelt. Aus den Beobachtungen über die Orientierungsleistungen der Patienten leitet sich die Folgerung ab, daß zur Rekonstruktion des Raumes der Raum als etwas bewußt Repräsentiertes nicht notwendig ist. Sachgerechte Orientierungsleistungen zu Blickzielen in dem Medium, das wir üblicherweise als Raum bezeichnen, sind ohne bewußte Repräsentation des Blickzieles möglich. Dies läßt den Schluß zu, daß das Was des Erlebten in einem neuronalen Rahmen abgebildet wird, der uns auf einer vorbewußten Ebene gegeben wird. Nur das Was hat Zugang zu unserem Bewußtsein, das Wo definiert nur den formalen Rahmen, innerhalb dessen sich das Was darstellen kann. Der Begriff des Raumes muß nach diesen Überlegungen eine sekundär erschlossene Konstruktion sein. Primär sind die Dinge, die uns in unserer Wahrnehmung als das Was gegeben sind. Das Wo des Was ist im Gehirn in einer Weise verankert, die sich der unmittelbaren Anschauung, dem bewußten Erleben, entzieht. Erst wenn wir über die Möglichkeiten nachzudenken beginnen, wie es möglich ist, wahrgenommene Dinge von anderen, gleichzeitig vorhandenen zu unterscheiden, erschließt sich in unserem Denken der Raum als notwendige Bedingung. (Vielleicht haben diese Beobachtungen einen Bezug zu dem, was Immanuel Kant meint, wenn er vom Raum als einer apriorischen Anschauungsform spricht: »Der Raum ist eine notwendige Vorstellung a priori, die allen äußeren Erscheinungen zum Grunde liegt.«)

Es ist bemerkenswert, daß immer wieder Philosophen in das Gebiet der Wahrnehmungsforschung hineingezogen werden; die Aussage von Immanuel Kant über den Raum mag erklären, daß man sich nicht nur in theoretischer Weise mit Fragen der Wahrnehmung befassen möchte, sondern dann auch zu empirischer Forschung hingezogen wird. Beispielsweise kommen Petra Stoerig oder Reinhard Werth ursprünglich aus der Philosophie; mit beiden habe ich zusammengearbeitet, und beide haben wichtige Beiträge zum Verständnis des Sehens geleistet, Petra Stoerig im Bereich des »Blindsehens«, Reinhard Werth im Bereich der Restitution des Sehens bei Kindern, wenn diese eine schwere Hirnschädigung erlitten haben. Aus der Philosophie kommt auch Katja Rubia, die in Madrid studiert hat und nun in London arbeitet. Sie stand eines Tages unangemeldet in der Tür, sah sich längere Zeit um, vertiefte sich in neurowissenschaftliche Fragestellungen, fand dann ein Thema aus dem Bereich der zeitlichen Kontrolle des Verhaltens und setzte dieses erfolgreich um (bei bestimmten Schädigungen des Gehirns scheint die Zeit der Patienten doppelt so schnell oder halb so schnell vorbeizugehen; wenn man die Patienten bittet, in Sekundenschritten zu zählen, dann sind manche extrem beschleunigt, andere extrem verlangsamt; daraus läßt sich die Spekulation ableiten, daß das gelernte Konzept einer Sekunde von zwei Zeitmechanismen kontrolliert wird, einem schnellen und einem langsamen, die sich im Normalfall in komplementärer Weise kontrollieren; wenn die Verbindung zwischen beiden durch eine Verletzung abgerissen ist, dann fällt die Zeitkontrolle entweder in den einen oder den anderen »Attraktor«, man zählt also etwa doppelt oder halb so schnell).

Zur gleichen Zeit mit Katja Rubia arbeiteten auf dem selben Flur Nikita Chruschtschow aus Moskau (der Enkel des Politikers, der mit einem unglaublichen Gedächtnis gesegnet ist), Mernoush Kashabi aus Teheran (die sich für Fragen der Zeitwahrnehmung bei Schizophrenen interessierte), Hyunsook Yoon aus Seoul (die sich auf sozialpsychologische Fragen konzentrierte) und Li Baihan aus Wuhan (der neurophysiologische Experimente im Sehsystem durchführte). Wir hatten die Idee, ein gemeinsames Experiment durchzuführen. Als Fragestellung bot sich an, einmal zu überprüfen, wie gut bekannte Gesichter erkannt werden können. Helmut Klausner baute ein Nagelbrett mit 12 000 Stiften, in das man sein Gesicht hineindrücken kann, und schon hatten wir die experimentellen Voraussetzungen geschaffen. Das internationale Team ging daran zu überprüfen, wie gut man ein Gesicht erkennen kann, das als Halbprofil in das Nagelbrett gedrückt wurde. Jeder Mitarbeiter mußte mitmachen, indem er sowohl sein Gesicht als Stimulusmaterial bereitstellte und auch beurteilen mußte, welches Gesicht eines anderen Mitarbeiters in das Nagelbrett hineingedrückt worden war. Die erste Überraschung war, daß gar nicht jeder jeden erkannte, mit dem er fast täglich zu tun hatte. Wenn man einen Maskenabdruck eines Gesichtes vor Augen hat, dann ist es offenbar nicht möglich, anstrengungslos zu sagen, wer es ist. Wir erkennen ein Gesicht, aber welches es ist, muß in einer solchen Situation oft mühsam erschlossen werden; vielleicht zeigen deshalb Totenmasken auch nicht die Individualität eines Menschen. Das Experiment legt nahe, daß wir nicht nur die Umrisse und die dreidimensionale Struktur eines Gesichtes benötigen, um dieses zu erkennen, sondern daß andere Merkmale herangezogen werden. Das mag selbstverständlich erscheinen, doch dann kam die zweite Überraschung: Die Gruppe aus Spanien, Korea, China, Persien und Rußland stellte fest, daß Frauen eher in der Lage waren, ein individuelles Gesicht zu erkennen, als Männer. Dieser signifikante Unterschied mag gewisse Vorurteile bestätigen, die man haben könnte, wenn man über die soziale Kompetenz von Männern und Frauen nachdenkt; Frauen achten mehr auf andere Menschen und können sie dann auch leichter bei reduzierter optischer Information erkennen.

Doch es könnte auch einen anderen Grund für die Überlegenheit der Frauen geben, die weniger mit Achtsamkeit zu tun hat (obwohl ich diese bei Frauen auf gar keinen Fall geringer als bei durchschnittlichen Männern einschätzen will), sondern mit prinzipiellen Mechanismen der visuellen Informationsverarbeitung zusammenhängen könnte (es handelt sich wie so oft in unserem Gewerbe um eine Spekulation). Diese Spekulation hängt mit einer Theorie zusammen, die der chinesische Wahrnehmungsforscher Chen Lin entwickelt hat.

Kern seiner Überlegungen ist, daß man das Sehen eines Gegenstandes nicht verstehen kann, wenn man von einem Konzept ausgeht, wie es David Hubel und Torsten Wiesel entwickelt haben, daß also bestimmte optische Elemente im Sehraum extrahiert werden, die dann im Gehirn wieder zusammengesetzt werden, so daß das Bild, das ich vor Augen habe, entstehen kann. Auf der Grundlage experimenteller Beobachtungen hat Chen Lin nachgewiesen, daß wir globale Bildeigenschaften analysieren, bevor wir zu den lokalen Eigenschaften kommen. Diese globalen Eigenschaften werden durch die Mathematik, insbesondere die Topologie nahegelegt, und Chen Lin folgt in seiner Betrachtung dem Mathematiker Felix Klein, der im neun-

Abb. 43 Optische Reize aus einem Experiment des chinesischen Wahrnehmungsforschers Chen Lin, um die Bedeutung topologischer Merkmale von Reizen für die visuelle Wahrnehmung zu erkunden. Es ist leichter, einen Kreis von einem Ring zu unterscheiden, weil diese topologisch verschieden sind, als einen Kreis von einem Quadrat oder einem Dreieck zu unterscheiden, weil diese topologisch identisch sind.

zehnten Jahrhundert das sogenannte Erlanger Programm formuliert hat. Der Sehapparat analysiert zuerst topologische Invariante, wie sie auch in der Geometrie beschrieben sind, nämlich Flächen, Kontinuitäten (wie Kanten und Linien) und vor allem Löcher; dies mag alles sehr einfach klingen (und manche Künstler haben diese Elemente in der Bildgestaltung für sich längst entdeckt), doch für das Verständnis des Sehens ist wesentlich zu wissen, daß vor aller inhaltlichen Bestimmung eines Gegenstandes globale Bildelemente einen Rahmen aufspannen, innerhalb dessen die weiteren Prozesse stattfinden, wie die Erzeugung des gesehenen Gegenstandes. In Abb. 43 ist die Reizvorlage für ein sehr einfaches Experiment gezeigt, das die These von Chen Lin auf eindrucksvolle Weise bestätigt. Obwohl wir den Eindruck haben, als seien der Kreis und das Quadrat, oder der Kreis und das Dreieck, sehr verschieden, ist es für unseren Wahrnehmungsapparat sehr viel leichter, den Kreis von dem Ring zu unterscheiden. Kreis, Quadrat und Dreieck sind topologisch identisch, während Kreis und

Ring topologisch verschieden sind; man kann durch Verformungen ein Quadrat oder ein Dreieck in einen Kreis verwandeln, doch man kann aus einen Ring durch Verformungen keinen Kreis herstellen, weil das Loch im Ring nicht zum Verschwinden gebracht werden kann. In seinen Versuchen konnte Chen Lin zeigen, daß unser Sehsystem besonders sensitiv für topologische Unterschiede ist. Unser Sehsystem (und auch das Sehsystem vieler anderer Arten) hat offenbar in der Evolution geometrische Prinzipien verwirklicht, die in der Menschheitsgeschichte erst vor kurzem von kreativen Mathematikern wie Felix Klein nachvollzogen wurden.

Einmal unterstellt, daß weibliche Gehirne über eine höhere topologische Sensitivität als männliche Gehirne verfügen, könnte sich daraus ergeben, daß sie bei Aufgaben wie dem Erkennen von Gesichtern erfolgreicher sind. Ein Gesicht läßt sich trotz aller Individualität, die mit ihm in Verbindung gebracht wird, auch topologisch betrachten: Eine an ein Ei erinnernde Form umschließt drei Löcher, nämlich zwei Augen und einen Mund, die eine typische Lage zueinander haben; eine Teilmenge menschlicher Möglichkeiten, nämlich Frauen, haben in der Evolution einen Vorteil ... (man muß nicht jeden Unsinn glauben, in den sich Forscher in ihrer spekulativen Sucht hineinverlieren).

28 Sinnesreizungen

Le nez de Cléopatre: s'il eut été plus court, toute la face de la terre aurait changée. –
Die Nase der Kleopatra: Wäre sie kürzer gewesen, sähe das ganze Gesicht der Erde anders aus. Blaise Pascal

Wir können nicht gleichzeitig denken, sehen, hören, schmecken, riechen und fühlen; wir können immer nur bei einer Sache sein. Wir hören auf zu sehen, sobald wir hören. Denis Diderot

Das Auffassen der Welt in ihrer Individualität und Totalität ist ja gerade mein Bestreben.
Wilhelm von Humboldt

Nicht lange, so briet das Fleisch über dem Feuer, und ein gar nicht übler Duft zog durch die Lichtung. Da kehrte Old Shatterhand zurück. Sein Auge hatte nichts Verdächtiges gewahren können, und so brachte er den dreien die Nachricht, daß keine Überraschung zu befürchten sei. Karl May

Ich führte, bedrückt durch den trüben Tag und die Aussicht auf den traurigen folgenden, einen Löffel Tee mit dem aufgeweichten kleinen Stück Madeleine darin an die Lippen. In der Sekunde nun, als dieser mit dem Kuchengeschmack gemischte Schluck Tee meinen Gaumen berührte, zuckte ich zusammen und war wie gebannt durch etwas Ungewöhnliches, das sich in mir vollzog. Ein unerhörtes Glücksgefühl, das ganz für sich allein bestand und dessen Grund mir unbekannt blieb, hatte mich durchströmt. Marcel Proust

Wenn ich in eine fremde Stadt komme, fühle ich mich in den ersten Stunden, manchmal Tagen, verloren. Ich bin der Welt um mich entfremdet und sehe sie mit suchenden Augen, oft die Wirklichkeit verkennend. Ich lese in einem Gedicht von Durs Grünbein »Als der Verstand zur Hölle wurde«, doch geschrieben hat er »Als die Vorstadt zur Hölle wurde«. Ob es anderen auch so geht, nicht gleich angekommen zu sein und Dinge zu sehen oder Worte zu hören, die ganz anders gemeint waren? Es fehlt der Bezug, es fehlt der Rahmen.

Jeder hat seine eigenen Rituale des Ankommens, um sich in der fremden Stadt, dem neuen Land zu verorten, um wieder bei sich zu sein, um sich in dem neuen Rahmen sicher zu fühlen. Es ist die Kunst des Gastgebers, dem Ankommenden die Sicherheit eines fremden Hauses oder einer Wohnung auf eine selbstverständliche Weise zu vermitteln. Um in Städten anzukommen, habe ich meine eigene Strategie entwickelt: Ich muß den neuen Ort für mich ergehen; ich muß mich bewegen, damit ich weiß, wo ich bin, und damit ich spüre, wer ich eigentlich hier bin. Ich muß meine Identität zurechtrücken, die durch die Reise verrückt wurde, und ich erreiche dies durch Aktivität, mit dem Gehen durch Straßen oder mit dem Wandern über das Land. Dieses gehende Annähern an den sich in mir aufbauenden Ort ist mit Anstrengung verbunden; schlendern reicht nicht. Danach erst kenne ich den Ort, ich weiß, wo Norden ist, ich habe entdeckt, ob es einen Buchladen gibt, wo der Markt ist, wo Restaurants, welche Vögel herumfliegen, und ich habe die Geräusche der Stadt und ihren Geruch in mich aufgenommen. Ich habe durch Gehen, Sehen, Hören und Riechen eine Landkarte erworben, die mir den neuen Ort vermittelt.

Was aber geschieht, wenn man nicht gehen kann? Ich bleibe mir selbst entfremdet, wenn ich in eine moderne Artefakt-Stadt gerate, in der man nur noch mit dem Auto herumfahren kann, da der Straßendschungel das Gehen verbietet. Ich empfinde mich in einer solchen Stadt als eine Position in einem Koordinatensystem, das durch das Navigationssystem angegeben wird. Ich bin somit ein Teil des Fahrzeugs; ohne Auto weiß ich nicht mehr, wo ich bin. Eindrucksvoll für mich ist in Japan der Unterschied zwischen Kyoto und Tokio. Kyoto kann ich ergehen; um in Tokio anzukommen, gehe ich nach der Ankunft als erstes um den Kaiserpalast, ein schneller Gang, der um die »leere Mitte« des Landes etwa eine Stunde dauert (ich muß dabei im

Uhrzeigersinn gehen; die Gegenrichtung stimmt für mich gefühlsmäßig nicht; eine zwanghafte Merkwürdigkeit). Erst dann fühle ich mich angekommen und habe eine ungefähre Vorstellung, wo ich bin. Die ganze Stadt zu ergehen wäre unmöglich. In Peking wußte ich nach meinen ersten Besuchen nicht, wo Norden und Süden ist; ich muß meine Position mühsam rekonstruieren; inzwischen kenne ich mich aus.

Wie ich einen Ort ergehen muß, um meine Identität zu finden, muß ich einen Text erlesen, um mich mit dem Geschehen oder den Gedanken identifizieren zu können; auch beim Lesen muß ich einen inneren Ort finden. Der Aufbau des Rahmens im Lesen ist davon abhängig, welche Art des Lesens beansprucht wird, nämlich entweder jenes Lesen, das Bilder entstehen läßt, oder jenes Lesen, das abstraktes Wissen vermittelt. Dies sind zwei prinzipiell verschiedene Arten des Lesens, die jeweils einen anderen Raum der Aufmerksamkeit beanspruchen. Um ein Bild aus der Hirnforschung zu beanspruchen, ist wissensorientiertes Lesen mit der linken Gehirnhälfte assoziiert, während jenes Lesen, das Bilder und Geschichten entstehen läßt, mit der rechten Gehirnhälfte verbunden ist. Bei der Lektüre eines Gedichtes oder eines Romans sind die Gastgeber, die die Tür zum Ankommen aufmachen, die ersten Zeilen oder die ersten Sätze. Mit den ersten Worten entsteht ein Rahmen, und die folgenden Bilder gehen von diesem ersten Bild aus.

Jaroslav Hasek beginnt *Die Abenteuer des braven Soldaten Schwejk* mit den Worten (und er macht damit eine Tür auf): »Also sie ham uns den Ferdinand erschlagen, sagte die Bedienerin zu Herrn Schwejk, der vor Jahren den Militärdienst quittiert hatte, nachdem er von der militärärztlichen Kommission endgültig für blöd erklärt worden war, und der sich nun durch den Verkauf von Hunden, häßlichen, schlechtrassigen Scheusälern, ernährte, deren Stammbäume er fälschte.« Ein anderer Türöffner: *Der Zauberberg* von Thomas Mann beginnt: »Ein einfacher junger Mensch reiste im Hochsommer von Hamburg, seiner Vaterstadt, nach Davos-Platz im Graubündischen. Er fuhr auf Besuch für drei Wochen.« Aus dem geplanten Kurzurlaub entwickelte sich dann ein sehr viel längerer Aufenthalt (und Thomas Mann nutzt den Roman auch für seine faszinierende Analyse des Zeiterlebens). Franz Kafka beginnt seine Erzählung »Die Verwandlung« mit den Worten: »Als Gregor Samsa eines Morgens aus unruhigen Träumen erwachte, fand er sich in seinem Bett zu einem ungeheueren Ungeziefer verwandelt.« Und manchmal sind es nur wenige Worte, die einen Rahmen eröffnen. »Nennt mich Ismael«; das sind die ersten Worte in Herman Melvilles *Moby Dick*, und *Auf der Suche nach der verlorenen Zeit* schreibt Marcel Proust: »Lange Zeit bin ich früh schlafen gegangen«. Die Faszination liegt in den ersten Worten, in denen ein Bild entsteht (oder auch nicht); deswegen bin ich wohl von Ringelnatz gefangen: »Ein ganz kleines Reh, stand am ganz kleinen Baum«, ein Gedicht, das meine Kinder immer wieder hören wollten. Und ein Beispiel aus »Nach den Satiren« von Durs Grünbein: »Wie der Gekreuzigte lag dieser Frosch / Plattgewalzt auf dem heißen Asphalt / Der Landstraße.«

Wenn hingegen abstraktes Wissen durch Lesen generiert werden soll, dann lauten die Sätze anders, auch wenn sie sich auf einen ähnlichen Sachverhalt wie die Entstehung innerer Bilder beziehen, wie der erste Satz der *Kritik der reinen Vernunft* von Immanuel Kant belegt: »Auf welche Weise und durch welche Mittel sich auch immer eine Erkenntnis auf Gegenstände beziehen mag, es ist doch diejenige, wodurch sie sich auf dieselbe unmittelbar bezieht, und worauf alles Denken als Mittel abzweckt, die Anschauung.« Oder Karl Popper beginnt seine *Logik der Forschung* mit dem Satz: »Die Tätigkeit des wissenschaftlichen Forschers besteht darin, Sätze oder Systeme von Sätzen aufzustellen und systematisch zu überprüfen; in den empirischen Wissenschaften sind es insbesondere Hypothesen, Theoriensysteme, die aufgestellt und an der Erfahrung durch Beobachtung und Experiment überprüft werden.« (Dies ist eine stark idealisierte Beschreibung des wissenschaftlichen Forschens.)

Wenn wir irgendwohin gelangen, in einen Text oder an einen neuen Ort, nehmen wir Information auf, und aus diesem Zugriff bestimmt sich letzten Endes unser Weltbild. Wie entsteht, was man als Weltbild bezeichnet? Aus isolierten Sinneseindrücken werden wie bei einem Puzzle Teile der Welt zu einem einheitlichen Bild zusammengesetzt. Auswahlmechanismen des Gehirns bestimmen, was für uns wichtig, was unwichtig ist, und auf der Grundlage unserer sinnlichen Erfahrungen entwickelt sich für jeden einzelnen ein persönlicher Rahmen der Weltsicht. Das Weltbild des einzelnen, der individuelle Welthorizont, ist aber nicht eine rein subjektive Angelegenheit. Aufgrund der Entwicklungsgeschichte und vor allem auch wegen der

Homogenität unserer gemeinsamen sozialen Umwelt können wir für uns alle ein durchaus ähnliches Weltbild vermuten: Es ist um so ähnlicher, je vermaschter die soziale Welt ist, in der wir aufwachsen. Durch die Evolution ist aber von vornherein die Übereinstimmung menschlicher Weltbilder garantiert.

Im Laufe der Evolution haben sich in den verschiedenen Lebewesen nur bestimmte Sinnesapparate entwickelt; Lebewesen haben nicht Antennen für »alles«, was es in der Welt gibt. Jeder Sinn ermöglicht zwar einen Ausblick in die Welt, aber es ist immer nur ein beschränkter Ausblick. Unsere verschiedenen Sinnessysteme (Sehen, Hören, Tasten oder Riechen) gleichen Lichtkegeln, die in die Dunkelheit des Unbekannten gerichtet sind. Nur im jeweiligen Lichtkegel kann Information aus der Welt aufgenommen werden; weite Bereiche, für die es keine Antennen gibt, verschließen sich prinzipiell der unmittelbaren sinnlichen Erfahrung. Unsere biologischen Vorfahren haben beispielsweise Rezeptoren entwickelt, um elektromagnetische Wellen in einem bestimmen Frequenzbereich für den Organismus verwertbar zu machen (Sehen); sie haben andere Rezeptoren entwickelt, die Schallereignisse in einem bestimmten Frequenzbereich als Informationsquelle nutzen können (Hören); oder sie haben für bestimmte chemische Veränderungen in der Umwelt Detektoren ausgebildet (Riechen). Dieser positiven Aufzählung muß jener Bereich der Welt entgegengestellt werden, der uns prinzipiell durch unmittelbare sinnliche Erfahrung verschlossen bleibt. Eine direkte Wahrnehmung anderer Frequenzbereiche und anderer chemischer Veränderungen ist uns nicht möglich, wie uns auch ganze Informationshorizonte, für die wir keine Sinnesorgane haben, verschlossen sind. Dies ist nicht nur eine theoretische Aussage, sondern sie wird empirisch gestützt durch die Existenz anderer Arten auf dieser Erde, die tatsächlich über andere sinnliche Erfahrungen verfügen. Ein Haifisch hat Elektrorezeption; wir sind für die entsprechenden physikalischen Ereignisse »blind« (wir haben nicht einmal ein richtiges Wort für das Fehlen solcher anderer Antennen).

Obwohl der Ausblick in die Welt für alle Lebewesen außerordentlich beschränkt ist und obwohl manche Arten andere Antennen haben, die ihnen uns unbekannte sinnliche Erfahrungen ermöglichen, fällt doch auf, daß der evolutionäre Druck nicht dazu geführt hat, daß die Weltbilder verschiedener Lebewesen sich vollkommen voneinander unterscheiden. Es ist faszinierend, wie unterschiedliche evolutionäre Entwicklungen der Sinnesorgane anderer Lebewesen dazu geführt haben, daß ihr Blick in die Welt des Unbekannten mit dem des Menschen zum großen Teil übereinstimmt. Diese Übereinstimmung ist allerdings nicht absolut; Bienen können bis in den ultravioletten Bereich von etwa 350 Nanometern sehen, doch ist dies nur eine kleine Verschiebung gegenüber dem menschlichen Sensitivitätsbereich; das Weltbild im Sehen der Bienen und des Menschen stimmen in weiten Bereichen überein.

Diese Beobachtung führt mich zu einer Randbemerkung; manche »Denker« mit einer bestimmten Grundeinstellung haben die Tendenz, an allem zu zweifeln; sie gehen so weit zu sagen, daß nicht einmal das existiert, was wir wahrnehmen, was uns vor Augen liegt, daß alles vielleicht eine Illusion sei. Gegen eine solche Auffassung eines radikalen Zweifels spricht, daß Lebewesen mit voneinander unabhängigen Entwicklungsgeschichten, bei denen also die Sinnesorgane jeweils völlig neu erfunden wurden, dennoch dasselbe wahrnehmen. Das kann nur dann möglich sein, wenn das Wahrgenommene als Gegenstand oder als Ereignis tatsächlich gegeben ist. (Allerdings sei zugestanden, daß ein radikaler Zweifler auch ein solches Argument nicht akzeptieren würde, denn in der Tat kann man alles »wegzweifeln«; aber wie will man dann noch leben? Kann es irgend jemanden geben, der einen solchen starken Glauben an die Kraft der eigenen Gedanken hat, daß er alles, was er vor Augen hat, tatsächlich in Frage stellt?)

Einen solchen Zweifler würde auch das Phänomen der Mimikry nicht überzeugen. Wenn sich ein Organismus so verkleiden kann, daß er von seinem Feind nicht mehr gesehen wird, obwohl dieser eine andere Entwicklungsgeschichte hinter sich hat, und wenn dieser Organismus auch von jemandem, der gar nicht sein Feind ist, nicht entdeckt wird, dann müssen Verkleidungs- und Wahrnehmungsprinzipien grenzüberschreitend, also allgemein gelten, und das ist nur möglich, wenn es die Gegenstände tatsächlich gibt, auf die sie sich beziehen. Der Zweifel an der Existenz alles Seienden ist somit eine Gedankenspielerei, die unsere biologischen Wurzeln vergißt.

Kommen wir wieder zurück zu unserer unmittelbaren sinnlichen Erfahrung. Der Hörsinn erschließt uns einen anderen Teil des Welthorizonts als das Sehen, wobei das menschliche Hörvermögen bis etwa 20 000 Hertz reicht, unsere Sprache aber bei geringeren Frequenzen angesiedelt ist. Verschiedene Vogelarten und etliche andere Lebewesen nehmen höhere Frequenzen wahr als wir, und sie nutzen sie für spezielle Leistungen; Fledermäuse orientieren sich im Raum mit Hilfe von Ultraschall, d. h. sie bewegen sich in einem Raum, der durch akustische Reize und nicht, wie bei uns Menschen, durch optische Reize mit hoher Präzision gekennzeichnet ist. Auffallend ist allerdings, daß Lebewesen, mit denen wir unser Leben seit alters teilen, also Haustiere und Nutztiere wie Katzen, Hunde oder Pferde, offenbar eine ähnliche sinnliche Erfahrung haben wir wir. (Sind sie vielleicht auch deshalb zu Haustieren geworden?) Die Anpassungsprozesse in der Evolution brachten es mit sich, daß für diese Arten ein ähnlicher Welthorizont wie für uns zu existieren scheint. Dies mag selbstverständlich erscheinen, doch erlaubt uns diese Selbstverständlichkeit überhaupt erst, mit Individuen anderer Arten sozialen Kontakt aufzunehmen. Um einen Hund zu dressieren, ist es notwendig, daß zwischen »Herr und Hund« Information ausgetauscht werden kann, d. h. beide müssen sich wechselseitig hören und sehen können. Nur aufgrund dieser grundlegenden Bedingungen sinnlicher Erfahrung, daß jeder den anderen hören und sehen und vielleicht auch riechen oder tasten kann, ist es überhaupt möglich, daß sich eine »Du-Beziehung« zwischen Tier und Mensch ausbilden kann.

Es ist auffällig, daß fast alle Lebewesen optische Rezeptoren entwickelt haben, deren Empfindlichkeit im Absorptionsbereich von Chlorophyll liegt. Dadurch wird deutlich, daß elementare Prozesse in der Natur, die, wie in diesem Fall, für die energetische Versorgung verantwortlich sind, auch für andere Funktionen genutzt werden und sich schließlich sogar bis in die bewußte Wahrnehmung fortsetzen. Wenn in der Natur einmal ein Problem gut gelöst worden ist, dann wird dieser Lösungsweg festgehalten und bei anderen Aufgaben beschritten. (Die menschliche Sehnsucht nach »grün« mag ihre letzte Wurzel in dieser biochemischen Adaptation haben; die Welt, wie wir sie kennen, ist erst möglich geworden durch diese chemischen Prozesse in der Welt um uns, und dann mag es nicht zu weit hergeholt sein zu sagen, daß wir Pflanzen um uns brauchen, weil sie uns in einer ganz ursprünglichen Weise mit der Welt verbinden).

Nicht nur unser Sehen spiegelt die physische Struktur der Welt in einer unmittelbaren Weise. Dies gilt auch für das vestibuläre System, den Gleichgewichtssinn. Nahezu alle Lebewesen haben Detektoren entwickelt, die ihnen melden, wo oben und wo unten ist. Damit ist die Erdschwere, die Gravitation, unmittelbar erfahrbar. Diese Erfahrung ist allerdings normalerweise implizit und wird nur explizit, wenn es zu Störungen kommt. Störungen im Gleichgewichtssystem erleben wir bekanntlich als Schwindel. Viele kennen Funktionsstörungen des vestibulären Systems, wenn sie zuviel getrunken haben; der Alkohol ist besonders erfolgreich, wenn es gilt, in jene Mechanismen des Gehirns einzugreifen, die uns eine korrekte Raumorientierung ermöglichen. Seekrankheit ist ein weiteres Beispiel für eine vestibuläre Störung, die im wesentlichen darauf beruht, daß die Information über die Erdschwere und optische Informationen nicht mehr übereinstimmen. Reize, die vom Gleichgewichtssystem ausgehen, werden nicht mehr vom visuellen System kompensiert. Bisher nur wenigen kommt das Privileg zu, Schwindel im Weltall erlebt zu haben. Wenn die Erdschwere fehlt, kommt es ebenfalls zu massiven Störungen. Die Funktion des vestibulären Systems hat also eine existentielle Bedeutung für unsere Raumorientierung.

Wie wir das Wort Weltbild üblicherweise verstehen, kann dieses nur über sinnliche Erfahrung aufgebaut werden, und natürlich muß außer der sinnlichen Erfahrung auch ein Gehirn vorhanden sein, das die aufgenommene Information verarbeitet und bewertet. Aber stimmt dies eigentlich, kann wirklich nur ein Lebewesen mit Gehirn Sinnesinformation aufnehmen, verarbeiten und bewerten? Nein: Über die entsprechenden Fähigkeiten verfügt auch ein einzelliger Organismus. Verführt durch den Begriff »Weltbild«, gelangen wir zu der Annahme, daß bewußte Repräsentation unbedingt dazugehören muß. Wir wollen uns von dieser mentalen Einschränkung befreien und auch einem Einzeller zubilligen, daß er ein Weltbild hat; und hiermit sagen wir, daß jedes Lebewesen, das Information von außen aufnimmt, bearbeitet und bewertet und seine Lebensprozesse dadurch reguliert, ein Weltbild hat.

Es wird uns deutlich werden, daß diese Erweiterung des Begriffsverständnisses von Weltbild auch für uns notwendig ist, denn auch für uns wäre das Weltbild, das uns bewußt ist, nur ein beschränktes Weltbild, nur eine Teilmenge eines umfassenderen Weltbildes, das unser Leben und Erleben bestimmt, aber zu diesem umfassenderen Weltbild hat das Bewußtsein keinen unmittelbaren Zugang. Daß unser Weltbild auch implizit bestimmt ist, wird deutlich, wenn wir über einen häufig als unwichtig angesehenen und damit fast vergessenen Sinn, das Riechen nämlich, nachdenken. Hören und Sehen sind die sogenannten Fernsinne des Menschen. Mit ihnen kann man Gegenstände und Ereignisse auf Distanz wahrnehmen, und wir können benennen, was wir sehen oder hören, d. h. unsere Wahrnehmungen haben Zugang zum Bewußtsein. Die Wahrnehmung aus der Nähe übernehmen die körpernahen Sinne, also das Tasten, Riechen und Schmecken. Wahrnehmungserlebnisse dieser Sinne sind aber nicht nur körpernah, sie sind auch Ich-nah. Anders als beim Sehen oder Hören, wo uns Außenereignisse gemeldet werden, werden Ereignisse, die wir durch Tasten, Riechen oder Schmecken wahrnehmen, der eigenen Identität zugeordnet. Besonders deutlich wird dies bei der körperlichen Liebe.

Dem Tastsinn kommt noch eine weitere Bedeutung zu, die sich in der Sprache zeigt. Wenn wir etwas greifen, dann beruht die zentrale Repräsentation des Gegriffenen auf der Reizung von Tast-Rezeptoren. Greifen führt dann aber zum Be-Greifen, d. h. das Gegriffene wird nicht nur ergriffen, sondern auch begriffen, und wir machen uns über das Greifen und Begreifen einen Begriff von einer Sache. Der körpernahe und Ich-nahe Sinn des Tastens stellt also auch eine Brücke her zur Welt um uns. Gesehenes und Gehörtes wird mit Begriffen belegt, die ihre Wurzel in der Körper- und Ich-nahen Repräsentation von Ereignissen und Geschehnissen haben.

Kommen wir nun zu jener sinnlichen Erfahrung, die unser Leben in elementarer Weise bestimmt, auch wenn wir uns dessen nur selten bewußt sind, dem Geruch. Bei der Regulation menschlichen und tierischen Verhaltens ist der Geruchssinn von maßgeblicher Bedeutung. Er spielt vor allem bei der Bewertung der uns unmittelbar umgebenden Welt eine bemerkenswerte Rolle. So läuft die erste Kommunikation zwischen Mutter und Kind meist über die Geruchsempfindung. Die Bindung, die sich zwischen Mutter und Kind aufbaut, ist ganz entscheidend durch olfaktorische Reize, also Geruchssignale, bestimmt. Warum ist es so schwer, Gerüche zu benennen? Es scheinen einfach die Worte dafür zu fehlen. Wir können zwar Rot, Blau oder Gelb sehen und begrifflich voneinander unterscheiden, d. h. wir verfügen über eine mentale Repräsentation deutlich voneinander getrennter Farben, wie wir auch die Qualitäten des Geschmacks mit Begriffen wie süß, sauer, salzig und bitter benennen können. Aber wir haben nicht in ähnlicher Weise Wörter für Gerüche. Die Ursache mag darin liegen, daß es einfach zu viele Gerüche gibt und daß sich Gerüche nicht so einfach kategorisieren und damit nicht so leicht begrifflich fassen lassen wie das, was uns durch andere Sinne gegeben ist.

Die Anzahl verschiedener Gerüche allein kann es aber nicht sein, die verhindert hat, daß sich eindeutige Wörter für verschiedene Gerüche entwickelt haben; analog könnte man nämlich argumentieren, daß auch die Vielzahl der Farbtönungen, die wir unterscheiden können, die Erfindung von Begriffen verhindern müßte. Daß wir in der Lage sind, größere Frequenzbereiche elektromagnetischer Wellen zu wahrgenommenen und benannten Farben zusammenzufassen, liegt vielleicht daran, daß wir es in der Welt der Farben mit einem Kontinuum elektromagnetischer Wellen zu tun haben und kategoriale Zuordnungen jeweils auf Segmente dieses Kontinuums bezogen sind. Eine derartige Kontinuität gibt es in der Welt der Gerüche möglicherweise nicht. Die Struktur molekularer Verbindungen, die uns geruchlich in unserer Wahrnehmung verfügbar sind, ist von hoher Komplexität. Was wir riechen, ist qualitativ verschieden, und das erschwert offensichtlich den Aufbau einer kategorialen Begrifflichkeit. Aufgrund der Ökonomie, die unser Nervensystem bei der Bewältigung aller Aufgaben walten läßt, werden Geruchsbenennungen daher von Objekten abgeleitet, denen ein bestimmter Geruch zukommt.

Der Geruch ist immer das Attribut, also das typische Merkmal eines Objektes, einer Blume, einer Frucht, eines Gewürzes oder auch eines ganz bestimmten Menschen. Gerüche, die Gegenstände oder Lebewesen auszeichnen, sind meist keine einfachen chemischen Verbindungen, sondern fast immer komplexe Duftgemische. Mathematisch gesehen gibt es so unglaublich viele Kombinationen von einzelnen chemischen Verbindungen, die dann den typischen Geruch eines Gegenstandes bestimmen, daß wir mit der Namensfindung überfordert sind. Es kommt hinzu, daß es wohl auch keine erkennbare Notwendigkeit in der Evolution gab, für Gerüche von den Gegenständen unabhängige Begriffe zu entwickeln, um mit diesen dann eigene Geruchserfahrungen anderen mitzuteilen. Deshalb verwendet man Geruchsbezeichnungen, die von Gegenständen oder Ereignissen abgeleitet sind, bei denen der typische Geruch auftritt, wie etwa brenzlig, ranzig oder schweflig. Eine Aussage wie »Es riecht zitronenartig« ist also auf die Sache bezogen, die so riecht.

Wie ein neuer Rahmen des Riechens entstehen kann, darüber können uns Forschungen über die Entwicklung der Geruchswahrnehmung bei jungen Kaninchen Auskunft geben. Bei Jungkaninchen wurde beobachtet, daß sie sich beim Zitzensuchen an einem körpereigenen Geruchsstoff, einem sogenannten Pheromon, der Kaninchenmutter orientieren. Stillende Kaninchenmütter produzieren dieses Pheromon, und junge Kaninchen, die in den ersten etwa zehn Lebenstagen taub und blind sind, orientieren sich mit Hilfe des Pheromons, um die Zitzen der Mutter zu finden. Junge Kaninchen werden einmal am Tag drei bis vier Minuten lang gesäugt. Die Kaninchenmutter kommt für wenige Minuten in den Bau, verhält sich dabei völlig passiv, und die Jungtiere müssen innerhalb kürzester Zeit die Zitzen finden. Dabei machen sie schnuppernde Suchbewegungen und schnüffeln sich immer näher an die Geruchsquelle heran, indem sie Intensitätsunterschiede aufeinanderfolgender Schnüffelbewegungen ausnutzen.

Beim Studium dieses durch olfaktorische Reize gesteuerten Orientierungsverhaltens ist entdeckt worden, daß dieses instinktive Verhalten relativ schnell durch andere Gerüche ausgelöst werden kann. Wesentliche Einblicke in die Welt des Riechens und in die Art und Weise, wie Gerüche Verhaltensweisen steuern, wurden von Robyn Hudson (jetzt in Mexiko-City) und Hans Distel aus München gewonnen. Das folgende Experiment mit jungen Kaninchen ist im Hinblick auf die Assoziation von Gerüchen besonders eindrucksvoll: Der natürliche Geruchsstoff der Mutter, das Pheromon, wurde mit einem künstlichen Geruch kombiniert; als künstlicher Geruch wurde z. B. ein Parfüm ausgewählt. Nach einer nur einmaligen gemeinsamen Geruchserfahrung von Pheromon und Parfüm löst danach das Parfüm allein das instinktive Verhalten des jungen Kaninchens aus. Das durch olfaktorische Reize gesteuerte Orientierungsverhalten ist in diesem Fall also leicht zu verändern.

Das Experiment zeigt, daß durch das gemeinsame Auftreten von zwei Gerüchen innerhalb eines sehr kurzen Intervalls von etwa einer Minute das Gehirn eine Assoziation herstellt, so daß der zunächst unbekannte und bedeutungslose Geruch ein verhaltensrelevanter Geruch wird. Daß so etwas auch beim Menschen vorkommt, darf vermutet werden. Das hieße, daß durch die Assoziation von neuen Gerüchen mit solchen, die biologisch wirksam sind, auch für den

Menschen eine neue Geruchswelt entsteht. Die Welt des Riechens wird erweitert, indem ursprünglich bedeutungslose Gerüche eine emotionale Bedeutung bekommen und unser Erleben und Verhalten nachhaltig steuern. Die Geruchsprägung spielt vermutlich auch eine wichtige Rolle bei der Steuerung unseres sexuellen Verhaltens. Der eigenen Attraktion wird mit Hilfe chemischer Verbindungen nachgeholfen, die das Erleben und Verhalten anderer gegenüber der eigenen Person positiv beeinflussen sollen. Die Parfümindustrie dient gewissermaßen dem Zweck, chemische Verbindungen zur Etablierung emotionaler Verbindungen einzusetzen, so daß sich zwischen zunächst geruchsfremden Menschen eine positive Beziehung entfaltet bzw. eine bereits bestehende gesichert wird.

Daß geruchliche Kommunikation zwischen Menschen möglich ist, wird durch einen »T-Shirt-Test« bestätigt. Bei diesem Experiment darf man sich ausnahmsweise einmal nicht waschen. Junge Männer und Frauen tragen für eine gewisse Zeit ein T-Shirt, und dann werden die T-Shirts der Versuchspersonen beiderlei Geschlechts auf einen Haufen gelegt. Anschließend werden die Versuchspersonen aufgefordert, durch den Geruch festzustellen, ob das T-Shirt von einem Mann oder einer Frau getragen wurde. Dabei gibt es eine erstaunlich hohe Trefferquote. Männer und Frauen unterscheiden sich also auch in ihren natürlichen Duftstoffen; sie riechen nicht nur anders, weil sie unterschiedliche Parfüms benutzen. Im übrigen scheinen Frauen andere Menschen besser »erriechen« zu können als Männer. Es ist interessant, daß sich in Abhängigkeit von der Tageszeit, aber auch vom Menstruationszyklus oder vom Bestehen einer Schwangerschaft die geruchliche Empfindlichkeit beim Menschen entscheidend verändert. In manchen Zeiten ist der einzelne für bestimmte Gerüche sensibler. Während der Schwangerschaft etwa können bestimmte Gerüche, die sonst als neutral empfunden werden, ekelerregend sein.

Geruchliche und geschmackliche Bewertungen finden natürlich vor allem beim Essen statt. Wie lernen wir überhaupt essen, woher wissen wir, was für uns bekömmlich und was unbekömmlich ist? Der Bereich des Nahrungswissens ist gewissermaßen dadurch benachteiligt, daß sich keine evolutionären Programme entwickelt haben, um unterscheiden zu können, was wir essen dürfen und was nicht. Das mag daran liegen, daß wir als Allesfresser einfach zu viel Verschiedenes zu uns nehmen. Tatsache jedenfalls ist, daß es zumindest bei uns

Menschen keine genetischen Programme für Ernährungswissen zu geben scheint. Wie aber erfahren wir dann, was bekömmlich und was giftig ist? In einer sensiblen Phase in unserer Entwicklung und manch anderer Lebewesen wird die Bekömmlichkeit und vor allem auch der Wohlgeschmack der Nahrung erlernt. Das Kennenlernen richtiger Nahrung erfolgt etwa nach dem folgenden Prinzip: Man ißt irgend etwas, und nach einer gewissen Zeit wird einem schlecht. Das Schlechtwerden bezieht das Gehirn dann auf die Nahrungsaufnahme, und in Zukunft wird diese Nahrung vermieden. So wird das, was wir als bekömmlich, als gut oder als wohlschmeckend empfinden, in früher Kindheit eingeprägt, und unser »Weltbild der Ernährung« wird aufgebaut. Über die sinnliche Erfahrung bauen wir unser Weltbild auf, und die hier beschriebenen Beobachtungen machen deutlich, daß dabei auch der vergessene Sinn des Riechens eine maßgebliche Rolle spielt.

Wie deutlich geworden sein mag, kann unser Weltbild nur einen Ausschnitt der Welt repräsentieren. Aber wir Menschen sind neugierig. So haben wir Möglichkeiten gefunden, über den unmittelbar verfügbaren Rahmen hinauszudenken und in andere Welten hineinzuschauen. Dabei hilft uns die Technik, die gewissermaßen eine Verlängerung menschlicher Fähigkeiten ist. Zu den faszinierenden Beispielen, die uns eine Erweiterung des Weltbildes erlauben, zählt etwa die Erfindung des Mikroskops. Mit ihm lassen sich die unsichtbaren Welten der Bakterien und Viren erkennen. Mit Elektronenmikroskopen können zelluläre Mechanismen, Verbindungen zwischen Zellen oder intrazelluläre Prozesse beobachtet werden. Mit den neuesten Elektronenmikroskopen können sogar atomare Oberflächen betrachtet werden. Mit Hilfe von Beschleunigern versucht die Experimentalphysik Erkenntnisse über den Aufbau der Atome und über die kleinsten Teile der Materie zu gewinnen und so herauszufinden, was die Welt im Innersten zusammenhält. Mit Teleskopen schauen wir ins Weltall und versuchen, unseren Welthorizont über unser irdisches Gebundensein hinaus zu erweitern.

Technische Verfahren werden von uns also eingesetzt, um in Bereiche der Welt hineinzuschauen, die uns unsere Sinneswerkzeuge nicht erschließen. Eine der größten wissenschaftlichen Erkenntnisse ist dabei, und diese Erkenntnis liegt schon weit zurück, daß wir mit Hilfe von Instrumenten einen wahrhaften Einblick in die Welt über unsere sinnliche Erfahrung hinaus erlangen können. Es ist nicht von vornherein selbstverständlich, etwas für wahr zu halten, das mit technischen Möglichkeiten verfügbar gemacht wird. Erst die Neuzeit hat zu der Auffassung geführt, an Bilder zu glauben, die nicht unmittelbar vor unseren Augen liegen, sondern die mit technischer Hilfe ermöglicht werden. Jene Theologen im Dienste des Papstes, die nicht durch das Fernrohr auf die Monde des Jupiter schauen wollten, wie es Galilei von ihnen erbat, hatten noch nicht jenen mentalen Quantensprung zur Akzeptanz sinnlicher Information, die nicht unmittelbar gegeben ist, vollzogen. Ihre Weigerung war also aus damaliger Sicht nicht so töricht, wie es heute erscheinen mag.

Unser Glaube an die technischen Möglichkeiten, mit deren Hilfe wir unser Weltbild erweitern und unseren Welthorizont ausdehnen, wird getragen von dem Vertrauen in eine Ordnung der Welt, die wir mit Hilfe von Theorien erfassen und mit Hilfe von technischen Artefakten sichtbar machen können. Wenn wir unseren Blick erweitern wollen und Apparate entwickeln, die unsere sinnliche Erfahrung vergrößern, dann lassen wir uns zunächst von theoretischen Konzepten leiten, um dann technische Möglichkeiten bereitzustellen. Wir glauben aber offenbar erst dann etwas, wenn es uns in einer unmittelbaren sinnlichen Erfahrung zugeführt wird. Erst danach kann es zu einer subjektiv empfundenen Wahrheit werden. Diesen Sachverhalt zeigt die gesamte Beweisführung in den Wissenschaften, die letzten Endes immer auf die primäre sinnliche Erfahrung zurückgeht. Kreativität in der theoretischen Physik ist auch durch die Mathematik gegeben. Um den Wahrheitsgehalt einer Sache zu erkennen, muß das, was man sich ausgedacht hat, sinnlich überprüft werden. Selbst die Physik als grundlegende Wissenschaft bedient sich immer auch der sinnlichen Erfahrung, um den Wahrheitsgehalt ihrer Theorien zu überprüfen. Große und auch teure Geräte wie die Beschleuniger sollen veranschaulichen, was man als Theorie erdacht hat. Da die sinnliche Erfahrung auf einem Adaptationsprozeß der Evolution beruht, ist die Überprüfbarkeit physikalischer Theorien immer an dem orientiert, was uns an Sinneserfahrung möglich ist. Eben dadurch ist aber auch eine bestimmte Einschränkung möglicher physikalischer Theorien gegeben, ein weiterer Grund, warum unser Weltbild an manchen Stellen verschlossen oder zu eng bleiben muß. Die notwendige Beschränktheit des physikalischen Weltbildes hat Albert Einstein einmal in der folgenden Weise beschrieben:

»Es stellt die höchsten Anforderungen an die Straffheit und Exaktheit der Darstellung der Zusammenhänge, wie sie nur die Benutzung der mathematischen Sprache verleiht. Aber dafür muß sich der Physiker stofflich um so mehr bescheiden, indem er sich damit begnügen muß, die allereinfachsten Vorgänge abzubilden, die unserem Erleben zugänglich gemacht werden können, ... während alle komplexeren Vorgänge nicht mit jener subtilen Genauigkeit und Konsequenz, wie sie der theoretische Physiker fordert, durch den menschlichen Geist nachkonstruiert werden können. Höchste Reinheit, Klarheit und Sicherheit auf Kosten der Vollständigkeit. Was kann es aber für einen Reiz haben, einen so kleinen Ausschnitt der Natur genau zu erfassen, alles Feinere und Komplexere aber scheu und mutlos beiseite zu lassen? Verdient das Ergebnis einer so resignierten Bemühung den stolzen Namen »Weltbild«? Ich glaube, der stolze Name ist wohlverdient, denn die allgemeinen Gesetze, auf welchen das Gedankengebäude der theoretischen Physik gegründet ist, erheben den Anspruch, für jedes Naturgeschehen gültig zu sein. Auf ihnen sollte sich auf dem Wege reiner gedanklicher Deduktion die Abbildung, d. h. die Theorie eines jeden Naturprozesses einschließlich der Lebensvorgänge finden lassen, wenn jener Prozeß der Deduktion nicht weit über die Leistungsfähigkeit menschlichen Denkens hinausginge. Der Verzicht des physikalischen Weltbildes auf Vollständigkeit ist also kein prinzipieller. Höchste Aufgabe des Physikers ist also das Aufsuchen jener allgemeinsten Gesetze, aus denen durch reine Deduktion das Weltbild zu gewinnen ist. Zu diesen elementaren Gesetzen führt kein logischer Weg, sondern nur die auf Einfühlung in die Erfahrung sich stützende Intuition.«

Der Rahmen unseres Weltbildes ist also bedingt durch unsere primäre sinnliche Erfahrung und durch den Versuch, den Erfahrungsbereich mit Hilfe von Forschung und Technik zu erweitern. Forschung kann geradezu als jene menschliche Tätigkeit angesehen werden, die dem Zweck dient, unser Weltbild zu erweitern. Jede Kultur ist gekennzeichnet durch Leitgedanken, die als höchste Werte angesehen werden. Diese Leitgedanken, die sich vielleicht aus Zufall entwickelt haben, definieren Randbedingungen der Existenz, an denen z. B. die Erziehung orientiert ist. Solche Leitgedanken lassen sich auch als

Paradigmen bezeichnen, oder man könnte sie auch als die Mythen einer Zeit auffassen. Unsere Zeit ist durch den Mythos des Fortschritts gekennzeichnet. Wir orientieren uns in unserem Verhalten automatisch so, als sei das Neue auch das Bessere. Unser Weltbild ist somit dadurch charakterisiert, daß die Erweiterung des Wissens in sich selber ein Wert ist. Es mag sein, daß der Mythos Fortschritt in Zukunft nicht mehr tragfähig sein wird. Der Glaube an die Macht der Rationalität, der diesen Mythos überhaupt erst möglich macht, scheint zumindest mancherorts im Verblassen zu sein. Irrationale Bewertungen werden auch in der öffentlichen Diskussion provokativ vorgebracht, und es wird gegen den Einsatz der kalten Rationalität argumentiert. Eine von der impliziten Bewertung getrennte Rationalität ist in der Tat eine maligne Rationalität, und der Mythos Fortschritt, der sich an einer von anderen menschlichen Möglichkeiten abgetrennten Rationalität orientiert, mag in der Tat ein maligner Fortschritt sein. Wir müssen aber nicht auf Rationalität verzichten und damit die Möglichkeit eines Fortschritts prinzipiell in Frage stellen, wenn wir das neue Wissen über die Funktionsweise unseres Gehirns berücksichtigen. Unser Weltbild ist nicht nur explizit, sondern auch implizit, und der implizite Rahmen unseres Weltbildes ist nicht irrational oder unlogisch oder chaotisch, sondern er hat eine innere Logik. Das Wissen um den impliziten Rahmens unseres Weltbildes mag dazu beitragen, jene maligne Rationalität zu kontrollieren, die uns bedroht, und dann können wir zu einer benignen Rationalität geführt werden.

29 Andere als Rahmen

Der Mensch ist das Maß aller Dinge.   Protagoras

Ein sicherer Freund wird in unsicherer Lage erkannt.
   Euripides

C'est faux de dire: Je pense. On devrait dire: On me pense.
Es ist falsch zu sagen: Ich denke. Es müßte heißen: Man denkt mich.   Arthur Rimbaud

Wenn nicht einer da ist, der das Dasein der andern Dinge bezeugt, so sind sie wie nicht gewesen.
   José Ortega y Gasset

Es kommt gewiß nur auf Wenige an; doch dürfen der Wenigen nicht zu wenig sein.   Hannah Arendt

Andere sind ein Rahmen. Ich kann ohne andere nicht sein, so groß auch immer das Bedürfnis ist, alleine zu sein. Eine merkwürdige Zerrissenheit: In die Abgeschiedenheit einzutauchen und dennoch in dieser Abgeschiedenheit stille Gespräche mit anderen zu führen. Bei diesen »Selbstgesprächen mit den anderen« bin ich ihnen nah, was sich in der persönlichen Begegnung (meistens) nicht wiederholen läßt. So leben andere in mir leibhaftig nur im Getrenntsein; eine merkwürdige Paradoxie, sozial zu sein, wenn die anderen nicht anwesend sind. Die persönliche Begegnung ist der Versuch, eine Kopie dieser inneren Leibhaftigkeit zu realisieren, manchmal gelungen, oft mißlungen. Dennoch gelangen die anderen in das innere Gefüge des Erlebens nur hinein, wenn man ihnen einmal wirklich begegnet ist. Aus dieser Begegnung, aus wiederholten Begegnungen entwickeln sich Bilder des anderen; sie werden Teil der eigenen Wirklichkeit und schaffen so einen neuen Rahmen für mich selbst. Meine Identität ist ohne andere nicht vorstellbar (vorstellbar in dem doppelten Sinn als nicht denkbar und nicht realisierbar). Die anderen werden in meinen eigenen Rahmen eingepaßt, und gleichzeitig ändert sich dieser eigene Rahmen durch die Bilder, die ich mir von den anderen mache. Die anderen werden idealisiert; hinsichtlich bestimmter Eigenschaften entwerfe ich mir ein abstraktes Konzept von ihnen, und Zuneigung oder auch Abneigung werden inszeniert, damit mein eigenes Selbstbild bestätigt oder manchmal auch in Frage gestellt wird. Die anderen bevölkern meinen seelischen Raum, und sie werden und bleiben (zumindest für eine gewisse Zeit) Teil meiner selbst.

Nicht jeder betritt diesen seelischen Raum. Wer ist es? Natürlich nur jene, die wichtig sind; doch wer ist wichtig? Was sind die Kriterien der Auswahl, wie ist der Selektionsprozeß bestimmt, damit jemand ein Teil meiner selbst wird? Oft sind es jene (und dies mag eine Schwäche sein), von denen ich mich nicht verstanden fühle und die ich dennoch zu erreichen suche. Es sind jene, die mich zum Handeln und zum Erklären antreiben; sie bestimmen die Zukunft. Ich bin bevölkert von anderen, die unerfüllte Aufgaben, Pläne, Absichten, Wünsche oder Hoffnungen repräsentieren. Es sind jene, die aus der Vergangenheit kommen, meine Gegenwart bestimmen, um in der Zukunft etwas zu bewirken. Sie sind damit auch Ursache innerer Spannung, Unzufriedenheit mit mir selbst, doch sie treiben mich auch zu neuen Aufgaben. Mit den Plänen, mit neuen Zielen, gerate ich in die Landschaft des noch nicht Erledigten. Gemäß des Prinzips der Vollendung, einem Grundmechanismus des menschlichen Gehirns, sollte man, um zufrieden zu sein, eine Sache abgeschlossen haben, und das sollte geschehen, bevor etwas Neues begonnen wird. Das ist unmöglich; in meiner Arbeit, in der Forschung also, doch auch im Unternehmertum, ist nie etwas abgeschlossen; es kommt immer Neues hinzu, und durch das Neue kommen »neue andere« hinzu. Es werden immer mehr, und eine Folge dieses Mehrwerdens ist die Vernachlässigung der »alten anderen«; sie bevölkern immer noch den seelischen Raum, aber wegen der endlichen Zeit wird es immer seltener, ihnen zu bestätigen, daß es »sie für mich« gibt. Die Rahmen stimmen nicht mehr überein, denn es gibt jenen Rahmen der vielen, die meine innere Welt bestimmen, und jenen anderen Rahmen der wenigen von den vielen, denen ich dies noch vermitteln kann (sollten sie überhaupt Interesse daran haben zu wissen, daß sie den seelischen Raum eines anderen, also von mir, bevölkern; man möchte nicht im seelischen Raum eines jeden enthalten sein, und andererseits wünscht man es sich, daß jemand Bestimmtes an einen denkt).

Einmal unterstellt, ich sei kein Sonderfall, gekennzeichnet durch die Unfähigkeit, andere wirkungsvoll aus meinem seelischen Raum zu verdrängen, dann könnte dies bedeuten, daß jeder von uns die Seelenlandschaft vieler anderer bevölkert, im Guten wie im weniger Guten. Dieser einfache Satz »Ich denke an dich« ist dann der intensivste Ausdruck von Präsenz in einem anderen Menschen, denn damit wird nicht nur ein kommunikativer Bezug hergestellt, sondern »ich denke dein« ist Ausdruck der Tatsache, daß ich ein Teil des anderen geworden bin und somit seine Identität mitbestimme. (Eines der schönsten Goethe-Gedichte beginnt mit: »Ich denke Dein, wenn mir der Sonne Schimmer vom Meere strahlt; ich denke Dein, wenn sich des Mondes Flimmer in Quellen malt ...«).

Immer wieder stellt sich mir die Frage nach der eigenen Identität: Gibt es überhaupt etwas, das nur »ich aus mir selbst heraus« ist? Bin »ich« nicht immer bezogen auf andere, so daß man eigentlich sagen müßte: »Ich als Rolle«, oder so gar in der Mehrzahl: »Ich als Rollen«? Ich meine, nur so können wir über uns selber denken, daß auch die eigene Identität durch »Komplementarität als generatives Prinzip« erklärbar wird: Identität ist bestimmt durch das Ineinanderverwobensein meiner Erinnerungen, der inszenierten Bilder meiner eigenen Vergangenheit, gebunden an mein leibliches Selbst, und der Bezüge zu den anderen, die meinen seelischen Raum bevölkern und die aus meiner erlebten Gegenwart heraus mein zukünftiges Handeln bestimmen. Eigene Identität wird also erzeugt aus Vergangenheit und Zukunft, aus der eigenen Leiblichkeit und den anderen. Ich kann »nur für mich selbst« oder »nur aus mir selbst heraus erzeugt« gar nicht vorkommen. Auch wenn meine körperliche Existenz den Anschein erweckt, als sei ich ein von anderen getrenntes Selbst, so bestimmt sich dieses Selbst über seine körperlichen Grenzen hinweg durch die anderen.

Wer sind sie, die meinen seelischen Raum bevölkern, die in mein Bewußtsein hineindrängen, an die ich denke (gelegentlich auch träume), manchmal mit vergeblicher Sehnsucht, oft zum Handeln angetrieben, allzu häufig in der Lage des Wartens? Wenn ich unabhängig von ihnen gar nicht existiere, wenn sie Teil meiner selbst sind, dann schreiben auch sie dieses Buch. Wenn ich einige nenne, dann möchten sie nur an diese Tatsache erinnern. Und ich möchte sie besonders daran erinnern, daß sie mich auf Dinge aufmerksam gemacht haben, die mir bisher entgangen waren, daß sie mir neue Territorien erschlossen haben, in die ich mich bisher nicht hineintraute, daß sie mich bereichert haben, daß sie also Platz in meinem seelischen Raum einnehmen, der ihnen gehört. (Wenn es nicht schon zu spät wäre, könnte ich ihnen dieses Buch widmen, doch Widmungen sollten immer am Anfang stehen, und dafür ist es jetzt zu spät; und Widmungen stellen jemanden auch immer in einen zu engen Rahmen; Widmungen haben etwas Gewalttätiges.)

An wen denke ich also, der meinen Rahmen bestimmt? Bevor ich ihnen meinen Blick zuwende, muß ich eine unerfreuliche Komplikation ansprechen: Es sind immer nur Teile des anderen, die ich aus seiner Erscheinungsweise mir gegenüber herausgreife (und bei Widmungen noch stärker einenge); damit verfremde ich den anderen, ich instrumentalisiere ihn für mich. Ich mache mir vom anderen ein Bild, das in meine eigene Bilderwelt hineinpaßt. Wenn der andere wüßte, welches Bild ich mir von ihm mache, wäre er nicht nur erstaunt, sondern auch verletzt (manchmal vielleicht auch erfreut). Das ist kein schöner Gedanke: Man denkt an jemanden, wobei man ihn für sich selbst umgestaltet, damit er in den eigenen Rahmen paßt. Gibt es einen Weg aus dieser Ungerechtigkeit dem anderen gegenüber, jeweils nur einen Teil für sich zu erkennen, den möglicherweise der andere gar nicht als wesentlichen Teil seiner selbst versteht? Es ist unmöglich, aus dieser Verfremdungs- und Entfremdungsfalle heraus zu kommen, da sich jeder mit anderen selbst inszeniert. (Ich bitte um Vergebung, wenn ich überhaupt jemanden nenne, mich auf jemanden in der Vergangenheit, jetzt oder vielleicht für die Zukunft beziehe, da solch ein persönlicher Bezug immer auch den Hauch des Peinlichen hat; doch wahrgenommene Teilmengen seines Seins sind nun einmal Teil meiner selbst geworden, und diese Fremd-Inszenierung steht im Dienste der Selbst-Inszenierung oder, wenn man es freundlicher sagen will, der Selbstbestimmung. Da ich mich selbst zum Experiment gemacht habe, sind sie notgedrungen in mir »verhaftet«.)

Wenn ich in meinen seelischen Raum hineinschaue, werde ich zudem von einer auffälligen Äußerlichkeit überrascht; eine bestimmte

Gruppe in meinem Erinnerungsraum, die eine gewisse körperliche Übereinstimmung zeigt, kommt besonders häufig vor, und auf diese will ich mich bei der »Verhaftung« beschränken. Sie entsprechen einem Typus, wie ihn Ernst Kretschmer in seiner Typologie, in der er versucht, den Körperbau mit psychischen Eigenschaften in Verbindung zu bringen, als »pyknisch« beschrieben hat. Pykniker sind eher untersetzt, und folgt man der Typologie von Kretschmer, dann sollten sie in ihrem Temperament einerseits zur Melancholie, andererseits zu einer gewissen Manie neigen (diese Beziehung zwischen einem eher untersetzten Körperbau und einem bestimmten Temperament kann ich bei dieser Gruppe meines seelischen Raumes für einige, doch nicht für alle bestätigen). Was mir wichtiger ist, bezieht sich auf ihre Erscheinungsweise; auch wenn sie aufgrund ihres Körperbaus nicht als »groß« zu bezeichnen sind, erscheint aber keiner von ihnen als »klein«. Ganz im Gegenteil strahlen sie eine physische Präsenz aus, so daß man gar nicht auf die Idee käme, sie nach der Körpergröße zu beurteilen, auch wenn diese unter dem statistischen Durchschnitt liegen mag. Ich möchte sie daher als »napoleonische Typen« bezeichnen, (da Napoleon äußerlich betrachtet auch zu den untersetzten Typen gehörte; ich sollte anmerken, daß ich selbst nach eigener Einschätzung nicht zum Typus des Pyknikers gehöre, sondern eher der unglücklichen Gruppe der Mischtypen zuzuordnen bin). Napoleonisch nenne ich sie nicht nur wegen des Körperbaus, sondern vor allem wegen besonderer Eigenschaften (die mir manchmal fehlen oder zu schwach ausgeprägt sind): das absolute Überzeugtsein von einer selbstgestellten Aufgabe, die unbedingte Konzentration auf eine Sache, die Bereitschaft, den eigenen und nur den eigenen Weg zu gehen, die Sicherstellung der persönlichen Unabhängigkeit, also den unerschütterlichen Glauben an sich selbst, nicht selten gepaart mit einer guten Portion Eigensinn, bei vielen auch der Wille zur Macht. (Ich vermute, daß diese napoleonischen Typen aus Gründen der Komplementarität meinen seelischen Raum bevölkern; sie sind in diesen Raum hineingezogen worden, weil ich mit dem Bild, das ich mir von ihnen mache, mich selbst vervollständige, und gerne würde ich mich von ihnen als »Freund« gesehen werden, was in manchen Fällen wohl auch zutrifft, wobei ich mir offen gestanden nicht klar darüber bin, was man mit »Freund« eigentlich meint; mit »Freundin« ist die Sache einfacher).

Auch Frauen, »Freundinnen«, mit einer pyknischen Struktur treffe ich immer wieder in diesem seelischen Raum, doch scheinen sich nicht wie die Männer übermäßig repräsentiert zu sein; da sind dann auch jene, die einem anderen Typus im Körperbau entsprechen, doch dies ist eine andere Geschichte (oft eine Liebesgeschichte, was nicht hierher gehört; vielleicht ein andermal). Kein Bezug also zu Frauen dieses Typs, mit einer (persönlich unverfänglichen) Ausnahme; es ist Lindiwe Mabuza, eine Dichterin und Diplomatin, die ehemalige Botschafterin Südafrikas in Deutschland, die mir als Zulu-Schönheit nicht aus dem Sinn geht. Lindiwe ist in Kwa-Zulu Natal in Südafrika geboren, und es war ihr nicht in die Wiege gelegt, einmal erfolgreich in Politik und Wissenschaft zu sein. Sie hat zunächst über englische und Zulu-Literatur in Südafrika, dann in Amerika unterrichtet, und sie hat für die Umwandlung ihres Landes als Dichterin, als Intellektuelle und als Politikerin gekämpft; sie wurde 1994 Mitglied des ersten demokratischen Parlaments in Südafrika, bevor sie dann Botschafterin in Deutschland wurde. Im Jahre 1976 gab es Studentenunruhen in Soweto mit vielen Todesopfern, und im Juli dieses Jahres entstand ihr Gedicht mit dem Titel

> To whom it may concern
> (The Old Man Speaks)
>
> When you feel our wrinkled anger bellow
> When you hear our cries rise from below
> And when these two seem to climb mountains of despair
> Just remember that this too will pass.
>
> An alle, die es angeht
> (Der alte Mann spricht)
>
> Wenn ihr das Brüllen unseres erbitterten Zorns hört
> Wenn unser Schreien aus der Tiefe emporsteigt
> Und wenn beides Berge der Verzweiflung zu erklimmen scheint
> So denkt daran daß auch dieses vorübergehen wird.

Dies sind die ersten Verse des Gedichts; es hat dann noch fast zwanzig Jahre gedauert, »daß auch dieses vorübergehen wird«; nun ist »Her Excellency Ms Lindiwe Mabuza« High Commissioner in Großbritannien direkt am Trafalgar Square. Was für eine Frau, die mit Entschlossenheit, doch auch mit Sanftheit und Witz, ihre Ziele verfolgt hat und die den Wahlspruch Südafrikas, »Verschiedene Völker vereint«, in ihrer Person verbindet, die sich in den Dienst der Gemeinschaft stellt, doch sich selbst dabei nicht aufgibt, sondern ein sicheres Ich ausstrahlt! Ohne in sich zu ruhen, ohne diese Sicherheit in sich selbst, kann man auch nichts für andere tun. Vermutlich beeindruckt mich bei meinen napoleonischen Typen die Sicherheit, vielleicht sogar die Geborgenheit in sich selbst. (Vielleicht sollte man beim Zusammenwachsen Europas stärker die Typologie der Verantwortlichen berücksichtigen).

Doch nun zu den Männern: Einer, der sich noch immer in meinem seelischen Raum aufhält, obwohl er schon lange nicht mehr lebt, und für den die pyknischen und napoleonischen Merkmale in besonderer Weise gelten, ist Edwin Land, der gleichzeitig Wissenschaftler, Erfinder und Unternehmer war. Für viele dieser typologischen Ausprägung gilt, daß ihre Interessen über ein umgrenztes Gebiet hinausgehen, und nicht nur ihre Interessen, sondern auch ihre Kompetenz; wie Lindiwe Mabuza ging auch Edwin Land einen ungewöhnlichen Weg. Er war noch nicht zwanzig Jahre alt, als er die Universität ohne einen akademischen Abschluß verließ und seinen Professor in einer neu gegründeten Firma anstellte, aus dem dann das Unternehmen Polaroid wurde. (Später wurde ihm von der Universität, die er »zu früh« verlassen hatte, nämlich Harvard, die Ehrendoktorwürde verliehen).

Edwin Land hatte längere Zeit Studien über das Farbensehen mit Semir Zeki in London durchgeführt, der seinerseits zu den napoleonischen Typen gehört. Semir Zeki ging und geht trotz heftiger Anfeindungen mit Stolz seinen wissenschaftlichen Weg. Wir kennen uns seit über dreißig Jahren, und einmal wankten wir nachts durch die Straßen von Salzburg, nachdem wir am Tag zuvor mit Herbert von Karajan über die Bedeutung der Hirnforschung für die Künste, insbesondere für die Musik, diskutiert hatten. Semir Zeki kann offenbar gar nicht anders, als sich Themen zu wählen, die nach seiner Auffassung bisher von niemandem angemessen bearbeitet werden. In den letzten Jahren konzentriert er sich auch auf die Frage, wie das Künstlerische mit Erkenntnissen der Hirnforschung neu gedeutet werden kann, und er kann als Pate einer modernen »Neuroästhetik« angesehen werden. In diesem neuen Gebiet ist es natürlich nicht zu vermeiden, kritisiert zu werden, insbesondere von jenen, die es besser wissen, die aus dem Rahmen traditionellen Wissens heraus Zekis Überlegungen über das Künstlerische als Dilettantismus abtun. Er läßt sich nicht beirren.

Wenn wir heute in der Hirnforschung so sicher sind, daß umschriebene Bereiche des Gehirns, etwa des visuellen Systems, spezifische Funktionen repräsentieren, dann ist dies vor allem auch den Arbeiten von Semir Zeki zu verdanken. Es kann einfach nicht in Frage gestellt werden (obwohl dies immer wieder versucht wird), daß umschriebene Areale des Gehirns spezifische Funktionen repräsentieren. Eine ganz andere Frage ist dann aber, ob man von »Zentren« sprechen kann. Dies verbietet sich meines Erachtens. Umschriebene Areale des Gehirns mit bestimmten Funktionen sind eine notwendige, doch keine hinreichende Bedingung, um eine bewußte Repräsentation jener Funktion zu haben, die dort repräsentiert ist. Jeder Bewußtseinszustand ist gekennzeichnet von einem bestimmten raumzeitlichen Muster von neuronalen Aktivitäten, in denen mehrere Areale mit ihren Aktivitäten beteiligt sind; die Aktivität nur eines Areals, des »Zentrums«, reicht nie aus. Nehmen wir das Beispiel Farbe, die nie für sich allein gesehen werden kann, sondern immer mit einem Gegenstand, einer Oberfläche verbunden ist (trotz der Bemühung mancher Künstler, die Beziehung der Farbe zum Gegenständlichen aufzuheben).

Wenn es bei den Hirnaktivitäten um typische Muster geht, dann muß man einen Blick auf die Verbindungsmöglichkeiten zwischen den Hirnarealen, insbesondere auch zwischen den beiden Gehirnhälften, werfen. Ein Meister auf diesem Gebiet ist Giorgio Innocenti, der in Italien, Deutschland und der Schweiz gearbeitet hat und der nun am Karolinska-Institut in Stockholm seine Untersuchungen durchführt. (Er gehört auch zu einer Gruppe, die die Qualität von italienischen Restaurants in Stockholm beurteilt.) Eine seiner Überlegungen ist, daß möglicherweise schizophrene Erkrankungen etwas mit der Verbindung von Hirnarealen zu tun haben. Wenn es in frühen Phasen der individuellen Entwicklung zu einer übermäßigen Verringerung von synaptischen Verknüpfungen zwischen Nervenzellen innerhalb eines Areals kommt, dann kann *eine* Konsequenz sein, daß sich Verbindungen zwischen entfernt liegenden Arealen weniger effizient entwickeln; dies betrifft vor allem auch die Verbindung der beiden Gehirnhälften miteinander, die bei schizophrenen Patienten beeinträchtigt zu sein scheint. Giorgio Innocenti gehört zu den Wissenschaftlern, die (wie es sich gehört) absolut sichergehen müssen, und er meint, daß man mit neuen Technologien der Sache noch tiefer auf den Grund gehen müsse; insofern handelt es sich bei der neuen Deutung der schizophrenen Erkrankung zunächst um eine Hypothese.

Giorgio Innocenti ist auch Präsident der Rodin-Akademie, die es sich zum Ziel gesetzt hat, Kindern mit Legasthenie, also Lese-Rechtschreib-Schwäche, zu helfen. In regelmäßigen Abständen treffen sich Fachleute aus aller Welt und diskutieren die neuesten Befunde aus der Grundlagenforschung im Blick auf neue therapeutische Chancen. Eine Beobachtung, die mich sehr überrascht hat und die auf der Tagung in München dargestellt wurde, bezieht sich auf die Häufigkeit von Legasthenien in verschiedenen Sprachsystemen; in Sprachsystemen, in denen es klare Regeln zwischen dem Schriftsystem und den Sprachlauten gibt, ist die Legasthenie sehr viel seltener als in jenen Sprachsystemen, in denen es solche Eindeutigkeit nicht gilt. Im Italienischen, wo sich Schrift und Sprechen sehr gut entsprechen, findet man etwa bei vier Prozent der Kinder eine Legasthenie; im Englischen, wo diese eindeutige Abbildung nicht gilt, ist die Häufigkeit der Legasthenie etwa doppelt so hoch. Man denke nur an die Buchstabenfolge »–ough« im Englischen in solchen Wörtern wie »enough« (gesprochen etwa »inaff« – genug), »through« (etwa »thruh« – durch) oder »though« (etwa »thou« – obwohl), um deutlich zu machen, daß es keine eindeutige Beziehung zwischen der gesprochenen und der geschriebenen Sprache gibt. Ursache der Legasthenie ist einerseits ein genetischer Faktor, doch andererseits spielt auch das Schriftsystem eine wichtige Rolle.

Zur Vorbereitung der Tagung in München reisten Sepideh Ravahi (durchaus auch ein Typus der weiblichen napoleonischen Typen) und ich auch nach Stockholm, um dort mit Giorgio Innocenti und Prinzessin Marianne Bernadotte zu sprechen; das schwedische Königshaus ist aus mir nicht bekannten Gründen außerordentlich an Fragen der Legasthenie interessiert. Dort erfuhren wir, daß die Rodin-Akademie gar nicht nach dem Künstler Auguste Rodin benannt ist, wie ich es erwartet hatte, sondern nach dessen Vater. Der hatte frühzeitig erkannt, daß sein Sohn besondere Fähigkeiten, aber auch besondere

Schwächen, eben die Legasthenie, hatte. Er beschloß daraufhin, ihm eine ganz andere Art von Erziehung zu ermöglichen, so daß er Künstler wurde, und in dem Erziehungsprozeß nicht mit einem persönlichen Mangel auf eine negative Weise konfrontiert wurde. So verdanken wir vielleicht einem klugen Vater eine der Ikonen der Kunst, Rodins »Denker«. Die Klugheit gebietet es, und dies ist auch Programm der Rodin-Akademie, bei Kindern die vorhandenen Potentiale rechtzeitig zu erkennen, und wenn spezifische Störungen vorliegen, die genetisch bedingt sind, den Rahmen einer möglichen kreativen Entfaltung frühzeitig vorzuzeichnen. Es ist nicht auszudenken, was geschehen wäre, wenn der junge Auguste Rodin immer bestraft worden wäre, weil er die Reihenfolge bestimmter Buchstaben dauernd velwechserte.

Bei Ernst Jandl heißt es in seinem Gedicht »lichtung«:

> manche meinen
> lechts und rinks
> kann man nicht
> velwechsern.
> werch ein illtum!

Es gehört zum Schicksal der napoleonischen Typen, immer auch der Kritik ausgesetzt zu sein, oft einer vernichtenden Kritik. Wer eigenständig lebt und denkt und mit Mut seine Ziele verfolgt, fällt aus dem Rahmen und ist deshalb Angriffspunkt für andere; Angriffe, vor allem wenn sie sich gegen die persönliche Integrität richten, kann man nur ertragen, wenn man an sich glaubt und sich in seinen Zielen nicht beirren läßt, wobei manche Kränkungen nie vergessen werden können, und nicht nur dann braucht man Freunde. Leicht setzt sich keiner darüber hinweg, aus falschen Gründen kritisiert oder gar lächerlich gemacht zu werden. (Man möchte im übrigen auch nicht aus falschen Gründen gelobt werden.) Einer, der heftig kritisiert wurde und immer noch wird, ist der chinesische Hirnforscher Chen Lin, der mit seinem Ansatz, das Sehen mit den mathematischen Prinzipien der Topologie zu verstehen, aus dem Rahmen gefallen ist. (Chen Lin ist nicht nur ein kreativer Wissenschaftler, sondern auch ein hervorragender Koch, wobei er selber beim Essen die Sechuan-Küche bevorzugt; es ist auffällig, daß alle meine napoleonischen Freunde ausgesprochene Genußmenschen sind; oder wären sie keine napoleonischen Typen, wenn sie sich nicht auch dem Genuß hingeben könnten? Das wird es wohl sein.)

Chen Lin gehört zu der großen Gruppe von Forschern in China, die während der Kulturrevolution durch besondere, oft erniedrigende Arbeitsbedingungen zu leiden hatten. Als gewähltes Mitglied der chinesischen Akademie der Wissenschaften leitet er nun in Peking ein Programm, in dem man mit bildgebenden Verfahren (der funktionellen Kernspintomographie) die Prozesse des Sehens sehr viel genauer als früher analysieren kann. (Vor nicht langer Zeit gingen Chen Lin, Eva Ruhnau und ich in trockener Kälte die chinesische Mauer hinauf, und wir trugen ein Buchmanuskript mit uns, in dem die grundlegenden Ideen von Chen Lin enthalten waren; wir trugen dieses Manuskript mit uns, um in der Atmosphäre des Ortes die Vorfreude zu genießen, daß die Öffentlichkeit recht bald von der Theorie erfahren solle, was inzwischen geschehen ist.) Wie es unter Freunden richtig ist, geht man dem wissenschaftlichen Streitgespräch nicht aus dem Weg; ich sehe seinen topologischen Ansatz zur Erklärung des Sehens in einem anderen Rahmen als er selbst; für Chen Lin ist es wichtig, daß beim Aufbau eines gesehenen Objekts im Gehirn zuerst globale Merkmale wie Konturen, Flächen oder »Löcher« (die im topologischen Denken wichtig sind) erfaßt werden. Für mich ist diese zeitliche Abfolge für die Entstehung eines Objekts in unserem wahrnehmenden Bewußtsein nicht so entscheidend; ich meine, damit wir einen Gegenstand erkennen können, damit ein Sehding entsteht, müssen in komplementärer Weise topologische Invariante (oder »global features« wie Konturen, Flächen oder Löcher) mit lokalen Merkmalen von Gegenständen (mit den »local features« oder Details) zusammenkommen. Mir ist also nicht die Abfolge, sondern die Komplementarität wichtig; so hat jeder seinen eigenen Rahmen, aus dem heraus er versucht, etwas zu verstehen.

Napoleonische Typen, die sich auch mit den neuronalen Grundlagen des Sehens befassen, sind für mich auch Josef Zihl (genannt Sepp) und Nikos Logothetis. Sepp Zihl, der aus Südtirol stammt und in Innsbruck studiert hat, war mein erster Habilitand. Er hat nachgewiesen, daß man bei Patienten, die einen Schlaganfall erlitten haben, der zu einer Einschränkung des Gesichtsfeldes führt (die an einer inkompletten homonymen Hemianopsie leiden), durch systematisches

Training eine Restitution der Sehfunktionen zumindest teilweise herbeiführen kann. Vor allem hat er die Kriterien herausgearbeitet, die man für die Therapie solcher Patienten berücksichtigen muß. (Man kann davon ausgehen, daß allein in Deutschland in jedem Jahr etwa 50 000 Patienten neu hinzukommen, bei denen eine Sehtherapie überlegt werden sollte; dies sind nicht nur Patienten, die einen Schlaganfall erlitten haben, sondern auch andere, bei denen nach einem Unfall das Sehen beeinträchtigt ist.) Warum kann eine solche Therapie überhaupt einen Effekt haben? Man könnte doch meinen, daß, wenn ein Gehirn eine Verletzung erlitten hat, die Funktionen endgültig verloren sind, die in den betroffenen Arealen repräsentiert sind. Ein solcher Totalverlust ist allerdings eher selten. Zentrale Läsionen lassen häufig noch einige Nervenzellen intakt, und in der Restitution versucht man, diese übriggebliebenen Nervenzellen in der Effizienz ihrer Informationsverarbeitung zu stärken. Dieses Lernen in einem stark verdünnten Netz von Neuronen kann für den Patienten aber außerordentlich anstrengend sein, und man muß als Therapeut rechtzeitig erkennen, ob die erforderliche Energie tatsächlich den manchmal nur geringen Gewinn an funktioneller Kompetenz rechtfertigt. Hier gibt es keine Rezepte, sondern man muß sich ganz auf den individuellen Fall einlassen; allerdings gilt, daß man ohne die Motivation des Patienten, ohne dessen tägliche Hingabe an das Funktionstraining, keinen Erfolg haben kann. Josef Zihl ist noch durch eine weitere Beobachtung in der wissenschaftlichen Welt sehr bekannt geworden; er hat eine Patientin beschrieben, die aufgrund der besonderen Konstellation der Störung im Gehirn keine Bewegungen mehr sehen kann. Allein diese Tatsache belegt, daß Bewegung in unserem Gehirn offenbar von eigenständigen neuronalen Programmen verarbeitet wird. Damit ist bewiesen, daß Funktionen in voneinander getrennten Modulen repräsentiert sind. Diese Patientin ist durch diese spezifische Störung in ihrer Lebensführung stark eingeschränkt. Sie kann beispielsweise eine Straße nicht mehr überqueren, weil sie ein fahrendes Auto nicht sieht; erst ist das Fahrzeug weit entfernt, und plötzlich ist es in der Nähe.

Nikos Logothetis, mein ehemaliger Doktorand, gehört inzwischen zu den führenden Neurowissenschaftlern der Welt. Es war wohl ein Zufall, der uns zusammenführte und der mir ermöglichte, ihn zumindest am Anfang seiner wissenschaftlichen Laufbahn zu unterstützen;

(inzwischen lerne ich von ihm). Nikos hat Mathematik und Biologie in Griechenland studiert, ist überdies ein ausgebildeter Konzertpianist und verdiente sich früher sein Geld nicht nur als Klavierspieler in einem Hotel in Athen, sondern auch noch als Taucher; natürlich war er als Student politisch aktiv und verbrachte zur Zeit des Obristen-Regimes in Griechenland eine gewisse Zeit im Gefängnis. Selbstverständlich spricht er mehrere Sprachen völlig anstrengungslos, und er ist einfach auch noch ein netter Kerl. Seine vielfältigen Begabungen und Fähigkeiten verdankt er auch einer inneren Uhr, die es ihm ermöglicht, nur wenige Stunden jeden Tag zu schlafen; dies sagt man dem wirklichen Napoleon ja auch nach. Nikos wollte gerne eine Doktorarbeit in Deutschland machen, doch aus irgendeinem Grund, den ich vergessen habe, war dies in jenem Institut, wo er hingehen wollte, nicht möglich. Er stand nicht gerade auf der Straße, aber er stand plötzlich bei mir im Büro; Wolfgang Fries, der vorher bei Semir Zeki gearbeitet hatte, muß wohl instinktiv begriffen haben, daß man einen solchen Kandidaten für eine Doktorarbeit nicht wieder weggehen läßt. Nikos blieb für drei Jahre, und wenn ich zurückdenke, mit welch primitiven Mitteln er sein Labor aufbaute, und wenn man sein jetziges Institut betrachtet, das er leitet, dann bin ich immer noch beschämt, ihm so wenig habe bieten zu können. Natürlich promovierte er mit der bestmöglichen Note, und er erhielt sofort nach seiner Doktorarbeit ein Angebot, an das MIT in Cambridge zu gehen. Damals dachte ich noch, er würde vielleicht wieder zu uns zurückkehren, doch ich mußte realistisch sein. Er wurde Professor in Houston, Texas, und dann geschah etwas Merkwürdiges: Er wurde Direktor eines Max-Planck-Institutes in Tübingen, in dem er vorher nicht promovieren konnte. Was es für Zufälle gibt, die einen Kreis wieder schließen.

Vor einigen Jahren traf ich auf einer Konferenz in Tokio einen sehr freundlichen, untersetzten Herrn, der ununterbrochen rauchte, viel lachte, schon am Nachmittag einen Whisky trank, bei den Vorträgen aufmerksam mitschrieb. Wie sich herausstellte, handelte es sich um einen Ingenieur, der bis vor kurzem Präsident von Honda, dem Automobilhersteller, gewesen war, nämlich um Tadashe Kume, und der den Konzern außerordentlich erfolgreich geführt hatte. Was wir bei dieser Konferenz und in mehreren Treffen danach erörterten, hatte allerdings relativ wenig mit Autos zu tun (zumindest war dies mein Eindruck). Kume-san (Herr Kume) befaßt sich intensiv mit grundsätzlichen Fragen des Buddhismus; er versucht, eine eigene buddhistische Philosophie für die moderne Welt der Technologie zu entwickeln. Auch Kume-san gehört vom äußeren Aspekt wie von der Art seines Auftretens zu den napoleonischen Typen. Wenn es so ist, daß einem dieser Typus in verschiedenen Ländern und Kulturen begegnet, also im europäischen, amerikanischen, afrikanischen und ostasiatischen Bereich (und darüber hinaus), dann scheint hier ein universelles Phänomen verwirklicht zu sein, daß nämlich Typen, die Ernst Kretschmer als »Pykniker« beschrieben hat, sich als napoleonische Typen überall durchsetzen oder zur Geltung bringen.

Durch die Gespräche mit Kume-san ist mir ein Zugang zu einer bis dahin verschlossenen Welt eröffnet worden. Unvergeßlich ist eine Diskussion in Tokio, in der er den Begriff des »engi« zu erläutern suchte, der im buddhistischen Denken eine wichtige Rolle spielt; mir fiel die Wortähnlichkeit zu »engineer« auf (keine große Leistung). Plötzlich tauchten wir auch in die Welt des Sanskrit ein (von der ich überhaupt nichts verstehe), und ich lernte, daß dem Japanischen »engi« im Sanskrit der Begriff »pratitya samutpada« entspricht, der vielleicht umschrieben werden kann mit einem Entstehensprozeß, in dem sich die einzelnen Elemente gegenseitig bedingen; man könnte auch von »Ko-Kreation« sprechen, daß also im Entstehen des Neuen ein sich gegenseitiges Bedingen der beteiligten Elemente erforderlich ist. Mit solchen Überlegungen wurde ich in den Gesprächen mit Kume-san immer wacher, weil dieses »engi« ein Merkmal evolutionärer Prozesse oder auch des Entstehens von Bewußtseinsinhalten ist. Mir scheint es unmöglich zu sein, das Neue (den nächsten Gedanken, ein Kunstwerk, den Entwurf eines Automobils) monokausal zu erklären; es sind immer mehrere Teile notwendig, die sich in einer komplementären Weise bei der Entstehung von etwas Neuem gegenseitig bedingen. Diese Art der Betrachtung ist für unser logisches Denken, das von einer linearen Abfolge von Denkinhalten ausgeht, eine besondere Herausforderung; wie kann etwas entstehen, wenn das Entstehende sich gleichsam selbst bedingt? Ich muß aber bekennen, daß ich mich zu dieser Art des Denkens hingezogen fühle, weil sie mir in der Natur, insbesondere bei der Genese von Inhalten des Bewußtseins, verwirklicht zu sein scheint. Diese Gespräche in Japan, an denen immer auch Eva Ruhnau teilnahm (die von Buddhismus sehr viel mehr als ich versteht), waren auch wohl deshalb von einer großen Ich-Nähe getragen, weil wir uns über die gesprochene Sprache nie recht einig waren und wir deshalb immer nonverbale Kommunikation einsetzen mußten. Manchmal sprachen wir Englisch, manchmal sogar Deutsch, und uns half Yasuhisa Maekawa (der inzwischen selber Präsident bei Honda ist), um das, was Herr Kume auf Japanisch vortrug, was jeder von uns sagte, auf eine Ebene des gemeinsamen Verstehens zu heben. Dieser Kommunikationsprozeß, in dem wir drei Sprachen brauchten (oder »mißbrauchten«), machte auch deutlich, wie schwierig es ist, abstrakte Konzepte eines anderen Kulturkreises transparent zu machen. Allerdings habe ich im Laufe der Diskussionen die vielleicht ungewöhnliche Auffassung entwickelt, daß wir uns gerade deshalb, weil wir uns so schlecht verständigen konnten, sogar besser verstanden, daß wir tiefer erfaßten, was eigentlich gemeint war. Diese Auffassung (die für manche völlig aus dem Rahmen fallen dürfte) bedeutet, daß Sprache auch verschleiert; wenn ich eine geringere Sprachkompetenz habe, dann gelingt es mir mit Hilfe von Bildern und auch Gestik, näher an das Eigentliche heranzukommen. (Dieses Verstehen außerhalb der Sprache ist mir in letzter Zeit mit dem japanischen Ingenieur Koji Tanida bewußt geworden, mit dem ich versuche, Konzepte der Hirnforschung auf Probleme der modernen Ergonomie anzuwenden.)

Napoleonische Typen scheinen alle auch durch besondere Lebensfreude gekennzeichnet zu sein, und dies gilt in ganz besonderer Weise für Kume-san. Nach den Gesprächen konnte dann ein Whiskyfaß aufgemacht werden, oder wir gingen ans Meer und genossen die Atmosphäre des Ortes, mit den Bergen im Hintergrund. Einmal fuhren wir mit einem kleinen Boot aufs Meer hinaus, und plötzlich waren wir von einer Herde von Walen umgeben. Ich hatte den Eindruck, daß sie uns mit der gleichen Neugier wie wir sie betrachteten. Ein Bild hat sich in mir eingeprägt, in dem mir ein Wal kritisch ins Gesicht schaut. (Wenn man solche Erlebnisse hatte, dann liest man Herman Melvilles *Moby Dick* in einer ganz anderen Weise).

Geht man durch Tokio, stehen an den Straßen oft Ginkgobäume, falls überhaupt Bäume stehen; inzwischen wachsen in vielen Großstädten Ginkgobäume, weil sie offenbar besonders widerstandsfähig sind. Nach dem Abwurf der Atombombe über Hiroshima war es ein Ginkgobaum, der als erstes wieder wuchs. Sie sind weder Laub- noch Nadelbäume, und sie haben sich als ein lebendes Fossil nahezu

300 Millionen Jahre erhalten. Ginkgobäume sind damit älter als die Dinosaurier, die viele Millionen Jahre später anfingen, die Welt zu erobern. Den Blättern von Ginkgo wird seit der Antike eine besondere Heilkraft zugesagt, wobei auf die Förderung der Durchblutung und auf die Förderung des Gedächtnisses hingewiesen wird. Auf diese ungewöhnliche Pflanze bin ich durch Michael Habs aufmerksam geworden. Eines Tages sprachen wir darüber, ob Ginkgo-Extrakte nicht auch auf andere psychische Funktionen einen positiven Einfluß haben könnten. Um einer solchen Frage nachzugehen, schlug ich einen für die klinische Forschung ungewöhnlichen Weg vor. Üblicherweise formuliert man eine Hypothese, mit der man überprüft, ob eine vorgegebene Funktion (wie eine Gedächtnisleistung) durch ein bestimmtes Medikament oder einen ausgewählten Stoff (wie etwa Ginkgo-Extrakte) beeinflußt wird. Ich schlug einen »Fischzug« vor, bei dem die Funktionen, die man beeinflussen will, nicht vorbestimmt sind, sondern durch diesen Fischzug erst entdeckt werden. Ausgehend von der Taxonomie von Funktionen (Abb. 10) wurden verschiedene Tests und Experimente ausgewählt, um das gesamte Repertoire unseres Erlebens und Verhaltens zu erfassen. Indem Verfahren identifiziert wurden, die Prozesse der Wahrnehmung, des Gedächtnisses, der Gefühle, der Bewegungskontrolle, der Aufmerksamkeit und der zeitlichen Koordination psychischer Prozesse abdeckten, konnten wir einigermaßen sicher sein, daß nichts durch die Maschen des Netzes entwischen würde, daß wir also alle Funktionsbereiche eingeschlossen hatten. (»Alles« zu erfassen ist natürlich unmöglich, doch erlaubt die Taxonomie der Funktionen die grundlegenden Bereiche zu überprüfen; eine solche Überprüfung wird auch noch dadurch erschwert, daß man nie ganz sicher sein kann, wie gut die ausgewählten Tests oder Experimente tatsächlich die Funktionsbereiche repräsentieren; die definierten Funktionen in der Taxonomie sind Abstraktionen auf der Grundlage von Beobachtungen, und sie stellen somit einen theoretischen Rahmen dar; Tests müssen möglichst optimal das abbilden, was man theoretisch erschlossen hat; man kann sich bei einer solchen »Abbildung« aber nicht darauf verlassen, daß die Funktionen sich nur in Fragebögen, also sprachlich erfassen lassen, weshalb auch experimentelle Verfahren eingesetzt werden müssen, in denen man auf die sprachlichen Stellungnahmen der Versuchspersonen verzichtet.)

Dieser Fischzug war ein voller Erfolg. Wir konnten Wirkungen der

Ginkgo-Extrakte nachweisen, an die man vorher nicht gedacht hatte. In dieser Studie, in der eine Hälfte der Teilnehmer den Wirkstoff erhielt, die andere dagegen ein Placebo, zeigten sich positive Wirkungen auf die Stimmung, auf das Konzentrationsvermögen und auch auf die zeitliche Kontrolle von Bewegungsabläufen. (Für die Fachleute: Eine solcher Versuch ist im statistischen Sinn natürlich nicht eine konfirmatorische, sondern eine explorative Studie.) Die letzte Beobachtung über Bewegungskoordination hat Michael Habs und mich dann dazu motiviert, dieser Frage genauer nachzugehen. Um die Wirkung von Gingko-Extrakten auf den Ablauf von Bewegungen zu studieren, muß man zunächst einmal ein Bewegungsmuster bestimmen, um mögliche Wirkungen objektivieren zu können. Da wir beide Golfspieler sind (beide keine besonders guten), wählten wir standardisierte Bewegungsmuster im Golf aus, um die Wirkung von Ginkgo-Extrakten zu überprüfen; der Golflehrer Marius Filmalter half bei der objektiven Bewertung der Bewegungsabläufe. Wir haben nun leider (für die Golfspieler) nicht entdeckt, daß die Einnahme von Ginkgo-Extrakten das Handicap im Golf sofort um einige Punkte verbessert (der Traum eines jeden Golfspielers), daß aber die Bewegungskoordination gerade bei emotionaler Belastung positiv beeinflußt wird (und damit indirekt auch eine Wirkung auf das erstrebte bessere Handicap gegeben sein könnte). Wie alle menschlichen Tätigkeiten multikausal bestimmt sind, so gilt dies auch für die verschiedenen sportlichen Aktivitäten; Ginkgo-Extrakte wie andere Faktoren können das Training nicht ersetzen, aber sie können einen Rahmen schaffen, um Spiel und Training zu verbessern. (Ich versuche, mich in Ginkgobäume vor 300 Millionen Jahren zu versetzen; Ginkgomann und Ginkgofrau – Ginkgobäume kommen männlich und weiblich vor – sprechen darüber, was wohl die Zukunft bringen wird. Mit ihrer Zeitperspektive mögen sie an ihre Kinder und Enkelkinder denken, und da sie sehr alt werden, können sich sich eine Zukunft in vielleicht eintausend Jahren vorstellen. Aber ihr Blick verliert sich in eintausend mal eintausend Jahren, also für die nächsten eine Million Jahre. Da gab es immer noch keine Dinosaurier. Und dann noch einmal weiter in die Zukunft projiziert, daß es einmal Menschen auf der Erde geben würde, die dann in der Lage sind, 300 Millionen Jahre zurückzudenken, und die einen Nutzen daraus ziehen, was damals entstanden ist. Die Ginkgobäume wären überrascht, was noch alles geschehen würde und zu was sie einmal gebraucht würden. Was mag wohl in den nächsten 300 Millionen Jahren geschehen? Wird es diese Bäume immer noch geben? Was wird alles neu entstanden sein? Wird es uns noch geben oder was als Lebewesen in der fernen Zukunft einen evolutionären Bezug noch zu uns hat? Werden wir einmal Ahnen sein von Lebensformen, die sich aus uns entwickelt haben, oder werden wir wie die Ginkgobäume einmal eine fossile Lebensform sein?)

In diesen weiten Zeitbezügen über das Leben und seine Entstehung nachzudenken, ist das Werk von Irenäus Eibl-Eibesfeldt, den Begründer der Humanethologie. Auch er vom napoleonischen Typus mit dem unbändigen Willen, seine Ziele zu verfolgen. Seine Ziele: das Wissen zu retten, das wir noch auf diesem Globus haben, das aber unwiderruflich verlorengehen wird, wenn unsere Rettungsaktion nicht erfolgreich ist. Das klingt dramatisch und ist es leider auch. Nach Schätzungen gibt es auf diesem Globus noch etwa 500 Kulturen, die ihre ursprüngliche Lebensform erhalten haben. Weil diese Kulturen jedoch dem Kontakt mit der westlichen Zivilisation ausgeliefert sind, werden sie im Laufe der nächsten Jahrzehnte ihre ursprüngliche Identität verlieren und alle ausgelöscht sein. Diese Kulturen, Steinzeitkulturen oder alte Ethnien, könnte man mit einer Außenperspektive auch als »Experimente der Menschheit« ansehen (auch wenn das Wort »Experiment« den Menschen oder den einzelnen Gruppen dieser Ethnien natürlich nicht gerecht wird, oder man ist bereit, alle sozialen Systeme als »Experimente« zu betrachten, wozu ich in der Tat neige). Aus der Beobachtung alter Ethnien lassen sich solche Fragen beantworten wie: Welches sind Konstanten im menschlichen Verhalten, die unabängig vom jeweiligen kulturellen Umfeld sich überall durchsetzen? Was ist kulturabhängig, kommt also nur innerhalb einzelner kultureller Systeme vor? Weil diese alten Ethnien, sei es im Hochland von Neuguinea oder im Dschungel des Amazonas, keinen Kontakt zueinander hatten, sich also in völliger Isolation voneinander entwickelt haben, kann man überprüfen, was am menschlichen Verhalten kulturell geprägt wird und was universell für alle gilt und somit vermutlich eine genetische Basis hat. Aus diesem Wissen können wir ableiten, welchen Gestaltungsrahmen die sogenannten Hochkulturen haben. An welche Bedingungen der Umwelt oder der sozialen Welt können wir uns anpassen, und bei welchen Bedingungen sind wir aufgrund unseres evolutionäres Erbes überfordert? Dieses Wissen über uns selbst wird verloren sein, das uns für die Gestaltung der Zukunft eigentlich hätte unverzichtbar sein sollen. Wir hätten das Wissen, doch wir heben es nicht.

Es gehört zum Geschäft des wissenschaftlichen Arbeitens, auch Enttäuschungen zu erleben. Eine dieser Enttäuschungen hängt mit der Weltausstellung zusammen, die bei der Jahrtausendwende in Hannover stattfand. Ich gehörte zu einer Gruppe, die Themen für die Weltausstellung auswählen sollte, und ich schlug vor, eine Dokumentation noch existierender alter Ethnien vorzunehmen. Die Lebensformen dieser Völker würden bald verschwinden, und es wäre eine einmalige Gelegenheit, für die Jahrtausendwende festzuhalten, was sich unabhängig voneinander über Jahrtausende auf dieser Erde an Lebensformen und kulturellen Systemen entwickelt habe. Mit den kulturellen Systemen solle man auch die verschiedenen Sprachen dokumentieren, denn neben dem »Kultursterben« gebe es auch ein »Sprachensterben«. Es mag noch etwa 5000 Sprachen geben, doch am Ende dieses Jahrhunderts sind es vielleicht nur noch 50 Sprachen, und diese Zahl ist sogar etwas hoch gegriffen. Mein Vorschlag, unter Einsatz modernster Technologien bildlich und sprachlich das aufzuzeichnen, was sich kulturell auf diesem Globus entfaltet hat, verlief im Nichts. Ich hatte den Eindruck, daß mich manche auch gar nicht verstanden; wie könnte denn Information aus alten Ethnien für uns heute wichtig sein? (Bei allem Ärger, den ich empfand, nicht gehört zu werden, muß ich anerkennen, daß andere einen anderen Rahmen in der Bewertung dessen haben, was für das Zusammenleben von Menschen oder die »Zukunft der Menschheit« wichtig ist; als Forscher ist es für mich eine Selbstverständlichkeit, die genetischen Ursachen des Verhaltens und die mögliche Prägbarkeit unseres Erlebens und wie sich diese auf die Entwicklung kultureller Systeme auswirken, in den Blick zu nehmen; diese Denkweise mag anderen, wie Vertretern aus Wirtschaft oder Politik, völlig fremd sein, deren Rahmen der Bewertung eher bestimmt ist von den Möglichkeiten des Marktes oder der Akzeptanz durch den Wähler.)

Wenn ich es als eine wichtige Aufgabe der Forscher ansehe, nicht zu verlieren, was uns gegeben ist, was wir also nur aufheben müssen, dann verdanke ich dies Irenäus Eibl-Eibesfeldt. Er versucht gegen die größten Widerstände, leider auch aus der wissenschaftlichen Zunft selber, mit den geringsten Mitteln, das Leben alter Ethnien zu dokumentieren und dieses Wissen für die Zukunft zu bewahren. Er hat mehrere alte Ethnien über Jahrzehnte verfolgt, wie Yanomami-Indianer vom oberen Orinoko im Übergangsgebiet zum Amazonas (ein Gebiet, wo schon Alexander von Humboldt aktiv war), Kalahari-Buschleute, Trobriand-Insulaner oder Eipos aus Neuguinea. In seiner Dokumentation, einigen hundert Kilometern Filmmaterial, ist ein Schatz verborgen, dessen Wert für die Gemeinschaft erkannt werden wird; hier ist wenigstens einer, der es versucht hat, das Wissen festzuhalten. In einigen hundert Jahren wird man sich vielleicht über unsere Dummheit wundern (und Dummheit ist manchmal auch Sünde), das nicht festgehalten zu haben, was wir in den Händen hatten.

(Jetzt habe ich etwa zwei Millionen Anschläge auf meiner Tastatur hinter mir; und da ich nie gelernt habe, auf einer Schreibmaschine zu schreiben, sondern ein Zweifingersystem benutze, kann ich auch sagen, daß jeder einzelne Zeigefinger, damit jede Hand und jeder Arm etwa eine Million Anschläge auf der Tastatur zu verantworten hat. Wenn beide Arme benutzt werden, dann erfolgt die Kontrolle des Schreibens aus beiden Gehirnhälften heraus, da der linke Arm von der rechten Gehirnhälfte und der rechte Arm von der linken Gehirnhälfte kontrolliert wird. Bei dieser Art des Schreibens müssen also beide Gehirnhälften miteinander koordiniert werden, damit die einzelnen Buchstaben in die richtige Reihenfolge gesetzt werden. Dies ist mit einem gewissen neuronalen Aufwand verbunden, und ich darf mich nicht wundern, sehr oft Schreibfehler zu machen, indem ich die Reihenfolge von Buchstaben vertausche. Wenn ich versuche, schneller zu schreiben, dann nimmt die Anzahl der Reihenfolgefehler sofort zu; ich muß mich dann zwingen, etwas langsamer zu schreiben, damit allzu schnelle Gedanken an die zeitlichen Möglichkeiten der Koordination von einzelnen Buchstabenbefehlen in den beiden Gehirnhälften angepaßt werden. Ganz andere neuronale Randbedingungen liegen vor, wenn ich mit einer Hand schreibe, in meinem Fall mit der rechten. Ich bevorzuge einen Füllhalter, der einen gewissen Widerstand beim Schreiben auf dem Blatt Papier erzeugt; mit einem Kugelschreiber, der weniger Widerstand auf dem Papier findet, beginne ich zu schnell zu schreiben, so daß zwar die Buchstaben in der richtigen Reihenfolge gesetzt werden, doch dann kann ich meine eigene Schrift nicht mehr entziffern. In beiden Arten des Schreibens muß ich also die Bewegung verlangsamen, um entweder keine Fehler zu machen oder um das entziffern zu können, was ich geschrieben habe. Die Entstehung der Gedanken ist ein schnellerer neuronaler Vorgang als die Umsetzung des Gedachten in geschriebenen Text. Beim Sprechen ist es ähnlich; die Sprache kommt den Gedanken nicht nach, und sie hechelt diesen hinterher. Schreiben mit der Schreibmaschine, also mit zwei Händen, und Schreiben mit dem Füllhalter, also mit einer Hand, sind noch durch einen anderen Unterschied gekennzeichnet: Wenn ich mit einer Hand schreibe, erfolgt die Kontrolle nur aus einer Gehirnhälfte, beim Schreiben mit der rechten Hand aus der linken. Es entfallen also Koordinationsaufgaben zwischen den beiden Gehirnhälften, was bedingt, daß es weniger Fehler in der Reihenfolge von Buchstaben gibt. Doch es kommt noch etwas Weiteres hinzu, das aber nicht für jeden gelten muß: Wenn ich mit einem schwierigen Problem zu kämpfen habe, dann muß ich zuerst mit der Hand schreiben, um mir Klarheit zu schaffen. Ich habe den Eindruck, daß es in mir sehr viel klarer denkt, wenn die Umsetzung eines Gedanken, oder überhaupt erst seine Entstehung, aus einer Gehirnhälfte heraus erfolgt. Ich habe keine genaue Vorstellung darüber, warum dies so ist. Vielleicht ist das operative Management von neuronalen Aktivitäten in diesem Fall einfacher, weil die beiden Gehirnhälften zeitlich nicht miteinander koordiniert werden müssen und somit Freiraum für die eigentlichen Aktivitäten geschaffen wurde. Die andere Gehirnhälfte, beim rechtshändig Schreibenden die rechte, könnte dann einen emotionalen Rahmen für die gedankliche Tätigkeit bereitstellen und damit die Kontinuität der Tonlage beim Aufschreiben des Gedachten garantieren. Ich weiß nicht, ob ich ein Sonderfall bin, doch für mich ist auffällig, daß ich unterschiedlich denke, wenn ich unterschiedlich schreibe, und daß vor allem beim Schreiben mit der Hand eine viel größere Ich-Nähe zum eigenen Text hergestellt wird. Für dieses Buch heißt dies, daß Teile daraus zweimal geschrieben wurden, daß ich bisher nicht nur zwei Millionen Anschläge ausgeführt habe, sondern oft das rechtshändig »voraus« geschrieben habe, was dann auf einer Tastatur verschriftlicht wurde. Wie bin ich jetzt in diese Abschweifung geraten?)

Wenn ich schon abschweife und aus dem Rahmen heraustrete, daß »andere als Rahmen« für mich so wichtig sind, dann gleich noch eine weitere Abschweifung. Diese »anderen« sind auch literarische Figuren, und manche (sicher nicht alle) entsprechen in ihrer körperlichen

Struktur dem pyknischen Typus wie Sancho Pansa, der Begleiter von Don Quijote, oder der brave Soldat Schwejk. Auch diese beiden sind durch den Willen zur Unabhängigkeit gekennzeichnet, und Sancho Pansa träumt von der Macht, die ihm durch ein gutes Geschick für eine kurze Zeit geschenkt wird; er wird Statthalter, und Don Quijote gibt ihm für seine Regierungstätigkeit Hinweise, die man immer noch beherzigen mag, wenn man Macht ausübt, nicht nur wenn man ein napoleonischer Typus mit pyknischer Struktur ist:

»Habe immer die Augen auf das, was du bist, suche dich selber zu kennen, welches die allerschwerste Bekanntschaft ist, die man nur ersinnen mag. Wenn du dich selber kennst, so wirst du auch nicht darauf fallen, dich wie der Frosch aufzublasen, der dem Ochsen gleich sein wollte.... Bedenke, Sancho, daß, wenn du dir die Tugend zu deinem Ziele setzest und dich bemühst, tugendhaft zu handeln, du keinen zu beneiden brauchst, der Fürsten und Herren unter seinen Vorfahren zählt, denn das Blut erbt man, aber die Tugend wird erworben, und die Tugend gilt durch sich selbst, wie viel das Blut nie gelten kann ... Wenn eine schöne Frau kommt und Gerechtigkeit von dir verlangt, so verschließe deine Augen vor ihren Tränen und deine Ohren vor ihren Seufzern und erwäge aus der Ferne den Inhalt ihrer Bitte, wenn du nicht willst, daß dein Verstand sich in ihren Tränen und deine Tugend in ihren Seufzern vernichten soll ... Geh langsam. Sprich ruhig; doch nicht so, daß es scheint, du hörtest dir selber zu, denn alle Affektation ist widerwärtig. Iß wenig zu Mittag und abends noch weniger: denn die Gesundheit des ganzen Körpers wird in der Werkstätte des Magens zubereitet. Sei mäßig im Trinken und bedenke, daß reichlich genossener Wein weder Geheimnisse bewahrt noch ein Wort erfüllt ... Schlafe wenig, denn wer nicht mit der Sonne aufsteht, kann den Tag nicht genießen: und bedenke, Sancho, daß der Fleiß der Vater des Glückes ist, die Trägheit aber seine Feindin, den Zweck nie erreicht, den sich ein Vernünftiger vorsetzt.«

Wenn es etwas gibt, das für alle meine napoleonischen Vorbilder, Kollegen oder Freunde gilt, dann ist es der Fleiß (leider überfällt mich zu oft die Trägheit, gegen die ich mich dann nicht wehre). Bezüglich des Schlafes kann man aber eine andere Auffassung als Cervantes haben, der Don Quijote diese Worte für Sancho Pansa in den Mund gelegt hat, denn je nach Typus brauchen manche viel, andere weniger Schlaf. Von Napoleon wird behauptet, daß er nur wenige Stunden Schlaf brauchte; ich halte es mehr mit Einstein, der sehr viel Schlaf brauchte; (ich muß viel schlafen, um mich selbst nicht zu verlieren; wenn ich mehrere Tage nacheinander zu wenig geschlafen habe, dann habe ich Wortfindungsstörungen, und ich kann Sätze nicht mehr zu Ende sprechen; dies ist dann keine Aposiopese, also ein willentlicher Abbruch eines Satzes, weil sich der andere das Ende schon denken kann, sondern ich habe einfach nicht die Energie dazu).

Zu den Vielschläfern gehört auch Schwejk; Jaroslav Hasek beschreibt in »Die Abenteuer des braven Soldat Schwejk« immer wieder Schlafszenen, vermutlich genoß auch der Autor den Schlaf. Ich weiß nicht mehr, wie oft ich diese »Abenteuer« gelesen habe (sicher so oft wie in Jugendjahren Romane von Karl May), auf jeden Fall kann ich das Buch an irgendeiner Stelle aufschlagen und bin nach wenigen Zeilen sofort über den augenblicklichen Handlungsrahmen orientiert. Nachdem ich mit dem Soldaten Schwejk schon recht vertraut war, lernte ich Tomás Radil aus Prag kennen, und er meinte einmal, daß in jedem Tschechen ein Schwejk stecke. Wir trafen uns, als es noch den Eisernen Vorhang gab. Der Austausch von Wissenschaftlern zwischen Prag und München war nicht so einfach wie jetzt, und es war entwürdigend für die Freunde und Kollegen aus dem Osten, daß sie ohne Geld in der Tasche bei uns ankamen; glücklicherweise fiel einem dann die Frage ein: »Brauchst du Geld?« Ich denke sehr viel an ihn, denn ich trinke oft Wein aus Gläsern, die er einmal als Gastgeschenk mitbrachte. (Geschenke sind seit alters die Weise, den seelischen Raum eines anderen durch die damit verbundenen Erinnerungen zu bevölkern.) Tomás Radil brachte aus Prag nicht nur Geschenke, sondern auch ein experimentelles Verfahren mit, das sich als sehr nützlich erwies, um Fragen der sensomotorischen Koordination zu untersuchen (Abb. 33). Nachdem er eine Brücke zwischen unseren Labors gebaut hatte, entfaltete sich eine rege Zusammenarbeit, und einer seiner Mitarbeiter, Jiri Mates, verbrachte mit einem Stipendium der Alexander-von-Humboldt-Stiftung längere Zeit bei uns. Wir besuchten Prag, hatten eine Konferenz in Olmütz, und wir lernten uns immer besser kennen.

Tomás Radil war als Heranwachsender in Auschwitz gefangen, bis das Lager von der sowjetischen Armee befreit wurde; trotz der Erinnerungslast hat er Schülern und Studenten über seine Erfahrungen in Auschwitz berichtet, in persönlichen Gesprächen und in Vorträgen. Aus Sicht eines Gefangenen betonte er immer wieder, daß sich in den Gruppen der Auschwitz-Häftlinge ungeschriebene Gesetze, fundamentale ethische Prinzipien, entwickelten, die im wesentlichen aus drei Geboten bestanden: »Du sollst deinen Mitgefangenen nicht bestehlen; alles, was du hast, ist weniger als das Minimum; wenn du von deinem Mitgefangenen Brot stiehlst, tötest du ihn und stellst dich auf die Seite der Faschisten. Das zweite: Du sollst deinem Mitgefangenen kein Leid zufügen, ob du dazu einen Grund hast oder nicht. Das dritte: Du sollst deinem Mitgefangenen helfen, wenn du kannst, und dir selbst dabei kein Leid zufügen.« Wie Tomás Radil selber sagt, scheinen dies recht spärliche Gesetze zu sein, doch man muß berücksichtigen, daß die Gefangenen an der Grenze menschlicher Existenz lebten (und daß es auch unter normalen Bedingungen nicht immer einfach ist, diese Regeln einzuhalten). Diese Prinzipien gaben den Gefangenen die Möglichkeit, auch unter unmenschlichen Bedingungen menschliche Wesen zu bleiben. Solange Menschen auf diesem Planeten leben (so meint Tomás Radil), werden diese Gesetze ihre Gültigkeit behalten. In ihnen drückt sich eine ursprüngliche Solidarität des Menschen aus; sie ist ein Wesensmerkmal des Menschen.

Der Inbegriff eines napoleonischen Typus im Kreis jener, die ich kenne und kennengelernt habe, ist Hubert Burda. Ein erfolgreicher Verleger, jemand, der Wirkung entfaltet, und jemand mit herausragender Intelligenz, der auch noch mit künstlerischen Talenten gesegnet ist. Doch es ist noch etwas anderes: Hier ist jemand, dessen Antennen in die Welt hineinragen, der neue Erkenntnisse aufnimmt und diese in einen größeren Rahmen stellt. Ich kenne niemanden, der mit solcher Konzentration zuhören kann; in seinem Zuhören zeigt sich der Respekt dem anderen gegenüber (für das Zuhören, das Gespräch, braucht es den äußeren Rahmen; nicht in jeder Situation kann man sich dem anderen mit Aufmerksamkeit zuwenden; es ist bemerkenswert, daß manchmal jemandem die Fähigkeit abgesprochen wird, zuhören zu können, wenn er nicht *immer* zuhören kann; ein merkwürdiges Mißverständnis).

Eine Antenne von Hubert Burda, die in die Welt hineinragt, hat eine besondere Sensitivität für das, was in der Hirnforschung geschieht. Ich vermute, daß die Erkenntnisse über die besonderen Leistungen der beiden Gehirnhälften (Abb. 3) ihn deshalb besonders interessieren, weil mit diesen Erkenntnissen etwas bestätigt wird, was in ihm selbst, in seiner geistigen Welt oder seinem seelischen Raum, schon immer gegeben war, nämlich die Komplementarität von Bild und Text. Die linke Gehirnhälfte kann als Wort- und Text-bestimmt angesehen werden, während die rechte Gehirnhälfte dem Bild verpflichtet ist. Doch beide Hälften sind miteinander verbunden, so daß die linke Seite immer »weiß«, was rechts geschieht, und die rechte Seite alles auf der linken Seite »mitverfolgt«. Dies bedeutet für die Aufnahme neuer Information, daß dies nie *nur* textlich oder *nur* bildlich geschieht. Die gegenseitige Abhängigkeit der beiden Weisen von Informationsverarbeitung stellen zwei Rahmen der Deutung bereit, so daß manchmal ein Wort mehr als viele Bilder und manchmal ein Bild mehr als viele Worte aussagen kann. Das jeweils andere Medium kann eine unübersichtliche Situation vereinfachen und so geistige Ordnung schaffen. Es bestätigt den Hirnforscher, wenn in den modernen Printmedien diese Komplementarität von Wort und Bild viel stärker als früher genutzt wird. Doch haben Hirnforscher mit dieser neuen Entwicklung tatsächlich irgend etwas zu tun? Ist dies nicht einfach nur die Konsequenz neuer technischer Möglichkeiten?

Leisten wir Hirnforscher überhaupt einen Beitrag für das Neue, oder liefern wir nicht nur im nachhinein Argumente dafür, warum etwas gut oder nicht so gut ist oder warum etwas funktioniert? Ich habe die Befürchtung, und dies ist durch Gespräche mit Hubert Burda verstärkt worden, daß Erkenntnisse aus der Hirnforschung nur das explizit bestätigen, was implizit oder intuitiv von einem Verleger sowieso schon gewußt wird. Ähnliches gilt für die Welt der Erziehung oder die Welt der Wirtschaft. Wir entdecken das, was ein guter Lehrer oder ein erfolgreicher Unternehmer schon kann. Hirnforscher sind immer zu spät; ich kann das auch freundlicher ausdrücken: Manche Erkenntnisse der Hirnforschung mögen das Vertrauen in die eigenen Intuitionen verstärken. Man fühlt sich als Verleger, als Lehrer oder als Unternehmer im nachhinein bestätigt. Wenn wir »entdecken«, daß Printmedien im Gegensatz zum Radio oder Fernsehen durch Zeitsouveränität gekennzeichnet sind (man bestimmt selber, wann man etwas liest oder betrachtet), dann ist dies keine große »Entdekkung«, auch wenn man hinzufügt, daß wir sehr viel aufnahmebereiter sind und daß neue Information besser behalten wird, wenn man über seine eigene Zeit bestimmt, wenn man also unter der Bedingung der Zeitsouveräntät ein Informationsmedium nutzt. Eigene Aktivität und Selbstbestimmung sind entscheidende Bedingungen für das Lernen und den Aufbau von Wissen, und dies gilt dann natürlich auch für die Aufnahme von Information, wenn man eine Zeitung liest. Das weiß man schon; wir liefern nur ein paar Erklärungen hinterher. (Wenn etwas entdeckt würde, das der alltäglichen Erfahrung widerspräche, wäre es vermutlich falsch; und wenn es richtig wäre, dann hätte es keine Chance, jemals in eine Anwendung zu kommen.)

30 Den Tag gewinnen

Quid sit futurum cras, fuge quaerere. –
Was morgen sein wird, frage nicht.
Horaz

Diem perdidi.-
Ich habe einen Tag verloren.
Titus

Wenn morgen die Welt unterginge, so würde ich heute noch ein Apfelbäumchen pflanzen.   Martin Luther

Und scheint die Sonne noch so schön,
Am Ende muß sie untergehn.
Heinrich Heine

Man lebt nicht einmal einmal.   Karl Kraus

Es gibt mehrere natürliche Einheiten der Zeit, die uns den Rahmen unseres Lebens vorgeben. Manche dieser Einheiten sind bestimmt durch geophysikalische Zyklen wie dem Umlauf der Erde um die Sonne, der uns das Jahr vorgibt, oder der Umdrehung der Erde, die den Tag bestimmt. Andere Einheiten ergeben sich aus der Selbstorganisation des Gehirns, wenn etwa die Fülle der Information, die auf uns einstürmt, so reduziert wird, daß wir in einem Zeitpunkt, dem Augenblick, ein einzelnes Ereignis bestimmen können, oder wenn aufeinanderfolgende Ereignisse automatisch für einige Sekunden zusammengebunden werden und auf diese Weise der Eindruck von Gegenwärtigkeit entsteht. In dem einen Fall, bei dem Jahr oder dem Tag, sind wir mit genetischen Programmen an die Regelmäßigkeit der Umwelt angepaßt; in dem anderen Fall, dem Augenblick oder der subjektiven Gegenwart, paßt das Gehirn sich gleichsam an sich selber an, damit der Organismus sich in der unübersichtlichen Umwelt zurechtfinden kann und damit wir ein Bewußtsein davon haben. (Ich kann mir ein Leben ohne Jahreswechsel gar nicht vorstellen, und ich glaube, daß viele, die durch den Jahreswechsel in den mittleren Breiten geprägt sind, diesen vermissen, wenn sie beispielsweise in den Tropen mit einer ganz anderen Struktur der jahreszeitlichen Änderungen leben müssen.)

Die jahresperiodische Uhr wurde besonders von Till Roenneberg untersucht. Er konnte beispielsweise eine Jahresperiodik für die Geburtenhäufigkeit, somit für die Empfängnisbereitschaft zeigen, aber auch Selbstmorde werden bevorzugt zu bestimmten Jahreszeiten verübt. Dabei ist auffällig, daß die Amplitude der jahresperiodischen Veränderungen bei Empfängnis und Selbstmord, also die Bevorzugung bestimmter Jahreszeiten, mit zunehmender Zivilisation abnimmt. Das zivilisations- und technikbedingte Durchbrechen der von der Natur vorgegebenen Veränderungen während des Jahres (und auch während des Tages) führt zur Abschwächung der jahresperiodischen Organisation unseres Verhaltens. Für die Stabilität der organismischen Systeme, etwa des Immunsystems, hat das möglicherweise Nachteile; insofern war die Erfindung der Glühlampe, die die Nacht zum Tage machen kann, vielleicht nicht nur nützlich.

Wenn wir eine innere Uhr für die Jahreszeiten haben, dann stellt sich die Frage, welche Bedeutung Horoskope haben (könnten). Leider bin ich auf diesem Gebiet ein völliger Laie, aber dennoch lohnt es sich einmal, den Wahrheitsgehalt astrologischer Überlegungen zu ergründen. Wenn es eine Jahresuhr in unserem Organismus gibt, dann ist es vermutlich nicht gleichgültig, zu welcher Jahreszeit wir gezeugt wurden und zu welcher Jahreszeit wir in die Welt treten; mir scheint dabei aus biologischen Gründen der Zeugungstermin mindestens so wichtig zu sein wie der Geburtstermin. Biologische, auch psychologische und vor allem immunologische Randbedingungen sind je nach Jahreszeit verschieden, und dies sollte sich eigentlich in typischen Unterschieden jener Individuen zeigen, die zu unterschiedlichen Jahreszeiten gezeugt wurden. Die folgende astrologische Studie würde mich interessieren: Wenn es richtig ist, daß wir eine innere Uhr haben (und daran ist nicht zu zweifeln), und wenn es auch richtig ist, daß wir aufgrund zivilisatorischer Änderungen immer weniger einen Jahresrhythmus leben, der uns als Zeitrahmen von unseren Genen vorgegeben ist, dann sollten astrologische Aussagen, seitdem es diese Änderungen gibt, weniger Aussagekraft besitzen. Könnte man diese Hypothese bestätigen, dann wäre damit gleichzeitig gezeigt, daß es in astrologischen Stellungnahmen einen Kern von Wahrheit geben muß. Entscheidend bei diesem hypothetischen Experiment ist allerdings die Definition jener Variablen, die man objektiv erfassen kann (bei solchen Überlegungen geht es nicht darum, die Zukunft vorauszusagen). Offenbar hatte auch Goethe eine gewisse Offenheit für derartige Überlegungen (in »Urworte. Orphisch. Dämon«), wobei allerdings aus seinem Gedicht leider auch nicht eine präzise Definition für ein astrologisches Experiment abzuleiten ist:

> Wie an dem Tag, der Dich der Welt verliehen,
> Die Sonne stand zum Gruße der Planeten,
> Bist alsobald und fort und fort gediehen
> Nach dem Gesetz, wonach Du angetreten.
> So mußt Du sein, Dir kannst Du nicht entfliehen,
> So sagten schon Sybillen, so Propheten;
> Und keine Zeit und keine Macht zerstückelt
> Geprägte Form die lebend sich entwickelt.

Der uns am meisten bestimmende Rahmen der Zeit, der außen aufgezwungen wird, ist der Tag. (Es gibt auf der Erde im übrigen noch zwei weitere geophysikalische Zyklen, die für den Menschen und die zeitliche Steuerung seines Verhaltens allerdings weniger wichtig zu sein scheinen, nämlich die Zyklen des Mondes und davon abhängig die der Gezeiten; manche Lebewesen sind an diese Zyklen in ihrem Verhalten angepaßt, und man könnte wegen der Dauer des Menstruationszyklus bei der Frau vermuten, daß der Mond mit seiner Umlaufbahn auch für uns ein wichtiger Zeitgeber ist; offenbar handelt es sich hier aber um eine zufällige Übereinstimmung; andere Lebewesen haben deutlich andere Menstruationszyklen, und es wäre biologisch schwer einsichtig, warum der Mond nur für den Menschen wichtig wäre; obwohl – was weiß man schon?)

In Isolationsexperimenten, wenn Versuchspersonen von der Umwelt vollkommen getrennt in einem Bunker leben, wurde festgestellt, daß der innere Tag des Menschen nicht genau 24 Stunden, sondern im Durchschnitt etwa 25 Stunden beträgt. Der Mensch, wenn man ihn als eine Uhr betrachten würde, »geht nach«. Die Tatsache, daß der Mensch genetische Programme in sich trägt, die ihm einen inneren Tag von etwa 25 Stunden mitgeben, hat wichtige gesellschaftliche Konsequenzen; weil dem so ist, stehen wir üblicherweise nach Sonnenaufgang auf, und wir gehen nach Sonnenuntergang zu Bett. Das gesamte gesellschaftliche Leben hinkt dem Tagesrhythmus, der uns von der Sonne vorgegeben ist, hinterher. Theoretisch läßt sich argumentieren, daß der äußere Tag-Nacht-Wechsel ein Zeitgeber ist, der uns jeden Tag mit der Welt synchronisiert. Dieser Zeitgeber hat eine kürzere Periode als unsere innere Uhr, was zu einem Zustand von Synchronisation führt, bei dem das mitgenommene System (unser Schlaf-wach-Rhythmus etwa) dem mitnehmenden (Sonnenstand) nachhinkt. Wir werden also jeden Tag mit unserer inneren Uhr ein wenig beschleunigt, also morgens von der Sonne aus dem Bett gezwungen. Hätte der Mensch im Durchschnitt eine innere Uhr von etwa 23 Stunden (Vogelarten haben einen kürzeren inneren Tag), so würden wir dem Tageslauf, der uns von Hell und Dunkel aufgezwungen wird, nicht nachhinken, sondern wir würden möglicherweise mit Vergnügen jeden Morgen um vier Uhr aufstehen und am Nachmittag schon um fünf Uhr zu Bett gehen (wenn morgens vor Sonnenaufgang die Vögel singen, dann heißt dies, daß sie in einem anderen zeitlichen Rahmen leben als wir; auch wenn wir uns an dem Gesang erfreuen, ist es unserer Natur gemäß, trotz des Gesangs wieder einzuschlafen; dies gilt allerdings nicht für jeden Menschen; einige wenige haben einen inneren Tag, der kürzer als 24 Stunden ist, und für sie beginnt der innere Tag lange vor Sonnenaufgang, und sie haben das Bedürfnis, früh schlafen zu gehen).

Gewöhnlich sind alle in einem Organismus periodisch verlaufenden Funktionen mit der Umwelt, damit aber auch miteinander synchronisiert, wobei alle Funktionen (ich kenne keine Ausnahme) abhängig von der Tageszeit variieren. In der Abbildung 44 ist ein Beispiel gegeben für einen jungen Erwachsenen, bei dem mehrere Funktionen gemessen wurden. Im Abstand von drei Stunden wurden für sechs aufeinanderfolgende Tage mehrere Erhebungen durchgeführt. (Solche Untersuchungen sind nicht nur für die Versuchsperson eine Herausforderung, sondern auch für den Versuchsleiter; ich mußte als Experimentator alle drei Stunden zur Verfügung stehen, denn solche Beobachtungen lassen sich nicht automatisieren, und nach einigen

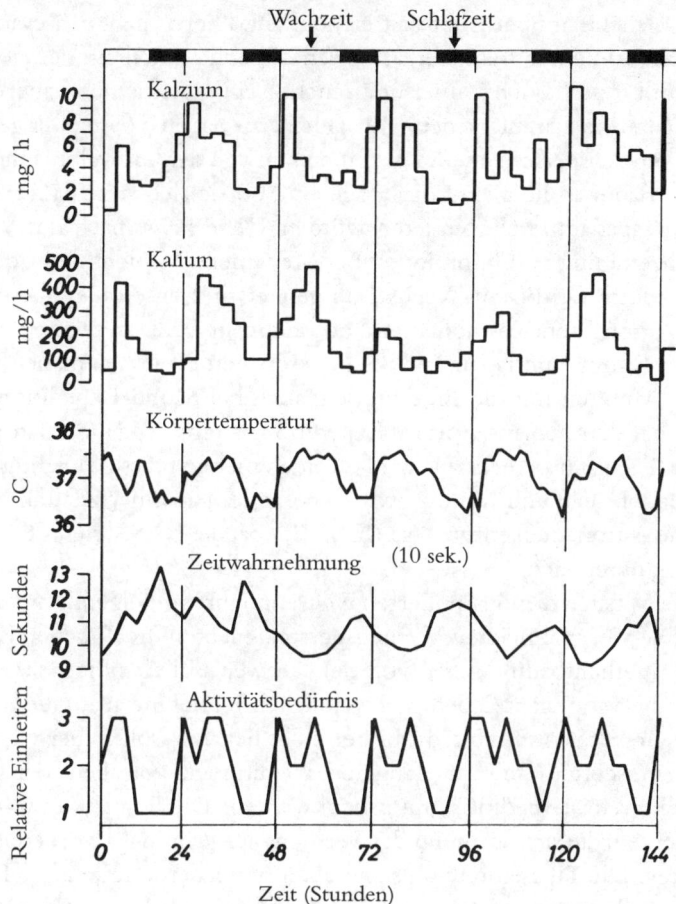

Abb. 44 Die Versuchsperson A. N. wurde sechs Tage fortlaufend hinsichtlich verschiedener Funktionen untersucht. Bestimmte Funktionen wie die Körpertemperatur wurden kontinuierlich, andere im Abstand von drei Stunden gemessen. Alle Funktionen zeigen klare tagesperiodische Veränderungen.

Tagen sind die nächtlichen Messungen eine körperliche Herausforderung.)

Diese innere Synchronisation der physiologischen, biochemischen, psychischen Funktionen wird, damit wir mit uns im zeitlichen Einklang sind, beim Menschen nicht nur durch den Wechsel von Tag und Nacht, sondern auch durch soziale Wechselwirkungen unterstützt oder manchmal überhaupt erst ermöglicht. Hierzu habe ich einmal ein Experiment durchgeführt, dessen Ergebnis mich immer noch verblüfft (und das ich immer noch nicht richtig verstanden habe; das mag daran liegen, nicht den Mut gehabt zu haben, weiterzufragen). Vier Versuchspersonen wurden gemeinsam von der Umwelt in einem Bunkerlabor isoliert, und die Frage war, ob sie sich miteinander in ihrem Tageslauf synchronisieren würden. Diese Frage nach der Vergleichzeitigung von Funktionen bei Menschen, die nicht mehr dem natürlichen Tag-Nacht-Wechsel ausgesetzt sind, interessiert besonders Astronauten, Kosmonauten und Taikonauten, die miteinander in einem Raumschiff leben und die bei erdnahen Projekten manchmal in 90 Minuten um die Erde kreisen; auch bei Mond-Expeditionen oder bei den geplanten Mars-Expeditionen gibt es keinen natürlichen Tag-Nacht-Wechsel von 24 Stunden mehr, und es ist wichtig zu wissen, ob sich, und wenn ja, wie sich ein gemeinsamer Zeitrahmen für die Astronauten entwickelt. (In der Tat hat die NASA dieses Experiment unterstützt.)

Der Versuch dieser simulierten Weltraumfahrt sah folgendermaßen aus: Die vier männlichen Versuchspersonen lebten drei Wochen lang bei Dauerlichtbedingungen von der Umwelt isoliert (wie sich Anwesenheit von männlichen und weiblichen Teilnehmern auf die zeitliche Gestaltung auswirkt, ist bisher nicht bekannt, sollte aber wegen der gemischten Crews für längere Expeditionen, vor allem der geplanten Mars-Expedition, untersucht werden). Die Teilnehmer waren Studenten, die sich während des Versuchs auf Prüfungen vorbereiten wollten. Die Tageseinteilung stand allen frei. Jeder konnte aufstehen oder zu Bett gehen, wann er wollte. Für jeden wurde der Zeitpunkt des Aufstehens und des Zubettgehens registriert. Von jeder Urinprobe wurde das Volumen und die Konzentration verschiedener Elektrolyte (Natrium, Kalium und Calcium) bestimmt. Während des Schlafs wurde kontinuierlich die Körpertemperatur mit einem Thermofühler gemessen. An mehreren Versuchstagen wurden sozialpsychologische Untersuchungen mit Fragebogen durchgeführt, die die soziale Situation zwischen den Versuchspersonen aufklären und durch den Versuch hindurch verfolgen sollten.

In Abb. 45 sind die Wach- und Schlafzeiten der vier Versuchspersonen an den aufeinanderfolgenden Versuchstagen im Überblick dargestellt. Die durchgezogenen Linien bedeuten Wachzeiten, die gestri-

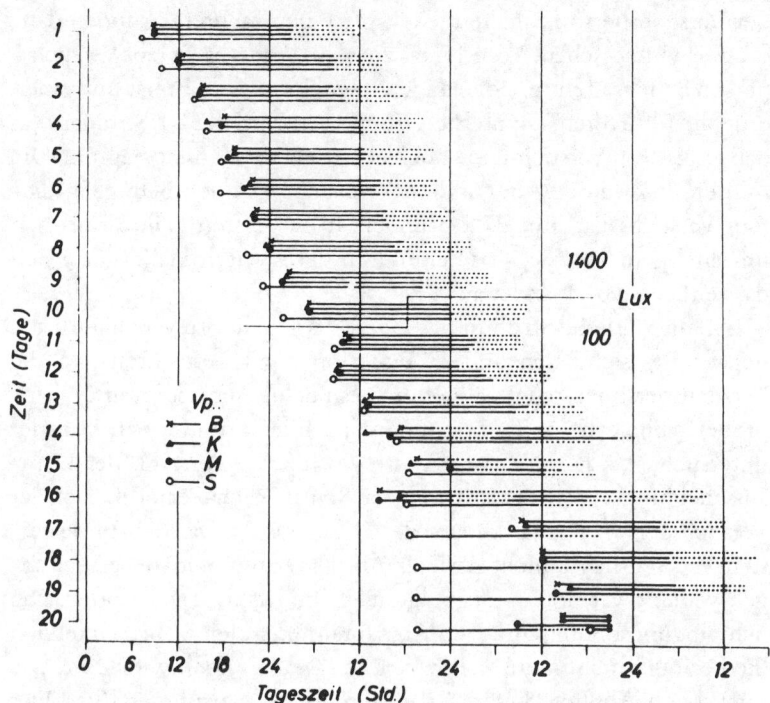

Abb. 45 Vier Versuchspersonen verbrachten zusammen etwa drei Wochen in vollständiger Isolation. In der ersten Phase waren sie mit ihren inneren Uhren synchronisiert, doch war ihre gemeinsame Tageslänge deutlich größer als 24 Stunden; in der zweiten Phase des Versuchs strebten sie zeitlich auseinander; insbesondere lebte eine Versuchsperson (S) nun mit einem deutlich kürzeren Tag, der nah bei 24 Stunden lag.

chelten Ruhezeiten. Aufeinanderfolgende Tage sind untereinander wiedergegeben. In der ersten Versuchshälfte leben die vier Versuchspersonen miteinander synchronisiert. Im Mittel für alle Versuchspersonen ergibt sich eine Tagesdauer von 26,2 Stunden. Eine Versuchsperson (S) steht allerdings jeden Morgen durchschnittlich zwei Stunden vor den anderen auf, geht jedoch zur selben Zeit wie diese ins Bett. Nach einer Lichtumstellung leben die Versuchspersonen zunächst einige Tage weiter miteinander synchronisiert. Vom 13. bis zum 16. Versuchstag sind die ersten Anzeichen einer interindividuellen Desynchronisation erkennbar, denn alle Versuchspersonen außer der Versuchsperson S halten jeden Tag einen mehrere Stunden dauernden Mittagsschlaf. Vom 17. bis zum 20. Versuchstag lebt Versuchsperson S nicht mehr mit den anderen synchronisiert. Er hat nun einen erheblich kürzeren Tag als die Gruppe (im Mittel 24,1 Stunden), so daß er bis zum Versuchsende noch einen 21. Versuchstag beginnt. Die mittlere Periode der drei anderen Versuchspersonen beträgt in diesem Versuchsabschnitt 27,2 Stunden. In der ersten Hälfte war man um eine gemeinsame Zeit bemüht, in der zweiten Hälfte löste sich das zeitliche Miteinander auf.

Um die zeitliche Struktur des Tageslaufs genauer zu verstehen, ist es notwendig, sich auch andere Funktionen zu betrachten. Da die Versuchspersonen regelmäßig durch ein Schleusensystem ihre Urinproben abliefern mußten, konnten die Nierenfunktionen genauer untersucht werden. Normalerweise verläuft die Periodik der Urinausscheidung synchronisiert mit der Schlaf-wach-Periodik. Bei der Versuchsperson S (ein Student der Germanistik) war dies in der ersten Versuchshälfte nicht der Fall. An den ersten beiden Versuchstagen waren zwar noch ausgeprägte tägliche Maxima vorhanden. Die Schwingungsbreite wurde jedoch dann immer kleiner, bis schließlich die Periodik nicht mehr sichtbar ist. Ich weiß es noch wie heute, wie mich beim Anblick dieser Verlaufskurve eine Unruhe erfaßte. (Der Laie mag sich mit Verwunderung fragen, wieso man in Unruhe verfällt, wenn man einen Blick auf die Menge des produzierten Urins eines Menschen wirft.) Einen solchen Verlauf hatte ich noch nie gesehen; er schien mir völlig unerklärlich zu sein. Die Unruhe erklärt sich durch ein analoges Phänomen in der Physik, nämlich der Schwebung. Hört man beispielsweise zwei Töne mit eng benachbarten Frequenzen, dann kommt es zwischen den beiden Tönen zu Überlagerungen, indem sich bei Phasengleichheit die Töne summieren, bei Gegenphasigkeit aber auslöschen, so daß es zu einem Auf und Ab im Höreindruck kommt. Meine Assoziation war, daß es sich bei der Kurve um den Ausdruck einer physiologischen Schwebung handeln müsse, bei der zwei zeitlich eng benachbarte periodische Prozesse miteinander in Wechselwirkung standen, und daß deshalb in Kürze wieder eine Gleichphasigkeit zwischen dem Schlaf-wach-Rhythmus und dem circadianen Rhythmus der Nierenfunktionen einstellen müsse. Mit dem Gefühl absoluter Sicherheit sagte ich voraus, daß in Kürze der tagesperiodische Rhythmus der Nierenfunktionen wieder sichtbar werden müsse, weil dann wieder die beiden Funktionsbereiche, der Schlaf-wach-Wechsel und die Nierenaktivität, im Gleichklang sein müßten. Dies war der Fall. Kurz vor Lichtumstellung tauchte der Rhythmus wieder auf. In der zweiten Versuchshälfte entsprach der Kurvenverlauf bei der Versuchsperson S dann dem, wie er aus anderen Versuchen bekannt ist.

(Wenn man solche Erlebnisse hat, in denen man ein Phänomen voraussagt, dann bestärkt einen dies in der Arbeit als Forscher; offenbar hat man richtig gedacht, die richtigen Assoziationen gehabt, die richtigen gedanklichen Verknüpfungen hergestellt; und es belegt die Nützlichkeit interdisziplinären Denkens, denn ohne Kenntnis eines einfachen physikalischen Phänomens wäre die Voraussage einer physiologischen Schwebung nicht möglich gewesen. Es ist wie beim Golfspielen: Gelegentlich trifft man den Ball sehr gut, und auch wenn die nächsten Bälle miserabel sind, macht man dann in der Hoffnung weiter, wieder einmal einen gelungenen Schlag zu vollbringen. So geht es auch dem Forscher: Gelegentlich hat man das Erlebnis einer plötzlichen Erkenntnis, man hat etwas verstanden, und das bestärkt einen, macht einen geradezu süchtig, weiterzumachen).

Noch einmal zurück zu dem Gruppenversuch: Die Tatsache, daß alle vier Versuchspersonen während der ersten Versuchshälfte die gleiche circadiane Periode haben, zeigt, daß soziale Zeitgeber zur Gruppensynchronisation ausreichen. Ergebnisse aus Tierversuchen und theoretische Überlegungen lassen vermuten, daß die Phasenwinkeldifferenz Ausdruck der Spontanperiode des Organismus ist. Besteht bei Synchronisation eine positive Phasenwinkeldifferenz zum Zeitgeber, so ergibt sich nach Wegnahme des Zeitgebers eine freilaufende Periode, die kürzer als die des Zeitgebers ist. Betrachtet man die Versuchspersonen M, K und B als Zeitgeber für die Versuchsperson S, so ergibt sich aus der positiven Phasenwinkeldifferenz, die S zur Gruppe einnimmt, daß seine angestrebte Spontanperiode kürzer ist als die der drei anderen Versuchspersonen. Der Aktivitätsrhythmus von S wird durch die längere Gruppenperiode verlangsamt; die Gruppe wirkt für ihn als sozialer Zeitgeber. Dies gilt jedoch nur für die erste Versuchshälfte. Nach Verringerung der Beleuchtungsstärke von 1400 auf 100 Lux wird die Gruppe, deren Periode sich im Mittel um eine Stunde verlängert, offenbar zu langsam für ihn; er löst sich von der Gruppe und lebt gemäß seiner eigenen Spontanperiode. Deren relative Kürze (24,1 Stunden) stützt den aus der Phasenwinkeldifferenz gezogenen Schluß. Die der Versuchsperson S von der Gruppe aufgezwungene Aktivitätsperiode von 26,1 Stunden ist zu lang bzw. der soziale Zeitgeber ist zu schwach, um auch die Periodik der Nierenfunktionen zu synchronisieren. Bei Herrn S wurde nur die Aktivität mit der Gruppe synchronisiert, die Nierenfunktionen folgen ihrem eigenen Rhythmus. Zwei Komponenten also, eine gegeben durch die Spontanperiode der Nierenfunktionen, die andere durch die aufgezwungene Aktivitätsperiodik, überlagern sich, was zur Schwebung führt.

Für diese Erklärung muß man annehmen, daß innerhalb eines Systems, nämlich der tagesperiodischen Funktion der Niere, zwei oszillatorische Komponenten gleichzeitig wirksam sind, eine endogene Komponente und eine durch die Aktivitätsperiodik fremdgesteuerte Komponente. (Diese Frage genauer zu untersuchen hätte sich nun angeboten, doch um dies zu tun, hätte ich mich sehr viel intensiver mit der Physiologie der Niere befassen müssen, doch dazu fehlte der hierfür notwendige äußere Rahmen, oder mir war die Antwort genug, ein Schwebungsphänomen beobachtet zu haben.) Insgesamt zeigt diese simulierte Weltraumexpedition von drei Wochen, daß es innerhalb einer Gruppe, die unter konstanten Bedingungen und von der Umwelt isoliert wie in einem Raumschiff lebt, zu inter-individuellen Desynchronisationen zwischen Versuchspersonen und zu intra-individuellen Desynchronisationen zwischen verschiedenen Funktionen eines Menschen kommen kann. Daß diese Desynchronisationen für das operative und auch soziale Miteinander Probleme mit sich bringen können, ist offenkundig, denn von jedem kann jederzeit, und damit zur Unzeit, etwas gefordert werden.

Mit dieser Beschreibung war der Versuch aber noch nicht zu Ende. Eines Tages erhielt ich Besuch von mehreren Personen aus Holland, die eine neue Fernsehserie vorbereiteten. Sie hatten von meiner Untersuchung in der wissenschaftlichen Literatur erfahren, und nun wollten sie alle möglichen Details wissen; insbesondere ging es darum zu erfahren, ob man mehreren Menschen zumuten könne, einige Zeit von der Umwelt isoliert zu leben. Außer meinem Versuch gab es offenbar keine anderen, an denen man sich hätte informieren können. Als Wissenschaftler hat man eine Bringschuld (so meint man zumindest), und ich erläuterte im einzelnen, welche Probleme es geben könne und welche nicht; insgesamt war mein Urteil, daß man eigentlich keine größeren Schwierigkeiten erwarten müsse, wenn man mehrere Menschen für eine gewisse Zeit von der Umwelt isoliert. Wie sich später herausstellte, führte ich ein kostenloses Beratungsgespräch für die Fernsehserie »Big Brother«.

31 Ein Ort der Kreativität

De nihilo nihil. – Aus nichts wird nichts.   Lukrez

Wenn Gott einen Panamakanal hätte haben wollen, hätte er einen dort hingesetzt.
Philipp II. von Spanien

Il est plus aisé de dire des choses nouvelles que de concilier celles qui ont été dites.
Es ist leichter, etwas Originelles zu sagen, als bereits gesagte Dinge miteinander in Einklang zu bringen.
Marquis de Vauvenargues

Fliegende Maschinen, die schwerer als Luft sind, sind unmöglich.   Lord Kelvin

Jede neue Situation in der Forschung erfordert immer wieder einen geistigen Akt, der das Neue zusammenfügt; hinzu treten muß der Mut des geistigen Menschen, der gewillt ist, etwa wie Columbus, neues Land zu entdecken.   Werner Heisenberg

Vor kurzem organisierten Ken Mogi und Mario Tokoro vom Sony Computer Science Laboratory in Tokio eine Tagung zum Thema Kreativität. Wir trafen uns in Italien in der alten Burg von Bertinoro, die jetzt als Tagungszentrum zur Universität Bologna gehört. Vor längerer Zeit hatte hier offenbar auch Friedrich Barbarossa übernachtet, und Dante hatte von hier aus in die Weite geschaut. Ein Ort, der zur Kreativität einlud, um über Kreativität nachzudenken. Es war schnell klar, daß wir eigentlich alle nicht so recht wußten, was überhaupt mit Kreativität gemeint war und welches die Bedingungen für mögliches kreatives Handeln seien; doch dafür gibt es solche Veranstaltungen, in denen man versucht, Klarheit zu gewinnen über Konzepte, die jeder zu verstehen meint, die aber für eine Definition unscharf bleiben.

Hier sind einige Variable, die für eine »Taxonomie der Kreativität« zu berücksichtigen wären: Ein kreativer Prozeß sollte (zumindest in der Forschung) zu neuem Wissen führen; das neue Wissen ist aber nicht nur explizites Wissen, das man anhäufen kann, sondern Wissen ist auch implizit und bildlich. Ein kreativer Prozeß sollte somit auch dazu führen, seine Handlungsoptionen zu erweitern, seine Intuitionen zu schärfen (auch wenn dies paradox klingen mag) und das jeweils Neue in geeigneter Weise ins Bild zu setzen. Das Schaffen neuen Wissens kann aber nicht aus dem Nichts entstehen; das menschliche Gehirn muß eine operative Basis bereitstellen, aus der heraus sich das Neue entfalten kann. Ohne schon vorhandenes Wissen oder Können ist Kreativität ein blinder Prozeß, in dem vielleicht »Neues« entsteht, das jedoch keinen Bezug zur Realität hat. (In jedem Augenblick entstehen neue gedankliche Verknüpfungen im Gehirn, doch das meiste davon ist völlig nutzlos; erst eine Überprüfung, und sei dies nur durch Probehandeln, erweist, ob es sich um eine nützliche kreative Leistung gehandelt hat.) Um diese Basis herzustellen, aus der heraus Kreativität sich entfalten kann, muß man lernen (oder etwas gelernt haben), und Lernen ist üblicherweise mit Anstrengung verbunden. Diese notwendige Anstrengung erklärt die These, daß Kreativität zum größeren Teil Transpiration und nur zum geringeren Teil (was den zeitlichen Aufwand betrifft) Inspiration sei. Man unterscheidet verschiedene Formen des Lernens, wie das Prägungslernen in den frühen Phasen der Biographie (wenn also unser Gehirn durch neue Information in seiner Struktur geformt wird), das psychomotorische Lernen (wenn Bewegungsabläufe oder Handlungsmuster etabliert werden), die Habituation (wenn man sich an das Gleichbleibende der Welt anpaßt), den bedingten Reflex (wenn ein Reiz durch einen zunächst neutralen Reiz ersetzt werden kann, um ein Verhalten auszulösen) oder das Lernen durch Versuch und Irrtum (wenn durch den Erfolg einer Handlung eine Bedürfnisbefriedigung eintritt). Im Hinblick auf Kreativität ist das »Lernen durch Einsicht« besonders wichtig (doch wird unsere »neuronale Festplatte« auch durch die anderen Lernformen geladen). Es gehört zur Natur unseres Geistes, Sachverhalte zu verstehen, also Einsicht über einen zunächst unklaren Sachverhalt zu erlangen. Die Einsicht, das »Aha-Erlebnis«, etwas begriffen zu haben, wird als eine Belohnung empfunden, und der Weg zur Einsicht prägt sich (üblicherweise für immer) in unser Wissenssystem ein. Da diese Form des Lernens, die Neugier zu befriedigen, etwas zu verstehen, zur Grundausstattung unserer Denkwerkzeuge gehört, sind wir zur Kreativität geboren. Der Unterschied zwischen einzelnen besteht nur darin, wie effizient diese Grundausstattung genutzt wird.

Doch gibt es weitere Dinge, die den Rahmen der Kreativität kennzeichnen. Physiologische Randbedingungen bestimmen, ob wir das potentielle Maximum oder Optimum unserer Kreativität ausschöpfen können. Die tagesperiodische Variation aller organismischen Funktionen bedingt, daß wir zu bestimmten Phasen des Tages besonders einfallsreich oder besonders eingeschränkt sind. Jeder hat hier seine eigene Phasenkarte; Till Roenneberg, einer der weltweit führenden Chronobiologen, sagt von sich selbst, daß er in den Morgenstunden völlig unbrauchbar sei; bei mir ist es gerade umgekehrt. Doch gibt es nicht nur einen genetisch vorgegebenen Tagesrhythmus, sondern wir haben auch eine eingebaute »Jahresuhr«, auch wenn diese aufgrund zivilisatorischer Maßnahmen (insbesondere der Einführung des künstlichen Lichts und der gleichbleibenden Ernährung über das Jahr hinweg) in ihrer Wirkung gedämpft wird. Dennoch meine ich, daß man nicht zu jeder Jahreszeit in gleicher Weise kreativ sein kann, wobei wiederum jeder sein eigenes Präferenzmuster haben mag.

Ein Rahmen der Kreativität wird auch durch die Ernährung gegeben. Aufgrund der Möglichkeiten, die die moderne Gesellschaft bietet, sind wir alle (nahezu alle) überernährt. Besonders kreativ sind wir aber gerade dann, wenn wir hungrig (ein wenig hungrig) sind. Abnehmen hat also nicht nur die Konsequenz, etwas für seine körperlichen Gesundheit zu tun, sondern unterstützt auch die kreativen Potentiale. (Ich bin hier leider dazu verführt, den Zeigefinger zu erheben: Wir erleben gerade, insbesondere auch bei Kindern, eine extreme Überernährung, so daß wir in der Zukunft erhebliche medizinische Probleme haben werden, denn Fettsucht hat zur Konsequenz, daß die Risiken etwa für Diabetes, Herz-Kreislauf-Erkrankungen oder Schlaganfälle erhöht werden; aber Überernährung hat auch die Konsequenz, daß das Gehirn stumpf wird, daß die kreativen Potentiale sich nicht entfalten können. Der Ruf nach Innovationen, die Kreativitäten umsetzen müßten, verhallt allein schon deshalb, weil wir zuviel essen).

Kreativität ist auch davon abhängig, wie die physikalische Umwelt gestaltet ist, also von der Raumtemperatur, der Lichtintensität, dem Geräuschpegel, dem Geruch, der Architektur der Räume, in denen man sich aufhält. Da die Interaktion neben anderen Fachleuten für den kreativen Prozeß entscheidend ist, spielt die Gestaltung der Räume oder eines Gebäudes eine maßgebliche Rolle; mir fällt auf, daß bereits ein anderes Stockwerk daran hindert, mit anderen in einen kreativen Kontakt zu treten. Ich habe den Verdacht, daß manchmal (oder sogar häufig) bei der architektonischen Gestaltung von Gebäuden, in denen gedacht wird (oder werden soll), die äußerlichen Bedingungen vernachlässigt werden. Kreativität findet in einem Radius von etwa 50 Metern statt, und dies vorzugsweise auf einer Ebene (in »flatland«). Eine gelungene Architektur der Kreativität muß von der Innenperspektive des Menschen ausgehen, der durch sein Denken und Gestalten zu etwas Neuem kommen möchte; allzu häufig wird der Mensch für artifizielle Umgebungen instrumentalisiert, indem man von der Außenperspektive ausgeht und Nutzenaspekte zu berücksichtigen versucht, die nicht dem menschlichen Maß entsprechen.

Da im menschlichen Gehirn alle Funktionen voneinander abhängig sind, spielt es auch eine Rolle, in welcher Weise sich die kreative Leistung äußert. Wenn man den Rahmen des Sprechens wählt, dann ist man in einer anderen Weise kreativ, als wenn man schreibt. Dies liegt teilweise auch an der Geschwindigkeit der möglichen Äußerung; man spricht sehr viel schneller, als man schreiben kann (dies gilt zumindest für viele), so daß die Ankopplung des kreativen Gedankens beim Schreiben verzögert ist und dieser sich manchmal sogar wieder verliert. Etwas zu zeichnen ist wiederum ein anderer expressiver Rahmen, und ich muß für mich sagen, daß mir Skizzen entscheidend helfen, um mich in den Knäueln meiner Gedankenwelt zurechtzufinden. Etwas bauen, sei es als Modell, sei es in spielerischer Absicht, greift seinerseits auf andere kreative Potentiale zurück, und Spielen, ohne die erklärte Absicht, ein Problem zu lösen, öffnet wiederum einen anderen Zugang. (Wie wäre es, wenn man in der Erziehung die möglichen Rahmen der kreativen Äußerung stärker thematisiert, um damit den individuellen Präferenzen der Kreativität, die jeder in sich trägt, noch mehr Rechnung zu tragen?)

Soziale Faktoren spielen ebenfalls eine wichtige Rolle. Manchmal ist man besonders kreativ, wenn man unter Zeitdruck steht. Offenbar können in einer solchen Situation weitere Ressourcen des Gehirns angezapft werden; doch gilt dies nicht generell, denn manche geraten unter Zeitdruck in einen Angstzustand, so daß das Gehirn völlig verschlossen bleibt. Viele sind deshalb kreativ, weil sie andere zu beeindrucken suchen, die zu einer bestimmten Gruppe gehören wollen und die dadurch nach Sicherheit streben, und mancher ist kreativ, um seine Selbstständigkeit zu bewahren. Betrachtet man die zahlreichen Variablen, die individuelle Kreativität beeinflussen, so folgt daraus, daß jeder seine eigenen Randbedingungen kennen sollte, um seine kreativen Potentiale zu nutzen. Welches sind die Rituale, die man sich selbst geben muß, um kreativ zu sein, welche persönliche Zeitstruktur gilt für einen selbst, um das aus sich herauszuziehen, was in einem verborgen ist?

Wenn wir zur Kreativität geboren sind, dann muß jeder für sich entscheiden, in welchem Bereich er das kreative Potential entfalten möchte: Sind es die Künste, ist es die Wissenschaft? Möchte man sich in der Politik entfalten, in einem Handwerk, in der Erziehung, in der Religion? Glaubt man als Unternehmer, besonders kreativ zu sein? Entfaltet man seine Kreativität als Ingenieur, bei der Gartenarbeit, beim Kochen? Jeder Beruf bietet ein Potential für Kreativität. Welches jewels der inhaltliche Rahmen der persönlichen kreativen Entfaltung ist, kann jeder nur für sich selbst bestimmen. Manchmal bestimmt der Zufall, in welches Gebiet man gestoßen wird; doch das hieße nicht, auf diesem Gebiet nicht auch kreativ sein zu können.

Wie sollte oder wie könnte ein Ort der Kreativität gestaltet sein? Wir sind von Natur aus ortsverankerte Wesen. Wir brauchen für die Entfaltung unserer Möglichkeiten Sicherheit, und diese Sicherheit wird uns gegeben, wenn wir uns irgendwo heimisch fühlen. Da viele einen großen Teil der Zeit in einem Büro zubringen, muß dieser Ort als ein persönlicher Raum empfunden werden, mit dem ich mich identifiziere. Bezieht jemand einen neuen Arbeitsraum, sind es häufig sehr persönliche Dinge, die zuerst ausgebreitet werden. Ein Revier wird in Besitz genommen, und der Raum wird ein neuer Bezugspunkt, aus dem heraus man lebt und handelt. Wenn wir uns einen Raum zu eigen machen, nehmen wir eine egozentrische Perspektive ein (das hat nichts mit Egoismus zu tun), aus der heraus wir die Welt betrachten. Bei der exozentrischen Perspektive wird uns ein Ort wie auf einer Landkarte zugeteilt, mit dem wir uns aber nicht identifizieren können. Daraus folgt, daß der Verzicht auf das individuelle Büro keine angemessene Lösung ist, hat man die Förderung der Kreativität im Auge. Eine Strukturierung der Arbeit, in der man jeden Tag einen neuen Arbeitsplatz zugeordnet bekommen kann, geht von einem Menschenbild aus, in dem wir als beliebig instrumentalisierbar angesehen werden. Es geht um das Funktionieren, nicht um die Identifizierung (und manchmal auch die Faszination) des einzelnen mit seiner Arbeit. In solchen entpersönlichten Bürolandschaften können vielleicht Aufgaben abgearbeitet werden, aber sie sind kein Ort für neue Kreativitäten.

Der Verzicht auf den individuellen Ort läßt an eine weitere Prozeßeigenschaft des Gehirns denken, die uns alle kennzeichnet, nämlich das Reafferenzprinzip. Wenn immer wir etwas planen, wenn immer wir eine Aufgabe zu lösen haben, dann finden in unserem Gehirn zwei parallel laufende Vorgänge statt. Zum einen wird ein motorisches Programm in Gang gesetzt, die Aufgabe wird in Angriff genommen; zum anderen wird eine Kopie des exekutiven Programms gemacht, und diese Kopie wird laufend mit dem Status verglichen, in dem sich die Aufgabe gerade befindet. Diese neuronalen Prozesse dienen dem Selbst-Monitoring. Wir sind immer darüber informiert, wie weit wir sind. Diese Information ist aber eher ein implizites Wissen denn eine explizite Registrierung (das Gehirn arbeitet nicht mit dokumentierten »milestones«). Ich gehöre zu jenen (und ich bin nicht der einzige), bei denen dieses Selbst-Monitoring örtlich verankert ist. Es gibt zahlreiche intervenierende Variable, die meine Arbeit begleiten und die ich nicht explizit machen kann, die aber meine kreative Arbeit (sofern es dies bei mir gibt) notwendig begleiten. Ich spüre in meinem Büro in einer ganz anderen Weise, wie weit ich bei der Lösung eines Problems vorgedrungen bin, als wenn ich mich an einem beliebigen Ort aufhalte. (Es mag dennoch sein, daß ich hier eine Ausnahme bin; ich sehe häufig, wie intensiv andere im Flugzeug arbeiten können, was mir unmöglich ist; allerdings weiß ich nicht, wie kreativ die Arbeit der anderen ist.)

Um einen besseren Einblick in mögliche Kreativität zu erhalten, können wir uns an einigen Prinzipien der Evolution orientieren. Die Evolution des Lebens ist der kreativste Prozeß gewesen, der sich auf der Erde entfaltet hat. Was können wir aus der Evolution lernen, um von einer »evolutionären Kreativität« in einem Büro sprechen zu können? Die wichtigsten Prinzipien der Evolution sind Mutation, Variabilität der Merkmale und Selektion. Der zweite Punkt ist besonders wichtig, nämlich die Variabilität. Wenn vieles Verschiedene zusammenkommt, dann kann leichter etwas Neues in einem Selektionsprozeß entstehen. Durch Zufall (Mutation) können neue Konfigurationen entstehen und müssen dann nur aufgegriffen werden. Ein Raum muß also die Möglichkeit für Variabilität (»diversity«) geben. Welche Gestaltungsmerkmale können dabei eine Rolle spielen, und wie könnte die Arbeit zeitlich inszeniert werden?

Um mit dem letzten zu beginnen: Ich glaube, daß der »Kreativitätsstau« in unserer Gesellschaft (der für mich besteht) dann aufgelöst werden könnte, wenn die Büros in allen Institutionen täglich eine Stunde aus dem Kommunikationszwang aussteigen würden. Dies müßte natürlich überall dieselbe Stunde sein; mein Vorschlag: Jeder kann sich jeden Tag zwischen zehn und elf Uhr konzentrieren; keiner darf gestört werden. Ein Land ist still und denkt. Entscheidend ist, daß jeder das sichere Gefühl haben muß, nicht gestört zu werden, was nur bei einer allgemeinen Ritualisierung möglich wäre. Da eine solche Maßnahme für ein ganzes Land nicht durchzusetzen ist (warum eigentlich nicht?), sollte es wenigstens in Firmen oder einzelnen Institutionen versucht werden, alle für eine gewisse Zeit in Ruhe zu lassen, um der Kreativität eine Nische zu geben. (Bei den Universitäten könnte man einmal anfangen.)

Was sind weitere Bedingungen (und auch hier spielt Vertrauen eine wichtige Rolle)? Man arbeitet sehr viel effizienter, wenn die Arbeitszeit zeitlich segmentiert wird, wenn also in regelmäßigen Abständen (etwa alle eineinhalb Stunden) eine kleine Pause eingelegt wird. Aufgrund der tagesperiodischen Variation der physiologischen und psychologischen Funktionen sollte diese Pause nach dem Mittagessen etwas ausgedehnter sein, und ein kurzer Schlaf ist dann sehr erholsam. (Ich selbst benutze gerne eine Hängematte, die ich im Büro habe, was nicht jedem möglich ist; bekanntlich gibt es sinnreiche Konstruktionen von Büromöbeln, die es gestatten, die Beine angemessen hochzulegen und auch während der Arbeit selbst eine entlastende Position einzunehmen.) Zur zeitlichen Inszenierung kreativer Arbeit gehört auch die Regelmäßigkeit. Gleitzeitregelungen erlauben eine zeitlich flexible Gestaltung der Arbeitszeit; mir scheint eine individuelle Ritualisierung mit stabilen Zeiten sehr viel günstiger zu sein, da sie einen Rahmen vorgibt, auf den man sich verlassen kann und der einem auch ein verläßlicheres Monitoring der eigenen Leistung ermöglicht.

Was sind äußerliche Merkmale eines Raumes, die der Kreativität förderlich sind? Ich nenne hier einiges, das mir an Büroräumen vor allem von kreativen Menschen aufgefallen ist. Es mag verwunderlich scheinen, doch fällt mir als erstes der Ausblick ein. Ich muß aus dem Raum herausschauen können; mit dem Herausschauen wird eine Verbindung mit der Außenwelt hergestellt und aufrecht erhalten. Der Blick durch das Fenster ist also nicht (nur) dazu da, den Geist in die Ferne schweifen zu lassen, sondern den Geist im eigenen Raume zu verankern und um sicherzustellen, wo man in der Welt ist. (Ich muß gestehen, daß hierbei ein Blick in die Ferne sehr viel erfreulicher ist als der Blick auf eine Hauswand.) Dem Blick durch das Fenster entspricht der Blick auf Bilder. Ich kenne eigentlich keine Büroräume, in denen nicht Bilder an der Wand hängen, und diese Bilder haben nichts mit dem unmittelbaren Aufgabengebiet zu tun. Wird das Büro individuell ausgestattet, sind es fast immer Bilder, die einen privaten Bezug haben und damit den Raum in eine persönliche Umwelt formen. (In meinem Büro hängen gleichsam bildliche Kommentare zu meinem wissenschaftlichen Weg an der Wand, oder es lassen sich bildliche Assoziationen zu theoretischen Überlegungen herstellen.) Der Blick durch das Fenster und die Bilder an der Wand erhöhen die Diversität, und sie sind damit im Sinne einer evolutionären Kreativität wichtige Elemente für neue Bezüge und manchmal ungewöhnliche Einfälle.

Ein anderer Punkt: Die Diversität wird auch dadurch erhöht, daß nicht immer alles weggeräumt wird, mit dem man sich gerade befaßt. Ein leerer Schreibtisch mag Ausdruck von Ordnung sein, er ist aber manchmal auch Ausdruck mangelnder Flexibilität und einer gewissen Distanz zur eigenen Arbeit; man will es aus dem Weg haben. Wenn man die Dinge, mit denen man zu tun hat (und meistens hat man mit mehreren Aufgaben gleichzeitig zu tun), vor Augen behält, kann man die Arbeit nach einer Unterbrechung leichter wieder aufnehmen. Es ist eine Fährte, die schon gelegt ist und die nicht erst wieder neu gesucht werden muß. Hier wirkt sich auch wieder die Ortsgebundenheit des Denkens aus: Bestimmte Vorgänge müssen immer an derselben Stelle im Büro ausgebreitet sein. Ich kenne eine Schriftstellerin, die an verschiedenen Texten arbeitet, und jeder Text hat seinen eigenen Schreibtisch, weil sonst der Faden der Kreativität in den einzelnen Vorhaben abreißen würde.

Diese Beschreibung legt nahe, daß der gute Büroraum, der dem menschlichen Maß entspricht, ein individueller Kosmos ist, in dem sich nach evolutionären Prinzipien Kreativität entfalten kann. Kann man einen solchen Raum eigentlich mit anderen teilen? Dies ist nach meiner Auffassung nur dann möglich, wenn bestimmte Regeln eingehalten werden. Für das technische Abarbeiten von Aufgaben mag es sogar gut sein, wenn mehrere zusammenarbeiten, aber auch dann muß es individuelle Sphären geben. Im Hinblick auf die Kreativität ist das Teilen eines Raumes eine besondere Herausforderung, und alles hängt ab vom sozialen Zusammenspiel der Partner. Zu große persönliche Distanz lähmt, aber zu große persönliche Nähe kann auch lähmen; wenn außer der Arbeitswelt andere (z. B. persönliche) Interessen geteilt werden, kann es in der Kommunikation unvorhersehbar zu einem Rollenwechsel kommen, der für die gemeinsame aufgabenbezogene Konzentration störend ist. Wenn die Beteiligten ein gemeinsames Ziel verfolgen, und nur dies ihr Thema ist, und wenn soziale Rituale eingehalten werden, sich also auch in Ruhe zu lassen, dann mag ein Teilen möglich sein. Ganz anders stellt sich das Problem für Großraumbüros, die auf Grund der Größe wieder individuelle Zonen ermöglichen.

Wo sollten Büros eigentlich liegen? Schon wenn man in ein anderes Stockwerk gehen muß, um mit jemandem einen Fall zu erörtern, bindet die Kreativität ein. Man denkt und handelt in der Ebene, und dabei spielt der Türrahmen eine wichtige Rolle. Wie viele gute Gespräche finden im Türrahmen statt; man hat etwas gesagt, und im Hinausgehen fällt einem noch etwas ein (ein bekanntes Phänomen für den Arzt, daß der Patient das Wichtigste beim Hinausgehen sagt). Der Türrahmen ist in gewisser Weise auch ein Symbol: Wenn man kreativ gewesen ist, dann muß es mitgeteilt werden, dann muß man durch die Tür gehen und es anderen sagen. Wirkliche Kreativität kann nicht eingeschlossen bleiben; sie will mitgeteilt werden.

Manchmal wird Kreativität mit Innovation verwechselt. Kreativität ist eine persönliche Angelegenheit; das einmalig Neue kann immer nur einem Gehirn entspringen. Auch wenn man in einer Gruppe zusammensitzt, in einem »Think tank«, dann mag die Gruppe die Bedingung dafür sein, daß jemandem etwas einfällt, aber es fällt immer einem *einzelnen* ein. Eine Innovation ist dagegen ein soziales Geschehen; ein kreativer Gedanke kann noch so genial sein, doch muß er erst von anderen aufgenommen werden, damit daraus eine Innovation werden kann. Hier gelten dann andere Gesetze, insbesondere Marktgesetze, wenn es um neue Produkte oder Dienstleistungen geht. Doch der soziale Rahmen gilt auch für die Kreativität in den Künsten oder der Wissenschaft. Solange andere die Bedeutung eines künstlerischen Werkes, einer wissenschaftlichen Einsicht oder einer technologischen Entwicklung nicht erkannt haben, hat Kreativität noch nicht einen Rahmen gefunden, in dem sich eine Innovation verwirklichen läßt, die zur Wertschöpfung für die Gemeinschaft führt. Dies ist gerade das Problem sozialer Gemeinschaften, daß die Brücke zwischen Kreativität und Innovation nicht existiert; ich vermute, daß in Schubladen von Forschern Schätze schlummern, die zu Innovationen und damit zur Wertschöpfung taugen, doch die nicht genutzt werden, weil man nicht weiß, wie man sie findet. (Dies ist mehr als eine Vermutung: Der Unternehmer Jochen Tschunke und ich haben einmal in einer wissenschaftlichen Institution, die sich auf Grundlagenforschung konzentrierte, mit dem unternehmerischen Blick analysieren lassen, welche Erkenntnisse von Forschern nicht nur kreative Leistungen sind, sondern sich auch für Innovationen auf dem Markt eignen könnten; es stellte sich heraus, daß viele Forschungsergebnisse recht »marktnah« waren, ohne daß die Forscher dies selber ahnten. Wie sollten sie es auch? Forscher sind anders geprägt, wenn sie in der Grundlagenforschung tätig sind, und sie denken zunächst nicht, und sie sollten dies auch nicht tun, an den Markt. Allerdings sollten sie bereit sein, daß man in ihre Schubladen schaut; wie Pfadfinder sollte man diese dann durchstöbern, um kreative Leistungen zu identifizieren, die sich für Innovationen eignen könnten, an deren Früchten die Forscher dann auch beteiligt sein müßten. Im Grunde ist es ganz einfach: Nachdem ein Forscher sein Labor verlassen hat, nachdem er sich vor dem Abendessen oder danach in einen anderen Rahmen begeben hat, könnte er sich ein paar Minuten lang fragen, was seine Arbeit eigentlich für andere bedeuten könnte, ob es Anwendungen gibt, die andere interessieren könnten. Natürlich würde diese Selbstbefragung eine gewisse Aufgeschlossenheit für die Welt der anderen voraussetzen.)

32 Suche (Sucht) nach Ordnung

Das Wesen der Dinge versteckt sich gern.   Heraklit

Homo, Naturae minister et interpres, tantum facit et intelligit quantum de Naturae ordine re vel mente observaverit, nec amplius scit aut potest. –
Der Mensch, Diener und Erklärer der Natur, schafft und begreift nur so viel, als er von der Ordnung der Natur durch die Sache oder den Geist beobachten kann; mehr weiß oder vermag er nicht.   Francis Bacon

Vornehmstes Ziel aller Theorie ist, jene irreduziblen Grundelemente so einfach und so wenig zahlreich als möglich zu machen, ohne auf die zutreffende Darstellung irgendwelcher Erfahrungsinhalte verzichten zu müssen.   Albert Einstein

An sich ist nichts gleich oder ungleich, ähnlich oder unähnlich – das Denken macht es erst dazu.
    Ernst Cassirer

Wann immer wir glauben, die Lösung eines Problems gefunden zu haben, sollten wir unsere Lösung nicht verteidigen, sondern mit allen Mitteln versuchen, sie selbst umzustoßen.   Karl Popper

Die Seele jeder Ordnung ist ein großer Papierkorb.
    Kurt Tucholsky

Das Merkmal einer reifen Wissenschaft ist, daß sie durch eine Klassifikation oder eine Taxonomie jener Phänomene gekennzeichnet ist, die in ihr behandelt werden. Chemie oder Biologie wurden erst dann zu wirklichen Wissenschaften, als Taxonomien verfügbar waren, die Ordnung in die Vielfalt der Phänomene brachten, wie das Periodensystem der chemischen Elemente durch Dimitri Mendelejew oder die Taxonomie des Lebendigen durch Carl von Linné, die durch Charles Darwin in einen evolutionären Rahmen gestellt wurde. Solange eine Taxonomie fehlt, kann man von einer Wissenschaft eigentlich noch gar nicht sprechen. Insofern gibt es, wenn man strenge Maßstäbe anlegt, keine Neurowissenschaften, keine Psychologie, keine Kognitionsforschung als Wissenschaften, denn es gibt in diesen Forschungsbereichen keine verbindlichen Klassifikationen wie in anderen Wissenschaften. Wir beschäftigen uns mit interessanten Details (und die machen nicht nur mir Spaß), und manchmal sind es auch nicht so interessante Details, doch eine verläßliche Basis wie in den genannten Nachbardisziplinen (von der Physik ganz zu schweigen) haben wir nicht.

Wie könnte man zu einer Klassifikation oder einer Taxonomie kommen? (Wobei mit dieser Frage bereits unterstellt wird, als müsse es nur *eine* Taxonomie der Phänomene geben; vielleicht handelt es sich in unserem Tätigkeitsbereich, in dem es um Funktionen des Gehirns, um beobachtbares Verhalten und um die verschiedenen Weisen des Erlebens geht, nicht um einen Bereich, der durch *eine* Taxonomie beschrieben werden könnte; auf der Suche nach Ordnung ist dies ein erster Stein des Stolperns, daß es sich nämlich bei all dem, womit wir uns beschäftigen, vielleicht um mehrere voneinander unabhängige Bereiche handeln könnte und daß diese Sucht nach Ordnung auf einen falschen Weg führen könnte, versuchte man *ein* umfassendes Konzept zu entwickeln). Wie soll man also vorgehen, und wo könnte man etwas für die Entwicklung einer oder mehrerer Taxonomien lernen?

Vielleicht helfen Bibliotheken, oder vielleicht helfen auch Auktionen wie Ebay (eine ungewöhnliche Zusammenstellung). Wie sind Bibliotheken organisiert? Manchmal alphabetisch, nach Sachgebieten eingeteilt, doch wo kommen eigentlich die Sachgebiete her? Man kann in der häuslichen Bibliothek Bücher auch nach der Größe oder nach der Farbe aufstellen. Manchmal genügen äußerliche Merkmale zur Befriedigung der Ordnungssucht, und ein Bücherschrank zu Hause wird als ein persönliches Kunstwerk inszeniert, wobei es um den Blick auf das Ganze geht, weniger um die Elemente als um die Bücher, die auf den Regalen stehen; diese sind nur hinsichtlich ihres Aussehens interessant. Es gibt auch *keine* Ordnung, wenn eine Bibliothek mit den jeweils neuen Interessen wächst oder sich verändert; dies ist bei mir der Fall, wobei es dann schwierig ist, etwas wieder zu finden, was sich auf einem früheren Interessenstapel befindet. Durch den Gebrauch werden Bücher herausgenommen, und es entstehen neue Bücherhaufen, die jeweils ein augenblickliches Gebiet einer Beschäftigung repräsentieren. Vielleicht ist in unserem Gehirn Wissen auch auf diese Weise gespeichert, nämlich ein bißchen nach äußerlichen Merkmalen wie dem Alphabet, ein bißchen nach Sachgebieten, ein bißchen nach der augenblicklichen Beschäftigung, also nach gegenwärtigen Bedürfnissen. Diese unübersichtliche Situation ist nicht gerade ermutigend, um aus unklaren Prinzipien der Ordnung ein Prinzip für eine Taxonomie abzuleiten.

Doch ein weiteres Vielleicht, das der Suche einer Ordnung und der Formulierung einer Taxonomie ein frühes Ende setzen könnte, wäre dieses: Ist nicht womöglich die Welt der Bedürfnisse, wie sie sich in den Auktionen der Ebay-Welt darstellt, ein gutes Abbild einer Taxonomie? Hier zeigt sich, was wir zum Handel anbieten und was wir erwerben wollen, also welche Bedürfnisse wir haben. Letzten Endes geht es immer um unsere Bedürfnisse, und alle Funktionen, die sich im Laufe der Evolution entwickelt haben, dienen der Befriedigung von Bedürfnissen. Warum also suchen? Der Markt hat die Frage nach der besten Taxonomie schon beantwortet, wobei Ebay nur *ein* Ausdruck dieses Marktes ist, allerdings für die Entwicklung einer Taxonomie ähnlich wie die Kataloge großer Versandhäuser ein recht übersichtlicher Ausdruck (ich vermute, daß dieser Aspekt bei der Entwicklung einer modernen Form von Auktionen oder der Aufbereitung von Katalogen in Versandhäusern nicht mitbedacht wurde, daß damit ganz nebenbei eine grundsätzliche wissenschaftliche Frage beantwortet wurde). Vielleicht sollten wir Forscher also einfach darauf verzichten, nach weiteren Taxonomien zu suchen, weil der Markt für uns schon das gefunden hat, was wir mühsam suchen.

Doch dann wird man vom Ehrgeiz gepackt und sucht nach anderen Ansätzen (und vielleicht hat man am Ende Glück, und die verschiedenen Ansätze bei der Suche nach Taxonomien oder der *einen* Taxonomie konvergieren). Eine mögliche Taxonomie ergibt sich aus der Klassifikation von Funktionen (Abb. 10). Diese Klassifikation ist biologisch begründet, und in ihr wird zwischen zwei Funktionsbereichen unterschieden, nämlich den inhaltlichen Funktionen (oder auch *Was-Funktionen*), die unsere Wahrnehmungen, Erinnerungen, Gefühle und Handlungsabsichten umfassen, und den logistischen Funktionen (oder auch *Wie-Funktionen*), die ermöglichen, daß Inhalte des Bewußtseins überhaupt bereitgestellt werden, nämlich neuronale Prozesse der Aktivation, der Aufmerksamkeit und der zeitlichen Organisation der räumlich und auch zeitlich verteilten Vorgänge im Gehirn. Der wesentliche Aspekt dieses Ansatzes ist, zwischen *Was-* und *Wie*-Funktionen zu unterscheiden, und die Stärke dieses Ansatzes liegt darin, daß er empirisch begründbar ist; jede der genannten Funktionen kann in selektiver Weise verlorengehen; durch den selektiven Verlust liefern die Funktionen einen Existenzbeweis ihrer selbst; nur das kann verlorengehen, was es auch gibt.

Einem solchen biologischen Ansatz für die Entwicklung einer Taxonomie steht ein physikalischer Ansatz entgegen, wie er vor allem ab Mitte des neunzehnten Jahrhunderts entwickelt wurde (vielleicht ergänzen sich der biologische und der physikalische Ansatz aber auch). Im Rahmen der Psychophysik, die mit Gustav Theodor Fechner begann, fragt man, wie sich physikalisch beschreibbare Phänomene in der subjektiven Erfahrung repräsentieren. Man geht also von physikalischen Sachverhalten aus, und man fragt, welches die Regeln der Transformation sind, die das Subjektive mit dem Objektiven verbinden. Eine solche Taxonomie ist dann eigentlich eine physikalische Taxonomie, die davon abhängig ist, wie wir die Welt um uns mit physikalischen Gesetzen erfassen. Die psychophysischen Gesetze wie das Potenzgesetz (Abb. 46) erlauben Aussagen über die Intensität von Erfahrungen. Dieses Potenzgesetz ist eines der wenigen mathematischen Gesetze in der Psychologie, dessen Einfachheit und Aussagekraft bemerkenswert ist. Wenn man irgeneinen Bereich unserer Erfahrung heranzieht, innerhalb dessen wir ein Erlebnis hinsichtlich verschiedener Intensitäten beurteilen können (etwas kann heller, schwerer, lauter, schmerzhafter sein), dann kann die Beziehung zwischen Reizintensität und der Intensität der subjektiven Erfahrung mathematisch ausgedrückt werden, wobei sich alle Erfahrungsbereiche nur durch

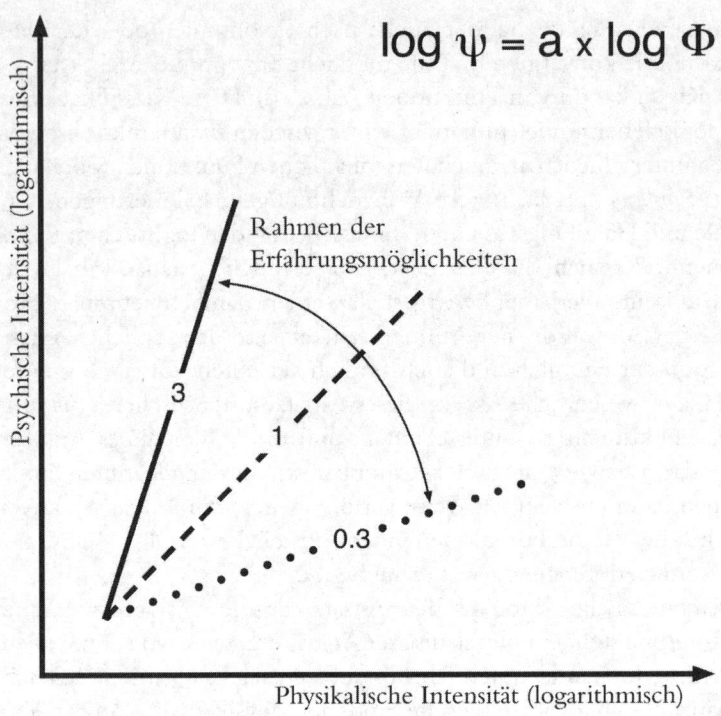

Abb. 46 Potenzgesetz der Psychophysik, doppel-logarithmisch dargestellt. Alle Erfahrungen, bei denen Intensitätsunterschiede im Erleben möglich sind, lassen sich offenbar durch dieses einfache mathematische Gesetz erfassen. Einen Unterschied gibt es nur in der Steigung der Geraden, die die Beziehung der physikalischen Intensität und der psychischen Intensität beschreibt.

einen Faktor unterscheiden (nämlich den Faktor a in der Gleichung in Abb. 46). Beim Schmerzerleben steigt die Gerade steil an; der Faktor a liegt bei 3; bei der Beurteilung von Helligkeiten steigt die Gerade sehr viel flacher an; der Faktor a liegt bei 0.3; alle anderen Erfahrungsmöglichkeiten liegen zwischen diesen beiden Faktoren. Es gehört zu einem der erstaunlichsten Phänomene in der Forschung über den Menschen, mit welch einfachem mathematischem Gesetz die Fülle unserer Erfahrung mathematisch beschrieben werden kann. Doch ist es wirklich die ganze Fülle? Dies eben leider nicht, denn es müssen immer schon die Kategorien vorgegeben werden, innerhalb derer eine Abschätzung der Intensität des Erlebens möglich ist, und diese Kategorien finden wir in der physikalischen Beschreibung der Welt. Auf diesen Sachverhalt hat schon der wichtigste Vertreter der modernen Psychophysik, nämlich Stanley Smith Stevens, hingewiesen, dem wir auch die Formel des Potenzgesetzes verdanken. Er betonte, daß es in unserem Erleben zwei kategorial verschiedene Bereiche gibt, nämlich solche, in denen wir etwas als unterschiedlich intensiv erfahren können (S. S. Stevens nannte sie prothetische Kontinua), und solche, die sich durch die Qualität des Erlebens unterscheiden (in der Wortwahl von S. S. Stevens sind dies metathetische Kontinua), wie die verschiedenen Farben oder die unterschiedlichen Gefühle. Die verschiedenen Qualitäten der Erfahrung werden durch die physikalische Beschreibung der Welt vorgegeben (und dieses erfolgt im Rahmen der klassischen Physik), und insofern entgeht einer Taxonomie, die sich an der Psychophysik orientiert, alles das, was nicht Thema der Physik ist; Gefühle können unterschiedlich intensiv sein, aber die Tatsache, daß es Gefühle gibt, wird von einer physikalischen Theorie nicht vorgegeben.

Bewertungen von Situationen, in denen Gefühle beteiligt sind, spielen dagegen in der Verhaltensforschung eine wesentliche Rolle. Könnte man eine Taxonomie aus den Beobachtungen der Ethologie ableiten, wie sie von Konrad Lorenz und Nikolaas Tinbergen vertreten wurde, oder speziell aus der Humanethologie, wie sie Irenäus Eibl-Eibesfeldt entwickelt hat? Wenn man Lebewesen genau beobachtet, wenn man ein Ethogramm erstellt, das alle Lebensregungen erfaßt, dann müßte es möglich sein, eine umfassende Landkarte der Bedürfnisse, der emotionalen Bewertungen oder der einzelnen Wahrnehmungsvorgänge zu erstellen. Man erfaßt dabei die Schlüsselreize, die immer wieder gleiche Verhaltensmuster und wohl auch gleiche Erlebniskategorien auslösen. Ein einfaches Beispiel, wie man in der Ethologie vorgeht, ist in Abb. 47 gezeigt. Wenn man eine Attrappe mit der gezeigten Form in Richtung des kurzen Halses über ein Gehege von Hühnern zieht, dann werden diese hochgradig alarmiert; wenn man es in Richtung des langen Halses zieht, dann geschieht gar nichts. Im ersten Fall sieht die Attrappe wie ein Raubvogel aus, im zweiten wie eine Gans, die für die Hühner ungefährlich ist. Mit dem ethologischen Programm auf der Suche nach einer Taxonomie werden jene zahlreichen Programme identifiziert, die in den Lebewesen, und so auch in uns, schlummern und die in bestimmten Reizsituationen

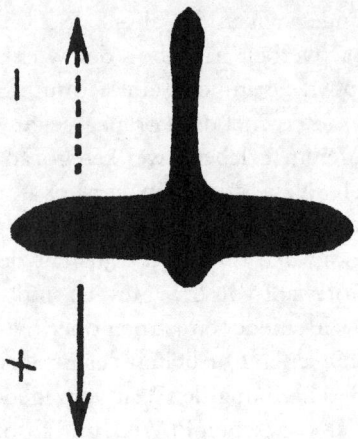

Abb. 47 Ein angeborener auslösender Mechanismus (AAM) ist dafür verantwortlich, daß die Richtung der Bewegung dieses Schlüsselreizes zu unterschiedlichen Reaktionen führt. In Richtung des kurzen Halses bewegt, sieht die Vogelattrappe wie ein Raubvogel aus; in Richtung des langen Halses scheint eine Gans vorbeizufliegen; nur in Richtung des kurzen Halses bewegt, kommt es zu Schreckreaktionen.

aktiviert werden (mir ist nicht bekannt, ob diese Vogelattrappe auch bei Menschen wirkt? Erschreckt ein kleines Kind, das noch keine Erfahrung mit verschiedenen Vogelarten hat, wenn ein Raubvogel vorbeizieht? Und bleibt es ruhig, wenn eine Gans vorüberfliegt?).

Kann man mit dem ethologischen Programm *alles* erfassen, was in einer Taxonomie beschrieben werden müßte? Dies mag im Prinzip möglich sein, doch nicht in Wirklichkeit, denn einen vollständigen Katalog menschlichen Verhaltens aufzustellen, der alles das erfaßt, was uns genetisch mitgegeben ist, und alles das berücksichtigt, was wir tatsächlich lernen und auch lernen können, das ist unmöglich. Das ethologische Programm (wenn man es ernsthaft betrieben hätte, was aber leider aufgrund einer gewissen Kurzsichtigkeit bei der Bewertung des wissenschaftlichen Wertes eines solchen Programmes verpaßt wurde) hätte eine umfassendere Datenbasis für menschliche Verhaltensoptionen erstellen können. Durch das Absterben der Steinzeitkulturen, die auch als Kulturexperimente der Menschheit angesehen und hinsichtlich verschiedener oder ähnlicher Verhaltensformen untersucht werden können, geht uns eine Datenbasis über uns selbst verloren, und so wird das Wissen darüber, wie sich menschliches Verhalten in den unterschiedlichsten Bedingungen entfalten und an verschiedene Umwelten anpassen kann, für immer eingeschränkt bleiben.

Ein anderer Ansatz für die Entwicklung einer Taxonomie könnte sich aus der Persönlichkeitsforschung herleiten. Man kann sich an Typologien orientieren, wie sie etwa von Ernst Kretschmer entwickelt wurden, der solche Typen wie Pykniker, Leptosome und Athletiker unterscheidet, denen jeweils besondere psychische Merkmale zukommen. Eine solche Taxonomie hätte den Reiz, Körperliches mit Seelischem zu verbinden. Oder man verzichtet auf den Bezug zum Körper (wozu man in der modernen Forschung eher geneigt ist) und nutzt Befunde, die sich aus Untersuchungen über die Struktur der Persönlichkeit herleiten; man hat nämlich festgestellt, daß wir alle in einen fünfdimensionalen Raum von Eigenschaften eingeordnet werden können, nämlich hinsichtlich der emotionalen Stabilität, der Extraversion, der Offenheit, des Fleißes und der Friedfertigkeit. Jeder hat eine individuelle Ausprägung innerhalb jeder der fünf Dimensionen, so daß wir trotz der geringen Zahl der Dimensionen dennoch absolute Individualität sicherstellen können, auch wenn sich manche natürlich ähnlicher sind als andere. Ist aber eine solche Klassifizierung nach Persönlichkeitsmerkmalen eine sichere oder sogar notwendige Basis für eine Taxonomie? Wie ich bin, welche Charaktermerkmale mich auszeichnen, mögen einen Rahmen des Erlebens vorgeben, doch damit werden psychische Phänomene selbst nicht erfaßt. Ein solcher Rahmen für die Einteilung der Persönlichkeit wurde in anderer Weise von Sigmund Freud entwickelt (Abb. 48). Es ist zum Alltagswissen geworden, daß wir zwischen dem Ich, dem Es und dem Über-Ich unterscheiden; doch beziehen sich die verschiedenen Instanzen einer Persönlichkeit wiederum nicht auf die psychischen Phänomene selbst, sondern geben allenfalls eine Tönung vor, wie wir etwas wahrnehmen oder bedenken, was wir erinnern, welche Gefühle uns bestimmen oder was uns im Handeln antreibt.

Warum gibt es so viele verschiedene Versuche, Ordnung herzustellen? Offenbar treibt jeden, der sich mit dem Seelenleben, mit dem Verhalten, mit Erlebnissen und Erfahrungen, mit neuronalen Algorithmen befaßt, den Ehrgeiz, Ordnung zu schaffen; ich habe allerdings nicht den Eindruck, als ließen sich die verschiedenen Versuche, Ordnung zu stiften, aufeinander abbilden. Jeder scheint auf der Suche nach einer eigenen Ordnung zu sein (so auch ich). Die Tatsache, daß

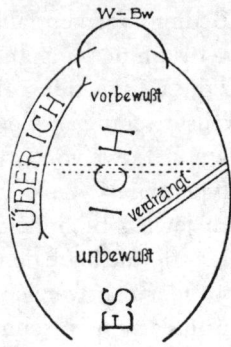

Abb. 48 Topographisches Persönlichkeitsmodell von Sigmund Freud.

es so viele Versuche gibt, bedeutet einerseits, daß es eine verbindliche Taxonomie nicht gibt, andererseits, daß man sie gerne hätte.

Im Herbst 2005 besuchte ich auf Empfehlung von Susanne Piccone eine Galerie in Tokio, um Bilder der japanischen Künstlerin Toko Shinoda anzuschauen (und wenn erschwinglich, etwas zu kaufen). Mir war vorher nicht bekannt, daß es sich hier um eine bedeutende Künstlerin handelte, deren Werk sogar im japanischen Kaiserpalast vertreten ist. Ich schaute mit Eva Ruhnau zusammen mehrere Bilder an und blieb plötzlich mit einem Schreck (anders kann ich es nicht bezeichnen) an einem Bild hängen, das nach meinem Eindruck völlig aus dem Rahmen ihres sonstigen Werkes fiel (Abb. 49). Da quält sich ein Hirnforscher auf einem anderen Kontinent ab, eine Taxonomie für das menschliche Erleben zu entwickeln, und dann liegt plötzlich ein Bild vor ihm, das seine Überlegungen bildlich besser zum Ausdruck bringt, als er es formulieren könnte.

Abb. 49 Ein Bild der japanischen Künstlerin Toko Shinoda, das als Ausdruck einer Taxonomie von Funktionen interpretiert werden kann. Eine senkrechte Achse, die durch das Bild gelegt werden kann, symbolisiert »Gewißheit« (oben) oder »Ungewißheit« (unten); eine waagerechte Achse symbolisiert »Ich-Nähe« (rechts) oder »Ich-Ferne« (links). Die derart bestimmbaren Quadranten beschreiben dann vier Bereiche: links oben die Welt der Wissenschaften mit der Tendenz zur Helligkeit und Klarheit, durch die jedoch ein Riß hindurchgeht; links unten der Bereich des Unbekannten und Ungewissen; rechts unten die Welt der anderen, zu denen eine Ich-Nähe besteht, die einem jedoch ungewiß bleiben; rechts oben das Selbst, denn man ist sich selber nah, und man ist sich auch seiner selbst gewiß (Weiteres im Text).

Wie konnte es zu diesem Schreck kommen? Ich versuche Ordnung in das psychische Geschehen zu bekommen, indem ich von zwei Grunddimensionen des Erlebens ausgehe, und diese Grunddimensionen lassen sich in einem einfachen Koordinatensystem darstellen; auf eine überraschende Weise entspricht das Bild von Toko Shinoda diesem System, das ich mir zurechtgelegt habe. Es werden zwei Hauptachsen unterschieden, nämlich eine Achse der Gewißheit und eine Achse der individuellen Nähe; diese beiden Achsen stehen senkrecht zueinander, und man kann auf diese Weise vier Quadranten konstruieren: Rechts oben den Quadranten der Ich-Nähe und der Gewißheit; links oben den Quadranten der Ich-Ferne und der Gewißheit; rechts unten den Quadranten der Ich-Nähe und der Ungewißheit; schließlich links unten den Quadranten der Ich-Ferne und der Ungewißheit.

In diesem Koordinatensystem sind alle menschlichen Erfahrungsbereiche auf eine vielleicht ungewöhnliche Weise lokalisiert. Die Grundüberlegung ist, daß es uns immer um zwei Dinge geht, nämlich um Gewißheit und um Nähe. Mit Gewißheit sind eher die rationalen Prozesse angesprochen, aber nicht nur; mit Nähe beziehe ich mich eher auf die emotionalen Prozesse, aber nicht nur. Der erste Quadrant, gekennzeichnet durch hohe Gewißheit und große Ich-Nähe, bezieht sich auf mich selbst, denn ich gehe davon aus, daß ich mir meiner gewiß bin und daß ich Nähe zu mir selbst habe; indem ich dies sage, stelle ich fest, daß dies eben nicht immer der Fall ist, denn manchmal bin ich mir fremd, und mir gebricht es oft an der gewünschten Gewißheit. Der erste Quadrant bezieht sich also nicht nur auf die Wirklichkeit, sondern auch auf die Möglichkeit, die sich in dem Wunsch nach Gewißheit und Nähe zu mir selbst äußert. Der zweite Quadrant (links oben) ist gekennzeichnet durch hohe Gewißheit, aber durch Ich-Ferne; er bezieht sich auf das Wissen, das wir haben können, insgesamt also auf die Wissenschaften. Auch hier ist wieder Wirklichkeit und Möglichkeit eingeschlossen; wir haben den Anspruch nach Gewißheit und suchen durch Forschung unser explizites Wissen zu erweitern. Der dritte Quadrant (links unten) ist bestimmt durch Ungewißheit und Ich-Ferne, er bezeichnet das Unbekannte, das Unbestimmte, das Fremde, das Nicht-Gewußte, das Rätselhafte, das Apeiron, wie es der griechische Philosoph Anaximander bezeichnet hat. Der vierte Quadrant (rechts unten) ist gekennzeichnet durch Ich-Nähe und Ungewißheit; er bezieht sich auf die anderen. Sie sind mir nah, oder ich wünsche mir ihre Nähe, doch bleiben sie mir immer ungewiß. Es mag zwar Augenblicke einer Gewißheit geben, doch diese können schnell vergehen. Auch hier gilt das doppelte Prinzip, nämlich das der Wirklichkeit und das der Möglichkeit. Ich gehe davon aus, daß dies ein Lebensprinzip ist, nämlich aus dem Möglichen Wirkliches werden zu lassen, und daß dies unsere Grundmotivation und damit auch unsere Hoffnung ist.

Doch das Wichtigste: Die vier Bereiche bilden eine Gestalt; es ist ein Bild, das Gewißheit und Nähe zusammenbindet und somit deutlich macht, daß in dieser Taxonomie eine innere Verbindung zwischen den Bereichen besteht. Wie immer eine Taxonomie menschlichen Erlebens gestaltet sein mag, so muß sie berücksichtigen, daß alles, was uns bewegen kann, voneinander abhängig ist. Das Ausgedrückte, das, was erscheint (ein Gefühl, eine Wahrnehmung, eine Erinnerung), mag als unabhängig gedacht werden, doch die Mechanismen dafür, daß es ausgedrückt werden kann, sind gekennzeichnet durch innere Verflechtungen, die Abhängigkeiten bedingen: Ich kann mich nicht ohne die anderen denken; Erkenntnisse sind für mich ohne die anderen und ohne Abgrenzung zum Unbekannten nicht vorstellbar.

Es ist wohl unbestreitbar, daß die Künstlerin Toko Shinoda an etwas ganz anderes gedacht hat, als sie dieses Bild gestaltete, sofern sie überhaupt an etwas Bestimmtes gedacht hat; ich will gar nicht unterstellen, daß dieses Bild das bedeutet, was ich darin sehe. Es ist aber auffällig, und dies begegnet mir immer wieder, daß etwas eine Bedeutung bekommt, die vermutlich nicht beabsichtigt war, wenn ich mich mit etwas beschäftige. Beobachtungen führen zu einem Bedeutungswandel des Beobachteten, wenn sie in einen anderen Rahmen gestellt werden. Muß ich mich bei diesem Spiel der Gedanken zurückhalten, weil ich dem Eigentlichen des künstlerischen Werkes nicht gerecht werde, oder ist es mir gestattet, einen solchen Bedeutungswandel zuzulassen? Wer bestimmt den jeweils richtigen Rahmen der möglichen Bedeutung eines Kunstwerks oder auch eines alltäglichen Gegenstandes? Wenn ich jetzt aus dem Fenster schaue und den Lindenbaum betrachte (was ich gerade getan habe), dann finde ich es viel interessanter, von diesem Bild des Baumes auszugehen und verschiedene Rahmen der Bedeutung für dieses Bild zu erdenken (ein Ort für die Krähen, der Wechsel der Jahreszeiten, von Efeu durchwachsen, Schat-

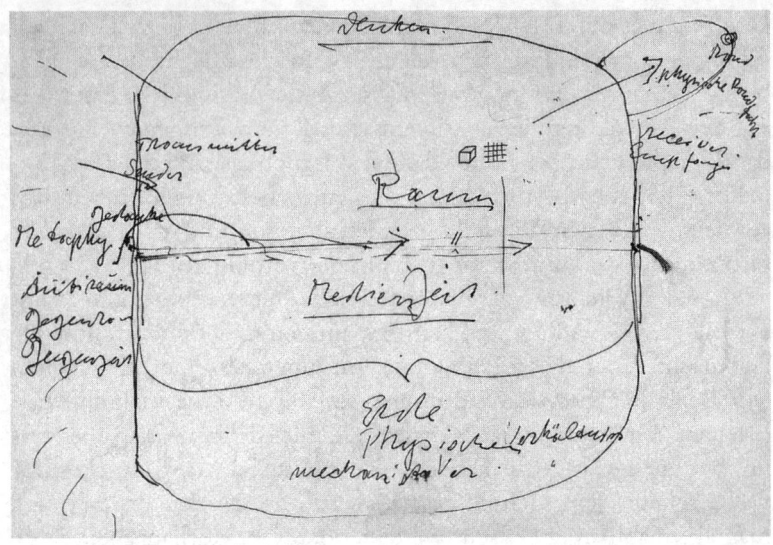

Abb. 50 Zeichnung des Künstlers Joseph Beuys, die als ein taxonomischer Versuch der Weltbewältigung gedeutet werden kann (Details im Text).

ten im Sommer, Lindenblütentee, Gedichte), als nur auf diesen Baum zu schauen (gleichsam blind zu glotzen), ohne mir dabei etwas Weiteres zu denken.

Bei der Suche nach einer gültigen Taxonomie bin ich natürlich nicht allein; doch wo findet man andere, die sich auch darum bemühen? Eher selten in der Forschung. Häufig sind es Künstler, die etwas vorwegnehmen, was wir Forscher dann nacharbeiten. Ich sehe im künstlerischen Werk von Joseph Beuys diesen Versuch verwirklicht, sich in der Welt zu verorten, der lange vor meinen eigenen Bemühungen verwirklicht wurde (Abb. 50). Joseph Beuys bezieht sich auf Zeitliches, auf Räumliches, auf die physische und die geistige Welt. Können wir eine Taxonomie schaffen, können wir uns verorten (so lese ich dieses Bild), wenn wir genauer in das Denken hineindenken oder wenn wir den Rahmen der Welt um uns betrachten oder wenn wir kommunikativ mit anderen in Bezug treten oder wenn wir von der Zeitlichkeit unserer Existenz ausgehen?

Kann man überhaupt in einer Wissenschaft, die naturwissenschaftlich begründet ist und die auch geisteswissenschaftlich und sozialwissenschaftlich begründet ist, eine geschlossene Taxonomie entwickeln?

Eine kurze Bestandaufnahme, um festzuhalten, was es bei einer Suche nach Ordnung zu berücksichtigen gilt: zunächst einmal die Sucht nach Ordnung selbst; offenbar brauchen wir Orientierung. Wenn wir auf die Inhalte einer möglichen Taxonomie schauen, dann sehen wir eine Landkarte der Bedürfnisse, wie sie vielleicht Märkte auf der praktischen Ebene schon verwirklicht haben; dann lassen sich inhaltliche und logistische Funktionen unseres Erlebens unterscheiden; dann finden sich Entsprechungen zwischen physikalischen Ereignissen und subjektiven Erfahrungen; dann entdecken wir in der Evolution gewordene Programme, die das Verhalten und Erleben bestimmen; dann werden wir auf Modelle gestoßen, in denen die Struktur einer Persönlichkeit beschrieben wird; dann bietet sich ein Koordinatensystem an, in dem die Grunderfahrungen von Gewißheit und Nähe einen Rahmen vorgeben. Aber damit ist die materiale Basis für eine Taxonomie noch nicht erschöpft; es fehlt der Katalog der Emotionen, die alle Menschen in sich tragen; es fehlt die Einpassung unseres Erlebens durch Prägungen in gegebene soziale Umwelten; es fehlen die verschiedenen Formen des Wissens, also das explizite, das implizite und das bildliche Wissen; es fehlen die verschiedenen Formen des Lernens, aus denen Wissen aufgebaut wird; es fehlt die Hierarchie kognitiver Prozesse, in der von einer kategorialen Bestimmung von Inhalten des Bewußtseins über einen Vergleich dieser Kategorien, über eine Entscheidung zwischen Kategorien zu vollzogenen Handlungen vorangeschritten wird; es fehlen die Operationen des logischen Denkens; und es fehlen vor allem jene impliziten Prozesse, die sich einer expliziten Repräsentation entziehen; es fehlt also, und es fehlt. Gibt es aber dennoch eines, das in allen Bemühungen auf dem Wege zu einer Taxonomie enthalten ist und das als ein gemeinsamer Nenner nützlich wäre?

Diesen Nenner gibt es (so scheint mir), nämlich die Komplementarität als generatives Prinzip; dieser Gedanke ist nicht einmal etwas Neues, sondern wurde schon zu Beginn unserer Geistesgeschichte entdeckt. Es war Heraklit, der über Komplementarität als *generatives* (nicht als deskriptives) Prinzip nachdachte. Heraklit scheint der Gedanke beherrscht zu haben, daß *alles eins* sei, daß Gegensätze zusammenfallen. Das eine ist nie ohne das andere, wie Leben und Tod, Wachen und Schlafen, Entstehen und Vergehen, alt und jung, männlich und weiblich, gut und böse. Die Welt der Gegensätze wird harmonisch zusammengebunden, indem sich die Pole, die sich entgegenzustehen scheinen, gegenseitig bedingen. (Ich hoffe nicht, mit dieser Deutung den Gedanken von Heraklit Gewalt anzutun: Ich glaube, daß er Komplementarität als ein generatives Prinzip und nicht wie in der modernen Quantenphysik als ein deskriptives Prinzip verstand; doch weiß man wirklich, was jemand vor so langer Zeit dachte?) Worin zeigen sich Komplementaritäten, die unser Erleben und Verhalten erst möglich machen, die also als generatives Prinzip das erzeugen, was unser geistiges Leben bestimmt?

Komplementär sind der Rahmen *und* das, was im Rahmen erscheint; was immer wir im Bewußtsein haben, ist in einen Rahmen gestellt; weder gibt es einen leeren Rahmen noch gibt es ungerahmte Inhalte des mentalen Geschehens.

Komplementär sind das explizite *und* das bildliche Wissen; wir machen uns Bilder von Worten und Worte über Bilder.

Komplementär sind mentale Kategorien wie Wahrnehmungen, Gedanken, Gefühle oder Erinnerungen *und* neuronale Aktivitäten, die es als informatischen Müll zu unterdrücken gilt; mentale Kategorien entstehen nicht aus dem Nichts, sondern werden aus neuronalen Aktivitäten herausgefiltert.

Komplementär sind Inhalte des Erlebens *und* logistische Funktionen des Gehirns, die Inhalte erst ermöglichen (das Was und das Wie).

Komplementär beim Sehen sind das Was *und* das Wo; etwas ist immer irgendwo, und irgendwo ist immer etwas.

Komplementär sind unmittelbares Erleben *und* die Reflexion darüber, was man erlebt.

Komplementär sind identitätserhaltende *und* identitätsablösende Prozesse des Gehirns; für eine gewisse Zeit bleibt ein Gedanke oder eine Wahrnehmung mit sich identisch, doch dieses nicht für immer; Stationarität und Dynamik bedingen sich gegenseitig.

Komplementär sind egozentrische *und* allozentrische Positionen; man betrachtet etwas aus der eigenen oder aus der anderen Perspektive, wobei jedesmal der Gegenpol die Bedingung dafür ist, überhaupt eine Position einnehmen zu können.

Komplementär sind selbstreferentielle Vorgänge *und* weltreferentielle Vorgänge; wir sind immer auf uns selbst, aber wir sind immer auch auf die Welt um uns bezogen.

Komplementär sind Autonomie oder Selbstbestimmung *und* Eingebundensein in einen sozialen Kontext; wir sind nicht nur für uns, und wir sind nicht nur für andere.

Komplementär sind Wissen *und* Unwissen; wenn ich weiß, dann weiß ich auch, daß ich nicht weiß, und wenn ich nicht weiß, dann weiß ich auch, daß ich weiß.

Eine verbindliche Taxonomie habe ich nicht gefunden; doch was immer in den Blick kommt und bei einer Taxonomie wohl zu berücksichtigen wäre, sollte nicht in die Falle einer monokausalen Betrachtung geraten; alles geistige Geschehen aus nur *einem* Prinzip zu erklären, scheint mir unmöglich. Vielleicht ist aber auch die Frage nach einer oder nach mehreren Taxonomie unsinnig; in der Forschung tauchen immer wieder unbeantwortbare Fragen auf. Vielleicht ist die Frage nach einer Taxonomie eine Frage, die gar keine ist; (ich werde dennoch weitersuchen).

Wenn es keinen verbindlichen Rahmen gibt, jetzt nicht und auch in Zukunft nicht, dann kann sich jeder seinen eigenen Rahmen, seine eigene Klassifikation, seine eigene Ordnung gestalten, wobei die verschiedenen Versuche, die es bisher gegeben hat (und nur einige wurden genannt), als eine Orientierung nützlich sein mögen.

33 Der Beginn bestimmt den Weg

Die Sonne ist so breit wie ein Menschenfuß.
                                                      Heraklit

Wir wissen, daß die Welt nicht länger als sechstausend Jahre existiert.   Martin Luther

Es gibt Leute, die sich abmühen, Dinge zu lernen und zu ergründen, die ihrem Verstand und ihrem Gedächtnis keinen Deut frommen.
            Miguel de Cervantes (Don Quijote)

Alle Spekulation, vielleicht alles Philosophieren ist nur ein Denken in Spiralen; wir kommen wohl höher, aber nicht eigentlich weiter. Und dem Zentrum der Welt bleiben wir immer gleich fern.
                                             Arthur Schnitzler

Wer sind wir? Wo kommen wir her? Wohin gehen wir? Was erwarten wir? Was erwartet uns?   Ernst Bloch

Wenn Heraklit, der vorsokratische Philosoph, der vor etwa 2500 Jahren über das Grundsätzliche von Welt und Leben nachgedacht hat, meint, die Sonne sei so breit wie ein Menschenfuß, in welchem äußeren Rahmen hat er so etwas wohl sagen können? Vielleicht gibt es grundlegende kosmologische oder philosophische Interpretationen dieser Bemerkung, doch biete ich hier einen praktischen Rahmen des Verstehens an. Wenn man auf seinen Daumen bei gestrecktem Arm schaut, dann entspricht die Breite des Daumens nach den optischen Gesetzen etwa einem Grad Sehwinkel (360 Daumen, nebeneinander gesetzt, beschreiben einen vollen Kreis um mich herum). Wenn ich mich auf den Boden lege, meinen Fuß hochhebe, dann stelle ich fest, daß mein Fuß gerade eben die Sonne abdeckt; der Fuß deckt etwas mehr ab, wenn er ausgestreckt wird, als der Daumen bei Armeslänge. Aus dieser Beobachtung leitet sich nun einiges ab. Offenbar dachte Heraklit im Liegen. Er beobachtete die Welt, und spielerisch hob er gelegentlich ein Bein hoch und hielt den Fuß vor die Sonne. Dabei machte er seine Entdeckung, daß die Sonne so breit sei wie ein Menschenfuß; Füße sind natürlich in ihrer Größe durchaus verschieden, und da sein Fuß gerade die Sonne abdeckte, können wir etwa seine Körpergröße erschließen; er war vermutlich eher untersetzt, wohl auch ein napoleonischer Typ. Die Umstände seiner Entdeckung lassen weiterhin vermuten, daß er gerne ruhte, dabei nachdachte oder mit offenen Sinnen aufnahm, was um ihn herum geschah. Wenn es ihm gelegentlich zu warm wurde, ging er zu einem nahe gelegenen Bach oder Fluß, und hier wurde ihm plötzlich bewußt, daß das an ihm vorbeifließende Wasser nie zurückkehrte. Von dieser Beobachtung ausgehend, war es nur ein kurzer Schritt zu der allgemeinen Aussage, in der Welt wie im Leben fließe alles; wie das Wasser nie dasselbe war, das an seinen Füßen vorbeifloß, so war auch er selbst nie mehr derselbe, der dies erlebte und beobachtete; dies alles denken und sagen zu können, also nicht mehr derselbe zu sein, heißt aber, daß ein Bezugspunkt bleiben mußte, daß also etwas in ihm (der mit sich selbst identisch bleibende Beobachter) sich nicht verändert hat. So konnte er sagen: »In die gleichen Ströme steigen wir und steigen wir nicht; wir sind es und sind es nicht.« So führt ein unmittelbarer Weg von der Größe der Sonne zum Konzept einer dynamischen Identität unserer selbst. (Es gibt keinen Grund anzunehmen, daß Heraklit tatsächlich in dieser Weise von der Größe seines Fußes über die Größe der Sonne zu der letzten Aussage gekommen ist, daß wir also in den gleichen Strom steigen und nicht steigen; aber warum eigentlich nicht? Ich kann mir vorstellen, daß es so gewesen sein könnte. Es sind die merkwürdigsten Zufallswege, die einen zu einem Einfall führen können.)

Wenn über etwas nachgedacht wird, über so bedeutende Themen wie das Leben, den Geist oder die Natur, aber auch über sehr persönliche Themen, wie die Frage, was werde ich morgen tun, oder warum habe ich mich in einer bestimmten Situation so verhalten, wie ich es getan habe, dann kann die allgemeine oder die persönliche Ursachenforschung an irgendeinem Punkt beginnen. Der Ausgangspunkt des Nachdenkens über Sachverhalte ist nicht automatisch vorgegeben, sondern er muß explizit gewählt werden, oder er legt sich implizit nahe; mit dem Ausgangspunkt ist aber schon der Rahmen des Nachdenkens über den Sachverhalt vorgezeichnet, sei es hinsichtlich grundsätzlicher Fragen in den Wissenschaften, oder sei es bei Fragen, die persönlich betreffen. Der Beginn des Denkens bestimmt den Weg. Unterschiedliche Startpunkte des Denkens hat Aristoteles benannt (immer wieder werde ich zu diesem Praktiker des Denkens geführt, der mich auch deshalb fasziniert, weil er sich in seinem eigenen Denken von seinem Lehrer Plato lösen konnte, was für jeden Forscher eine der größten Herausforderungen ist, sich nämlich zu befreien), wenn Aristoteles feststellte, daß man nach der stofflichen Ursache von etwas, der gestaltlosen Grundgegebenheit, fragen kann (causa materialis), daß man andererseits nach der Gestaltung der materialen Grundlage fragen kann (causa formalis), daß man fragen kann, wie etwas in Bewegung gesetzt wurde, was also das kausal Wirkende ist (causa efficiens), oder daß man wissen will, welchem Zweck etwas dient (causa finalis). Aus biologischer Sicht sind dies selbstverständliche Ansatzpunkte (oder sie sollten es sein); betrachtet man den menschlichen Organismus, dann will man seine materialen Grundlagen verstehen (aus was sind wir aufgebaut); man will ergründen, welches die formgebenden Prinzipien sind, und man wird damit in die Genetik und verwandte Gebiete geführt (warum sehen wir so aus, wie wir aussehen); man will herausbekommen, warum wir entstanden sind, und man setzt sich dabei mit evolutionären Prinzipien auseinander (wo kommen wir her), und man will erklären, welchem Zweck bestimmte Funktionen dienen (wozu haben sich eigentlich ein Gehirn oder ein Immunsystem entwickelt). Sich nur für den Zweck oder sich nur für die materialen Grundlagen zu interessieren, ist für das Verständnis des menschlichen Organismus (oder aller Lebensprozesse) ein zu enger Rahmen. Doch wie sieht die Realität moderner Forschung aus? Die verschiedenen Ursachen, die Aristoteles aufgezeigt hat, werden nicht in gleicher Weise berücksichtigt; interdisziplinäre Forschung ist anscheinend zu kompliziert oder zu anstrengend; gerade die Vernachlässigung der Zweckursache (der causa finalis) ist Merkmal vieler Projekte, bei denen man sich nur noch für molekularbiologische Prozesse interessiert und aus denen heraus alles erklärt werden soll, als ob sich der Zweck einer Funktion von selbst aus seiner stofflichen Implementierung im Organismus ergebe; diese Vernachlässigung des möglichen Zwecks einer biologischen Funktion hat auch eine politische Bedeutung, weil nämlich dadurch die argumentative Basis gegenüber jenen geschwächt wird, die die These vertreten, als gäbe es einen verborgenen Schöpfungsplan, ein »intelligentes Design«, wodurch die Entwicklung der Lebensprozesse bestimmt wird. Dieser neuen Form des Kreationismus, daß also das Leben auf der Erde sich nicht nach jenen Prinzipien entwickelt hat, wie es die Lehre der Evolution beschreibt, sondern – in der ursprünglichen Form des Kreationismus – vor ein paar tausend Jahren erschaffen wurde, dieser Denkweise also kann man nur entgegentreten, wenn man im evolutionären Geschehen auch auf die Zweckursache von Funktionen verweist, wozu sie also erfunden wurden, was insbesondere von den Verhaltensforschern wie Konrad Lorenz oder Niko Tinbergen oder dem Begründer der Humanethologie, Irenäus Eibl-Eibesfeldt, immer wieder getan wurde. (Also: zurück zu Aristoteles.)

Der Beginn eines Nachdenkens legt den Rahmen der Analyse fest. Dies gilt für die großen Themen, die uns bewegen, doch warum sollten wir uns selber klein machen gegenüber den sogenannten großen Themen? Vielleicht gibt es gar keinen grundsätzlichen Unterschied zwischen den Themen, die die Menschheit, und jenen, die den einzelnen Menschen bewegen. (Ich habe Schwierigkeiten mit dem zunächst so selbstverständlich erscheinenden Begriff »bewegen«; was heißt hier »bewegen«? Mit dem Wort »Bewegung« wird üblicherweise eine Richtung mitgedacht, daß ich also irgendwohin bewegt werde, daß ein Ziel vorgegeben ist; wenn mich eine Frage bewegt, dann ist dies ein richtungsloses Denken, dann kenne ich das Ziel nicht, denn ich bin noch auf der Suche, oder ist die Sprache so intelligent, daß sie mir andeutet, daß ich den »Weg« schon kenne, wenn ich von einer Frage bewegt werde? Dies ist auch eine Sprachfalle, bei jedem Wort ins Grübeln darüber zu geraten, ob ein schlichtes Wort, das sich seit langem bewährt hat, wirklich das meint, was man ausdrücken möchte.)

Eine Frage, die jeden an-geht und die nicht weg-geht, ist: Wie ist alles geworden? Wo kommt alles her? Was sind die Grundbausteine der Welt? Oder die radikale Frage: Warum ist überhaupt etwas und nicht vielmehr nichts? Und dann gibt es Antworten, wie die des Aristoteles, daß alles ist, wie es immer war (daß also gar nichts geworden ist), oder es wird ein Schöpfungsmythos beschrieben, wie also Gott in wenigen Tagen die Welt geschaffen hat, oder es wird ein evolutionäres Szenario entdeckt, wie sich also das Leben entfaltet hat und weiter entfaltet, oder es wird auf die Grundkräfte in der Natur Bezug genommen (die man in einer »grand unifying theory« zu vereinen sucht), oder es wird das Wort wie im Johannes-Evangelium an den Beginn gestellt (»geschrieben steht, im Anfang war das Wort«); es ist die Frage nach der Begründung, mit der das Denken über die Natur und über uns selbst begonnen hat (zumindest in unserem abendländischen Kulturkreis), und diese Frage ist so offen (vielleicht sogar noch offener) als vor zweieinhalbtausend Jahren.

Es ist bemerkenswert (auch im Hinblick auf heutige Diskussionen, wo eigentlich die Grenzen von Europa liegen), daß dieses Denken in unserem Kulturkreis gar nicht auf europäischem Boden begonnen hat, wie wir diesen heute verstehen, sondern in Kleinasien, in Milet, an der Westküste der heutigen Türkei. Es war Thales, der Pate des abendländische Denkens, mit dem alles begann, und der den Ursprung allen Seins im Wasser annahm; es waren nicht mehr die Götter, auf die alles zurückgeführt wurde, sondern etwas in der Natur selber, das den ursprünglichen Anstoß gab. Auch Anaximenes, etwas jünger als Thales, kam aus dem Handelsort Milet, und er sah den Ursprung in der Luft; (vielleicht ist der Handel, insbesondere der internationale Handel, ein förderlicher Rahmen für kreative Forschung); vielleicht spielte bei seinen Überlegungen der Atem eine Rolle, der ein Merkmal des Lebens ist. Aus Milet kam auch Anaximander, ein Zeitgenosse von Thales, und er hatte die Vorstellung, die unserem heutigen Denken sehr nahe kommt, daß das »Apeiron«, das Unbestimmte, das Unbegrenzte, am Anfang stehen müsse, das als Ursprung aller qualitativen Bestimmung vorausgehen müsse. Ein weiterer Gesichtspunkt seines Denkens war, daß die Wirklichkeit durch notwendige Ordnung bestimmt sei, wobei er hierbei rechtliche Begriffe auf die Deutung der Natur anwandte; dies ist ein sehr frühes Beispiel in der Wissenschaft, wie von einem Rahmen in einen anderen hineingedacht wird. Auch aus Kleinasien, nämlich aus Ephesos, stammte Heraklit, und er ging vom Feuer als dem ursprünglichen Prinzip aus; der Kosmos gehe aus einem Urfeuer hervor, ein Gedanke, der dem Konzept eines »big bang« als Beginn des Universums ähnlich ist; und er hat schon den »big crunch« vorweggenommnen, daß sich dereinst alles in Feuer auflösen wird (»in Feuer setzt sich alles um und das Feuer in alles«).

Einen ganz anderen Rahmen für die Suche nach den Grundprinzipien hat Pythagoras gewählt (der uns mit dem nach ihm benannten Satz bekannt ist, daß bei einem rechtwinkligen Dreieck die Summe der Quadrate über den Katheten gleich ist dem Quadrat über der Hypothenuse), indem Pythagoras das Grundprinzip in der Zahl sah; es wird also nicht mehr Bezug genommen auf etwas Stoffliches, sondern auf ein abstraktes Prinzip; Zahlen sind die elementaren Bausteine aller Dinge, und der ganze Kosmos ist aus den Zahlen und deren Proportionen zueinander zu verstehen. (Wenn man bei der mathematischen Beschreibung von Sachverhalten immer wieder auf »das starke Gesetz der kleinen Zahl« gestoßen wird, dann mag diese pythagoräische Denkweise nicht unbedingt absurd erscheinen; ist vorstellbar, daß das, was wir in uns und um uns vorfinden, stets die Verwirklichung des mathematisch Einfachsten ist? Wenn dies so wäre, dann hätte der Gedanke von Pythagoras auch noch heute seinen Reiz.) Diese begründenden Rahmen sind Thema der Wissenschaft, und sie wurden bereits vor zweieinhalbtausend Jahren Denkern formuliert. Kein Forscher kann sich diesen grundsätzlichen Fragen verschließen, denn jede Disziplin muß sich Klarheit über die Bedingungen ihrer eigenen Möglichkeit verschaffen, welches also ihr Handlungsrahmen ist, in dem sie sich verwirklicht.

Wenn wir von Fortschritt der Wissenschaft reden, worüber reden wir eigentlich? Bei der Formulierung der grundsätzlichen Fragen, wie also alles begründet werden kann, hält sich der Fortschritt offensichtlich in Grenzen. Doch nein: Das Konzept des Fortschritts ist bei bestimmten Fragen ein falsch gewählter Rahmen. Manche grundsätzlichen Fragen, die sich immer wieder stellen, die sich in der Menschheitsgeschichte in allen Kulturen wiederholen, die jeden einzelnen in seiner Lebenswirklichkeit betreffen, können nicht unter dem Gesichtspunkt des Fortschritts betrachtet werden. Fortschritt heißt, wenn ich es recht verstehe, auf einer Leiter der Erkenntnis und der Anwendung dieser Erkenntnis immer höher zu steigen. Doch wohin führt die Leiter? Ist es nicht in das Unbestimmte, das Apeiron des Anaximander? Man könnte an eine andere Art von Fortschritt denken, Fortschritt könnte auch heißen (aber das wird meist nicht damit gemeint), in dem Sinne fortzuschreiten, daß man auf einen Sachverhalt einen neuen Blick werfen kann, indem der Rahmen der Betrachtung gewechselt wird; ein Problem wird aus unterschiedlichen Perspektiven eingekreist, und der Fortschreitende umwandert in kreisförmigen oder spiralartigen Bewegungen einen Sachverhalt, wobei sich dabei seinem Blick immer wieder ein neuer Rahmen öffnet. Dieser Fortschritt geht nicht ins Ziellose, auch wenn er nicht zum Kern eines Problems vorstößt; der Mythos Fortschritt aber zielt auf das lineare Vorankommen. Für solchen Fortschritt ist der jeweilige Rahmen der Betrachtung bereits vorgegeben, und er bezieht sich nicht auf jene grundsätzlichen Fragen, die uns als Gemeinschaft oder als Individuum betreffen. (Ich hatte kurz vor seinem Tod lange Diskussionen mit Thomas Kuhn, der das Konzept des Paradigmas in die Wissenschaft eingeführt hat und der außerordentlich gründlich über die Grundlagen der Neurowissenschaften informiert war; er würde mir wohl widersprochen haben, wenn ich schon damals die Idee gehabt hätte, daß Fortschritt jeweils nur innerhalb eines Paradigmas oder Rahmens definiert werden kann und daß die Aufdeckung eines neuen Paradigmas oder die Entdeckung oder Erfindung eines neuen Rahmens kein Fortschritt wäre. Wenn man allerdings die Widerstände gegen neue Paradigmen in den Wissenschaften sieht und wenn diese sich oft erst durchsetzen können, wenn die Vertreter der alten Paradigmen nicht mehr leben, dann wird deutlich, daß der Begriff »Fortschritt« recht schillernd ist und daß man für einen Paradigmen-Wechsel, wie ihn Thomas Kuhn versteht, eigentlich einen anderen Begriff verwenden sollte; wenn man beim »Schritt« bleiben möchte, also ein Bild des Gehens heranziehen will, dann könnte man Wörter erfinden wie »Überschritt« oder »Ausschritt«; doch Wörter müssen klingen und durch den Gebrauch bestimmt werden.)

Neben solchen Rahmen, die sich auf das Grundsätzliche beziehen, geht es auch um den persönlichen Rahmen, und jedem geht es im Grunde immer nur um den eigenen Rahmen, auch wenn dieser grundsätzliche Themen betrifft. Wie kann ich mich in dieser Welt verankern? Woher beziehe ich Sicherheit? Was soll ich tun? Es geht um die Frage, welchen Rahmen ich jeweils für mich selbst entdecken kann. Eine erste Antwort: Nie habe ich nur einen Rahmen, sondern dieser ist jeweils bedingt durch Randbedingungen der Natur um mich, der Natur in mir, meiner sozialen Umwelt. Entscheidend ist, mit dieser Kenntnis (oder Erkenntnis) über die unterschiedlichen Bedingungen meines individuellen Rahmens durch die Welt zu navigieren, durch das Leben zu steuern und dabei zu wissen, daß meine

Identität sich jeweils in verschiedenen Rahmen neu justiert. Zwar gibt es einen Identitätsankerpunkt in mir oder einen Kern meiner selbst, der von meinen Erinnerungen getragen wird, doch bin ich in jeder Situation ein anderer. Abhängig vom jeweiligen Rahmen ändert sich meine Identität. Das gilt nicht nur für mich; wenn ich nicht völlig blind bin, dann sehe ich, wie andere sich in verschiedenen Kontexten verhalten, und dann muß ich annehmen, daß wir wandelbare Wesen sind. Dagegen kann ich mich nicht wehren, dagegen kann sich niemand wehren, man muß es nur wissen.

Wie muß man den Rahmen verstehen? Der Rahmen ist durch das Prinzip der Komplementarität gekennzeichnet, nämlich durch das notwendige Gegebensein des Rahmens und den Inhalt, der im Rahmen erscheint. Der Rahmen bezieht sich auf den formalen Aspekt des mentalen Geschehens, daß es also einen Rahmen gibt, und auf den Inhalt, also das, was jeweils individuell gegeben ist. Der Rahmen ist eine anthropologische Universalie. Die Maschinerie des Gehirns bewirkt, daß jeder mit Rahmen ausgestattet ist; doch was im jeweiligen Rahmen erscheint, ist individuell oder auch kulturell bestimmt. Die treibende neuronale Maschinerie für die Inhalte des Rahmens ist die Aufmerksamkeit. Es wird jeweils ausgewählt (meist implizit), was im Rahmen erscheint. Es ist immer nur eines, was im Rahmen steht, denn wir können nur einen Inhalt im Bewußtsein haben. Da aber parallel zum expliziten Bewußtseinsinhalt implizite Prozesse im Gehirn ablaufen, die den nächsten Inhalt des Bewußtseins vorbereiten, gibt es auch parallele Rahmen, die vielleicht sogar miteinander konkurrieren, und es gibt eine Hierarchie von Rahmen; ein jeweils umfassender Rahmen bestimmt die Inhalte des engeren Rahmens, wobei der umfassende Rahmen selten explizit wird. (Man redet nicht dauernd über Strategie, wenn sie einmal festgelegt ist, doch sie bestimmt die taktischen Operationen.)

Was bedeutet das Wort »Rahmen« eigentlich? Das Wort ist wohl verwandt mit dem Wort »Rand«. Die indoeuropäische Wortwurzel für Rahmen ist die Silbe »rem«, und mit dieser Wurzel sind Begriffe verbunden wie ruhen, sich aufstützen oder stützen; eine Verbindung gibt es auch zur Silbe »krem«, mit der ein Gestell aus Latten oder eine hölzerne Umzäunung gemeint ist. Mit dem Rahmen ist also zunächst etwas sehr Konkretes gemeint, und diese anfaßbare Bedeutung hat der Rahmen immer noch; aber dann hat sich daraus, auf der Grundlage der konkreten Bedeutung, die nicht verlorengegangen ist, der abstrakte Rahmen entwickelt. Welche Rahmen gibt es konkret? Da ist der Bilderrahmen, in dem wir etwas betrachten, der Fensterrahmen, durch den wir schauen, der Türrahmen, durch den wir hindurchgehen; es gibt den Webrahmen, mit dem etwas Neues geschaffen wird, den Fahrradrahmen, und es gibt das Chassis, das ein Automobil trägt und hält. Was sind Merkmale des abstrakten Rahmens? Zunächst: Etwas ist im Rahmen, oder es ist es nicht, denn der Rahmen schließt etwas ein, oder er schließt etwas aus. Der Rahmen begrenzt, und er hebt hervor, er fokussiert den Blick auf einen Sachverhalt, und er faßt komplexe Sachverhalte zusammen. Der Rahmen bestimmt einen Zusammenhang, in den das einzelne sich einfügt. Der Rahmen gibt Sicherheit und Orientierung, und wie der konkrete Rahmen das Dingliche, so stabilisiert der abstrakte Rahmen Gedanken, Wahrnehmungen, Gefühle, Absichten oder Erinnerungen. Der Rahmen fesselt den Zufall, indem er dem unerwarteten Ereignis Bedeutung gibt und damit einen persönlichen Rahmen erweitert oder einen neuen bestimmt.

34 Was ein Rahmen sein kann

*L'homme est né libre, et par-tout il est dans les fers. –
Der Mensch ist frei geboren, und überall ist er in
Ketten.* Jean-Jacques Rousseau

*Ich habe es sehr deutlich bemerkt: Ich habe oft die Meinung, wenn ich liege, und eine andere, wenn ich stehe.
Zumal wenn ich wenig gegessen habe und matt bin.*
Georg Christoph Lichtenberg

*Als Gott am sechsten Schöpfungstage alles ansah, was
er gemacht hatte, war zwar alles gut, aber dafür war auch
die Familie noch nicht da.* Kurt Tucholsky

*It is true that you may fool all the people some of the
time; you can even fool some of the people all the time;
but you can't fool all of the people all the time. –
Man kann alle Menschen eine gewisse Zeit zum Narren halten; man kann sogar einige Menschen die ganze
Zeit zum Narren halten; aber man kann nicht alle
Menschen die ganze Zeit zum Narren halten.*
Abraham Lincoln

*Ich sterbe. Du stirbst. Er stirbt.
Viel schlimmer ist, wenn ein volles Faß verdirbt.
Aber auch wir wollen erst ausgetrunken sein . . .
Ein Schuft, wer mehr stirbt, als er sterben muß!
Aber muß es sein, dann nicht schüchtern.*
Joachim Ringelnatz

Welche Rahmen bestimmen uns? Manche sind uns von Natur aus vorgegeben, und manche werden kulturell bestimmt. Zwar meint Rousseau, wir würden frei geboren, doch unser evolutionäres Erbe bestimmt einen Rahmen, aus dem wir nicht herauskönnen; dieser Rahmen wird uns meist erst dann bewußt, wenn er Sprünge zeigt, etwa nach einer Schädigung des Gehirns. Der vorbestimmte Rahmen zeigt sich auch in den Grenzen unserer Wahrnehmung; unsere Sinnessysteme sind durch evolutionäre Prozesse an bestimmte physikalische Ausschnitte der Welt angepaßt; außerhalb dieser Grenzen sind wir taub und blind; wir können nicht »alles« sehen oder hören. Eine andere Klasse von Rahmen ergibt sich aus unserer persönlichen Lebensgeschichte und den alltäglichen Bedingungen, wie Lichtenberg sagt, aus denen heraus wir handeln und denken; wie müde wir sind, wie es um unsere Laune steht, wie das Essen geschmeckt hat, alles dieses und vieles andere mehr beeinflußt uns, auch wenn es uns nicht bewußt ist. Weitere Rahmen sind durch die Menschen bestimmt, mit denen wir leben, im größeren und kleineren Kreis, und hier spielt die Familie (im weitesten Sinn) ihre besondere Rolle. Bei Tucholsky heißt es in seiner zoologischen Familienbetrachtung an anderer Stelle: »Die Familie, die gemeine Hausfamilie, familia domestica communis, kommt in Mitteleuropa wild vor, und verharrt gewöhnlich in diesem Zustand.« Eine weitere Klasse von Rahmen ist durch den gesellschaftlichen und politischen Kontext vorgegeben, wobei Abraham Lincoln eine durchaus optimistische Auffassung über die Kompetenz des Bürgers hat, denn ich kann mich des Eindrucks nicht erwehren, daß sich viele Menschen immer zum Narren halten lassen (ich will mich hier nicht ausnehmen). Und dann gibt es jene Rahmen, denen niemand entfliehen kann, die die Grenzen unseres Erlebens kennzeichnen, wie Schmerz oder Tod (oder auch die Liebe, die aber offenbar ohne Schmerz nicht zu leben ist); manchmal gelingt es, solche Grenzerfahrungen mit Humor zu nehmen, indem man sich neben sich selbst stellt, was einen als sein eigener Doppelgänger davor bewahrt, seinen Halt zu verlieren (man mag dies auch als Selbstironie bezeichnen, die davor beschützt, sich selbst ausgesetzt zu sein). Joachim Ringelnatz, dieser bildreiche Dichter (der recht ungewöhnliche Assoziationen ins Bild setzen kann, die für jene befremdlich sein mögen, die in seiner Welt nicht so bewandert sind), dieser Ringelnatz führt auf seine Weise an Grenzen der Erfahrung; es mag mich selbst in einen merkwürdigen Rahmen stellen, wenn ich sage, daß sein Gedicht »Seemannstreue« zu meinen Lieblingsgedichten gehört, in dem es zu Beginn heißt:

> Nafikare necesse est.
> Meine längste Braut war Alwine.
> Ihrer blauen Augen Gelatine
> Ist schon längst zerlaufen und verwest. –
> Alwine sang so schön das Lied:
> »Ein Jäger aus Kurpfalz.«
> Wie Passatwind stand ihr der Humor.
> Sonntags morgens wurde sie bestattet
> In der Heide, wo kein Bäumchen schattet,
> Und auch ihre Unschuld einst verlor ....

Nach mehrmaligem Ausgraben und Eingraben der Leiche (»Aus. Ein. Aus; so grub ich viele Wochen. / Doch es hat zuletzt zu schlecht gerochen.«) entscheidet er sich schließlich, Abschied zu nehmen (»Denn man soll die Toten schlafen lassen«). Wenn man sich über den ungewöhnlichen Gebrauch der Grammatik wundert und wie dieser als Bruch in der sprachlichen Erwartung Aufmerksamkeit erregen kann (»Hier werden Sie geholfen«, von Verona Pooth), bei Ringelnatz gibt es dies alles schon; wenn der dichterische Rahmen stimmt, dann stimmt auch die Sprache, und der sprachliche Fehler verstärkt die Wirkung (ein Beispiel aus »Daddeldus Lied an die feste Braut«: »Ich glaube, Dich hat der liebe Gott / An einem Sonntag zusammengespleißt. / Weißt du, was du bist: Weißt? / *Hör mich einmal ernsthaft auf mich.* / Du – du bist – mein zweites Ich.« Durch den sprachlichen »Symmetriebruch« wird die Braut so richtig erst zum »zweiten Ich«.).

Welche Rahmen also? Da gibt es den Rahmen der Gefühle. Die Grundgefühle, die allen Menschen von Natur aus mitgegeben sind, können einen Rahmen für jedes Erlebnis, für jede mögliche Erfahrung vorgeben; Freude, Trauer, Ärger, Wut, Ekel, Angst oder Neugier sind die mögliche Grundtönungen unserer Erlebniswelt, und sie geben einen Rahmen vor, durch den hindurch wir die Welt in jeweils anderer Weise sehen. Dies gilt auch für die Grunddimension aller Bewertungen, nämlich für Lust und Schmerz (Abb. 51). Fehlen diese, gehen die Gefühle verloren. Auch wenn Lust und Schmerz oder die

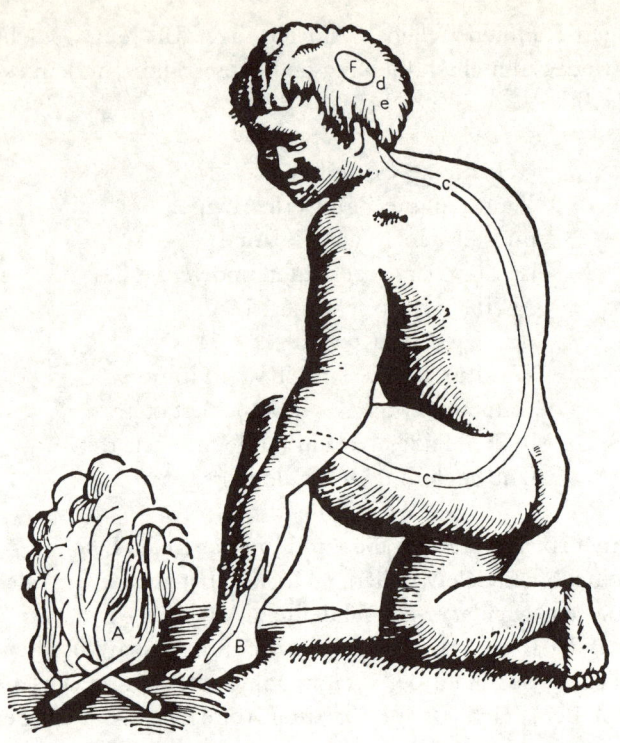

Abb. 51 Der französische Philosoph und Mathematiker René Descartes hat sich in dieser Weise die Repräsentation von Schmerz im Gehirn vorgestellt. Reize wie das gezeigte Feuer lösen eine zentrale Meldung aus, die als Schmerz empfunden wird. Dieses »Klingelknopfmodell« des Schmerzerlebens läßt unberücksichtigt, daß die Intensität eines Schmerzes auch von einer Situation abhängig ist.

elementaren Grundgefühle nicht explizit in unserem bewußten Leben repräsentiert sind, färben sie alles, was uns angeht. Sie bestimmen die augenblickliche Farbe des Rahmens.

Das Bild von Descartes läßt darüber nachdenken, wie wir mit dem körperlichen Schmerz umgehen. Schmerzen entstehen, wie das Bild nahelegt, durch Sinneszellen, die für Schmerz empfindlich sind, gereizt werden; das Feuer löst am Fuß eine Empfindung aus. Diese Information wird in das Gehirn weitergeleitet, wo es zur Schmerzwahrnehmung kommt. Doch ein solches Bild ist irreführend, wenn wir daraus ableiten würden, daß wir dem Schmerz, der von außen kommt, ausgeliefert sind; zentrale Mechanismen des Gehirns bestimmen, wie schmerzhaft etwas ist, und sie regeln vor allem auch, wann ein Schmerz zugelassen wird. Es gibt Situationen, in denen wir keinen Schmerz spüren, obwohl die Reizung der schmerzempfindlichen Sinneszellen es nahelegen würde; es gibt andererseits Situationen, in denen nur eine geringe Reizung vorliegt, aber man schwere Schmerzen erlebt. Unser Gehirn wählt einen Schmerzrahmen aus, der abhängig von der Situation oder der Erwartung über den empfundenen Schmerz bestimmt. (Ein bekannter Torwart einer Fußballmannschaft brach sich im Spiel einen Finger, was er aber erst nach dem Spiel merkte; andererseits mag sich ein Schmerz hochschaukeln, wenn man dadurch eine unangenehme Situation wie eine Prüfung vermeiden kann.)

Eine andere Art des Rahmens ist durch unseren Charakter vorgegeben. Eine der fundamentalen Entdeckungen in der Psychologie ist, daß Menschen aller Kulturen, unabhängig von der jeweiligen zivilisatorischen Anpassung, in ihrer Persönlichkeit durch fünf Merkmale (»the Big Five«) zu beschreiben sind. Diese Faktoren, nach denen jeder klassifiziert werden kann, sind die Offenheit, die man Sachverhalten oder anderen gegenüber zeigt; es ist die Gewissenhaftigkeit, mit der man Dinge erledigt; es ist die Friedfertigkeit (oder die Aggressivität), die man in sich spürt oder die man anderen gegenüber zum Ausdruck bringt; es ist die emotionale Stabilität, mit der man gesegnet ist (oder die Labilität der emotionalen Kontrolle); und es ist schließlich die Extraversion, also wie aufgeschlossen man sich anderen (und auch sich selbst) gegenüber verhält. Es ist bemerkenswert, daß sich in allen Kulturen immer diese fünf Dimensionen herausfiltern lassen, die den einzelnen Menschen in seiner Persönlichkeitsstruktur beschreiben; jeder läßt sich somit durch eine unterschiedliche Ausprägung innerhalb der Dimensionen kennzeichnen (und jeder kann einmal den Versuch machen, sich im Vergleich zu anderen zu skalieren). Wie immer man zu einer solchen Klassifikation der Persönlichkeit stehen mag (sie mag als zu einfach erscheinen), unbestritten ist, daß wir verschieden sind (auch wenn noch weitere Faktoren hinzukommen) und daß sich das, was uns von anderen unterscheidet, eine gewisse zeitliche Stabilität hat. Damit hat jeder seinen individuellen Rahmen, der nicht mehr hinterfragt wird und der uns unverwechselbar macht; unser Charakter ist eine stabile Größe, die das Handeln und Erleben bestimmt. Diese zeitliche Stabilität öffnet den Rahmen für Kommunikation, denn man kann sich in einem kommunikativen Feld bewegen, auf dem eine gewisse Verläßlichkeit besteht, weil sich nicht jeder dauernd ändert.

Ein bleibender Rahmen, der manchmal sehr hinderlich sein kann, ist das unmittelbare Vertrauen, das ich Menschen gegenüber habe; ich kann mir nicht angewöhnen, gerade, wenn ich jemandem das erste Mal begegne, auch ein angemessenes Maß von Mißtrauen bereitzuhalten. (Eine Beobachtung: Nur selten wird das blinde Vertrauen bestraft; offenbar sind die meisten Menschen, zumindest die, denen ich begegnet bin, vertrauenswürdig. Insofern wäre das Vertrauen dann nicht blind, und vielleicht ist der Mensch von Natur aus tatsächlich gut.) Das Gutsein will ich aber nicht von denen behaupten, die es vor sich hertragen; »Gutmenschen« definieren für sich einen Rahmen, um als gut zu erscheinen, und bei ihnen ist Mißtrauen angebracht.

Für den Forscher ist die Wahrheit (oder wohl besser: die Richtigkeit) der bleibende Rahmen seines Handelns. Doch es gibt Ausnahmen: Für manche mag die Lüge bestimmend sein, indem Daten gefälscht und Behauptungen auf Fälschungen aufgebaut werden. Man mag sich wundern, wie sich für einen Forscher (der dann kein Forscher mehr ist) ein solcher Fälschungsrahmen entwickeln kann. Das liegt an einer Besonderheit der wissenschaftlichen Arbeit (dies zumindest in manchen Bereichen), daß man nämlich Hypothesen formuliert, mit denen man für ein Experiment ein mögliches Ergebnis antizipiert. Es gibt Forschungsgebiete, in denen die nächsten Arbeitsschritte offenkundig sind, so daß man den zu erhebenden Befund mit hoher Wahrscheinlichkeit (und mit einem Gefühl der Sicherheit) voraussagen kann. Oft oder sogar meistens liegt man mit seiner Hypothese richtig, und wenn die erhobenen Daten in einem Experiment etwas anderes erbracht haben, mißtrauen manche eher dem Experiment als ihrer eigenen Intuition, die sich in der Hypothese ausdrückt. So entstehen immer wieder, getrieben natürlich auch vom Ehrgeiz des einzelnen, virtuelle wissenschaftliche Landschaften, die auch einen gewissen Wahrheitsgehalt haben mögen und von denen sich der »Forscher« erträumt, daß sich die Beobachtungen schließlich seinen Erwartungen anpassen. (Trotz des hier mitgedachten »erhobenen Zeigefingers« glaube ich, daß kein Forscher ganz frei ist von dieser Gefährdung, »erhobene« Daten zu mißbrauchen.) Ein Kollege kritisierte mich einmal, ich würde zuwenig wissenschaftliche Arbeiten veröffentlichen (das mag richtig sein); er meinte, ich müsse das

Abb. 52 Die Künsterin Antje Tesche-Mentzen hat eine Sammlung von Kinderzeichnungen herausgegeben, die Abstraktionsleistungen von Kindern schon in sehr jungen Jahren zeigen. Dieses Bild hat Alexandra mit drei Jahren gemalt.

wie er machen, nämlich Arbeiten gleichsam auf Vorrat schreiben, in die dann jeweils nur noch die Daten aus den Experimenten eingefügt würden; er war etwas irritiert, als ich fragte, was er denn machen würde, wenn er einmal etwas Neues entdeckt habe, das er nicht voraussehen konnte, das nicht in den Rahmen seiner Erwartung passe.

Andere Rahmen: Die Phasen unserer Biographie (bin ich jung oder bin ich alt?) geben jeweils bestimmte Rahmen der Lebensgestaltung vor. Der demographische Wandel, daß also Menschen immer älter werden, verlangt eine neue Betrachtung der einzelnen Lebensphasen. Ich schlage vor, fünf Phasen zu unterscheiden. Die erste Phase umfaßt etwa die ersten zehn Jahre, in denen das Gehirn geprägt wird; mit den genetischen Programmen, die uns mitgegeben sind, werden wir durch Erfahrung und Lernen (insbesondere durch Prägungslernen) in unsere jeweilige Umwelt eingepaßt. Dies ist für eine Gesellschaft die wichtigste Phase, wenn man langfristig denkt (was man tun sollte), denn hier wird festgelegt, was Jahrzehnte später diese Gesellschaft kennzeichnet. (Es ist bemerkenswert, wie wenig Aufmerksamkeit gerade diese Lebensphase bekommt, in der die vorhandenen Potentiale geformt werden können und in der die Basis für spätere Kreativität gelegt wird.) Schon sehr kleine Kinder zeigen außerordentliche Abstraktionsleistungen (Abb. 52). Muß es einen nicht zum Staunen bringen, daß schon im frühesten Alter die wesentlichen Merkmale eines Gesichtes erkannt und dargestellt werden? (Im übrigen geht manchen Kindern mit Entwicklungsstörungen diese Fähigkeit ab, abstrakte Merkmale zu erkennen; sie zeichnen dann ein Bild mit allen Details, was manchmal als eine besondere Leistung mißverstanden wird.)

Auf diese erste Phase folgt jene der Bildung und Ausbildung, die bis zum Alter von 20, bei manchen bis 25 Jahre oder auch länger dauern kann; in der Schule, in der Berufsausbildung, auf der Hochschule werden wir für die nächste Phase vorbereitet. In unserem kulturellen Rahmen betonen wir für diese Phase vor allem den Ausbau des expliziten Wissens; dies ist jedoch nicht hinreichend, um in der dritten Phase, jener der Erwerbstätigkeit, erfolgreich zu sein. Kompetentes Handlungswissen muß hinzukommen. In dieser dritten Phase wird für die späteren Phasen und für den Nachwuchs in den früheren Phasen gesorgt. (Eine Gesellschaft, in der man mit 30 Jahren in den Beruf eintritt und mit 50 Jahren wieder entpflichtet wird, kann nicht überlebensfähig sein, wenn also etwa nur ein Viertel der gesamten Lebenszeit der Existenzsicherung aller dienen soll).

Nach dieser dritten Phase kommt nun jene, die ich aus Trotz als »Generation plus« bezeichnen möchte, weil sie in unserem gesellschaftlichen System die vernachlässigte Generation ist. Mit dem Ausscheiden aus dem aktiven Berufsleben (bei vielen mit etwa 55 Jahren oder sogar früher, bei manchen mit 60 und bei wenigen mit 65 Jahren) treten viele in eine Lebensphase ein, die in unserer Gesellschaft unbestimmt ist und die offenbar vergessen wurde. Im Durchschnitt 20 Jahre lang leben viele Menschen ziellos vor sich hin; die meisten sind gesund, und viele wissen nicht, was sie mit sich anfangen sollen. Man kann nicht den ganzen Tag spazieren gehen oder Golf spielen. (Die eigentliche Herausforderung unserer Gesellschaft besteht darin, für diese Generation plus, die über ein großes Erfahrungswissen verfügt, einen neuen Rahmen zu bestimmen, so daß mit Lebensqualität, Lebensfreude und Lebenswürde gelebt werden kann.)

Erst nach dieser vierten Phase treten wir dann am Ende unseres Lebens in eine fünfte Phase ein, in der wir hochbetagt mit Weisheit gesegnet sind oder in der wir vor Langweile vergehen oder in der wir mit Klagen in die Vergangenheit und auf die verpaßten Möglichkeiten schauen und angstvoll (oder auch nicht) den Tod erwarten. Jede dieser Lebensphasen bestimmt einen äußeren Rahmen, innerhalb dessen wir uns bewähren können (und auch sollten). Sich in jedem Augenblick, in jeder Lebensphase, im richtigen Rahmen zu finden, das wäre es. Stimmigkeit herzustellen zwischen dem, was einem gerade durch den Kopf geht, und der Situation, in der man sich befindet, also mit sich eins sein können. Das glückt nur, wenn sich die Frage nach dem Rahmen gar nicht stellt. Die besten Rahmen sind die, die man nicht sieht.

Es gibt eine merkwürdige Sehnsucht nach geheimnisvollen Rahmen. Man möchte nicht alles verstehen; manches muß unerklärt bleiben, wie ich das Bild von Toko Shinoda deute (Abb. 49). Doch dagegen gibt es die Suche nach Bedeutung; dies gehört auch zu unserer Natur, eingespannt zu sein zwischen dem Geheimnisvollen, dem man nicht auf die Spur kommen will, und dem Drang, den Sinn einer Sache zu verstehen; eine merkwürdige Zerrissenheit (oder bin ich hier eine Ausnahme, auf das Verstehen zu verzichten und den Sinn zu suchen?). Manchmal weiß man, daß Zeichen etwas bedeuten (wie die

Abb. 53 Schriftzeichen, die man nicht versteht, wenn man kein Chinesisch kann, auch wenn man den Eindruck hat, daß die Zeichen etwas bedeuten müssen; deren Bedeutung könnte in etwa sein: Gott hilft denen, die sich selber helfen.

chinesischen Schriftzeichen in Abb. 53), aber was sie bedeuten, bleibt einem verborgen (wenn man nicht Chinesisch kann), und oft will man es gar nicht wissen und erfreut sich nur an der bildlichen Darstellung.

Dies ist das Problem des Rahmens: Er ist immer vorhanden, aber man weiß es nicht. Doch sollte man sich nicht bewußt machen (zumindest gelegentlich), durch welchen Rahmen man gerade schaut? Der Verzicht auf Selbsttransparenz, ist er ein Zeichen von Trägheit, von Feigheit oder von Selbstschutz? Die Worte des römischen Dichters Horaz, die von Immanuel Kant oder von Friedrich Schiller: »Wage zu wissen!« (Sapere aude!) waren umsonst, wenn wir uns nicht unseres Rahmens bewußt werden, der in jedem Augenblick unser Erleben, Denken und Handeln bestimmt. Dieses Wissen muß uns nicht unsere Spontaneität nehmen, doch das Wissen um einen jeweils gegebenen Rahmen sollte uns still begleiten; dann ist man sich nicht mehr so sehr ausgeliefert.

Jeder hat seine eigene Werkstatt, in der passende und manchmal nicht so passende Rahmen gezimmert werden. Welche Rahmen sind es noch, die mir begegnen und denen ich ausgeliefert bin? (Einige in ungeordneter Folge, weil sie in ungeordneter Folge in das Bewußtsein treten, und deshalb alphabetisch geordnet, denn das Alphabet gibt nur einen formalen und keinen inhaltlichen Rahmen):

Aber (immer eine andere Meinung haben wollen), Amerika (der Süden und der Norden; verlorene Liebe, harte Arbeit), Angst (die den Blick für alles beengt), Arbeit (die mir Spaß macht), Armut (geistige und materielle), Asien (mit vielen neuen Freunden), Automobil (nicht nur zum Transport, sondern ein eigener Lebensbereich, um Musik und Sprache zu hören), Beruf (mit viel Freiheit), Besitz (»was man nicht nutzt, ist eine schwere Last«), Bett (wer es nur zum Schlafen nutzt, verdient keines), Bibliothek (Bücher wieder zu finden, die man lange nicht in der Hand hatte), Bier (Saufgelage bei der Marine), Bilder (ein Blick auf die Welt mit den Augen anderer), Bodenständigkeit (nach dem Verlust des Bodens die Sehnsucht nach dem Boden), Bücher (zu viele), Denken (nicht verstehen, wie das funktioniert), Dorf (jeder kennt jeden und Geschichten über Jahrhunderte), Dummheit (ist manchmal auch Sünde), Ehrgeiz (notwendig, engt aber das Blickfeld ein), Enkel (sieben), EPR (das Einstein-Podolski-Rosen-Paradox; ein Versuch zu zeigen, daß Gott nicht würfelt), Erde (in der ich meine Hände vergrabe, und die Erde, auf der wir leben), Erholung (in der man sich wieder holen kann, wenn man sich verloren hat), Essen (sich nicht nur zu ernähren), Europa (eine Syntopie der Regionen mit Wurzeln im griechischen Denken, im römischen Recht, im Glauben des Judentums, Christentums und Islams und in der Aufklärung), Forschung (das Selbstverständliche in Frage stellen und den Rahmen sprengen), Frauen (eigene Geschichten), Freiheit (ohne sie nicht atmen zu können), Freunde (die sich freuen, wenn man Erfolg hat), Frieden (den Krieg erlebt zu haben), Gelassenheit (was oft fehlt), Geld (was oft fehlte), Geschichte (in die ich mich gern vertiefe), Gesundheit (ist kein Thema, wenn man gesund ist; man entdeckt sie erst in der Krankheit), Gier (manchmal nicht zu bremsen), Gruppen (durch andere bestätigt sein zu wollen), Heimat (etwas Verlorenes), Herkunft (Verankerung in den eigenen Vorfahren), Hoffnungen (der tägliche Ansporn), Humor (um sich zu ertragen), Kalender (die zeitliche Übersicht bewahren und sich instrumentalisieren lassen), Kinder (Stolz und Angst), Kleidung (drückt das Gegenteil der täglichen Stimmung aus), Körper (sich zu mögen oder sich nicht ansehen können), Kosmos (darin verloren oder geborgen sein), Krankheit (die alles erdrücken kann; Krankheit zum Tode oder Erkrankung mit Genesung), Land (was man braucht und wohin man gehört), Landschaft (der Blick in ein Tal, auf die Dünen), Lüge (ein Heraustreten aus einem gemeinsamen Rahmen), Mann (in Abwandlung eines Zitats von Friedrich Schiller aus dem Wallenstein: Der Mann ist auch ein Mensch, sozusagen), Mut, Klarheit, Menschlichkeit (notwendige Voraussetzungen, wenn man Verantwortung für andere hat), Partei (in keiner Partei sein und dennoch Partei ergreifen), Phantasiewelten (in denen man sich wie Don Quijote ergehen kann, oder auf die man wie Sancho Pansa hoffen kann), Pläne (sind schwierig zu unterdrücken), Politik (Enttäuschung über die Mutlosigkeit der Gewählten; also doch keine Erwählten), Produkte (die anstrengungslos Bedürfnisse befriedigen, sind gute Marken, auf die man sich verlassen kann), Pünktlichkeit (unter eigener Unpünktlichkeit zu leiden), Qualität (doch was ist Qualität?), Reden (manchmal die eigene Wortsucht nicht kontrollieren zu können), Regeln (selbstauferlegte sind besonders schwer einzuhalten), Reichtum (»Nach Golde drängt, / Am Golde hängt / Doch alles. Ach wir Armen!« meint Gretchen in Goethes Faust), Scham (versinken wollen oder sich zurückziehen), Sinn (immer nach Bedeutung zu suchen und immer von der Sinnlosigkeit des eigenen Tuns überrascht zu werden), Spiel (im Probehandeln spielerisch Lösungen finden), Sport (in jeder Lebensphase ein anderer), Sternenhimmel (auf See oder in den Bergen den Blick nach oben wenden; dies bewirkt nicht nur Staunen und ein Gefühl von Erhabenheit, sondern auch Angst und Schrecken), Stolz und Bescheidenheit (beides gehört zusammen), Theorien (in die das wissenschaftliche Handeln eingebunden ist), Tiere (müssen um mich sein), Tod (plötzlich verliert sich das Ich im Nichts, doch seine Bestandteile bleiben bis zum Ende der Zeiten erhalten), Umwelt (Erde, Luft und Wasser bilden den Rahmen für alle Lebensprozesse, nicht nur für den Menschen), Verantwortung (für andere und für mich), Verzweiflung (es gibt keinen Ausweg), Vorurteile (sind notwendig, und sie sind Ausdruck des Ökonomiegesetzes des Wahrnehmens und Handelns, damit wir möglichst anstrengungslos durch das Leben steuern können), Wandern (und seinen Körper in der Ermüdung spüren), Wein (der mäßig getrunken gut für das Herz und günstig für das Gehirn ist), Wirtschaft (und Wissenschaft als gleichberechtigte Partner in einem sozialen System), Witze (die ich nicht erzählen kann; wie das Unerträgliche erträglich gemacht wird), Zehn Gebote (die ich vergessen habe), Zeitgeist (und wie Künstler ihn erahnen, ohne ihn zu benennen), Zeitung (die tägliche Verbindung mit der Welt, um durch Informationen sich in der Gesellschaft sicher zu fühlen), Ziele (sie nicht aus den Augen verlieren und auf den günstigen Zufall warten, um sie zu verwirklichen), Zwang (sich selbst ausgeliefert zu sein und vielleicht Zwängen ausgeliefert zu sein, von denen man nichts weiß).

Eine kleine Überraschung, was den Zwang betrifft und was die Auswahl von Rahmen angeht: Nachdem Menschen im 21. Jahrhundert auf dem Mars Fuß gefaßt hatten, wurde dessen Oberfläche systematisch untersucht. Man hatte die Hoffnung aufgegeben, auf dem Mars Leben zu finden, doch möglicherweise war dies eine zu frühe Entscheidung. Bei einer der Studienreisen im Jahre 2112 entdeckte eine Forschergruppe eine bis dahin übersehene Höhle, und sie machte dort einen Zufallsfund, der das Selbstbild des Menschen für die weitere Zukunft ändern sollte. In einem versteckten Winkel der Höhle fand man metallische Scheiben, die offenbar keinen natürlichen Ursprung haben konnten. Es stellte sich heraus, daß diese Gegenstände vermutlich vergessen worden waren, und zwar von Wesen, die den Mars vor vielen tausend Jahren als eine operative Basis in unserem Sonnensystem genutzt hatten. Was diese Besucher auf dem Mars, die aus einem anderen Sternensystem gekommen waren, vergessen hatten, waren Datenträger. Die Analyse der hier gespeicherten Informationen führte zu erheblicher Unruhe, und längere Zeit versuchte man, die Ergebnisse geheimzuhalten. Durch einen glücklichen Zufall bin ich an das Material herangekommen (meine indische Freundin Jeet Dev hat mir eine Tür geöffnet). Es handelte sich um ein Versuchsprotokoll, und es stellte sich heraus, daß der Versuch darin bestand, kulturelle Entwicklungen der Menschheit auf der Erde anzuregen und im Verlauf zu beobachten. Man fand ein merkwürdiges Muster, das sich nach einer schwierig verlaufenden Übersetzungsphase als ein Bild mit Begriffen erwies, die auf menschliche Tätigkeiten hinwiesen; es handelte sich um Tätigkeiten, die Menschen in dieser Phase der Entwicklung schon ausübten oder die sich entwickeln würden; sie waren in einer Struktur ähnlich der 8 angelegt, und diese Form erinnerte an das Zeichen für Unendlichkeit in der viel später entwickelten Mathematik der Menschen.

                              Atmen
                     Bauen   Besitzen
                Denken   Dichten
           Entdecken   Ernten
       Essen   Forschen
    Fragen   Gehen
Gelten   Genießen
  Glauben   Hassen
    Heilen   Jagen
      Kaufen   Klagen
       Kleiden   Lachen
        Lehren   Lernen
           Lesen
        Lieben   Malen
       Messen   Ordnen
      Planen   Pflanzen
     Putzen   Reden
  Reisen   Schenken
Schlafen   Schweigen
  Segeln   Sorgen
    Staunen   Sterben
     Sündigen   Träumen
       Wachsen   Wagen
        Warten   Wissen
         Zweifeln

Aus der Analyse der Versuchsanordnung ging Folgendes hervor: Mit einem Zufallsgenerator wurde von den Experimentatoren aus dem anderen Sternensystem jeweils ein Begriff, der eine Tätigkeit kennzeichnet, aus den 47 vorgegebenen Begriffen ausgewählt, und zwar jeweils aus dem oberen Sektor und aus dem unteren Sektor. Diese zufällig bestimmten Begriffspaare definierten jeweils den Rahmen für kulturelle Entwicklungen in ausgewählten Gegenden auf der Erde und ebenfalls zu verschiedenen Zeiten in der Geschichte. Die Experimentatoren überließen es dann dem weiteren Zufall, welche der beiden erwürfelten Tätigkeiten in der jeweiligen Kultur dominierten. Sie wollten sich überraschen lassen, wie sich menschliche Gemeinschaften entwickeln, die zufälligen Rahmenbedingungen überlassen werden, wenn nur der Ausgangsrahmen vorgegeben ist. Was geschieht in einer Gesellschaft, einer Gemeinschaft, einer kleineren Gruppe, einer Familie oder bei einzelnen Menschen, für die der bestimmende Rahmen

> Besitzen und Reden oder
> Kaufen und Planen oder
> Entdecken und Träumen oder
> Dichten und Schlafen oder
> Lehren und Lieben oder
> Atmen und Wissen oder
> Glauben und Wissen usw. usw. ist?

Die einzelnen kulturellen und schließlich auch die verschiedenen individuellen Entwicklungen wurden über die Jahrtausende hinweg sorgfältig protokolliert, um in diesem ungewöhnlichen Experiment zu verfolgen, was sich alles in einem zufälligen Rahmen an Kulturen oder individuellen Lebensentwürfen entwickeln mag. Entscheidend war bei diesem Experiment, und das ging aus den gefundenen Protokollen ebenfalls hervor, daß die Versuchsobjekte, also die Menschen, nichts davon erfahren durften, Gegenstand eines großangelegten Experimentes zu sein. Die Experimentatoren waren erstaunt festzustellen, daß eine Vielfalt von Möglichkeiten realisiert wurde, die nicht vorhersagbar waren. Auch wenn die Ausgangsbedingungen durch zwei zufällig vorgegebene Aktivitäten bestimmt wurden, waren die kulturellen Entfaltungen auf der Grundlage dieser Auswahl im Detail nicht antizipierbar. Wie in der biologischen Evolution sich eine Artenvielfalt entwickelte, die nicht voraussagbar war, so entfalteten sich die unterschiedlichsten kulturellen Möglichkeiten, wenn nur jeweils zwei menschliche Aktivitäten zufällig gepaart wurden. (Das Registrieren der kulturellen Ereignisse und insbesondere das Verfolgen der individuellen Datenströme begann in der Neuzeit die Informationsüberwachung der Experimentatoren zu stören. Sie entwickelten daher sogenannte Viren-Progamme, die dem Zweck dienten, ihre eigene Arbeit der experimentellen Überwachung nicht zu stören.) Interessanterweise war es *eine* Tätigkeit, die sowohl zum oberen wie zum unteren Sektor gehörte und die damit einen eigenständigen Rahmen bestimmte, der durch andere nicht gestört wurde, nämlich das Lesen. Lesen – oder sammeln –, das taten sie alle; und damit schaffte sich jeder seinen eigenen Rahmen.

Literaturverzeichnis 1

Ein Literaturverzeichnis eines Buches ist ein Rahmen, der anzeigt (oder anzeigen soll), in welchem gedanklichen Umfeld der Autor sich bewegt; ein solches Verzeichnis ist mehr als eine Liste, in der jene aufgeführt werden, von denen man Wissen oder Gedanken übernommen hat. Manche Veröffentlichungen anderer werden genannt, weil man damit eine persönliche Nähe zu den Autoren andeuten will, und manchmal, wenn es sich um sehr bekannte Autoren handelt, möchte man mit ihnen prahlen. Manche Veröffentlichungen anderer werden nur aufgeführt, um sich in den Kreis geistiger Größen einzuordnen, und oft wurden deren Texte gar nicht sorgfältig studiert, sondern sind eben nur genannt. Andererseits wird auf manche Forscher nicht hingewiesen, von denen man etwas übernommen hat, an die man sich aber nicht mehr erinnern kann, weil der Gedanke eines anderen so zum eigenen Gedanken wurde, daß man meint, man hätte ihn selber gefunden. Das muß nicht böswillig sein, sondern ist eine Eigenart unserer Gedankenfabrik; es ist unmöglich, alle jene rückblickend zu identifizieren, von denen man etwas gelernt oder einen Gedanken übernommen hat. Diese Tatsache hat auch etwas Tröstliches: Menschliches Wissen ist in einem sozialen Rahmen aufgespannt, in den wir alle eingeschlossen sind und in dem es in der Tat nicht mehr so entscheidend ist, wer als erster was entdeckt oder gesagt hat. Wir können anstrengungslos und mit Selbstverständlichkeit am Wissen anderer teilhaben. Da das Wissen auch in umschriebenen Bereichen wissenschaftlichen Handelns weit verteilt ist, könnte ich für dieses Buch ein Literaturverzeichnis zusammenstellen, das genau dieselben inhaltlichen Bezüge herstellt, genau den gleichen geistigen Rahmen repräsentiert, wobei kein einziger Name der im Folgenden Genannten auftauchen würde. Da es etwa 100 000 wissenschaftliche Veröffentlichungen jedes Jahr alleine in den Neurowissenschaften gibt, gäbe es eine hinreichende Grundlage für eine Auswahl.

Natürlich ist ein Literaturverzeichnis einer wissenschaftlichen Arbeit oder eines Buches auch ein wissenschaftspolitisches Instrument. Damit können Zitationskartelle inszeniert werden (und dies geschieht auch), indem bestimmte Autoren ausgeschlossen, manche immer wieder genannt werden. Durch häufiges Nennen eines Forschers durch andere wird Bedeutung geschaffen, denn die Häufigkeit solcher Nennungen, also ein quantitatives Maß, ist in den Wissenschaften ein akzeptierter Indikator für Bedeutung; diese Bedeutung äußert sich gelegentlich in der Preiswürdigkeit eines Wissenschaftlers aus dem Zitationskartell. Allerdings, nach diesen vielleicht ernüchternden oder sogar anarchistischen Bemerkungen: Manche der Texte, die ich aufführe, sind wirklich lesenswert, und viele habe ich tatsächlich gelesen, oder in ihnen gelesen und dabei etwas oder viel gelernt. Bei vielen habe ich einen kurzen Kommentar zugefügt, der aber eine persönliche Meinung ausdrückt. Bei der Auswahl habe ich mich nicht nur auf wissenschaftliche Publikationen in Fachzeitschriften, sondern auf zusammenfassende Darstellungen insbesondere in Büchern konzentriert, weil hier die persönlichen Auffassungen eines Autors klarer zum Ausdruck kommen und diese Veröffentlichungen auch leichter zugänglich sind. (Die Auswahl ist sehr »Amerika-lastig«, was wohl mit meiner eigenen Biographie zu tun hat, und ich habe auch bevorzugt Arbeiten ehemaliger und jetziger Mitarbeiter aufgeführt).

Wie geht man in einem Literaturverzeichnis mit eigenen Veröffentlichungen um? Auch hier könnte ich eine Auswahl treffen, die mit der hier gegebenen wenig Überschneidungen hätte, denn vieles, was ich in Büchern oder wissenschaftlichen Artikeln veröffentlicht habe, taucht an anderer Stelle auch wieder auf. Die Auswahl, die ich getroffen habe, scheint mir aber die bessere zu sein. Ich führe die eigenen Veröffentlichungen, in denen ich Beobachtungen mitgeteilt habe, auf die ich mich in diesem Buch beziehe, getrennt auf; allerdings ist einiges, was ich hier darstelle, noch an keiner anderen Stelle veröffentlicht worden.

Al-Ghazali, Abu-Hamid Muhammad: Das Kriterium des Handelns. Wissenschaftliche Buchgesellschaft, Darmstadt, 2006 (orig. vermutlich 1105-1111) (Ein Buch aus einem anderen Kulturkreis, dem arabischen, über Ethik und wie man zur Glückseligkeit gelangen kann; der Weg zur Erlangung des Glücks wird durch Wissen und Handeln ermöglicht, und glaubt man an ein Leben nach dem Tod, dann kann die Glückseligkeit nicht auf das Diesseits beschränkt bleiben.)

Aschoff, Jürgen; Wever, Rütger: Spontanperiodik des Menschen bei Ausschluß aller Zeitgeber. Naturwissenschaften 49, 337-342, 1962 (Hier werden die Bunkerversuche beschrieben, in denen die »Innere Uhr« des Menschen, die unseren Tageslauf bestimmt, nachgewiesen wurde.)

Atmanspacher, Harald; Ruhnau, Eva (Hrsg.): Time, Temporality, Now. Experiencing Time and Concepts of Time in an Interdisciplinary Perspective. Springer, Heidelberg, 1997 (Hier wird auch die Frage erörtert, ob man auf der Grundlage von Ergebnissen der Neurowissenschaften für die Physik ein Konzept des »Jetzt« entwickeln kann.)

Augustinus, Aurelius: Bekenntnisse (Confessiones). München, 1955 (orig. 397/398) (Das 11. Buch der Bekenntnisse ist für mich immer noch die wichtigste Einführung in die Probleme der »Zeit des Menschen und der Zeit überhaupt«. Kurt Flasch hat in seinem Buch »Was ist Zeit?« diesen Augustinus-Text neu übersetzt und kommentiert; bei Klostermann, Frankfurt, 1993)

Bacon, Francis: Neues Organon (orig. 1620: Novum Organum) (Ein Vergnügen zu studieren, auch wenn man Latein lernen oder auffrischen will. Für Forscher eine wichtige Lektüre, da dieser Text ein Markstein für den Aufbruch der modernen Wissenschaft ist und da man hier mit möglichen Fehlern des eigenen Denkens vertraut gemacht wird.)

Baron-Cohen, Simon; Belmonte, Matthew K.: Autism: A Window onto the Development of the Social and the Analytic Brain. Annual Review of Neuroscience, 28, 109-126, 2005

Bekoff, Marc; Allen, Colin; Burghardt, Gordon M.: The Cognitive Animal. Empirical and Theoretical Perspectives on Animal Cognition. MIT Press, Cambridge, 2002 (Wir können sehr viel über mentale Funktionen des Menschen lernen, wenn wir uns bei anderen Lebewesen umschauen, sogar beim Einzeller, die im Prinzip schon alles können, was auch wir tun, nur nennt man es dort anders.)

Beuys, Joseph: Eine Werkübersicht 1945-1985. Schirmer, München, 1996

Bieri, Peter: Das Handwerk der Freiheit. Carl Hanser Verlag, München, 2001 (Durch dieses Buch fühle ich mich wie befreit, um ohne Scheu über Fragen nachzudenken, was eigentlich eine Entscheidung ist; eine solche Bemerkung mag manchem merkwürdig erscheinen, doch sie erklärt sich daraus, daß es in der Hirnforschung eine Diskussion über »Willensfreiheit« gibt, in der einige Wissenschaftler meinen, daß es diese nicht gebe; mir scheint hier eine Frage falsch gestellt zu sein.)

Bischof, Norbert: Das Rätsel Ödipus. Die biologischen Wurzeln des Urkonfliktes von Intimität und Autonomie. Piper, München, 1985

Bischof, Norbert: Das Kraftfeld der Mythen. Signale aus der Zeit, in der wir die Welt erschaffen haben. Piper, München, 1996 (Die beiden Werke von Norbert Bischof, das Ödipus- und das Mythen-Buch, sind die bedeutendsten psychologischen Bücher der letzten Jahrzehnte, und dies auf internationaler Ebene; wenn man etwas Einschränkendes sagen möchte, dann dies, daß die Titel der Bücher den Reichtum nicht erahnen lassen, der in ihnen verborgen ist; die Titel lassen für den uneingeweihten Leser einen engeren Rahmen vermuten, als er tatsächlich gegeben ist.)

Boring, Edwin G.: The Physical Dimensions of Consciousness. Dover, New York, 1933 (Ein Buch, das ich immer wieder zur Hand nehme, um mich über grundlegende psychophysische Sachverhalte wie zum zeitlichen Erleben zu informieren.)

Brague, Rémi: Die Weisheit der Welt. Kosmos und Welterfahrung im westlichen Denken. C.H.Beck, München 2006 (orig. »La sagesse du monde. Histoire de l'experience humaine de l'univers«, 1999) (Das Werk des bedeutenden französischen Gelehrten über den Verlust des kosmologischen Rahmens; auch ein wunderbares Buch für Naturforscher, um die Welt des geisteswissenschaftlichen Denkens kennenzulernen.)

Braisby, Nick; Gellatly, Angus (Hrsg): Cognitive Psychology. Oxford University Press, Oxford, 2005 (Hier wird man über den neuesten Stand der Kognitionsforschung auf übersichtliche Weise informiert.)

Brodmann, Korbinian: Vergleichende Lokalisationslehre der Großhirnrinde in ihren Prinzipien dargestellt auf Grund des Zellenbaus. Verlag von Johann Ambrosius Barth, Leipzig, 1909 (Wenn ich dieses Buch durchschaue, dann kann ich mich des Eindrucks nicht erwehren, daß die Forscher früher fleißiger waren als heutzutage; vielleicht sind wir aber auch nur durch die vielen neuen technologischen Möglichkeiten abgelenkt, so daß wir oft nicht zum Eigentlichen kommen.)

Carrier, Martin; Mittelstraß, Jürgen: Geist, Verhalten, Gehirn. Das Leib-Seele-Problem und die Philosophie der Psychologie. Walter de Gruyter, Berlin, 1989

(Das Vorwort beginnt mit: »Am Anfang dieses Buches stand eine Podiumsdiskussion im Rahmen der ›Dortmunder Universitätsgespräche‹ (am 28. Mai 1986) zwischen Ernst Pöppel und Jürgen Mittelstraß.« Zu dieser Veranstaltung hatte Joachim Treusch eingeladen, und es war wirklich eine beherzte Diskussion, die bis spät in die Nacht hinein fortgeführt wurde.)

Cassirer, Ernst: An essay on man. An introduction to a philosophy of human culture. Yale University Press, New Haven, 1944. (Dieses Werk wurde nach seiner Emigration verfaßt. Seine »Philosophie der symbolischen Formen«, ein dreibändiges Werk, erschienen jeweils 1923, 1925 und 1929, sind für mich Ausgangspunkt und Bestätigung interdisziplinärer oder »syntopischer« Forschung, wie ich sie lieber nennen möchte. Neben Cassirers Analysen bin ich beeindruckt darüber, was er alles gewußt hat; er war sicher einer der kenntnisreichsten Menschen des zwanzigsten Jahrhunderts.)

Chen Lin: The topological approach to perceptual organization. Visual Cognition, 12 (2005) 553-637

Churchland, Patricia: Brain-Wise. Studies in Neurophilosophy. MIT Press, Cambridge 2002 (»Obwohl« Philosophin, kennt sie sich bestens aus mit den experimentellen Grundlagen der Neurowissenschaften, und sie stellt deren Befunde in einen kreativen Bezug zur modernen Philosophie. Mit ihrem vorangegangenen Werk »Neurophilosophy. Toward a Unified Science of the Mind-Brain« von 1986 hat Patricia Churchland einen Begriff geprägt, der Ausgangspunkt wurde nicht nur für weitere neue Begriffe, sondern Forschungsansätze, wie »Neuroökonomie« oder »Neurotheologie«; eine »Neuropolitik« scheint es noch nicht zu geben.)

Cowey, Alan; Stoerig Petra: The Neurobiology of Blindsight. Trends in Neuroscience 14, 140-145, 1991

Damasio, Antonio R.: Descartes' Error. Emotion, reason and the human brain. Avon Books 1994. (Nach Damasio war der Fehler von Descartes, das Körperliche vom Geistigen zu trennen, beide als verschiedene Substanzen zu sehen; dies ist eine Grundposition, die in den modernen Neurowissenschaften seit langem nicht mehr vertreten wird; sie läßt sich philosophisch gesprochen als empirischer Realismus oder pragmatischer Monismus bezeichnen.)

Darwin, Charles: The expression of the emotions in man and animals. 1872. Third edition: Harper Collins Publishers 1998. (Mit diesem Werk, das auf sein Fundamentalwerk »On the Origin of Species« von 1859 folgte, hat Darwin die Grundlagen für die ethologische Forschung insbesondere auch für den Menschen gelegt.)

Dawkins, Richard: The Selfish Gene. Oxford University Press, Oxford, 1976 (Hier entwickelt Dawkins auch das Konzept der »Meme«, das grundlegend ist für die Bestimmung dessen, was wir als »Wissen« bezeichnen.)

Dennett, Daniel C.: Consciousness Explained. Little Brown an Company, Boston, 1991 (Ein sehr anspruchsvoller Titel; aus seiner Sicht mag es so sein, daß das Bewußtsein erklärt wurde.)

Descartes, René: Von der Methode des richtigen Vernunftgebrauchs und der wissenschaftlichen Forschung. Felix Meiner, Hamburg 1990 (orig. 1637: Discours de la méthode). (Für jeden Forscher eine notwendige Lektüre; hier beschreibt Descartes auch vier Regeln des Denkens, und dieser Text ist überdies Ausdruck der Suche eines jungen Menschen nach Sicherheit in dieser Welt; hier wird offenbar erstmals das »Ich denke, also bin ich« erwähnt.)

Distel, Hans; Holländer, Horstmar: Autoradiographic Tracing of Developing Subcortical Projections of the Occipital Regions in Fetal Rabbits. Journal of Comparative Neurology, 192, 505-518, 1980

Distel, Hans; Hudson, Robyn: Judgement of Odour Intensity is Influenced by Subjects' Knowledge of the Odour Source. Chemical Senses, 26, 247-251, 2001

Dreyfus, Hubert L.: What Computers can't Do. The Limits of Artificial Intelligence. Harper & Row, New York, 1979 (Ernüchternd für jene, die darauf hoffen, den Menschen recht bald durch Computer ersetzen zu können; ein Trost aber für jene, die das menschliche Sein an seine Fleischlichkeit gebunden sehen. Zu letzteren gehöre ich.)

Edelman, Gerald M.: The Remembered Present. A Biological Theory of Consciousness. Basic Books, New York, 1989 (Das Konzept des »Bewußtseins« über die zeitliche Dimension aufzubauen, ist mir besonders sympathisch; Ähnliches habe ich in dem Buch »Grenzen des Bewußtseins«, 1985 bei der Deutschen Verlagsanstalt erschienen, versucht.)

Edelman, Gerald M.; Tononi, Giulio: A universe of consciousness. How matter becomes imagination. Basis Books 2000 (Die Autoren erörtern auch das Konzept des »reentry«, daß neuronale Aktivitäten an einen Ausgangspunkt zurückkehren müssen und daß durch solche Wiederkehr, oder durch die Wechselwirkung verschiedener Orte im Gehirn, neue Qualitäten in neuronalen Netzen entstehen können. Ein solcher Mechanismus ist vermutlich notwendig, jedoch nicht hinreichend, um die Entstehung spezifischer Funktionen zu beschreiben.)

Eibl-Eibesfeldt, Irenäus: Die Biologie des menschlichen Verhaltens. Piper, München, 3. Aufl. 1995 (Mit diesem Werk begründet der Autor eine neue Wissenschaft, nämlich die Humanethologie.)

Eibl-Eibesfeldt, Irenäus: Grundriß der vergleichenden Verhaltensforschung. Ethologie. Piper, München, 8. Aufl. 1999 (Dieses Buch gibt einen umfassenden Einblick in Verhalten und Erleben aus ethologischer Sicht. Will man verstehen, wie wir Menschen »gemeint« sind oder was uns »gemäß« ist, dann muß man die evolutionäre Sicht berücksichtigen und nicht einem blinden Konstruktivismus verfallen.)

Einstein, Albert: Physik und Realität. In »Aus meinen späten Jahren«; Ullstein, Frankfurt, 1984 (orig. in The Journal of the Franklin Institute, Band 221, März 1936). (Es ist immer wieder ein intellektuelles Vergnügen, die Texte von Einstein zu lesen, die sich nicht nur an die Fachwissenschaftler richten.)

Epstein, David: Shaping Time. Music the Brain, and Performance. Schirmer Books, New York, 1995 (Epstein war ein begnadeter Musiker, Komponist, Dirigent und außerdem noch Musikwissenschaftler. Hier faßt er Forschungsarbeiten zusammen, die zum großen Teil in deutschen Instituten entstanden sind, obwohl er einer amerikanischen Universität angehörte; er meinte, daß man »interdisziplinär« besser in Deutschland arbeiten könne.)

Erikson, Erik H.: Identity and the Life Cycle. Norton & Co. New York, 1980 (Vertrauen wird im ersten Lebensjahr geprägt.)

Feynman, Richard: The Character of Physical Law. MIT Press, Cambridge, 1965 (Was bedeutet eigentlich »Gesetz« in den verschiedenen Wissenschaften? Mir scheint, daß der Gegenstand der Betrachtung auch einen Rahmen dafür vorgibt, was in dieser wissenschaftlichen Disziplin als ein Gesetz angesehen werden kann, so daß verschiedene Wissenschaften einen jeweils anderen Begriff darüber haben können, was ein Gesetz ist.)

Fodor, Jerry A.: The Modularity of Mind. An Essay on Faculty Psychology. MIT Press, Cambridge, 1983 (Ein wichtiges Werk, das auch für meine eigenen Überlegungen bei der Entwicklung einer funktionellen Taxonomie grundlegend war.)

Fraisse, Paul: Perception and Estimation of Time. Annual Review of Psychology 35, 1-36, 1984 (Zeitliche Intervalle bis zu wenigen Sekunden werden »wahrgenommen«, längere Zeitintervalle dagegen werden »geschätzt«; einer der Meister der französischen Psychologie eröffnet durch seine Studien über die subjektive Zeit auch einen Zugang zur Analyse verschiedener mentaler Operationen.)

Freud, Sigmund: Zur Psychopathologie des Alltagslebens. Über Vergessen, Versprechen, Vergreifen, Aberglaube und Irrtum. Gesammelte Werke, Band 4, S. Fischer Verlag, Frankfurt, 3. Aufl. 1961 (orig. 1904) (Für viele ermöglicht dieses im übrigen auch sehr witzige Buch einen Einstieg in die Psychoanalyse, und hier wird erläutert, was es mit dem »Freud'schen Versprecher« auf sich hat.)

Freud, Sigmund: Der Witz und seine Beziehungen zum Unbewußten. Gesammelte Werke, Band 6, S. Fischer Verlag, Frankfurt, 3. Aufl. 1961 (orig. 1905) (Auch eine gute Sammlung jüdischer Witze und eine interessante Analyse der »Nachahmung« im menschlichen Verhalten.)

Freud, Sigmund: Neue Folge der Vorlesungen zur Einführung in die Psychoanalyse. Gesammelte Werke, Band 15, S. Fischer Verlag, Frankfurt, 3. Aufl. 1961 (orig. 1932) (Die 31. Vorlesung »Die Zerlegung der psychischen Persönlichkeit«, die jeder Arzt oder Psychologe lesen sollte, doch keiner sollte sich ausgeschlossen fühlen, enthält jenes Modell, in dem zwischen Ich, Es und Über-Ich unterschieden wird.)

Fries, Wolfgang: The Projection from the Lateral Geniculate Nucleus to the Prestriate Cortex of the Macaque Monkey. Proceedings of the Royal Society London, B213, 73-80, 1981 (Diese Arbeit hat bei Fachkollegen eine gewisse Unruhe ausgelöst, da man stets davon ausgegangen war, daß es eine solche Verbindung zwischen Hirnarealen, wie sie hier beschrieben wird, nicht gebe, die aber auf der funktionellen Ebene einiges erklären kann; es ist in der Forschung immer recht problematisch, die »Nicht-Existenz« von etwas zu behaupten.)

Gazzaniga, Michael S. (Hrsg.): The Cognitive Neurosciences. MIT Press, Cambridge 2004 (Dies ist das dritte Buch in einer Reihe, in dem die neuesten

Entwicklungen in jenen wissenschaftlichen Bereichen von zahlreichen Autoren mit insgesamt 94 Aufsätzen dargestellt werden, die für die Kognitionsforschung und deren neuronale Grundlagen wichtig sind; Themen sind etwa Evolution und Entwicklung, sensorische und motorische Systeme, Aufmerksamkeit, Gedächtnis, Sprache, Gefühle oder Bewußtsein.)

Gehlen, Arnold: Der Mensch. Seine Natur und seine Stellung in der Welt. Athenäum Verlag, Frankfurt, 1962 (Vielleicht ist es wirklich nur der »Hiatus«, die Pause zwischen dem Auftreten eines Bedürfnisses und seiner Befriedigung, wie ihn Gehlen beschreibt, der den Menschen gegenüber anderen Lebewesen auszeichnet, und wenn nicht qualitativ, so doch zumindest quantitativ.)

Gigerenzer, Gerd: Das Einmaleins der Skepsis. Über den richtigen Umgang mit Zahlen und Risiken. Berliner Taschenbuch Verlag, Berlin 2004 (Ein Vergnügen zu lesen, und danach kann man leichter durch den Alltag navigieren.)

Glimcher, Paul W.: Decisions, Uncertainty, and the Brain. The Science of Neuroeconomics. MIT Press, Cambridge, 2003 (Ein Versuch, neue und nicht so neue, Befunde aus der Hirnforschung mit dem ökonomischen Handeln in Verbindung zu bringen.)

Gombrich, Ernst H.: Art and Illusion. A Study in the Psychology of Pictorial Representation. Princeton Universiy Press, Princeton, 1960 (Vor etwa 2000 Jahren hat Apollonius ein Konzept der »mimesis« vertreten, wie ich es als mimetisches Prinzip für die verschiedenen Formen des Wissens beschreibe; also nichts Neues. Dieses und vieles mehr, wie die Bedeutung des Rahmens in der Wahrnehmung und in der Erschaffung von Kunstwerken, kann man von Gombrich lernen, auch wenn der Begriff »Rahmen« keine Rolle spielt.)

Goodale, Melvyn; Milner, David: Sight Unseen. An Exploration of Conscious und Unconscious Vision. Oxford University Press, Oxford 2004

Greene, Brian: Der Stoff, aus dem der Kosmos ist. Raum, Zeit und die Beschaffenheit der Wirklichkeit. Siedler-Verlag München, 2004

Greenfield, Susan: Journey to the Centers of the Mind. Toward a Science of Consciousness, Freeman, New York, 1995

Gross, Charles G.: Brain, Vision, Memory. Tales in the History of Neuroscience. MIT Press, Cambridge, 1998

Hari, R., Forss, N., Avikainen, S., Kirveskari, S., Salenius, S., Rizzolatti, G.: Activation of Human Primary Motor Cortex during Action Observatioin: A Neuromagnetic Study. Proceedings of the National Academy of Science USA; 95, 15061-15065, 1998

Hawking, Stephen W.: A Brief History of Time. From the Big Bang to Black Holes. Bantam Books, Toronto, 1988 (Mich würde interessieren, wie viel Prozent der Käufer diesen Bestseller ganz gelesen und auch verstanden haben.)

Hawkins, Jeff: On Intelligence. Times Books, Henry Holt and Company, New York, 2004 (Ein mutiger Versuch eines Unternehmers, neurowissenschaftliche Überlegungen zusammenzudenken im Hinblick auf das, was man unter Intelligenz versteht.)

Heidegger, Martin: Sein und Zeit. Max Niemeyer, Tübingen, 10. Aufl. 1963 (orig. 1927) (Mit diesem Werk von Heidegger kämpfe ich immer noch.)

Heidegger, Martin: Gelassenheit. Neske, Stuttgart 1959 (Wenn man seine Bodenständigkeit verloren hat, dann empfiehlt Heidegger Gelassenheit und die Offenheit zu den Dingen.)

Heiss, Robert: Allgemeine Tiefenpsychologie. Bern, 1965 (Heiss war für mich einer jener akademischen Lehrer in Freiburg, dessen Vorlesungen ich sehr gerne besuchte und der mit diesem Buch versucht, allgemeinpsychologische und tiefenpsychologische Konzepte zu verbinden.)

Helmholtz, Hermann von: Handbuch der physiologischen Optik. Verlag von Leopold Voss, Hamburg und Leipzig, 2. Aufl. 1896 (Eines der bedeutendsten Werke der Wissenschaftsgeschichte, das nach über einhundert Jahren immer noch grundlegend für die Wahrnehmungsforschung ist. Helmholtz faßt die wissenschaftliche Literatur mit 7833 aufgeführten Veröffentlichungen von 1600 bis 1894 zusammen, die er vermutlich alle gelesen hat.)

Hobson, J. Allan: The Dreaming Brain. Basic Books, New York, 1988.

Holst, Erich von: Zur Verhaltensphysiologie bei Tieren und Menschen. Piper, München, 1969 (Leider habe ich von Holst persönlich nie kennengelernt, doch aus dieser Sammlung seiner Veröffentlichungen sehr viel gelernt und auch einen Eindruck von seiner Persönlichkeit gewonnen; insbesondere das »Reafferenzprinzip« hat zu weiteren Überlegungen geführt. Mit Studenten und Mitarbeitern habe ich oft sein Grab in Erling bei Kloster Andechs besucht, und dann wurde an seinem Grab über Fragen der biologischen Kybernetik gesprochen.)

Hubel, David H.; Wiesel, Torsten N.: Brain and Visual Perception. The Story of a 25-Year Collaboration. Oxford University Press, Oxford, 2005 (Eine Sammlung der wichtigsten Arbeiten der beiden Autoren, die 1981 mit dem Nobelpreis ausgezeichnet wurden. Das Buch lebt vor allem auch von den vielen persönlichen Anmerkungen, vor allem von Hubel, die einen Einblick in Forschung geben, wie sie wirklich geschieht.)

Hudson Robyn: From Molecule to Mind: The Role of Experience in Shaping Olfactory Function. Journal of Comparative Physiology A, 185, 297-304, 1999

Hudson, Robyn, Distel, Hans: Nipple Location by Newborn Rabbits: Behavioural Evidence for Pheromonal Guidance. Behaviour 85, 260-275, 1983 (Junge Kaninchen sind in den ersten Lebenstagen taub und blind, und sie orientieren sich mit einem standardisierten Bewegungsmuster an einem typischen Geruch, der von den Müttern ausgeht. Dieses genetisch vorgegebene Verhalten kann für Lernexperimente genutzt werden, um beispielsweise zu untersuchen, wie natürliche Geruchsstoffe mit künstlichen assoziiert werden, eine nicht unwichtige Frage auch für die emotionale Steuerung menschlichen Verhaltens.)

Huxley, Aldous: Die Pforten der Wahrnehmung. Meine Erfahrung mit Meskalin. Piper, München 1966 (orig. »The Doors of Perception«, 1954) (In der neurokognitiven Forschung wird manchmal versucht, reversible Ausfälle herzustellen, um aus der Veränderung wie etwa bei einem Drogenrausch oder einer Narkose die normale Funktionsweise zu erschließen; nicht immer sind solche Vorhaben erfolgreich.)

Innocenti, Giorgio M., et al.: Schizophrenia, Neurodevelopment and Corpus Callosum. Mol. Psychiatry 8, 261-274, 2003

Izutsu, Toshihiko: Philosophie des Zen-Buddhismus. Rowohlt, Hamburg, 1979 (Wer sich mit Hirnforschung befaßt, muß immer auch Denkweisen anderer Kulturkreise kennenlernen, weil diese einen Rahmen definieren, der auf der Grundlage biologischer Randbedingungen die kulturelle Formbarkeit des Gehirns erkennen läßt.)

Jakobson, Roman: Kindersprache, Aphasie und allgemeine Lautgesetze. Frankfurt, 1969 (orig. 1941) (Der Begründer der modernen Linguistik, Jakobson, war mit Ernst Cassirer mehrere Wochen auf dem Schiff zusammen, das sie von Schweden nach Amerika brachte, um der Hitlerei zu entfliehen. Ich vermute, daß sie bei dieser Reise nicht nur mit der Seekrankheit gekämpft, sondern miteinander auch über Probleme der menschlichen Sprache diskutiert haben; keiner kann wohl mehr rekonstruieren, welche Bedeutung diese erzwungene Schiffsreise für die Entwicklung der modernen Sprachforschung hatte.)

James, William: The Principles of Psychology. Harvard University Press, Cambridge 1983 (orig. 1890) (Mit seinen weit über eintausend Seiten immer noch das bedeutendste Werk der amerikanischen Psychologie; hier findet man »alles«.)

Johnson-Frey, Scott H. (Hrsg.): Taking Action. Cognitive Neuroscience Perspectives on Intentional Acts. MIT Press, Cambridge, 2003. (Eine reiche Auswahl von Beiträgen über die Bedeutung der Bewegung für höhere kognitive Prozesse, wie etwa der Aufsatz von Marco Iacoboni über »Understanding Intentions through Imitation«.)

Kandel, Eric R., Schwartz, James H., Jessell, Thomas M. (Hrsg.): Principles of Neural Science. McGraw-Hill, New York, 4. Aufl. 2000 (Auf weit über eintausend Seiten wird hier das Wissen der modernen Hirnforschung ausgebreitet. Jeder junge Forscher, der die neuronalen Grundlagen des Erlebens und Verhaltens verstehen will, muß sich durch dieses Lehrbuch durcharbeiten, und den älteren schadet es auch nichts.)

Köhler, Wolfgang: The Task of Gestalt Psychology. Princeton University Press, Princeton, 1969 (Einer der Begründer der Gestaltpsychologie führt hinein in seine Welt des Denkens. Einer meiner Mentoren, Richard Held vom Massachusetts Institute of Technology, hat in seinen jungen Jahren mit Köhler zusammen versucht, gestaltartige Muster der Hirnaktivierung nach Reizung mit optischen Mustern zu finden. Erst jetzt, ein halbes Jahrhundert später, ist dies durch die modernen bildgebenden Verfahren zumindest ansatzweise möglich geworden.)

Kohler, Ivo: Über Aufbau und Wandlungen in der Wahrnehmungswelt. Österreichische Akademie der Wissenschaften, Band 227/1, Wien, 1951 (Hier werden die berühmten Brillenversuche von Kohler beschrieben, die eine Grundlage sind für moderne Studien zur Plastizität des Nervensystems; Kohler wollte etwa wissen, wie die Welt aussieht, wenn sie längere Zeit auf dem Kopf steht.)

Kraepelin, E.: Psychiatrie. Johann Ambrosius Barth, Leipzig, 1896, 5. Aufl. (Dieses Werk steht am Anfang einer naturwissenschaftlich orientierten Psychiatrie, die aber frei ist von der Instrumentalisierung eines Patienten, indem dieser nur als Symptomträger gesehen wird; naturwissenschaftlich denken heißt nicht automatisch, den Menschen als Individuum nicht mehr ernst zu nehmen, ein Mißverständnis, dem man immer wider begegnet.)

Kretschmer, Ernst: Körperbau und Charakter. Springer-Verlag, Berlin, 23./24. Aufl. 1961 (Hier drückt sich die Sehnsucht aus, von der äußerlichen Erscheinung auf die innere Welt eines Menschen zu schließen; oft fühlt man sich durch eigene Beobachtungen bestätigt, doch vielleicht »übertreibt« unser Wahrnehmungsapparat, indem Kategorien erfunden werden, damit man es sich mit anderen einfacher machen kann.)

Kuhn, Thomas S.: Die Struktur wissenschaftlicher Revolutionen. Suhrkamp, Frankfurt, 1979 (orig. 1962) (Das Konzept des »Paradigmas«, wie es Thomas Kuhn entwickelt hat, hat wesentlich dazu beigetragen, mir Gedanken zum »Rahmen« zu machen. Kurz vor seinem Tod habe ich mit ihm mehrere Gespräche geführt, wobei deutlich wurde, daß er mit der öffentlichen Rezeption des Begriffs »Paradigma« gar nicht glücklich war.)

La Mettrie, Julien Offray de: Der Mensch als Maschine. LSR-Verlag Nürnberg, 2. Aufl. 1988 (orig. »L'homme machine«, 1748)

Land, Edwin: Recent Advances in Retinex Theory and Some Implications for Cortical Computations: Colour vision and the Natural Image. Proceedings of the National Academy of Sciences, USA, 80, 5163-5169, 1983

Laska, Matthias, Seibt, Alexandra, Weber, Andreas: »Microsmatic« Primates Revisited: Olfactory Sensitivity in the Squirrel Monkey. Chemical Senses 25, 47-53, 2000

Lazarus, Richard S.; Lazarus, Bernice N.: Coping with Aging. Oxford University Press, Oxford, 2006 (Erfreulicherweise nimmt die durchschnittliche Lebenserwartung in den meisten Ländern zu; damit stellen sich aber neue Probleme: Was macht man mit sich selber, wenn man aus dem aktiven Berufsleben ausgeschieden ist und zehn oder zwanzig, manchmal dreißig Jahre vor sich hat, die man selber gestalten muß?)

Logothetis, Nikos K.: Vision: A Window on Consciousness. Scientific American, Nov. 1999, pp. 69-75

Logothetis, Nikos, K.; Blake, Randolph: Visual Competition. Nature Reviews Neuroscience, 3, 13-23, 2002

Lorenz, Konrad: Die angeborenen Formen möglicher Erfahrung. Zeitschrift für Tierpsychologie 5, 235-409, 1943 (Grundlegend für die moderne Ethologie; jeder Leser muß selber bewerten, wie er die aus dem Geist der Zeit heraus geschriebene Passagen sieht.)

Lorenz, Konrad: Die Rückseite des Spiegels. Versuch einer Naturgeschichte menschlichen Erkennens. München, Piper-Verlag 1973. (Für mich persönlich ein wichtiges philosophisches Buch, das mir manche theoretischen Konzepte leichter verständlich macht.)

Luria, Alexander R.: The Working Brain. An Introduction to Neuropsychology. Basic Books, New York, 1973 (Eine immer noch wichtige Einführung in die Grundprobleme der kognitiven Neurowissenschaften.)

Luria, Alexander R.: The Mind of a Mnemonist. A Little Book about a Vast Memory. Basic Books, New York, 1968 (Aufklärung darüber, daß ein sehr gutes Gedächtnis jemanden lebensunfähig machen kann.)

Maar, Christa; Burda, Hubert: Iconic Turn. Die neue Macht der Bilder, Dumont, Köln, 2004 (Eine Sammlung von Beiträgen, die Grundlage für eine zu entwikkelnde »Allgemeine Bildwissenschaft« sein können.)

Malewitsch, Kasimir: Die gegenstandslose Welt. Kupferberg, Mainz, 1980

Mayr, Ernst: What Evolution is. Basic Books. New York 2001 (Das Werk eines fast hundertjährigen Forschers, das eine klare Orientierung über Fragen der Evolution ermöglicht.)

Merrow, Martha; Roenneberg, Till: Circadian Clocks: Running on Redox. Cell 106, 141-143, 2001

Miller, George A.; Galanter, Eugene; Pribram, Karl. H.: Plans and the Structure of Behavior. Holt, Rinehart and Winston, Inc. 1960 (Die Autoren beschreiben hier ihr bekannt gewordenes »TOTE-Konzept«; wann immer wir etwas tun, testen wir zuerst, bevor wir etwas machen (»operate«); nachdem wir etwas getan haben, testen wir wieder, um schließlich einen Handlungszyklus durch ein »Exit« zu beenden.)

Milner, Brenda; Teuber, Hans-Lukas: Alteration of Perception and Memory in Man: Reflections on Method. In: Weiskrantz, Lawrence (Ed.), Analysis of Behavioral Change. Harper & Row, New York, 1968, S. 268-375

Mitzdorf, Ulla: Current Source-Density Method and Application in the Cat Cerebral Cortex: Investigation of Evoked Potentials and EEG Phenomena. Physiological Reviews 65, 37-100, 1985

Morus, Thomas: Utopia. Ein wahrhaft goldenes Büchlein von der besten Staatsverfassung und von der neuen Insel Utopia. Reclam, Stuttgart, 1983 (orig. 1515/16) (Die Wortschöpfung »Utopia« von Morus hat mir gleichsam das Wort »Syntopia« in den Mund gelegt. Syntopia ersetzt für mich den unglücklichen Begriff »Interdisziplinarität«. Dieses Buch »Der Rahmen« kann auch als eine Reise durch die Landschaften von Syntopia verstanden werden.)

Nauta, Walle J. H.; Feirtag, Michael: Fundamental Neuroanatomy. Freeman & Co., New York, 1986 (Eine Einführung in die Struktur von Gehirnen, die Funktionen in den Mittelpunkt stellt; seine berühmten Vorlesungen am Massachusetts Institute of Technnology, jeweils Dienstag abends, zu der Studenten und Professoren gingen, sind hier schriftlich niedergelegt.)

Nesse, Randolph M.; Williams, George C.: Why we get Sick. The New Science of Darwinian Medicine. Vintage Books, New York, 1996

Nietzsche, Friedrich: Jenseits von Gut und Böse, Sämtliche Werke, Kritische Studienausgabe, hrsg. Von Giorgio Colli und Mazzino Montinari, Band 5, Deutscher Taschenbuch Verlag, München, 1980

Norman, Donald A.: Emotional Design. Why we Love (or Hate) Everyday Things. Basic Books, New York, 2004 (Offenbar werden moderne Technologien von jungen, männlichen, rechtshändigen Ingenieuren entwickelt, die lieber das tun, was sie können, aber nicht das, was Menschen brauchen, also anstrengungslos nutzen können. Gebrauchstauglichkeit und Design von Produkten müssen sich am menschlichen Maß orientieren, und hierfür scheint mir Wissen aus der Hirnforschung nützlich zu sein.)

Ogatha, Keiji: Integration der Natur. Weltanschauung der vereinigten Natur und die daraus abgeleitete ontologische Ethik. Agenda Verlag, Münster, 2003

Ortega y Gasset, José: Gespräch beim Golf. Insel-Verlag, 1957 (Hier sind vier Essays des spanischen Philosophen zusammengefaßt, die ich immer wieder mit Vergnügen lese; es geht um personale Identität – nicht jeder ist zum Golfspieler geboren –, oder um ästhetische Prinzipien, daß ein Gesicht auch als schön bezeichnet werden kann, wenn einzelne Elemente alles andere als schön sind; durch die Beziehung der Elemente kann eine Gestalt entstehen, die man als schön empfindet.)

Pascual-Leone, Alvaro, et al.: The Plastic Human Brain Cortex. Annual Review of Neuroscience, 28, 377-401, 2005

Paulos, John Allen: Innumeracy. Mathematical Illiteracy and it's Consequences. Hill and Wang, New York, 1988 (Warum mag es wohl so sein, daß viele Menschen solche Schwierigkeiten mit mathematischen Konzepten haben, zu denen ich im übrigen gehöre? Offenbar haben wir keinen »statistischen Sinn«, und dieses Fehlen führt immer wieder zu den merkwürdigsten Fehleinschätzungen von Sachverhalten. Vielleicht reicht als Therapie bereits, einfach zu wissen, daß wir keinen statistischen Sinn haben, um uns damit vor Fehlern bei Entscheidungen zu schützen, indem wir Hilfsmittel heranziehen, die den fehlenden Sinn ersetzen.)

Pfeifer, Rolf; Scheier, Christian: Understanding Intelligence. MIT Press, Cambridge, 1999 (Ohne Körperlichkeit ist das, was wir Intelligenz nennen, nicht vorstellbar.)

Piaget, Jean: Genetic Epistemology. Norton & Co. New York, 1970 (Dies sind wunderbare Essays, die in die Welt des Denkens hineinführen.)

Pinker, Steven: Das unbeschriebene Blatt. Die moderne Leugnung der menschlichen Natur. Berlin Verlag, Berlin 2003 (orig. The Blank Slate. The Modern Denial of Human Nature, 2002) (Hier wird auch die Bedeutung der Nachahmung im menschlichen Erleben und Verhalten thematisiert. Was für einen Forscher überraschend ist, der aus einer anderen Denkwelt kommt und für den die biologischen Grundlagen eine Selbstverständlichkeit sind, ist die Behauptung, es gebe die im Titel angesprochene Leugnung. Dies zeigt, wie bedeutsam der Rahmen ist, durch den ein Forscher sein eigenes Arbeitsgebiet wahrnimmt.)

Ploog, Detlev: Emotionen als Produkte des limbischen Systems. Medizinische Psychologie, 6, 7-19, 1980 (Für den Psychiater und Neurowissenschaftler Ploog war es ein Anliegen, ethologische Konzepte für das Verständnis des Erlebens und Verhaltens zu berücksichtigen und diese auch für die Erklärung psychiatrischer Störungen zu nutzen.)

Poeppel, David: A Critical Review of PET Studies of Phonological Processing. Brain and Language, 55, 317-351, 1996 (Durchaus sehr ähnliche experimentelle Situationen führen zu sehr unähnlichen Mustern neuronaler Aktivierung im Gehirn; man kann bei der Kontrolle der experimentellen Situation nicht genau genug sein. Die Namensähnlichkeit des Autors zum Autor dieses Buches ist kein Zufall; David Poeppel ist mein Sohn.)

Poeppel, David: The Analysis of Speech in Different Temporal Integration Windows: Cerebral Lateralization as »Asymmetric Sampling in Time«. Speech Communication, 41, 245-255, 2003

Poeppel, David; Hickok, Gregory S.: Towards a New Functional Anatomy of Language. Cognition, 92, 1-12, 2004

Polyak, Stephen: The Vertebrate Visual System. The University of Chicago Press, Chicago, 1957 (Ein grandioses Werk über unser Sehsystem.)

Popper, Karl R.: The place of mind in nature. In: Richard Q. Elvee (Ed.) »Mind in Nature«, Harper & Row, San Francisco, 1981. pp. 31-59 (Durch diesen Aufsatz bin ich auf den »Baldwin-Effekt« aufmerksam gemacht worden, daß Intelligenz von Lebewesen evolutionär belohnt werden kann.)

Popper, Karl R.; Eccles, John C.: The Self and its Brain. An Argument for Interactionism. Springer-Verlag, Berlin, 1977 (Besonders lesenswert sind die Diskussionen zwischen den beiden Autoren.)

Radil, Tomás: Zeit in Auschwitz – Zeit nach Auschwitz. In: Ernst Pöppel und Max Kerner (Hrsg.) Zeit und Mensch, Thouet Verlag, Aachen, S. 65-75

Raup, David M.: Extinction. Bad Genes or Bad Luck? Norton & Co., New York, 1991 (Hier erfährt man beispielsweise, daß die durchschnittliche Lebenserwartung von Arten nur etwa 2 Millionen Jahre beträgt, daß also die meisten jemals entstandenen Arten auf dieser Erde schon wieder ausgestorben sind.)

Rentschler, Ingo; Herzberger, Barbara; Epstein, David (Hrsg.) Beauty and the Brain. Biological Aspects of Aesthetics. Birkhäuser, Basel, 1988 (Dies ist meines Wissens das erste Buch, in dem auf einer breiten Basis neurowissenschaftliche und psychologische Aspekte in Beziehung mit den Künsten gebracht werden, und es werden ästhetische Prinzipien in einem biologischen Rahmen erörtert.)

Rentschler, Ingo; Treutwein, Bernhard: Loss of Spatial Phase Relationship in Extrafoveal Vision. Nature 313, 308-310, 1985

Rippl, Daniela; Ruhnau, Eva (Hrsg.): Wissen im 21. Jahrhundert. Komplexität und Reduktion. Wilhelm Fink Verlag, München, 2002

Rizzolatti, Giacomo; Craighero, Laila: The Mirror-Neuron System. Annual Review of Neuroscience. 2004, 169-192.

Roenneberg, Till; Aschoff, Jürgen: Annual Rhythm of Human Reproduction: I. Biology, Sociology, or both? II. Environmental Correlations. Journal of Biological Rhythms 5, 195-239, 1990

Roenneberg, Till; Merrow, Martha: Circadian Clocks – the Fall and Rise of Physiology. Nature Reviews, Molecular Cell Biology 6, 965-971, 2005

Roenneberg, Till; Morse, David: Two Circadian Oscillators in one Cell. Nature 362, 362-364, 1993

Ruhnau, Eva; Kridlo, Susanne; Busch, Bernd; Roessler, Kurt (Hrsg.): Ethik und Heuchelei, Dumont, Köln, 2000 (Im Jahre 1998 fand in der Kunst- und Ausstellungshalle der Bundesrepublik Deutschland in Bonn ein Symposium zu diesem Thema statt, bei dem Themen aus Medizin, Gentechnik, Kerntechnik und Umweltforschung behandelt wurden; die Diskussionen waren naturgemäß kontrovers.)

Russell, Bertrand: The art of philosophizing. Rowman & Alianheld, Totowa/New Jersey, 1974 (Russell vertritt eine Art des Philosophierens, die ich glaube zu verstehen. Besonders hilfreich ist mir, daß er auf die »Sprachfalle« hinweist, in die wir stürzen können, wenn wir ohne Nachdenken Begriffe der Alltagssprache verwenden und diese auf wissenschaftliche Konzepte anwenden.)

Sabel, Bernhard A.; Schneider, Gerald E.: The Principle of »Conservation of Total Axonal Arborizations«: Massive Compensatory Sprouting in the Hamster Subcortical Visual System after early Tectal Lesions. Experimental Brain Research 73, 505-518, 1988

Sacharow-Ross, Igor: Reanimation. Cantz-Verlag, Ostfildern, 1997 (Hier wird auch das »Innere Observatorium« beschrieben, das im Haus der Kunst München 1996 ausgestellt wurde; Abb. 1 b in diesem Buch ist ein Entwurf für diese Installation, für die das Dach der Ausstellungshalle geöffnet werden mußte, damit sich das Teleskop von außen auf das Gehirn richten konnte.)

Sacks, Oliver: Eine Anthropologin auf dem Mars. Sieben paradoxe Geschichten. Rowohlt, Reinbek, 1995 (Wie saßen mehrmals zusammen, in New York, in La Jolla/Kalifornien oder in Köln, und immer war ich fasziniert von seinen neuen Denkwegen, seiner Beobachtungsgabe, dem Mut zu neuen Deutungen und seiner schriftstellerischen Kraft.)

Schiefenhövel, Wulf: *Ninye kanye*: the Human Mind. Traditional Papuan Societies as Models to Understand Evolution towards the Social Brain. In: M. Brüne, H. Ribbert, W. Schiefenhövel (Hrsg.), The Social Brain. Evolution and Pathology. Wiley, Chichester, 2003

Schmalenbach, Werner: Bilder des 20. Jahrhunderts. Prestel-Verlag, München, 1986 (Die Kunstsammlung in Düsseldorf ist wie ein Zuhause.)

Schrödinger, Erwin: Was ist ein Naturgesetz? Beiträge zum naturwissenschaftlichen Weltbild. Oldenbourg, München 1962 (Eine Analyse darüber, wie wir denken, die weit in die Antike zurückgeht. Mir ist beim Vergleich zwischen der Physik und den Lebenswissenschaften aufgefallen, daß wir im Grunde eine falsche Bewertung vornehmen, wenn wir von der Physik als der »Paradedisziplin« der Naturwissenschaften sprechen. Die Physiker, falls Physiker dies lesen sollten, werden vielleicht entsetzt sein, wenn ich sage, daß die Physik eine Geisteswissenschaft ist und die Lebenswissenschaften die eigentlichen Naturwissenschaften repräsentieren. In den Texten von Physikern, die ich gelesen habe, etwa von Galilei, Newton, Helmholtz, Mach, Einstein, Bohr, Heisenberg, Schrödinger, von Weizsäcker, Feynman, Wheeler, Ruhnau und einigen mehr, geht es in erster Linie um die Analyse der Denkwerkzeuge, und wie man mit diesen, die einem nun einmal zur Verfügung stehen, messend die Natur verstehen kann; es wird, wenn wie in der Quantenmechanik der Meßprozeß analysiert wird, eine Außenperspektive gegenüber dem Objekt eingenommen, in der die Natur vom Subjekt her analysiert wird und somit notwendigerweise subjektive Vorgänge im Gehirn des Betrachters berücksichtigt werden müssen. In den Lebenswissenschaften geht es um die Natur selbst; als wichtigstes Beispiel möchte ich Darwin nennen, der in die generativen Prinzipien der Natur einzudringen suchte, also aus der Natur selbst heraus dachte, als deren Teil er sich empfand. In einem solchen Rahmen, der sicher vielen befremdlich erscheinen mag, kann ich auch sagen, daß die Physik eine idealistische, die Lebenswissenschaften eine realistische Denkweise repräsentieren.)

Schultz, Wolfram: Behavioral Theories and the Neurophysiology of Reward. Annual Review of Psychology 57: 87-115, 2006 (Auf Konferenzen bezieht man sich häufig auf die wichtigen Arbeiten von Schultz, und da dieser Name häufiger vorkommt, fragt man dann nach, ob es sich um den »Dopamin-Schultz« handle, und der ist in der Tat gemeint.)

Searle, John R.: The Rediscovery of the Mind. MIT Press, Cambridge, 1992 (Von ihm habe ich die Beschreibung des »Mentalen« übernommen, nämlich daß Bewußtheit, Subjektivität, Intentionalität und Kausalität, also etwas zu bewirken, das »Mentale« kennzeichnen; ich habe allerdings noch einige Merkmale hinzugefügt und auf die Komplementarität aller Merkmale hingewiesen.)

Sedlmayr, Hans: Verlust der Mitte. Ullstein, Frankfurt, 1956. (Der Autor argumentiert teilweise wie ein Wahrnehmungsforscher, wenn er die Kunst von Cézanne interpretiert.)

Shimizu, Hiroshi: Biological Autonomy: The Self-Creation of Constraints. Applied Mathematics and Computation, 56, 177-201, 1993 (Shimizu-sensei ist von der Bedeutung neuronaler Oszillationen bei biologischen Prozessen überzeugt; er hat mit uns, Eva Ruhnau und mir, die deutsch-japanischen Konferenzen »Ba und Syntopy« konzipiert, mit denen die inzwischen sehr fruchtbare Kooperation mit japanischen Kollegen begonnen hat.)

Singer, Wolf: Synchrony, Oscillations, and Relational Codes. In Chalupa, Leo M., Werner, John S. (Eds.): The Visual Neurosciences. MIT Press, Cambridge, 2004, pp. 1665-1681

Skinner, Burrows. F.: About Behaviourism. Jonathan Cape, London, 1974 (Skinner wird in manchen Kreisen von psychologischen Forschern gerne unterschätzt. Immerhin zählt er zu den Gründern der modernen Verhaltenstherapie, ohne die moderne Psychotherapie nicht vorstellbar ist, und seine Überlegungen zum operanten Konditionieren bei evolutionären Prozessen, die er in seinem Aufsatz »Selection by Consequences« in SCIENCE 213, 501-504, 1981, beschreibt, sind außerordentlich anregend.)

Sperry, Roger: Lateral Specialisation in the Surgically Separated Hemispheres. In: F. O. Schmitt and F. G. Worden (Eds), The Neurosciences – Third Study Program. MIT Press, Cambridge, 1975, pp. 5-19

Stevens, Stanley Smith: Psychophysics. Introduction to its Perceptual, Neural and Social Prospects. Transaction Books, New Brunswick, 1986 (Es gibt in der Psychologie nur wenige mathematische Gesetze, wie das sogenannte Potenzgesetz, das die Beziehung zwischen der Stärke physikalischer Reize und der Intensität einer subjektiven Empfindung beschreibt; Stevens hat auf diesem Gebiet die wichtigsten Beiträge geleistet.)

Stewart, Harold: By the Old Walls of Kyoto. Weatherhill, New York and Tokyo, 1981

Stoerig, Petra; Cowey, Alan: Visual Perception and Phenomenal Consciousness. Behavioural Brain Research 71, 147-156, 1995

Strasburger, Hans; Rentschler, Ingo; Harvey, Lewis: Cortical Magnification Theory Fails to Predict Visual Recognition. European Journal of Neuroscience 6, 1583-1588, 1994

Suzuki, Takao: Words in Context. A Japanese Perspective on Language and Culture. Kodansha International, Tokyo, 1978 (Hier wird die Bedeutung des Kontexts für die Kommunikation verdeutlicht und welche Bedeutung Kontexte für die interkulturelle Kommunikation haben. Wenn man den Rahmen des anderen nicht kennt, muß man sich mißverstehen.)

Szentágothai, Janos; Arbib, Michael A.: Conceptual Models of Neural Organization. Neurosciences Research Program Bulletin, Vol 12, 307-510, 1974

de Tarde, Gabriel: Die Gesetze der Nachahmung. Suhrkamp, Frankfurt 2003 (orig. Les lois de l'imitation, 1890) (Das Prinzip der »Nachahmung«, das mimetische Prinzip des Wissens, gilt auch für soziale Systeme.)

Teuber, Hans-Lukas; Battersby, William S.; Bender, Morris B.: Visual Field Defects after Penetrating Missile Wounds of the Brain. Harvard University Press, Cambridge, 1960

Teuber, Hans-Lukas: Perception. Handbook of Physiology – Neurophysiology III, 1960, pp.1595-1668 (In dieser umfassenden Dartellung von Phänomenen und Problemen der Wahrnehmung entwickelt Teuber auch das Konzept der »corollary discharge«, das dem »Reafferenzprinzip« entspricht, und das für die Erklärung menschlichen Verhaltens grundlegend ist.)

Teuber, Marianne: *Blue Night* by Paul Klee. In Henle, M. (Ed.) Vision and Artifact, Springer, New York, 1976, pp 131-151 (Marianne Teuber, eine Kunsthistorikerin und Frau von Hans-Lukas Teuber, hat gezeigt, daß die Künstler des Kubismus sich sehr intensiv mit der Wahrnehmungsforschung auseinandergesetzt haben.)

Tinbergen, Nikolaas: Instinktlehre. Vergleichende Erforschung angeborenen Verhaltens. Parey, Berlin, 1956 (Dieses Buch, übersetzt von dem Zoologen Otto Koehler, hat die moderne Ethologie entscheidend geprägt. Koehler selbst hat wichtige Studien zum »unbenannten« Zählen bei Tieren durchgeführt und dabei festgestellt, daß manche Tiere durchaus weiter als »bis drei zählen« können.)

Uexküll, Jakob von: Theoretische Biologie. Suhrkamp Verlag, Frankfurt, 1973 (orig. 1928) (Das Konzept der »Merkwelt« und der »Wirkwelt« ist grundlegend für die Entwicklung der modernen Verhaltensforschung geworden.)

Weber, Max; Wissenschaft als Beruf. Duncker und Humblot, Berlin, 10. Aufl. 1996

Weiskrantz, Lawrence: Blindsight: A Case Study and Implications. Clarendon Press, Oxford, 1986 (Hier beschreibt Weiskrantz seine Studien zum »Sehen ohne zu sehen«, die die Forschung zu impliziten Wahrnehmungsprozessen und philosophische Erörterungen zum »Bewußtsein« wesentlich geprägt haben.)

Wheeler, John Archibald: Bohr, Einstein, and the Strange Lesson of the Quantum. In: Richard Q. Elvee (Ed.) Mind in Nature, Nobel Conference XVII, Harper and Row, Cambridge, pp. 1-30, 1982 (Komplementarität wird von mir als ein generatives Prinzip gesehen; in der Quantenphysik ist Komplementarität ein deskriptives Prinzip. Ich habe in der mir zugänglichen physikalischen Literatur keinen Hinweis gefunden, daß Komplementarität den Entstehensprozeß kennzeichnet, sondern es wird immer Bezug genommen auf den Meßprozeß, also auf die Sicht der Dinge.)

Wittmann, Marc; von Steinbüchel, Nicole; Szelag, Elsbieta: Hemispheric Specialization for Self-Paced Motor Sequences. Cognitive Brain Research, 10, 341-344, 2001

Zeki, Semir: A Vision of the Brain. Blackwell, London, 1993 (Zeki hat fundamentale Beiträge zu den neuronalen Grundlagen des Sehens geliefert, wie die moduläre Repräsentation einzelner Sehfunktionen, die hier anschaulich dargestellt werden.)

Zeki, Semir: Inner Vision. An Exploration of Art and the Brain. Oxford University Press, Oxford, 1999 (Ein ungewöhnliches und sehr erhellendes Buch darüber, wie man künstlerischen Werken auch entgegentreten kann. Kunstwerke werden in einen Rahmen gestellt, der für manche Kunsthistoriker ungewöhnlich sein mag.)

Zihl, Josef; von Cramon, Detlev; Mai, Norbert: Selective Disturbance of Movement Vision after Bilateral Brain Damage. Brain 106, 313-340, 1983

Literaturverzeichnis 2
Veröffentlichungen des Autors

Veröffentlichungen des Autors von 1967 bis 2006, oft mit Kolleginnen und Kollegen, auf die im Text (meist unausgesprochen) Bezug genommen wird; aus einigen haben sich neue Forschungsvorhaben ergeben.

Signifikanz-Artefakte in der experimentellen Parapsychologie. Zeitschrift für Parapsychologie und Grenzgebiete der Psychologie 10 (1967) 63-72

Desynchronisationen circadianer Rhythmen innerhalb einer isolierten Gruppe. Pflügers Archiv 299 (1968) 364-370

Excitability cycles in central intermittency. Psychologische Forschung 34 (1970) 1-9

Oscillations as possible basis for time perception. Studium Generale 24 (1971) 85-107

Light-difference threshold and subjective brightness in the periphery of the visual field. Psychologische Forschung 36 (1973) 145-161 (mit Lewis Harvey)

Residual visual function after brain wounds involving the central visual pathways in man. Nature 243 (1973) 295-296 (mit Richard Held und Douglas Frost)

Light sensitivity in cortical scotomata contralateral to small islands of blindness. Experimental Brain Research 21 (1974) 125-130 (mit Whitman Richards)

Eccentricity – specific dissociation of visual functions in patients with lesions of the central visual pathways. Nature 256 (1975) 489-490 (mit Detlev von Cramon und Herbert Backmund)

Different programming modes of human saccadic eye movements as a function of stimulus eccentricity: Indications of a functional subdivision of the visual field. Biological Cybernetics 23 (1976) 39-48 (mit Douglas Frost)

Neuronal mechanisms in visual perception. Neurosciences Research Program Bulletin 15, MIT Press, Cambridge (1977) (Herausgegeben mit Richard Held und John Dowling)

Subcortical control of visual thresholds in humans: Evidence for modality-specific and retinotopically organized mechanisms of selective attention. Experimental Brain Research 29 (1977) 173-190 (mit Wolf Singer und Josef Zihl)

Association and dissociation of visual functions in a case of bilateral occipital lobe infarction. Archiv für Psychiatrie und Nervenkrankheiten 225 (1978) 1-22 (mit Rüdiger Brinkmann, Detlev von Cramon und Wolf Singer)

Time perception. In: R. Held, H.W. Leibowitz, H.-L. Teuber (Eds.): Handbook of Sensory Physiology. 8. Perception. Springer Verlag, Berlin (1978) 713-729

Kritische Anmerkungen zum Problem der Schmerzmessung. Medizinische Psychologie 6 (1980) 214-218

Psychophysik der Schmerzwahrnehmung. Lateralitätsunterschiede bei elektrischer Schmerzreizung. Zeitschrift für Experimentelle und Angewandte Psychologie 28 (1981) 454-464 (mit Rudolf Morawetz, Wolfgang Keeser und Werner Örtel)

A nonparametric procedure to detect periods in time series. Stochastic Processes and their Applications 13 (1982) 319-325 (mit Klaus-Jürgen Miescke)

Lust und Schmerz. Grundlagen menschlichen Erlebens und Verhaltens. Verlag Severin & Siedler, Berlin, 1982

Erlebte Zeit und die Zeit überhaupt: Ein Versuch der Integration. In: A. Peisl; A. Mohler (Hrsg.): Die Zeit. Schriftenreihe der Carl Friedrich von Siemens Stiftung, Band 6. Oldenbourg-Verlag, München (1983) 369-382

Topographical distribution of the summation property of Y-ganglion cells in the cat retina. Experimental Brain Research 59 (1985) 1-9 (mit Till Roenneberg)

The neural lyre: Poetic meter, the brain and time. Poetry, August (1983) 277-309 (mit Fred Turner)

Leib und Seele: Schwierigkeiten bei der Interaktion zwischen Ärzten und Psychologen. Der Internist 25 (1984) 654-658

Grenzen des Bewußtseins. Über Wirklichkeit und Welterfahrung. Deutsche Verlagsanstalt, Stuttgart, 1985

Long-range colour-generating interactions across the retina. Nature 320 (1986) 523-525

Neuronal oscillations in the human brain. Naturwissenschaften 73 (1986) 267-268 (mit Nikos Logothetis)

Auditory evoked potentials indicate the loss of neuronal oscillations during general anaesthesia. Naturwissenschaften 74 (1987) 42-43 (mit Christian Madler)

Plasticity and rigidity in the representation of the human visual field. Experimental Brain Research 68 (1987) 445-448 (mit Petra Stoerig, Nikos Logothetis, Wolfgang Fries, Klaus-Peter Boergen, Wolfgang Örtel und Josef Zihl)

A universal constant in temporal segmentation of human short-term behavior. Naturwissenschaften 74 (1987) 289-290 (mit Margret Schleidt und Irenäus Eibl-Eibesfeldt)

Taxonomie des Subjektiven auf der Grundlage eines pragmatischen Monismus. In: F. Böcker, W. Weig (Hrsg.): Aktuelle Kernfragen in der Psychiatrie. Springer Verlag, Berlin/Heidelberg (1988) 24-36

The measurement of music and the cerebral clock: A new theory. Leonardo 22 (1989) 83-89

The advantage of preconceived ideas. Interdisciplinary Science Reviews 15 (1990) 327-333

Multistable states in intrahemispheric learning of a sensorimotor task. NeuroReport 1 (1990) 69-72 (mit Kerstin Schill und Nicole von Steinbüchel)

Adirectional temporal zones in quantum physics and brain physiology. International Journal of Theoretical Physics 30 (1991) 1083-1090 (mit Eva Ruhnau)

Zeitliche Koordinationsprobleme mentaler Prozesse. Künstliche Intelligenz 2 (1992) 7-12 (mit Kerstin Schill)

Domains of rehabilitation: a theoretical perspective. Behavioural Brain Research 56 (1993) 1-10 (mit Nicole von Steinbüchel)

Temporal integration in sensorimotor synchronization. Journal of Cognitive Neuroscience 6 (1994) 332-340 (mit Jiri Mates, Ulrike Müller und Tomas Radil)

Anesthetic control of 40-Hz brain activity and implicit memory. Consciousness and Cognition 3 (1994) 129-147 (mit Dierk Schwender, Christian Madler, Sven Klasing und Klaus Peter)

Geheimnisvoller Kosmos Gehirn. Verlag C. Bertelsmann, München (1994) (mit Anna-Lydia Edingshaus)

Supercomputing in Brain Research: From Tomography to Neural Networks. World Scientific, Singapore (1995) (Herausgegeben mit Hans Herrmann und Dieter Wolf)

Radikale Syntopie an der Schnittstelle von Gehirn und Computer. In: Ch. Maar, E. Pöppel, Th. Christaller (Hrsg.): Die Technik auf dem Weg zur Seele. Rowohlt Taschenbuch Verlag, Reinbek (1996) 12-29

Zeit und Mensch. Thouet Verlag, Aachen (1996) (Herausgegeben mit Max Kerner)

A hierarchical model of temporal perception. Trends in Cognitive Sciences 1 (2) (1997)

Time estimation as a neuronal network property: a lesion study. Neuroreport 8 (1997) 1273-1276 (mit Katja Rubia, Uwe Schuri und Detlev von Cramon)

Temporal processing disorders in patients with Broca's aphasia. Neuroscience Letters 235 (1997) 33-36 (mit Elsbieta Szelag und Nicole von Steinbüchel)

Neurobiologie des Lesens. In: B. Franzmann (Hrsg.): Handbuch Lesen. K. G. Saur Verlag, München (1999) 224-239 (mit Marc Wittmann)

Handeln im Ethischen – Planen für das Ethische: Persönliche Anmerkungen. In: E. Ruhnau et al. (Hrsg.): Ethik & Heuchelei, Dumont Verlag, Köln (2000) 12-26

Weltwissen – Wissenswelt. Das globale Netz von Text und Bild. Dumont Verlag Köln (2000) (Herausgegeben mit Christa Maar und Hans-Ulrich Obrist)

Conscious control of movements: Increase of temporal precision in voluntarily delayed actions. Acta Neurobiologiae Experimentalis 61 (2001) 175-179 (mit Elsbieta Szelag und Krystyna Rymarczyk)

Komplexität und Reduktion im Nervensystem. In: D. Rippl, E. Ruhnau (Hrsg.): Wissen im 21. Jahrhundert. Wilhelm Fink Verlag, München (2002) 39-49

Two types of anticipation in synchronization tapping. Acta Neurobiologiae Experimentalis 64 (2004) 415-426 (mit Yoshihiro Miyake und Yohei Onishi)

Three bands of oscillatory activity in the lateral geniculate nucleus of the cat visual system. Neuroscience Letters 361 (2004) 83-85 (mit Nikita Podvigin, Tatjana Bagaeva, Ekaterina Boykova, Andrej Zargarov und Darja Podvigina)

Lost in time: a historical frame, elementary processing units and the 3-second window. Acta Neurobiologiae Experimentalis 64 (2004) 295-301

Temporal processing deficits in high-functioning children with autism. British Journal of Psychology 95 (2004) 269-282 (mit Elsbieta Szelag, Joanna Kowalska und Tadeusz Galkowski)

Complementarity as a generative principle in visual perception. Visual Cognition 12 (2005) 665-700

A hierarchical model of operational anticipation windows in driving an automobile. Cognitive Processing 7 (2006), im Druck (mit Koji Tanida)

Two spatially separated attention systems in the visual field: Evidence from inhibition of return. Cognitive Processing 7 (2006), im Druck (mit Bao Yan)

Bildnachweis

© Forschungszentrum Jülich GmbH, Jülich: S. 210, 211

© Igor Sacharow-Ross: S. 15, 212

© Pollock-Krasner Foundation/VG Bild-Kunst, Bonn 2006: S. 185

© Toko Shinoda, Tokyo: S. 477

© VG Bild-Kunst, Bonn 2006: S. 66 (Foto: Zentrum Paul Klee, Bern), 178, 179, 207 (Foto: Zentrum Paul Klee, Bern), 480

© Wang Wie Zhong, Peking: S. 14

© Wolf Jobst Siedler Verlag, München, einem Unternehmen der Verlagsgruppe Random House GmbH: S. 57 (aus: Pöppel, *Lust und Schmerz*, Sammlung Siedler, 1993, S. 51, Abb. 8 [modifizierte Übernahme von R. Sperry]), 71 (ebd., S. 115, Abb. 19), 304 (ebd., S. 81, Abb. 12), 350 (ebd., S. 132/133, Abb. 21), 496 (ebd., S. 242, Abb. 48 [Übernahme R. Melzack])

Abbildung aus: *A Guide to the Gardens of Kyoto*, von Marc Treib und Ron Herman, Kodansha International Ltd., Tokio, New York, London, S. 93 und 95. © Ryoan-ji, Kyoto / Photo: © 2003 by Marc Treib: S. 202

Abbildung aus: Charles G. Gross: *Brain, Vision, Memory. Tales in the History of Neuroscience*, A Bradford Book, The MIT Press, Cambridge MA und London, S. 32, Abb. 1.6. © 1998 MIT: S. 393

Abbildung aus: Hans-Lukas Teuber, William S. Battersby, Morris B. Bender: *Visual Field Defects After Penetrating Missile Wounds of the Brain*, Harvard University Press, Cambridge 1960, S. 36. © 1960 by the Commonwealth Fund: S. 254

Abbildung aus: Janos Szentágothai und Michael A. Arbib, *Conceptual Models of Neural Organization*. Neurosciences Research Program Bulletin, Bd. 12, S. 307-510, 1974; hier S. 384, Abb. 17: S. 258

Abbildung aus: Lin Chen (2005), »The topological approach to perceptual organization«, in: *Visual Cognition,* 12 (4), S. 553-637; hier S. 571, Abb. 3. Mit freundlicher Genehmigung von Psychology Press Ltd., www.psypress.co.uk/journals. asp, 2006: S. 403

Abbildung aus: *Moments of Vision. The Stroboscopic Revolution in Photography*, von Harold E. Edgerton und James R. Killian, The MIT Press/Cambridge MA und London, S. 98. © 1979 MIT/Photo © Charles E. Miller: S. 190

Abbildung aus: *Stopping Time. Die Fotografie von Harold Edgerton*, Edition Stemmle, Verlag Photographie AG, Schaffhausen 1988, S. 128 und 106 Ausklappblatt. © 1987 by Harold Edgerton: S. 191, 328

Abbildung aus: Vicki Bruce und Andy Young: *In the Eye of the Beholder. The Science of Face Perception*, Oxford UP, Oxford 1998, Reprint 2000, S. 50, Abb. 2.4. © Bruce and Young: S. 397. Mit freundlicher Genehmigung durch Oxford University Press

Abbildung aus: Walle J.H. Nauta und Michael Feirtag: *Fundamental Neuroanatomy*. © W.H. Freeman and Company, New York 1986, S. 42, Abb. 22: S. 260

Faksimile aus: Hans Jonas, *Das Prinzip Verantwortung*. Versuch einer Ethik für die technologische Zivilisation, 1979, S. 36. © Insel Verlag, Frankfurt a.M.: S. 75

Kinderzeichnung von Alexandra (3 J.) aus: Antje Tesche-Mentzen und Herlinde Koelbl: *Kunst von Kindern*, hg. von Kultur und Spielraum e.V., Frederking & Thaler, München 2002, S. 109: S. 499

Textnachweis

Die Motti bzw. Zitate wurden mit freundlicher Genehmigung der genannten Verlage folgenden Werken entnommen:

Theodor W. Adorno, *Ästhetische Theorie*, hg. von Gretel Adorno und Rolf Tiedemann, S. 27. © 1970, Suhrkamp Verlag, Frankfurt a. M.

Hannah Arendt, aus einem Brief an Karl Jaspers vom 18. 11. 1945, in: Lotte Köhler und Hans Saner (Hg.), *Hannah Arendt/Karl Jaspers – Briefwechsel 1929-1969*. © 1993, Piper Verlag, München/Zürich

Walter Benjamin, *Einbahnstraße*, Bibliothek Suhrkamp, Bd. 27, S. 59. © 1955, Suhrkamp Verlag, Frankfurt a. M.

Ernst Bloch, *Tübinger Einleitung in die Philosophie*, 2. Aufl., Suhrkamp Taschenbücher Wissenschaft, S. 13. © 1979, Suhrkamp Verlag, Frankfurt a. M.

Bertolt Brecht, »Das Lied von der Unzulänglichkeit menschlichen Strebens«, in: *Der Dreigroschenroman*, S. 167. © 1991, Suhrkamp Verlag, Frankfurt a. M.

Bertolt Brecht, *Geschichten vom Herrn Keuner*, S. 26. © 1971, Suhrkamp Verlag, Frankfurt a. M.

Albert Einstein, *Mein Weltbild*, S. 108 u. a., Ullstein Verlag, München/Berlin, 1977. © 1953, Europa Verlag AG, Zürich

Hans Magnus Enzensberger, »Die Visite«, in: *Kiosk. Neue Gedichte*, S. 118. © 1995, Suhrkamp Verlag, Frankfurt a. M.

Sigmund Freud, »Die Zerlegung der psychischen Persönlichkeit«, in: ders., *Gesammelte Werke*, Bd. XV, S. 86. © 1940 by Imago Publishing Co., Ltd., London. Alle Rechte vorbehalten S. Fischer Verlag GmbH, Frankfurt a. M.

Max Frisch, »Mein Name sei Gantenbein«, in: *Gesammelte Werke in zeitlicher Folge*, fünfter Band, hg. von Hans Mayer unter Mitwirkung von Walter Schmitz, S. 49. © 1998, Suhrkamp Verlag, Frankfurt a. M.

Max Frisch, »Tagebuch 1946-1949«, in: *Gesammelte Werke in zeitlicher Folge,* fünfter Band, hg. von Hans Mayer unter Mitwirkung von Walter Schmitz, S. 697. © 1998, Suhrkamp Verlag, Frankfurt a. M.

Max Frisch, *Tagebuch 1966-1971*, S. 9. © 1972, Suhrkamp Verlag, Frankfurt a. M.

Robert Gernhardt, »Das vierzehnte Jahr. Montaiser Elegie«, in: ders., *Körper in Cafés*. © Robert Gernhardt 1987. Alle Rechte vorbehalten S. Fischer Verlag GmbH, Frankfurt a. M.

Durs Grünbein, *Schädelbasislektion. Gedicht*, S. 136. © 1991, Suhrkamp Verlag, Frankfurt a. M.

Ödön von Horváth, Auszug aus: *Ein Kind unserer Zeit*. © 1997, Suhrkamp Verlag, Frankfurt a. M.

Ernst Jandl, »lichtung«, in: *Lechts und Rings : Gedichte, Statements, Peppermints*. © 1995, Luchterhand-Literaturverlag, München

Lindiwe Mabuza, »To whom it may concern«. © 1998, Peter Hammer Verlag, Wuppertal

Robert Musil, *Der Mann ohne Eigenschaften*, 18. Aufl., S. 16. © 2004, Rowohlt Verlag, Reinbek bei Hamburg

José Ortega y Gasset, »Gespräch beim Golf: 4 Essais«, in: ders., *Gesammelte Werke*. © 1978, Deutsche Verlags-Anstalt München in der Verlagsgruppe Random House GmbH

Antoine de Saint-Exupéry, Auszug aus: *Carnets*. © 1958, Karl Rauch Verlag, Düsseldorf

Jean-Paul Sartre, »Was ist Literatur?«, in: *Gesammelte Werke in Einzelausgaben*, Bd. 3, Schriften zur Literatur, hg., neu übersetzt und mit einem Nachwort von Traugott König. © 1981, Rowohlt Taschenbuch Verlag, Reinbek bei Hamburg

Martin Walser, *Meßmers Gedanken*, S. 13. © 1985, Suhrkamp Verlag, Frankfurt a. M.

Namenregister

Kursive Seitenzahlen verweisen auf Namensnennungen im Literaturverzeichnis.

Abraham a Sancta Clara 64
Adenauer, Konrad 214
Adorno, Theodor W. 183
Agashe, Mohan 360
Al-Ghazali, Abu-Hamid Muhammad *510*
Allen, Colin *510*
Anaximander 19f., 478, 488f.
Anaximenes 488
Arbib, Michael A. *524*
Archimedes 12
Arendt, Hannah 421
Aristoteles 33, 236, 269, 275, 318, 486f.
Aschoff, Jürgen 38f., 246, 248, 250, *510*, *521*
Atmanspacher, Harald *510*
Augustinus 102, 214, 265, 267, 300, 323, *510*

Backmund, Herbert *526*
Bacon, Francis 318, 358, 468, *510*
Bagaeva, Tatjana *528*
Bao Yan 276, 297, *529*
Baron-Cohen, Simon *510*
Basho, Matsuo 102f.
Beethoven, Ludwig van 160
Bekoff, Marc *510*
Belmonte, Matthew K. *510*
Benjamin, Walter 156
Bergson, Henri 300
Bernadotte, Marianne 429
Beuys, Joseph 375, 480, *511*
Bieri, Peter *511*
Birbaumer, Niels 133
Bischof, Norbert *511*
Bismarck, Otto von 52
Bloch, Ernst 145, 484
Boergen, Klaus-Peter *527*

Boring, Edwin G. *511*
Börne, Ludwig 23
Boykova, Ekaterina *528*
Brague, Rémi *511*
Braisby, Nick *511*
Braque, George 208
Braun, Wernher von 255
Brecht, Bertolt 37, 156, 237
Brinkmann, Rüdiger *526*
Broca, Paul 56, 302
Brodmann, Korbinian 109, *511*
Brook, Peter 345, 347
Brooks Gerloff, Janet 177ff.
Büchner, Georg 126, 336
Bunge, Mario 249
Burda, Hubert 444f., *519*
Burghardt, Gordon M. *510*
Busch, Bernd *521*
Busch, Wilhelm 23

Caeckenbergh, Patrick van 210
Caelli, Terry 387
Canetti, Elias 23
Carnap, Rudolf 125
Carossa, Hans 336
Carrier, Martin *511*
Cassirer, Ernst 468, *512*
Cervantes, Miguel de 375, 442, 484
Chen Lin 276, 402ff., 430f., *512*
Chi Huisheng 276f.
Chikuto 199f.
Christaller, Thomas *528*
Chruschtschow, Nikita 401
Churchland, Patricia *512*
Cicero 148, 358
Claudius, Matthias 51
Conrad, Joseph 43, 82
Cowey, Alan *512*, *524*
Craighero, Laila *521*

Cramon, Detlev von 525f., 528
Creutzfeldt, Otto 276, 387
Cusanus, Nicolaus 90

Damasio, Antonio R. 512
Dante Alighieri 458
Darwin, Charles 222, 224, 295, 469, 512
Dawkins, Richard 229, 512
Dennett, Daniel C. 512
Descartes, René 78, 97, 249, 322, 326, 363, 392, 496, 512f.
Dev, Jeet 505
Diderot, Denis 342, 405
Distel, Hans 415, 513, 516
Dobzhansky, Theodosius 222
Dowling, John 526
Dreyfus, Hubert L. 372, 513
Dürer, Albrecht 183, 186

Eccles, John C. 521
Edelman, Gerald M. 513
Edgerton, Harold 190ff., 328
Edingshaus, Anna-Lydia 343, 528
Eibl-Eibesfeldt, Irenäus 195, 306, 438f., 473, 487, 513, 527
Einstein, Albert 90-96, 98, 100, 102f., 183, 270, 318, 418, 443, 468, 503, 513
Eliot, T.S. 300
Empedokles 215f.
Enriquez, Paloma 313
Enzensberger, Hans Magnus 37
Epstein, David 190, 192f., 513, 521
Erasmus von Rotterdam 64
Erikson, Erik H. 514
Escher, Maurits Cornelis 53
Euklid 326
Euripides 421

Feirtag, Michael 519
Feuerbach, Ludwig 18, 214
Feynman, Richard 262, 266, 514
Filmalter, Marius 437
Flasch, Kurt 510

Fodor, Jerry A. 514
Fontane, Theodor 156
Fraisse, Paul 514
Freud, Sigmund 22, 50, 82, 99, 370f., 374, 475f., 514
Friedrich Barbarossa 458
Friedrich der Große 91
Fries, Wolfgang 350, 433, 514, 527
Friess, Peter 40
Frisch, Max 43, 145, 214
Frost, Douglas 526

Galanter, Eugene 519
Galilei, Galileo 418
Galkowski, Tadeusz 528
Gauß, Carl Friedrich 327
Gazzaniga, Michael S. 514
Gehlen, Arnold 373, 515
Gellatly, Angus 511
Gell-Mann, Murray 101
Gernhardt, Robert 165
Gigerenzer, Gerd 515
Glatzeder, Britta 373
Glimcher, Paul W. 515
Goethe, Johann Wolfgang von 30, 51, 90, 158, 160, 173, 175-178, 195, 321, 325, 353, 423, 449, 504
Goldenberg, Georg 350
Gombrich, Ernst H. 515
Goodale, Melvyn 515
Gordon, Douglas 209f.
Goya, Francisco 197f.
Greene, Brian 271f., 515
Greenfield, Susan 515
Gross, Charles G. 515
Grünbein, Durs 51, 107, 179, 209, 211, 406, 408
Gründgens, Gustav 175

Haase, Vitor 286
Habs, Michael 436f.
Han Shihui 278
Hari, Riitta 334, 515
Harms, Heinrich 28
Harvey, Lewis 398, 524, 526

Hasek, Jaroslav 407, 443
Hawking, Stephen 134, 272, *515*
Hawkins, Jeff *515*
Haydn, Joseph 193
Hegel, Georg Wilhelm Friedrich 107, 156
Heidegger, Martin 241, 275, 353, *515f.*
Heine, Heinrich 100, 196, 447
Heisenberg, Werner 248, 458
Heiss, Robert *516*
Held, Richard *517*, *526*
Helmholtz, Hermann von 31 f., *516*
Heraklit 7, 468, 481 f., 484 f., 488
Herder, Johann Gottfried 23
Herrmann, Hans J. *528*
Herzberger, Barbara *521*
Hickok, Gregory S. *521*
Hirsch, Martin 373
Hobson, Allan 370, *516*
Hofmannsthal, Hugo von 262
Hohenbüchler, Christine 210
Hohenbüchler, Irene 210
Hölderlin, Friedrich 26, 176, 237, 241
Holländer, Horstmar *513*
Höller, Carsten 209
Holst, Erich von *516*
Horaz 14, 52, 160, 163, 165, 447, 502
Horváth, Ödön von 30
Hubel, David 387 f., 402, *516*
Hudson, Robyn 415, *513*, *516*
Humboldt, Alexander von 13, 440
Humboldt, Wilhelm von 164, 405
Hume, David 182
Huxley, Aldous 248, *516*
Hybert, Fabrice 210

Iacoboni, Marco *517*
Ibn al-Haythem 393
Innocenti, Giorgio 428 f., *517*
Issa 18
Izutsu, Toshihiko *517*

Jakobson, Roman 163, *517*
James, William 21, *517*

Jandl, Ernst 430
Jaspers, Karl 375
Jean Paul 145
Jessell, Thomas M. *517*
Johnson-Frey, Scott H. *517*
Jonas, Hans 74 f.
Joyce, James 101
Jung, Carl Gustav 370

Kafka, Franz 407
Kaiser, Agnes 282
Kandel, Eric R. *517*
Kant, Immanuel 21, 64, 74, 84, 100, 266, 269, 275, 330, 400, 408, 502
Karajan, Herbert von 40, 193, 427
Kashabi, Mernoush 305, 401
Kästner, Erich 33 f., 65
Keeser, Wolfgang *527*
Kelvin, Lord William 458
Kerner, Max 521
Khan, Hashim 242
Kierkegaard, Sören 30
Klasing, Sven *528*
Klausner, Helmut 401
Klee, Paul 65 f., 206 ff.
Klein, Felix 402, 404
Kleist, Heinrich von 43, 323
Koehler, Otto *524*
Kohler, Ivo 250 f., *517*
Köhler, Wolfgang *517*
Konfuzius 237
Kowalska, Joanna *528*
Kraepelin, Emil 372, 375, *517*
Kraus, Karl 44, 447
Kretschmer, Ernst 475, *518*
Kreutzberg, Georg 372
Kridlo, Susanne *521*
Kronecker, Ludwig 90
Kuhn, Thomas 363, 490, *518*
Kume, Tadashe 433 ff.

La Mettrie, Julien Offray de 90-100, 102, 104 f., 107, *518*
Land, Edwin 253, 386-389, 391, 427, *518*

Landmann, Salcia 215
Lao-tse 353
Lashley, Karl 255
Laska, Matthias *518*
Lazarus, Bernice N. *518*
Lazarus, Richard S. *518*
Leibniz, Gottfried Wilhelm 165, 171
Leonardo da Vinci 386, 395, 397
Lessing, Gotthold Ephraim 126, 183
Lévy-Strauss, Claude 61
Lewandowsky, Via 211
Li Baihan 276, 401
Li Liang 278
Lichtenberg, Georg Christoph 222, 493f.
Lincoln, Abraham 493f.
Linné, Carl von 469
Logothetis, Nikos 286f., 289, 388, 431f., *518, 527*
Lorca, Federico García 30
Lorenz, Konrad 37f., 248f., 366, 473, 487, *518*
Lukrez 458
Luria, Alexander 113, 255, 336, 351, *518f.*
Luther, Martin 319, 447, 484

Maar, Christa 208, *519, 528*
Mabuza, Lindiwe 426f.
Mach, Ernst 336
Madler, Christian 129, 279, *527f.*
Maekawa, Yasuhisa 435
Mahler, Gustav 193
Mai, Norbert 525
Malewitsch, Kasimir 150f., 519
Mann, Thomas 262, 269, 407
Mates, Jiri 443, 528
May, Karl 405, 443
Mayr, Ernst 224f., 519
Meißner, Karin 382
Melville, Herman 408, 435
Mendelejew, Dimitri 469
Merrow, Martha 276, *519, 521*
Miescke, Klaus-Jürgen 527
Miller, George A. *519*

Milner, Brenda *519*
Milner, David *515*
Mittelstraß, Jürgen *511*
Mitzdorf, Ulla 276, 382, 519
Miyake, Yoshihiro 278, *528*
Mogi, Ken 458
Mohammed 319
Moniz, Egas 50
Monroe, Marylin 206
Montefiore, Simon Sebag 239
Morawetz, Rudolf 129f., *527*
Morgenstern, Christian 214, 271, 353, 375
Morse, David *521*
Morus, Thomas *519*
Müller, Albrecht von 21, 372f.
Müller, Ulrike *528*
Mullican, Matt 210
Musil, Robert 18, 311

Napoleon 372, 425, 433, 443
Nauta, Walle 32, 253, 259ff., *519*
Nesse, Randolph M. *519*
Nestroy, Johann Nepomuk 126
Newton, Isaac 266, 270, 389
Nietzsche, Friedrich *519*
Nishida, Kitaro 21
Noelle, Elisabeth 65
Nono, Luigi 194
Norman, Donald A. *519*
Novalis 318, 391

Obrist, Hans-Ulrich 208f., *528*
Occam, Wilhelm von 362
Ogatha, Keiji *520*
Onishi, Yohei *528*
Ortega y Gasset, José 82, 300, 421, *520*
Örtel, Werner *527*
Örtel, Wolfgang *527*
Ovid 262

Parmenides 7, 21f., 159, 353, 372
Parth, Pia 129f., 279
Pascal, Blaise 237, 255, 329, 405

Pascual-Leone, Alvaro *520*
Paulos, John Allen *520*
Paulus 82
Peter, Klaus 275, 278, *528*
Petrarca 214 f.
Pfeifer, Rolf *520*
Philipp II. von Spanien 458
Piaget, Jean *520*
Picasso, Pablo 90, 93 f., 96-100, 103 ff., 187, 208
Piccone, Susanne 186, 373
Pinker, Steven *520*
Plato 48, 269, 318, 486
Plattner, Ingrid 350
Ploog, Detlev 382, *520*
Podvigin, Nikita 45, 291, *528*
Podvigina, Darja *528*
Poeppel, David *520f.*
Pollock, Jackson 184 ff.
Polyak, Stephen *521*
Pooth, Verona 495
Popper, Karl 222, 234, 408, 468, *521*
Porzsolt, Franz 382
Pribram, Karl. H. *519*
Prosiegel, Mario 350
Protagoras 421
Proust, Marcel 405, 408
Pythagoras 90, 489

Radil, Tomás 443 f., *521, 528*
Raup, David M. *521*
Ravahi, Sepideh 373, 429
Rentschler, Ingo 39, 387, *521, 524*
Richards, Whitman *526*
Rilke, Rainer Maria 386
Rimbaud, Arthur 421
Ringelnatz, Joachim 7 f., 23 f., 44, 182, 493 ff.
Rippl, Daniela *521, 528*
Rizzolatti, Giacomo 334, *515, 521*
Rodin, Auguste 429 f.
Roenneberg, Till 448, 460, *519, 521, 527*
Roessler, Kurt *521*
Rogers, Carl 376

Rosenblith, Walter 252
Rothko, Mark 151
Rousseau, Jean-Jacques 82, 493 f.
Rubens, Peter Paul 159
Rubia, Katja 401, *528*
Rückert, Friedrich 145
Ruhnau, Eva 64, 270, 286, 318, 431, 434, 476, *510, 521ff., 528*
Russell, Bertrand *522*
Rymarczyk, Krystyna *528*

Sabel, Bernhard A. *522*
Sacharow-Ross, Igor 211, 213, *522*
Sacks, Oliver 345, 389, *522*
Saint-Exupéry, Antoine de 222
Sakmann, Bert 387
Salomo 262, 266
Sappho 51
Sartre, Jean-Paul 183
Schiefenhövel, Wulf *522*
Schill, Kerstin 365, *527*
Schiller, Friedrich 30, 101, 136, 353, 502, 504
Schleidt, Margret *527*
Schmalenbach, Werner *522*
Schmitt, Francis 257
Schneider, Gerald E. *522*
Schnitzler, Arthur 484
Schopenhauer, Arthur 145, 156, 183, 336
Schrödinger, Erwin *522*
Schultz, Wolfram *523*
Schuri, Uwe *528*
Schwartz, James H. *517*
Schwender, Dierk 279, *528*
Searle, John 353, *523*
Sedlmayr, Hans 275, *523*
Seneca 37
Shakespeare, William 166, 237
Shaw, George Bernard 156, 184
Shimizu, Hiroshi *523*
Shinoda, Toko 476, 478 f., 501
Shklovski, Victor 351
Singer, Wolf 276, 291, 387, *523, 526*
Skinner, Burrows. F. *523*

Slominski, Andreas 210
Sokrates 48, 322
Solon 27
Sophokles 300
Sperry, Roger 56f., *523*
Spinoza, Baruch de 107, 249
Steinbüchel, Nicole von 293, *525,
527f.*
Steinhauer, Peter 26
Stengel, Otto 242
Sterne, Laurence 126
Stevens, Stanley Smith 473, 523
Stewart, Harold *523*
Stoerig, Petra 71, 197, 345, 401, *512,
524, 527*
Strasburger, Hans *524*
Sütterlin, Christa 197
Suzuki, Takao *524*
Szelag, Elsbieta 278, 293, 302, 304,
525, 528
Szentágothai, Janos 257 ff., *524*

Tacitus 160f.
Tan Ying 276
Tanida, Koji 435, *529*
Tarde, Gabriel de *524*
Tesche-Mentzen, Antje 499
Teuber, Hans-Lukas 90, 252f., 255,
351, *519, 524, 526*
Teuber, Marianne *524*
Thales 33, 216, 488
Tinbergen, Nikolaas 473, 487, *524*
Titus 447
Tokoro, Mario 458
Tononi, Giulio 513
Treusch, Joachim 210, *512*
Trockel, Rosemarie 209
Tschunke, Jochen 467

Tucholsky, Kurt 18, 468, 493f.
Turner, Fred 196, *527*

Uexküll, Jakob von *524*

Vauvenargues, Marquis de 458
Vergil 158, 160f.
Voltaire 165, 171

Wagner, Richard 193
Walser, Martin 64
Wang Lei 278
Wang Wie Zhong 14
Warhol, Andy 206
Weber, Max 31, 64, *524*
Weiskrantz, Lawrence 71, *519, 524*
Weizsäcker, Carl-Friedrich von 248,
270
Wernicke, Carl 56
Werth, Reinhard 401
Wever, Rütger *510*
Wheeler, John Archibald *524*
Wiener, Norbert 192
Wiesel, Torsten 387f., 402, *516*
Wilde, Oscar 43, 82, 107
Williams, George C. *519*
Wittgenstein, Ludwig 20, 48, 263,
275, 335
Wittmann, Marc 293, *525, 528*
Wolf, Dieter *528*
Wu Yanhong 278

Yoon, Hyunsook 401

Zargarov, Andrej *528*
Zeki, Semir 387f., 427f., 433, *525*
Zhou Bin 276
Zihl, Josef 431f., *525ff.*

Sachregister

Abbildung 198f., 295, 331f., 392, 419
Absicht 35, 44, 49, 80, 117f., 152, 164, 230f., 369, 422, 471, 492
Abstraktion 92, 104, 110, 113f., 149ff., 157, 174, 286, 315, 334, 436, 499f.
Abwehrmechanismus 50, 84
Adaptation 251, 393, 411, 418
Aggression 41, 142, 188
Agnosie 143f., 326, 360
Aha-Erlebnis 12, 459
Aktivation 109, 118, 121, 127, 141ff., 355, 471
Alltagspsychologie 198, 339
Alter 135f., 224f., 247
Alzheimersche Erkrankung 136f., 143, 313
Amnesie 143
Amyotrophische Lateralsklerose (ALS) 133f., 143
Angst 43, 73, 95, 98, 131, 158, 188, 462
Anpassung 107, 209, 217, 227ff., 251, 411, 497
Anschauung 49, 149f., 153, 166, 265, 294, 303, 331f., 369, 408
Anschauungsform, apriorische 266, 400
Anschauungswissen 319, 325f., 329-332
Antizipation 308f., 357
Apeiron 19, 478, 488f.
Aphasie 143, 343
Apraxie 143
Arbeitsgedächtnis 296
Ärger 80, 119, 163, 495
Arzt-Patient-Beziehung 382
Assoziation 47, 203, 415, 455
Ästhetik 39, 195, 259, 266, 330

Attribution 24, 366
Aufmerksamkeit 18, 72f., 79, 84, 115, 121, 152, 276, 286ff., 291, 297f., 311, 315, 331f., 356, 361, 396, 407, 436, 471, 491
Augenbewegung 286ff., 291, 298, 399
Augenblick 20f., 28, 80, 82, 86, 113, 116, 121, 145, 147, 152, 156f., 161, 171, 332, 447
Auschwitz 443f.
Ausdruck 41, 187, 189, 194, 196f., 329
Außenperspektive 8, 35, 87, 161, 169, 173f., 200, 233, 333, 355f., 366, 376f., 438, 461
Authentizität 376
Autismus 304f.
Autonomie 365, 377f., 483
Autorität 360f.

Bedeutung 11, 13, 28f., 52, 55, 60-63, 148f., 152, 284f., 313, 491f.
Bedeutungswandel 479
Bedürfnis 116, 164, 168, 188f., 373f., 450f., 470, 473, 481
Bedürfnisbefriedigung 142, 220, 234, 356, 374, 459, 504
Begreifen 284, 330, 369, 413
Begriff 50, 84, 97, 101, 114, 149, 151, 154, 162, 232, 266f., 362, 368, 414
Benzodiazepin 131
Bewegung 32, 41, 108, 114, 117, 120, 138, 141, 143, 191f., 194, 203-206, 244, 263f., 291, 298, 305f., 308f., 432, 436f., 487
Bewegungskoordination 135, 230, 242, 251, 256, 437
Bewegungssteuerung 256, 306, 365
Bewegungswissen 323f., 328f., 333f.

Beweis 22, 418
Bewußtlosigkeit 280, 282, 325
Bewußtsein 20, 71, 84, 109, 114, 118,
  121, 140, 152, 157 f., 180, 204, 206,
  223, 260, 279 f., 282, 285 f., 288,
  293, 310 f., 313 f., 317, 325 f., 332,
  354, 361, 367, 368-371, 400, 412 f.,
  428, 431, 434, 471, 481 f., 491
Bezugssystem 19, 52, 77 f., 92, 116,
  154, 359
Bibel 27, 319
Bibliothek 351 f., 469 f., 503
Bildung 54, 95, 321, 500
Biographie 136, 189, 359, 459, 500
Blick 15, 18, 40, 149 ff., 166 f., 205 f.,
  208 f., 233, 286 ff., 381, 392, 394-
  400, 465
Blicklinie 56 ff., 121, 197, 254, 276,
  344-347, 396-399
Blindheit 69, 344-347
Blindsehen 69 ff., 345, 347, 400 f.
Bodenständigkeit 241, 503
Botenstoff, chemischer 127, 133,
  137 ff., 141
Buddhismus 61, 200, 434

Chronobiologie 246
Computer 111 f., 134, 208, 283 f., 322,
  364, 367
Cortex 199, 255, 257 ff., 276, 280,
  291, 342, 345

Deduktion 419
Demenz 136
Denken 8, 12 ff., 16, 22, 31, 35, 47 ff.,
  98, 103, 116, 180 f., 260, 267, 313,
  334, 358, 353-374, 391, 400, 419,
  434, 441, 465 f., 479 f., 485-489
Denkschemata 11, 97, 330
Denkstörung 16, 125, 141, 311, 313
Denkwerkzeug 77, 88, 153, 265,
  357 f., 361, 363, 371, 460
Depression 60, 121, 141 ff., 147, 243,
  245 f., 377, 382 f.
Dichtkunst 189, 192, 196

Diversität 187, 465
Doppelgänger 147, 190, 209, 233,
  494
Dualismus 108, 367, 379
Dyslexie 143

Einheit des Erlebens 31, 122, 301 f.
Einsamkeit 17, 50
Einsicht 8 f., 459 f.
Einzeller 170, 188, 412
Ekel 119, 495
Embodiment 356
Emergenz 249 f., 259
Empathie 376
Engi 434
Entdeckung 11, 42, 72, 180, 227 f.,
  284, 387
Entscheidung 116, 135, 188, 230, 291,
  296 ff., 310, 324 f., 481
Epilepsie 14, 56, 137, 139 f., 143
Ereignis 28, 87, 124, 226, 245, 264,
  270, 273, 279 f., 282 f., 285, 293 f.,
  296 f., 301, 308 f., 326, 399, 413 f.,
  447, 492
Erfindung 227 f., 230-235, 387
Erinnerung 102, 113 f., 118, 120,
  140 f., 145, 147, 149, 152, 163, 169,
  227, 230 f., 233, 263 f., 326, 341
Erinnerungswissen 325 f., 329 f., 332
Erkenntnis 8 f., 22, 71, 80 f., 96, 172,
  277 f., 330, 339, 376, 417, 455, 489 f.
Erkrankung 126 f., 132 f., 135-143,
  338 ff., 382 ff., 428, 460, 504
Erotik 23
Erschöpfung 121, 142, 246
Erwartung 19, 54, 102, 124, 157, 166,
  169, 186, 263 f., 294, 311, 399, 495,
  498, 500
Erziehung 419, 430, 445, 461 f.
Essen 142, 416, 503
Ethik, ärztliche 74
Ethologie 249, 473
Evolution 52, 84, 94, 110, 116, 129,
  153, 217 ff., 224 f., 228, 232-235,
  247, 249, 259 f., 265, 320, 404, 409,

411, 414, 418, 463f., 470, 481,
  487, 507
Existenzbeweis 108, 144, 471
Experiment 8, 26, 40, 53, 77, 94, 208,
  218-221, 283, 285f., 288f., 293ff.,
  301, 303, 306, 337, 383f., 387, 436,
  438, 498, 500
Extraversion 475, 497

Farbensehen 199, 253, 295, 388f.,
  392, 427
Fehler 80, 137, 276f., 308, 358ff.,
  440f., 495
Fortpflanzung 223, 228f.
Fortschritt 420, 489f.
Fremdbild 175
Freude 8, 26, 119, 495
Frustration 163, 349
Funktionalismus 367

Gedächtnis 16, 35, 113, 117ff., 136f.,
  140, 145, 147, 149, 153, 166, 175ff.,
  190, 203, 209, 229, 234, 245, 273,
  283, 291, 296, 298, 332f., 339ff.,
  436
Gedächtnisstörung 136, 143
Gedanke 7f., 10f., 13f., 16-19, 28,
  32f., 44, 46-49, 89, 120, 166, 264,
  301, 313f., 323, 361, 368, 373,
  440f., 461, 467, 482, 492
Gedankenexperiment 92
Gedankensprung 313
Gedankenübertragung 66, 68
Gedicht 17, 23, 40, 51, 102, 176, 196,
  203, 407
Gefühl 44, 59f., 63, 68, 88, 108, 113f.,
  117-121, 230f., 329f., 343, 368f.,
  473, 495f.
Gegenwart 87, 97, 101f., 146, 148,
  153, 168f., 227, 263ff., 309-313,
  315ff., 341, 422f., 447
Gehirnhälfte 44, 56ff., 60, 130ff., 139,
  143, 174, 196f., 213, 232, 279, 323,
  340, 343, 347, 380, 407, 429, 440f.,
  445, 448

Geist 20, 30, 91, 93, 105, 108, 115,
  125, 146, 164, 180, 249f., 322f.,
  362ff., 367, 419, 459
Gelassenheit 89, 160, 165, 241, 503
Gemeinschaft 153, 427, 467, 490, 507
Generalisierung 176, 294
Generation plus 501
Genesis 319f.
Geruchssinn 413
Gesetz, physikalisches 12, 68, 93, 98,
  125, 265f., 471
Gesicht 117, 144, 174f., 195, 209, 242,
  360, 380f., 401f., 404, 500
Gesichtsfeld 56ff., 69, 71, 84, 119,
  149ff., 254f., 276, 287, 295, 297f.,
  342, 344-350, 388, 390-393, 395-
  400, 431
Gestalt 25, 53, 193, 301, 330
Gesundheit 137, 144, 378, 460
Gewissheit 476, 478f., 481
Ginkgo 435-438
Gleichgewichtssystem 159, 251, 411f.
Gleichgültigkeit 87
Glück 156ff., 160-164, 181
Golf 244, 324, 328f., 437, 455
Gottesdienst 28, 171
Grammatik 55, 343, 495
Gravitation 231, 270, 412
Grenzerfahrung 326, 494
Größenkonstanz 199, 276
Grundlagenforschung 79, 387, 429,
  467

Habituation 459
Haiku 102
Halluzination 371
Handlungswissen 180, 500
Heimat 241, 504
Heisenberg-Effekt 384
Helligkeit 150, 199, 289f., 390, 392ff.,
  397ff., 472
Hellsehen 66f.
Hemianopsie 143, 431
Hippocampus 118f., 135f.
Hirnverletzung 44, 69, 254, 339

Hoffnung 23, 146, 384, 504
Horoskop 448
Horror vacui 158 f.
Horrortrip 248
Humanethologie 195, 438, 473, 487
Hypothese 79, 110, 116, 122 f., 276 f., 279, 288, 298, 341, 408, 429, 436, 449, 498

Ich-Ferne 9, 25, 73, 147, 169, 328, 333, 355 f., 476, 478
Ich-Nähe 9, 25, 45, 73, 147, 175, 186, 197, 199 f., 202, 317, 326 f., 328 f., 355 f., 413, 434, 441, 476, 478 f.
Idealbild 153, 171, 238 f., 363
Identität 16, 25 f., 61, 83 f., 94, 136, 147 f., 152 f., 163, 188, 190, 233, 238, 242, 249, 278, 314 f., 317, 326, 329, 332, 335, 358, 361, 369, 376, 378, 387, 390, 406 f., 413, 421, 423, 482, 491
Igniologie 380 f.
Illusion 25, 44, 125, 157, 180, 193, 266, 311, 410
Imperativ, kategorischer 74
Individualität 123, 223, 402, 404, 475
Induktion 336
Informationsverarbeitung 47, 77, 110 ff., 115 f., 118, 126 f., 174, 196 f., 199, 258, 278 ff., 283 f., 288-292, 313 f., 349, 402, 432, 445 f.
Informationsverarbeitung, neuronale 114, 123, 132 ff., 152, 279, 290 f., 293, 297
Informationsverarbeitung, zeitliche 135, 203, 279, 293-296, 298, 303, 309
Inhibition 94, 111 f.
Inhibition of Return 297
Innenperspektive 8, 174 f., 355
Innere Uhr 170, 247, 383, 433, 448, 450, 453
Innovation 460, 466 f.
Integration, zeitliche 102, 123 ff., 203, 301 ff., 305, 309, 314 f., 392

Intelligenz 35, 72, 219 f., 234, 369
Intelligenz, künstliche 93, 322 f., 363 ff.
Intentionalität 353
Interdisziplinarität 38, 73 ff., 78 f.
Intuition 324 f., 333, 445, 498
Invariante, topologische 149, 276, 403, 431

Jahresperiodik 448

Kategorie 55, 84, 103 f., 113, 314, 337 f., 359, 362 f., 388 f., 472 f., 481 f.
Kausalität 52, 180 f., 252, 273, 353, 355, 373, 437, 486
Klassifikation 12 f., 330, 469, 471, 483, 497
Kognition 249, 372, 469
Ko-Kreation 434
Kommunikation 45 f., 51, 54, 61, 63, 80, 96, 113, 115, 188, 219, 253, 316, 355, 359 f., 368, 382, 413, 416, 435, 464, 466, 497
Kompensation 399
Kompetenz, sprachliche 42, 54 ff., 58 ff., 112, 120, 122, 143, 245, 284, 302, 339, 360, 402, 435
Komplementarität 14, 21, 148, 154, 168, 154, 203, 220, 227, 229, 233 f., 315, 332, 354, 423, 425, 445, 481 f., 491
Komplexität 94, 110, 113, 124 f., 195, 233, 250, 322, 359
Konflikt 102, 338
Kontext 13, 35, 78, 80, 153, 175, 184, 186, 327, 494
Kontinuität 25 f., 116, 124 f., 153, 157, 266, 311, 313, 414, 441
Konzentration 51, 242, 437
Koordinatensystem 329, 341, 406, 478, 481
Koran 166, 319
Korinther-Brief 100
Körpertemperatur 252, 337, 451 f.
Kosmologie 134

Kreationismus 487
Kreativität 31, 47, 72 f., 187, 216, 245,
    321, 358-361, 363, 418, 458-467,
    500
Kubismus 206 ff.
Kulturrevolution 275, 431
Kunstwerk 40 f., 171, 183 f., 187, 479

Langeweile 26, 263
Leben 25 f., 40, 74 f., 97 f., 103, 114,
    135 f., 159 ff., 172, 189, 215-221,
    222-236, 261, 271 ff., 276, 366 f.,
    369 f., 412 f., 438 f., 463, 484-488
Lebensbaum 153
Lebenserwartung 135, 220, 234
Lebensphase 99, 147 f., 500 f., 504
Lebensqualität 180, 337, 350, 501
Lebensraum 218-221
Lebenszeit 221, 268, 379, 501
Legasthenie 429 f.
Leiblichkeit 80, 356, 367, 423
Leib-Seele-Problem 30, 75, 248 ff.,
    367, 382
Leistungsfähigkeit, mentale 136, 419
Lernen 59, 114, 117, 137, 170 f., 175 f.,
    233, 245, 320 f., 334 f., 378, 432,
    446, 459 f., 500
Lernkurve 244
Lesen 11, 173 f., 287 f., 320, 407 f., 508
Liebe 63, 98, 100, 182, 223, 338, 413,
    494
Logik 97, 226, 297 f., 338, 362, 408,
    420
Lokalisation von Funktionen 108
Lüge 61, 148, 153 f., 366, 498, 504
Lust 19, 22, 25, 132, 142, 146, 157,
    223, 326, 338, 378, 495

Macht 46, 76 f., 268, 425, 442
Manie 425
Markt 387, 467, 470
Massenwirkung, neuronale 255
Matrix, neuronale 114, 291, 359
Matthäus-Evangelium 338
Medien 87, 153, 181, 219, 445

Meditation 285
Melancholie 425
Menschenbild 87, 162, 246, 381, 384,
    463
Menstruationszyklus 416
Meskalin 248
Mimesis 333
Mimik 59, 120, 410
Mode 335
Mona Lisa 395, 397
Monismus 108, 249
Monokausalitis 40, 84, 235, 359,
    362 f., 434, 483
Motivation 348 f., 432
Multiple Sklerose 134, 143
Musik 41, 189, 192-196, 203 f., 219,
    264, 266, 298, 427
Mutation 464
Muttersprache 59
Mythologie 27, 366
Mythos des Fortschritts 420, 490

Nachbild 394, 397
Narkose 279-283, 291
Natur 13, 20 ff., 86 ff., 94 f., 97 ff.,
    101-105, 108, 125, 133 f., 153,
    168, 170 f., 203, 218, 226 f.,
    229, 259, 276, 327, 411, 488,
    490
Navigation 35, 340 f., 406
Necker'scher Würfel 203-206
Neglect 328, 361
Nervenzelle 109-112, 114, 117, 122,
    127 f., 132-138, 143, 184 f., 230,
    232, 251, 255 f., 258 f., 276, 280,
    291, 298, 334, 349, 390, 432
Netz, neuronales 110 ff., 117, 127,
    152 f., 162, 185, 250, 334, 432
Netzhaut 128, 135, 199, 289 f., 337,
    347, 388, 390, 392-395, 399
Neugier 28, 95, 166, 171, 188, 225,
    234, 257, 460, 495
Neuroästhetik 427
Neuroökonomie 278
Neurospora 276

Neurotransmitter 94, 109, 111 f., 127, 133, 137 ff., 143
Nucleus suprachiasmaticus 247

Objekt 61, 103, 364, 366, 376, 391, 399
Occamsches Rasiermesser 362
Odyssee 27
Offenheit 78, 187, 232 f., 241, 277, 359, 475, 497
Ökologische Nische 228, 234
Ökonomiegesetz 77, 152
Op-art 395
Ordnung 11, 16, 19, 22, 93, 124, 168, 195, 203, 216, 271, 302, 330, 348 f., 357, 418, 445, 465, 468 ff., 475, 481, 483, 488
Ordnungsprinzip 104, 151
Ordnungsschwelle 292 f., 298
Organisation, zeitliche 118, 123, 247
Orgasmus 132
Orientierung 34, 84, 105, 119, 146, 162, 216 f., 397, 399 f., 415, 481, 492
Orientierungswissen 321 f.
Ort 16, 25, 51, 166 f., 170 f., 202, 211, 285, 340 f., 357, 406 ff., 458, 462 f.
Oszillation, neuronale 123, 280, 282 f., 289 ff.

Paradies 166, 172
Paradigma 21, 77 f., 297, 363 f., 490
Paradox 92, 503
Parapsychologie 66, 69
Parkinsonsche Erkrankung 138
Persönlichkeit 99, 232, 257, 380, 391, 475 f., 497
Perspektive 8, 35, 87, 161, 169, 173, 174 f., 198 ff., 203 ff., 233, 250, 256, 303, 333, 355 f., 366, 376 f., 438, 461 f., 483, 490
Phantasie 62, 174, 177, 504
Physik, klassische 101, 125, 227, 265, 270, 418 f., 473
Placebo 381 f., 384, 437
Plastizität 47, 114 f., 251, 350

Position, egozentrische 35, 151, 181, 462, 483
Position, exozentrische 151, 462
Potenzgesetz 471 ff.
Prägung 58 f., 81, 96, 99, 188, 195, 232, 359, 416, 459, 481, 500
Prävention 246
Prinzip, ästhetisches 98, 330 f., 335
Prinzip, generatives 106, 227, 234, 423, 481 f.
Prinzip, mimetisches 331-335
Probehandeln 334, 374, 459, 504
Prosopagnosie 144, 360
Psychoanalyse 379, 381
Psychochirurgie 50
Psychophysik 387, 398, 471, 472 f.
Psychotherapie 143, 244, 350, 375 f., 381
Pubertät 59, 232
Pygmalion-Effekt 366
Pykniker 425, 527, 434, 442, 475

Quergedanken 10, 13, 18 f., 120

Rationalismus 21, 78, 162, 322, 363 f.
Rätsel 99, 162, 224, 232
Raum 20, 101, 117, 150, 243, 270, 341, 371, 391 f., 395, 397, 399 f., 411 f., 464 ff., 475
Raum, virtueller 176, 357
Reafferenzprinzip 162, 351, 463
Reaktionszeit 243, 283-288, 291, 297 ff., 337
Realismus, empirischer 108, 249
Realität 147 f., 153 ff., 202, 333, 371, 382
Reduktionismus 78, 235 f.
Reflexion 27, 113, 117, 157, 160 f., 325, 482
Rehabilitation 348
Relativitätstheorie, spezielle 92, 125, 270
Religion 99, 166, 187, 462
Repräsentation 47, 108 f., 118, 120, 125, 153, 253, 255, 282, 289, 297,

323, 330f., 347, 373, 392, 400, 412f., 481, 496
Reproduktion 304
Res cogitans 97f.
Res extensa 97
Respekt 42, 44f., 72, 79f., 268, 444
Restitution 35, 348f., 350f., 401, 432
Retinotopie 255
Rezeptor 110, 413, 128-132, 137, 392, 409, 411, 413
Rhythmus, circadianer 247, 454
Risiko 326, 349
Ritual 51f., 160, 180, 324, 328, 333, 398, 406, 462, 464, 466
Roboter 364ff.
Ryoanji-Tempel 200, *202*

Schema 11, 97, 124, 128, 216, 258f., 330
Schiffsgärtner 176
Schizophrenie 61, 125, 141ff., 305, 313, 361, 371, 401, 428f.
Schlaf-Wach-Rhythmus 265, 450, 454f.
Schlaganfall 35, 44, 55, 69f., 108, 137, 143, 255, 293, 323, 340, 345, 347f., 350, 431f.
Schlüsselreiz 473f.
Schmerz 19, 22, 25, 119, 129-132, 188, 279, 326, 338, 377ff., 472, 494-497
Schmerzblindheit 129
Schmerzreiz 129-132, 279
Schmerzschwelle 130f., 337
Schmerzwahrnehmung 129f., 496
Schmuh-Gehirn 259f.
Schönheit 166, 330f.
Schöpfungsplan 487
Seekrankheit 159, 412
Seele 30, 48f., 51, 75, 91, 98, 108f., 113f., 120, 122, 158, 208, 242, 248ff., 315, 322, 353, 358, 367ff., 379, 382, 475
Seelenkunde 376
Seelenlandschaft 423

Segmentierung, zeitliche 193f., 196, 204, 309ff.
Sehen 32, 52, 108, 116, 143, 149, 152, 171, 189, 192, 248, 291ff., 295, 320, 332, 342, 348f., 354, 387, 391f., 395, 402, 406, 410f., 413, 430, 432, 482
Sehstörung 69, 108, 128, 135, 182, 347f.
Sehtherapie 432
Selbst 25, 147f., 238, 326, 328, 332f., 381, 422ff., 476
Selbstbefragung 467
Selbstbehauptung 188
Selbstbeobachtung 44
Selbstbestimmung 424, 446, 483
Selbstbild 67, 83, 86, 148, 422, 505
Selbsterfahrung 91
Selbsterkenntnis 91
Selbsterklärung 84, 161, 246
Selbstgefühl 86
Selbstgespräch 10, 31f., 48, 51, 158, 190, 317, 421
Selbst-Inszenierung 424
Selbst-Monitoring 162, 463
Selbstorganisation 447
Selbstrechtfertigung 161
Selbstreflexion 157, 160, 219, 378
Selbstreparatur 256
Selbstreplikation 226
Selbststeuerung 108
Selbst-Transparenz 23, 381, 502
Selbstüberwachung 352
Selbstverständnis 95, 113
Selbstwertgefühl 383
Selektion 273, 314f., 422
Selektion, evolutionäre 34f., 50, 79, 107, 129, 187, 217, 227f., 234, 236, 464
Sexualität 132, 142, 223, 371
Sicherheit 24, 153, 169, 238, 334, 406, 419, 427, 454, 462, 490, 492, 498
Simulation 94, 285
Sinnesorgan 29, 53, 91f., 143, 331f., 351, 357, 371, 409f.

Sinnessystem 28, 116, 126, 132, 152, 259, 284, 292f., 320, 325, 342, 409
Sinneszelle 110, 117, 127, 128f., 132, 289, 392ff., 496f.
Sinnlichkeit 195, 330
Solidarität 444
Spekulation 302, 313, 315, 370, 401f.
Spiegel 95, 180ff., 209, 381
Spiegelneuron 334
Spiegelsymmetrie 139, 231f.
Spiel 334, 461, 504
Spontaneität 378, 503
Sport 136f., 242-246, 308, 378, 504
Sprache 21, 41, 44, 47f., 50f., 54f., 58-63, 78f., 122, 176f., 196f., 204, 291, 293f., 302f., 310, 320, 322f., 338, 342f., 354, 359, 362f., 368, 410, 413, 429, 435, 441, 487, 495, 503
Squash 242ff., 337
Stabilität, dynamische 220
Staunen 26, 166, 225
Steinzeitkultur 189, 474
Sterben 69, 129, 160, 223, 228, 369
Stimmigkeit 9, 148, 161f., 164, 186, 330, 357, 501
Strategie 340, 491
Streß 268
Subjektivität 353, 366
Substantia nigra 138, 256
Symbol 108, 363f., 371, 466
Symmetriebruch 284, 311, 360, 495
Synchronisation 32, 36, 118, 247, 268f., 306, 308, 316f., 450-456
Syntopia 11, 25, 27, 211
Syntopie 15, 171, 213, 503
System 78f., 108f., 111, 115, 118, 123f., 127, 143, 218-221, 229, 235f., 246f., 249, 265, 271ff., 314, 361ff.

Tagesperiodik 247, 450, 452ff., 460
Tagtraum 31, 48, 342
Talmud 43
Tastsinn 171, 189, 292f., 342, 409, 413

Taxonomie 12f., 436, 469ff., 473-476, 479ff., 483
Teilkultur 76, 79ff., 104, 184, 187f., 208
Telepathie 67f.
Text 7, 11, 16f., 47, 49, 173-177, 288, 320, 373, 407f., 441, 445, 465
Theorie 12, 20, 77, 92, 94, 132, 208, 261, 276, 286, 295, 360, 408, 418f.
Therapie 35f., 137, 256, 348, 377-384
Thermodynamik 265, 271ff.
Tiermodell 112
Tod 69, 98, 158, 160, 188, 223f., 228, 240f., 255, 494, 501, 504
Todesahnung 68
Toleranz 65, 88, 130, 295
Topologie 47, 402, 430
Training, mentales 203
Trance 51, 68
Transduktion 289f., 392
Transmitter 94, 109, 111f., 127, 133, 137ff., 143
Trauer 26, 119, 166, 177, 495
Traum 159, 342, 369ff.
Traumbewußtsein 223, 370
Traumschlaf 369f.
Typ, napoleonischer 425, 427, 429ff., 434, 438, 442, 444, 485
Typologie 380, 425, 427, 475

Unabhängigkeit 67, 80, 113f., 152, 239, 425, 442
Unberechenbarkeit 232, 325
Unbewußte 50, 370f.
Ungewißheit 478f.
Universalie, anthropologische 180, 306, 491
Universum 134, 224, 231, 264, 270f., 273, 285, 329, 488
Unordnung 19, 168, 271f.
Unsterblichkeit 172, 322, 367
Urknall 264, 271
Ursache 40, 181, 236, 273, 355, 359, 362, 485f.
Urteil 101, 116, 360

Urvertrauen 60
Utopia 11, 25, 27, 211

Variabilität 217, 293, 464
Variable 216, 219, 285, 327, 337 ff., 358, 363, 376, 449, 459, 462 f.
Verantwortung 74, 80 f., 87, 180, 504
Verdrängung 50
Verfremdung 184, 187
Vergangenheit 19, 97, 101 f., 145-148, 152 f., 161, 166, 168 f., 233, 238, 240, 246, 264 f., 271, 273, 294, 319, 326, 333, 340 f., 423 f., 501
Vergessen 31, 359
Vergleich 49, 124 f., 234, 296 f., 310
Vergleichzeitigung 87, 221, 289, 317
Verinnerlichung 175 f.
Verlangsamung 256, 299
Verlust 19, 55, 127 f., 135, 143, 147, 155, 241, 249, 256, 302, 314, 324, 345, 471, 503
Vernetzung, semantische 311
Vernichtung 86, 158 f., 217
Verstehen 46, 50 ff., 54, 96, 175, 293, 319, 342, 435, 484, 501
Vertrauen 38 f., 268, 418, 464, 498
Vertreibung 240
Vorbild 238, 256, 386, 442
Vorstellung 146, 327
Vorstellungsvermögen 35, 58
Vorurteil 59, 71 ff., 77, 81, 92, 96, 100, 154, 246, 359, 363, 368, 505

Wahrheit 9, 21 f., 61, 159, 193, 242, 338, 357, 366, 418, 448 f., 498
Wahrnehmung 70, 104, 114, 116 ff., 140, 149, 151 f., 182, 189, 194, 197, 199, 205 f., 208, 230 f., 248 f., 251 f., 273, 276, 291, 292 f., 296, 329 ff., 345, 369, 371, 389, 392, 399-403, 409, 411, 413 f., 436, 471, 479, 482, 494
Wahrnehmung, außersinnliche 66 f.
Wahrnehmungsgestalt 301, 303, 305, 309, 313 f.,

Wahrscheinlichkeit 68, 399, 498
Wahrscheinlichkeitstheorie 239
Was-Funktion 121, 471
Weisheit 135, 501
Weltbild 78, 88, 128, 359, 408 ff., 412, 417-420
Welterfahrung 66, 81, 96, 105, 189, 265, 320, 357, 371
Weltkrieg 26, 69, 146, 238
Weltuntergang 159
Weltwissen 365
Werkzeuggebrauch 219
Wie-Funktion 121, 471
Wirklichkeit 11, 48 f., 61, 69, 85, 87, 92, 103, 147 f., 154, 216, 238, 264, 294, 330-333, 335, 338, 421, 478 f., 488 f.
Wirkungsgefüge 13, 127, 155, 218, 327
Wissen 41, 47, 50, 70, 72, 77, 81, 92, 95, 115, 138, 146, 154, 158, 168, 192 f., 231, 250, 318 ff., 365 f., 387, 407 f., 438, 440, 446, 470, 474, 478
Wissen, abstrahierendes 325 ff., 329 f.
Wissen, begriffliches 154, 162, 319
Wissen, bildliches 147, 154, 233, 321, 325 ff., 329 ff., 333, 481 f.
Wissen, explizites 97, 154 f., 162, 173 f., 190, 283, 319-323, 327 f., 330 f., 333, 366, 459, 478
Wissen, heuristisches 324, 333
Wissen, implizites 193, 197, 323 ff., 328-331, 333, 345, 347
Wissen, intuitives 71, 162, 325, 331
Wissen, körperliches 323
Wissen, medizinisches 180
Wissen, referentielles 118
Wissensgesellschaft 91, 377
Wissensmanagement 327 f.
Wissensrepräsentation 282
Wissenswelt 320
Wort 16, 43 f., 48 f., 51, 54 f., 61 ff., 80, 85, 161, 175 ff., 343, 368, 445

Zahl 98, 100, 103 f., 107, 112, 123, 139, 181, 264, 489
Zeichen 25, 51, 61, 355, 501 f., 506
Zeit 13 f., 16, 20 f., 32, 37 ff., 92, 98, 101 f., 125, 134, 168, 170, 194, 226 ff., 246 f., 252, 262-273, 281, 290, 294, 301, 303 ff., 311-317, 323, 356 f., 401, 447, 449
Zeit, imaginäre 134
Zeit, tote 147
Zeitbegriff 125, 265 f., 270
Zeiterleben 266, 407
Zeitfenster 125, 193, 284, 286, 288, 290, 294 f., 299, 305 f., 308 f., 312 f., 316
Zeitgeber 449 f., 455 f.
Zeitgeist 377 f., 505
Zeitgestalt 302
Zeitkonstante 313
Zeitkontrolle 401
Zeitlichkeit 38, 145, 480
Zeitperspektive 437
Zeitquant 288 f., 291-298
Zeitreise 25, 146, 148, 166, 233
Zeitrichtung 247, 265, 272, 274
Zeitsouveränität 445
Zeitwahrnehmung 38, 252, 291, 401, 451
Zen-Buddhismus 61, 200
Zufall 11, 23-26, 28, 37, 39, 53, 84, 148, 185, 195, 197, 225, 339, 398, 462, 464, 485, 492, 505 ff.
Zukunft 26, 81, 97, 101 f., 145 f., 152, 168 ff., 180, 188, 227, 264 ff., 271, 273, 294, 333, 422 ff., 437-440, 449

Was ist gesund?
Wann ist man krank?

Unser Gesundheitssystem ist in Wahrheit ein Krankheitssystem. Obwohl die moderne Medizin wahre Wunder vollbringt, steht sie vielen Alltagserkrankungen ratlos gegenüber. Klaus Michael Meyer-Abich, Naturwissenschaftler und Philosoph zugleich, setzt sich systematisch mit den Defiziten der Schulmedizin auseinander. Er plädiert für ein neues Selbstverständnis, das nicht mehr auf den kranken Menschen fixiert ist, sondern die Gesundheit in den Mittelpunkt rückt. Seine Philosophie der Medizin richtet sich an alle, die sich für eine menschliche und bezahlbare Medizin einsetzen.

KLAUS MICHAEL MEYER-ABICH

Was es bedeutet, gesund zu sein

Philosophie der Medizin

HANSER

640 Seiten. Gebunden mit Lesebändchen
Mit Personen- und Sachregister

www.hanser-literaturverlage.de
HANSER

Naturwissenschaft im dtv

Sandra Aamodt
Samuel Wang
Welcome to Your Brain
Ein respektloser Führer durch die Welt des Gehirns
Übers. v. N. Juraschitz
ISBN 978-3-423-34615-3

Gerhard Berz
Wie aus heiterem Himmel?
Naturkatastrophen und Klimawandel
Was uns erwartet und wie wir uns darauf einstellen sollten
ISBN 978-3-423-24766-5

Thomas Bührke
$E = mc^2$
Einführung in die Relativitätstheorie
ISBN 978-3-423-33041-1

Richard Dawkins
Der blinde Uhrmacher
Warum die Evolution der Beweis für ein Universum ohne Design ist
Übers. v. K. de Sousa Ferreira
ISBN 978-3-423-34478-4

Marcus Chown
Warum Gott doch würfelt
Über »schizophrene Atome« und andere Merkwürdigkeiten aus der Quantenwelt
Übers. v. K. Neff und S. Hunzinger
ISBN 978-3-423-24484-8

Das Universum und das ewige Leben
Neue Antworten auf elementare Fragen
Übers. v. F. Griese
ISBN 978-3-423-24712-2

Intelligentes Leben im Universum
Was wir im Alltag über Physik lernen können
Übers. v. K. Neff
ISBN 978-3-423-24802-0

Keith Devlin
Das Mathe-Gen
oder Wie sich das mathematische Denken entwickelt + Warum Sie Zahlen ruhig vergessen können
Übers. v. D. Zimmer
ISBN 978-3-423-34008-3

Bitte besuchen Sie uns im Internet: www.dtv.de

Naturwissenschaft im dtv

Lewis C. Epstein
Denksport-Physik
Fragen und Antworten
Übers. v. H.-E. Lessing
ISBN 978-3-423-**24556**-2

Richard Fortey
Leben. Eine Biographie
Die ersten vier Milliarden Jahre
Übers. v. F. Griese und
S. Kuhlmann-Krieg
ISBN 978-3-423-**33080**-0

Hans Fricke
Der Fisch, der aus der Urzeit kam
Die Jagd nach dem Quastenflosser
ISBN 978-3-423-**34616**-0

Detlev Ganten, Thomas Deichmann, Thilo Spahl
Naturwissenschaft
Alles, was man wissen muss
ISBN 978-3-423-**34237**-7

Michael Hagner
Geniale Gehirne
Zur Geschichte der Elitegehirnforschung
ISBN 978-3-423-**34399**-2

Sue Halpern
Memory!
Neues über unser Gedächtnis
Übers. v. S. Vogel
ISBN 978-3-423-**24737**-5

Stephen Hawking
Das Universum in der Nussschale
Übers. v. H. Kober
ISBN 978-3-423-**34089**-2

Maarten Keulemans
Exit Mundi
Die besten Weltuntergangs-szenarien
Übers. v. J. Pinnow
ISBN 978-3-423-**34617**-7

Ulrich Kutschera
Tatsache Evolution
Was Darwin nicht wissen konnte
ISBN 978-3-423-**24707**-8

Christiane Nüsslein-Volhard
Das Werden des Lebens
Wie Gene die Entwicklung steuern
ISBN 978-3-423-**34320**-6

Bitte besuchen Sie uns im Internet: www.dtv.de

Naturwissenschaft im dtv

Ernst Pöppel
Der Rahmen
Ein Blick des Gehirns auf unser Ich
ISBN 978-3-423-**34657**-3

Martin Rees
Das Rätsel unseres Universums
Hatte Gott eine Wahl?
Übers. v. T. Filk
ISBN 978-3-423-**34331**-2

Josef H. Reichholf
Das Rätsel der Menschwerdung
Die Entstehung des Menschen im Wechselspiel mit der Natur
ISBN 978-3-423-**33006**-0

Die Zukunft der Arten
Neue ökologische Überraschungen
ISBN 978-3-423-**34532**-3

Brigitte Röthlein
Schrödingers Katze
Einführung in die Quantenphysik
Hg. v. O. Benzinger
Illust. v. N. Schnyder
ISBN 978-3-423-**33038**-1

Der Mond
Durchgehend vierfarbig mit zahlreichen Abbildungen
ISBN 978-3-423-**24678**-1

Simon Singh
Fermats letzter Satz
Die abenteuerliche Geschichte eines mathematischen Rätsels
Übers. v. K. Fritz
ISBN 978-3-423-**33052**-7

Geheime Botschaften
Die Kunst der Verschlüsselung von der Antike bis in die Zeit des Internet
Übers. v. K. Fritz
ISBN 978-3-423-**33071**-8

Big Bang
Der Ursprung des Kosmos und die Erfindung der modernen Naturwissenschaft
Übers. v. K. Fritz
ISBN 978-3-423-**34413**-5

Marais du Sautoy
Die Musik der Primzahlen
Auf den Spuren des größten Rätsels der Mathematik
Übers. v. T. Filk
ISBN 978-3-423-**34299**-5

Das Geheimnis der Symmetrie
Mathematiker entschlüsseln das Rätsel der Natur
Übers. v. S. Gebauer
ISBN 978-3-423-**34658**-0

Bitte besuchen Sie uns im Internet: www.dtv.de

Naturwissenschaft im dtv

Thomas Schäller
Die berühmtesten Formeln der Welt
…und wie man sie versteht
ISBN 978-3-423-34571-2

Rudolf Tascher
Der Zahlen gigantische Schatten
Die fantastische Welt der Mathematik
ISBN 978-3-423-34553-8

Frans de Waal
Der Affe und der Sushimeister
Das kulturelle Leben der Tiere
Übers. v. U. Rennert
ISBN 978-3-423-34164-6

Der Affe in uns
Warum wir sind, wie wir sind
Übers. v. H. Schickert
ISBN 978-3-423-34559-0

Frederic Vester
Denken, Lernen, Vergessen
Was geht in unserem Kopf vor?
ISBN 978-3-423-33045-9

Frans de Waal
Der Affe in uns
Warum wir sind, wie wir sind
Übers. v. H. Schickert
ISBN 978-3-423-34559-0

Michael Willers
Denksport-Mathematik
Rätsel, Aufgaben und Eselsbrücken
Übers. v. S. Vogel
ISBN 978-3-423-24838-9

Emily Winterburn
Den Himmel lesen lernen
Astronomie für Sterngucker
Übers. v. H.-M. Hahn
ISBN 978-3-423-24765-8

dtv-Atlas Chemie
von H. Breuer
2 Bände
Band 1: ISBN 978-3-423-03217-9
Band 2: ISBN 978-3-423-03218-6

dtv-Atlas Mathematik
von F. Reinhardt und H. Soeder
2 Bände
Band 1: ISBN 978-3-423-03007-6
Band 2: ISBN 978-3-423-03008-3

Bitte besuchen Sie uns im Internet: www.dtv.de

Marcus Chown im dtv

»Wir müssen dankbar sein,
dass es Autoren wie Marcus Chown gibt ...«
The Independent

Warum Gott doch würfelt
Über »schizophrene Atome« und andere Merkwürdigkeiten
aus der Quantenwelt
Übersetzt von K. Neff
ISBN 978-3-423-24484-8

Wenn Wissenschaftler sich über die Welt der Quanten austauschen, ist das keine Strandlektüre für unsereins. Wenn Marcus Chown davon erzählt, bekommt man eine Vorstellung von dieser faszinierenden fremden Welt.

»**Marcus Chown gibt einen unterhaltsamen Einblick in eine merkwürdige Welt, die nicht direkt mit den Sinnen erfassbar ist. Mit kleinen, phantasievollen Geschichten zieht er die Leser auch durch schwierige Kapitel ... Eine anregende Rundreise durch die Ideen der modernen Physik.«**
Die Welt

Das Universum und das ewige Leben
Neue Antworten auf elementare Fragen
Übersetzt von F. Griese
ISBN 978-3-423-24712-2

Woher kommen wir? Wohin gehen wir? Was die Kirche dazu sagt, ist bekannt. Doch auch Physiker machen recht verblüffende Vorschläge: Kann schon sein, dass man – allerdings nicht aus religiösen, sondern aus quantenphysikalischen Gründen – auf der Stelle wiederaufersteht, wenn das Universum stirbt. Tröstlich!

Intelligentes Leben im Universum
Was wir im Alltag über Physik lernen können
Übersetzt von K. Neff
ISBN 978-3-423-24802-0

Marcus Chown sorgt mit Erzähltemperament und Sachkenntnis dafür, dass man mehr von der Welt versteht.

Bitte besuchen Sie uns im Internet: www.dtv.de

Frederic Vester im dtv

**Ein großer Umweltforscher und Kybernetiker,
der Neuland des Denkens erschließt.**

Phänomen Streß
Wo liegt der Ursprung des Streß, warum ist er lebenswichtig,
wodurch ist er entartet?
ISBN 978-3-423-33044-2

Vester vermittelt in einer auch dem Laien verständlichen Sprache
die Zusammenhänge des Streßgeschehens.

Denken, Lernen, Vergessen
Was geht in unserem Kopf vor, wie lernt das Gehirn,
und wann läßt es uns im Stich?
Aktualisierte Neuausgabe
ISBN 978-3-423-33045-9

Frederic Vester zeigt auf seiner Kreuzfahrt durch das menschliche
Gehirn eine spannende Richtung der Gehirnforschung: die
Biologie der Lernvorgänge.

»Den biokybernetischen Denkansatz von Frederic Vester
halte ich für den einzig richtigen Zukunftsweg.«
Daniel Goeudevert

Bitte besuchen Sie uns im Internet: www.dtv.de

Der Bestseller-Autor hat mit diesem Buch wieder neue Maßstäbe gesetzt

**Stephen Hawking
Das Universum in der Nussschale**
Taschenbuchausgabe auf der Grundlage der
erweiterten Neuausgabe
Übers. v. H. Kober

ISBN 978-3-423-34089-2

Die Suche nach der Formel, die das Universum erklärt, ist der heilige Gral der Physik. Die brillantesten Köpfe der Kosmologie befassen sich mit dieser Frage. Zu ihnen gehört unzweifelhaft Stephen Hawking.

Der Autor des internationalen Bestsellers ›Eine kurze Geschichte der Zeit‹ hat erneut einen Welterfolg publiziert. In der für ihn typischen witzigen und bilderreichen Sprache und mittels über zweihundert prächtiger Farbillustrationen führt er den Leser in das surreale Wunderland der modernen Raumzeit-Forschung.

»Das Verhalten des ungeheuer großen Universums läßt sich durch seine Geschichte in imaginärer Zeit verstehen, die eine winzige abgeflachte Kugel ist. Insofern hat es große Ähnlichkeit mit Hamlets Nussschale, und in dieser Nuss ist alles verschlüsselt, was in reeller Zeit geschieht. Hamlet hat also vollkommen recht. Wir können in einer Nussschale eingesperrt sein und uns doch für Könige von unermeßlichem Gebiet halten.«
Stephen Hawking

Bitte besuchen Sie uns im Internet: www.dtv.de

Konrad Lorenz im dtv

»Es gibt keinen erfolgreichen und guten Biologen, der nicht aus inniger Freude an den Schönheiten der lebendigen Kreatur zu seinem Lebensberufe gelangt wäre.«
Konrad Lorenz

Das sogenannte Böse
Zur Naturgeschichte der Aggression
ISBN 978-3-423-33017-6

Konrad Lorenz behandelt einen gefährlichen Grundantrieb menschlichen Verhaltens: die Aggression, das heißt den auf den Artgenossen gerichteten Kampftrieb bei Mensch und Tier. Das Buch hat eine fruchtbare und nützliche Diskussion über die natürlichen Grundlagen des menschlichen Daseins in Gang gesetzt, die so rasch nicht wieder verstummen wird. Ein Schlüsselwerk von epochalem Rang.

Er redete mit dem Vieh, den Vögeln und den Fischen
ISBN 978-3-423-20225-1

Das Haus von Konrad Lorenz in Altenberg bei Wien glich einer Arche Noah: Es war bevölkert von allen möglichen Tieren, die mit großer Liebe an ihrem Herrn und Meister hingen. Humorvoll und selbstironisch schildert Lorenz seine Erlebnisse mit den Tieren und berichtet dabei viel Wissenswertes über deren differenzierte Lebensgewohnheiten und Verhaltensweisen.

So kam der Mensch auf den Hund
ISBN 978-3-423-20113-1

Aus uralten Instinkten erklärt Lorenz das Verhalten unseres vierbeinigen Hausgenossen, das manchmal fast menschlich anmutet, dem Hundeliebhaber allerdings oft unverständlich und sogar unheimlich erscheint. Jede Hunderasse, aber auch jeder einzelne Hund hat einen eigenen (und oft eigensinnigen) Charakter, den nur entschlüsseln kann, wer die Entwicklungsgeschichte und Verhaltensformen dieser Tierart kennt.

Bitte besuchen Sie uns im Internet: www.dtv.de